W0415885

Klaus Egle

DER ÖSTERREICHISCHE WEIN

Das große Handbuch

Unter Mitarbeit von
Viktor Siegl, Luzia Schrampf
und Sabine Lintschinger

Mit Fotos von
Kurt-Michael Westermann
und Norbert Tutschek

Pichler Verlag

ISBN: 978-3-85431-403-5

© 2007 by Pichler Verlag in der
Verlagsgruppe Styria GmbH & Co KG
Wien–Graz–Klagenfurt
Alle Rechte vorbehalten
www.pichlerverlag.at

Für die freundliche Unterstützung bedanken sich
Autor und Verlag bei
Römerquelle, ÖWM, Wine Star, Schneckenleitner

Abdruck der Riedenkarten und der Karten zu den einzelnen Weinbauregionen mit freundlicher Genehmigung der *Österreichischen Weinmarketingserviceges.m.b.H.*

Bild S. 6/7: Weingut Gross, Ehrenhausen
Bild S. 8/9: Verkostungsraum bei Hillinger, Jois
Bild S. 10/11: Fasskeller im Weingut Neumeister, Straden

Fachlektorat: Dr. Viktor Siegl
Lektorat: Gerlinde Hinterhölzl, Dietmar Unterkofler, Stephan Gruber

Umschlag- und Buchgestaltung: Bruno Wegscheider

Reproduktion: Pixelstorm, Wien
Druck und Bindung: Druckerei Theiss GmbH, St. Stefan im Lavanttal

Inhalt

Vorweg

Liebe Leserinnen und Leser!

Ich schreibe diese Zeilen am letzten Tag der Produktion dieses Buches. Als Einführung – oder besser: als Schlusspunkt einer Arbeit, die mehr als zwei Jahre in Anspruch genommen hat. Ein Jahr hätte es werden sollen, ein zweites musste drangehängt werden – ein besonderer Dank an dieser Stelle meinem Verleger, der eine so gravierende Verschiebung ertragen hat.

Eine Arbeit, die mich oft zweifeln, manchmal sogar verzweifeln ließ, wenn die Aufgabe so groß erschien, dass ich das Gefühl hatte, sie nicht bewältigen zu können. In diesen Momenten dachte ich manchmal an den bekannten Literaten Robert Schindel, von dem ich einmal folgendes Zitat gelesen habe: „Ich hasse es, zu schreiben, aber ich liebe es, geschrieben zu haben!"

Jetzt habe ich geschrieben und freue mich nicht nur, das fertige Werk vor mir zu haben, sondern bin auch stolz und dankbar, dass ich die Möglichkeit hatte, dieses Buch zu schreiben. Seit fast dreißig Jahren gibt es nämlich kein grundlegendes Standardwerk über den österreichischen Wein – eine Lücke, die nun endlich geschlossen wird. Dreißig Jahre, in denen sich das Gesicht des Weinlandes Österreich von Grund auf verändert hat und in denen buchstäblich kein Stein auf dem anderen blieb. Dazu möchte ich hier eine kleine Geschichte erzählen.

Der letzte, der den – übrigens höchst erfolgreichen – Versuch unternommen hat, alles Wissenswerte über den österreichischen Wein zwischen zwei Buchdeckel zu pressen, war mein geschätzter Kollege, Falstaff-Herausgeber Dr. Helmut Romé. Irgendwann im letzten Sommer unternahm ich den Versuch, sein Buch, das Ende der 70er Jahre erschienen und längst vergriffen ist, zu beschaffen. Doch es war nirgendwo aufzutreiben.

Im Spätherbst, als meine Motivation gerade wieder einmal ein Wellental durchlief, weil sich nach eineinhalbjähriger Arbeit noch längst kein Ende abzeichnete, kehrte ich von einem Angelausflug aus Mariazell zurück und wollte einen leeren Weinkarton in den Papier-Container vor meinem Haus werfen. Ich öffnete den Deckel und da lag: „Die großen Weine Österreichs" von Helmut Romé – druckfrisch und unversehrt, samt Schutzumschlag. Das war der Moment, in dem mir klar war, dass ich dieses Buch vollenden würde.

Mein Anspruch an dieses Buch war es von Beginn an, dass der Leser, die Leserin, hier möglichst viel Neues erfahren sollten, möglichst vieles, das man noch nicht da und dort gelesen hat. Ich wollte nicht in einer alten Suppe umrühren, sondern eine neue kochen. Und dazu bedarf es vieler frischer Zutaten. Der Weg, um diese zu finden, führte mich nicht in die Buchhandlung, zu Ämtern und Behörden oder in die Weinbauschule, sondern – zu den Winzern. Ich habe alle Weinbauregionen erneut bereist, unzählige Gespräche geführt, noch mehr Weine gekostet und dabei nicht nur eine Unmenge an Informationen gewonnen, sondern mehr und mehr ein Gefühl dafür bekommen, was da draußen, in diesem Weinland Österreich, vor sich geht, wie es funktioniert, wie es fühlt und sich anfühlt. Dabei habe ich selbst, nach fast 20 Jahren intensiver Beschäftigung mit dem Thema Wein – und hier insbesondere mit dem österreichischen Wein – enorm viel dazugelernt. All diese Erfahrungen und all dieses Wissen habe ich versucht, in diesem Buch wiederzugeben, mit dem Sie, so hoffe ich, viel Freude haben werden.

Entstanden ist dieses Buch an vielen Plätzen. Dazu gehören neben meinem Büro, meinem Wohnzimmer und meinem Garten unter anderem Ernst Vogels Altes Winzerhaus in Kirchberg am Wagram, der Undhof der Familie Salomon in Krems, die Gasthäuser Greifensteiner und Kohlhofer in meiner Fliegenfischer-Heimat Mariazell, Eva Jauks entzückendes Landhaus in Gleinstätten und Alois

Eibels Weingartenstöckl in Hatzendorf. Allen, die mir für diese Arbeit Platz geboten und mich dabei unterstützt haben, möchte ich an dieser Stelle danken. Insbesondere gilt mein Dank aber auch jenen, die einen Beitrag zu diesem Buch geleistet haben: Viktor Siegl (VS), der die Weingeschichte verfasst und als Fachlektor das gesamte Manuskript mit Adleraugen und Akribie auf Fehler oder Ungereimtheiten „gescannt" hat. Luzia Schrampf (LS), die den gesamten Bereich „Die Entstehung des Weines" verfasst und Jancis Robinson interviewt hat. Und Sabine Lintschinger (LiSa), die sich kritisch mit der heimischen Wein-Architektur auseinandergesetzt und den Fassbinder Schneckenleitner besucht hat. Besonderes Lob gilt außerdem Kurt-Michael Westermann und Norbert Tutschek, die einen großen Teil der Bilder für dieses Buch geliefert haben. Mein Dank gilt weiters dem gesamten Produktionsteam, insbesondere Bruno Wegscheider, der mit unendlicher Ausdauer und viel grafischem Gefühl die Produktion dieses Buches bewältigt hat und Johannes Sachslehner, dem unermüdlichen Programmchef des Pichler Verlages, dessen wohlwollend korrigierender Rotstift stets über einem halben Dutzend Bücher gleichzeitig schwebt. Danken möchte ich schließlich allen Winzern, die mich mit Informationen, Fotos, Wein und Zuspruch versorgt haben und all jenen, die ich hier womöglich vergessen habe, die aber gleichwohl zum Gelingen dieses Werkes beigetragen haben. Verzeiht mir – und holt euch euren Lohn demnächst in Form eines guten Glases Wein bei mir ab.

Wien, im August 2007 *Klaus Egle*

Das Weinland Österreich

Ein Prozent, was ist das schon? Nicht viel, würde man meinen. Österreich hat einen Anteil von rund einem Prozent an der Welt-Weinproduktion. 52.000 Hektar Rebfläche – das klingt schon nach mehr, sagt aber ebenfalls noch nichts aus über die Vielfalt, die Tradition, die Entwicklungen und die Qualität des Weinlandes Österreich. Weinbau wird in Österreich seit Jahrtausenden betrieben, das heißt, die österreichische Geschichte ist auch eine Geschichte des Weines, des Genusses und der Weinkultur. Heute präsentiert sich das Weinland Österreich dynamisch und fortschrittlich, regional verwurzelt und dennoch weltoffen, mit einer faszinierenden Vielfalt und Weinqualitäten, die auch einem internationalen Vergleich standhalten.

Der österreichische Wein – eine Erfolgsgeschichte

In seiner langen Geschichte erlebte der österreichische Wein immer wieder Höhen und Tiefen. Eine Zäsur in der Neuzeit war sicher der so genannte „Weinskandal" im Jahr 1985. Die Verfehlung einiger weniger, die nicht zuletzt durch die Medien zum Skandal wurde; ein Beweis dafür, wie wichtig das Thema Wein in diesem Land ist und wie sensibel die Öffentlichkeit hier reagiert. Die Folge war nicht nur ein extrem strenges Weinbaugesetz, sondern auch eine Aufbruchbewegung in der Winzerszene, die dem Weinland Österreich binnen zwei Jahrzehnten ein neues Gesicht verliehen hat. Waren es bis dahin vor allem Großbetriebe wie Genossenschaften oder die traditionsreichen Weingüter der Schlösser, Klöster und Stifte, die den Ton angaben, so traten jetzt die privaten Winzer auf den Plan, die mit viel Elan und großartigen Weinqualitäten zu Schrittmachern einer neuen Zeit wurden. Spitzenweine brachten Bekanntheit und Prestige – aber auch gute Preise. Als Winzer konnte man plötzlich Geld verdienen und in den Betrieb investieren, denn die Kunden waren vermehrt bereit, für Qualität einen entsprechenden Preis zu bezahlen.

Auch auf dem internationalen Markt gelang es dem österreichischen Wein, nachdem die Exporte nach 1985 praktisch zum Erliegen gekommen waren, nach und nach wieder Fuß zu fassen. Die hohe Qualität der Weine und die Eigenständigkeit der heimischen Rebsorten und Weinstile machten österreichischen Wein zu einem begehrten Export-Artikel.

Sichtbares Zeichen für die Prosperität der Branche sind die modernen Produktionsstätten, die man heute in allen Weinbaugebieten sieht: Das Wachstum der Betriebe, die Erweiterung der Rebflächen und der erhöhte Platzbedarf durch neue, aufwändigere Produktionsmethoden haben seit Mitte der 90er Jahre zu einem regelrechten Kellerbau-Boom geführt.

Weine mit Herkunft – „The Austrian Style"

Was Österreich in der großen Welt des Weines so besonders macht, ist der eigenständige, untrennbar mit der Herkunft verknüpfte Charakter seiner Weine. Während sich die Weine weltweit immer ähnlicher werden und – angeblich dem Wunsch des Konsumenten folgend – einen ebenso leicht verständlichen wie austauschbaren Stil aufweisen, ist Österreich ein kleiner, feiner Spezialitätenladen mit individuellen Produkten, die in dieser Ausprägung nur hier entstehen können. Durch das gemäßigte Klima, die unterschiedlichen Terroirs innerhalb des Landes und die autochthonen Rebsorten wie Grüner Veltliner oder Blaufränkisch ist es in Österreich möglich, unverwechselbare, charaktervolle Weine zu keltern. Keine süßen Trinkmarmeladen und Industrieprodukte, sondern handwerklich hergestellte, strukturierte, trinkanimierende Weine mit Finesse, Frucht und Aromatik.

Vielfalt und Qualität

Österreich hat etwa 6.000 Winzer und Weinbaubetriebe, die ihre Weine in Flaschen füllen; rund 500 davon sind jener Spitzengruppe zuzuordnen, der das primäre Interesse von Medien und Öffentlichkeit gilt. Der Weinbau ist – obwohl viele Betriebe in der Vergangenheit stark gewachsen sind – hierzulande nach internationalen Maßstäben klein strukturiert und in den meisten Fällen ein „family-business". Somit eine sehr persönliche Sache, denn jeder Wein trägt immer noch die Handschrift des einzelnen Winzers. Die breite Palette an Rebsorten, die sich hier wohlfühlen, und die Vielzahl von Weintypen – vom Schilcher-Frizzante bis zur Trockenbeerenauslese – sorgen zusätzlich für eine enorme Vielfalt. Es gibt in Sachen Wein fast nichts, was es hier nicht gibt, und gerade das macht Österreich als Weinland so interessant. Dabei hat die Qualität durch die ständige Verbesserung von Know-how und Ausbildung der Winzer sowie die enormen Investitionen in die Kellerwirtschaft heute ein nie da gewesenes Niveau erreicht. Österreichs Grüne Veltliner, Rieslinge oder Sauvignon blancs zählen zu den Top-Weißweinen der Welt, die Hochprädikate sind rare Spezialitäten, und der österreichische Rotwein hat mit seiner Entwicklung vom hässlichen Entlein zum stolzen Schwan die vielleicht beeindruckendste Karriere gemacht.

Weinkultur in Österreich

Doch Österreich hat heute nicht nur sehr gute Weine, sondern auch eine bunte, vielfältige und lebendige Weinszene. Guten Wein zu trinken, war bis vor zwanzig Jahren eher eine elitäre Angelegenheit. Doch die allgemeine Aufbruchstimmung ab Mitte der 80er Jahre wurde nicht nur von den Produzenten, sondern ebenso vom Handel, der Gastronomie und vor allem von den Konsumenten getragen. Diese wollten nicht nur Wein trinken, sondern auch mehr über die spannende Materie wissen; neue Weinmagazine und -bücher, aber auch Kurse und regelrechte Ausbildungen befriedigten dieses Bedürfnis. Mit dem Know-how stiegen wiederum die Ansprüche, was die Entwicklung eines qualifizierten Weinhandels begünstigte, neue Vinotheken und Fachmärkte auf den Plan rief, eine weltweit einzigartige Glaskultur entstehen ließ und den Wein immer stärker auch in die Gastronomie hineintrug. War eine größere Weinauswahl früher den Spitzenrestaurants vorbehalten, so verfügt heute schon fast jedes Wirtshaus über eine gut bestückte Weinkarte, und qualifiziertes Personal schenkt hochwertige Bouteillenweine auch glasweise aus. Zusätzlich entstanden eigene gastronomische Formen, die sich hauptsächlich dem Wein widmen, wie Weinbars, Vinotheken, die zum Wein auch passende, kleine Speisen anbieten, und ähnliches.
So wurde Wein in Österreich während der vergangenen zwanzig Jahre für viele Menschen ein Bestandteil ihrer Alltagskultur. Man trifft sich – geschäftlich oder privat – gerne „auf ein Glas Wein", tauscht beim Smalltalk neue Winzertipps aus und wenn man Gäste zu sich nach Hause einlädt, darf eine gute Flasche zum Essen nicht fehlen.

Rund um den Wein

Wein trinken, genießen, verstehen

Wie der Wein entsteht

Die Geschichte des österreichischen Weinbaus

Wein trinken, genießen, verstehen

Den Wein genießen

Ob sich der Wein eher als Nahrungs- oder als Genussmittel präsentiert, hängt nicht zuletzt vom richtigen Umgang mit dem edlen Rebensaft ab. Ein entsprechendes Wissen steigert die Freude und den Genuss beim Weintrinken.

Wann trinkt man welchen Wein?

Das hängt von vielen Faktoren ab. Dazu zählen die Tageszeit, der Anlass, die gesellschaftliche Umgebung, das dazu servierte Essen – und natürlich die eigene Befindlichkeit. Grundsätzlich trinkt man mittags eher leichtere, vor allem weiße Weine – schließlich hat man ja noch was vor. Abends dürfen es dann schwerere Kaliber sein, die auch eine gewisse Eignung als Schlummertrunk aufweisen. Insbesondere gilt das an warmen Tagen, die – speziell im Garten oder auf der Terrasse – auch einen „G'spritzten" legitimieren. Besondere Anlässe verlangen nach ebensolchen Weinen, während es für den Alltag auch einfachere – und billigere – Tropfen tun. Öffnet man für Freunde und Kenner gern ein spezielles Fläschchen, so wird man sich damit eher zurückhalten, wenn sich ungeliebte Verwandte angesagt haben, die gerade einmal Weiß- von Rotwein unterscheiden können ... Last but not least ist aber auch das Essen ein entscheidender Faktor für die richtige Weinwahl.

Die optimale Reihenfolge

Schaumwein ist sowohl zur Eröffnung als auch zum Abschluss eines ausgedehnten Mahls ein erfrischendes Vergnügen – muss aber nicht unbedingt sein. Generell beginnt man eine Weinfolge mit leichten, trockenen Weißweinen, arbeitet sich dann über die kräftigeren und die im Barrique ausgebauten Weißen vor, kommt schließlich zu den Rotweinen, die ebenfalls nach aufsteigendem Alkoholgehalt gereiht werden sollten und endet mit edelsüßen Prädikatsweinen zum oder statt des Desserts. Nicht unerheblich ist auch das Alter eines Weines, wobei – wie unhöflich! – in der Regel den jüngeren Tropfen der Vortritt gelassen wird. Das gilt jedoch nicht immer. Gerade bei Rotweinen sollte man einen in Ehren gereiften, fünfzehn Jahre alten Methusalem auf jeden Fall vor einer kraftstrotzenden, jugendlichen Granate servieren.
Schließlich spielt auch die Rebsorte eine nicht unerhebliche Rolle. Ein filigraner Pinot noir kommt

vor einem wuchtigen Blaufränkischen oder einer Cabernet-Cuvée ins Glas, ein säurebetonter, konzentrierter Riesling vor einem milden, eher breiten Neuburger oder Grauburgunder. Im Zweifelsfall ist es jedenfalls hilfreich, alle Flaschen vor dem Essen zu verkosten und sich dann auf eine Reihenfolge festzulegen.

Wieviele Weine zum Essen?

War man früher eher der Ansicht, dass man einen oder höchstens einen weißen und einen Rotwein auch zu einem mehrgängigen Menü „durchtrinken" sollte, so heißt es heute oft: wenig im Glas, aber dafür viele verschiedene Weine. Gerade bei Degustationsmenüs bietet sich dadurch die Gelegenheit, zu jedem Gang den optimalen Wein zu servieren. Zudem bekommt die Weinfolge eine eigene „Dramaturgie", bei der allmählich Spannung aufgebaut wird – bis der Höhepunkt in Form des besten Weines ins Glas kommt. Aber Vorsicht: Auch hier schützt man sich durch vorherige Verkostung vor Überraschungen. Denn auch wenn ein Wein von der Papierform – und vom Preis – her, eigentlich der „Größte" einer Weinfolge sein sollte, muss das im Glas nicht unbedingt der Realität entsprechen.

Die Flasche richtig öffnen

Eine Weinflasche zu öffnen, sollte niemanden vor größere Probleme stellen, gibt es doch eine Vielzahl von ausgezeichneten Korkenziehermodellen (s. Kapitel „Wein und Zubehör, S. 29). Wichtig ist es, vor dem Öffnen den oberen Teil der Kapsel mit einem scharfen Messerchen oder einem Kapselschneider abzutrennen. Falls sich darunter Schimmel oder Schmutz befindet, diesen mit einer Papierserviette oder einem Stück Küchenrolle abwischen. Dann die Spindel des Korkenziehers möglichst zentriert am Kork ansetzen, vorsichtig hineindrehen ohne den Kork ganz zu durchbohren – damit keine Korkstückchen in den Wein fallen – und den Kork mit einem gleichmäßigen Zug herausziehen. Gegebenenfalls den Innenrand der Flasche noch abwischen – und das erste Glas einschenken.

Gelegentlich kommt es allerdings auch vor, dass ein Kork abbricht oder zerbröselt. Mit dem möglichst schräg gestellten Korkenzieher, den man erneut in den Kork treibt, sollte man nun versuchen, zu retten, was noch zu retten ist. Wenn das ebenfalls fehlschlägt, muss man den verbliebenen Rest wohl oder übel in die Flasche stoßen. Jetzt empfiehlt es sich, den Wein möglichst rasch durch ein feines Sieb in eine Dekantierkaraffe umzugießen – und er erleidet keinerlei Beeinträchtigung.

Ein Kapitel für sich ist das Öffnen von Sektflaschen. Die Flasche sollte vor dem Öffnen gut gekühlt und längere Zeit ruhig gestanden sein – sonst besteht die Gefahr eines unfreiwilligen Schaumbads. Zuerst zieht man die Folie von der Kapsel, löst dann vorsichtig das sichernde Drahtkörbchen (Agraffe), wobei man mit einem Daumen den Kork sichert. Anschließend die Flasche in eine Hand nehmen und den Kork – am besten mit einem Geschirrtuch – gut festhalten. Vorschriftsmäßig wird jetzt die Flasche gedreht, ich finde es jedoch einfacher, am Kork zu drehen, den man dabei natürlich gut festhalten muss. Fest dagegen drücken, wenn sich der Kork löst, und wenn nötig etwas Druck entweichen lassen. Mit einem eleganten und leisen „Plopp" verlässt der Kork den Flaschenhals, dem statt schäumender Gischt nur ein wenig weißer Rauch entsteigt. Bei entsprechendem Platzangebot kann man den Korken freilich auch einfach rausdrehen und mit lautem Knall davonfliegen lassen.

Die eleganteste – und aufregendste – Methode, Kork und Flasche voneinander zu trennen, das „Sabrée", sei hier der Vollständigkeit halber ebenfalls erwähnt: Dabei klopft man, nachdem man die Agraffe entfernt hat, mit einem Säbel oder – etwas weniger fein – mit der Rückseite eines großen Küchenmessers so lange gegen den Wulst am Flaschenhals, bis der Kork samt dem obersten Teil des Flaschenhalses im hohen Bogen davongesegelt.

Dekantieren – die hohe Schule

Es gibt zwei Gründe, warum man einen Wein dekantiert. Einmal, um ihn von seinem Depot zu befreien, was bei älteren Rotweinen öfters not-

wendig ist. Andererseits, um den Wein durch Luftkontakt duftiger, zugänglicher und – vor allem bei jungen Rotweinen – weicher zu machen, wodurch er reifer wirkt, als er eigentlich ist. Über die Sinnhaftigkeit und den richtigen Zeitpunkt des Dekantierens sind sich selbst die Experten uneins – ein wunderbarer Gegenstand für endlose Wein-Debatten und ausführliche Selbst-Versuche!
Und so wird es gemacht: Die Flasche am besten ein paar Stunden vorher aufstellen, damit sich die Sedimente am Boden sammeln. Dann vorsichtig den Korken ziehen und die Flasche über einer Lichtquelle – Taschenlampe ist praktisch, Kerze schöner –, die unter der Flaschenschulter platziert wird, langsam in die Karaffe umgießen. Wenn durch das Glas die ersten Schlieren sichtbar werden, die Flasche absetzen. Wie lange man den Wein dann ablüften lasst, hängt vor allem von dessen Alter ab. Bei Weißweinen genügt meistens schon das Umgießen selbst um den Wein ausreichend zu belüften. Junge Rotweine vertragen etliche Stunden in der Karaffe, während bei älteren Semestern Vorsicht geboten ist: Sie können durch den plötzlichen Luftkontakt rasch oxidieren und geradezu in sich zusammenfallen. Daher am besten gleich nach dem Umgießen in die Gläser füllen und genießen. Ich selbst habe mit dem Dekantieren gute Erfahrungen gemacht, außerdem finde ich, dass es netter aussieht, wenn man den Wein bei Tisch mit der Karaffe eingießt.

Die perfekte Temperatur

Jeder Art von Wein entfaltet bei einer bestimmten Temperatur ein Maximum an Geruchs- und Geschmacksstoffen. Wer dafür nach optimalen Lösungen strebt, wird am Ankauf eines Weinkühlschrankes mit verschiedenen Klimazonen nicht vorbeikommen: Hier wird jeder Wein richtig temperiert.
Als Anhaltspunkt für diese optimalen Trinktemperaturen soll die folgende, kurze Übersicht dienen.

5–8°	**Schaumweine, Aperitifweine**
8–10°	**Trockene Weißweine**
9–12°	**Kräftige, halbsüße und ältere Weißweine**
11–12°	**Roséweine, Spätlesen, Auslesen**
12–14°	**Dessertweine, leichte, junge Rotweine**
14–16°	**Mittelschwere Rotweine**
16–18°	**Schwere, große Rotweine**

Serviert sollten die Weine übrigens immer um ein bis zwei Grad unter diesen Temperaturen werden, da sie sich im Glas rasch erwärmen.
Hat man keinen Weinkühlschrank zur Verfügung, so sind auch die oben angeführten Temperaturangaben wenig hilfreich, denn: Wer steckt schon ständig einen Weinthermometer in sein Weinglas? Da ist es schon praktikabler, sich auf sein eigenes Temperaturempfinden – Handprobe an der Flasche und allenfalls den Gaumen – zu verlassen. Ist der Wein im Glas zu warm, kann die Flasche noch nachgekühlt werden – im umgekehrten Fall erwärmt er sich ohnehin von selbst. Für den Hausgebrauch genügt es, Weißwein und Schaumweine bei Kühlschrank-Temperatur zu servieren, wobei ich an warmen Tagen den Sprudel vor dem Einschenken noch für eine halbe Stunde ins Tiefkühlfach gebe. Zudem sind Hilfsmittel vom Eiskübel über die Kühlmanschette bis zum stilvollen Weinkühler praktisch für das Erreichen und Halten der gewünschten Temperatur.
Für Rotweine galt traditionell die Angabe, sie bei Zimmertemperatur zu servieren – sie stammt allerdings aus einer Zeit, als die Räume wesentlich kühler waren als heute. Raumtemperaturen von 23 oder 24 Grad und darüber sind für den optimalen Trinkgenuss jedenfalls zu hoch. Sind Rotweine zu warm, so empfiehlt es sich, sie für einige Minuten ins kalte Wasser zu legen und sie so sanft auf die richtige Trinktemperatur von rund 15 Grad zu bringen – nach wenigen Minuten im Glas haben sie dann die optimalen 17 bis 18 Grad erreicht.

Erst kosten, dann einschenken!

Hat man den Wein schließlich perfekt für den Genuss vorbereitet, so sollte man ihn als Gastgeber immer erst verkosten, bevor man ihn in die Gläser der Gäste einschenkt. Man erspart sich damit unliebsame Überraschungen bei Kork- oder anderen Weinfehlern und die Mühe, die Gläser auswechseln zu müssen.

Wein verkosten

Eines gleich vorweg: Wein verkosten ist nicht dasselbe wie Wein trinken. Hier geht es darum, einen – oder oft auch mehrere Weine im Vergleich – zu beurteilen. Entweder nur um danach sagen zu können: „Schmeckt mir!" oder „Schmeckt mir nicht!", oder um sich ein differenziertes Bild von der Qualität und vom Stellenwert eines Weines zu machen.

Während es für die Entscheidung, ob man einen Wein trinken will oder nicht, genügt, einfach seiner Nase und seinem Gaumen zu vertrauen, bedarf es für eine fachgerechte Beurteilung von Weinen doch eines gewissen Know-hows und vor allem einiger Übung. Für einen Profi sind das unerlässliche Voraussetzungen. Sich ein paar Grundregeln zu merken ist aber auch für einen Laien hilfreich: Es bewahrt einen nicht nur vor peinlichen Situationen, sondern steigert auch den Genuss und den Spaß an der Sache, wenn man richtig mit dem edlen Rebensaft umzugehen weiß.

Das Auge trinkt mit

Was immer das Etikett, der Hausprospekt oder der Winzer selbst versprochen haben: Wenn der Wein einmal im Glas ist, kommt der Moment der Wahrheit. Top oder Flop? Für die Beurteilung der Klarheit und Farbe des Weines genügt ein kurzer Blick durch das schräg gehaltene Glas – am besten vor einem weißen Hintergrund. Dem Kenner verrät dieser erste Blickkontakt schon einiges über den Wein, noch ehe er ihn überhaupt gekostet hat. Junge, im Stahltank ausgebaute Weißweine zeigen eine helle, durchsichtige, grünlich-gelbe Färbung. Mehr Alkohol, der Ausbau in Holzfässern oder zunehmendes Alter sorgen für eine höhere, kräftige Färbung von leuchtendem Gelb bis zu intensivem Gold. Bei Rotweinen lässt die Farbe Rückschlüsse auf die Konzentration des Weines zu; hellere Farbe bedeutet hier zumeist, dass es sich um einen leichteren Wein handelt, dunkelrote bis nahezu schwarze Weine sind in der Regel kräftiger. Allerdings kann hier auch die Rebsorte eine Rolle spielen: Sorten wie der Pinot noir sind generell heller als etwa ein Blauer Zweigelt, weil die Beerenhäute der Trauben dünner sind und damit eine geringere Farbausbeute ergeben.
Wird der Wein älter, so nimmt auch die Farbintensität ab, was sich durch einen ziegelroten bis ockerfarbenen, am Glas praktisch durchsichtigen Wasserrand bemerkbar macht. Auch die so genannte Viskosität sagt zwar nicht unbedingt etwas über die Qualität, aber doch einiges über die Konsistenz des Weines aus: Beim Schwenken im Glas haftet der Wein an der Innenwand des Glases und läuft in langgezogenen Tropfen abwärts – dabei bilden sich die so genannten „Kirchenfenster". Bei starken oder süßen Weinen ist dieser Effekt besonders gut zu erkennen, der entsteht, weil der Alkohol besser am Glas haftet als das Wasser, das schnell abtropft.

Die Nase entscheidet

Dem Auge kommt also bei der Beurteilung eines Weines eine wichtige Funktion zu. Die wirkliche Klippe, die es zu umschiffen gilt, ist jedoch die Nase. Nicht umsonst sagt man über einen Menschen, den man nicht ausstehen kann, man könne ihn „nicht riechen". Wenn der Wein in der Nase nicht gefällt, ist er praktisch schon aus dem Rennen – denn sie vermittelt nun einmal den ersten Eindruck, und was nicht gut riecht, schmeckt zumeist auch nicht besonders. Neben dieser archaischen Wahrnehmung sagt der Duft aber auch schon sehr viel über den Wein aus: ist er frisch und angenehm, oder abgestanden und dumpf? Riecht der Wein nach Obst, Beeren, Rosenblüten? Wie ist die Intensität des Duftes – kaum wahrnehmbar oder so, dass der Wein förmlich aus dem Glas springt? Junge Weine zeigen dabei vor allem die Aromen der Trauben – ältere weisen nicht mehr diese vordergründige Fruchtigkeit auf, ersetzen sie aber durch die so genannten Sekundäraromen: Brot, Nüsse oder Honig beim Weißwein, reife Beeren beim Roten – oder, wenn sich der Lebenszyklus des Weines schon dem Ende zuneigt, auch Altersfirn und oxidative Töne. Um den Duft eines Weines optimal beurteilen zu können, sollte er vorher jedenfalls durch ausgiebiges Schwenken des Glases bewegt und belüftet werden – das setzt die Aromen frei, die wir dann durch die Nase wahrnehmen.

Wein – eine Geschmackssache

Damit der Wein sich auch am Gaumen optimal entfalten kann, ist schon ein ordentlicher Schluck notwendig – er soll die Mundhöhle richtig ausfüllen. Zur Unterstützung empfiehlt es sich, den Wein ein wenig zu kauen, und durch die gespitzten Lippen etwas Luft einzuziehen. Das dabei entstehende schlürfende Geräusch entspricht zwar vielleicht nicht ganz der Etikette an einer festlichen Tafel, aber der Wein gewinnt durch diese Bewegung und Belüftung ungemein an Aromatik. Wirkliche Überraschungen hat der Gaumen meist nicht parat – denn Nase und Gaumen funktionieren nicht unabhängig voneinander, das heißt: Man riecht zuerst schon, was man später auch schmecken wird. Allerdings liefern die Geschmackspapillen noch zusätzliche Informationen über den Wein: wirkt er mild oder scharf, süß oder säuerlich, salzig oder mineralisch ...? Und schließlich: Wie lange klingt er am Gaumen und in der Kehle nach? Kenner sprechen von einem langen oder kurzen Abgang, Snobs messen diesen gar in Sekunden ... Tatsache ist: Kräftige, große Weine vermitteln eher einen bleibenden Eindruck als frisch-fröhliche Leichtgewichte.

Das Zubehör

Um einen Wein fair beurteilen zu können, sollten auch einige Faktoren im Umfeld berücksichtigt werden. Gutes Licht und frische Luft erleichtern die Sache, schummrige Räume und Fremdgerüche wie starke Parfums sind dagegen kontraproduktiv. Begleitet wird die Verkostung von Wasser und etwas Weißbrot – um zwischen mehreren Proben den Gaumen zu neutralisieren. Weiters werden saubere Gläser – ein Standardglas, das meist als Chardonnay-Glas auf dem Markt ist, hat sich bewährt – und ein Krug zum Zurückschütten der Proben benötigt: Eine Weinverkostung ist schließlich kein Trinkgelage. Wenn viele Proben gekostet werden, sollte auch ein Gefäß zum Spucken bereit stehen – nicht unbedingt appetitlich, aber bei großen Verkostungen unerläßlich.

Die Dramaturgie

Schon vor einer Weinverkostung ist es sinnvoll, sich ein paar Gedanken über das Thema, die Anzahl der Proben und die Abfolge zu machen. Weine kunterbunt durcheinander zu kosten und dabei Äpfel mit Birnen zu vergleichen, ist nicht sehr aufschlussreich. Mehr Spaß und Erkenntnis bringt es, wenn man das Thema eingrenzt: Mehrere Grüne Veltliner von einem Jahrgang und aus einer Region. Oder: eine Reihe von Jahrgängen desselben Weins. Oder verschiedene Weine aus einer Region, einem Weinort ... Für genußvolle Verkostungen, die nicht in Arbeit ausarten sollen, sind dabei sechs bis acht Proben absolut ausreichend. Um bei einer Anzahl von fünfzehn, zwanzig oder noch mehr Weinen die Übersicht zu bewahren, bedarf es schon einer gewissen Professionalität. Ebenfalls nicht unwichtig ist die Reihenfolge der Weine. Dabei gelten ein paar einfache Grundregeln: Erst weiß, dann rot, erst leicht, dann schwer, erst klassisch, dann im Barrique ausgebaut. Vielfach werden junge Weine vor den älteren verkostet. Meine Erfahrung hat aber gezeigt, dass die umgekehrte Reihenfolge meist sinnvoller ist: Ältere, gereifte Weine bestechen weniger durch ihre Kraft, sondern durch Feinheit und Eleganz. Und da wäre es schade, wenn man den Gaumen davor schon mit jugendlich-kraftstrotzenden „Bombern“ malträtiert hat.

Wein einkaufen

Wein einzukaufen ist eine überaus spannende und lustvolle Angelegenheit. Möglichkeiten dazu gibt es viele und damit aus der Wahl keine Qual wird, möchte ich hier die wichtigsten vorstellen.

Beim Winzer

Das Einkaufen beim Winzer ist immer etwas Besonderes – das beweisen allein schon die Zahlen: Trotz rückläufiger Tendenz werden immer noch fast ein Drittel der in Österreich produzierten Weine „Ab Hof" verkauft. Kein Wunder: Die Einkaufstour lässt sich mit einer Ausflugsfahrt in die Weinregion samt gemütlicher Einkehr verbinden, und man kauft zu einem günstigen Preis. Außerdem bekommt man mit den Flaschen auch noch die persönliche Beratung und das schöne Gefühl mitgeliefert, den Wein direkt an der Stätte seiner Entstehung erworben zu haben. Dass beim Wein die Leute zusammenkommen, erweist sich hier ebenfalls einmal mehr als richtig: Zwischen vielen Winzern und ihren Stammkunden entwickelt sich mit der Zeit ein fast freundschaftliches Verhältnis; und wer kauft nicht gern bei Freunden ein?

Die Regional-Vinotheken

Doch bei aller Freundschaft: Der Winzer kann nicht immer hinter seiner Verkaufsbudel stehen – schließlich will der Wein ja auch irgendwann einmal gemacht werden – und der Weineinkauf am Sonntag ist für den Einkäufer zwar ideal, weil er da ja frei hat, erweist sich aber für das Familienleben des Winzers als eher kontraproduktiv. Diese Lücke schließen zunehmend Regionalvinotheken, die eine breite Auswahl an Weinen eines Gebietes meist zu Ab-Hof-Preisen anbieten und auch an Wochenenden geöffnet sind. Sie ersparen die Voranmeldung beim Winzer und sind ideal für kurzfristig angesetzte „Beschaffungsaktionen" oder den abschließenden Weineinkauf, nachdem man mehrere Winzer besucht und sich ein Bild davon gemacht hat, was man nun wirklich einkaufen will.

Vinotheken und Fachmärkte

Da man natürlich nicht immer Zeit für lustige Landpartien mit Weinbegleitung hat, ist man oft darauf angewiesen, dass der Wein vom Land in die Stadt kommt. Vinotheken und Weinfachmärkte bieten hier reichlich Auswahl und meist auch eine kompetente Beratung – was natürlich seinen Preis hat. Die klassische Vinothek war früher meist eine eher dunkle Höhle, in der ein Weinfreak, der sein Hobby zum Beruf gemacht hatte, das verkaufte, woran er persönlich glaubte. Diese Institutionen gibt es natürlich nach wie vor, und wer erst einmal die Hemmschwelle überwunden hat, das Lokal zu betreten, darf sich zunächst über eine liebevolle Betreuung und Heranführung an das Thema freuen, um dann mit einem Wein von dannen zu ziehen, der perfekt zu Charakter und Brieftasche des Kunden passt. Zunehmend treten aber – einzeln und in Ketten – so genannte Weinfachmärkte in Erscheinung. Hell, modern gestylt und mit weit geöffneten Türen präsentieren sie das Thema Wein als ein für jedermann und -frau leicht zugängliches. Sie sind eine Art Mini-Supermarkt mit optionaler Fachberatung – wenn diese gewünscht wird. Oft kann man hier auch einen guten Happen essen und dazu jene Weine trinken, von denen man später vielleicht eine oder mehrere Flaschen mit nach Hause nimmt.

Die Supermärkte

Lange Zeit war es unter Menschen, die sich selbst als Weinkenner apostrophieren, verpönt, Weine im Supermarkt zu kaufen. Verständlich, denn das Angebot beschränkte sich großteils auf billige und qualitativ einfachste Handelsware aus dem In- und Ausland, mit einem Beaujolais und – in besseren Märkten – einem Châteauneuf-du-Pape als absolute Highlights. Inzwischen hat sich hier viel geändert. Das Sortiment der großen Handelsketten hat eine große Spannweite, von einfachen bis zu qualitativ hochwertigen Weinen, und die Präsentation ist dem Thema entsprechend stilvoll und gepflegt – nur mit der Fachberatung hapert es nach wie vor weitgehend. Fazit: Es ist keine Schande, seinen Wein im Supermarkt zu kaufen, allerdings ist man dabei auf das System „trial and error" angewiesen; also immer erst einmal eine Flasche kaufen und erst wenn diese den häuslichen Qualitätstest positiv absolviert hat, für Nachschub sorgen.

Weinversand und Internet

Die bequemste Art der Weinbeschaffung bieten der Versandhandel und das Internet. Man wählt bequem und in Ruhe zu Hause aus, bestellt via Telefon, Fax oder E-Mail und wenige Tage später trägt der Postbote oder ein Zusteller den flüssigen Nachschub für Kühlschrank und Keller bis zur Haustür. Ohne Zweifel hat der Wein-Versandhandel seine Vorzüge, wozu neben der Zeitersparnis teilweise sogar das Rückgaberecht zählt, falls sich der Gaumen einmal beleidigt zeigen sollte. Ein gravierender Nachteil des Systems wird aber auch dadurch nicht wettgemacht: Man kann den Wein nicht verkosten, bevor man ihn kauft, und die Mühe, erst einmal eine Probeflasche zu bestellen um dann über weitere Orders nachzudenken, tut sich wohl kaum jemand an, zumal dabei die Gefahr besteht, zu verdursten, noch ehe die rettende Zwölferkiste eintrifft. Für Menschen, die gerne alles zum besten Preis kaufen, bieten Versandhandel und Internet dafür ein weites Betätigungsfeld: Mit Hilfe von Katalogen und Web-Sites findet man schnell heraus, wo ein bestimmter Wein am günstigsten zu erstehen ist. Allerdings: Wunder sind auch hier eher selten ...

Weine richtig lagern

Es macht einen großen Teil der Faszination von Wein aus, dass er mit dem Alter immer besser werden kann. Voraussetzung dafür ist allerdings eine richtige Lagerung.

Immer wieder werde ich gefragt, ob es Sinn macht, Weine länger zu lagern und welche dafür überhaupt in Frage kommen. Grundsätzlich kann ich die Frage nach der Sinnhaftigkeit der Weinlagerung nur mit „Ja" beantworten. Gründe dafür gibt es mehrere. Der naheliegendste ist es, für jeden Fall – vom Fläschchen Rotwein, das man sich am Abend vor dem Kaminfeuer oder Fernseher gönnen will bis zum überraschenden Besuch von Freunden, die dann gleich zum Essen bleiben – die passende Flasche griffbereit zu haben. Aber bei einem lebendigen Produkt wie dem Wein, der sich auch in der Flasche weiterentwickelt, steht der profane Aspekt der Lagerhaltung sicher nicht im Vordergrund: weit spannender ist das Versprechen, nach einigen Jahren Lagerung eine Flasche zu öffnen, deren Inhalt sich verwandelt und –

wenn es der richtige Wein ist – verbessert hat. Und schließlich will man bei manchen Weinen einfach sicherstellen, dass man auch dann noch auf sie zurückgreifen kann, wenn sie schon längst vom Markt verschwunden sind. Ein möglicher Anlass dafür ist die Geburt eines Kindes. Man legt einige Flaschen oder Kisten eines besonderen Weines seines Geburtsjahrgangs beiseite, um sie dann – viele Jahre später – bei einer besonderen Gelegenheit gemeinsam mit Genuss zu trinken.
Das führt natürlich zur Frage, ob Weine wirklich zwanzig und mehr Jahre gelagert werden können. Sie können auf jeden Fall – und manche werden dabei sogar noch besser.

Weine für Jahrhunderte

Fruchtige Weißweine wie Riesling, Sauvignon blanc, Muskateller oder leichter Pinot blanc sind für eine lange Lagerung nicht geeignet und sollten innerhalb von zwei bis drei Jahren getrunken werden. Natürlich haben große Rieslinge das Potenzial, steinalt zu werden, allerdings entwickeln sie nach einigen Jahren einen eigenwilligen Petrolton, den Kenner angeblich mögen; für mich einer jener Fälle, wo ich es vorziehe, ein Wein-Liebhaber zu sein ... Länger lagerfähig sind im Barrique ausgebaute Chardonnays, die bis zu zehn Jahre – in Ausnahmefällen auch noch länger – Freude machen können, aber auch kräftige Grüne Veltliner, die gegenüber dem Riesling den Vorteil haben, dass sie im Alter keine unangenehmen Nebentöne entwickeln. Komplexe Rotweine gewinnen durch einige Jahre im Keller auf jeden Fall. Vor allem wuchtige Cabernet Sauvignons, Blaufränkische, Syrahs oder Rotweincuvées werden dadurch runder, harmonischer und komplexer im Duft und Geschmack. Sie können bis zu 20 Jahre – in Ausnahmefällen auch länger – gelagert werden. Fast unbegrenzt haltbar sind die Hochprädikatsweine vom Eiswein über den Ausbruch bis zur Trockenbeerenauslese sowie alle mit Alkohol verstärkten Weine wie Jahrgangs-Port oder Madeira. Der älteste Madeira, den ich je gekostet habe, stammte aus dem Jahr 1795 – damals hat immerhin Napoleon noch gelebt. Und er war tatsächlich noch trinkbar, wobei mir der jugendliche 1850er doch weit besser geschmeckt hat ...

Wo der Wein sich wohl fühlt

Glücklich ist, wer für die Weinlagerung den perfekten Keller zur Verfügung hat – den es aber im wirklichen Leben nach meiner Erfahrung nur selten gibt. Entweder er ist kühl und dafür so feucht, dass die Etiketten binnen kürzester Zeit verschimmeln, oder er ist trocken aber dafür zu warm. Die brauchbarste Methode um Etiketten vor dem Verrotten zu schützen, ist übrigens eine Behandlung mit Klarlack, Haar- oder Schuh-Imprägnierspray, der auf dem Papier einen dünnen Schutzfilm bildet. Sind die Etiketten bereits zu stark beschädigt, beschriftet man die Flaschen am besten mit einem Gold- oder Silberstift.
Generell gilt: Je kühler ein Keller ist, desto langsamer entwickelt sich der Wein, wobei Temperaturen zwischen zehn und siebzehn Grad ideal sind. Wichtig ist, dass die Weine keinen kurzfristigen, großen Temperaturschwankungen und keinen Erschütterungen ausgesetzt sind. Außerdem sollten sie im Dunkeln lagern, da die UV-Strahlung eine schnellere Alterung herbeiführt. Weinflaschen mit Naturkorken werden immer liegend gelagert – durch die Feuchtigkeit bleibt der Kork elastisch und verschließt die Flasche perfekt. Für Flaschen mit Alternativverschlüssen wie Glasstöpsel oder Schraubverschluss gilt das natürlich nicht; allerdings gibt es hier auch noch wenig Erfahrung mit den Auswirkungen einer Langzeitlagerung. Hat man keinen Keller zur Verfügung und will die Weine nicht unbedingt im Stauraum unter dem Bett lagern, sind Weinklimaschränke eine zwar kostspielige aber dafür praktische und professionelle Alternative. Hier ist der Lagerraum zwar begrenzt, dafür haben die Weine durch unterschiedliche Klimazonen immer gleich die optimale Serviertemperatur.

Wie man den Wein bettet ...

Für die Lagerung von Weinen im Keller bietet der Handel eine Vielzahl von Systemen – vom einfachen Haushaltsregal aus Holz bis zum aufwändigen Hohlziegel-System. Letztlich alles eine Frage von Geschmack und Geldbörse. Ich selbst setze auf eine eher kostengünstige Variante aus aufgestapelten Mauerziegeln mit quer eingeschobenen Brettern und investiere dafür mehr in den Inhalt der Regale. Angenehm sind viele Unterteilungen – für Weine, von denen man nur einige, wenige Flaschen besitzt – und ausreichend Höhenabstand, damit der Blick auf das Etikett frei bleibt. Ist das nicht möglich, helfen auch kleine, am Regal oder einer Flasche befestigte Kärtchen, die darüber Auskunft geben, was sich in den Fächern befindet, ohne dass man dafür jedes Mal eine Flasche herausziehen muss. Wer immer genau wissen will, was er im Keller hat und wo es sich befindet, ist mit einem Kellerbuch gut beraten. Hier werden alle Ein- und Ausgänge vermerkt und eventuell auch Einträge gemacht, wie die getrunkenen Flaschen gemundet haben. Für Technik-Freaks gibt es eigene Computerprogramme zur Weinkeller-Verwaltung, die aber für meinen Geschmack nur Sinn machen, wenn die Zahl der gelagerten Weine in den vierstelligen Bereich geht...

Der richtige Zeitpunkt

Wie viele Weine man sich tatsächlich in den Keller legt, hängt neben den finanziellen Möglichkeiten vor allem von den eigenen Trinkgewohnheiten ab. Es sei denn, man sieht Wein auch als Geldanlage – aber das ist eine Sache für echte Profis. Ich kaufe von einem Wein meist nicht mehr als sechs Flaschen. Denn wie gut er auch sein mag, ist es doch immer wieder spannend, etwas Neues zu verkosten. Wann ein Wein die optimale Trinkreife erreicht hat, erfährt man entweder durch eifriges Studium von Fachzeitschriften, oder – weit genussvoller – durch Verkosten der eigenen Bestände. Präsentiert sich ein Wein bereits voll auf der Höhe, sollte man ihn innerhalb der nächsten ein bis zwei Jahre austrinken. Denn nichts ist betrüblicher, als eine Flasche, der man deutlich anmerkt, dass sie schon bessere Zeiten erlebt hat.

Der Wein und das Essen

Essen und Trinken hält Leib und Seele zusammen! So lautet ein altes Sprichwort, das nichts von seiner Gültigkeit verloren hat. Tatsächlich gehören Wein und Speisen untrennbar zusammen, sind sie doch zwei, die sich lieben, ergänzen und fördern.

Guter Wein und gutes Essen sind nicht nur ein Ausdruck von Lebens- und Genusskultur, sie ergänzen sich auch geradezu perfekt. Die entscheidende Frage ist, welcher Wein zu welchem Gericht passt. Dazu wurden schon viele Regeln aufgestellt, zahlreiche dicke Wälzer verfasst und ein ganzer Berufsstand gründet sogar seine Existenz darauf: Der des Sommeliers oder Weinkellners. Da kann man schon Respekt bekommen – insbesondere, wenn man bedenkt, dass es bei der Kombination von Weinen und Speisen ja tatsächlich fast unbegrenzte Variationsmöglichkeiten gibt. Im Grunde geht es darum, sich für einen Moment vorzustellen, wie das Gericht und der dazu ins Auge gefasste Wein schmecken könnten – und auszuloten, ob sich daraus ein harmonisches Ganzes ergibt. Natürlich spielt dabei Erfahrung eine wichtige Rolle, aber keine Angst: Auch wenn der Wein zu einem Gericht vielleicht nicht die beste Wahl ist, so kann man in Wahrheit bei Berücksichtigung einiger einfacher Regeln nicht viel verkehrt machen. Und schließlich: Der eigene Geschmack entscheidet.

Der Wein vor dem Essen

Doch der Wein spielt nicht nur als Begleiter der fertigen Speise eine wichtige Rolle: Mit dem Aperitif – gängig sind Schaumweine vom Frizzante über Sekt bis Champagner, leichte, duftige Weine wie der Muskateller, ein Glas Pils-Bier oder ein trockener Sherry – bereitet man sich auf kommende Genüsse vor, und auch in der Küche hat der Wein ein gewichtiges Wörtchen mitzureden. Er bildet die Grundlage für viele Gerichte von der Weinsuppe über den Coq-au-Vin bis zum Burgunderbraten, verfeinert so manchen Klassiker wie das Rieslingbeuscherl und ist ein essentieller Bestandteil von Fonds und Saucen. Bei der Qualität der dafür verwendeten Weine sollte man nicht knausrig sein: Man muss zwar nicht gleich seinen einzigen Mouton Rothschild opfern um den Rindsbraten abzulöschen, aber generell gilt: Je besser der Wein, desto besser die Sauce. Dabei sollte man darauf achten, dass Weißweine, die zum Kochen verwendet werden, keine zu hohe Säure und Rotweine keinen zu kräftigen Gerbstoff haben. Während sich nämlich Alkohol während des Kochvorgangs verflüchtigt, bleiben Säure und Gerbstoff erhalten und geben der Sauce ein unharmonisches, kantiges Geschmacksbild.

Einige Grundregeln

Natürlich kann man einen Rotwein zu einem Fisch in Rotweinsauce trinken. Aber das ändert nichts daran, dass die einfachen, traditionellen Regeln als Leitlinie nach wie vor brauchbar sind: Rotwein zu dunklem Fleisch wie Rind, Wild oder Wildgeflügel, leichter Weißwein zu Fisch und Vorspeisen, kräftiger Weißwein zu hellem Fleisch wie Kalb, Huhn oder Kaninchen. Bewegt man sich in diesem Grundraster, so kann gar nicht viel schief gehen. Aber natürlich lässt sich die Sache mit einigen Tipps noch differenzierter gestalten:

- Die Weinfolge sollte sich – wie die Menüfolge – vom Leichteren zum Kräftigeren bewegen.
- Die Intensität des Geschmacks von Wein und Speise sollte harmonieren. So wäre es schade, einen zarten, gedämpften Saibling mit einem Barrique-Chardonnay zu erschlagen, andererseits kann sich ein leichter, fruchtiger Rotwein neben einem kräftigen Wildgericht wie einem Wildschweinragout nicht behaupten.
- Der Wein wird immer auf die dominierende Geschmackskomponente auf dem Teller abgestimmt. Das ist etwa beim Fleischgang meist das Fleisch, allerdings in Verbindung mit der Sauce.
- Die Harmonie der einzelnen Geschmackskomponenten, die von der Zunge wahrgenommen werden (bitter – sauer – salzig – süß) soll hergestellt werden. Während sich Säuren und Bitterstoffe aus Wein und Speise addieren, heben sich süße Geschmackseindrücke gegenseitig auf. Das bedeutet: säurearme Weine zu sauren Gerichten, und frische Weine mit hoher Säure zu säurearmen Speisen. Zu Gerichten, die einen salzigen Geschmack haben, sollte man säurearme Weine reichen, da das Salz den sauren Eindruck verstärkt.

Käse. Die Frage ob Weiß- oder Rotwein zu einem bestimmten Käse besser passt, ist meist Geschmackssache; während man früher fast durchwegs Rotweine empfohlen hat, ist heute ein Demokratisierungsprozess zugunsten der Weißweine eingetreten. Tatsächlich kann man aber zu vielen Käsen sowohl Weiß- als auch Rotweine trinken. Hier einige Empfehlungen:

Frischkäse: junge, spritzige und säurereiche Weintypen wie Grüne Veltliner, Rieslinge oder Welschrieslinge.

Junge und milde Weißschimmelkäse (Brie oder Camembert): kräftige, reife Weißweine wie Rieslinge im Smaragdbereich, aber auch leichte Rotweine wie junger, klassischer Zweigelt.

Reife Weißschimmelkäse/Rotschmierkäse: kräftige, erdige Weine wie Blaufränkische aus dem Burgenland, aber auch Barbera und Barbaresco aus dem Piemont sowie weiße Spät- und Auslesen.

Milde Schnittkäse (Butterkäse): leichte, einfache Weiß- oder Rotweine vom Grünen Veltliner bis zum Blauen Portugieser.

Reife, aromatische Schnittkäse (Tilsiter oder Appenzeller): kräftige Weine wie Blaufränkische, Weiße Burgunder, Veltliner oder Chardonnay.

Junge Hartkäse (Emmentaler oder Bergkäse): trockene, fruchtige Weißweine wie Veltliner oder Weißburgunder, oder mittelkräftige Rotweine wie Pinot noir.

Reife, aromatische Hartkäse: trockene Spätlesen vom Riesling, Chardonnay oder Weißburgunder, aber auch kraftvoll-reife Rotweine.

Blau- und Grünschimmelkäse (Roquefort oder Gorgonzola): Süßweine wie Auslesen, Beerenauslesen oder Portwein.

Sauermilchkäse (Quargel oder Graukäse): Bier oder rassige, unkomplizierte Weine wie steirischer Schilcher oder Welschriesling.

Desserts. Generell werden zu Desserts oft Süßweine angeboten. Allerdings sind Trockenbeerenauslesen meist zu süß – mehr Harmonie erzielt man mit Beerenauslesen oder mitunter Eisweinen. Schokolade-Desserts harmonieren am besten mit Süßweinen aus blauen Trauben wie Schilfwein aus Pinot noir oder Zweigelt, Portwein, süßem Sherry oder dem berühmten südfranzösischen Banyuls. Zu Desserts mit Obst und Früchten ist dagegen ein erfrischender, junger Schaumwein der perfekte Begleiter.

Schwierige Fälle

Suppen. Zu Suppen wird – mangels Harmonie – zumeist kein Wein getrunken. Ausnahmen sind etwa Fischsuppen (leichter bis mittelkräftiger Weißwein) oder gebundene Suppen, die je nach Inhalt – insbesondere wenn sie mit Wein verfeinert wurden – auch eine Weinbegleitung vertragen.

Salate. Sowohl Essig als auch die Bitterstoffe bestimmter Blattsalate sind Feinde des Weins. Sicher kann man zu manchen Salaten wie Fleisch- oder Käsesalat auch Wein trinken, eine großartige Harmonie wird sich aber kaum einstellen. Ausnahme sind Salate, die eigentlich keine sind, da sie nicht mit Essig mariniert werden; zu einem Waldorf Salat etwa lassen sich ohne weiteres kräftige Weißweine kombinieren.

Exotische Gewürze. Exotische Gewürze wie Curry, Kardamom oder Ingwer lassen selten Harmonie mit einem Wein aufkommen. Eine der wenigen Rebsorten, mit denen sich brauchbare Ergebnisse erzielen lassen, ist der Gewürztraminer. Leichter geht es freilich in vielen Fällen – insbesondere der asiatischen Küche – mit Bier oder noch besser mit grünem Tee.

Leider nein ... Bestimmte Gemüse wie Spinat, Mangold oder Rhabarber, Eiergerichte, Sauce Vinaigrette, Schlagobers oder Eis verändern den Geschmack des Weines so stark, dass es schade wäre, ihn dazu zu trinken ...

Wein & Zubehör

Natürlich ist beim Weintrinken der Wein immer die Hauptsache. Doch zum perfekten Genuss gehört auch einiges an Zubehör vom passenden Glas bis zum funktionierenden Korkenzieher.

Mein großer englischer Kollege Hugh Johnson, der wohl berühmteste Weinbuchautor der Welt, schrieb einmal: „Die Karriere jedes Weintrinkers beginnt mit der Anschaffung eines Korkenziehers!“ Weise Worte, aber damit steht man auch schon vor der ersten Frage: Welcher Korkenzieher? Obwohl es für den Genuss eines guten Glases Wein streng genommen nicht sehr viel braucht – außer dem Glas, der Flasche und, falls es sich nicht um eine mit Schraubverschluss handelt, einem Instrument um den Stoppel zu entfernen – gibt es am Markt ein weit verästeltes Angebot an Wein-Zubehör. Davon ist wenig wirklich notwendig, vieles nützlich und manches einfach nur schön – deswegen aber nicht unbedingt überflüssig. Denn gerade im Unnützen liegt jener feine Hauch von Dekadenz, mit dem sich Weinfreaks nicht ungern umgeben.

Der Kork muss raus

Es gibt eine unglaubliche Vielfalt von Korkenziehermodellen und -prinzipien vom raffiniert ausgeklügelten Hebelsystem bis zum simplen „Butterfly“ oder dem noch archaischeren Schweizer Offiziersmesser mit Spiralkorkenzieher. Mein persönlicher Liebling ist der klassische Kellnerkorkenzieher, idealerweise mit zweistufiger Abstützvorrichtung und teflonbeschichteter Spindel: Der kostet nicht viel und mir ist noch kein Korken begegnet, der ihm widerstehen hätte können. Das Handling erfordert allerdings eine gewisse Übung. Einfacher geht es mit dem Screwpull. Ein an sich geniales Prinzip, bei dem die Spindel den Kork durchbohrt und diesen beim Weiterdrehen besonders sanft aus dem Flaschenhals zieht. Entwickelt hat dieses Patent der texanische Erfinder Herbert Allen – und zwar für seine Frau, die darüber geklagt hatte, dass sie mit anderen Korkenziehern immer Probleme hatte, den Stoppel aus der Flasche zu kriegen. Das System wurde inzwischen von anderen Herstellern oftmals kopiert und teilweise auch verbessert, denn gerade das Screwpull-Taschenmodell hat in puncto Langlebigkeit durchaus auch seine Schwächen.

Eine glasklare Sache

Wichtigste Voraussetzungen für ein geeignetes Weinglas sind Klarsichtigkeit, ein langer Stiel, ausreichendes Volumen und gutes Handling. Die Klarsichtigkeit des farblosen Glases gewährleistet eine unbeeinflusste Beurteilung der Farbe, ein längerer Stil verhindert die Erwärmung des Weines und allfällige Geruchseinflüsse durch die Hand, und ausreichendes Volumen lässt das Schwenken des Weines zu. Was die Qualität angeht, so gibt es inzwischen viele wirklich hochwertige, maschinengefertigte Gläser. Sie sind robuster und damit alltagstauglicher als die edlen aber filigranen mundgeblasenen Kelche. Diese stellen dafür das Nonplusultra in Sachen Geruchs- und Geschmackserlebnis dar.

Dass **unterschiedliche Glasformen** den Geruch und auch den Geschmack von Wein verändern, ist mittlerweile schon fast eine Binsenweisheit. Als Erster verfolgte der österreichische Glaspionier Klaus Josef Riedel diesen Gedanken und produzierte individuelle Glasformen für verschiedene Weine. Verwendete man bis dahin oft noch schwere, bunte oder geschliffene Bleikristallkelche, so hieß die Devise in der Glasherstellung nun: „Form follows function".

Seither wurden durch verschiedene Hersteller für eine Vielzahl von Weintypen und Rebsorten spezielle Gläser entwickelt, die ein optimales Geruchs- und Geschmackserlebnis gewährleisten.

Der österreichischen Firma Wine Star, die uns die Abbildungen ihrer Glasserie „Classic" für dieses Buch zur Verfügung gestellt hat, ist es gelungen, die Herstellungstechnologie weiter zu verfeinern: Das Glas wird bleifrei und daher umweltfreundlich hergestellt und erfreut sich durch ein neues Härteverfahren der Oberfläche besonders hoher Bruchfestigkeit.

Glasformen der Serie Wine Star „Classic"

1 **Junger Weißwein.** Die Frucht, Spitzigkeit und zarte Säure junger, leichter Weißweine (z. B. Riesling, Veltliner, Welschriesling, Muskateller) gelangt auf der Zungenspitze am besten durch den leicht nach außen gebogenen Glasrand dieses Jungweinkelches zur Geltung. Das Glas ist besonders schmal geformt, damit sich die Duftstoffe nicht zu schnell verflüchtigen.

2 **Chardonnay/Universal-Glas.** Vor allem Weißweine aus der Burgunder-Familie (Chardonnay, Pinot blanc, Pinot gris), aber auch reife Rieslinge oder Grüne Veltliner können in diesem Glas kräftig durchatmen und ihr gesamtes Duft- und Geschmacksvolumen entfalten. In dieser Form fühlen sich auch mittelgewichtige Rotweine sehr wohl.

3 **Bordeaux.** Die klassisch-schlanke Kelchform ist ideal für kraftvolle und komplexe Weine, und hilft, deren Tannine rund und harmonisch erscheinen zu lassen. Cabernet Sauvignon und alle kräftigen Rotweincuvées fühlen sich darin wohl. Für große Weine oder festliche Anlässe greift man zu diesem stattlichen Bordeaux-Pokal. Doch Vorsicht: Besonders bei sehr alten Weinen verflüchtigen sich Duft und Geschmacksstoffe oft so schnell, dass sie in einem kleineren Glas besser „konserviert" werden.

4 **Burgunder.** Weine, die im Glas eine sehr starke Entwicklung erleben, benötigen eine besonders bauchige Glasform. Durch die große Oberfläche des Weinspiegels findet ein starker Luftaustausch statt, der Wein kann kräftig „atmen". Dadurch entfalten sich die feinen, beerenfruchtigen Aromen und werden durch die oben verengte Glasform gebündelt an Nase und Gaumen weitergegeben.

5 **Shiraz.** Die vor allem an der Rhône und in Australien beheimatete Rebsorte gewinnt auch in Österreich zunehmend an Beliebtheit. Die hohe, schlanke Glasform unterstreicht vor allem die

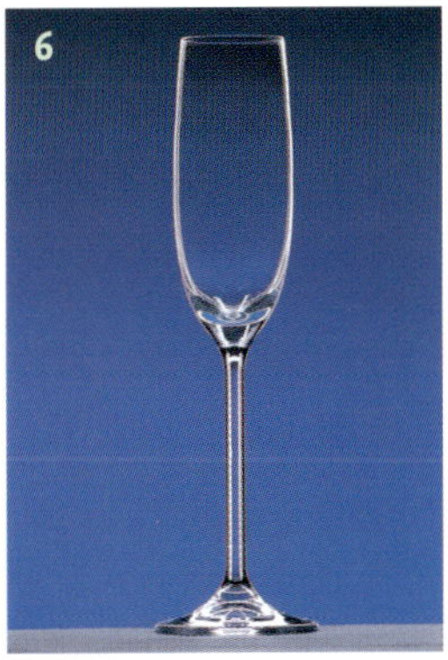

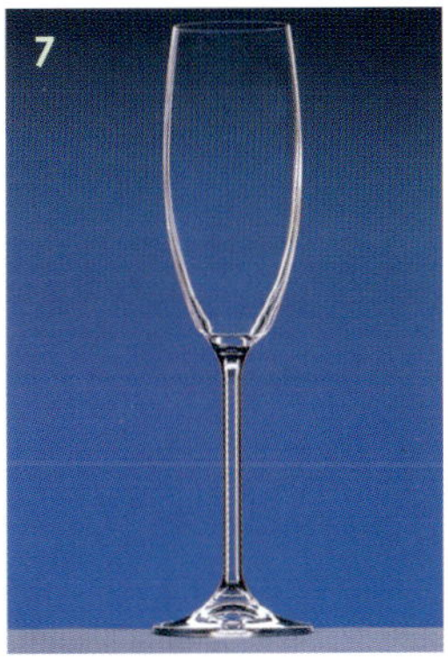

Fruchtigkeit der Weine und betont deren Konzentration und Vielschichtigkeit. Das Glas ist auch für alle anderen kräftigen Rotweine sehr gut geeignet.

6 **Schaumwein/weiß:** Für das prickelnde Mousseux von Sekt, Frizzante etc. empfiehlt sich die klassische Flötenform, die vor allem Frucht und Frische, aber auch das prickelnde Erlebnis dieser Schaumweine hervorhebt.

7 **Champagner.** Dieser etwas weitere Kelch mit leicht nach innen verlaufender Glaswand bringt sowohl das feine Mousseux als auch die vielschichtigen Aromen von kräftigen, reifen Sekten und Champagner zur Geltung.

8 **Edelbrände.** Der Duft und die feinen Aromen von Edelbränden werden durch dieses unten bauchige und oben kaminförmige Glas optimal freigesetzt und fokussiert an Nase und Gaumen weitergegeben.

Grundsätzlich sollte man auf dem gedeckten Tisch je ein Glas für Weißwein, Rotwein und Wasser vorfinden; Gläser für Sekt, Aperitif oder Digestif werden meist gesondert eingestellt. Ist man mit den vorgefundenen Gläsern nicht zufrieden – etwa weil das Volumen des Weißweinglases für den ins Auge gefassten Wein zu gering erscheint – so ist es nicht unschicklich, sich nach anderen Gläsern zu erkundigen oder die Gläser am Tisch zu tauschen. Kräftige Weißweine entwickeln sich oft besser, wenn man sie in das für den Rotwein vorgesehene Glas schenkt, und so mancher Prädikatswein zeigt seine wahre Größe erst, wenn er im voluminösen Chardonnay-Glas geschwenkt wird. Insgesamt sollte man sich jedenfalls nicht sklavisch an vorgegebene „Glasnormen" halten, denn Überraschungen sind immer möglich.

Karaffe, Kühler & Co.

Schöne Glaskaraffen sind nicht nur ein Schmuck für jeden festlich gedeckten Tisch, sondern auch hilfreich, wenn es um das Belüften von verschlossenen Weinen und das Trennen des Weines vom Depot geht. Auch hier gibt es natürlich mundgeblasene Edel-Produkte, aber im Gegensatz zu den Gläsern liegt der Unterschied hier nur in der Optik. Grundsätzlich erfüllen auch einfache, formschöne Karaffen ihren Zweck, wobei ich es ganz praktisch finde, zumindest eine mit einem geschliffenen Glasstöpsel zu besitzen – falls ein bereits dekantierter Wein tatsächlich einmal nicht ausgetrunken werden sollte. Befindet er sich noch in der Flasche, gibt es für die Aufbewahrung jede Menge schicke Flaschenverschlüsse, aber auch Profi-Patente wie den Vacu-Vin. Hier wird in der

Flasche ein Vakuum erzeugt, damit der Wein weniger Luftkontakt hat und langsamer oxidiert. Grundsätzlich gilt freilich, dass man eine geöffnete Weinflasche in längstens zwei bis drei

Tagen ausgetrunken haben sollte.
Ein wesentliches Zubehör, das den Weingenuss direkt beeinflusst, ist der Weinkühler. Stilvoll und schnell kühlt man – vor allem Schaumweine – im Sektkübel mit Eiswasser; das Angebot reicht hier von Ikea bis zu schwerem Sterling-Silber. Ebenfalls praktisch sind Weinkühler aus Ton. Sie müssen zuerst mit Wasser eingeweicht werden und kühlen dann durch die Verdunstungskälte. Weniger schön sind die vielfach gebräuchlichen, doppelwandigen Plexiglas-Kühler, die nach dem Kältesee-Prinzip funktionieren: Die Kühle wird von der bereits kalten Flasche abgegeben und bildet den „Kältesee", weil kalte Luft nach unten sinkt. Soll es einmal ganz schnell gehen, hilft eine im Eisfach gelagerte Kühlmanschette, am besten mit Klettverschluss, damit man sie an jede Flaschenform anpassen kann. Sie kühlt den Wein in wenigen Minuten ab und hält ihn längere Zeit auf einer guten Trinktemperatur.
Nicht unerwähnt bleiben darf natürlich das – abgesehen vom Wein selbst – wohl perfekte Geschenk für Weinfreunde: Bücher, die von ihrer Lieblingsbeschäftigung handeln! Davon findet man sowohl im Buchhandel als auch in gut sortierten Vinotheken jede Menge, aber ich lasse es mir dennoch nicht nehmen, ihre Zahl gelegentlich durch eine eigene Publikation noch weiter in die Höhe zu treiben.
Weitere nützliche Accessoires sind schließlich noch Ausgießhilfen wie der simple und praktische „Drop-Stop", Folienschneider zum Entfernen der Kapsel oder ein Wein-Thermometer. Mit Patenten für's Blitz-Dekantieren wie einem Weinquirl oder einem Ausgießer, der den Wein mit Sauerstoff versprudelt, konnte ich mich hingegen bislang nicht anfreunden. Was vielleicht daran liegt, dass ich es beim Weintrinken eigentlich niemals eilig habe.

Die Weinstile

Einfach oder komplex, leicht oder schwer, klassisch oder im Barrique ausgebaut, süß oder trocken – die Vielfalt der Weintypen ist groß und auf den ersten Blick verwirrend. Eine grobe Einteilung nach Weinstilen erleichtert dabei die Orientierung.

Primeurs

Nach dem Vorbild des französischen Beaujolais nouveau, dessen „Ankunft" jedes Jahr im November mit großem medialen Trara gefeiert wird, werden heute in vielen Anbaugebieten der Welt Jungweine gekeltert, die – durch forcierte, schnelle Ausbauweise – oft schon drei, vier Wochen nach der Weinlese in der Flasche sind. In Österreich findet man in dieser Kategorie etwa den Steirischen Junker, den Jungen Wiener, den Primus Pannonikus und überhaupt – den Jungen Österreicher. Diese Weine sollen frisch, fruchtig, und vor allem rasch ausgetrunken werden.

Leichte, trockene Weißweine

Sie sind eine Domäne der österreichischen Weinbauregionen. Das gemäßigte Klima ermöglicht vor allem in der Steiermark, Wien und Niederösterreich, aber auch Teilen des Burgenlandes Weine mit viel Frucht und Frische, aber wenig Alkohol. Einerseits zählen dazu die besonders duftigen Sorten wie Welschriesling, Gelber Muskateller oder auch leichte Rieslinge, die sich besonders gut als Aperitif eignen. Eher würzig-aromatisch präsentieren sich Grüne Veltliner oder Weißburgunder. Sie sind universelle Speisenbegleiter, von der Brettljause über leichte Vorspeisen bis zu Süßwasserfischen.

Kräftige Weißweine – klassisch und im Barrique

Paradebeispiele für kräftige Weißweine, die klassisch – also im Stahltank oder großen Holzfass – ausgebaut werden, sind die reifen Rieslinge und Veltliner aus der Wachau, dem Krems- oder Kamptal. Sie haben ein beachtliches Alterungspotenzial und vertragen sich gut mit Fischgerichten, Geflügel oder anderem hellen Fleisch. Ebenfalls meist klassisch ausgebaut werden die Traminer der Steiermark, die meisten Weißburgunder und der Rote Veltliner. Holzsüße, Rösttöne und Karamelnoten des Barriques harmonieren mit kräftigem Chardonnay sowie – in dosierter Form – mit Sauvignon blanc, Grauburgunder und sogar Grünem Veltliner. Diese mächtigen und komplexen Weine brauchen meist zwei, drei Jahre Reifezeit in der Flasche, um die Holzaromen optimal einzubinden.

Süßweine

Österreich und insbesondere das Burgenland ist ein wahres Süßwein-Mekka. Die vor allem rund um den Neusiedlersee verbreitet auftretende Botrytis sorgt für eine hohe Zuckerkonzentration in der Traube und ermöglicht das Keltern von Hochprädikatsweinen wie Beeren- und Trockenbeerenauslesen. Die süßesten von ihnen mit Zuckergradationen bis zu 300 Gramm pro Liter trinkt man am besten ohne Speisenbegleitung; weniger süße Vertreter harmonieren gut mit Blauschimmelkäse oder Schokoladedesserts. Ebenfalls zu den Süßweinen zählen die Eisweine aus Trauben, die im gefrorenen Zustand gelesen werden, und der Ruster Ausbruch, eine regionale Speziälität der alten Weinstadt am Neusiedlersee.

Roséweine

Nachdem Roséweine lange Zeit im Dornröschenschlaf dahindämmerten, erlebten sie in den vergangenen zwei, drei Jahren eine beachtliche Renaissance. Sie werden aus blauen Trauben gekeltert, wobei der Saft nur kurze Zeit auf den Beerenhäuten verbleibt und so nur ein wenig Farbe annimmt. Roséweine verbinden die Frische und Fruchtigkeit von Weißweinen mit der Aromatik, dem Körper und – zumindest ein wenig – dem Gerbstoff der Roten. Gut gekühlt sind sie nicht nur ein lustiges Sommergetränk für Garten und Terrasse, sondern passen auch ausgezeichnet zu vielen Gerichten der mediterranen Küche.

Leichte Rotweine

Früher trank man vor allem im Westen Österreichs gerne die hellfärbigen, leichten Vernatsch-Weine aus Südtirol, die zwar mittlerweile eher verpönt, aber immer noch das beste Getränk zur Speckjause sind. Hierzulande fallen in diese Kategorie Weine wie der Blaue Portugieser, der Zweigelt und der Blauburger. Als angenehme, leicht zugängliche Tischweine bereiten sie unkompliziertes Trinkvergnügen, sind aber nicht für eine lange Lagerung geeignet.

Kräftige Rotweine

Sie sind für viele Winzer die Renommierweine schlechthin und erzielen am Markt die höchsten Preise. Geeignete Rebsorten dafür sind Cabernet Sauvignon, Blaufränkisch, Syrah, Merlot, St. Laurent, Pinot noir (Blauburgunder) und – bei entsprechend geringen Erträgen – auch Zweigelt. Diese werden entweder reinsortig ausgebaut oder zu eine Cuvée verschnitten. Heute reifen die kräftigen Roten fast durchwegs im Barrique, wobei die Lagerzeit meist zwischen einem und zwei Jahren beträgt. Auch in die Flasche gefüllt vertragen sie noch einige Reifezeit, ehe sie als Begleiter zu Wild- und Schmorgerichten oder würzigem Käse auf den Tisch kommen.

Schaumweine

Zwischen billigem Frizzante und noblem Champagner erstreckt sich das weite Feld der perlenden Weine. In Österreich hat der Sekt eine lange Tradition. Er wird sowohl von Winzern als auch von großen Sekthäusern teilweise noch nach dem klassischen Handrüttel-Verfahren hergestellt. Ein Getränk für alle Gelegenheiten – frisch, fröhlich und kommunikativ.

Mit Alkohol verstärkte Weine

In Österreich wenig bekannt sind die mit Weingeist verstärkten Weine wie Port, Sherry oder Madeira, die – vom trockenen Sherry abgesehen – immer auch eine gewisse Süße aufweisen. Einer der großen Vorzüge dieser hauptsächlich zu Desserts oder Blauschimmel-Käse genossenen Tropfen ist ihre enorme Lagerfähigkeit.

Wein trinken im Restaurant

Zu einem gelungenen Essen im Restaurant gehört die passende Weinbegleitung. Wer ein wenig Know-how auf diesem Gebiet mitbringt, wird meist professioneller beraten und trinkt die besseren und passenderen Weine

Wein bestellen

Generell wird zuerst das Essen ausgewählt und dann der dazu passende Wein ausgesucht. Es kommt nur sehr selten vor, dass man zu einem wirklich außergewöhnlichen Wein die korrespondierende Speise wählt oder sogar vom Küchenchef kreieren lässt. Allerdings ist es in Restaurants gehobener Klasse üblich, zu Menüs gleich den entsprechenden Wein anzubieten. Wie gelungen diese Kombinationen sind, hängt nicht zuletzt von der Qualifikation und dem Geschmack des Sommeliers oder Wirts ab. Dabei steht es dem Gast natürlich frei, eine oder mehrere Positionen dieser Empfehlung zu verändern oder überhaupt andere Weine zum Menü auszuwählen, wenn er mit dem Vorschlag des Hauses nicht einverstanden ist oder eben eigene Vorstellungen hat.

Die richtige Reihenfolge

Die richtige Reihenfolge der getrunkenen Weine hängt mit dem Menü unmittelbar zusammen. Normalerweise beginnt man mit einem Aperitif – zumindest wird dieser angeboten. Er soll „den Magen öffnen“ und den Gaumen auf die kommenden Genüsse vorbereiten. Zudem hat man so ein wenig Zeit, um zu plaudern, auf die anderen Gäste zu warten oder in Ruhe die Speise- und Weinkarte zu studieren. Gängige Aperitifs sind Schaumweine aller Art, vom Prosecco und Frizzante über Sekt bis zum Champagner, wobei in den vergangenen Jahren – durchaus nicht nur in der Damenwelt – Mischgetränke mit Schaumwein und Fruchtmark oder -säften ziemlich hoch im Kurs stehen. Immer gut ist auch ein Pfiff Bier, idealerweise ein Pils, das mit seiner zartbitteren Hopfennote als Aperitif bestens geeignet ist. Ebenfalls ein echter Aufwecker für den Gaumen ist ein trockener (Fino) Sherry – einer der großen Aperitif-Klassiker. Nicht zu vergessen natürlich die zahlreichen Before-Dinner-Cocktails. Generell sollte ein guter Aperitif aber nicht zu süß und nicht zu alkoholisch sein.

Natürlich eignen sich auch leichte, fruchtige Weißweine wie Muskateller, Welschriesling oder Riesling, um ein Menü vorzubereiten oder zu eröffnen. In dieser Tonart geht es dann gleich weiter: Zur Vorspeise empfehlen sich leichte, trockene Weißweine mit animierender Säure und eher geringem Alkoholgehalt. Sie sollen die Speisen begleiten und den Gaumen erfrischen, aber nicht gleich überfordern.

Zur Suppe trinkt man entweder keinen Wein oder – wie etwa zur Fischsuppe oder manchen gebundenen Suppen – den Weißwein weiter, der gerade im Glas ist. Über kräftigere Weißweine zu Fisch, Terrinen oder ähnlichem arbeitet man sich schließlich zu den Roten vor, die in der Regel zum Hauptgang getrunken werden; jedenfalls dann, wenn es sich dabei um Braten, Wild oder dunkles Geflügel handelt.

Zum Käse bleibt man meist beim Rotwein, außer es handelt sich um einen Blauschimmelkäse: Dann ist ebenso wie zu vielen Desserts ein Süßwein die richtige Wahl.

Was in der Weinkarte steht

Schon am Beginn des Abends wird mit der Speise- auch die Weinkarte gereicht. Wenn nicht, sollte man danach verlangen. Sie sagt dem geübten Gast schon einiges über die Weinkultur des Hauses, in dem er sich befindet. Der Umfang sollte dabei der Klasse des Hauses entsprechen, wobei Weinkarten mit tausend und mehr Positionen auch den größten Kenner schlichtweg überfordern – schließlich kann er sich ja nicht mehrere Stunden in das Studium eines solchen Kompendiums vertiefen. Dennoch: Eine ausreichend bestückte und gut durchdachte Weinkarte, die für jedes Gericht auf der Speisekarte eine gewisse Variationsbreite an passenden Weinen anbietet, sollte in einem guten Lokal selbstverständlich sein. Wenn dann von den jeweiligen Weinen auch noch mehrere Jahrgänge auf der Karte stehen, bietet das nicht nur Gesprächsstoff beim Bestellen, sondern zeigt, dass dieser Weinkeller über die Jahre gewachsen und nicht rasch zusammengekauft worden ist. Zu den wesentlichen Informationen, die eine Weinkarte bieten sollte, gehört der Name des Produzenten und des Weines, die Herkunft, wenn vorhanden die Angabe der Lage oder einer Klassifizierung, der Jahrgang und ein Hinweis auf den Inhalt der Flasche, falls dieser von der Normalflasche mit 0,75 Liter abweicht. Eine kurze Weinbeschreibung, verbunden mit einer Speisenempfehlung kann bei der Weinbestellung ebenso hilfreich sein wie die Angabe des Alkoholgehalts. Der sagt zwar nichts über die Qualität eines Weines aus, aber es macht für die Wein-Planung eines Abends schon einen Unterschied, ob eine Flasche mit zwölf oder mit fünfzehn Prozent Alkohol auf den Tisch kommt. Keinen allzu guten Eindruck hinterlässt es, wenn man auf einer Weinkarte allzu oft das Wort „ausgetrunken“ liest. Ein engagierter Wirt oder Sommelier sollte seine Weinkarte stets auf dem neuesten Stand halten – schließlich will man als Gast ja nicht wissen, welche Weine es nicht gibt.

Der Umgang mit dem Sommelier

Der Sommelier ist für den Gast ein Berater, für den Wirt aber gleichzeitig ein Verkäufer. Dessen sollte man sich durchaus bewusst sein. Doch wenn man mit dem Weinkellner Klartext spricht und zu erkennen gibt, dass man selbst auch etwas von der Materie versteht, sollte einer gedeihlichen und genussvollen Kooperation nichts im Wege stehen. Man formuliert also ungefähr seine Wünsche – durchaus auch hinsichtlich der Preisgestaltung – und hört sich die Empfehlungen des Herrn der Kellerschätze an, denen man entweder folgt, oder die man nach seinen eigenen Vorstellungen ändert. Sätze wie „eigentlich sind alle unsere Weine gut“ sollte man dabei als Alarmsignal werten. Ein kompetenter Sommelier dagegen ist eine echte Hilfe, denn er kennt seinen Kellerbestand selbst am besten und hat normalerweise auch Erfahrung im Zusammenspiel der Weine mit den Kreationen seines Küchenchefs. Die glasweise Weinbegleitung eines Menüs bietet die Möglichkeit, an einem Abend etliche verschiedene Weine kennenzulernen: Allerdings sollten die Flaschen, aus denen ausgeschenkt wird, keine Ladenhüter und einigermaßen frisch geöffnet sein. Gelegentlich kommt es nämlich vor, dass Kellner den glasweisen Ausschank von Weinen als Möglichkeit der Restl-Entsorgung missverstehen.

Die gekonnte Reklamation

Solange Weinflaschen mit Korken verschlossen werden, wird es auch immer wieder einen Grund zur Beanstandung von Weinen geben. Ein klar erkennbarer Korkfehler ist dabei sowohl für den Gast als auch für den Kellner keine besondere Herausforderung: Der Wein wird selbstverständlich ersetzt. Kniffliger ist es bei schleichenden, schwer erkennbaren Korktönen. Man sollte sich in solchen Fällen erst mit seinen Tischgenossen beraten, dann den Sommelier beiziehen – höflich, aber nicht unterwürfig. Wenn der Wein nicht in Ordnung ist, dann soll der Sommelier oder Wirt das auch wissen. Nur so hat er die Chance, richtig zu reagieren und den Gast trotz des aufgetretenen Problems zufriedenzustellen. Freilich gibt es auch Gäste, die reklamieren mit sekkieren verwechseln. Da liegt es dann im Ermessen des Wirts, wie lange er sich an den Spruch hält: „Der Gast hat immer recht!“

Den Wein beschreiben

Wenn Weinexperten einen Wein beschreiben, kann für den Laien schon einmal der Eindruck entstehen, als handle es sich dabei um eine Geheimwissenschaft. Doch mit dem Wissen um einige Grundcharakteristika der verschiedenen Rebsorten fällt das Verstehen gleich viel leichter.

Einen Veltliner als würzig oder pfeffrig zu beschreiben ist ebenso selten verkehrt, wie einem Riesling eine schöne Steinobstnote in der Nase zu attestieren oder den Sauvignon blanc für seinen ausgeprägten Duft nach Schwarzen Ribiseln, Stachelbeeren oder Brennesseln zu loben. Als kleine Hilfestellung finden Sie hier die wichtigsten Rebsorten und ihre jeweiligen Duft- und Geschmacksnoten:

Weißweine

Chardonnay – Ananas, Banane, Äpfel, Birnen, Zitrusfrüchte, Karamel, Vanille, Butter.

Grüner Veltliner – würzig, pfeffrig, fruchtbetont; im Alter Brot, Nüsse, Mandeln.

Muskateller – grüne Äpfel, Holunderblüten, Zitrusfrüchte.

Pinot blanc (Weißer Burgunder) – Nüsse, Äpfel, grünes Laub, bei hoher Reife Butter.

Riesling – Pfirsich, Marille (Aprikose), grüne Äpfel, Quitten, Limonen; im Alter Duft nach Petroleum (Benzin).

Sauvignon blanc – Schwarze Johannisbeeren, grüne Paprika, frisch geschnittenes Gras, grüne Blätter, Stachelbeeren, exotische Früchte; Neue-Welt-Weine: gekochter Spargel.

Traminer/Gewürztraminer – Rosenblüten, Gewürze, Gras, Litschis.

Welschriesling – Stachelbeeren, grüne Äpfel, saure Drops, Johannisbeeren.

Rotweine

Blaufränkisch – Brombeeren, Gras, mineralische Bodentöne, Moos, Pilze, manchmal Schokolade.

Cabernet Sauvignon – Schwarze Johannisbeere, Dörrobst, Schokolade, grüner Paprika, Zedernholz/Zigarrenkiste, Tabak.

Merlot – Beeren wie Kirsche, Johannisbeere etc., Zwetschken (Pflaumen), Gewürze.

Nebbiolo – (Rebsorte von Barbaresco, Barolo) Pflaumen, Teer (Goudron), Veilchen, dunkle Bitterschokolade.

Pinot noir (Blauer Burgunder) – Himbeeren, Walderdbeeren, Kirschen, Preiselbeeren, im Alter: Laub, Unterholz, Leder, Pilze etc.

Sangiovese – (Hauptrebsorte von Chianti, Brunello, Vino Nobile di Montepulciano) Weichsel, schwarze Kirschen, Gewürze, Tabak, Rauch, Kräuter.

St. Laurent – Kirschen, Weichseln, Kaffee, Schokolade.

Syrah (Shiraz) – Schwarzer Pfeffer, Gewürze, Brombeeren, Oliven, Leder, Teer, manchmal Schokolade.

Zweigelt – Kirsche, Weichsel, verschiedene Beeren.

Wein und Gesundheit

Wein hat – in Maßen genossen – positive Auswirkungen auf die Gesundheit und das Wohlbefinden des Menschen und kann sich im Idealfall sogar als lebensverlängernder Jungbrunnen erweisen.

Dass Wein – in Maßen genossen – der Gesundheit nicht schadet, sondern sogar nützt, wird heute kaum noch von jemanden in Abrede gestellt. Die Erkenntnis ist aber gar nicht neu. Schon in der Antike schrieb man dem Wein heilkräftige Wirkung zu, und der diesbezügliche Spruch des griechischen Philosophen Plutarch (46 – 125 n. Chr.) ist bis heute überliefert geblieben und hat nichts von seiner Gültigkeit verloren: „Wein ist unter den Getränken das nützlichste, unter den Arzneien die schmackhafteste, unter den Nahrungsmitteln das angenehmste." Tatsächlich wurde Wein immer wieder als Medizin eingesetzt und unter anderem für seine desinfizierende aber auch für seine animierende Wirkung geschätzt. So soll Dr. Ignaz Semmelweis, der als Entdecker der Ursache des Kindbettfiebers in die medizinischen Geschichtsbücher eingegangen ist, einer glaubhaften Schilderung meines Hausarztes zufolge seinen Patientinnen eine Piccolo-Flasche Sekt verschrieben haben, wenn diese etwas blass und blutarm wirkten.

Man kannte also sehr wohl die eine oder andere positive Auswirkung des Rebensaftes auf den menschlichen Körper – ohne freilich genau über die Ursachen Bescheid zu wissen. Heute werden diese Wechselwirkungen durch eine Vielzahl von Studien und Forschungsarbeiten dargestellt, und man kann ohne weiteres sagen, dass die positiven Auswirkungen des Weinkonsums auf die Gesundheit wissenschaftlich erwiesen sind.

Ein Paradox, das keines war

Begonnen hat die Diskussion um Schaden und Nutzen des Weines mit der Entdeckung des so genannten „Französischen Paradoxons". Im Jahr 1988 zeigte eine Untersuchung, dass die Menschen im Süden Frankreichs weit seltener an Herzinfarkten oder Schlaganfällen starben und eine weit geringere Gefäßverkalkung (Arteriosklerose) aufweisen als die Nordeuropäer. Und das trotz ihrer guten, üppigen und durchaus nicht fettarmen Ernährung. Was zuerst paradox erschien – und übrigens auch für die Bewohner anderer Mittelmeerländer von Portugal bis Griechenland gilt – fand bald eine Erklärung. Die Ursache liegt in der mediterranen Ernährungsweise. Sie basiert auf viel Fisch (statt Fleisch), frischem Obst und Gemüse, Kohlehydraten (Brot, Nudeln), weniger tierischen und mehr ungesättigten Fetten (Olivenöl). Aber nicht zuletzt auch auf dem regelmäßigen Konsum von ein paar Gläsern Wein am Tag, der in Ländern wie Frankreich, Spanien oder Italien ganz selbstverständlich als Essensbegleiter und Teil der Alltagskultur angesehen wird.

Nach der Entdeckung dieses Phänomens sprossen einschlägige Studien wie die Schwammerln aus dem Boden und brachten unter anderem die Erkenntnis, dass Weißwein dem Roten in Sachen positive Auswirkungen auf die Gesundheit um nichts nachsteht. Selbst in den USA, wo eine besonders mächtige Anti-Alkohol-Lobby am Werk ist, besann man sich vor einigen Jahren. Seither verlangt der Gesetzgeber keine Warnhinweise mehr auf Weinetiketten und erlaubt den Erzeugern sogar, explizit auf den positiven Effekt des Weines auf die Gesundheit hinzuweisen.

Die positiven Seiten

Die positiven Auswirkungen des Weinkonsums sind so vielfältig, dass man es als Nicht-Weintrinker direkt mit der Angst zu tun kriegen könnte. Dr. Ellison, ein Epidemiologe der Universität Boston, fand etwa : „Abstinenz ist ein Risikofaktor für Herzerkrankungen." Tatsächlich liegen die Haupteffekte des Wein-Genusses aufgrund seines Alkoholgehalts, vor allem aber aufgrund der darin enthaltenen Phenole (bestimmte nichtalkoholische Bestandteile des Weines wie Gerbstoffe, Farb- und Aromastoffe, die bei der Weinbereitung aus den Schalen der Beeren gelöst werden), im so genannten „kardio-protektiven" (das Herz schützenden) Bereich. Unter anderem verbessert Alkohol die Cholesterinwerte im Blut, indem er die „bösen" LDL-Cholesterine senkt und das „gute" HDL-Cholesterin fördert. Außerdem senkt der Genuss von Wein den Blutdruck und vermindert durch die Verbesserung der Gerinnungs- und Fließeigenschaften das Thrombosenrisiko, was wiederum vor Herzinfarkt schützt. Darüber hinaus fördert der Rebensaft durch Anregung der Magensaftproduktion die Verdauung und beeinflusst Gallenblase, Bauchspeicheldrüse und Leber positiv in ihrem Stoffwechsel. Damit noch nicht genug: Wein entschlackt den Körper, stärkt die Immunabwehr, bekämpft Reisedurchfall, beschleunigt die „Bioregeneration", verbessert die Sauerstoffversorgung des Gehirns, entspannt und baut Stress ab.

Das richtige Maß

Will man von all diesen positiven Effekten profitieren, ohne dafür negative Auswirkungen – von Schädigungen der Leber bis zur Alkoholsucht – in Kauf zu nehmen, ist allerdings eine gewisse Zurückhaltung angebracht. Denn die oben erwähnten Feststellungen beziehen sich auf den so genannten „mäßigen" oder „moderaten" Weinkonsum. Der beläuft sich bei Frauen – je nach Studie – auf maximal 20 bis 30 Gramm und bei Männern auf höchstens 30 bis 50 Gramm Alkohol pro Tag, was etwa 0,2 bis 0,3 Liter Wein weiblicherseits und 0,3 bis 0,5 Liter bei den Herren entspricht. In diesen Mengen genossen, sollte sich der Rebensaft für gesunde Menschen, die sich vernünftig ernähren, als wahres Lebenselixier erweisen, wobei der Spruch: „mäßig aber regelmäßig" hier absolut zutrifft. Da der Körper permanenten Bedarf an positiven Substanzen wie Antioxidantien hat, die ihm durch den Wein zugeführt werden, empfiehlt es sich durchaus, regelmäßig Wein zu trinken. Allerdings sollte auch dabei der Genuss im Vordergrund stehen und der Wein nicht als Medizin angesehen werden.

Mit Wein pflegen und kurieren

Man muss den Wein allerdings nicht unbedingt trinken, um von den positiven Eigenschaften der Traube zu profitieren. Ausgehend vom Château Smith-Haut-Lafite im französischen Bordeaux, wo vor einigen Jahren erstmals eine so genannte „Vinotherapie" entwickelt wurde, gewannen Behandlungen mit Extrakten und Ölen aus Trauben rasch an Popularität. Auch in Österreich setzt man etwa im „wine & spa resort LOISIUM Hotel" in Langenlois auf Wein-verwandte Therapien und Wellness-Anwendungen. Für Peelings, Massagen und andere Behandlungen wird hochwertiges, kaltgepresstes Traubenkernöl verwendet, das die Haut strafft, pflegt und besonders geschmeidig macht. Auch hier spielen nicht nur der hohe Gehalt an ungesättigten Fett- und Linolsäuren, sondern auch die Polyphenole eine wichtige Rolle: Sie wirken antioxidativ und entzündungshemmend und es wird ihnen ganz zeitgemäß ein „Anti-Aging-Effekt" zugeschrieben. Wer übrigens einmal nachvollziehen will, wie es dem Wein so geht, wenn er noch im Fass plätschert, dem sei das „Barrique-Bad" in aromatischen Traubenextrakten mit anschließender Traubenkernöl-Massage und Körperwickel empfohlen.

Wein & Architektur

Zum Schöpfungsakt der Wein-Bauten

Vor etwa zehn Jahren begann eine Generation junger Winzer mit dem Nestbau in den Weinbergen. Mit dem Mut, neu zu beginnen, der Kraft, ihr Vorhaben in die Realität umzusetzen und dem Glauben an die Zukunft trafen sie auf ArchitektInnen mit Sensibilität, Intelligenz und vielen Ideen im Kopf. Gemeinsam erschufen sie die Wahrzeichen der Wein-Neuzeit.

Innovative Weinarchitektur und museales Bollwerk: das Loisium in Langenlois

Was idealer nicht klingen könnte, hatte unter ganz anderen realen Vorzeichen begonnen: Viele Winzer waren trotz – oder gerade wegen – des Aufschwungs in der Branche mit den Bedingungen „zu Hause" alles andere als zufrieden: Zu eng, zu verstaubt, zu alt. Moderne Kellertechnik und neue Lagerbedingungen – insbesondere für die Barrique-Fässer – forderten mehr Platz. Die Verkostungsräume mit Eckbänken aus gedrechseltem Kiefernholz, Trockengestecken, Karovorhängen und Goldmedaillen der Landesweinmessen als Dekoration harmonierten mit den trendigen Weinen ebenso wenig wie die Gesprächsthemen der Senior-Weinhauer mit jenen der neuen Kundenschicht. Lifestyle-verwöhnte Klienten im Verkostungsstüberl zu empfangen, wurde langsam peinlich und passte schon längst nicht mehr zur internationalen Positionierung der neuen Winzergeneration.

Das Problem musste von Grund auf angegangen werden, denn das rasante Wachstum der Betriebe ließ den Winzern ohnehin keine andere Wahl, als zu bauen. Da sie in ihren Lehr- und Wanderjahren in Frankreich, Neuseeland oder im Napa Valley nicht nur monumentale, sondern auch modern anmutende Bauten gesichtet hatten, war den Vorreitern klar, dass dies kein Job für den ortsansässigen Baumeister war. Bereits 1988 war im Centre Pompidou in Paris unter dem Titel „Château Bordeaux" thematisiert worden, dass die kulturelle Vermittlung des Weines auch über die Architektur erfolgt. Zudem hatte das Streben, eine Corporate Identity auf der ganzen Linie durchzuziehen, bereits die Seele vieler Jungwinzer erfasst.

Vom Zweckbau zur innovativen Architektur

Wie sich schnell herausgestellt hat, ist Weinarchitektur kein Job für Fassadenkünstler, Selbstverwirklicher oder Weltfremde. So kamen also junge ArchitektInnen zum Zug, die eine Chance sahen, zeitgenössische Architektur in den Regionen umsetzen. Hatten sich die Architekten der älteren Generation eher als unnahbare Künstler gesehen, die mehr auf Theorie und Theater setzten, so sahen die Jungen hier eine Chance zur Loslösung, und stellten das Bauen und die Bedürfnisse der künftigen Benutzer und Bewohner in den Vordergrund.

Der Aufwand, den ebenso begabte wie engagierte Architekten in ihrer Begeisterung für die neue Bauaufgabe betrieben haben ist beträchtlich: Sie entwickelten und formulierten die entsprechende Bautypologie, eigneten sich an der Weinakademie Fachwissen an oder suchten nach den philosophischen Gemeinsamkeiten zwischen Weinkultur und Architektur. Diese Beschäftigung führte zu einer Entwicklung weg von reinen Zweckbauten, die

1

2

4

5

7

8

1 *Weingut Krispel, Hof bei Straden*
2 & 3 *Barrique- und Tankkeller Weingut Esterházy*
4 *„Kathedrale“ im Weingut Umathum*
5 *Designer-Lobby im Weingut Gross in Ratsch*
6 *Stylish: Weingut Hillinger in Jois*
7 *Weingut Erwin Sabathi, Leutschach*
8 *Weingut Gernot und Heike Heinrich, Gols*
9 *Flaschenwand im Weingut Neumeister, Straden*

sich an der Funktionalität orientieren, hin zu immer innovativeren und experimentelleren Bautwerken. Das äußere Erscheinungsbild der zeitgenössischen Weinarchitektur spiegelt das Winzertum der Jahrtausendwende wider: Einige Kellerbauten strahlen den kühlen Charme von Stahltanks aus, andere wirken unzugänglich wie zu tanninhaltige Rotweine. Wenige haben die Leichtigkeit eines Schilcher-Frizzante, und etliche sind eine interessante Kombination aus naturverbundener Tradition mit modernem Inhalt. Ganz dem Zeitgeist entsprechend, ist wenig Verspieltes, Fröhliches oder gar Geheimnisvolles erkennbar. Betonfertigteile, Stahlbau und Glas sind die Materialien, aus denen die Weinarchitektur-Träume sind. Auf traditionelle und warme Materialien wie Sandstein, Holzkonstruktionen oder Ziegelmauerwerk wird kaum gesetzt, was als „bewusste Abkehr von den traditionellen Formen und Materialien des Bauens im ländlichen Raum" verstanden sein will. Angeführt vom markanten Bau des Loisiums, scheint der magische Kubus die heimische Winzerszene voll und ganz erfasst zu haben. Dieses Spiel lässt viele Varianten zu: langgestreckte oder L-förmige Quader, schlichte und elegante Kuben mit großzügigen Glasfronten oder schmalen Fensterbändern sowie über- und ineinandergeschachtelte Würfel. Die besten Objekte folgen dabei dem Konzept des fließenden Raumes, in dem Winzergebäude und Weinlandschaft ineinander übergehen. Absolut herzeigbar ist auch das Innenleben der neuen Wein-Produktionsstätten mit ihren perfekt gestylten, lounge-artigen Repräsentationsräumlichkeiten. Nein, man befindet sich hier nicht in einem In-Lokal in London oder Barcelona, sondern im Burgenland oder an der südsteirischen Weinstraße. Zur Innenausstattung mit einem Mix aus edlen Hölzern, durchdachter Farbgestaltung und raffinierter Beleuchtung gesellt sich ein atemberaubender Ausblick auf die natürliche Kulisse außerhalb der klimatisierten Räume: Die Weingärten, die manchmal bis an die Terrassen der Neubauten reichen.

Im weltweiten Vergleich hebt sich Österreich vor allem durch die Vielzahl an New-Wave-Weingütern von der internationalen Konkurrenz ab: In rund 60 realisierten Projekten im Burgenland, in Wien, in Niederösterreich und der Steiermark wurde die neue, selbstbewusste Kultur des Weines bislang räumlich umgesetzt. Die Euphorie für die junge, zeitgenössische Architekturproduktion wird freilich in erster Linie von der entsprechenden Zielgruppe mitgetragen. Bei allen Gemeinsamkeiten, die man zwischen Architektur und Weinkultur finden mag, bleibt beides auch eine Frage des Geschmacks. Angesichts der „architektonischen Wein-Wunderwerke" meint so mancher alte Hase, der an das Bauen für die Ewigkeit glaubt, zu dem Trend: „Sie nennen es Architektur, und die Architektur muss alles aushalten." Und Kinder sollte man, wie jeder weiß, der des „Kaisers neue Kleider" kennt, zu diesem Thema sowieso lieber nicht befragen: Was Fachredakteure als „charmantes Gespann von Alt und Neu, das optisch in die Landschaft integriert wurde" beschreiben, betrachten Kinderaugen als „ein gewöhnliches Haus mit einem Kubus".

Die Zeit zum Reifen

Zu behaupten, so manches Weingut müsse erst schöngetrunken werden, wäre aber gemein. Mit guter Architektur verhält es sich wie mit gutem Wein: Sie braucht Zeit, um zu reifen. Wenn so manche Sichtbetonfassade eine Holzlattenverkleidung verpasst bekommt und Wände und Mobiliar Patina ansetzen, dann ist auch der Zeitpunkt gekommen, dass „der Wein" und „die Architektur" wieder getrennte Wege gehen. Beide sind an Erfahrung reicher und haben im Idealfall voneinander gelernt, den Rest erledigt die Natur – indem sie die Wunden, die jedes Baugeschehen in die Landschaft reißt, wieder schließt – ganz von selbst. Bleibt nur zu hoffen, dass auch in so manchem jungen, wilden Winzer nach dem Marketingtrip wieder der Naturbursche erwacht.

Den wahren Wert der Wein-Architektur-Epoche wird erst die nächste Generation richtig einschätzen. Als gutes Zeichen kann es jedoch jetzt schon gewertet werden, wenn zum Beispiel ein Architekt Jahre nach der Fertigstellung über sein Werk mit gutem Gewissen sagen kann: „Es wird immer schöner".

LiSa

Die schönsten und interessantesten Weingüter Österreichs – Ein Aus- und Überblick

Weingut Leo Hillinger, Jois
Ein kraftvoller Baukörper aus Sichtbeton und Glas, der durch die Verbindung mit der Natur an Schönheit gewinnt.
Architektur: GerneroGernerplus

Weingut Tement, Berghausen
3.600 Quadratmeter Nutzfläche sind hier harmonisch in die Landschaft integriert. Privathaus und Weingut sind fest mit dem südsteirischen Boden verwurzelt, hinzu gesellt sich die beste Aussicht der Südsteiermark.
Architektur: Klaus Jaretzky, Christian Leiter

Loisium, Langenlois
Das museale Bollwerk im ländlichen Umfeld nimmt durch seine Funktion und seinen berühmten Erbauer eine Sonderstellung ein. In den offenen Innenräumen übernimmt ein vielschichtiges Formenspiel die Regie.
Architektur: Steven Holl, ARGE Sam/Ott-Reinisch

Weingut Schilhan, Gamlitz
Das „Krokodil vom Jägerberg" schmiegt sich an den sanft geschwungenen Weinberg. Auch wenn es ein wenig gefährlich aussieht: Durch die gute Bodenhaftung tut es nichts.
Architektur: g2plus

Weingut Umathum, Frauenkirchen
Ein klassisches Konzept mit Satteldächern und natürlichen Materialen. Die Schätze des Hauses ruhen in der Kathedrale.
Architektur: Martin Promintzer

Weingut Loimer, Langenlois
Die zwei schwarzen Kuben sind kein versteckter Hinweis auf schwarze Magie im Haus. Ganz im Gegenteil: Im Inneren sieht es hier ganz hell und freundlich aus.
Architektur: Andreas Burghard

Weingut Esterházy, Eisenstadt
Mit schwungvoller Eleganz, metallener Verkleidung und hellen Tönen präsentiert sich das Schlossweingut gräflicher Herkunft.
Architektur: Anton Mayerhofer

Weingut Schützenhof, Deutsch-Schützen
Der erdig-rotbraune Farbton und die Form des Weinkellers passen sich an die Landschaft an. Die lichtdurchfluteten Räume geben den Blick auf die Barrique-Fässer frei.
Architektur: Pichler & Traupmann, Architekten

Weingut Heinrich, Gols
Vielschichtig ist der Bau in Gols nicht nur äußerlich. Hier wurde drei Geschoße tief in die Erde gegraben. Im Verkostungsraum mit seiner schicken Inneneinrichtung kann man durch eine Bodenglasscheibe einen Blick auf die Raritäten des Hauses wagen.
Architektur: Werner Schüttmayer, propeller z

Weingut Weninger, Horitschon
Stylish ist die Fassade des umgebauten burgenländischen Streckhofes. Dahinter steckt Perfektion bis ins kleinste Detail und eine gelungene Markenumsetzung.
Architektur: Raimund Dickinger, propeller z

Weingut United Vineyards, Kleinmutschen
Wie ein Fels in der Brandung steht der repräsentative Bau auf hellem Sockel. Durch die breite Eingangsfront aus Glas ist auch Platz für Sonne im Inneren. Insgesamt ein Ausdruck für die Coolness, Großes zu wagen.
Architektur: Dietmar Gasser

Weingut Krispel, Hof bei Straden
Klein aber oho ist dieser freche Wein-Kubus, der sich zum idyllischen Landhäuschen gesellt hat.
Architektur: weidemann architekten

Arachon-Reifekeller, Horitschon
Wein ist Theater: Das Weinmonument ist Teil einer gelungenen Inszenierung. Hinzu kommt die imposanteste Kulisse der heimischen Wein-Architektur.
Architektur: Wilhelm Holzbauer, Dieter Irresberger

Weingut Neumeister, Straden
Das fast unauffällig treppenartig in den Saziani-berg hineingebaute Weingut folgt von seiner Konstruktion her absolut dem Schwerkraftprinzip in der Weinbereitung.
Architektur: Andreas Burghardt, Werner Schüttmayr, Ingenos Ziviltechniker

Die Kunst der Fassbinderei oder: Wie kommt das Holz in den Wein?

Die niederösterreichische Stadt Waidhofen an der Ybbs mit ihren mittelalterlichen Wehrtürmen, barocken Kirchen und gotischen Innenhöfen war lange Zeit ein Zentrum der Handwerkskunst. Einen der Schauplätze findet man am Ende der Sackgasse „Unter der Leithen“, wo umrandet von höher gelegenen, historischen Mauern die türkis- und grünschattierte Ybbs ruhig und gemächlich durch ihr Flussbett zieht. Idylle pur, würde im Hintergrund nicht eifrig gewerkt. Seit 1628 befindet sich an diesem Standort über dem Ufer eine Fassbinderei, die seit 1880 unter dem Namen „Schneckenleitner“ existiert und zu den renommiertesten Fassherstellern des Landes zählt. „Mein Großvater hat die Fässer im Pferdefuhrwerk nach Artagger gebracht, wo sie bis Krems an der Donau stromabwärts verschifft wurden“, erzählt der Chef des Hauses, Herbert Schneckenleitner. Von dort ging es dann mit natürlichen Pferdestärken weiter bis ins Weinviertel.

Nicht nur an den Transportwegen und Zielorten, die heute in Weingebieten in ganz Österreich, von Südtirol bis Sizilien, in Deutschland oder Frankreich genauso wie in der Slowakei und der Schweiz liegen, hat sich im Laufe der Geschichte viel verändert; auch die Fassbinderei entwickelte sich zu einem vielschichtigen Handwerk.

Handwerk mit allen Sinnen

Menschen, die vornehmlich mit Laptop und abstraktem Wissen in wohltemperierten Büros hantieren, fühlen sich hier wie in eine andere Zeit versetzt. Der Geruch von Holz und Spänen, Männer in festen, langen Lederschürzen, die zwar unter Dach, aber doch im Freien, konzentriert und mit höchster Perfektion arbeiten. Kein leichter Job, obwohl er von modernen Maschinen unterstützt wird, denn im Betrieb der Schneckenleitners wird mit traditionellen Fertigungsmethoden unter höchsten Qualitätsansprüchen gearbeitet. Der Ausgangspunkt für ein gutes Fass liegt genau genommen beim Holzschnitt, der in den Wintermonaten, wenn der Saft in den Wurzeln des Baumes ist, bei abnehmendem Mond erfolgen muss. „Wir haben ein ziemlich großes Holzlager. Denn drei bis vier Jahre muss man vom gefällten Baum bis zum fertigen Fass schon warten", erklärt Schneckenleitner. „Speed kills" – für die Fassbinderei gilt das erst recht – daher wird hier das Holz schonend behandelt, gespalten anstatt gesägt und langsam im Freien getrocknet.

„Qualitativ hochwertige Fässer herzustellen, ist eine verantwortungsvolle Arbeit", sagt der renommierte Fassbinder und freut sich, dass Namen wie Bründlmayer, Umathum, Markowitsch, Winkler-Hermaden, Dockner, Schloss Gobelsburg, Jurtschitsch oder Hirtzberger auf seiner Kundenliste aufscheinen. „So wie jeder Winzer seine eigene Linie hat, tragen auch die Fässer die persönliche Handschrift des Binders. Die Harmonie zwischen beiden ist wichtig." Und letztlich hat auch noch die Natur ein Wörtchen mitzureden, denn Holz ist ein Naturstoff – genauso wie der Wein.

Die Aromabeeinflussung der Weine durch das Holzfass ist eine Wissenschaft, die durch zahlreiche Untersuchungen belegt ist und sich auf die natürliche Reifung, die optimale Entfaltung des Weines und den Abbau gewisser Säuren bezieht. Lange Zeit hat die Weinszene auf klingende Namen wie Allier, Limousin, Troncais und Nevers geschworen, was schließlich sogar die Erhaltung der Eichenwälder in Frankreich gefährdet hat. Mittlerweile hat die Hochstilisierung der französischen Eiche nachgelassen und immer mehr Winzer lassen ihre edlen Tropfen in Fässern aus heimischen Hölzern heranreifen. Neben den robusten steirischen Eichen zählen auch die Manhartsberger und die Ybbstaler Eichen, die noch dazu den Vorteil haben, dass sie den kürzesten Transportweg zu den Schneckenleitners zurücklegen müssen, zu den bevorzugten Baumstämmen. Auch Akazien- oder Kastanienholz ist zur Herstellung von Fässern geeignet.

Der Fassbau

Beim Fassbau gilt die ganze Aufmerksamkeit den Dauben. So werden die Bretter genannt, die zuerst – je nach Größe des Fasses – „abgelängt" werden müssen. Danach wird mit einem Hobel die Außenrundung „angehobelt" und den Seitenfugen eine entsprechende Neigung und auf der Innenseite eine Rundung verpasst, damit das Fass seine bauchige Form erhält. Danach werden die Dauben vermessen und nummeriert. Der Binder fügt die einzelnen Dauben wie bei einem Puzzle aneinander und umschließt sie mit einem Eisenring. Von einem fertigen Fass kann noch lange nicht die Rede sein, denn die Dauben stehen vorerst nach unten hin weg – sie spreizen sich.

Bei der ältesten Technik zum Biegen der Dauben wird im Gefäßrumpf ein Feuer angefacht. „Nachheizen und gut aufpassen", erklärt Herbert Schneckenleitner die Kriterien für diesen Arbeitsprozess. Die Seitenwände werden dabei mit Wasser be-

netzt und dann langsam, mittels Fasszug, zusammengezogen bis die Dauben ganz dicht aneinanderliegen und auch am anderen Ende ein Eisenring um das Fass geschlagen werden kann. Der Fassboden wird erst ganz am Schluss eingebunden. Weder Leim noch Schrauben kommen zum Einsatz, und wenn man den Reifen abnimmt, fällt das Fass ganz einfach auseinander.

Ganze 28.000 Liter fasste das größte Gefäß, das je den Betrieb an der Ybbs verlassen hat, wobei das Gros der Fässer im Bereich von 1.500 bis 6.000 Liter angesiedelt ist. In früheren Zeiten haben Fassbindereien übrigens viele verschiedene Gefäße aus Holz „gebaut" wie etwa Badewannen oder Waschtröge. Das Fass des Diogenes ist zweifelsohne das berühmteste Werk der Binderzunft, wenngleich es wohl eher als Sinnbild für die Bedürfnislosigkeit des Kynikers steht als dass er es tatsächlich bewohnt hätte. Aber unmöglich ist gar nichts: Das größte Holzfass der Welt steht in Rheinland-Pfalz und beherbergt ein Restaurant. Ausgefallenere Anfragen werden im Schneckenleitnerschen Familienbetrieb zwar auch bearbeitet, prinzipiell ist man aber auf Barriques, Lagerfässer, Gärständer für die Rotwein-Bereitung sowie auf Whisky-Fässer, die für Destillerien in Österreich und italienische Grappa-Hersteller gefertigt werden, spezialisiert.

Einen Toast auf das Toasting

Wer sich fragt, warum in Weinbeschreibungen von Rauch- und Röstaromen die Rede ist, die nur schwer mit Weintrauben in Verbindung gebracht werden können, dem sei hier das Geheimnis anvertraut. Es ist der Binder, der seine Hände im Spiel hat. Bei Barrique-Fässern kommt nach dem Biegen ein zweites Mal das Element Feuer zum Einsatz. „Toasting" wird dieses erneute Befeuern des Fasses genannt, bei dem es zusätzlich zum Holzeinen eigenen Geschmack verliehen bekommt, den Schneckenleiter je nach Einwirkungsgrad mit „leichtem", „medium", „medium plus" oder „starkem" Toasting beschreibt. Ein Verfahren, das den Geschmack der Gerbsäuren und damit die ganze Weinstilistik wesentlich beeinflusst. Die Aufgabe des Winzers ist es dann, den richtigen Wein ins passende Fass zu bringen, um eine perfekte Symbiose zu erzielen.

Wenn schließlich bei einer Verkostung von edlen Tropfen auch seine Handschrift erkannt wird, so ist das für Herbert Schneckenleitner größtes Kompliment und Bestätigung zugleich. LiSa

Kleines Binder-ABC

Barrique: Kleines, längliches Eichenholzfass; die gebräuchlichste Dimension ist die von Bordeaux mit 225 Litern Inhalt. In Burgund fasst das „pièce“ 228 Liter.

Dauben: Zurechtgeschnittene und gehobelte Bretter werden Fassdauben genannt.

Gargel: So nennt man die Kerbe, in die der Boden eingebunden wird. Diese Kerbe wird mittels Gargelkamm oder modernen Kehlmaschinen ausgehobelt.

Küfer: Weitere gebräuchliche Berufsbezeichnung für Fassbinder bzw. Binder.

Lufttrocknung: Luftgetrocknetes Holz ist künstlich getrocknetem Holz vorzuziehen. Bei der natürlichen Trocknung finden chemische Veränderungen statt, die den „Geschmack“ des Holzes positiv beeinflussen.

Spalten: Bei gespaltenem Holz ist die Faserung nicht durchtrennt. Es neigt daher weniger zum „Durchschlagen“ (Flüssigkeit dringt in die Poren). Auch die Stabilität ist besser als bei gesägtem Holz. Das Spalten wirkt sich auch positiv auf den Geschmack des Weines aus, er wird geschmeidiger und harmonischer.

Spezialgeräte: Rundhobel, Fügblock, Fügbaum, Gargelkamm oder Setzhammer sind spezielle Geräte, die man in jeder Fassbinderei findet.

Stroafen oder Streifen: Das Abstreifen der Dauben an der Außenfläche mit dem Hobel, damit das Holz die entsprechende Rundung bekommt.

Toasting: Das Ausfeuern der Barriques wird Toasting genannt. Je nach Hitzegrad und Hitzeeinwirkungszeit kann das Aroma der späteren Füllung beeinflusst werden. Man spricht von leichtem, mittlerem und starkem Toasting.

Wie der Wein entsteht

Strukturen des österreichischen Weinbaus

15.000 Mitgliederbetriebe zählt der Österreichische Weinbauverband, die oberste Interessenvertretung der Weinproduzenten. Auf einer Rebfläche von 49.000 Hektar österreichweit, die auf 32.000 Weingartenbesitzer verteilt ist, die aber nicht notwendigerweise alle selbst Wein erzeugen, sondern viele Flächen auch verpachtet haben, werden durchschnittlich 2,5 Millionen Hektoliter Wein erzeugt. 6.500 dieser Betriebe reichen um die Prüfnummer ein, ein Siegel, das für Qualitätswein vergeben wird. Etwa 2.500 Betriebe arbeiten auf Rebflächen von mehr als fünf Hektar .

Die Rebflächen verteilen sich über 19 Weinbaugebiete, die wiederum in vier Weinbauregionen zusammengefasst sind: Weinland Österreich, zu dem alle Gebiete in Niederösterreich und im Burgenland gehören, Steirerland, Wien – gleichzeitig Weinbaugebiet und -region – und Bergland Österreich, in dem all das angesiedelt ist, was nicht unter die ersten drei Begriffe fällt. Im Weinbauverband arbeitet man übrigens derzeit an einer Weindatenbank, über die alle den Weinbau betreffenden Zahlen wie Weinbaukataster, Bestandsmeldungen etc. aktuell abrufbar sein sollen.

Direktvermarkter, Genossenschaften und Traubenproduzenten

Die Zahl jener Betriebe, die in der Öffentlichkeit als österreichische Weinwirtschaft wahrgenommen werden, beläuft sich – geht man nach den Umfängen diverser Weinguides – auf etwa 500 Weingüter. Weinbau wird in Österreich auf Klein- und Kleinstflächen betrieben, die durch das Erbrecht entstanden sind, oder auch im Nebenerwerb als Teil eines gemischt landwirtschaftlichen Betriebes. Die kleinteilige Betriebsstruktur, die 1994 in einer einmalig im Hinblick auf den EU-Beitritt durchgeführten Branchenanalyse noch als nachteilig eingestuft wurde, hat sich seither gewandelt. Zwar werde die Zahl der Betriebe weniger, erklärt man im Österreichischen Weinbauverband, aber dafür werden jene Betriebe größer, die Weinbau im Haupterwerb betreiben.

Die Genossenschaften, die in den 60er und 70er Jahren noch sehr stark waren, haben ihre Bedeutung weitgehend eingebüßt. Nach dem Krieg waren die Genossenschaften, die in zahlreichen Orten und Kleingebieten entstanden, eine wichtige Vertriebsschiene für die kleinen Betriebe, aber noch in den Hoch-Zeiten kam es zu – teils willkürlichen – Fusionen. Einige Genossenschaften lösten sich völlig auf, wie z. B. die Winzergenossenschaft Gumpoldskirchen, deren Anlagen ein Einzelbetrieb übernahm.

Nur wenige der Genossenschaften agieren heute als Selbstvermarkter: Die bekanntesten sind die Winzer Krems und die Freien Weingärtner Wachau in Niederösterreich. In einigen anderen gibt es durchaus erfolgreiche Spin-off-Projekte wie zum Beispiel in der Winzergenossenschaft Andau, wo Josef Umathum, Winzer in Frauenkirchen, und Wolfgang Peck die Zantho GmbH mit großem Erfolg etablieren konnten. Für diese Weinserie produzieren Mitglieder der Genossenschaft und auch andere nach den Qualitätsvorgaben eines Acht-Trauben-Programms, die in den hochmodernen Anlagen der Genossenschaft verarbeitet werden. Auch die beiden mittelburgenländischen Kooperativen Vereinte Winzer Horitschon und Winzergenossenschaft Neckenmarkt sind mit großem Erfolg am Markt tätig, und zwar auch in vielen Joint-Venture-Projekten, von denen Arachon vermutlich das bekannteste ist.

Wie viele von den reinen Traubenproduzenten als Vertragswinzer an ein größeres Haus gebunden sind, ist aus dem vorhandenen Zahlenmaterial nicht herauszulesen. Vertragswinzer arbeiten nach den Vorgaben ihrer Abnehmer und werden nicht nach Menge, sondern nach Qualität oder pro Stock bezahlt. Einige der zuvor erwähnten Genossenschaften wie die Freien Weingärtner Wachau haben ein ausgeklügeltes System zur Qualitätskontrolle und Bonifikation entwickelt.

Die von der Weinwirtschaft ausgerufene Strategie „Klein, aber fein", die auf Österreich als Qualitätsweinland setzt, hat zumindest unter der Oberschicht und dem Mittelbau der in Flaschen abfüllenden Betriebe gegriffen. Die Exportkurve stieg in den letzten Jahren steil an, obwohl der Exportanteil absolut gesehen aufgrund des hohen Inlandkonsums noch immer relativ gering ist. Die Österreichische Weinmarketing Gesellschaft (ÖWM) ist ständig um neue Märkte bemüht. Eine eigene Erfolgsgeschichte, die bereits länger andauert als zu Beginn des Hypes zu erwarten war, ist Grüner Veltliner in vor allem englischsprachigen Märkten. Angefacht wurde der Boom unter anderem durch eine Vergleichsverkostung zwischen Grünen Veltlinern und hochwertigen Chardonnays in London, die von britischen Journalisten um Jancis Robinson und den Weinraritätenhändler Jan-Erik Paulson im Herbst 2002 in London organisiert wurde, und bei der sich einige österreichische Spitzenveltliner gegen hochklassige Chardonnays aus dem Burgund durchsetzen konnten.

Während Österreich im Ausland als Weißweinland bereits wahrgenommen wird, kommt auch österreichischer Rotwein derzeit langsam in die Gänge. Die Konkurrenz ist dabei natürlich ungleich größer. In einigen Vergleichsverkostungen mit der internationalen Konkurrenz schlug er sich tapfer, in Robert Parkers „Wine Advocat", der Publikation des einflussreichsten Weinjournalisten der Welt, erreichten österreichische Rotweine diesen Herbst erstmals Wertungen bis zu 94 Punkten.

Der Wert der Herkunft oder: Auf der Suche nach einer Strategie für die Zukunft

„Herkunft macht unverwechselbar, während Chardonnay, Riesling oder Merlot in vielen Ländern wachsen könnten." So lautet die Argumentation der Österreichischen Weinmarketing Gesellschaft, die daraus das Konzept DAC *(Districtus Austriae Controllatus)* entwickelt hat. Eine Strategie, mit der man den Umstieg von der Strukturierung nach Zuckergradationen und Rebsorten zur Herkunftsvermarktung schaffen möchte, wie es mit den Appellationssystemen in den klassischen romanischen Weinbauländern Frankreich, Italien oder Spanien üblich ist: Charakteristische Weinstile stehen für ein Gebiet, was zusätzlich zur Identitätsstiftung auch dafür sorgen möge, eine gut verkaufbare Menge an Wein eines regional einheitlichen Stils zu kreieren. Das erste Gebiet, das diese Strategie erfolgreich für sich nutzen konnte, war das Weinviertel, das mit dem Jahrgang 2002 den Grünen Veltliner als „Weinviertel DAC" definierte. Mittelburgenland DAC und Traisental DAC folgten im September 2006 beziehungsweise im Jänner 2007.

Verwaltungsstrukturen

Zur Unterstützung des österreichischen Weinbauverbandes, der auch ein gewichtiges Wort in der Landwirtschaftspolitik mitzureden hat, dient die Österreichische Weinmarketing- und Servicegesellschaft, die hauptsächlich für die Vermarktung des Weines im In- und Ausland sowie für die Betreuung der nationalen und internationalen Presse zuständig ist. Sozusagen als Exekutive wacht die Bundeskellereiinspektion in den Betrieben über die Einhaltung des Österreichischen Weingesetzes und wird dabei vom Bundesamt für Weinbau in Eisenstadt unterstützt, das auch einige Dependancen in den Regionen hat und vor allem für die technischen Analysen zuständig ist. Beide Institutionen bieten auch umfassende Beratungsservices an.

2001 beschloss man im Landwirtschaftsministerium als Umsetzung von EU-Vorgaben die Einrichtung von regionalen Weinkomitees, wie sie in anderen Weinbauländern schon lange üblich sind. Sie setzen sich aus Vertretern aller Bereiche der Weinwirtschaft (Handel, Erzeuger, Sensale etc.) zusammen, die in einer Region tätig sind, und können beispielsweise die Bestimmungen für die Herstellung und das Geschmacksprofil eines regionstypischen DAC-Weins festlegen und sollen auch die Marktsituation für die Region durchleuchten, um dadurch den Absatz besser zu koordinieren. Ihnen übergeordnet ist das nationale Komitee, das sozusagen das verbindende Element zwischen den regionalen Komitees und dem Ministerium darstellt und auch darüber wacht, dass die weinrechtlichen Bestimmungen eingehalten werden. Dieses überregionale Gremium wird vom Landwirtschaftsminister jeweils auf fünf Jahre bestellt.

LiSa

IM WEINGARTEN

Die Qualität eines Weines entsteht im Weingarten – keine Winzerhomepage kommt ohne dieses Statement aus. Der News-Wert dieser Aussage geht in der Zwischenzeit wohl gegen null, richtig ist dieses Statement jedoch wie eh und je. Vieles hängt dabei von Philosophie und Zielen des jeweiligen Betriebes ab, aus denen sich auch die Bewirtschaftungsweise ergibt.

Ein Weingarten ist nach heutiger Auffassung hierzulande wie anderswo eine ineinandergreifende, lebendige „Maschinerie", in der jeder Teil – Pflanzen, Boden, Lebewesen – seinen Part erledigt, um zu einem funktionierenden Ganzen zu werden. Jeder einzelne Teil dieses Ganzen ist dabei in seiner Funktions- und Lebensweise beeinflussbar. Ziel ist es, einen Kreislauf und ein Gleichgewicht herzustellen, in dem der Rebstock optimale Bedingungen findet, um im Sinne der Weinidee bestmöglich zu funktionieren.

Auch in Österreich wird die Terroir-Diskussion angesichts der zunehmenden internationalen Konkurrenz immer intensiver geführt: Die Weinwelt steuert auf eine Trennung zwischen industriell gefertigten Markenweinen und individuellen, handwerklichen Produkten zu – und das gilt für jedes weinproduzierende Land in ähnlicher Weise. Einig ist man sich, dass der viel geschundene Begriff „Terroir" für den schmeckbaren Ausdruck des Zusammenspiels von Boden, Mikroklima, Rebe und Mensch der hochzuhaltende Wert ist, der in der weltweiten Spitze den Unterschied ausmacht. Aber nicht alles, wo Terroir hineinreklamiert wird, hat es auch. Die Unterschiede herauszuarbeiten, bedarf vieler Faktoren, und die Voraussetzungen dafür sind in Österreich in jeder Hinsicht – technisch-geografisch wie auch marketingmäßig – ausgezeichnet.

Winzerinnen und Winzer treffen das ganze Jahr über Entscheidungen, denen ihre Sicht der Dinge, ihr Einschätzungsvermögen über weitere Entwicklungen, ihr Know-how über Mittel und Maßnahmen sowie ihre Erfahrung zugrunde liegen. Arbeiten nach einem fixen Schema abzuwickeln, „weil

es immer schon so gemacht wurde", ist dabei in einer modernen Weinwirtschaft der schlechteste Zugang und wird immer weniger praktiziert, vor allem nicht an der Spitze der so erfolgreichen österreichischen Weinwirtschaft. Für Top-Produkte ist ein hohes Maß an Wissen um biologische und pflanzenphysiologische Zusammenhänge und Flexibilität notwendig. Im Jänner 2004 brachte Graf Stephan von Neipperg, einer der bekanntesten Weinmacher und Besitzer mehrerer Châteaux im Bordelais (Canon la Gaffelière, La Mondotte etc.), anlässlich des Fortbildungsseminars „Öno-Logisch" der renommierten Weingüter Burgenland ein sehr komplexes Thema auf einen einfachen und zutreffenden Nenner: „Es stehen 1.500 oder mehr Möglichkeiten zur Verfügung, um einzugreifen. Daraus wählt man das aus, was für einen passt."

Der Joker – die Witterung eines Jahres

Wein ist aller Beeinflussbarkeit zum Trotz noch immer von der Natur abhängig. Der Witterungsverlauf eines Jahres, ob es jetzt während der Vegetationszeit, der Blüte und der Reifeperiode kalt, warm, feucht oder trocken ist, bleibt die große Unbekannte im Spiel. Darauf muss ein Winzer im Rahmen seiner Möglichkeiten reagieren. Österreich zählt auch angesichts aller Klimaverschiebungen, die eine Tatsache sind, aufgrund seiner geografischen Lage und seines generellen Klimas zu den „cool areas", den kühlen Weinbaugebieten. Innerhalb dieser generellen Situierung ergeben sich regionale Unterschiede aufgrund von Topografie, Wassernähe, Exponierung und Windsituation. All diese Faktoren haben einen Einfluss darauf, wie das vergorene Produkt letztendlich schmeckt.

Großklima – Mesoklima – Mikroklima

Ein Juli 2006 mit beeindruckenden Temperaturspitzen, wochenlange, extreme Hitze im Sommer 2003, Wochen um minus 15 Grad im Winter 2005/2006 und Wassermassen innerhalb kürzester Zeit im Sommer 2002 in Niederösterreich – das sind nur einige Wetterextreme, mit denen sich die Winzer in den vergangenen Jahren konfrontiert sahen. Während die Diskussionen um globale Erwärmung und Klimawandel in Deutschland schon seit längerem sehr vehement geführt werden, macht man sich in Österreich erst in jüngster Zeit intensive Gedanken darüber.

Temperaturtabellen, Niederschlags- und Sonnenstundenlisten (Quelle: Dokumentation österreichischer Wein 2006), die den Zeitraum von 1961 bis 2004 abdecken, geben Hinweise auf Verschiebungen. Ein Vergleich der Durchschnittstemperaturen, der allerdings über verschieden lange Zeiträume gezogen wurde, von 1961 bis 1990 und 1990 bis 2004, zeigt, dass nördlichere Gebiete, um Hollabrunn, Retz (beide im Weinviertel), Tulln oder Langenlois, im Schnitt um 0,4 bis 0,6 Grad wärmer wurden, während in Illmitz im burgenländischen Seewinkel, das wesentlich deutlicher dem pannonischen Einfluss ausgesetzt ist, die Temperaturen um 0,6 Grad zurückgingen. Aus den Maximal- bzw. Minimaltemperaturen über dieselben Zeiträume lässt sich ein durchschnittlicher Anstieg ablesen. Die Niederschlagsmengen gingen in allen untersuchten Gebieten im Schnitt zurück, die Zahl der Sonnenstunden stieg tendenziell an. Dafür kamen die Wassermassen in den letzten Jahren mit geballter Kraft innerhalb kurzer Perioden.

Vom Großen ...

Österreich mit seinem kontinentalen Klima (kalte Winter, warme Sommer, deutliche Temperaturunterschiede und mäßiger bis geringer Niederschlag) gehört nach EU-Einteilung zur Zone B (von Norden nach Süden: A, B und C mit den Ost-West-Unterteilungen Ia, Ib, II, IIIa, IIIb). Diese Zoneneinteilung ist auch Basis für einige Grundrichtlinien, z. B. ob die EU Chaptalisieren bzw. Säurezusatz (Azidifikation) erlaubt. Innerhalb des Landes unterscheidet man noch einmal zwischen den kühleren, nördlich gelegenen Zonen in Niederösterreich wie der Wachau, dem Kremstal, Kamptal oder Donauland, die aber deshalb nicht unbedingt regenreicher sein müssen und vorzugsweise durch Westwetterlagen bedient werden.

Im südlichen Teil von Wein-Österreich herrscht illyrisches Klima vor, kontinental mit deutlich höheren Niederschlägen, am Rande noch beeinflusst durch pannonisches Klima. Der Süden der Steiermark bekommt das Wetter vor allem von der Adria „geliefert". 2006 machte den Winzern in allen drei Gebieten der Steiermark beispielsweise ein „Adriatief" um den 20. September herum zu schaffen: Als sich alle anderen über prächtiges Herbstwetter freuten, gab es in der südlichen Steiermark innerhalb von drei Tagen Niederschlagsmengen, die normalerweise über Wochen verteilt fallen.

Das Burgenland ganz im Osten von Österreich liegt am westlichen Rand der pannonischen Tiefebene, die man sich wie eine große Schüssel vorstellen kann. Pannonisch bedeutet trockener und größere Unterschiede in den Temperaturspitzen als beim Kontinentalklima. Das wirkt sich im Weinbau auch durch einen deutlichen Reifevorsprung gegenüber anderen österreichischen Gebieten aus. Auch im östlichsten Bundesland, das sich lang gestreckt in Nord-Süd-Richtung ausdehnt, gibt es eine Art Wetterscheide, die durch die Topografie bedingt ist. Das Soproner Gebirge auf Höhe des Mittelburgenlands dient sehr oft als Trennlinie zwischen den Westwetterlagen und den Adrialagen, was in der Praxis bedeutet, dass in Orten, die zehn Kilometer Luftlinie voneinander entfernt sind, sehr unterschiedliche Niederschlagsmengen fallen können, und das Südburgenland, ein kleines Gebiet an der Südspitze des Bundeslands bereits deutlich „mediterraner" beeinflusst ist als beispielsweise die Gebiete rund um den Neusiedler See.

Das pannonische Klima lappt über diesen „Schüsselrand" hinaus, im Norden bis nach Carnuntum, wo sich aber auch der ausgleichende Einfluss der Donau bemerkbar macht, im Süden bis an die Thermenlinie der Südoststeiermark. Das Donautal ist eine Art Korridor, durch den pannonische Einflüsse in Richtung Westen bis in die Kremser Gegend und die östliche Wachau vordringen. Die Besonderheit der Wachau und des vorderen Kremstales in Donaunähe ist beispielsweise die Mischung zwischen noch leicht pannonischen Einflüssen von Osten her, der regulierend wirkenden Donau und den kühlen Strömungen aus dem waldreichen (daher ebenfalls kühlen) Waldviertel.

... ins Kleine

Mikroklima wirkt auf kleinstem Raum, in einem Weingarten, einer Lage oder auch einem Ort. Wasser ist der große Regulator, ein See oder ein Fluss mildern Temperaturspitzen, weil sich Wasser langsamer erwärmt und abkühlt als Erde. Waldnähe bringt Kühle. Berge und Hügel, scheinen sie auch noch so unscheinbar, wirken oft als Wetterbarrieren. Kühle oder Frost verhalten sich wie Wasser, „rinnen" also an die tiefste Stelle ab, weshalb Weingärten weniger frostgefährdet sind, wenn sie an höherer Stelle an Hängen liegen, und andererseits auch durch die Höhenlage in warmen Jahreszeiten von kühleren Strömungen profitieren. Warme Lagen heizen sich aufgrund von Boden und Sonnenexponierung („Amphitheater", Kessellage oder direkte Südausrichtung beispielsweise) rasch auf, Wärme wird gebündelt, Schnee schmilzt früher als in der Umgebung. Weingärten an windexponierten Stellen, wie z. B. Hügelkuppen, trocknen nach Regen rascher auf und sind daher weniger der Fäulnis oder Botrytis ausgesetzt als andere, bringen aber möglicherweise auch Probleme, wenn bei stärkeren Winden die jungen Triebe im Frühjahr brechen. Die Exponierung ist ein wichtiger Teil des Mikroklimas im Weingarten: Südostlagen profitieren von der Morgensonne, die Tau rasch auftrocknet. Süd- und Südwestlagen gewährleisten das optimale Ausnützen der Sonne.

Der Umgang mit diesen Bedingungen macht die Kunst und das Handwerk des Winzers aus, zu denen auch große Portionen Erfahrung und Beobachtungsvermögen gehören. Innerhalb eines Jahrgangs bestehen daher oft große regionale Unterschiede, und es kommt darauf an, wie gut ein Produzent mit den Gegebenheiten zurechtkam. Bei generellen Behauptungen à la „2004 in Österreich war schwach", 2003 dafür „überdrüber" ist Skepsis angebracht, da Winzer, die ihre Arbeit verstehen, auch in vordergründig schlechten Jahren hervorragende Ergebnisse erzielen. Auch können manche Rebsorten aufgrund des Witterungsverlaufes begünstigt sein – so geschehen im Jahr 2001, als gegen Ende September eine Regenperiode kam, es aber trotzdem ein prächtiges Jahr für frühe Sorten wie St. Laurent oder Pinot noir (Blauburgunder) war, die vor dieser Regenzeit gelesen wurden.

Hardware I – der Boden

Der Bodentyp ist Ausgangspunkt dafür, welche Rebsorte für den Standort geeignet ist. Ein Boden ist selten „monolithisch" beschaffen, sondern besteht zumeist aus Mischformen, jedoch immer aus mehreren Schichten oder Horizonten mit einer mehr oder weniger dicken Humusauflage. Ein Rebstock ist im Übrigen eine „Kämpfernatur", d. h. er kommt mit kargen Verhältnissen sehr gut zurecht. Reben findet man daher oft auf Böden, auf denen viele andere Kulturpflanzen aufgeben. Sie ernähren sich über ihre Wurzeln, die dazu tief in den Boden vordringen. Je tiefer, desto mehr Nährstoffe und Mineralien aus den unteren Bodenschichten nimmt ein Rebstock auf, desto besser ist er auch geschützt: z. B. vor Trockenheit, weil die Feuchtigkeit tiefer unten speziell in schweren Böden länger erhalten bleibt.

Auf „leichten" Böden läuft Wasser sofort wieder ab, „schwere" saugen es auf wie ein Schwamm. Als schwer gelten Löss oder Lehm, Böden mit hohem Tonanteil oder solche, die einen hohen Kalkgehalt haben: Man stelle sich Schulkreide vor, die sich mit Wasser vollgesogen hat. Durch leichte Böden mit vielen Steinen wie Schotter, Granit oder Schiefer, egal ob in kleinen, erodierten Plättchen oder größeren, in den typischen Schichten aufgebauten Brocken, durch Glimmerschiefer oder sandige Böden fließt das Wasser rasch ab. Stein hat außerdem die Eigenschaft, Wärme gut zu speichern und wieder abzugeben, wenn die Luft rundherum schon deutlich kühler ist. Genau dieses Spiel von Kühle und Wärme ist notwendig, um die Aromenbildung in der Beere richtig anzufachen – unabhängig davon, ob es jetzt zwischen Boden, Luft, Tag, Nacht oder Wasser und Land abläuft.

Kalk im Boden ist für den Weinbau ein wichtiger Faktor, wenn auch nicht alle Rebsorten Kalk gleich gut vertragen. Er kann beispielsweise als Kreide oder in verfestigter Form als Kalkstein auftreten. Kalkinseln sind an der Oberfläche an ihrer hellen, manchmal fast weißlichen Farbe zu erkennen: Es reicht ein Blick auf die Hänge des Leithagebirges an der Grenze zwischen Niederösterreich und dem Burgenland im Frühjahr vor Vegetationsbeginn oder im Herbst, bevor der erste Schnee fällt. Kalk entsteht z. B. aus fossilen Kleinlebewesen wie Muscheln, Schnecken oder Korallen (Muschelkalk), ist daher in den Brandungszonen von Ur-

meeren zu finden, wie z. B. am Nussberg im Westen Wiens, in der Thermenregion am Fuße des Anningers oder eben im Leithagebirge.
Schwere Löss- und Lehmböden kommen in Österreich in Niederösterreich und im Burgenland häufig vor: Löss kann in richtigen Ziegeln aus der Wand geschnitten werden. Der Wagram, ein Erdwall mit bis zu 25 Meter dicken Lössschichten, zieht sich von Krems bis östlich von Wien ins Marchfeld. Flüsse bringen Schotter und Sedimentgestein heran. Das Mittelburgenland ist beispielsweise eine lehmdominierte Gegend, ideal für Blaufränkisch oder Merlot. In der Wachau dominieren die Gneis- und Granitböden der Böhmischen Masse, die auch im westlichen Teil des Weinviertels rund um den Manhartsberg vereinzelt auftreten. Im Krems- und Kamptal findet man beides: Urgestein neben Löss, dazu Permsandstein und Konglomerat am Heiligenstein (Glimmerschiefer), einem der wichtigsten Weinberge der Gegend. Vulkanischer Basalt, ein hervorragender Untergrund nicht nur für die seltene Sorte Traminer, ist in Österreich eine Rarität, die vor allem in der Südoststeiermark zu finden ist.

Topografie

Hanglagen, an denen die meisten Weingärten zu finden sind und die zudem gut drainagieren, bieten auch einen gewissen Schutz bei Wind oder Frost. In Österreich findet man Hänge aller Arten: Steillagen wie zum Beispiel in der zumeist terrassierten Wachau oder in der (nicht terrassierten) Südsteiermark, „rollendes Hügelland" im Weinviertel oder im Mittelburgenland bis hin zu den ganz sanften, aber im Weinbau doch einen Unterschied machenden Erhebungen im Seewinkel. Berge oder Hügel wirken als Wetterscheide, wie zum Beispiel der Wienerwald mit dem Anninger (647 m) am Westrand der Thermenregion als weithin sichtbare Barriere.

Hardware II – die Rebanlagen

Für die jeweiligen Gegebenheiten die richtige Sorte zu finden, ist eine der großen Herausforderungen eines qualitätsorientierten Betriebes. Nicht jede Rebsorte oder Sortenfamilie eignet sich für jede Art von Boden. Während Burgundersorten wie Chardonnay oder Blauburgunder, die zum Beispiel im Burgenland verstärkt zu finden sind, Kalk geradezu brauchen, um eine komplexe Aromatik zu entwickeln, verträgt ihn Blaufränkisch ganz gut, braucht ihn aber nicht unbedingt für Spitzenqualitäten. Riesling auf Stein (Schiefer, „Urgestein") ist eine Kombination der Glückseligkeit, auf schwereren Böden verliert die Rebsorte ihren leichtfüßigen Fruchtausdruck und wirkt etwas wuchtiger. Manche Sorten wiederum sind sozusagen „multifunktionell" und kommen mit vielerlei Bedingungen zurecht: Grüner Veltliner wächst auf Urgestein, wo er in erster Linie fruchtintensive Aromen mit feiner Würze aufbaut, und auf Löss, wo die Würzigkeit der Sorte – als viel besungenes „Pfefferl" – eindeutig stärker betont wird, ebenso gut wie etwa auf den Schotterböden der Urdonau oder in der so genannten Flyschzone.
Der Rebstock tendiert dazu, ins Unendliche zu wachsen und funktioniert nach dem „Schwerarbeiter-Prinzip". Wie alt ein Rebstock wird, hängt einerseits von der Sorte ab, andererseits davon, wie sehr man ihn „ausbeutet". Hat er zeit seines Lebens jedes Jahr den Höchstertrag zu liefern, wird er wahrscheinlich früh am Ende seiner Kräfte sein.
Die mengenmäßig höchsten Erträge bringen Rebstöcke bis zu einem Alter von etwa 30, 35 Jahren, danach bauen sie ab. Im australischen Barossa Valley, das mehr als andere Regionen für Topweine aus alten Shiraz-Rebstöcken bekannt ist, haben viele Weingärten 80, 90 Jahre und mehr auf dem Buckel, detto an Saar und Mosel in Deutschland, wo manche der Riesling-Rebstöcke sogar bis zu 120 Jahre alt und auch noch Direktträger sind. Je älter ein Stock ist, desto reduzierter sind die Erträge, dafür haben die Trauben eine aromatische Balance, die höchst attraktiv sein kann. Je älter die Rebstöcke, desto tiefer sind auch die Wurzeln im Boden verankert und desto besser können z. B. extreme Ereignisse wie Hitzewellen à la Juli 2006 abgepuffert werden.
Österreich ist im Großen und Ganzen ein Land der Junganlagen, da nach dem Weinskandal 1985 vieles umstrukturiert und neu gepflanzt wurde.

Sauvignon-blanc-Reben des Weinguts Kollwentz in der Lage Steinmühle bei Großhöflein

Es gab auch eine Zeit des Experimentierens mit internationalen Sorten wie Cabernet Sauvignon, weltweit die Referenzrebsorte, die sich aber hierzulande wegen Reifeproblemen nur an wenigen ausgewählten Stellen durchsetzen konnte. Mittlerweile hat man in Österreich auch ein starkes Bewusstsein für regionale Sorten entwickelt, die an die Bedingungen in unseren Breiten hervorragend angepasst sind. Besonders Grüner Veltliner, Blaufränkisch und St. Laurent konnten sich als Rebsorten für hochqualitative Weine etablieren.

Was das Rebstockalter betrifft, gibt es zwei „Schulen“: Je älter desto besser, meint die eine Seite. Die andere hält die Altersfrage für überschätzt. Rebstöcke können auch einfach absterben und werden dann nachgepflanzt. Es ist nicht unüblich, dass in so manchen klassischen Lagen, wie z. B. Mariental von Ernst Triebaumer, Alt und Jung bunt durcheinander stehen. Wie damit umgegangen wird, hängt vom Winzer ab. Triebaumer zum Beispiel vinifiziert aus den Trauben der Jungpflanzen so lange einen separaten Wein, bis diese geschmacklich so weit sind, dass sie in seinen Top-Blaufränkisch „Mariental“ passen.

Erträge

Ertragsregulierung im Weingarten ist heutzutage ein zentraler Punkt, wenn es um Ambition und hohe Qualitäten geht. Das Spiel wird dabei um eine Komponente erweitert: Welche Rebsorte passt auf welcher Unterlagsrebe an welchem Standort? Die Ansprüche haben sich hierzulande in den letzten dreißig, vierzig Jahren grundlegend geändert: Während noch in den 70er Jahren in erster Linie „viel“ mit „gut“ gleichgesetzt wurde, stellt man heute Parameter wie Reife, Geschmack und Struktur über die Menge. Einige Rebsorten, die als verlässlich und ertragreich gelten, wie z. B. Zweigelt oder Grüner Veltliner, die entweder wie Zweigelt im Hinblick auf ihre Massenertragstauglichkeit gezüchtet oder im Falle des Veltliners auch über Klone „hinselektioniert“ wurden, zeigen erst bei rigoroser Ertragsbeschränkung, was ge-schmacklich in ihnen steckt.

Jeder Rebstock befördert eine gewisse Menge an Nährstoffen aus den unteren Bodenschichten über die Wurzeln durch den Stamm in die Beeren der Traube, die im Zusammenspiel mit Rebsorte,

Vinifikation etc. den Geschmack ausmachen. Wenn nun weniger Trauben bedient werden müssen, erhält jede einzelne einfach mehr dieser limitierten Menge. Ein Rebstock tendiert nun ganz grundsätzlich dazu, möglichst stark zu wachsen und viele Trauben zu produzieren. Reguliert wird zunächst durch den Winterschnitt, später durch Ausbrechen und Abschneiden von überflüssigen Trieben und Trauben.

Ertragsstärke wird auch durch die Pflanzdichte beeinflusst. Werden die Wurzeln der Rebstöcke in ihrer Ausbreitung beschränkt, z. B. durch die Nachbarschaft zu einem anderen Stock, der sich ebenfalls ausbreiten möchte, reguliert man dadurch in der Folge auch die Ertragsmenge. Die Angaben in Maßen („Ich pflanze 80 cm mal 120") oder Stock pro Hektar, Hektoliterertrag pro Hektar oder Liter pro Stock sind immer relativ zu Standort und Rebsorte zu sehen und keinesfalls überall uniform anzuwenden. Waren hierzulande früher 3.000 Stock pro Hektar üblich, geht man heute im hochqualitativen Weinbau eher zu einer Dichte von 5.000 und mehr über. Die Pflanzdichte ist auch abhängig von der Rebsorte, den Bodenverhältnissen und der Weinidee, die verfolgt wird; so gibt es auch Sorten wie Sauvignon blanc, die sich in einer hohen Pflanzdichte unter Umständen gar nicht wohl fühlen.

Die Wüchsigkeit an einem bestimmten Standort kann auch durch die Unterlagsrebe gesteuert werden, auf die die Edelreiser aufgepfropft werden. Diese Unterlagsreben stammen ursprünglich aus Amerika und haben neben der wichtigen Reblausresistenz auch andere positive Eigenschaften – zum Beispiel Kalkverträglichkeit, d. h. sie können bis zu einem gewissen Grad sozusagen „vermittelnd" zwischen Boden und Rebsorte wirken.

Ertragsstufen

Tafelwein: niedrigste Stufe, keine Ertragsgrenze
Landwein: eine Weinbauregion, 14 °KMW, max. 9.000 kg/ha oder 6.750 l/ha
Qualitätswein: Mengenbeschränkung wie bei Landwein, Trauben aus einem Weinbaugebiet, mind. 15 °KMW bei der Lese, mind. 9 % natürlicher Alkohol, Säure mind. 4g/l

Arbeiten im Weingarten

Rebschnitt

Das Weinjahr beginnt noch in der Ruhephase des Rebstocks mit dem Rebschnitt im Spätwinter. Je nach Philosophie, Erziehungssystem und Ertragsvorstellungen bleiben ein bis zwei Bögen und eventuell ein Zapfen des einjährigen Holzes stehen, aus denen die neuen Triebe wachsen, die dann am Ende des Jahres die Trauben tragen werden.

Weitere Arbeiten an der Pflanze während des Frühjahrs sind das Ausbrechen aller Triebe, die überzählig sind. Ziel ist, eine Laubstruktur entstehen zu lassen, in der die Triebe so regelmäßig verteilt sind, dass sie eine hohe und optimal durchlässige Laubwand zum Assimilieren haben, die Blätter je nach Rot- oder Weißwein ideal verteilt sind und sich die Trauben nicht gegenseitig behindern können. Die Triebe werden zwischen die Doppeldrähte gesteckt, um so vor Windbruch geschützt zu sein.

Spritzen

Um die Rebstöcke vor Krankheiten wie echtem oder falschem Mehltau bzw. in Folge vor Fäulnis zu bewahren, muss gespritzt werden. Schwefel in Verbindung mit Trägersubstanzen hat zwei Eigenschaften, ohne die es im Weinbau einfach nicht geht und die bereits seit den Römern genutzt werden: Er wirkt desinfizierend und bindet Sauerstoff. Kupfer, ein Schwermetall, das umstritten ist, weil es sich im Boden anreichert, ist ein weiteres Mittel, das eingesetzt wird, weil es gegen falschen Mehltau (Peronospora) hochwirksam ist.

Wo, wann, wie viel und womit gespritzt werden muss, ist eine Mischung aus der Einstellung des Winzers und jenen Notwendigkeiten, die durch den Witterungsverlauf vorgegeben werden. Die Industrie bietet eine Reihe von Mitteln an, die helfen, Pilz- und Schädlingsbefall zu vermindern. „Integrierte Produktion" nach dem „ÖPUL 2006"-Programm ist dabei der Mindeststandard, ohne den es keine staatlichen Förderungen gibt, die

Begrünung zwischen den Rebzeilen, um den Boden aufzulockern, Nährstoffe einzubringen und auch, um in Jahren mit viel Regen Wasser aufzusaugen.

Offener Boden: Bei Junganlagen ist Konkurrenz durch Bewuchs nicht immer sinnvoll.

nach dem Prinzip „Weniger ist mehr“ ausgeschüttet werden: Weniger Spritzmitteleinsatz bedeutet also höhere Förderungen.

Düngen

Anhand des Wuchses und der Färbung und Form der Blätter können beispielsweise bestimmte Mangelerscheinungen und Krankheiten festgestellt werden, die durch Düngen ausgeglichen werden. Der Bedarf an manchen Stoffen ist zu gewissen Zeiten höher: z. B. Kali vor oder während der Blüte. Ob jetzt Kunstdünger verwendet wird (inkriminiert, man versucht ihn zu vermeiden) oder mit biologischem Dünger (Tiermist) gearbeitet wird, ist wieder abhängig vom jeweiligen Betrieb. Kunstdünger ist einfach in der Anwendung, wird allerdings von qualitätsorientierten Betrieben schon seit langem abgelehnt. Tiermist & Co. müssen zu Kompost aufbereitet werden, was relativ arbeitsintensiv ist.

Begrünen oder nicht Begrünen, das ist hier die Frage

„Eine grüne Wiese zwischen den Rebzeilen unterstützt die Bildung von Humus und wirkt der Bodenerosion durch Auswaschen der Pflanzennährstoffe entgegen“, weiß das Internet-Lexikon Wikipedia. Die Gründecke zwischen den Rebzeilen ist ein wesentliches Steuerelement im Jahresverlauf und hält auch der Monokultur etwas entgegen. Der Bewuchs zwischen den Rebzeilen bringt aber auch Konkurrenz für die Wurzeln der Rebstöcke, was zum Beispiel bei schwerem, wasserspeicherndem Boden und feuchtem Wetter notwendig ist, um ein mögliches „Zuviel“ an Wüchsigkeit auszugleichen. Bei trockenem Wetter kann sich eine unerfreuliche Konkurrenzsituation ergeben. Die Bodenqualität lässt sich durch Einsäen der „richtigen“ Pflanzen verbessern: Pflanzen wie Erbsen, Ackerbohnen oder Lupinen reichern den Boden mit Stickstoff an, was manchmal notwendig ist.

Schneidewerk-Aufsatz am Traktor, mit dem die Triebspitzen bei starkem Wuchs gekappt werden.

Die Entscheidung, ob man das wachsen lässt, was die Natur hervorbringt, oder ob man eigene Pflanzen einsät, verlangt Winzern und Winzerinnen einiges an Vorausblick und Einschätzungsvermögen ab.

Arbeiten mit Maschinen

Maschinen erleichtern das Agrarleben – das ist auch im Weinbau nicht anders. Auch wenn Interessenverbände, Marketing und Werbung gerne suggerieren, dass Wein hierzulande als Naturprodukt ausschließlich mit der Hand des Winzers in Berührung kommt und maschinelles Arbeiten den bösen Konkurrenten aus Übersee vorbehalten ist, ist der Einsatz von – manchen – Maschinen sinnvoll. Jeder, der einmal mit der Harke das Unkraut in einem Gemüsebeet entfernt hat, weiß, dass dies körperliche Schwerarbeit ist.

Diverse Bodenarbeiten, Auspflanzen, Spritzen, Beschneiden der Laubwand, Düngen, Stockräumen und Lesen können mit Hilfe von jeweiligen Aufbauten auf Traktoren bzw. mit eigenen Maschinen erledigt werden. Eine Lesemaschine arbeitet beispielsweise mit vibrierenden Stangen, die gegen die Stämme der Rebstöcke schlagen und so die Beeren von den Stielgerüsten klopfen, die dann in der Maschine aufgefangen werden. Lesemaschinen sind auch hierzulande im Einsatz, allerdings für Steil- und Hanglagen ungeeignet. Handlese ist übrigens nicht von ungefähr ein gewisses Zeichen von Qualität, sondern wird auch in anderen Weinbauländern als solches gewertet und deshalb gerne am Etikett erwähnt.

Ein wichtiger Aspekt ist die Tatsache, dass allzu häufiges Befahren eines Weingartens mit schweren Maschinen den Boden verdichtet: Das bedeutet, der Boden wird zusammengepresst, was das Leben von Insekten und Bodengetier nicht unbedingt erleichtert, die in einem gesunden Boden für Lockerheit und Durchlüftung sorgen und es so den Wurzeln ermöglichen, die Erde besser zu durchdringen. Viele Winzer, vor allem jene, die biologisch arbeiten, versuchen dem Dilemma mit kleineren, leichteren Maschinen zu entgehen. Faktum ist, dass einige Arbeiten per Hand einfach genauer erledigt werden. Der Produzent trifft die Wahl je nach Qualitätsanspruch.

Erntevorbereitungen & Lesezeitpunkt

In „normalen" Jahren wird in den österreichischen Weinbaugebieten hauptsächlich zwischen Anfang September und Ende Oktober geerntet. Ein Zeitraum, der sich auch schon einmal verschieben kann, wenn das Jahr zum Beispiel sehr heiß ist wie 2003, oder ein schöner Herbst es nach einem verregneten Sommer möglich macht, die Trauben länger hängen zu lassen.
Der ideale Erntezeitpunkt ist erreicht, wenn physiologische Reife und Zuckerreife erreicht sind. Wie das festzustellen ist, wird jeder Winzer etwas anders erklären, was auch durchaus legitim ist. Einige verlassen sich auf ihren Geschmackssinn, andere verbinden das, was sie schmecken, mit den Analysewerten aus dem Labor. Dritte wiederum schwören auf das Refraktometer, mit dem die Zuckerkonzentration gemessen werden kann. Andere wieder probieren, betrachten die Traubenkerne und kontrollieren, wie sich die Beeren anfühlen, die idealerweise prall und knackig sind; leicht „eingezogene", faltige Beeren können aber extrem zuckerreiche Moste liefern, jedoch auch rasch in Botrytisbefall übergehen.
Während früher die Zuckergradation oft der wichtigste Parameter war, um über den Lesezeitpunkt zu entscheiden, ist es heute eine Kombination aus mehreren Komponenten: Zucker, Schmecken, Fühlen und analytische Werte, wie z. B. der pH-Wert, die im Labor festgestellt werden. Dass sich Zuckergradationen und Reifekurve nicht unbedingt parallel entwickeln müssen, hat sich etwa im Jahr 2006 deutlich gezeigt: Der extreme Witterungsverlauf im Sommer ergab ein Traubenmaterial mit sehr hohen Zuckergradationen und daher alkoholkräftige Weine, die allerdings dank der Kühle des Augusts mit einem relativ hohen Säurelevel ausgestattet waren. Botrytis befiel manche Rebsorten spät, aber überfallsartig, sodass raschest geerntet werden musste.
Entscheidend sind das Zucker-Säure-Verhältnis und die so genannte physiologische Reife, die etwa durch Probieren der Beeren und haptische Prüfung der Beerenkonsistenz festgestellt werden. In der Praxis bedeutet dies, dass die Kerne bräunlich, nicht grün sein sollten und dass sich die Beeren noch knackig und fest anfühlen.

Rebsorten

Grundsätzliches

Österreich lebt ganz generell von seiner Rebsortenvielfalt. Und das Land zählt trotz sommerlichen Rekordtemperaturen, sintflutartigen Regenfällen und Klimawandel zu den kühlen Weinbaugebieten (Zone B nach der Klimatabelle der EU). Das bedeutet, dass die Rebsorten, die hier gut gedeihen, an kühlere Durchschnittstemperaturen gewöhnt sind, mit Feuchtigkeit gut zurechtkommen wie auch mit deutlichen Temperaturunterschieden zwischen Tag und Nacht sowie zwischen den Jahreszeiten. In kühleren Gebieten dauert die Vegetationsperiode im Schnitt länger, die Beeren lagern langsamer Zucker ein, der durch Fotosynthese bei Sonneneinstrahlung entsteht. Die Weinaromatik ist in kühleren Gegenden etwas fruchtbetonter, mit deutlicherer Säure und weniger von Tannin und Alkohol geprägt als in heißeren Regionen.
Die jeweilige Rebsorte gibt den Geschmack vor. Der Grundcharakter wird durch Klone oder durch Hefen bei der Vergärung zwar beeinflusst, kann aber nicht völlig „umgedreht" werden, wie es gerne kolportiert wird. Denn auch Hefen können nur das „verarbeiten" und beeinflussen, was vorhanden ist. Ob eine Rebsorte nun zu Qualitätswein verarbeitet werden darf, ist in der Rebsortenverordnung geregelt, die jedes Bundesland selbst erlässt. Kommt eine Rebsorte dort nicht vor, muss sie als Tafelwein deklariert werden. Syrah respektive Shiraz, der international seit langem als Edelrebsorte außer Frage stand, war der letzte prominente Neuzugang, der im November 2000 aufgenommen wurde, nachdem sich einige Betriebe, die ihn bis dahin als „Versuchsrebsorte" geführt hatten, dafür eingesetzt hatten.

Welche Rebsorte auf welchem Boden?

Einer der wichtigsten Aspekte im modernen Weinbau ist das Zusammenspiel von Rebsorte und Boden. Steht eine Rebsorte auf für sie ungeeigneten Böden, wird es weder geschmackliche noch

Engbeerige Trauben

Lockerbeerige Trauben

ertragsmäßige Höhenflüge geben. Cabernet Sauvignon in Lagen, die nicht warm genug sind, wird Probleme beim Ausreifen haben, was in der Folge den ungeliebten Grünen-Paprika-Ton in den fertigen Wein bringt. Dem Aspekt „Rebsorte – Lage" wird in den Spitzenbetrieben ein hoher Stellenwert eingeräumt. Und es kann als Folge der Erfahrung zu Umveredelungen – auf die eingewurzeten Unterlagsreben werden neue Rebsorten aufgepfropft – oder Neupflanzungen kommen.

Rebsorten an sich

Manche Rebsorten gelten als schwierig, fast „divenhaft", was auch mit ihrem pflanzlichen Aufbau zusammenhängt. Die Beeren können von Natur aus dick- oder dünnschalig sein: Geschmacks- und Farbstoffe sitzen immer in der Beerenhaut, bei dünnschaligen Sorten wie Pinot noir wird die Farbausbeute nicht ganz so hoch ausfallen wie bei dickschaligen wie Blaufränkisch. Dünne Beerenhäute sind verletzbarer – manchmal reicht heftiger Regen, um sie zu beschädigen –, was Viren, Bakterien und Pilzen Angriffsflächen verschafft. Trifft der Regen auf Beeren, die in ihrer Entwicklung noch nicht weit fortgeschritten sind, die noch klein, grün oder gerade am Umfärben und daher relativ hart sind – wie zum Großteil im August 2006 –, sind diese noch widerstandsfähig und der Regen kann keine allzu großen Schäden verursachen.

Weiters spielt es eine Rolle, ob es sich um engbeerige oder lockerbeerige Trauben handelt: Bei den erstgenannten, deren Beeren dicht an dicht stehen und im Laufe des Wachstums logischerweise immer größer werden, drücken sich die Beeren gegenseitig leichter auf. Sie trocknen im Inneren der Traube auch schwerer als jene, deren Beeren locker und frei am Stielgerüst hängen. Kleine Beeren – was bei manchen Rebsorten eine Klonfrage ist und auch mit der Wuchskraft und dem Witterungsverlauf zusammenhängt – haben ein besseres Verhältnis zwischen Fruchtfleisch und Haut, in der sämtliche Farb- und Geschmacksstoffe sitzen, als große Beeren, bei denen der Flüssigkeitsanteil im Verhältnis zur Beerenhaut mit allen Inhaltsstoffen hoch ist.

Lokal, regional, international

Unterschieden wird heute vielfach zwischen internationalen Rebsorten wie Riesling, Chardonnay, Sauvignon blanc, Cabernet Sauvignon, Merlot und Pinot noir, die in vielen Ländern und Regionen verbreitet sind, und heimischen Rebsorten, die oft autochthone Spezialitäten sind *(autos:* selbst, *chthón:* Erde; in Biologie und Ökologie für Arten, die sich von selbst in einem Gebiet angesiedelt haben; an Ort und Stelle entstanden), wie Zierfandler und Rotgipfler in der Thermenregion, oder in einem begrenzten Kulturraum verstärkt zu finden sind wie Grüner Veltliner, Welschriesling oder Blaufränkisch in mitteleuropäischen Ländern.

Unterlagsreben

Die Reben, zumeist Selektionen der europäischen Rebe *(Vitis vinifera)*, werden auf Unterlagsreben (Amerikanerreben; *Vitis riparia, rupestris und berlandieri)* oder Hybriden aus Amerikanerreben aufgepfropft. Grund dafür ist die Reblaus, ein Schädling, der im Boden sitzt, an den Wurzeln saugt und dadurch Viren und Bakterien Zutritt zur Pflanze verschafft. Europäische Reben werden dadurch krank und sterben ab. Bei Amerikanerreben verschließt sich das Bissloch wieder, d. h. Krankheitserreger können nicht eindringen. Die Reblaus wurde gegen Ende des 19. Jahrhunderts mit Rebstöcken aus Amerika eingeschleppt und richtete in Europas Weinbaugebieten, in denen die Rebstöcke nicht resistent waren, großen Schaden an. Nur wenige Ecken blieben verschont, wurzelechte Anlagen findet man nur noch selten, in Österreich so gut wie überhaupt nicht. Mit einer Ausnahme: die Uhudler-Sorten im Südburgenland, die aus wirtschaftlicher Not aus „Amerikanerreben" und europäischen gekreuzt wurden und Direktträger sind.

Unterlagsreben können je nach Eigenschaft bestimmte Bodenverhältnisse ausgleichen und den Nährstofftransport beeinflussen, was sich auf den Ertrag auswirkt. Sehr hoher Kalkgehalt kann so zum Beispiel abgepuffert werden. Sie haben außerdem Auswirkungen auf die Wuchskraft und den Gehalt an Nährstoffen wie Kalium oder Magnesium.

Klonfragen

Was nach Hightech und Gentechnologie klingt, bezeichnet die Vermehrung von Reben auf vegetativem Weg (ungeschlechtlich) durch Verwendung von Teilen der Elternpflanze (z. B. Absenker), die zur Bildung von Wurzeln und Trieben angeregt werden. Von ein und derselben Sorte sind verschiedene Klone erhältlich, die Eigenschaften haben wie besondere Ertragsstärke oder intensive Aromenausbildung und oft mit Nummern (777 bei Pinot noir) oder Beinamen (Mössmer-Klon bei Grünem Veltliner) bezeichnet werden.

Nicht alle Rebsorten sind für die Klonbildung gleichermaßen geeignet, und nicht alle Klone bewähren sich immer und überall. In den 70er Jahren, als man mit Qualität vor allem hohen Ertrag meinte, entstanden beispielsweise Grüner-Veltliner-Klone, die den geschmacklichen Anforderungen heute nicht mehr entsprechen. In einem langfristig angelegten und im Winter 2006 noch laufenden Zierfandler-Klon-Projekt geht man von der Idee aus, dass sogar die ursprüngliche Geschmackscharakteristik verändert wurde, indem man in Zeiten des „Masse ist klasse"-Denkens beim Vermehren zu wenig auf geschmackliche Ausprägungen geachtet hat. Ziel dieses Projektes ist es, sich über „Rückselektion" wieder dem „archetypischen" Geschmack anzunähern.

Nach modernen Gesichtspunkten setzt man heute vor allem auf einen Mix aus unterschiedlichen Klonen. Wie wichtig die Klonfrage ist, können selbst Winzer nicht immer sagen. Jedoch kommt es immer häufiger vor, dass Winzer auf der Suche nach erstklassigem Rebmaterial ihre eigenen, durch besonders gute Eigenschaften auffallenden Rebstöcke per Klonselektion vermehren, wie es zum Beispiel Josef Umathum mit Zweigelt und St. Laurent getan hat. Idealvorstellung ist ein Rebstock, der lockerbeerige Trauben mit kleinen Beeren hervorbringt, die widerstandsfähiger sind und ein ideales Verhältnis von Saft und Geschmacksstoffen aus der Beerenhaut aufweisen.

Neuzüchtungen versus alte Sorte

Neuzüchtungen sollen bessere Eigenschaften hervorbringen als das Ausgangsmaterial. Standen in den 60er und 70er Jahren hohe Erträge im Zentrum des Interesses, so sind es heute vor allem Eigenschaften wie Resistenz gegen Pilze und andere Krankheiten. Weine aus Neuzüchtungen sind oft bei traditionsbewussten Weinfachleuten nicht so hoch angesehen wie alte Sorten, die sich über die Jahrhunderte entwickelt haben, was manchmal Probleme beim Verkauf (vor allem international) bringen kann. Plakativstes Beispiel: Grüner Veltliner, eine uralte, österreichische Sorte, befindet sich derzeit international gesehen auf einem Höhenflug, während man für Rotweine aus Zweigelt, einer vergleichsweise jungen, wenn auch erfolgreichen Neuzüchtung aus 1922 schon viele gute Argumente braucht, um sie internationalen Händlern schmackhaft zu machen (was natürlich auch an der Skepsis liegt, die Rotweinen aus einem Weißweinland generell entgegengebracht wird).

Zu den klassischen alten Sorten hierzulande zählen Grüner Veltliner und Blaufränkisch. Die bekanntesten und erfolgreichsten Neuzüchtungen in Mitteleuropa sind Müller-Thurgau und Zweigelt. Müller-Thurgau wurde 1992 vom Schweizer Rebforscher Hermann Müller gezüchtet und ist die weltweit erfolgreichste, weil am weitesten verbreitete, Neuzüchtung. Die jüngsten Neuzugänge in Österreich sind die roten Neuzüchtungen Roesler und Rathay, die im Jahr 2000 in die Rebsortenverordnung aufgenommen wurden. Sie zählen zu den sogenannten Piwi-Rebsorten, die vor allem auf Pilzresistenz hin gezüchtet wurden – wobei Resistenz nicht völlige Immunität bedeutet.

Umstellungsaktion der EU

Österreich ist ganz generell ein Land des Weißweins. Etwa 70 Prozent der Gesamtrebfläche – früher sogar 85 Prozent – entfallen auf diese „Weinfarbe". Mit Erscheinen der Verordnung zur Gemeinsamen Marktordnung Wein (GMO) Nr. 1469 im Jahr 1999 wurde vonseiten der EU-Kommission eine Rebflächenumstellungsaktion initiiert, die zum Ziel hatte, verstärkt Weine nach Marktnachfrage zu produzieren. Und nachgefragt wurde in den letzten Jahren Rotwein, wobei der Konsum hier im Land nicht ausschließlich durch die Inlandsproduktion gedeckt werden konnte. Im Zuge dieser Aktion, deren Ablauf in der Verordnung Nr. 1439 der GMO geregelt ist, schüttete die EU Geld für jene Betriebe aus, die daran teilnahmen. Das hatte in Österreich zur Folge, dass auf zahlreichen Flächen – passend oder manchmal leider auch nicht – verstärkt Rotweinsorten, im Speziellen Zweigelt, ausgepflanzt wurden. Speziell regionale Sorten wie Zweigelt, Blaufränkisch und St. Laurent zählten zu den „Gewinnern". Auch knapp 400 Hektar mehr Merlot wurden ausgesetzt. An Flächen verloren haben Grüner Veltliner und Müller-Thurgau. Profiteure der Aktion sind aber nicht nur die Rotweine, Zuwächse gab es auch bei Chardonnay und den beiden derzeitigen Trendsorten Sauvignon blanc und Riesling. Nach den Statistiken aus dem Landwirtschaftsministerium gibt es die größten Verschiebungen in der Steiermark und im Mittelburgenland. Aus Niederösterreich kamen mit Ausnahmen des Gebiets Carnuntum nur wenige Anträge. Mit diesen Änderungen hat sich nun auch das Burgenland eindeutig in Richtung Rotweinland entwickelt, was es in der Wahrnehmung des Publikums zwar immer war, nicht aber den reinen Zahlen nach.

Dass die Umstellungsaktion auch mit der neuen GMO weitergeführt werden soll, darüber sind sich die Weinbauländer unter den EU-Mitgliedsstaaten übrigens einig.

Weinstile

Nach dem Weinskandal von 1985 hatte österreichischer Wein vor allem trocken zu schmecken. Weine mit Restsüße oder im Prädikatsweinbereich haben es noch bis heute relativ schwer am heimischen Markt. Der dominierende Weißwein ist der Grüne Veltliner, aber auch aromatische Sorten werden durchaus geschätzt. Trocken muss österreichischer Wein auch heute noch sein und vorzugsweise weiß. Kräftige Säure, die auch eine gewisse Frische vermittelt, wird hierzulande gerne akzeptiert, vor allem in Kombination mit aromatischen Sorten. Sauvignon blanc im steirischen Stil „frisch, saftig, steirisch", mit deutlicher Säure und leicht „erbsenschotiger" Stilistik, erfreut sich bis heute ungebrochener Beliebtheit, auch wenn man in letzter Zeit zur reiferen an Holunderblüten und

Neben Barriquefässern (rechts, Eiche, Fassungsvermögen 225 Liter) werden heute auch große Holzfässer wieder verstärkt eingesetzt.

Stachelbeeren erinnernden Weinstilistik tendiert. Bei Rotweinen kam es Anfang bis Mitte der 80er Jahre bedingt durch Know-how-Zuwachs, internationalen Austausch und hierzulande neu eingeführte Vinifikationsprozesse wie malolaktische Fermentation und Reifung im Barriquefass zu einem fundamentalen Stilwechsel. Die etwas harschen und frucht- und säurebetonten Weine früherer Jahre wurden zu deutlich trinkbareren Kreszenzen, die auch einen höheren Alkoholgehalt aufwiesen. In den 90er Jahren griff man gerne zu Barriquefässern, die mitunter exzessiv zum Einsatz kamen. Steigende Erfahrung in Weingarten und Vinifikation bewirkten, dass aus dem vorhandenen Material auch mehr – mehr Alkohol, mehr Tannin und vor allem mehr Geschmack – herausgeholt werden konnte.

Zu Zweigelt und Blaufränkisch kamen in den 80er Jahren verstärkt internationale Sorten hinzu wie Cabernet Sauvignon, Pinot noir oder später Merlot und Shiraz, die sich allerdings mit steigender Erfahrung nicht in jedem Fall als verlässlich reif werdend erwiesen. Gegen Ende der 90er Jahre und mit dem Jahrtausendwechsel besann man sich wieder stärker auf heimische Rotweinsorten, die logischerweise vor allem deshalb heimisch sind, weil sie an die klimatischen Bedingungen gewöhnt sind. Mit größerem Vertrauen in autochthone Sorten wie Blaufränkisch, St. Laurent und auch Zweigelt und einer generellen – langsamen – Abkehr von allzu üppigen, alkoholkräftigen und tanninlastigen Rotweinen wandte man sich zum Teil eleganteren, fruchtbetonteren und „strukturierteren" Stilen zu. Ein Trend, für den österreichische Rotweinsorten geradezu prädestiniert erscheinen und der sich mit der Ernte 2006 fortsetzte, wiewohl es auch in diesem Jahrgang aufgrund des warmen, sonnigen und trockenen Herbstes naturgemäß zu vielen alkoholreichen Weinen kommen wird.

Bei Rotweinen tendiert man unter den Spitzenproduzenten und vor allem bei der mittleren und Premiumschiene derzeit auch dazu, ihnen eine längere Reifezeit – in Fass wie Flasche – zu gönnen, was sich generell positiv auf den Trinkfluss auswirkt. Der Barriqueeinsatz wird eher zurückgenommen, um die Fruchtausprägung von Rebsorten wie Blaufränkisch, Pinot noir oder St. Laurent zu betonen. Reifere Weinstile sind bis heute vor allem bei Weißwein dennoch nicht die Sache der Österreicher. Symbolisch dafür stehen die starke Vermarktung und die großen Erfolge der Jungweine, die auch von der ÖWM mit Marketingstrategien wie „Junger Österreicher" und „Spargelwein" gefördert werden. Aber auch die Heurigenkultur, deren Grundlage 1784 von Joseph II. durch die Zirkularverordnung geschaffen wurde: Es wurde Weinbaubetrieben gestattet, selbst erzeugten Wein auszuschenken und hausgemachte Speisen zu verkaufen, was für manche Weinbaugegenden noch heute die dominierende Vermarktungsweise darstellt.

Weiße Rebsorten

Klassiker und aromatische Sorten

Grüner Veltliner

Wer hätte vor zehn Jahren gedacht, dass sich Österreich dereinst einen Namen machen würde mit einer Rebsorte, deren Namen man außerhalb des deutschen Sprachraums kaum über die Lippen bringt. Grüner Veltliner ist nicht nur die am weitesten verbreitete Rebsorte hierzulande, sie gehört uns auch fast ganz alleine. Sie zählt zu den Uraltsorten, die genaue Herkunft ist nicht mehr wirklich zu ergründen, klar ist nur, dass Traminer – wie so oft – ein Elternteil ist.

Die ersten urkundlichen Erwähnungen stammen aus dem 18. Jahrhundert. Ein wichtiger Entwicklungsschritt, der den Grünen Veltliner auch qualitativ weiterbrachte, war die Hochkultur, die Lenz Moser in den 1930er Jahren entwickelte und deren Siegeszug nach dem Frostjahr 1956so richtig begann.

Dass Veltliner hohe Komplexität entwickeln kann und auch hervorragend altert, glaubte man lange Zeit im Land selbst nicht. In mehreren internationalen „verdeckten" Vergleichsverkostungen (organisiert von Jan-Erik Paulson, Weinraritätenhändler, und dem britischen Weinjournalisten Jancis Robinson und Tim Atkins), die wahrscheinlich auch dazu beitrugen, dass er heute *die* Boom-Rebsorte ist, hat er sich gegenüber namhaften Burgundern durchgesetzt und sich gewissermaßen als der spannendere „Burgunder" erwiesen.

Je Löss, desto würziger

Veltliner ändert seine Geschmacksausprägung je nach Bodentyp, wodurch er wie Riesling dafür prädestiniert ist, Terroir zu transportieren – pflegliche Behandlung im Weingarten und sorgfältige Vinifikation vorausgesetzt. Charakteristisch außer den Fruchtaromen nach Apfel, Birne, Grapefruit oder Ananas und einem gewissen Kräuteraroma ist das „Pfefferl": eine je nach Boden mehr oder weniger stark ausgeprägte Würze, die an frisch gemahlenen Pfeffer erinnert. Veltliner ist nur mäßig anspruchsvoll, mag aber keine nassen Füße, d. h. ein guter Wasserabzug ist Bedingung. Er wächst auch auf sandigen Böden, schätzt aber auch „Urgestein" über alles, wo er einen stahligen, feinwürzigen und eleganten Aromentypus entwickelt, sowie Lössböden und Flysch. Unerwünscht ist heute der so genannte „Sämlingston" d. h. eine Note, die an die Aromatik der Scheurebe (Johannisbeere) erinnert, und sowohl auf ungünstige Klonauswahl (Mössmer-Klon) als auch auf unsensible Weinbereitung (z. B. starke Maischeschwefelung) zurückzuführen sein kann.

Seine stilistische Bandbreite reicht von einfachen, jung zu trinkenden Tropfen bis zu hochkomplexen, individuellen und langlebigen Gewächsen, deren geschmackliche Ausprägung von den jeweiligen Bodentypen abhängig ist. Auch die Ausbaustile reichen von trocken (durchgegoren) bis zu Weinen im hohen Prädikatsbereich, die oft eine hochinteressante würzige Aromatik entwickeln und ihre Sortencharakteristik gut bewahren.

Grüner Veltliner ist ziemlich frostbeständig, was ihn für kühlere Klimate ideal macht, und mittel bis spätreifend, was in ebendiesen kühlen Gegenden Probleme bereiten kann.

Wenn auch Veltliner auf Gesteinsuntergrund hervorragende, langlebige und mineralisch-komplexe Weine bringt, so bilden doch Veltliner und Lössboden das „Traumpaar" schlechthin. Und davon findet sich reichlich, vor allem in Niederösterreich, wo die größten Veltliner-Flächen zu finden sind. Löss besteht aus eiszeitlichen Quarzpartikeln, die angeweht wurden und sich an den Windschattenseiten in bis zu 25 Meter dicken Schichten angesammelt haben. Löss ist kalkhaltig mit einer hohen, aber nicht überbordenden, Wasserspeicherkapazität und bildet eine kompakte, dank Eisenoxidpartikel oft leuchtend gelbe Bodenmasse, aus der man Ziegel herausschneiden könnte. Veltliner gerät hier meist eher körperreich mit intensiven, fast dominanten Würzenoten.

Grünen Veltliner findet man vor allem in Niederösterreich und Wien, aber auch im Burgenland. Er ist mit mehr als einem Drittel der Gesamtrebfläche

Österreichs die wichtigste Sorte. Selbst wenn die Rebflächen rein numerisch kleiner geworden sind, hat er keinesfalls an Bedeutung eingebüßt: Gerodet wurden Flächen, auf denen, etwa im nördlichen Burgenland, vor allem einfache Massenqualitäten erzeugt wurden.

Welschriesling

Welschriesling ist eine alte Traditionssorte Mitteleuropas, die trotz ihres Namens nicht mit dem Riesling verwandt ist. Er schmeckt nach grünen Äpfeln, besitzt eine knackige, fast rassige Säure und eine herb-frische Note und wird hierzulande vor allem in zwei Stilrichtungen ausgebaut: als trocken durchgegorener, schlanker bis mittelkräftiger Wein ohne großes Lagerpotenzial, der als Sommerwein und Speisenbegleiter geschätzt wird und in den Heurigen des Landes reißenden Absatz findet, und als äußerst spannender, langlebiger und würzig-komplexer Wein im hohen Prädikatsbereich. Welschriesling ist neben Grünem Veltliner und Weißburgunder wegen seiner Fruchtaromatik und der kräftigen Säure ein beliebter Grundwein für die österreichische Schaumweinerzeugung.

Müller-Thurgau

Müller-Thurgau oder Rivaner zählt gemeinsam mit Zweigelt zu den erfolgreichsten Neuzüchtungen und erinnert zart-duftig und leicht aromatisch im besten Fall an Muskat. Er wurde von Professor Hermann Müller 1882 angeblich aus Riesling und Silvaner gekreuzt; seit einigen Jahren weiß man jedoch aufgrund von Forschungsergebnissen der Weinbauschule Klosterneuburg, dass in Wirklichkeit Riesling und Gutedel das Elternpaar bilden. Der Rivaner ist ein beliebter Heurigenwein und hat kaum Lagerpotenzial. Die Rebsorte war in den „Massen-Jahren" recht beliebt, weil sie ob ihrer Robustheit auch in kühleren Gebieten ganz gut gedeiht, aber insgesamt vergleichsweise anspruchslos und einigermaßen ertragssicher auf nährstoffreichen, tiefgründigen Böden mit guter Wasserversorgung ist. Müller-Thurgau ist einer der ersten Weine, die nach der Ernte auf den Markt kommen (frühreifend) und hat vergleichsweise wenig Säure. Die Rebflächen in Österreich sind heute stark rückläufig, im hohen Prädikatsbereich wird er wegen seiner Aromatik geschätzt.

Morillon, Chardonnay

Er ist der Global Player der weißen Burgunderfamilie mit hohem Anspruch und hierzulande mittlerweile in fast allen Weinbaugebieten zu finden. In der Steiermark heißt er Morillon, was von Morion, dem Namen jenes Ortes in der Champagne hergeleitet wird, aus dem man nach der Reblauskatastrophe die ersten Edelreiser für die Neuauspflanzungen in die Steiermark holte. Chardonnay hat eine gewisse Pikanz, die von einer deutlichen Säurestruktur herrührt und erinnert aromatisch an Banane und Zitrusfrüchte. Er wird sowohl im Stahltank geradlinig, stahlig und schlank als auch im Holzfass zu einem füllig-cremigen Weintyp ausgebaut und ist ausgesprochen kompatibel für Barriqueausbau. Die größte Verbreitung findet er in der Südsteiermark, wo er schon seit rund 140 Jahren ansässig ist, im Nordburgenland rund um den Neusiedlersee und in Carnuntum.

Weißburgunder, Grauburgunder

Weißburgunder (Pinot blanc, Pinot bianco) und Grauburgunder (Pinot gris, Pinot grigio) kann man wohl als die in Österreich schon länger eingesessenen Anverwandten der Burgunderfamilie betrachten. Sie sind aromatisch eher zurückhaltend, können aber sehr körperreich werden. Weißburgunder hat charakteristischerweise feine Walnussaromen, vor allem wenn er etwas gereift ist. Grauburgunder erinnert am ehesten an Karamell und kann im Glas einen ganz zarten rötlichen Schimmer haben, der von den in der Reife leicht rötlichen Beerenhäuten herrührt.

Riesling, Weißer Riesling oder Rheinriesling

Riesling ist wie Chardonnay ein Großer der weißen internationalen Rebsorten. Die Sorte ist seit Mitte des 15. Jahrhunderts nachzuweisen, allerdings in Deutschland. Riesling reift sehr spät und erbringt vor allem in kühleren Gebieten mit deutlichen Tag-Nacht-Temperaturunterschieden und in Kombination mit steinigen Böden wie Schiefer oder

Grüner Veltliner

Welschriesling

Müller-Thurgau

Morillon

Chardonnay

Weißburgunder

Grauburgunder

Riesling

Sauvignon blanc

Gelber Muskateller

Gewürztraminer

Muskat Ottonel

Scheurebe

Zierfandler

Rotgipfler

Neuburger

© ÖWM, Faber

Granit hervorragende Ergebnisse. Ideal für die Vollreife des Rieslings ist eine lange Schönwetterperiode im Herbst, die sich bis in den November und länger hineinzieht, wie z. B. im Herbst 2006. Österreichischer Riesling unterscheidet sich vom deutschen, der international angesichts der Erfolge der letzten Zeit – wieder – die Messlatte ist, vor allem durch höheren Alkoholgehalt und durch den im Regelfall trockenen Ausbau, auch wenn Botrytis (Edelfäule), die mitverarbeitet wird, eine süße, an Honig erinnernde Note verleihen kann. Ob Botrytis belassen wird oder nicht, ist eine Frage der Philosophie. Ohne Botrytis schmeckt der Wein eher stahlig-geradlinig, mit Botrytis erhält er eine gewisse Opulenz und extraktsüße Noten. Riesling kann auch im edelsüßen Bereich hervorragende Ergebnisse liefern. Man findet ihn vorwiegend im kühleren Teil Niederösterreichs (Wachau, Kamptal, Kremstal, Donauland, Weinviertel); je weiter östlich, desto seltener wird er. Österreichischer Riesling hat sich am internationalen Markt ganz gut etabliert, bekam aber heftige Konkurrenz durch den Boom des Grünen Veltliners.

Sauvignon blanc

Die aus Frankreich stammende Rebsorte, die derzeit international wie auch national einen deutlichen Aufschwung erlebt, ist bis heute eine Spezialität der Südsteiermark, wo sie schon zu Zeiten Erzherzog Johanns gepflanzt wurde und auch am stärksten verbreitet ist. Sie wird aber mittlerweile auch in den meisten anderen Weinbaugebieten mit gutem Erfolg ausgepflanzt. Sauvignon blanc hat eine stark ausgeprägte Aromatik, zeigt einiges an Säure und transportiert Mineralität sehr gut. Die geschmackliche Bandbreite ist groß: Je nach Reifezustand und erwünschtem Stil reicht sie von grasig-vegetabil und an Tomatenstängel erinnernd über Brennnessel, Cassis und Stachelbeeren bis hin zu floralen Eindrücken wie süßlich duftenden Holunderblüten und exotischen Aromen nach Limetten und Lychees. Sauvignon blanc wird hierzulande hauptsächlich trocken und in Stahltanks ausgebaut, verträgt aber auch Holzunterstützung im Ausbau, sofern diese nicht übertrieben wird.

Gelber Muskateller

Die erfolgreiche Muskat-Spielart für den österreichischen Typus ist „Muscat blanc à petits grains". Im letzten Jahrzehnt entwickelte sich Muskateller in trockener oder maximal dezent restsüßer Ausbauform zu einem äußerst beliebten Aperitif. Er ist relativ dünnschalig und dadurch fäulnisanfällig, was zu einigen Mengenverlusten in schwierigen Jahren führt. In der Steiermark war er stark auf dem Rückzug, feiert aber vor allem in den letzten Jahren wieder fröhliche Urständ, wie alle aromatischen Rebsorten. Das ist zum Teil auch auf die boomende Asia- und Fusions-Küche zurückzuführen. Gelber Muskateller ergibt auch ungemein aromatische und einprägsame hohe Prädikatsweine.

Minderheiten als Spezialitäten

Traminer in den Spielarten Gelber Traminer, Roter Traminer, Gewürztraminer

Man liebt ihn oder lehnt ihn ab – dazwischen geht fast nichts. Traminer ergibt sehr körperreiche Weine und wurde früher vor allem mit Restsüße ausgebaut. Seine ausgeprägte und leicht zuordenbare Aromatik erinnert an Veilchen, Lavendel, verblühte Rosen und manchmal auch an Kokosmark, Dörrobst oder Schokolade. Als Süßwein ist er nach wie vor sehr beliebt, wird in letzter Zeit aber auch verstärkt trocken und manchmal mit Holzunterstützung ausgebaut. Klöch in der Südoststeiermark galt schon immer als Hochburg, wobei sich die Qualitäten in den vergangenen Jahren wieder zum Besseren gewendet haben. Traminer schmeckt auch gut zur aromaintensiven Asia-Küche.

Muskat Ottonel, Scheurebe

Beide sind sehr aromatische Sorten, denen im trockenen Ausbau keine allzu lange Lebenszeit beschieden ist, die aber als Süßweine wegen ihrer ausgeprägten Aromatik sehr beliebt und auch lagerfähig sind.

Zierfandler, Rotgipfler, Neuburger

Diese Rebsorten sind Spezialitäten, die, mit Ausnahme von Neuburger, der auch in Teilen Niederösterreichs zu finden ist, ausschließlich in der Thermenregion rund um Gumpoldskirchen kultiviert werden. Zierfandler und Rotgipfler, die im gemischten Satz Spätrot-Rotgipfler genannt werden, bringen eine gewisse Würzigkeit mit, die im Falle des Zierfandlers von exotischen Aromen ergänzt wird, im Falle von Rotgipfler an Äpfel und Birnen, ja ein bisschen an Grünen Veltliner erinnert. Alle drei Rebsorten eignen sich auch bestens zur Kelterung individueller Dessertweine.

Roter Veltliner

Der Rote Veltliner ist mit dem Grünen Veltliner nicht verwandt, ebenso wenig wie mit Frührotem Veltliner, der hierzulande auch das Synonym Malvasier hat. Roten Veltliner findet man sehr häufig entlang des Wagrams (Weinbaugebiet Donauland). Er ergibt tendenziell eher kräftige, etwas neutrale Weine und schmeckt feinwürzig mit einem in guten Jahren auffallend feinmaschigen Charakter; die besten Roten Veltliner sind auch erstaunlich lagerfähig.

Furmint

Der Furmint erlebt eben eine Renaissance in Rust, wo die bekannte Tokajer-Sorte auch auf eine lange Tradition zurückblicken kann und seinerzeit die für den klassischen Ruster Ausbruch hauptverantwortliche Rebsorte war.

Rote Rebsorten – die Zukunft ist rot und heimisch

Zweigelt, Rotburger

Zweigelt ist die erfolgreichste Neuzüchtung und hat nach seinem Einzug in die Weingärten des Landes in den 60er Jahren innerhalb kürzester Zeit den ersten Platz errungen und diesen bis heute auch gehalten. Er ist relativ problemlos im Weingarten und zuverlässig im Ertrag. Sein Aroma erinnert an dunkle Kirschen, er ist relativ saftig und weich im Tannin mit frischer, aber dezenter Säure. Zu finden ist er in ganz Österreich, vor allem in Carnuntum und im Nordburgenland, und er hat durch die EU-Umstellungsaktionen in den letzten Jahren auch im restlichen Niederösterreich stark – insgesamt um mehr als 2.000 Hektar – an Fläche zugelegt.
1922 gelang Dr. Fritz Zweigelt in Klosterneuburg die erfolgreiche Kreuzung aus Blaufränkisch und St. Laurent. Unabhängig davon leitete Zweigelt von 1938 bis 1945 die Weinbauschule Klosterneuburg und kam nach dem Zweiten Weltkrieg wegen seiner Einstellung und Aktivitäten pro NS-Regime unter Beschuss.
Ausgebaut wird Zweigelt, der ursprünglich Rotburger heißen sollte, heute solo oder im Verschnitt mit anderen heimischen oder internationalen Sorten in allen Qualitätsstufen vom einfachen Einsteigerwein bis zur langlebigen, komplexen Cuvée. In Carnuntum, vor allem in und um Göttlesbrunn, setzen die Winzer ganz auf die Sorte, auch im östlichen Nordburgenland und um Gols ist Zweigelt eine Komponente in fast jeder Cuvée. Ob Zweigelt Potenzial zu Großem hat oder nur eine brauchbare Verschnittsorte und mäßig anspruchsvoller Speisenbegleiter ist, wird derzeit unter Winzern, Önologen und Sommeliers heftig diskutiert.
In den Blickpunkt rückte Zweigelt in den letzten Jahren durch die in Hitzejahren wie 2000 und 2003 sowie im Hochwasserjahr 2002 verstärkt aufgetretene „Zweigeltkrankheit", die laut Ferdinand Regner, dem Leiter der Abteilung Rebzüchtung in

Klosterneuburg, eine Form der Traubenwelke war, die „in dieser Großflächigkeit vorher noch nie aufgetreten war“, aber „auch andere Rebsorten betroffen hat“. Helmut Redl vom Institut für angewandte Pflanzenwissenschaften der Universität für Bodenkultur in Wien (BOKU) weist den in Weinwirtschaftskreisen verbreiteten Begriff „Zweigeltkrankheit“ ebenfalls zurück und spricht von einer „charakteristischen Beerenwelke“, die eintritt, während das Stielgerüst noch relativ lange grün und saftig sei. Redl begleitete seit 2003 ein Forschungsprojekt des Landes Burgenland zum Thema, dessen Träger die Winzergenossenschaft Andau war; ein Bericht über die erste Phase wurde im Frühjahr 2007 präsentiert.
Während man in Klosterneuburg als eine von mehreren Ursachen vor allem einen aus dem Lot geratenen Nährstoffhaushalt besonders bei Kalium ortet, der durch den Wassermangel der Hitzejahre verstärkt wurde, sieht man im BOKU-Projekt den Grund in einem „Faktorenkomplex“, zu dem neben der Witterungsabhängigkeit – egal ob zu viel oder zu wenig Wasser – auch die Bodenverdichtung durch maschinelle Bewirtschaftung und eine nicht ausreichende Bodenvorbereitung bei Neuauspflanzung gehören. „Der Mangel an Nährstoffen muss vor der Neuauspflanzung aufgefüllt werden, unabhängig nach welchem Bewirtschaftungssystem man nun vorgeht, ob integrierte Produktion oder biodynamischer Weinbau“, so Redl, der nach dem Zweigelt-Forschungsprojekt auch weiterhin Weinbau-Studienprogramme mit direktem Praxisbezug betreut.

Blaufränkisch

Die alte heimische Sorte gilt als die hochwertigste unter den österreichischen Sorten, die allerdings auch in Deutschland als Lemberger und in Ungarn als Kékfrankos zu finden ist.
Ihre Herkunft ist nicht mehr ganz genau zu orten, man vermutet einen Zusammenhang mit Karl dem Großen, der Rebsorten in mindere „heunische“ und hochwertige „fränkische“ einteilen ließ.
Blaufränkisch mag Lehm- und Lössböden, bringt aber auch auf kalkigem und schiefrigem Untergrund hervorragende Ergebnisse.
Blaufränkisch erinnert im Aromenspiel häufig an Kirschen, Weichseln und Brombeeren, mit feiner Säuerlichkeit und Gewürznoten, die deutlicher ausfallen als beim Zweigelt. Er wird in großer Bandbreite ausgebaut, vom einfachen Speisenbegleiter bis zum singulären hochwertigen Tropfen, solo oder im Verschnitt. Auf kalkhältigem Boden, etwa im Ruster Hügelland, entlang der Ostseite des Leithagebirges, auf den wenigen Schieferenklaven oder auf den eisenhältigen Böden im Südburgenland, entwickelt Blaufränkisch einen äußerst attraktiven mineralischen Terroir-Ton im Wein.
Blaufränkisch ist (wie auch Pinot noir) ein Liebkind der „Terroir-Experimentierer“. Franz Weninger packte als Erster Blaufränkisch von unterschiedlichen Böden in eine „Bodenschätze“-Kiste und lieferte detaillierte Standortbeschreibungen dazu. Ein spannendes Projekt ist auch „Moric“ von Roland Velich im Mittelburgenland, der Blaufränkisch in zurückhaltend-puristischer Form ausbaut, um den Bodencharakter herauszuarbeiten.

St. Laurent

St. Laurent gilt als die österreichische Version von Burgunder: mit würziger Eleganz, mehr Finesse denn Power, dunkelfruchtigen und feinsäuerlichen Aromen nach Weichseln, Zwetschken und Maulbeeren. Ebenfalls typisch sind die Kaffee- und Schokoladenoten im Duft wie am Gaumen.
St. Laurent ist jene Rebsorte im österreichischen Spektrum, die als Erste reif wird. Seinen Namen hat er vom Tag des heiligen Laurentius am 10. August, an dem die Reifephase beginnt. Da ein Elternteil Pinot noir ist, der zweite hingegen (noch) unbekannt, ist seine Zugehörigkeit zur Burgunderfamilie erwiesen.
Woher er kommt, ist dennoch nicht nachvollziehbar. Man vermutet, dass Rebstöcke von Mönchen aus Frankreich nach Klosterneuburg gebracht wurden. Das Stift hat sich in der Geschichte bis heute um St. Laurent verdient gemacht. Einen ersten nachvollziehbaren Hinweis vermutet man in der Bezeichnung „Schwarzburgunder“ in einem Stiftsdokument aus dem 18. Jahrhundert: Da St. Laurent in der Farbe deutlich dunkler ist als Pinot

Idealzustand kurz vor der Lese: freigestellte Rotweintrauben in der Sonne

noir, aber sonst ähnliche Eigenschaften hat – dünnhäutig, daher fäulnisanfällig, weshalb er wie Pinot noir als „schwierig" gilt – und im Geschmacksprofil den feingliedrigen Burgundern nahekommt. Daraus schließt man, dass damit St. Laurent gemeint sein könnte. Urkundlich belegbar ist, dass das Stift der Weinbauschule Klosterneuburg bei ihrer Gründung im Jahr 1860 „Laurenzer Trauben" schenkte und bereits 1863 ein Versuchsweingarten angelegt wurde. Definitiv in den Kellerbüchern festgehalten wurde ein St.-Laurent-Weingarten 1893 – „gepflanzt auf Riparia, 2497 Stock auf 2778 Quadratmeter" –, der in Wien lag.

Bei Tattendorf in der Thermenregion besitzt das Stift Klosterneuburg seit langem eine 55 Hektar große Lage namens „Stiftsbreite", deren gut entwässernde Böden – Braunerde auf Schotteruntergrund – seit 1956 systematisch mit St. Laurent bepflanzt wurden. Der heutige Bestand von 43 Hektar Sankt Laurent in dieser Lage „ist die größte zusammenhängende Fläche weltweit", wie Clemens Haydn, Exportleiter beim Stift Klosterneuburg, erklärt.

Rund 400 Hektar an Rebflächen gab es bis vor kurzem von dieser Rebsorte, die auch international einige Anerkennung erhält: Jancis Robinson, in einem Interview nach weiteren Hoffnungsträgern neben Grünem Veltliner unter den Rebsorten Österreichs befragt, nannte in erster Linie St. Laurent, dem sie eigenständige und hochklassige Weine zutraut. Die Rebflächen sind – auch dank der EU-Umstellungsaktion – stark steigend: St. Laurent hat um etwa 350 Hektar zugelegt und hält derzeit bei etwa 750 Hektar.

Internationale Sorten

Cabernet Sauvignon

Die klassische Bordeaux-Rebsorte hatte Ende der 80er und in den 90er Jahren hierzulande große Bedeutung, markierte sie doch sozusagen den in den 80er Jahren vollzogenen Wandel des österreichischen Rotweinstils: Während er früher generell ziemlich kantig und uncharmant war, brachten steigendes Know-how, zum Beispiel bei biologischem Säureabbau, und verstärkter Einsatz von Barriquefässern im Ausbau weichere und trinkbarere Weine. Cabernet kam vermutlich bereits um 1860 nach Österreich, als Robert Schlumberger bei Bad Vöslau begann, nicht nur Schaumwein zu erzeugen, sondern auch französische Rebsorten zu kultivieren. In den 80er und bis fast zum Ende der 90er Jahre galt Cabernet als „Must", auch weil er international in allen Weinbaugebieten anerkannt war und man nicht daran glaubte, mit international weitgehend unbekannten Sorten wie Blaufränkisch oder St. Laurent reüssieren zu können. Cabernet Sauvignon ist relativ anspruchslos und gedeiht auch unter sehr kargen Verhältnissen gut, wenn er auch warme Böden leicht bevorzugt, wie z. B. Schotter, der über die Steine einiges an Wärmespeicherkapazität hat. Er ist tanninreich, kann in warmen Klimazonen auch kräftig im Alkohol werden und hat typische Aromen nach Schwarzen Johannisbeeren (franz. *cassis*). Problematisch bei Cabernet in österreichischen Breiten ist, dass er nur an ausgesuchten Standorten regelmäßig ausreift und bei Unreife eine an grüne Paprikaschoten erinnernde Note einbringt. Während er in den Neunzigern noch bevorzugt reinsortig ausgebaut oder als Haupt-cuvéepartner eingesetzt wurde, spielt er heute – mit Ausnahmen von wirklich hervorragend geeigneten Standorten – vor allem Nebenrollen in Cuvées mit heimischen Sorten wie Zweigelt oder

Blaufränkisch, denen er Würze und Struktur verpasst; generell stagnieren jedoch Cabernet-Flächen.

Merlot

Auch Merlot konnte sich als weiterer internationaler Player in Österreich sehr gut etablieren; die Rebflächen des französischen Klassikers legten im Zuge der EU-Umstellungsmaßnahmen sogar um fast 400 Hektar zu. Die Rebsorte schätzt lehmige Böden und entwickelt in gemäßigtem Klima eine Aromatik, die an süßlichere dunkle Beeren, z. B. Heidelbeeren, aber auch an schwarze Oliven erinnert. Merlot ist vergleichsweise weich im Tannin und reagiert gut auf Reife im Holzfass. Zu finden ist er bevorzugt im Nordburgenland rund um den Neusiedlersee, im Mittelburgenland und in Carnuntum, aber auch in der Thermenregion. Ausgebaut wird er als Solist oder Cuvéepartner in „Bordeaux-Blends“ mit Cabernet Sauvignon und Cabernet Franc oder als Blend mit heimischen Sorten, dem er eine gewisse Weichheit vermittelt.

Shiraz/Syrah

Die Unterscheidung zwischen der englischen/australischen Schreibweise Shiraz und der französischen Syrah wird von manchen Winzern bewusst auf das Etikett gesetzt, auch als Hilfsmittel, um den Weinstil anzudeuten: Shiraz für einen kräftigen, würzigen, alkoholreichen Wein, Syrah für die ebenfalls kräftige, aber elegantere kräuterwürzige Rhône-Variante. Syrah, ursprünglich an der Rhône beheimatet, wurde erst 2001 auf Betreiben einiger Winzer per Rebsortenverordnung im Burgenland für Qualitätswein zugelassen. Bis dahin durfte er nur als Tafelwein abgefüllt werden. Syrah liebt und verträgt große Wärme, das heißt, an nicht ganz idealen Standorten könnten hierzulande Reifeprobleme auftreten. Solo ist er nur ganz selten zu finden, meist wird er in eine Cuvée verschnitten.

Pinot noir

Die Diva unter den Rebsorten ist untrennbar mit einem hellroten, durchscheinenden und finessenreichen Rotweintyp verbunden. Pinot noir ist eine früh reifende Sorte und gilt als äußerst schwierig, da er aufgrund seiner dünnen Beerenhäute leicht verletzbar ist, was Bakterien und Co. Zutritt verschafft. Er fühlt sich im kühlen Klima wohl und braucht kalkreiche Lagen, um nicht nur rotfruchtig und schlank, sondern auch mineralisch und komplex zu werden. Aufgrund seiner hellen Farbe wird Pinot in einer Welt, die hochwertigen Rotwein mit „dunkel“, „dicht“ und „üppig“ assoziiert, nicht immer als solcher wahrgenommen. Aber die Beerenhäute, in denen die Farbstoffe sitzen, sind dünn – woher sollten also die vielen Farbmolekularverbindungen kommen, um den Wein dunkel zu färben? Pinot noir in seiner besten Form erinnert an rote Beeren wie Himbeeren oder Erdbeeren, hat eine komplexe, aber feine Würze und eine ausgeprägte mineralische Note, da er wie wenige andere Sorten Terroir zum Ausdruck bringen kann. Sein Prestige ist hoch und er ist anspruchsvoll, weswegen ihn viele österreichische Winzer als Herausforderung sehen und sich gerade deshalb an ihm versuchen. Der Pinot-noir-Stil in Österreich hat sich ungefähr seit dem prächtigen Burgunder-Jahrgang 2001 gewandelt: Fand man früher noch zahlreiche Pinots, die zwar gute Rotweine waren, aber deren Farbe und Anmutung einen nur über Umwege auf die Rebsorte kommen ließen, wurde der Stil in den letzten Jahren deutlich „burgundischer“.

Österreichische Spezialitäten und Neuzüchtungen

Blauer Portugieser

Blauer Portugieser wurde 1772 von Johann Freiherr von Fries, Schlossherr in Bad Vöslau, nach Österreich gebracht. Er verbreitete sich rasch in dieser Gegend und war bis in die 1970er Jahre die wichtigste Rotweinsorte. Die Region um Sooß und Bad Vöslau ist bis heute neben einigen Rotweininseln im Weinviertel das Hauptverbreitungsgebiet, obwohl die Rebflächen stark rückläufig sind. Blauer Portugieser ist relativ anspruchslos, was den Boden anlangt, was aber auch zur Folge hatte, dass er des Öfteren auf schlechten Böden gepflanzt wurde, wo seine Möglichkeiten daher nie völlig ausgelotet wurden. Sein zartes Veilchen-Bukett wird von Aromen nach Mandeln und Herzkirschen

Zweigelt

Blaufränkisch

St. Laurent

Cabernet Sauvignon

Merlot

Shiraz

Blauer Portugieser

Blauburger

© ÖWM, Faber

mit einer deutlich süßlichen Komponente gefolgt; er hat auch sehr wenig Säure und Tannin, insgesamt somit eine Stilistik, die nicht unbedingt dem vorherrschenden Geschmackstrend entspricht, aber in den Heurigen der Gegend noch immer ganz gerne getrunken wird.

Blauburger

Die Sorte ist eine Neuzüchtung aus Blauem Portugieser und Blaufränkisch, die 1923 an der Weinbauschule Klosterneuburg gekreuzt wurden. Blauburger ist vor allem in Niederösterreich verbreitet, aber auch im Burgenland zu finden. Da er Weine hervorbringt, die fruchtig-neutral schmecken, vor allem durch dunkle Farbe auffallen und nur wenig Lagerpotenzial aufweisen, wird er vor allem als Deckwein verwendet. Insgesamt ist festzustellen, dass sich der Blauburger nie durchsetzen konnte und allenfalls als (bescheidener) Cuvéepartner oder Rotwein für Weißweintrinker durchgehen kann.

Roesler und Ráthay

Roesler und Ráthay sind ebenfalls Neuzüchtungen, die 1970 von Dr. Gertrude Mayer in Klosterneuburg gekreuzt wurden. Die Intention war, Rebsorten zu züchten, die besonders widerstandsfähig gegen Pilzerkrankungen sind. Während sich Roesler einigermaßen verbreitet hat, konnte sich Ráthay bisher nicht in dem Maße bewähren. Vom Roesler, der ebenso wie Ráthay per Verordnung des Landwirtschaftsministeriums aus dem Jahr 2000 zugelassen ist, gibt es derzeit etwa 100 Hektar. Die Weine aus Roesler sind dunkel, gerbstoff- und extraktreich und haben vermutlich ein Lagerpotenzial von etwa fünf bis zehn Jahren. Erfahrungswerte mit Roesler gibt es, so Ferdinand Regner, Klosterneuburg, seit etwa 20 Jahren, aber vor allem in Kleinversuchen. Auch erste Erfolge bei internationalen Wettbewerben sind zu verzeichnen: So wurde der Roesler 2004 vom Bioweingut Artner in Carnuntum bei der im Februar 2007 abgehaltenen Fachmesse „Biofach" in Nürnberg mit einem Hauptpreis ausgezeichnet.
Bei Ráthay ist die Pilzwiderstandsfähigkeit nicht ganz so hoch wie erwartet, dafür weist er eine noch dunklere Färbung als Roesler auf.

Biologischer Weinbau

Bio ist in, Biowein auch?

Bio ist in, total in. Gemüse oder Obst mit Bio-Label, egal ob aus der Region oder mit erschreckender Ökobilanz über viele tausend Kilometer herangekarrt, verkauft sich derzeit von selbst. Alle Supermarktketten und selbst Diskonter haben eigene Biolinien entwickelt, um von den Zuwachsraten zu profitieren. Und die sind bei Biolebensmitteln einem Bericht des ARD-„Morgenjournals" zufolge solide zweistellig bei 35 bis 40 Prozent, während konventionelle Lebensmittel gerade einmal auf vier bis fünf Prozent kommen. Biologische Arbeitsweisen bedeuten im Grunde genommen, dass man auf Kunstdünger und chemisch-systemische Herbizide und Fungizide verzichtet.
Bio bei Wein dagegen zog bislang nicht wirklich. Als Werner Michlits, der gemeinsam mit seiner Frau Angela das biodynamisch zertifizierte 50-Hektar-Weingut „Meinklang" in Pamhagen im burgenländischen Seewinkel führt, stolz das Bekenntnis „Weine aus biologischem Anbau" groß und prächtig auf seine Etiketten schrieb, wurde er von einigen seiner Händler gebeten, das nicht mehr zu tun, da es den Wein nahezu unverkäuflich mache. Heute wird man gekennzeichnete Weine aus biologischem Anbau (mit Ausnahme der Kontrollnummer) zwar auch nicht allzu oft finden, aber die biologische Arbeitsweise setzt sich national wie international vor allem in den Spitzenbetrieben immer mehr durch. Und die Weine werden in dem Maße salonfähig, in dem sie im Konzert der „konventionell erzeugten" Erfolge feiern, was nicht immer so war. Wahrgenommen wird Biowein nur am Rande, da man bei dem „Naturprodukt Wein" ohnehin davon ausgeht, dass alles nur mit Hilfe von Boden, Luft und Sonne entsteht. Wozu also noch Bio?
Das Schisma, auf das es im Weinbau, und zwar in eingeschränkter Weise auch für Österreich, hinauszulaufen scheint, ist also: Weine aus industrieller Fertigung werden jenen gegenübergestellt,

Gibt es im biologisch bewirtschafteten Weingarten Probleme, heißt es schnell reagieren. Peter Malberg vom Weingut Graf Hardegg per Bike auf „Blitz-Inspektion". *Foto: Graf Hardegg/Herbert Lehmann*

die in kleinteiligen, bodenständigen und vor allem handwerklich arbeitenden Strukturen entstehen. Auch die Österreichische Weinmarketing hat, als Willi Klinger Anfang 2007 die Geschäftsführung übernommen hat, „Bio" endlich als Aspekt akzeptiert und nutzt Erfolge bei einschlägigen Bioverkostungen wie jener anlässlich der größten Biomesse „Biofach" in Nürnberg im Februar 2007 zur Vermarktung von Österreich als Erzeuger handwerklich produzierter Weine.

In Österreich ist kontrollierter biologischer Weinbau seit langem ein Thema und seit zwei, drei Jahren sehr stark auf dem Vormarsch. Als biologisch arbeitendes Weingut gilt heute, wer sich wenigstens an der EU-Biorichtlinie orientiert. Pioniere sind beispielsweise der seit Anfang der 70er Jahre nach biodynamischen Grundsätzen arbeitende Nikolaihof der Familie Saahs oder Ilse Maiers Geyerhof, wo seit 1988 organisch-biologisch gearbeitet wird. Die „jüngsten" Interessenten sind eine Gruppe von Winzern quer durch alle Weinbaugebiete, die sich auf Initiative von Fred Loimer in Langenlois zusammenfanden und sich überzeugen ließen, dass Terroir-Wein der Spitzenklasse vor allem einmal einen lebendigen und funktionierenden Boden braucht. „Wir wollen bessere Trauben. Und wir hatten das Gefühl, dass uns konventionelles Wirtschaften nicht mehr weiterbringt. Die Biodynamik ist eine ganzheitliche Methode, die sehr standortbezogen ist und die uns geeignet erscheint, unsere Ziele zu erreichen", erklärt Loimer die Beweggründe.

Weninger im Mittelburgenland, ein Teil der Pannobile-Winzer in Gols, Zull und Hardegg im Weinviertel und noch viele mehr sind als Umstellungsbetriebe gemeldet und arbeiten mit Hilfe ihres Beraters Andrew Lorand nach biodynamischen Grundsätzen. Immer mehr bekunden Interesse oder haben bereits ihre Absicht erklärt, damit beginnen zu wollen. Denn die Umstellung ist weder einfach noch billig, und alle Beteiligten müssen mitziehen.

Die Arbeit im Weingarten

Die Idee im biologischen Weinbau ist, dass Pflanze und Boden eine sich wechselseitig beeinflussende Einheit bilden. Die Pflanze soll mit Hilfe unterschiedlichster natürlicher Mittel gestärkt werden. Der Boden soll nicht verdichtet, sondern lebendig sein. Nährstoffe werden über verschiedene Saatpflanzen eingebracht. Auf Dauer soll sich ein natürliches Gleichgewicht entwickeln, in dem Stresssituationen wie Trockenheit, Feuchtigkeit, Pilzbefall etc. durch Eigenkräfte „abgewettert" werden, was im Großen und Ganzen ein Ansatz der Homöopathie ist.
Manche Regionen der Welt eignen sich klimatisch für Bioweinbau besser als andere. Trockenheit, viel Sonne und Wind sind gute Voraussetzungen, da dadurch Pilzerkrankungen gehemmt werden, welche vor allem bei Feuchtigkeit und Wärme sprießen. Chile mit seinem trockenen Klima und den sandigen Böden hat nicht einmal ein Reblausproblem. Ein Vorschlag lautete, „Bio" sozusagen als flächendeckende Strategie für das ganze Land anzunehmen. Das Elsass, eine Hochburg für biodynamischen Weinbau, bildet eine Kessellage zwischen zwei Gebirgen – den Vogesen im Westen und dem Schwarzwald im Osten –, welche die Region vor schwerem Wetter richtiggehend abschirmen. Auch Südfrankreich mit dem Mistral, einem kräftigen kühlen Nordwind, ist geradezu prädestiniert für biologischen Weinbau.
Je trockener das Klima ist, desto leichter wird auch die Arbeit eines Biobetriebes. Bioweinbau in nördlichen, feuchten Gefilden wie zum Beispiel an der Loire oder auch in manchen Gegenden Österreichs ist daher eine besondere Herausforderung. Biologischer Weinbau, egal welcher Philosophie, bedeutet in jedem Fall – klimabegünstigt hin oder her – deutlich mehr Arbeit im Weingarten. Die Natur, der Zustand der Pflanzen und Böden sowie das Wetter und alle Entwicklungen müssen intensiver beobachtet werden, da vieles auf Antizipation beruht, d. h. gar nicht erst entstehen sollte. Sowohl für Laubarbeit als auch für das Spritzen muss deutlich mehr Zeit aufgewendet werden, da mehr Arbeitsdurchgänge notwendig sind als im konventionellen Weinbau. Viele größere Weingüter haben zusätzliches Personal eingestellt, um die Mehrarbeit zu bewältigen; auch leichteres Gerät als die herkömmlichen Traktoren ist gefragt, um die Bodenverdichtung hintanzuhalten.
Biologische Arbeitsweisen im Weingarten bedeuten im Grunde genommen, dass man auf Kunstdünger und chemisch-systemische Herbizide und Fungizide verzichtet. Kupfer und Schwefel werden zur Pilzbekämpfung (echten und falschen Mehltau etc.) eingesetzt.
Schwefel und Kupfer sind zwei unverzichtbare Elemente, deren Verwendung man Biowinzern mit Hingabe vorwirft. Aber Schwefel desinfiziert und bindet Sauerstoff und noch so einiges andere, das man nicht unbedingt im Wein haben möchte, was bereits vor zweitausend Jahren bekannt war. Und Kupfer ist derzeit noch immer das einzig wirksame Mittel gegen falschen Mehltau. Es ist allerdings auch ein Schwermetall, das sich im Boden anreichert, und es wird daher gerne folgendes als Gegenargument angeführt: Es sei besser, einmal gezielt mit einem systemischen Mittel zu spritzen, als mehrfach mit Kupfer zu arbeiten. Dagegen argumentieren Biowinzer, dass die Mengen an verwendetem Kupfer die Grenzwerte bei weitem unterschreiten würden. In manchen Jahren, wenn durch die Witterung nicht zu starker Peronospora-Druck erzeugt wird, kann Kupfer völlig weggelassen werden. An einem Ersatz von Kupfer wird intensiv, aber bisher erfolglos, geforscht. Welche Mittel nun tatsächlich eingesetzt werden dürfen, wird jedes Jahr von den jeweiligen Verbänden neu in einer „Betriebsmittelliste" festgelegt und veröffentlicht. Diese Listen sind für die Mitglieder bindend.

Wie erkenne ich Bioweine?

Bioweine haben eine eigene Kontrollnummer am Etikett, in der unter anderem das Land (A für Österreich), die Betriebsnummer und der Begriff BIO angeführt sind. Vermerkt ist außerdem „aus biologischer Landwirtschaft" oder „aus biologischem Anbau". Manche Winzer, die nach biologischen Grundsätzen arbeiten, verzichten aber auf eine offizielle Deklaration mit dem Argument, dass man einfach von der Arbeitsweise überzeugt ist und es nicht für notwendig hält, daraus eine große Sache zu machen. Auch die Begriffsverwirrung ist groß. Nicht alle Begriffe, die „Natur" und „Bio" suggerieren, sind so definiert, dass dabei in der Praxis auf Herbizide, Kunstdünger und Co. verzichtet wird.

Basis aller Biobewirtschaftung, egal ob Landbau oder Weinbau, ist die EU-Verordnung 2092/91, die 1992 in Kraft trat. Darüber hinaus gibt es Bewirtschaftungsrichtlinien der jeweiligen Bioverbände, die der einen oder anderen Philosophie anhängen und ihre Mitglieder durch unabhängige Institutionen unangemeldet kontrollieren lassen. Diese Verbände sind in Österreich unter dem Dachverband Bio Austria zusammengefasst. Ein „bio-williger" Winzer kann nun nach EU-Biorichtlinien arbeiten und auch einem der Bioverbände wie Ernte Austria oder Demeter beitreten, deren Richtlinien durchwegs strenger sind als die in der EU-Bioverordnung vorgesehenen. Bioverbände richten sich aber nicht exklusiv an Weinbautreibende, sondern in erster Linie an Landwirte allgemein. In manchen Verbänden wie Demeter gab es lange gar keine speziellen Richtlinien für Weinbau, was sich aber in der Zwischenzeit geändert hat.

Mit dem Bioweinbau sind auch finanzielle Förderungen verknüpft, die nach dem Prinzip funktionieren: Je mehr an Mittelchen weggelassen wird, desto höher fällt die Summe aus, die man als Förderung ausgeschüttet bekommt. Von Gegnern des Bioweinbaus wird gerne argumentiert, dass dieses Fördersystem so manchem die Entscheidung zum Umstieg „erleichtert" habe.

Mit „naturnah" jonglierte man auf Homepages und Etiketten schon seit langem. Der Begriff sagt aber nichts über Arbeitsstandards oder Einsatz von Mitteln aus, da keine Forderung und kein Gebot damit verbunden ist: „Integrierte Produktion" (IP) ist sozusagen zwischen der industriellen, konventionellen Landwirtschaft und ökologischen Arbeitssystemen angesiedelt. IP macht keinerlei verbindliche Auflagen bezüglich der verwendeten Mittel. Ziel ist es, Methoden und Mittel einzusetzen, die möglichst wenig oder im Idealfall keine Chemie verwenden.

Institutionelle Einrichtung der IP ist die *International Organisation for the Biological Control of Noxious Animals and Plants* (IOBC).

„Kontrollierter biologischer Anbau" bedeutet, dass man sich als gemeldeter Biobetrieb entweder der EU-Bioverordnung unterwirft oder auch einem der Bioverbände wie Demeter oder Ernte Austria beitritt, die sich durchwegs strengere Bestimmungen als die EU-Richtlinie auferlegt haben. Und dabei gibt es zwei Hauptrichtungen:

Organisch-biologische Landwirtschaft beruht auf den Anfang der 50er Jahre von Hans Müller, einem promovierten Biologen, und dem Arzt Hans Peter Rüsch entwickelten Thesen. Man verzichtet völlig auf systemische Pflanzenschutzmittel und Kunstdünger. Ziel ist, mit Hilfe von Fruchtfolge und Begrünungsabfolgen ein Gleichgewicht im Weingarten herzustellen, durch das die Pflanze gestärkt wird.

„Biodynamie" beruht auf der Philosophie Rudolf Steiners (1861–1925), der allerdings vom biologischen Landbau ausging und Wein und Alkohol eher ablehnte. Biodynamie gilt als die „anspruchsvollste" aller Biostufen, da hier die Wahl der für Pflanzenschutz und -stärkung zugelassenen Mittel noch strenger ist als beim organisch-biologischen Weinbau und die Mondkonstellationen ebenfalls miteinbezogen werden. Die Idee dahinter ist, die Pflanze nach den Grundsätzen der Homöopathie so zu stärken, dass sie kritische Situationen aus eigener Kraft abwettern kann. Unterschiede zum organisch-biologischen Weinbau gibt es auch in der Bodenbearbeitung und in der Forderung nach einem geschlossenen Düngerkreislauf und einer Kompostwirtschaft, wofür man allerdings im Weinbau eine Ausnahme macht. Der Demeter-Bund vertritt die Biodynamie.

Beschließt ein Betrieb, nach biologischen Grundsätzen zu arbeiten und einem der Verbände beizutreten, dann ist er zuerst einmal drei Jahre lang als Umstellungsbetrieb tätig, bevor er die volle Zertifizierung als Biobetrieb erhält. LS

IM KELLER

Österreich steht für trockene Weißweine, gehaltvolle Rotweine aus lokalen Rebsorten oder Cuvées auch mit internationaler Beteiligung und fruchtig-komplexe Süßweine, denen allen eine gewisse Frische eigen ist. Finesse und Komplexität sind gerade dabei, Power als wichtigstes Asset in allen Weinfarben abzulösen. Nicht Blockbuster-„Verkostungsweine" werden im Augenblick immer stärker nachgefragt, sondern „Struktur", wenn auch die Bewertungen erst langsam mitziehen. Speziell beim Rotwein bewegt man sich weg von sehr kraftvollen, tanninreichen, „gemachten" Weinen und hin zu einem „terroir-betonteren" Stil, der mehr die Herkunft als die technische Machbarkeit in den Mittelpunkt stellt. „Man kann auch ein zweites Glas davon trinken", wird das im modernen Wein-Speak umschrieben.

Weinstile unterliegen Trinkmoden – was sich in Österreich (und nicht nur hier) auch in einem Wandel der Technologien ausgedrückt hat. Von den süßlichen Weinen der 60er und 70er Jahre und den vordergründig fruchtigen und etwas harsch-säuerlichen Rotweinen, die bis zum Beginn der 80er ihre Abnehmer fanden, wandte man sich ab. Der Weinskandal 1985 besorgte den Rest. Das machte man so gründlich, dass Weine mit Restsüße und Prädikatsweine hierzulande bis heute nahezu unverkäuflich sind – selbst wenn sie am Beginn des „Going international" des österreichischen Weins nach dem „Urknall" standen und Österreich mit Alois Kracher einen hochdekorierten und zur internationalen Elite zählenden Süßweinerzeuger hat, auf den man mächtig stolz ist.

Etwa 80 Prozent der Süßweinproduktion des bur-

Das Holzfass ist eine Wissenschaft: der Barriquekeller vom Weingut Neumeister

genländischen Seewinkels gehen in den Export. Ein leichtes Aufbrechen dieser Haltung kam mit dem anhaltenden Boom asiatischer und anderer gewürzintensiver Küchen. Man hat erkannt, dass zu dieser Intensität Weine mit Restsüße in den meisten Fällen einfach besser passen, als die in Österreich dominierenden trockenen Weinstile, was zumindest als Zeichen für einen Aufbruch gewertet werden könnte. Aus den Statistiken von Konsumation und Verkaufspreisen muss man in der Weinwirtschaft zwar zur Kenntnis nehmen, dass weniger getrunken wird, aber auch, dass man bereit ist, mehr Geld in bessere Qualität zu investieren.

Wie die Trauben nun bei der Verarbeitung behandelt werden, welche Mittel und Methoden in den österreichischen Kellern zum Einsatz kommen, hängt einmal davon ab, welche Weinidee verfolgt wird und was aus Sorte und Lage herausgeholt werden kann, dann wie das legal, technisch und logistisch für den jeweiligen Betrieb machbar ist und letztlich auch davon, zu welchem Preis ein Produzent sein Erzeugnis in Gastronomie bzw. Handel positionieren möchte (und tatsächlich vermag).

Welche Technologien und Weinbereitungsverfahren gestattet sind, ist in der EU-Verordnung 1439/1999 zur „Gemeinsamen Marktorganisation für Wein" aufgelistet, die sich wiederum an den Empfehlungen der Internationalen Organisation für Rebe und Wein *(Organisation Internationale de la Vigne et du Vin OIV)* mit Sitz in Paris orientiert. Wird ein Verfahren nach technischer Prüfung und Diskussion von der OIV akzeptiert, wird es über kurz oder lang von der EU in eine Verordnung oder Richtlinie gegossen. Das bedeutet weiters, dass diese Normen auch zeitgerecht in die Gesetzgebung der EU-Mitgliedsländer übernommen werden müssen. Jedes Land hat allerdings das Recht, sich selbst Bestimmungen aufzuerlegen, die strenger sind als jene Regelungen, welche die EU vorschreibt. Die Liste der zugelassenen Weinbereitungsmittel, die regelmäßig aktualisiert wird, findet man im Internet. Das zu Redaktionsschluss gültige Österreichische Weingesetz datiert übrigens aus 1999, die letzte Novelle war 2005.

Weinproduktion

„Kühl vergoren", „großes Holz", „Reinzuchthefen" oder „lange auf der Hefe". Begriffe, die dem Konsumenten gerne im Wein-Gespräch hingeworfen oder auch auf Rückenetiketten gedruckt werden. Was als Zeichen für Qualität und Potenzial verstanden werden soll, klingt oft derart „hoch-technisch", dass viele Weinfreunde dadurch verunsichert werden. Daher hier ein Versuch der Aufarbeitung.

Wein ist zwar ein Produkt, das in der und durch die Natur wächst. Nur würde man es einfach vergären und abfüllen, ohne irgendwo einzugreifen, wäre das Ergebnis höchstwahrscheinlich etwas, das nicht einmal der größte aller Naturverfechter am Gaumen spüren möchte. Der technologische Standard in Österreich, speziell in den tonangebenden Topbetrieben des Landes, ist sehr hoch. Viel Geld wurde in den vergangenen zwanzig Jahren, aber vor allem seit dem Beitritt Österreichs zur EU, nicht nur in Gebäude und Verkostungsräume, sondern auch in die Kellerausstattung investiert – teils mit kräftiger Unterstützung durch EU-Förderungen: Moderne hydraulische Pressen, Edelstahlanlagen, Kleinlabors und Räume, die einen Arbeitsablauf nach dem Prinzip Schwerkraft erlauben, sind einige der Dinge, die heute auf kaum einem modernen Weingut fehlen. Dass hochwertiger Wein ausschließlich in modernem Ambiente entstehen kann, ist aber ebenso falsch wie die Annahme, dass Neuanlagen und Architektengebäude ausschließlich der Repräsentation und der Befriedigung des Winzer-Egos dienen.

Das Know-how der Winzer verbesserte sich in der weinbaulichen „Neuzeit" noch nie so rasch wie in den vergangenen Jahrzehnten. Dazu kamen ein immer besserer Ausbildungsstandard und die Bereitschaft, den eigenen Horizont durch den Blick über den Tellerrand Österreichs zu erweitern. Vor allem die junge Generation brachte und bringt durch fachspezifische Ausbildungen, Önologiestudien und Praxisaufenthalte auf Weingütern im Ausland sowie durch Reisen in alle interessanten Weinregionen der Welt wertvolle Impulse in die Betriebe, die das Wissen um ein Vielfaches erweitert haben – selbst wenn eine Eins-zu-eins-Umsetzung oft gar nicht sinnvoll ist. Wobei auch nicht mehr außer Acht gelassen wird, dass Weinmachen sehr viel mit Erfahrung und Kenntnis des Gebiets zu tun hat. So mancher „Jungspund“, der die Meinung der Väter und Großväter noch vor wenigen Jahren nicht einmal angehört hätte, greift heute gerne auf die Erfahrungen der Elterngeneration zurück.

Wein wird vergoren

Die grundlegenden Abläufe der Weinwerdung sind seit langer Zeit unspektakulär konstant. Für Weißwein werden die Trauben gelesen, entrappt und – in selteneren Fällen auch als Ganzes – sofort gepresst. Der Most wird vergoren und der fertige Wein gelagert, bis er füllfertig ist. Rote Trauben werden von den Stielen befreit, aufgebrochen und bleiben eine Zeit lang „auf der Maische“, das heißt, der Saft bleibt in Kontakt mit Beerenhäuten und Kernen, um Farbe und Geschmacksstoffe auszulaugen und um zu vergären. Dann wird abgepresst, der Saft kommt in Tanks oder Fässer, wo er eine zweite Gärung („malolaktische Gärung“ oder „biologischer Säureabbau“, kurz: BSA) durchläuft, bei der die Säurespitzen durch den Abbau von Apfelsäure in Milchsäure und Kohlensäure gemildert werden, bevor er in Tanks oder Holzfässern bis zur Abfüllung reift. BSA ist bei Rotwein ein unumstrittenes Qualitätsmerkmal und trägt zur Stabilität bei, bei Weißwein kommt er selten vor. Während der Lagerung im Tank oder Holzfass werden die Weine diverse Male umgezogen, um ihnen Sauerstoff zuzuführen, was für die Stabilität wichtig ist, und eventuell auch filtriert.

Prädikatsweine, im Speziellen jene, die nicht aus rosinierten (eingetrockneten) Beeren gemacht werden, sondern aus Trauben, die von Edelfäule (Botrytis) befallen sind, wie Beerenauslesen, Trockenbeerenauslesen oder Ruster Ausbrüche, sind ein risikoreiches Nischenprodukt. Aus wirtschaftlichen Gründen geht kaum ein Winzer das Wagnis ein, ausschließlich auf Süßwein zu setzen. Obwohl die Bedingungen im burgenländischen Seewinkel nahezu ideal sind und Botrytis vergleichsweise verlässlich auftritt, gibt es doch Jahre, in denen sie nicht oder nur sehr zögerlich einsetzt, weil das Wetter einfach nicht mitspielt: Feucht und warm ist erwünscht, und das zum richtigen Zeitpunkt, denn der Pilz muss reife Trauben befallen. 2003 zum Beispiel stellte Alois Kracher eine einzige Trockenbeerenauslese anstatt der sonst üblichen neun bis zwölf her, weil die Trauben wegen des warmen Wetters bis zum Ende der Lese gesund blieben. 2006 war der Herbst so trocken, dass die Botrytis sehr lange auf sich warten ließ, was einiges an Nerven kostete. Die Lese erfolgt immer in mehreren Durchgängen, da die Beeren nicht immer gleichmäßig von der Edelfäule befallen werden. Das Pressen ist durch die hohe Viskosität des Mostes ein langwieriger Vorgang, und die Gärung kann aufgrund des hohen Zuckergehaltes monatelang dauern.

Eine Besonderheit unter den Prädikatsweinen stellt der Ruster Ausbruch dar. Laut Gesetz darf den Trauben mit dem Mindestmostgewicht von 27 °KMW zur besseren Auslaugung frischer Traubenmost oder „Spätlesewein derselben Lage“ zugesetzt werden. Praktiziert wird dies allerdings so gut wie nicht mehr. Laut Michael Wenzel, Chef des „Cercle Ruster Ausbruchs“, unterscheidet sich Ausbruch in der Herstellung nicht wirklich von Trockenbeerenauslesen. Den Unterschied machen vor allem die unterschiedlichen Böden, das Klima (starker Einfluss des Neusiedlersees) und die Rebsorten (traditionellerweise Welschriesling und Furmint) aus. Auch wenn (wie bei Trockenbeerenauslesen) oft erst mit 30 ° KMW gelesen werde, strebe man doch eine nicht allzu hohe Zuckergradation an und diskutiere sogar eine Obergrenze von 35 ° KMW. Das Ergebnis ist jedenfalls ein Prädikatswein, der trotz der hohen Süße immer auch eine gewisse Pikanz hat.

Eiswein ist ein sehr rares Erzeugnis, da seine Herstellung nur möglich ist, wenn das Wetter mitspielt. Um die Trauben, die für einen Eiswein hängen bleiben, ernten zu können, müssen sie auf natürliche Weise gefrieren. Dazu braucht man einige Tage lang Temperaturen von mindestens minus sieben Grad, um das Wasser in den – hoffentlich einigermaßen gesunden – Beeren gefrieren zu lassen. Eisweine werden zumeist in der Nacht oder in den frühen Morgenstunden gelesen und müssen noch im gefrorenen Zustand verarbeitet werden. Kryoextraktion, das Ausfrieren des Wassers im Kühlhaus, ist in Österreich verboten.

Mehr Alkohol ist mehr?

„Aufzuckern" des Mostes mit Rübenzucker (Chaptalisieren) ist eine legale und vor allem in kühleren Weinbaugebieten weit verbreitete Möglichkeit, den Alkoholgehalt zu erhöhen. Während Tafelwein und Landwein keinen Einschränkungen unterliegen, ist der Zuckerzusatz bei „Qualitätswein" (mindestens 15 °KMW Erntegradation) bis zu einem Gehalt von maximal 15 g unvergorenem Zucker pro Liter gestattet. Ab der Kabinettstufe (17 °KMW Erntegradation) und bei Prädikatswein ist Chaptalisieren laut Österreichischem Weingesetz nicht mehr erlaubt. Dass sich durch Zuckerbeigabe auch die Menge um rund sechs Prozent erhöht, ist ein nicht immer unangenehmer Nebeneffekt. Bei der Konzentration von Most durch Vakuumdestillation oder Umkehrosmose, die in Österreich seit August 2002 offiziell für die Anreicherung gestattet ist, verringert sich dagegen die Menge. Die Mengenverluste dürfen laut EU-Bestimmungen nicht mehr als 20 Prozent betragen.

Die beiden Konzentrationsmethoden sind physikalische Verfahren – im Gegensatz zur Anreicherung durch Rübenzucker, durch die eine chemische Reaktion ausgelöst wird. Umkehrosmose basiert darauf, dass Wasser eine andere Molekülgröße hat als alle anderen Bestandteile im Most. Die Moleküle passen durch eine Membran, die unter Druck angeströmt wird, und können so vom Rest separiert werden. Bei der Vakuumdestillation nützt man die Tatsache, das Wasser unter Vakuumbedingungen bereits bei Temperaturen von 20 bis 30 Grad Celsius verdampft. Alle drei Methoden sind nur für Most, nicht aber bei fertig vergorenem Wein gestattet. Vakuumdestillation funktioniert zudem nur bei noch nicht gärenden Flüssigkeiten.

Während die erforderlichen Geräte in anderen Weinbaugebieten, zum Beispiel in Bordeaux, bereits seit vielen Jahren eingesetzt werden, kamen sie erst gegen Ende der 90er Jahre nach Österreich und wurden zuerst als „Wunderwaffen" angesehen. Mit der Erfahrung erkannte man aber auch die Nachteile, zum Beispiel, dass abgesehen vom Mengenverlust, nicht ganz einwandfreies (unreifes oder fauliges) Traubenmaterial durch Konzentration nicht unbedingt besser wird. Die kostspieligen Konzentratoren müssen hierzulande der Bundeskellereiinspektion (BKI) gemeldet werden, die sie mit einer Plombe versieht. Per November 2006 waren nach Angaben der BKI 48 Umkehrosmoseanlagen und 23 Vakuumverdampfer registriert.

Reinzuchthefen oder Natur pur?

Hefen sind einzellige Pilze und immer und überall vorhanden. Der Hefestamm *Saccharomyces cerevisiae* ist der wichtigste Protagonist der alkoholischen Gärung: Sozusagen als Treibstoff für seinen Stoffwechsel wird der vorhandene Zucker in Alkohol und CO_2 aufgespalten. Hefen kann man sich als ein Bündel unterschiedlicher Stränge vorstellen, wie einen Strauß aus verschiedenen Blumen, die auch unterschiedlichste Eigenschaften haben. Reinzuchthefen sind nun Hefestränge, die aus diesem Bündel ausgewählt und vermehrt wurden, deren Eigenschaften genau bekannt sind und auf eine bestimmte Wirkungsweise hin optimiert wurden. Man weiß, dass sie etwa speziell bei tieferen Temperaturen sehr gut funktionieren oder dazu tendieren, in Weißweinen Nebenprodukte entstehen zu lassen, die eine bestimmte Aromanote einbringen oder auch bestimmte Aromaverbindungen früher aufspalten und daher freisetzen. Ihr Verhalten ist abschätzbar.

Naturhefen sitzen beispielsweise auf der Beerenhaut, sind einfach vorhanden und werden mit den Trauben aus dem Weingarten mitgebracht. Es ist nicht bekannt, welche das sind, daher kennt man auch ihr Verhalten nicht und die Folgen ihrer Aktivitäten sind auch schwerer zu kontrollieren. Es ist darum auch nicht klar, welcher Hefestamm im Endeffekt die Oberhand gewinnt, das heißt, das Risiko von Fehlgärungen mit unerwünschten Nebenprodukten ist groß. Hefen ganz generell sind kälteempfindlich. In kühlen Kellern tun sie

1
2
3
4
5
FENDT
6
7
8
9

Von der Lese bis zum Lager: Die Beschaffenheit der Beeren und Traubenkerne ist ein wichtiger Parameter für den Reifezustand der Weintrauben. (1 & 2) Die Trauben werden per Hand in kleine Behältnisse gelesen, die dann möglichst rasch in den Keller gebracht werden: Lese per Hand hat Vorteile: eine erste Selektion kann gleich im Weingarten erfolgen, das Traubenmaterial wird weniger beschädigt und es kann in mehreren Durchgängen gelesen werden – nach dem Motto, die bereits reifen Trauben zuerst. (3, 4, 5) Entrappen: Die Beeren werden von den Stielen „befreit" (6, 7, 8). Weitere Selektionsdurchgänge erfolgen am Sortiertisch. (9, 10) State of the Art: vertikale Presse (11), Filter (12), Innenansicht eines Stahltanks mit Temperatursteuerung (13), moderne Holzgärständer (14), Vergärung und Lagerung kann entweder im Stahltank oder in Barriquefässern erfolgen (15, 16). Barriquelager am Römerhof der Familie Kollwentz (16).

sich deshalb schwer mit dem Beginn und gären dadurch auch länger, ebenso wenn zu viel Zucker und andere Schwebstoffe vorhanden sind oder der Most zu vehement geklärt wurde. Und sie sind nicht sehr tolerant gegenüber Alkohol – zu viel davon kann sie in ihrer Tätigkeit hindern oder sogar stoppen.

Bis vor nicht allzu langer Zeit galten Reinzuchthefen in Österreich als das Nonplusultra der modernen Gärtechnik. Im Rahmen der Terroir- und Authentizitätsdiskussion der vergangenen Jahre tendieren viele Spitzenproduzenten aber wieder verstärkt zu Wildhefen: Man geht davon aus, dass etwas, das sich auf natürliche Art und Weise bildet, auch den authentischeren Geschmack ergibt. Ob jetzt Naturhefen oder Reinzuchthefen im Weinkeller verwendet werden, ist gleichwertig zu sehen und eine Frage der Einstellung und auch der Bereitschaft, das Risiko einzugehen, welches bei der Vergärung mit „Wildhefen“ (Fehlgärungen, Nebentöne, langsamer Start etc.) deutlich höher ist.

Enzyme machen Beine

„Enzyme“ schallt es durch die Weinkeller, und zwar so oft, dass heute jeder Weinfreund den Begriff kennt. Um eine möglichst reibungslose Gärung sicherzustellen, wird der Most vor der Gärung geklärt, was einiges an Fingerspitzengefühl verlangt, da zu vehement geklärter Most im Gärungsverlauf ebenfalls Schwierigkeiten bereiten könnte. Trubteilchen aus der Beerenhaut und dem Inneren der Beeren, die nach dem Pressen in der Flüssigkeit schweben, können entweder durch die Schwerkraft zu Boden sinken oder mit Hilfe von Enzymen aufgelöst werden. Sie wirken als Katalysator, als Proteine, die einen Prozess beschleunigen können. Enzyme im Most bewirken, dass sich Pektin, sozusagen das „Gerüst“ des Saftes, rascher auflöst, als dies auf natürliche Art geschehen würde. Der Most kann rascher weiterverarbeitet werden, wodurch wieder ein geringeres Risiko für Fehlentwicklungen besteht.

Auch wenn das Schlagwort vor allem in jüngster Zeit verstärkt zu hören ist, sind Enzyme nichts grundsätzlich Neues, wie man im Bundesamt für Weinbau in Eisenstadt erklärt. Sie kommen in der Natur vor und können auch industriell hergestellt werden. In der Weinbereitung werden sie seit rund zwanzig Jahren als Hilfsmittel eingesetzt, um zähe Moste – wie jene von Neuburger, Silvaner oder Muskat Ottonel, die ein sehr starkes Pektingerüst haben – leichter verarbeiten zu können. In der Rotweinbereitung unterstützen sie das Auslaugen von Farbpigmenten aus der Beerenhaut, funktionieren aber nach dem gleichen Prinzip. Wie robust ein Pektingerüst ist, beeinflussen nicht nur Sorte und Reifezustand, sondern auch Zuckergehalt, pH-Wert und Fäulnisanteil im Lesegut.

Ob Enzyme eingesetzt werden, ist abhängig von der Einstellung des jeweiligen Weinmachers. Die zugelassenen Enzympräparate findet man auf der offiziellen Liste der Weinbereitungsmittel des Bundesamts für Weinbau.

Malolaktische Gärung um jeden Preis?

Während der malolaktischen Gärung (biologischer Säureabbau, BSA) wird Apfelsäure, die eine geschmacklich eher aggressive Säure ist, in mildere Milchsäure und Kohlendioxid umgewandelt. Ausgelöst wird BSA entweder spontan durch Erwärmen oder durch Starterhefen. BSA ist heute Standard in der Rotweinproduktion. Das Know-how hierzulande entwickelte sich um die Mitte der 80er Jahre, als der kantige Rotweinstil der früheren Jahre immer weniger Anklang fand, Barriquefässer stärker in Mode kamen und BSA oft unbewusst und ungewollt stattfand. Manche behaupten, dass BSA nach österreichischer Lehrmeinung bis zum Ende der 80er nicht im Lehrplan der Weinbaufachschulen vorgesehen war. Andere wieder erzählen, dass es sehr wohl unterrichtet wurde, aber niemand sich damit befasste, da dies aufgrund des Weinstils nicht für nötig befunden wurde. Jedenfalls wurde das Thema beim Weinforum Alpbach 1988 erstmals aufs Tapet gebracht. „Malo“ oder BSA ist heute ein Qualitätszeichen und macht den sinnvollen Barriqueausbau erst möglich, auch wenn vereinzelt wieder Stimmen auftauchen, die die Frage aufwerfen, ob BSA um jeden Preis sein muss beziehungsweise ob ein nur teilweiser BSA nicht manchmal der Struktur förderlich sein kann.

Ausbaumethoden

Einmal abgesehen von der Logistik eines Betriebes hängen auch die Ausbaumethoden weitgehend davon ab, welcher Weinstil, welche Qualitätsstufe anvisiert wird, und mit welchem Preis man den Wein am Markt positionieren will. Zielt man auf die Fruchtigkeit ab, wird man den Ausbau im Stahltank bevorzugen, will man vor allem Power, Fülle und Lagerfähigkeit, lässt man die Weine langsam im Holzfass reifen. Linear verlaufen diese Entscheidungen nie, denn zwischen diesen beiden Polen gibt es jede Menge Mischformen und Kombinationsmöglichkeiten, die dann in der Praxis eingesetzt werden.

Coole Vergärung in coolem Stahl

Stahltanks kommen vor allem für die fruchtbetonten, frischen Weißweine, für die Österreich so geschätzt wird, zum Einsatz. Ihr Vorteil liegt darin, dass die Temperatur sehr direkt steuerbar ist und sie auf einfache Art und Weise gründlich sauber zu halten sind.

Da Aromamoleküle temperaturempfindlich sind und bei Erwärmung gerne schwinden, setzt man für Weine, die fruchtig, knackig und frisch sein sollen, wie beispielsweise österreichische Jungweine à la Steirischer Junker, Primus Pannonikus oder Junger Wiener, gerne auf eine kontrollierte Vergärung bei niedrigen Temperaturen. Die Fruchtaromatik wird intensiv, und um die Hefen bei der Stange zu halten, wurden spezielle Kaltgärhefen selektioniert, die auch bei Gärtemperaturen unter 15 °C ihre Aktivitäten entfalten.

Da bei Weißwein im Allgemeinen ein frischer, fruchtiger Weinstil bevorzugt wird, greift man für den Ausbau erst in zweiter Linie zu großen Holzfässern, die einen langsamen Sauerstoffaustausch ermöglichen und vor allem für Weine eingesetzt werden, die lagerfähig sein sollen. Der Ausbau im Barrique kommt zwar auch vor, erfordert jedoch einige Übung und erbringt manchmal einen Weinstil, der hierzulande nicht unbedingt geschätzt wird. Selbst Chardonnay, der im Barrique zum großen Wein reifen kann – man denke an weiße Burgunder oder Chablis, wo man die

Stahltanks reagieren sehr rasch auf Temperatureinflüsse und sind – eine der wichtigsten Voraussetzungen im modernen Weinbau – sehr gut sauber zu halten. *Foto: Weingut Hillinger*

Barriqueverwendung über die Jahrhunderte perfektioniert hat – wird hierzulande gar nicht selten klassisch im Stahltank ausgebaut. Riesling sowie andere sehr fruchtige Rebsorten sind für den Barriqueausbau nicht geeignet – der Stil der Weine würde sich zu sehr verändern und ihre prägende Fruchtigkeit vom Holz übertönt. Grüner Veltliner dagegen wird selten, aber doch statt in Stahltank und großen Holzfässern im kleinen Holz ausgebaut – was in einigen Fällen durchaus sehr gute Ergebnisse bringt.

Nicht zuletzt ist der Ausbau im Barrique aber immer auch eine Kostenfrage – die kleinen Eichenholzfässer sind nicht billig und können, zielt man auf den Geschmacksfaktor ab, nur zwei- bis maximal dreimal verwendet werden. Spätestens bis dahin müssen sie sich über den – höheren – Preis des verkauften Weines amortisiert haben.

Herbe Schönheit – Tannin

Tannin ist abgeleitet vom französischen Wort für Gerbstoff, *tanin*, und entsteht auf natürlichem Weg in Beerenhäuten, Kernen und Stielen. Es kann aber auch industriell durch Extraktion von Holz oder Traubenkernen hergestellt werden. Tannin gehört zu den Polyphenolen (Farb- und Geschmacksstoffe) und bewirkt im Wein einen adstringierenden, leicht herben Geschmack.

Da Wein auch Trinkmoden unterliegt, wird Tannin zu Zeiten als Zeichen von Power geschätzt, zu anderen wieder weniger. Neben Säure und Alkohol ist Tannin eine der Komponenten, die für Haltbarkeit stehen. Kommt es aus der Traube, kann es reif oder unreif schmecken, gut eingebunden sein, oder separiert und auffällig „danebenstehen“: Je nach Qualität und Herkunft ist es extra rau, blättrig, grasig und schmeckt nach grünem Paprika und unreifem Gemüse, oder reif und rund, wobei es mitunter an Schokolade mit einem hohen Kakaoanteil erinnert.

Bei Weißwein ist Tanningeschmack weitgehend verpönt, weil in den meisten Fällen unangenehm herb. Im Gegensatz zu Rotwein, wo ein hoher Tanninanteil oft undifferenziert mit hoher Qualität gleichgesetzt wird. In welcher Form Tannin zur Haltbarkeit beiträgt, ist bei weitem noch nicht erforscht. Ketzerische Stimmen sagen auch, dass man aus dem Tanningehalt mehr auf die Lagerbedürftigkeit eines Weines schließen sollte denn auf sein Potenzial.

Ob viel oder wenig Tannin spürbar wird, ist auch abhängig von der Rebsorte. Einige sind von Natur aus stärker tanninhältig als andere. Von den österreichischen Rotweinsorten besitzt etwa der Blaufränkische mehr Tannin als der Zweigelt. Dass eine dünnschalige Sorte wie Pinot noir beispielsweise weniger farbintensiv ist und weniger „tanninig“ schmeckt, liegt in der Natur der dünnen Schale – woher sollte all das Tannin auch kommen? Internationale Sorten wie Cabernet Sauvignon oder Syrah, der sich in Österreich seit seiner Aufnahme in die Rebsortenverordnung stark verbreitet hat, gelten als tanninreich. In heißen Jahren à la 2003 oder in wärmeren Regionen entwickeln die Beeren eine dickere Haut; daher bildet sich in dieser Beerenhaut auch mehr Tannin. In kühleren Jahren entwickeln sich die Weine hingegen mehr in die aromatisch-fruchtige Richtung.

Tanningeschmack kann aber auch aus den Holzfässern stammen, in denen ein Wein gelagert wurde – auch Holz enthält Tannin –, oder durch Beigabe von Chips (getoasteten Eichenholzstücken oder -flocken) oder von Tanninpulver dazukommen. Das Beimengen von önologischem (industriell hergestelltem) Tanin wie auch die Verwendung von Chips aus Eichenholz in der Weinbereitung, sind nach EU-Gesetzgebung gestattet, wobei Tannin in erster Linie für den Einsatz als Fällungsmittel bei der Eiweißschönung bestimmt ist, aber einen geschmacklichen Nebeneffekt hat, der gelegentlich zum Haupteffekt avanciert.

Tannin rundet sich – unabhängig davon, woher es stammt – mit der Dauer der Lagerung auf natürliche Art ab.

Ungefiltert sollst du nicht schlafen gehen …

Ungefiltertes Abfüllen findet man in den letzten Jahren verstärkt bei Rotwein. Das heißt, der Wein ist nicht so klar, die Trubteilchen setzen sich ab. Er hat aber auch – so die Unfiltered-Befürworter – einen tieferen Ausdruck und komplexere Aromen, da jede Belastung, jedes Filtern, dem Wein – gewollt oder ungewollt – Geschmacksstoffe entzieht. Bei nicht gefilterten Weinen kann es zu Problemen mit der Stabilität kommen. Vor allem hochwertige Rotweine werden des Öfteren ungefiltert in die Flasche gefüllt.

Jedem Wein sein Holz

„Im Holz" sagt man flott vor sich hin, wenn ein Wein im Holzfass gelagert oder vergoren wurde, wobei gerade das Vergären im Holz erst in den letzten sechs bis sieben Jahren hierzulande auf breiter Basis angewendet wurde. Die Vorzüge von Holzgärständern, großen, oben oft offenen Holzbottichen, werden vor allem für Rotweine der Topkategorie sehr geschätzt: Sie sollen eine bessere Einbindung des Tannins bewirken und zu einer tiefgehenden Struktur der Weine beitragen.

Die Reifung „im Holz" dagegen ist auch hierzulande ein alter Hut. In jüngerer Zeit sind damit vor allem Barriquefässer gemeint, das sind Eichenholzfässer mit in der Regel 225 Liter Fassungsvermögen. Woher die Eiche kommt, beeinflusst den Geschmack sehr deutlich: Französische Eiche ist die bekannteste, US-Eiche bringt ein anderes, deutlich „süßeres" Geschmacksbild im Wein (Kokos).

Holzfässer mit größerem Fassungsvermögen und aus heimischen Hölzern waren weit verbreitet und sehr traditionell. Während Barriquefässer in anderen Teilen der Welt wie zum Beispiel im Bordeaux bereits seit sehr langer Zeit Standard waren, fiel deren Einsatz in Österreich bis in die 80er Jahre unter Ketzertum. Ein bereits mehrfach angesprochener Wandel im Konsumentengeschmack, weg von den recht harschen, säurebetonten Rotweinen hin zu trinkfreudigeren Produkten, stand hierzulande am Anfang der Barriquepräsenz. Anton Kollwentz vom Weingut Römerhof aus Großhöflein, in vielerlei Hinsicht einer der Pioniere des modernen österreichischen Weinbaus, oder auch Gerald Malat aus Furth, waren unter den Ersten, die Barriquefässer bei der Rotweinbereitung einsetzten.

Mittlerweile haben sich nicht nur die Fässer, sondern auch die Erkenntnis durchgesetzt, dass Barrique um jeden Preis nicht der Weisheit letzter Schluss sein kann und dass dessen Einsatz sehr davon abhängt, welche Art von Wein man im Hinterkopf hat. Heute experimentieren viele Winzer mit Fässern von größerem Fassungsvermögen bis hin zu tausend Litern, oder mit Zweit-, Dritt- oder noch häufiger befüllten Gebinden. Den grundlegenden Vorteil von Holzfässern weiß man heute auch für den österreichischen Rotweinstil zu nutzen: die langsame Reife durch fein dosierten Sauerstoffeintrag.

Chips, Eichenholzflocken mit unterschiedlichem Röstungsgrad und unterschiedlichen Größen, sind seit 2006 von der EU zur Weinbereitung offiziell zugelassen, dürfen also auch in Österreich verwendet werden. Allerdings könnte man durch regionale Appellationsbestimmungen die Verwendung einschränken. Was die Größe der Flocken anlangt, fordert die EU, dass „95 Prozent im Zweimillimetersieb" hängen bleiben müssen. Die seit kurzem erlaubten Verfahren mit Tanninbeigaben oder Aromatisierung durch Eichenholzchips sind derzeit angeblich kein vollwertiger Ersatz für Barriquelagerung.

Rein technisch werden die Flocken dabei in einer Art Riesenteebeutel in den Wein gehängt und ausgelaugt, was den erwünschten Holzgeschmack – der übrigens auch von vielen Kunden verlangt wird – in den Wein bringt. Ob Chips verwendet wurden, oder ob der Wein seine Vanille- und Röstaromen von der Lagerung in Holzfässern hat, lässt sich auf laboranalytischem Wege nicht nachweisen. Laut EU-Bestimmungen ist es aber verboten, am Etikett Angaben zu machen, die bei Chipsverwendung Holzfässer suggerieren könnten. Dezidiert deklarieren muss man den Flockeneinsatz derzeit jedoch nicht.

Ein massiver Unterschied besteht jedenfalls im Preis. Nach einem Rechenbeispiel auf der Homepage eines deutschen Produzenten von Weinbereitungsmitteln kostet ein Liter im dreimal befüllten Barrique hergestellter Wein 0,74 Euro, wobei von einem Barrique-Neupreis von 500 Euro ausgegangen wurde, während ein vergleichbarer Wein (gleiche Rebsorte etc.) mit Chips mit 0,02 Euro pro Liter zu Buche schlägt. Aber während man sich hier derzeit auf Chips konzentriert, ist man in Übersee

Verschlussmöglichkeiten: Kork hat eine jahrhundertelange Tradition, ist aber fehleranfällig. Schraubverschlüsse sind seit den 1970-er Jahren am Markt, mit besten Ergebnissen, überzeugend für den Winzer, von den Konsumenten immer besser akzeptiert. Den Glasverschluss gibt es seit dem Jahr 2001; Langzeiterfahrungen fehlen, die Akzeptanz bei Winzern und Weinfans ist aber beträchtlich.

bereits einen Schritt weiter gegangen: Chips sind nicht der Weisheit letzter Schluss und bringen ein weit weniger gutes Ergebnis als Innerstaves, Holzlatten, die in den Wein gesteckt werden oder in der Stahltankwand eingebaut sind und je nach Bedarf auch getauscht werden können.

Auf der Hefe und der Feinhefe lagern

Werden speziell Weißweine zwar vom Geläger, den groben Autolyseprodukten des Hefestoffwechsels, abgezogen, aber nicht sofort filtriert, so bleiben feine Hefepartikel im Wein, die sich nach und nach am Boden des jeweiligen Behältnisses absetzen. Bleibt der Weißwein länger damit in Kontakt, verleiht ihm das einige Komplexität, die speziell bei lagerfähigen Weißweinen geschätzt wird. Der Hefesatz wird dabei vor allem bei im Barrique vergorenen Weißweinen regelmäßig aufgerührt, um die Bildung von reduktiven Aromen zu verhindern (Battonage).

Naturkork oder Alternativverschlüsse

Österreich gilt als äußerst experimentierfreudig, was Verschlussalternativen zum Naturkork betrifft. Der Kunststoffkork, der in den späten 90ern für die Lösung des leidigen Naturkorkproblems gehalten wurde, setzte sich nicht durch. Zu groß ist die Gefahr der Oxidation, werden die mit Kunststoff verschlossenen Weine nicht in den ersten ein, zwei Jahren nach der Füllung geöffnet. Johannes Hirsch aus Kammern (Kamptal) war mit dem Jahrgang 2002 der erste Winzer, der seine besten Weine auf Drehverschluss umstellte. „Der Leidensdruck durch Fehler in den Flaschen, die mit Naturkork verschlossen waren, war einfach zu groß“, erzählt er. Viele Winzer sind ihm seither gefolgt. Gab es anfangs noch Akzeptanzprobleme seitens der Kunden, die Schrauber oft mit „billig“ gleichsetzen, konnten sich Schraubverschlüsse in kurzer Zeit einigermaßen durchsetzen. Allerdings wagen es derzeit noch immer nicht alle, auch wenn sie den Schraubverschluss als perfekte Alternative anerkennen, auch ihre Topweine damit zu verschließen, was die Akzeptanz durch die Signalwirkung erhöhen würde. Dafür gibt man dem Kunden oft die Wahlmöglichkeit zwischen Naturkork und Schraubverschluss.

Das Patent für den Glasverschluss Vinolok wurde 2001 angemeldet. Fritz Miesbauer vom Weingut Stadt Krems und Stift Göttweig war einer der Ersten, der diesen Verschluss verwendete und hatte „seither keine einzige Reklamation“. Akzeptiert wird der Glasstopfen deutlich besser als der Schraubverschluss, was auf die scheinbar höherwertige Haptik und Optik zurückgeführt werden kann. Mittlerweile verwenden bereits etliche führende Weinbaubetriebe in Österreich Glasverschlüsse. LS

Die Geschichte des österreichischen Weinbaus

Vom Traubenkernfund zum Weinwunder – eine österreichische Weinhistorie

Der Weinbau auf dem Gebiet des heutigen Österreichs kann mit großer Wahrscheinlichkeit auf eine mehr als 2000-jährige Geschichte zurückblicken. Erste Zeugnisse aus dieser Zeit sind Rebkernfunde aus dem Tertiär, welche die Vermutung nahelegen, dass die Kelten und Illyrer offenbar bereits Gefallen an den Früchten der in ihrer Heimat sprießenden Wildreben fanden und diese später auch als Kulturreben in einer sehr einfachen Form des Weinbaus gezogen haben. Der in dieser Hinsicht wichtigste Nachweis, der auch als ältester Fund von Weinbau in Mitteleuropa angesehen werden kann, ist jüngeren Datums: In einem keltischen Grabhügel aus der Hallstattzeit, also etwa um 700 vor Christus, wurden im burgenländischen Weinbauort Zagersdorf, der zwischen Eisenstadt und der ungarischen Grenze gelegen ist, eindeutig Traubenkerne der Kulturrebe *Vitis vinifera* gefunden, womit aller Voraussicht nach der bislang fehlende, schlüssige Beweis einer keltischen Weinbautätigkeit im westlichen pannonischen Raum geliefert wurde.

Oben, S. 93, 97: Im Luegerkeller in Gumpoldskirchen ist die alte Zeit des Weinbaus auf eindrucksvolle Weise lebendig geblieben. Fotos: www.bouchal.com

Als die römischen Truppen in den Donauraum vorstießen, fanden sie somit wohl schon eine primitive Form des Weinbaus vor; mit ihrer Herrschaft hat dann die systematische Beschäftigung mit dem Wein erst richtig begonnen, schließlich war die römische Weinkultur damals bereits hochentwickelt. Spezielle Fachliteratur, wie etwa das umfangreiche Werk *De re rustica* des im 1. Jahrhundert nach Christus lebenden Columella, der beispielsweise eine Modellrechnung für den Ertrag eines Weingartens entworfen hat, zeugen nachdrücklich davon, dass man sich schon mit allen Aspekten des Weinbaus wie Düngung, Ertragsregulierung, Herkunftsschutz für berühmte Appellationen, aber auch Detailfragen wie Gärung und Abstich, Verschluss, Lagerungsgefäße, Haltbarkeitsmittel und Transportmöglichkeiten in eingehender Weise befasst hat, wobei erwiesen ist, dass den Römern zumindest anfangs die schon früher entwickelte griechische Weinkultur gewisse Leitlinien vorgab.

Volksmund und Historie, oder Kaiser Probus war nie in Nussdorf

Im Jahr 92 nach Christus hat Kaiser Domitian – vermutlich als Verfechter protektionistischer Tendenzen zum Schutz des italienischen Weinbaus – ein Anbauverbot für Weinreben nördlich der Alpen erlassen, was aber für die spärlichen Weinerziehungsversuche im fernen Noricum vermutlich keine allzu großen Konsequenzen nach sich zog. Im Allgemeinen waren die Römer gegenüber dem Weinbau in unseren Breiten skeptisch eingestellt, wie zum Beispiel der Geschichtsschreiber Dio Cassius mit seinen 229 nach Christus getätigten Aussagen bestätigt, in denen er eine ungünstige Qualität des an Ort und Stelle kennengelernten pannonischen Weinanbaus feststellte.

Als Wendepunkt für die römische Weinbaupolitik wurde und wird ganz allgemein das Dekret des Soldatenkaisers Marcus Aurelius Probus, der von 276 bis 282 nach Christus regiert hat, angesehen, mit dem er das zuvor zitierte Auspflanzverbot ausdrücklich aufgehoben und seine Soldaten zur Anlage neuer Weingärten im pannonischen Raum angehalten hat. Auch über die tieferen Beweggründe dieses Umdenkens können wir nur Spekulationen anstellen: Manche meinen, dass Probus den Trend, den Getreideanbau in ganz Italien zugunsten einer stark zunehmenden Weinbaufläche einzuschränken, um auch die entferntesten Provinzen mit heimischem Wein versorgen zu können, aus versorgungspolitischer Hinsicht stoppen wollte, andere Quellen vermuten hingegen, dass die Wege zu eben diesen einfach zu schlecht waren, um die dürstenden Truppen mit verlässlichen Weintransporten versorgen zu können.

Glück war Kaiser Probus ob dieser Maßnahmen jedenfalls keines beschieden, denn seine – vielleicht der ständigen Weinbauarbeiten überdrüssigen – Soldaten haben ihn schließlich erschlagen. Dabei gilt er im Wiener Lokalkolorit quasi als „local hero", dem in Nussdorf, im 19. Wiener Gemeindebezirk, eine eigene Gasse (und zwar mitten in der Heurigengegend), ein Denkmal und sogar die Bezeichnung einer Höhle gewidmet wurden, obwohl er nachweislich nicht persönlich weiter westlich als nach Slawonien gekommen ist – nicht immer tut also der Volksmund Wahrheit kund. Übrigens war Probus ja auch in Syrmien, dem heutigen Sremska Mitrovica, geboren worden. Jedenfalls haben viele archäologische Zeugnisse und Auswertungen von Pflanzenresten, etwa aus dem großen seinerzeitigen Heerlager Carnuntum, Hinweise für die damalige Weinkultur in unseren Breiten geliefert.

Über die Entwicklung des Weinbaus in den folgenden Jahrhunderten ist wahrlich wenig bekannt. Einen kurzen geschichtlichen Nachweis bietet die Vita des heiligen Severin, der im Jahr 482 nach Christus in Favianis verstarb und sich dafür an einen Ort *qui ad vineas vocabatur* zurückzog. Er wollte also offenkundig in den Weingärten sein Leben beschließen, die ursprünglich in der Gegend von Mautern, also am rechten Donauufer gegenüber von Krems, vermutet wurden; da aber Favianis zu dieser Zeit der Kastellname von Wien war, hat sich Severin wahrscheinlich in die Gegenstadt von Heiligenstadt oder Nussdorf und nicht in den Kremser Raum zurückgezogen. Um das Jahr 488 haben dann die Römer ihre Herrschaft über die einstige Provinz Noricum endgültig aufgegeben; in den nachfolgenden Wirren der Völkerwanderung wurden wohl auch die österreichischen Weinberge zum Großteil verwüstet, sodass man als neuerlichen Aufschwung generell die Zeit der karolingischen Kolonisation annehmen kann.

Von fränkischen und hunnischen Reben – die Ära der Kolonisation

In seine berühmten *Capitulare de Villis* aus dem Jahr 795 hat Karl der Große bereits detaillierte Angaben über Weinbau, Weinpflege und Weinrecht aufgenommen, sodass er wohl zu Recht als großer Förderer und Initiator des Weinbaus im östlichen Raum seines Reiches angesehen wird. In seiner Regentschaft erfolgte auch die Einteilung der Reben nach den bevorzugten „fränkischen" und den minderwertigen „hunnischen" Reben – eine eindeutige Kategorisierung, die sich bis in die heutige Zeit erhalten hat, wenn man sich etwa der im Burgenland dominanten, fabelhaften Rebsorte Blaufränkisch besinnt oder der versprengten Reste des Heunisch, wie sie stellenweise etwa am Loibenberg vorzufinden sind, der als säuerlicher Massenträger wohl zu Recht ausgestorben ist.

In den zitierten *Capitulare de Villis* ist erstmals

Spinnwebenverhangen: alter Wein im Luegerkeller in Gumpoldskirchen. *Foto: www.bouchal.com*

von Traubenkränzen die Rede, welche die Weinbauern zumindest dreimal im Jahr bereithalten sollten. Zu welchem genauen Zweck, ist eigentlich nicht bekannt, doch darf man mit Fug und Recht annehmen, dass damit wahrscheinlich Zeiten des Weinausschanks angekündigt werden sollten, womit ein früher Vorläufer der Buschen der Heurigen begründet wurde, doch ist dies, wie erwähnt, eine reine Vermutung.

Die zweite große Kolonisierungswelle hat offenbar nach der endgültigen Unterwerfung der Awaren begonnen, als speziell die bayrischen Bistümer und Klöster mit der Urbarmachung der Flusstäler, wie etwa der Anlage der Terrassen in der Wachau, begonnen haben. Eine erste Hochblüte der Weinkultur wird für die Jahrtausendwende angenommen. Damals bewirtschafteten Klöster wie die bayrischen Abteien Niederaltaich und Herrieden sowie die Hochstifte Freising, Passau und Regensburg dort ebenso Weingärten wie der Erzbischof von Salzburg. In unserer schnelllebigen Zeit mutet es geradezu sensationell an, dass sich so manche Besitzverhältnisse bis in die Gegenwart erhalten haben: Ein Beispiel für verblüffende Kontinuität ist etwa der Weinbergbesitz des Erzbischofs von Passau in der berühmten Lage Steiner Pfaffenberg (unmittelbar an der östlichen Grenze des Weinbaugebietes Wachau), während die gerne fotografierte, geradezu innerstädtisch anmutende Wiener Weinried Alsegg in Dornbach immer noch dem Salzburger Stift St. Peter gehört.

Die „Landwirtschaftsexperten" dieser Klöster gingen gewissermaßen sehenden Auges (O-Ton Dipl.-Ing. Anton Bodenstein) durch die urbar zu machenden Flusstäler und deren Seitengräben und haben aufgrund gewisser Indizien – entscheidende Hinweise gaben wahrscheinlich die dortige Fauna und Flora – nur an jenen Stellen Weinberge angelegt, die die richtige Bodenstruktur, Exposition und Ausrichtung vorwiesen, während sie anderswo den Wald beließen. Und als im Jahr 1250 schließlich unter der Bezeichnung „Thal Wachau" eine Herrschaft mit den Orten Weißenkirchen, Wösendorf, Joching und St. Michael definiert wurde – somit das Herzstück des heutigen Weinbaugebietes Wachau –, haben die charakteristischen Natursteinterrassen in dieser Weinbaugegend offensichtlich zum Großteil bereits existiert.

Ungeld und Reifenbeißer: gute Jahre, schlechte Jahre

Als im Mittelalter der Babenbergerherzog Heinrich II. Jasomirgott seine Residenz nach Wien verlegte, profitierte davon auch der Weinbau in der neuen Kapitale. Abgesehen von den allgegenwärtigen Klöstern und Adelshäusern durften nun auch Wiener Bürger Weingärten erwerben, von denen der erste urkundlich erwähnte ein gewisser Reingerus war, der 1170 drei Weingärten gekauft hat. Weingärten bestanden damals nicht nur am Nussberg und Bisamberg, sondern auch in den inneren Bezirken: So waren der heutige 3. und 4. Bezirk fast zur Gänze mit Weingärten bestanden, und auch in der Innenstadt wurde Weinbau betrieben; etwa rund um die Minoritenkirche, wie ein Stadtplan der Inneren Stadt aus dem Jahr 1547 belegt.

Die Weine wurden auch innerhalb der Stadtmauern in den städtischen Kellern ausgeschenkt, wie etwa im zur Kartause Mauerbach gehörenden Seitzerkeller, der schon 1327 in der Dorotheergasse angelegt wurde. In der Folge wurden an die 60 weitere, teilweise mehrstöckige Kellerlokale errichtet, von denen sich bis heute etwa der Esterházykeller und der Melker Keller erhalten haben. Auch in so genannten Trinkstuben wurden die selbst gefechsten Gewächse ausgeschenkt, die sich in der Gegend rund um die Wollzeile angesiedelt haben, woher Namen wie Stubenviertel, Stubenbastei und dergleichen herrühren.

Durch die auf den Wein erhobenen Steuern, wie etwa eine bereits im 14. Jahrhundert eingehobene 10%ige Getränkesteuer namens Ungeld, wurden Weinbau und Gastronomie auch zu einem bestimmenden Wirtschaftsfaktor; über das Ungeld hinaus wurden auch Bergrechtsablösen der Grundherrn und eine Vielzahl von Mautgebühren eingeführt, welche Städte und Landesfürsten für die Einfuhr, ja sogar die Durchfuhr der Weine einhoben. Trotz allem wurde der Durst der Wiener Bevölkerung offenbar nicht geringer, da man von einem Konsum von einem Liter pro Erwachsenem ausgegangen ist. Auch seinerzeit hat es drastische klimatische Schwankungen immer wieder gegeben: So war das Niveau des 1456ers so gering, dass er von der Bevölkerung „Reifenbeißer“ genannt und einfach auf die Gasse geschüttet wurde. Kaiser Friedrich III. hat derartigen Frevel alsbald verboten und all jenen, denen dieser saure Tropfen zu minder war, verordnet, den Säuerling zum Dombau von St. Stephan zu führen, wo er für das Anrühren des Mörtels noch einigermaßen gute Dienste leisten konnte.

Im heutigen Burgenland waren für die Ausbreitung der Weinkultur die Leistungen des Zisterzienserordens führend, der sein hochstehendes Wissen um die Weinkultur im 13. Jahrhundert aus Burgund mitbrachte und rund um den Neusiedlersee Weingärten anlegte. Im 16. Jahrhundert war der Weinbau zur Haupteinnahmequelle dieser Region geworden und hatte die Rebfläche ihre größte Ausdehnung erreicht, was aber für ganz Österreich galt, da sich die Weingärten entlang der Donau bis nach Oberösterreich erstreckten und selbst in Salzburg der Mönchs- und Nonnberg mit Reben bepflanzt waren. Die steirischen Rebflächen reichten bis zum Semmering, und auch in Kärnten, Tirol und Vorarlberg war der Weinbau weit verbreitet, sodass von einer zehnmal so großen Weinbaufläche wie heute auszugehen ist. Zu dieser Ausdehnung haben offenbar günstige klimatische Verhältnisse ebenso beigetragen wie die Tatsache, dass Ungarn als traditionelles Exportland jahrhundertelang von den Türken besetzt war und daher als Mitbewerber für die genannten Weinbaugebiete ausfiel.

Weine aus dem pannonischen Raum wurden bereits im 15. Jahrhundert in die „Oberländer“ Böhmen, Mähren, Schlesien und Polen, aber auch nach Königsberg und St. Petersburg exportiert und haben so den frühen Ruhm des burgenländischen Weines begründet. Auch für die bis heute andauernde Führungsrolle im Bereich der Dessertweine gibt es fundierte historische Quellen: 1526 wurde in Donnerskirchen in den Besitztümern der fürstlichen Familie Esterházy wohl eine der ersten Trockenbeerenauslesen der Welt gekeltert. Etwa zur gleichen Zeit hat sich die ungarische Königin Maria als wahre Mäzenin des Weinbaus erwiesen und den Ruster Winzern um 1524 das Privilegium gewährt, in ihre Weinfässer ein großes „R“ einzubrennen, was auf der einen Seite einen frühen

Herkunftsschutz dargestellt und auf der anderen die Steuerfreiheit für die Ausfuhr bestätigt hat. 1681 hat Rust im Rahmen des Reichstages in Ödenburg schließlich von Kaiser Leopold I. den angestrebten Titel einer königlichen Reichsstadt erhalten – freilich mussten sich die Ruster diese Ehre mit 500 Eimern Ausbruchwein und 60.000 Gulden schon etwas kosten lassen ...

Auch wenn die ungarische Weingeschichte wesentlich älter ist und schon nachweisbar im 12. Jahrhundert die Hügel in der Umgebung von Buda mit den ersten Reben bepflanzt wurden, fiel in diese Zeit auch der große Aufschwung des Tokajer Ausbruchsweines, der in der zweiten Hälfte des 17. Jahrhunderts seinen Siegeszug durch ganz Europa angetreten hat und von Voltaire als „König der Weine und Wein der Könige" apostrophiert wurde. Als die gemeinsame christliche Streitmacht Ende des 17. Jahrhunderts das gesamte Ungarn von den Türken befreite, konnte der Tokajer ungehindert an die europäischen Fürstenhöfe gelangen und dort sein unnachahmliches Prestige erlangen bzw. festigen.

Neue Gefahren, neue Chancen – der Aufbruch in die Moderne

Große Zäsuren in der österreichischen Weingeschichte brachten die beiden Türkenbelagerungen mit sich: Zum einen führten sie zu einer fast völligen Zerstörung der Weinfluren in Ostösterreich, zum anderen wurden nach dem Sieg über die Osmanen im Jahr 1683 zahlreiche Neuansiedler in die österreichischen Weinbaugegenden gelockt – nicht alle kamen allerdings freiwillig, denn schon bald galt das selbstherrliche Motto *cuius regio, eius religio*, dem sich eben mutige Pioniere, von Mayer (am Pfarrplatz) bis zu Triebaumer, nolens volens zu unterwerfen hatten. In dieser Zeit wurden auch die Wiener Weingärten in den Vorstädten ausgeweitet und schließlich der Heurige durch die oft zitierte Josephinische Zirkularverordnung vom 17. August 1784 präzise geregelt. Sie hat nämlich „jedem die Freiheit gegeben, die von ihm selbst erzeugten Lebensmittel, Wein und Obstmost zu allen Zeiten des Jahres, wie, wann und in welchem Preis er will, zu verkaufen oder auszuschenken". Diese gewagte Verordnung, die im Übrigen auf einen konkreten Streitfall, dessen Auslöser ein allzu geschäftstüchtiger Grundherr aus dem Collio war, zurückgegangen ist, musste der kühne Vordenker Joseph II. im Gegensatz zu manch anderen Vorschriften auch nie mehr zurücknehmen, sodass dem Siegeszug des Heurigen in moderner Form von Poysdorf bis Leutschach nichts mehr entgegenzusetzen war.

Allmählich begann auch ein Umbruch bei den üblichen Rebsorten: So wurde der allgegenwärtige Silberweiße oder Kahlenberger langsam vom Grünen Veltliner, über dessen wahre Herkunft (die man im nordöstlichen oder nordwestlichen Weinviertel vermutet) man noch immer zu wenig weiß, abgelöst. Spezifische Angaben über eine heute noch bekannte Rebsorte fanden sich zum ersten Mal im Jahr 1394, als die Zisterzienser ihren burgundischen Pinot noir in Österreich heimisch gemacht haben; dann ließ sich im Jahr 1500 mit dem Traminer eine weitere Rebsorte in Österreich urkundlich feststellen. Bekannt ist auch die Legende des Kaufmanns aus Speyer, der angeblich um 1700 eine Rebsorte nach Deutschland brachte, die schlussendlich auch ihren Weg nach Österreich gefunden hat: Sein Name war Ruland und die Rebsorte – ganz richtig – der Ruländer oder Pinot Gris, der sich zwar nie durchsetzen konnte, doch standhaft im Sortenkataster verblieb.

Die Anfänge der wissenschaftlichen Aufarbeitung

All diese Neuerungen und Entdeckungen bedurften naturgemäß der wissenschaftlichen Aufarbeitung, die ihr Erscheinungsbild in interessanten Frühwerken über den österreichischen Wein gefunden hat. So etwa im Jahr 1732 die Dissertation von F. A. Steindl von Plesseneth über das Thema De vino austriaco. Im gleichen Jahrhundert hat Freiherr von Fries, ein Grundherr in Vöslau bei Baden, vermutlich aus Portugal Setzlinge einer Rotweinrebe kommen lassen, die in der südlichen Thermenregion lokales Heldentum erlangt hat; heute ist allerdings der Blaue Portugieser aus verständlichen Gründen – hohe Fäulnisempfindlichkeit und eklatante Tanninarmut – auf dem Rückzug begriffen, doch wer weiß ...

Einblicke in das österreichische Weingeschehen lässt auch ein vor dem Vormärz erschienenes Werk aus der Feder von Ritter von Heintl zu, der dem Titel gemäß den Weinbau des österreichischen Kaiserthums vortrefflich beschrieben hat. Von den weiteren frühen Strategen ist etwa Johann Baumgartner zu nennen, der rund um Gumpoldskirchen zum ersten Mal reinsortigen Rheinriesling gezogen hat und die Idee hatte, die Weinstöcke zur Blütezeit durch Räucherfeuer gegen den Nachtfrost zu schützen, und als früher Verfechter eines produktiven Landbaus seine Anleitung zum einträglichsten Betriebe des Weinbaues in Österreich im Jahr 1856 veröffentlicht hat. Als markanter Zeitpunkt im Sinne einer gezielten Forschungsarbeit lässt sich schließlich das Jahr 1860 bestimmen, in dem Freiherr von Babo die Wein- und Obstbauschule in Klosterneuburg gegründet hat, die 1874 in die Staatsverwaltung übergegangen ist und seit 1902 den ehrwürdigen Titel „k. k. höhere Lehranstalt für Wein- und Obstbau“ geführt hat. Von hier gingen zahlreiche Impulse für einen modernen Weinbau aus; nach ihrem Modell wurde auch eine Vielzahl ähnlicher Institute in der gesamten Monarchie geschaffen.

Alles in allem war die Situation des Weinbaus in der zisleithanischen (österreichischen) Hälfte der Doppelmonarchie aber recht ungemütlich. Das Überangebot von ungarischem Wein, Herstellung und Verbreitung von „Kunstwein“ und schließlich der Anstieg des Bierkonsums haben ernsthafte Handels- und Absatzprobleme mit sich gebracht. Dramatisch wurde die Lage aber erst, als tierische Schädlinge und Pflanzenkrankheiten importiert wurden. 1850 wurde zunächst Oidium in Frankreich, bald aber auch in Südtirol und Österreich-Ungarn gesichtet, 1872 erstmals das verheerende Wüten der Reblaus gesichert vermeldet und 1880 dann zu allem Überdruss noch eine starke Verbreitung von Peronospora festgestellt.

Als die Not am größten war, hat sich am 30. September 1884 im Landhaus in der Wiener Herrengasse der „Verein zum Schutze des österreichischen Weinbaus“ konstituiert, der in seinen Statuten als Vereinszweck die Interessenvertretung aller Mitglieder der im „Reichsrat vertretenen Königreiche und Länder“ und deren fachliche Aus- und Weiterbildung beschrieben hat. Dessen ungeachtet mussten sich – der Not gehorchend – zunächst alle länderübergreifenden Anstrengungen auf die Bekämpfung von falschem und echtem Mehltau, vor allem aber die Ausrottung der zerstörerischen Reblaus konzentrieren. Große Bedeutung kam im Kampf gegen die *Phylloxera vastatrix* den zahlreichen Weinbaukongressen zu, da sie „im Sinne einer Bekämpfung der amerikanischen Seuchen durch amerikanische Gegenmittel“ schon früh die Verwendung amerikanischer Unterlagsreben propagierten, deren Unempfindlichkeit gegen die Reblaus dem vernichtenden Wirken dieses Tierchens schließlich den Garaus gemacht haben.

Überprüfbare historische Entwicklungen verleiten im Übrigen auch zu so manchen Spekulationen. So hält sich von Wien bis Bordeaux hartnäckig das Gerücht, dass die aus wurzelechten Reben stammenden Weine einfach fülliger, ja „authentischer“ geschmeckt haben. Zudem ist die Reblaus in einige Regionen wie Chile oder Zypern nie vorgedrungen, sodass der heutige Bestand an Reben als wurzelecht anzusehen ist. Eine derartige Enklave bestand im Kleinen etwa im Gebiet zwischen Podersdorf und Illmitz, denn im reinen Sandboden der Ried Hölle konnte der Gottseibeiuns aller Winzer und Weinfreunde ebenfalls nicht Fuß fassen.

Gleichzeitig haben aber praktisch denkende (oder schlicht faule) Winzer in so gut wie allen europäischen Weinbaugegenden auch den Entschluss gefasst, auf das mühselige Aufpfropfen zu verzichten und gleich auf den Ertrag der gegenüber Schädlingen so resistenten Unterlagsreben der Marke *Vinifera labrusca* gesetzt. Das Ergebnis waren „Uhudler aller Spielarten", vom griechischen Othello über den italienischen Fragolino und Clinton bis zu unseren Noah und Co., die sich durch den so genannten Foxton unrühmlich auszeichnen, den man mit künstlich aromatisiertem Himbeer-Kaugummi nur unzureichend umschreiben kann. Als lokale Spezialitäten sind diese „Auswüchse" nicht nur im Südburgenland erhalten geblieben, wobei eine gewisse Eignung für stürmische oder schäumende Getränke aller Spielarten nicht ganz abgestritten werden kann. In der Zeit der Umpfropfung der europäischen Edelreben auf die amerikanischen Unterlagsreiser haben sich unter den Rebsorten auch einige neue Favoriten herausgebildet: allen voran der Grüne Veltliner, der seinen Siegeszug durch ganz Niederösterreich begonnen hat, aber auch Riesling, Traminer, Welschriesling, Blaufränkischer und Blauer Portugieser waren im Vormarsch sowie Rebsorten wie Neuburger, Grüner Sylvaner und Gutedel, die mittlerweile zur Kategorie der nahezu ausgestorbenen Raritäten gezählt werden können.

Ein Goethe für den Wein

Im Jahr 1890 hat übrigens ein gewisser Oberstleutnant Ludwig Hermann Goethe die Geschäftsführung des zuvor beschriebenen landwirtschaftlichen Vereins übernommen – ein exzellenter Experte und Publizist, der im Jahr 1870 gewissermaßen als flying winemaker mit der Unterrichtung der Weinbauern begonnen hat, was aber auch in einem Jahresgehalt von 1500 Gulden Niederschlag fand; großartig seine Historie über den Weinbau in unseren Breiten, die manch glückliche Zeitgenossen noch antiquarisch erwerben konnten. Der Topographie ist zu entnehmen, dass vor rund 140 Jahren an den Hängen des Wienerwaldes um Gumpoldskirchen, Baden und Vöslau, selbst auf dem Silberberg bei Gloggnitz, am Bisamberg, in Falkenstein, Retz und Mailberg der Weinbau sorgfältig gepflegt wurde; die Weine werden darin nach Gebirgs- und Landwein unterschieden, auch nach Donauweinen. Schon damals war der Grüne Muskateller, also der heutige Grüne Veltliner, die wichtigste Rebsorte Niederösterreichs und wurde insbesondere um Dürnkrut, Matzen, Retz, Gumpoldskirchen und Hainburg angebaut. Im Raum um den Spitzer Berg wurde hingegen der so genannte „Schmeckerte", in Bruck an der Leitha der „Seestock" kultiviert.

Spät, aber doch kulminierten die ernsthaften Bemühungen um den österreichischen Weinbau in einem normativen Wirken, als nämlich im Jahr 1907 ein erstes österreichisches Weingesetz in Kraft trat, das unter anderem das Verbot der Herstellung von Kunstwein festgeschrieben hat, aber auch in umsichtiger Weise präzise die zulässigen Weinbehandlungsmaßnahmen und die Durchführung der Kontrolle durch Kellereiinspektoren vorgesehen hat. Dieses Vorschriftenwerk hat einige Jahrzehnte hindurch die Grundlage für die Weinbereitung in Österreich, aber auch in den meisten Nachfolgestaaten der Habsburgermonarchie dargestellt; im Jahr 1907 wurde schließlich Hermann Goethe zum dritten Präsidenten des „Vereines zum Schutze des österreichischen Weinbaues" gewählt, was vielleicht als späte Würdigung seines für den damaligen Zeitgeist viel zu fortschrittlichen Wirkens durchgehen kann.

Der Rest, der übrig blieb, ist Österreich

Nach dem Zerfall der Habsburgermonarchie, damals einem der größten Weinproduzenten der Welt, ist die Weingartenfläche im neuen Kleinstaat Österreich kontinuierlich zurückgegangen. Zuvor waren schon die Weinbauflächen von Friaul bis Dalmatien, vor allem aber die großen Ertragsmengen der ungarischen Tiefebene, deren Import über die Jahrhunderte so beharrlich bekämpft wurde, mit einem Mal ausgefallen. Gab es vor dem Ersten Weltkrieg auf dem Gebiet des heutigen Österreich eine Rebfläche von rund 48.000 Hektar, fand diese Entwicklung in den 30er Jahren mit etwa 30.000 Hektar ihren vorläufigen Tiefpunkt.

Auch die ehemals größte Weinbauregion in Gestalt der Südsteiermark (Untersteiermark) hat durch diese Entwicklung zumindest ihre quantitative Bedeutung eingebüßt, sodass sich der Löwenanteil der Weinbaufläche von nun an auf Niederösterreich und das erst im Jahr 1921 konstituierte jüngste Bundesland Burgenland konzentriert hat. Über all diesen geschichtlichen Wirren soll aber nicht auf positive Einzelereignisse wie den fulminanten Weinjahrgang 1917 vergessen werden, der österreichische Weinbauern noch jahrzehntelang ins Schwärmen versetzt hat.

Der beschriebenen Entwicklung folgend, entstanden in den 20er Jahren die Landesweinbauverbände für Niederösterreich und das Burgenland, zu deren Aufgaben auch verstärkte Werbemaßnahmen für den Inlandsabsatz, Verhandlungen zur Novellierung des Weingesetzes und der Buschenschankordnungen sowie der Kampf gegen die steuerlichen Belastungen des Weines gezählt haben. Insgesamt war die Agrarpolitik der Ersten Republik von starken protektionistischen Tendenzen zugunsten der heimischen Landwirtschaft gekennzeichnet. In regulatorischer Hinsicht war das Jahr 1936 bemerkenswert, in dem ein Bundesgesetz über die „Regelung des Weinbaus" die Neuanlage von Weingärten und die Anpflanzung von Direktträgern verboten hat; des Weiteren wurde in kühner, doch vergeblicher Weise eine Höchstgrenze für die zum Weinbau verwendeten Flächen mit 44.000 Hektar festgelegt. In der Zwischenkriegszeit galt übrigens – in Realisierung eines früheren Appellationsdenkens – die Herkunft wesentlich mehr als die Rebsorte (schließlich wurden viele Weine im so genannten Gemischten Satz gezogen). Nach Anekdoten hat damals das Viertel in eingeführten Wiener Heurigenbetrieben wie Mayer und Muth 70 bis 80 Groschen gekostet, der Gespritzte hingegen nur 10 Groschen. Die allerbesten Nussberger sind allerdings für einen Schilling über den Tisch gegangen (ein Preis, für den man in Zeiten vor Fernsehen und Internet in der Innenstadt ein ganzes Menü bekommen hätte). Dies als Anmerkung zur frühen Besinnung auf niveauvolle Gewächse mit gesicherter Herkunftsbezeichnung!

Kraftvoll in die neuen Zeiten – die Ära der Hochkultur

Nachdem die verheerenden Auswirkungen des Zweiten Weltkriegs überwunden waren, setzte langsam, aber doch ein weinbauliches Umdenken ein, welches Wein als wohlschmeckendes, preisgünstiges und haltbares sowie in seiner Qualität genormtes Nahrungsmittel für den Massenkonsum propagiert hat. Dementsprechend haben viele Überlegungen auf eine radikale Reduktion des Arbeitsaufwandes in den Weingärten abgezielt, um gesicherte Erträge für die neue Konsumgesellschaft unter vernünftigem Arbeitsaufwand garantieren zu können.

Im Jahr 1950 hat der damals kaum bekannte Weinhauer Lenz Moser aus Rohrendorf bei Krems sein opus magnum mit dem Titel „Weinbau einmal anders" veröffentlicht, in dem er mit den herkömmlichen Methoden des Weinbaus ein für allemal abgerechnet hat.

Während früher die Weinberge in der so genannten Stockkultur bestanden, was freilich die Weinbauern dazu gezwungen hat, den einzelnen Stock händisch oder doch mühevoll mechanisch zu bearbeiten und den Einsatz moderner landwirtschaftlicher Geräte verunmöglicht hat, beruht das Wesen der Hochkultur darauf, die Reben an weithin gespannten Drähten „hochzuziehen", sodass folglich darunter und um sie herum ein relativ breiter Arbeitsraum entsteht, der auch die Verwendung von Traktoren gestattet. Mit der anfangs belächelten Hochkultur hat auch eine bedeutende Steigerung der mengenmäßigen Ausbeute stattgefunden, die nach ersten empirischen Reihen mit rund 60 Prozent beziffert wurde. 1930 hat Lenz Moser seinen ersten Versuchsweingarten angelegt, der schließlich in der Überprüfung von 600 getesteten Sorten kulminiert hat. Erst stand man der neuen Methode, die die Handarbeit um die Hälfte verringerte, und damit eine relativ preisgünstige Produktion fördern wollte, skeptisch gegenüber, wobei das wichtigste Argument darin gipfelte, dass die hochgezogenen Reben im ersten kalten Winter erfrieren würden. Als sich dieser im Jahr 1956, das die in der Neuzeit mit Abstand kleinste Ernte erbracht hat, leider einstellte, muss-

te man zur allgemeinen Überraschung feststellen, dass die in Hochkultur gezogenen Reben sogar besser überlebt haben als jene der Stockkultur. Von nun an war der Triumphzug der Hochkultur, zum Teil auch in Form einer mittelhohen Erziehung, in europäischen Weinbaufluren nicht mehr zu stoppen, wenn man von jenen südeuropäischen Weingärten einmal absieht, die extremer Sonnen- und Windbelastung ausgesetzt sind, sodass dort die traditionelle Buscherziehungsform vernünftigerweise beibehalten wurde. Aufgrund dieser positiven Erfahrungen hat die Umstellung auf die Erziehungsart der Hochkultur Ende der 50er Jahre richtig Fuß gefasst. Während im Jahr 1965 erst rund 46 Prozent der Rebfläche auf Hochkulturen entfallen sind, ist der Anteil dieser „modernen Erziehungsart" in den 80er Jahren auf fast 90 Prozent gestiegen. Mit eben dieser Umstellung war auch eine neuerliche Sortenbereinigung verbunden.

An dieser Stelle ist allerdings festzuhalten, dass mittlerweile, nicht zuletzt aus ökologischen Überlegungen, eine Gegenbewegung eingesetzt hat, die unter anderem eine weit dichtere Bestockung der Anlagen – die Rede ist von 5.000, ja sogar von 8.000 Reben pro Hektar Weinbaufläche – fordert, womit auch ein geringerer Abstand der Trauben zum Boden, um die bessere Ausreifung zu ermöglichen, und ein verminderter Einsatz von schwerem Gerät, um die gefürchtete Bodenverdichtung hintanzuhalten, einhergehen – so hat eben jede Zeit ihre Maximen. Unvergessen bleiben auch die standhaften Versicherungen älterer Weinkenner, nach denen die Weine aus der Stockkultur einfach dichter und kerniger, mit einem Wort: besser geschmeckt haben.

In legislativer Hinsicht hat sich der österreichische Gesetzgeber in der Folge stark an das deutsche Vorbild angelehnt und ist somit der Kategorisierung der Weine nach der so genannten Zuckerpyramide gefolgt, womit Begriffe wie Kabinett, Spätlese und Auslese in das österreichische Weinrecht Eingang gefunden haben. Im Volksmund wurden allerdings auch in den 50er- und 60er Jahren keineswegs Weine unter diesen Titeln verlangt, vielmehr haben unsere Väter und Vorväter einen Nussberger, Retzer, Langenloiser, Weißenkirchner oder einen Gumpoldskirchner verlangt, denn die österreichische Tradition ist eigentlich dem romanischen Prinzip, somit dem nunmehr wieder neu belebten Herkunftsdenken verhaftet. Dennoch hat sich das im Jahr 1961 beschlossene österreichische Weingesetz an der Zuckerpyramide orientiert, allerdings gleichzeitig auch Weinbaugebiete festgelegt und die Kriterien für einen österreichischen Qualitätswein definiert.

Vom Wirtschaftswunder zum Weinwunder

Die Zeitspanne zwischen den 70er Jahren und 1985 kann insofern als Krisenzeit des österreichischen Weinbaus bezeichnet werden, als sie von einem zur Regel gewordenen, zyklischen Preisverfall geprägt war, der im Jahr 1984 mit niederösterreichichen Fassweinpreisen von 3,24 Schilling je Liter seinen vorläufigen Tiefpunkt fand. In den ersten Nachkriegsjahren sehnte sich die vom Zucker ferngehaltene Bevölkerung offenbar nach Süßem, sodass die Unsitte aufkam, über die wertvollen, natürlich erzeugten Süßweine hinaus, die es vom Ruster Ausbruch bis zu hoch geschätzten Dessertweinen rund um Gumpoldskirchen schon immer gab, die Gärung durch verschiedene Mittel zu stoppen.

Diese unseligen Produktionsmethoden, die eigentlich weder in Österreich noch in Deutschland

Tradition hatten, haben sich Gott sei Dank in breiter Front nur in deutschen Weinkellern durchgesetzt, die offensichtlich in weniger Weinkultur-affinen Absatzgebieten genug dürstende Leckermäuler für diese quasi künstlich gesüßten Produkte vorfanden. Bald haben sich allerdings auch in Österreich einige Massenproduzenten, von denen keiner jemals ernst zu nehmenden Wein produziert hat, gefunden, die entsprechend süße Kreszenzen in „unvorstellbarer" Menge bereitgestellt haben. Dabei stand naturgemäß die herkömmlichste Weinfälschungsmethode, also der einfache Zusatz von Zucker und Wasser, Pate. Derart verfälschte Weine waren freilich nicht „befundsicher", weil es ihnen vor allem am entscheidenden Inhaltsstoff, dem so genannten zuckerfreien Extrakt, mangelte. Findige Chemiker hatten aber rasch den adäquaten Ersatzstoff in Gestalt der gesundheitlich so gut wie unschädlichen Verbindung Diäthylenglykol parat, die mit ihrem hohen Glyzerin-Gehalt den für die Analysen notwendigen zuckerfreien Extrakt verlässlich lieferte.

Nach dem Bekanntwerden der in großen Quantitäten gefälschten Exporte sind die österreichischen Ausfuhren nicht nur ins benachbarte Deutschland mit einem Mal auf Null gesunken, sodass im sattsam bekannten Weinskandal-Jahr 1985 ein Umdenken auf breiter Front stattgefunden hat.

Diesem historischen Sündenfall wurde überraschenderweise rasch und massiv begegnet. Einerseits in Form drakonischer gerichtlicher Strafen für die Hauptübeltäter, wohingegen in Deutschland unverständlicherweise Verschleppung und Milde walteten, andererseits in Form des „strengsten Weingesetzes der Welt" , wie das neue Normenwerk von der Politik höchst plakativ bezeichnet wurde. Dieses neue Weinrecht hat einige vernünftige Neuerungen mit sich gebracht, in erster Linie aber auf eine steuerliche Kontrolle hingewirkt, die indirekt auf eine lückenlose Prüfung der Weinbestände hinauslief, sodass Fälschungen größeren Ausmaßes praktisch unmöglich gemacht wurden. Auf der anderen Seite waren manche Bestimmungen in der Praxis undurchführbar, sodass diese Vorschrift in rascher Folge fünfmal novelliert werden musste. Im Prinzip enthält das österreichische Weinrecht, das aufgrund der Integration in die Europäische Union auch den entsprechenden Richtlinien der Gemeinschaft angeglichen wurde, aber durchaus klare und sinnvolle Bezeichnungsregelungen was die Weinbaugebiete, Rebsorten und Qualitätsstufen betrifft; auch im europäischen Vergleich strikte Ertragsregulierungen sind darin enthalten.

Marktgerechtes Agieren und Herkunftsdenken

Aus der Landwirtschaft leider nicht wegzudenken sind strukturpolitische Maßnahmen, im Klartext: Prämien für die Stilllegung von Rebflächen. Solche Angebote zur Flächenreduktion wurden in unterschiedlichem Ausmaß beansprucht: Während es im nördlichen Burgenland, aber auch im Weinviertel deutliche Reduktionen der Rebfläche gab, wurde diese in der Steiermark und im winzigen Weinbaugebiet Wien sogar ausgeweitet. Als höchst sinnvolle Reaktion auf den Weinskandal und die Exporteinbußen wurde schließlich im Jahr 1986 die Österreichische Weinmarketingservicegesellschaft gegründet, die im Großen und Ganzen ihren Zielbereich, nämlich die Image- und Absatzförderung des österreichischen Weins, so nachhaltig und erfolgreich verfolgt hat, dass uns bald alle weinbautreibenden Nachbarländer um dieses marktgerechte Instrument beneidet haben. Als Konsequenz der Übernahme des EU-Rechtsbestandes wurde auch ein auf das Weingesetz von 1985 aufbauendes neues Weinrecht im Jahr 1999 erlassen, das auch die so genannten Branchenverbände als Urheber für die Schaffung regionaltypischer Herkunftsweine, in der Folge *Districtus Austriae Controllatus* (DAC) genannt, festgeschrieben hat.

Damit einhergehend wurden ab dem Jahr 2001 regionale Weinkomitees eingerichtet, die sozusagen praxisorientiert unter anderem die Voraussetzungen zur Einführung neuer Weintypen prüfen sollten. Die interessanteste Errungenschaft dieser regionalen Körperschaften war im Jahr 2003 die Präsentation des ersten regionaltypischen Herkunftsweines in Gestalt des Weinviertel DAC, eines trockenen und gebietstypischen Grünen Veltliners, der zumindest auf dem Inlandsmarkt einen raschen Siegeszug gefeiert hat. Vor kurzem, genauer gesagt im Herbst 2006, hat sich nach langem innerburgenländischem Ringen auch das Mittelburgenland entschlossen, mit einem DAC für den Blaufränkischen auf diese Vermarktung seiner Appellation zu setzen.

Weitere Bestrebungen für die Einführung solcher DAC-Weine sind gegenwärtig in der Thermenregion, im Traisental und im Donauland relativ weit fortgeschritten. Während das Traisental vermutlich auf Grünen Veltliner setzen wird, wird diesem das Donauland aller Voraussicht nach den Roten Veltliner zur Seite stellen, wobei aber für die überaus rührigen Winzer zwischen Kirchberg und Feuersbrunn das Bemühen im Vordergrund steht, zunächst den seit jeher im Volksmund verwendeten Begriff des Wagram im Weingesetz zu verankern. In der Thermenregion oder an der Südbahn, wie es im Jargon der Wiener Weinfreunde immer heißen wird, wird man wahrscheinlich zwischen den im Kernland rund um Gumpoldskirchen und Traiskirchen verankerten, autochthonen Raritäten Zierfandler und Rotgipfler und den für das Steinfeld typischen roten Burgundersorten Pinot noir und St. Laurent unterscheiden.

Aus rechtlich-systematischer Sicht bleibt das Aufpfropfen von Herkunftsweinen auf dem immer noch vorherrschenden deutschen System der Zuckerpyramide freilich unbefriedigend, und zwar umso mehr, als so bedeutende Weißweinherkünfte wie die Wachau oder die Südsteiermark keineswegs bereit sind, auf diese Linie einzuschwenken und eine Herkunftsbezeichnung für einzelne Rebsorten zu reservieren.

Ebenso wie die Gründung der Österreichischen Weinmarketingservicegesellschaft als Non-profit-Organisation wertvolle Akzente zur Steigerung des Image des österreichischen Weines und für dessen vermehrten Absatz im In- und Ausland gesetzt hat, haben auch die Ausbildungsstätten, allen voran die bereits 1868 gegründete Höhere Bundes-Lehr- und Versuchsanstalt für Wein- und Obstbau in Klosterneuburg ihren Beitrag zur Verbesserung der Fertigkeiten der österreichischen Winzer und damit des Niveaus der österreichischen Gewächse geleistet. Zur Verbreitung des Weinwissens ebenfalls erheblich beigetragen hat die 1991 ins Leben gerufene Österreichische Weinakademie mit Sitz in Rust, die durch ihre Kurse und Seminare den Wissensstand der Weinbautreibenden, der Gastronomie, des Lebensmittelhandels und der immer wichtiger werdenden Gruppe der wissbegierigen Weinfreaks auf breiter Front gehoben hat. Als vorläufiger Schlusspunkt dieser Entwicklung ist schließlich die überfällige Installierung eines eigenen Studienganges „Önologie und Weinmarketing" auf der Universität für Bodenkultur zu nennen, der mit dem Bakkalaureat abgeschlossen wird. VS

Quellenverzeichnis

Johann Burger: Systematische Klassifikation und Beschreibung der in den österreichischen Weingärten vorkommenden Traubensorten mit den charakteristischen Merkmalen der Gattungen und Arten, ihren wissenschaftlichen und ortsüblichen Benennungen und den besonderen Eigenschaften der Trauben und des aus ihnen gekelterten Weines. Wien 1837.

Franz Ritter von Heintl: Der Weinbau des österreichischen Kaiserthums. 2 Bände, 1821 und 1835; auf Kosten des Verfassers.

Franz Schams: Ungarns Weinbau in seinem ganzen Umfange, von der vollständigen Beschreibung sämtlicher berühmter Weingebirge des ungarischen Reichs in statistisch-topographisch-naturhistorischer und ökonomischer Hinsicht. 2 Bände mit 20 Abb., 1832 und 1833, Pest, Otto Wigand.

Hermann und Rudolph Goethe: Atlas der Traubensorten. Originalausgabe 1874 bis 1876, Commissionsverlag von Faesy & Frick, Wien, Nachdruck Manuscriptum Verlagsbuchhandlung Thomas Hoöf KG, Waltrop und Leipzig 2001.

Ruckenbauer/Traxler: Wein aus Österreich. Verlag Kremayr & Scheriau, Wien 1971.

Helmut Romé: Die großen Weine Österreichs. Seewald Verlag, Stuttgart-Degerloch 1979.

Rudolf Steurer/Viktor Siegl: Österreichischer Weinführer. Ueberreuter 1996, Wien.

Österreichischer Weinbauverband: 120 Jahre Weinbaupolitik und Interessenvertretung; vom „Verein zum Schutz des österreichischen Weinbaues" des Habsburger-Vielvölkerstaates zum „Österreichischen Weinbauverband" im gemeinsamen Europa. Wien 2004.

VINARIA, Zeitschrift für Weinkultur, Nr. 1/1990, Weinbruderschaft Cave, Kronberg (Wiener Weingeschichte: Türken, Buschen, Reifenbeißer).

Pioniere des österreichischen Weinbaus

Sie prägten mit ihren Leistungen, Fortschritten und Erfolgen die Geschichte des österreichischen Weinbaus von der Nachkriegszeit bis heute entscheidend mit. In persönlichen Gesprächen erinnern sich diese Pioniere an zahlreiche Begebenheiten aus sechs Jahrzehnten des Wein-Schaffens.

Anton Kollwentz, Goßhöflein

Er war einer der ersten burgenländischen Winzer, der Weine bis zum Arlberg lieferte, kelterte im Jahr 1963 den ersten Ausbruch außerhalb von Rust und setzte mit seiner Cuvée Steinzeiler Maßstäbe in der heimischen Rotwein-Szene.

Andi und Anton Kollwentz

Schon 1963 hat Anton Kollwentz den ersten Ausbruch außerhalb von Rust gekeltert, was man damals für schier unmöglich hielt, im Jahr 1965 folgte dann die erste Trockenbeerenauslese und 1969 war überhaupt das große Süßweinjahr. Am 22. September starb überraschend der Vater, dann geschah einmal einige Tage nichts in den Weingärten, und danach gab es nur noch die Edelfäule Botrytis. Plötzlich saß man auf einer Riesenmenge von 7.000 Litern Trockenbeerenauslesen und musste nach neuen Vertriebsmöglichkeiten suchen. Also machten sich Kollwentz und seine Frau mit vielen Weinen im Gepäck auf den Weg nach Westen, „bis zum Arlberg, wenn es sein muss" – erinnert er sich an die damalige Aufbruchstimmung. „Ich habe damals beim Frisör in einer Illustrierten etwas über die Arlberg-Gastronomie gelesen, sonst kannte ich ja praktisch keine Wirtshäuser, in denen Flaschenweine verkauft wurden", schmunzelt Kollwentz, dessen Tropfen heute in fast allen Top-Restaurants zwischen Boden- und Neusiedlersee auf der Weinkarte stehen.

Durch Zeitungen und Bücher über den Weinbau in Frankreich gelangte er schließlich zur Überzeugung, dass er diese kleinen, neuen Eichenholzfässer, genannt „Barrique", oder wie der Burgenländer oft sagt: „Baaarique", ausprobieren müsste. Also kaufte er 1984 ein Fass, füllte den 83er Cabernet Sauvignon ein und wartete einmal ab. Nach zwei, drei Wochen hatte der Wein einen intensiven Holzton angenommen und Kollwentz zog den Schluss: „Der ist hin!" Freilich gab er die Hoffnung nicht ganz auf, verkostete den Wein immer wieder und schließlich gemeinsam mit dem Top-Gastronomen Günther Winter vom Wiener Hauswirth. Als der gleich das ganze Fass kaufen wollte, dämmerte es Kollwentz, dass der Wein so schlecht wohl doch nicht sein konnte.

Nikolaihof-Saahs, Mautern

Schon vor vier Jahrzehnten haben Nikolaus und Christine Saahs damit begonnen, Wein ohne Zuhilfenahme von Chemie zu produzieren. Lange standen sie mit dieser Philosophie fast allein auf weiter Flur – doch heute zeigt sich, dass sie ihrer Zeit weit voraus waren.

Kunstdünger und Spritzmittel in Weingärten, die wahrscheinlich bereits in vorchristlicher Zeit bewirtschaftet wurden? Betonzisternen, Kunststoff und Stahltanks in einem Keller, dessen Grundmauern die Römer errichtet haben? Das mochte mit der Saahs'schen Philosophie so überhaupt nicht harmonieren, dass man sich schließlich entschloss, ganz entgegen dem Zeitgeist, die Weinbereitung mit möglichst klassischen Methoden und unter weitgehender Verwendung natürlicher Stoffe und Materialien zu betreiben.

Man merkt bald, dass hier die Uhren ein wenig anders laufen. Die Rebstöcke werden nicht mit Systemdüngern und Schädlingsbekämpfungsmitteln traktiert, sondern schonend mit Brennesseljauche oder Baldriantee behandelt. Man ist überzeugt, dass die Weinrebe einen Kreislauf, einen Stoffwechsel und ein Immunsystem hat, das es zu stärken gilt. Sie dankt es dann mit erhöhter Resistenz, aber auch mit einer besonderen Ausgewogenheit ihres Endproduktes, des Weins.

Josef Jamek, Joching

Sechs Jahrzehnte lang hat Josef Jamek das Weinbauschaffen in der Wachau maßgeblich mitgeprägt. Er gilt als der „Erfinder“ des trockenen Wachauer Weines und war in den 70er Jahren federführend an der Verhinderung eines Kraftwerkprojektes beteiligt, das diese einzigartige Landschaft unwiderruflich verschandelt hätte.

„Ich war meiner Zeit keineswegs voraus“, erklärt Jamek mit jener Bescheidenheit, die den Grandseigneur des österreichischen Weinbaus schon immer ausgezeichnet hat, „ich habe lediglich das wieder aufgegriffen, was bereits vor dem Krieg üblich war. Damals waren die Verhältnisse so bescheiden, dass es reiner Luxus gewesen wäre, Weine stark aufzubessern – eine Mode, die erst nach dem Krieg aufgekommen ist“.

Im Jahr 1946 waren es noch bescheidene Anfänge, doch dann folgten die großartigen Jahrgänge 1947 und 1948. Dem allgemeinen Trend folgend zuckerte Jamek diese hochreifen Weine auch noch auf, doch war es ihm mehr und mehr zuwider, etwas scheinbar zu verbessern, das ohnehin perfekt war. Es sollte aber noch einige Zeit dauern, ehe er Ende der 50er Jahre nicht mehr bereit war, Kompromisse einzugehen und den Zuckersack für immer in die Ecke stellte. Freilich war am Beginn die Skepsis groß, ob Gäste und Weinkäufer die knochentrockenen Weine akzeptieren würden, „doch“, wundert sich Jamek noch heute ein wenig, „das war überhaupt kein Problem“. In diese Zeit fällt ein weiterer bedeutender Schritt in der Geschichte des Hauses: Im Jahr 1959 gelang es Josef Jamek einen bedeutenden Anteil der Ried Klaus, einer der schönsten und dank seiner Arbeit auch bekanntesten Weinlagen der Wachau, zu kaufen. Von hier sollten von da an Jahr für Jahr edelste Rieslinge stammen, die sich alsbald auf den Weinkarten so renommierter Häuser wie der Hotels Sacher oder Imperial in Wien fanden.

„Wenn ich hier oben auf meinem kleinen Weingartentraktor gesessen bin und auf der Donau die Motorboote vorbeifuhren, dann hätte ich im Motorboot kein größeres Glück empfinden können als auf dem Traktor“, erläutert Jamek, warum er nie wirklich hoch hinaus wollte – jedenfalls nicht höher als seine Ried Klaus gelegen ist. „Ein wunderschöner Platz, nicht?“, freut er sich über die leuchtenden Augen der beeindruckten Besucher, „und dort unten“, er zeigt auf die Donau „wollten sie ein Kraftwerk bauen“. Sie, das war die Elektrizitätswirtschaft, die in den 70er Jahren daran ging, den seit langem gehegten Plan eines Wachau-Stausees bei Rossatz zu verwirklichen. Welche Folgen das für die Landschaft, aber auch für das Klima und damit den Weinbau gehabt hätte, möchte man sich heute lieber nicht ausmalen. Damals freilich, als von einer grünen oder ökologischen Bewegung noch weit und breit nichts zu sehen war, schien es gar nicht so selbstverständlich, sich dem „Fortschritt“ zu verweigern. Doch die Wachauer setzten sich zur Wehr und es waren – allen voran – Josef Jamek und der damalige Spitzer Bürgermeister Franz Hirtzberger Senior, die mit Hilfe regionaler, österreichweiter und internationaler Unterstützung dieses Projekt nach langem Kampf im Jahr 1983 endgültig zu Fall brachten.

Willi Bründlmayer, Langenlois

Willi Bründlmayer macht mit seinen Weinen seit Jahrzehnten im In- und Ausland Furore. Als Erster in Österreich hat er die Lyra-Erziehung eingeführt, sein Winzersekt wurde vom Fleck weg der beste des Landes und mit seinem Chardonnay schlug er sogar den großen Angelo Gaja.

Bründlmayer war aber nicht nur einer der Ersten, die sich Gedanken über die Ökologie im Weingarten machten, er erkannte auch frühzeitig, welche Bedeutung ein professionelles Marketing für den Erfolg des Betriebes haben würde. So entwickelte er erste Maßnahmen gemeinsam mit Franz Merlicek, der eine damals noch kleine Agentur besaß: ein schlichtes, schnörkelloses und informatives Etikett, das noch heute sämtliche Bründlmayer-Flaschen ziert. Das war allerdings nur der erste Schritt eines bis heute durchgezogenen, genial-einfachen Marketingkonzeptes, das auf zwei Säulen beruht: Erfolg haben und dafür sorgen, dass die Öffentlichkeit davon erfährt.

Die erste Reaktion auf den inzwischen längst legendären 1985er Chardonnay aus heimischen Barriques war freilich katastrophal. Der Wein stürzte bei der Verkostung eines österreichischen Magazins total ab. Einige Monate später kam freilich die Trendwende: Bei einer internationalen Degustation in Italien siegte der Wein gegen härteste Konkurrenz aus aller Welt – und wenig später belagerte bereits die Gastro-Prominenz Bründlmayers Hof, um die letzten Flaschen davon zu ergattern.

Stichwort Lyra: Versuche in Bordeaux hatten gezeigt, dass diese Erziehungsform allen anderen in puncto Traubenreife überlegen ist – ein Grund für Bründlmayer, die Sache am Heiligenstein auszuprobieren. Das Ergebnis ist ein mächtiger, hochreifer Riesling vom Feinsten. Und weil es für den Erfolgsverwöhnten längst Ehrensache ist, was immer er anpackt perfekt zu machen, pilgerte er am Beginn seiner Schaumweinproduktion gemeinsam mit seiner Frau Edwige und einigen Flaschen Pinot-noir- und Chardonnay-Grundwein in die Champagne, um sich dort beraten und die optimalen Hefen „verschreiben" zu lassen. Kein Wunder, dass die gelehrten Herren damals etwas erstaunt waren, erinnert Bründlmayers Sekt doch tatsächlich frappant an die feinen Tropfen aus Reims.

Lenz Moser, Rohrendorf

Lenz Moser III. ist durch die Entwicklung der Hochkultur als einer der großen österreichischen Weinbaupioniere in die Geschichte eingegangen. Heute ist Lenz Moser die größte Weinkellerei des Landes.

Dass die Marke Lenz Moser heute in Österreich einen Bekanntheitsgrad aufweist, der dem des Bundeskanzlers gleichkommt, hat viele Gründe, deren erster der dritte Träger der Namens Laurenz Moser war. Lenz Moser III., dem in späteren Jahren sowohl der Ehrendoktor- als auch der Professorentitel zuerkannt wurden, entwickelte in den späten 20er Jahren die so genannte Hochkultur, in der im Unterschied zur bis dahin üblichen Stockkultur die Reben reihenweise an einer aus Stöcken und Drähten bestehenden Pergola entlanggezogen werden. Diese Erziehungsform, die nicht nur eine leichtere Bearbeitung des Weingartens, sondern auch höhere Traubenreife zur Folge hat, trat nach dem Zweiten Weltkrieg ihren Siegeszug durch Österreich, aber auch durch viele Weinbaugebiete in Europa und aller Welt an. Heute werden in Österreich rund 90 Prozent der Rebflächen nach diesem

Prinzip bewirtschaftet, das zu einer derartigen Selbstverständlichkeit geworden ist, dass so mancher Winzer wohl längst nicht mehr weiss, wem der diese Idee eigentlich zu verdanken hat.

Hermann Krutzler, Deutsch-Schützen

Mit seinen Blaufränkischen ist es Hermann Krutzler gelungen, das abgelegene Südburgenland auf die heimische Wein-Landkarte zu setzen.

Zu dieser Zeit (Anfang der 70er Jahre, Anm. des Autors) begann allmählich der Gastronomieverkauf, wobei vorerst die benachbarte Steiermark bis hinunter nach Graz der Zielmarkt war, zumal aus dieser Region die meisten Gäste der zahlreichen Eisenberger Buschenschanken kamen. Die Krutzlers schenkten an den Wochenenden in ihrem Keller ebenfalls aus, und dort tauchte eines Tages ebenso unverhoffter wie folgenschwerer Besuch auf. „Da standen plötzlich vier Herren, die sich als Heinz Reitbauer, Rudi Kellner und Niky Kulmer – der Name des vierten ist mir entfallen – vorgestellt haben und unsere Weine kosten wollten. Ich wusste damals nicht, dass es sich dabei um die Top-Gastronomen von Wien handelte, aber als sie gleich mehrere hundert Flaschen orderten, dämmerte mir allmählich, was das bedeutete."

So war er 1984 gemeinsam mit Hans Igler, Toni Kollwentz und einigen anderen Winzern im Bordelais, von wo die Burgenländer gleich zwei Ideen mitbrachten, die den Weinbau hierzulande noch nachhaltig verändern sollten: Eine davon war, Cabernet Sauvignon auszupflanzen, die andere, Rotweine im Barrique auszubauen.

Wilhelm Sattler, Gamlitz

Der bereits verstorbene Wilhelm Sattler senior gilt als der Mann, der den steirischen Weinbau „trockengelegt" hat. Mit seinen komplett durchgegorenen Weißweinen prägte er einen neuen Stil, der sich in der Folge im ganzen Gebiet durchsetzte.

„Meine ersten trockenen Weine haben bei der Landesweinkost einen großen Lacherfolg erzielt. Aber wir haben immer eine Menge Proben benötigt, weil alle diesen kuriosen Wein verkosten wollten". Willi Sattler junior, der heute für den Weinbau am Sattlerhof verantwortlich zeichnet, sekundiert: „Gewundert haben sich die Leute erst, als in Gamlitz immer wieder Autos vorgefahren sind und Besucher nach dem Sattlerhof gefragt haben".

„Ich wusste, dass man mit Wein Erfolg haben kann und dass die steirischen Weine schon immer einen tollen Duft hatten", erinnert sich Wilhelm Sattler an seinen damaligen Optimismus. „Ich nahm mir vor, einen Super-Wein zu machen und diesen an Großkunden zu verkaufen, was sich freilich als viel schwieriger herausstellte, als ich erwartet hatte." Im Jahr 1979, nachdem Sattler nicht weniger als 30 Händler vergeblich kontaktiert hatte, zeigte schließlich das traditionsreiche Innsbrucker Weinhandelshaus Gottardi Interesse für den „Muskat-Sylvaner", den Sattler angeboten hatte. Das war nicht nur die Stunde der Wiedergeburt des Sauvignon blanc (denn nichts anderes ist der Muskat-Sylvaner) in der Südsteiermark, sondern auch der Anfang einer bis heute andauernden, innigen Geschäftsbeziehung mit dem Haus Gottardi. „Damals kosteten die teuersten Weine in unserer Gegend etwa 35 Schilling", rekapituliert Sattler, „und als wir sahen, dass Gottardi unseren Wein um 56 Schilling verkaufte, merkten wir erstmals, dass der wirklich etwas wert war".

Schlumberger, Bad Vöslau/Wien

„Vöslauer Goldeck" ist Österreichs älteste geschützte Weinmarke; Firmengründer Robert Alwin Schlumberger und seine Nachfahren waren die ersten großen Weinbaupioniere des Landes und ihre Weine wurden bereits im 19. Jahrhundert weltweit geschätzt. Heute produziert das zur Underberg-Gruppe gehörende Traditionshaus vor allem Sekt, doch auch das Weingut in Bad Vöslau wird weiterhin gehegt und gepflegt.

Damals hatte sich der gebürtige Deutsche Robert Alwin Schlumberger im ältesten Champagnerhaus, Ruinart Père et Fils, vom Lehrling zum Prokuristen emporgearbeitet, ehe ihn die Liebe zu Sophie Mathilde Kirchner nach Wien zog, wo er bereits im Jahr 1843 begann, Sekt herzustellen. Die besten Bedingungen für sein Vorhaben, eine Wein- und Sektkellerei aufzubauen, fand er südlich von Wien in Bad Vöslau vor, wo er seine ersten Weingärten erwarb und von 1850 bis 1854 das heute noch bestehende Wohn- und Betriebshaus „Goldeck" erbauen ließ. Diese Marke verwendete er fortan, um seine Weine und Schaumweine in Umlauf zu bringen und ließ sie am 3. Jänner 1858 als erste österreichische Weinmarke ins neu gegründete Markenregister eintragen. Nur wenige Jahre später hatten Weine und Schaumweine von Schlumberger bereits eine Vielzahl von internationalen Auszeichnungen errungen, und der Name Goldeck fand sich alsbald auf den Weinkarten von Ozeandampfern, exklusiven Clubs und noblen Restaurants in aller Welt.

Gottfried Schellmann, Gumpoldskirchen

Der viel zu früh verstorbene Gottfried Schellmann war die Integrationsfigur in der Thermenregion, ein unermüdlicher Prediger in Sachen Zierfandler, Rotgipfler und überhaupt Weinkultur und nicht zuletzt selbst ein großartiger Winzer, Koch und Gastgeber.

Schon mit dem Jahrgang 1954, früher als die meisten anderen Gumpoldskirchner Betriebe, begann Gottfried Schellmann, Weine in Bouteillen abzufüllen. Er kaufte sich zum Entsetzen seines Vaters auf Kredit einen VW-Bus und begann österreichweite Verkaufstouren zu unternehmen. „Das war damals ein gutes Geschäft", erinnert er sich an die Pioniertage: „In der Früh bin ich mit einem Auto voll Wein losgefahren und am Abend mit einer Brieftasche voll Geld zurückgekommen."

Als zweiter Betrieb nach dem Weingut Aigner begann er im Jahr 1956 seine Weingärten auf die von Lenz Moser entwickelte Hochkultur mit Drahtrahmenerziehung umzustellen, was durchaus auch auf Kritik gestoßen ist. „Der Bundesrat Rasser hat uns damals im Gemeinderat als ‚Totengräber des Weinbaus' bezeichnet und gemeint ‚die Kreuze stehen schon', womit er auf die Querstreben der Drahtrahmenstützen angespielt hat", erinnert sich Schellmann an die turbulente Umbruchphase von damals.

„Die Leberwurst ist selbst gemacht", strahlt Schellmann, der eine Jause serviert. „Manchmal überkommt es mich einfach und ich möchte selbst wieder etwas machen; dann kaufe ich ein Schwein und schon geht es los", erzählt der begnadete Hobbykoch, dessen Pasteten, Terrinen und Würste unter Insidern einen legendären Ruf genießen. Sein zweites Hobby ist das edle Waidwerk, dem er am Vortag unseres Gesprächs gefrönt hatte. Auf die Frage, ob er etwas geschossen habe, kommt es wie aus der Pistole geschossen: „Selbstverständlich! Ich habe ja immer schon gejagt", spricht der Winzer, und der Schelm steht ihm ins Gesicht geschrieben, „allerdings nicht immer nur auf Wild, manchmal auch auf Hasen".

Franz Mayer, Wien

Über eine Zeitspanne von fast sechs Jahrzehnten kelterte Franz Mayer Wein in Wien; er wurde dabei zum Doyen der Wiener Winzerschaft und sein „Beethovenheuriger", der „Mayer am Pfarrplatz", zu einer Pilgerstätte für Gäste aus aller Welt.

Die Weinbauschule in Klosterneuburg hat Mayer als junger Bursche beim damaligen Direktor Zweigelt zwar als Vorzugsschüler absolviert, was aber nichts daran änderte, dass der Vater den Besuch der Hochschule für Bodenkultur als reine Zeitverschwendung betrachtete und die Wünsche des Filius nach Bildungsreisen ins Ausland als vollkommenen Unfug abtat. „Mein Vater war eine sehr dominante Persönlichkeit", erinnert sich Mayer, „aber schließlich konnte ich mich doch gegen ihn durchsetzen".

Bereits 1951 setzte er trotz heftiger Kritik des Vaters und vieler Weinhauerkollegen den ersten Weingarten in der zukunftsweisenden Hochkultur aus, beteiligte sich an vielen Versuchen und fortschrittlichen Projekten wie der „Aromadestillation" und startete schließlich 1961 gemeinsam mit dem später auf tragische Weise ums Leben gekommenen Mikrobiologen Dr. Walter Saller als Erster einen Versuch mit gekühlter Vergärung. „Wir bauten denselben Wein in zwei 800-Liter-Fässern aus, wobei wir eines mit einem selbst gebastelten Kühlaggregat ausgestattet haben", schildert Mayer die ersten Gehversuche. „Das Ergebnis war verblüffend: Die gekühlte Vergärung brachte wesentlich mehr Fruchtigkeit und wurde von da an zum Standard in unserem Weingut."

„Beim ersten deutschen Weinbaukongress nach dem Krieg, der 1952 in Freiburg im Breisgau abgehalten wurde, kam eine 1938er Traminer Spätlese von Gustav-Adolf Schmid zur Verkostung", erzählt Mayer von einem Schlüsselerlebnis. „Der Wein erfüllte mit seinem Duft den ganzen Raum und wenn ich mich richtig hineinlebe, dann glaube ich, ihn heute noch zu riechen". Der erste Traminer, den Mayer dann selbst gekeltert hat, begeisterte selbst den kritischen Vater so sehr, dass er jeden Bekannten, den er auf der Gasse traf, an der Jacke ins Lokal zerrt, indem er ihm zurief: „Den Wein vom Buben musst du kosten!"

Ernst Triebaumer, Rust

Mit seinem Blaufränkisch Ried Mariental 1986 setzte sich Ernst Triebaumer selbst ein unverrückbares Denkmal, das den Beginn einer neuen – oder überhaupt der ersten – österreichischen Rotwein-Ära markiert.

„Die Alten wussten noch, wie es geht, aber uns wurde in der Schule beigebracht, Rotweine so zu keltern wie Weißweine; sofort schwefeln und kühl lagern, damit nur ja kein biologischer Säureabbau entstehen kann", blickt Triebaumer durchaus nicht ohne Zorn zurück: „Man hat durch diese falsche Lehrmeinung, die über die Weinbauschulen verbreitet wurde, der Entwicklung des österreichischen Rotweinbaus 20 Jahre gestohlen – und wir waren die Vollstrecker dieses Unsinns."

Im Jahr 1985 war für „E.T." damit aber endgültig Schluss. Er baute seine Rotweine erstmals getrennt nach Lagen aus und bemühte sich – vorerst vergeblich – beim Blaufränkisch Ried Mariental einen Säureabbau durchzuführen. Ein Jahr darauf gelang dieser – mit einfachsten Mitteln – zumindest teilweise, der Wein wurde ausschließlich in neue Barriques gefüllt und kam schließlich 1988 auf den Markt. Der Rest ist Historie und Ernst Triebaumer heute einer der erfolgreichsten Winzer des Landes.

Die Zukunft des österreichischen Weins

Die österreichische Weinszene, die Märkte, die Stile befinden sich in einer dynamischen Entwicklung. Sie unterliegen Trends, Moden und zahlreichen anderen Einflüssen – vom Klimawandel über wirtschaftliche Faktoren bis zu Veränderungen der Geschmacksvorlieben der Konsumenten. Was bedeutet das für die Zukunft des österreichischen Weins? In Gesprächen mit Weinexperten aus unterschiedlichen Bereichen versuchen wir einen Blick nach vorne zu tun und auszuloten, wie es mit dem Wein aus Österreich weitergeht.

Willi Klinger,

Geschäftsführer der Österreichischen Weinmarketinggesellschaft

Willi Klinger, lange Jahre in führenden Positionen der Weinwirtschaft im In- und Ausland tätig und nunmehr Chef der ÖWM über Patriotismus, die Identität des österreichischen Weines und die Macht der autochthonen Rebsorten.

Der österreichische Wein boomt im In- und Ausland. Wird sich das in dieser Form fortsetzen?

Es muss! Dass die Österreicher den eigenen Wein schätzen, ist dabei die Basis für den Erfolg im Export. Es spricht meiner Meinung nach sehr vieles dafür, dass sich der Aufwärtstrend des österreichischen Weins fortsetzen wird. Als Hauptgründe dafür sehe ich drei Kernpunkte:

Erstens: Österreich ist eine kulinarische Kulturnation – was wir leider oft selbst vergessen.

Zweitens: Der Wein ist mit seiner ganzen Herkunftsphilosophie Vorreiter dieser kulinarischen Kultur, und zwar gerade deshalb, weil es hier keine Industrialisierung gibt. Weltweit driftet die Entwicklung total auseinander: Familie gegen Konzern, Individualität gegen Uniformität, Handwerk gegen Industrialisierung, Naturbetontheit gegen Technikbetontheit. Hier positioniert sich Österreich insgesamt auf der handwerklichen Seite, und wir behauptet diese Position auch, indem wir sagen: Der österreichische Wein ist ursprünglich!

Drittens: Unsere Weinszene ist dynamisch und innovativ. Wir haben hier junge, weltoffene Leute mit einer guten Ausbildung, die weitermachen und weiterkommen wollen. Das spiegelt sich in den Weinen aber auch zum Beispiel in der tollen Weinarchitektur im Lande wider.

Wie sehen die künftigen Marketing-Strategien der ÖWM aus – setzt man verstärkt auf Herkunfts-Marketing, Stichwort: DAC?

Es geht um vier Faktoren: Herkunft versus Brand versus Rebsorte versus Style – da müssen wir uns Gedanken machen. In Österreich findet man großartige Terroirs: Die Donau mit ihren Nebenflüssen, von Spitz bis Wien, das Weinviertel, den pannonischen und den steirischen Raum mit sehr feinen Unterteilungen innerhalb dieser Zonen. Außerdem haben wir ein Riesenglück mit unseren autochthonen Sorten. Der Grüne Veltliner ist absolut identitätsstiftend und in dieser Funktion mit Weinen wie dem Syrah in Australien oder dem Cabernet Sauvignon in Kalifornien vergleichbar. Zusätzlich haben wir aber noch Zweigelt, St. Laurent und Blaufränkisch – und wir können aus internationalen Rebsorten tolle Weine machen, die von unserem Terroir geprägt sind.

Es ist allerdings auch nicht alles eitel Wonne. In Österreich gibt es rund 1.000 Betriebe, die an unseren Aktivitäten teilnehmen. Aber kein Weingut wie etwa Antinori in der Toskana. Dabei haben wir dafür absolut das Potenzial: Lenz Moser und die Winzer Krems sind am Weg – trauen sich die Spitze jedoch noch nicht ganz zu. Dann gibt es die großen, leistungsfähigen Betriebe wie Bründlmayer oder Polz, die sich aber als Boutique-

Wineries gebärden. Und schließlich die kleinen, feinen Spitzenweingüter, die Image machen und auch die Preisgrenzen sprengen, was beides sehr wichtig ist.
Die wahre Qualitätsexplosion gibt es jedoch im Mittelbau, wo man sich jedes Jahr ein paar Dutzend neue Namen merken muss. Das ist für das Marketing ein Problem – wie kommuniziere ich hunderte Namen? Daher brauchen wir eine übergeordnete Marketingbotschaft – und das ist dann DAC. Damit lassen sich im Marketing Aussagen machen, und der Konsument weiß, was er da trinkt. Wir brauchen Weinstile, die für die Region typisch sind und die Hauptproduktion dort ausmachen. Daneben erlaubt unser Weingesetz aber auch Vielfalt – das darf sein, aber das können wir nicht gemeinsam vermarkten. Dafür ist jeder Winzer selbst verantwortlich; das klingt vielleicht hart, ist aber notwendig.

Welche Märkte werden in fünf Jahren interessant sein?
Deutschland macht immer noch über 50 Prozent unseres Exportgeschäftes aus. Das hat auch mit dem Tourismus zu tun. Die Deutschen kommen nach Österreich auf Urlaub und trinken unseren Wein; zuerst hier – und dann auch zu Hause. Darum wird das für uns der zentrale Markt bleiben. Dann haben wir zwei Märkte, die ungefähr gleichauf liegen: Die Schweiz, die sich super entwickelt und die USA. Die USA werden in Kürze der größte Weinmarkt der Welt sein. Und da sind wir zum Glück bereits gut vertreten. Das nächste ist Holland – aus ähnlichen Gründen wie Deutschland. Auch in Großbritannien, das ein sehr schwieriger Markt ist, tragen unsere steten Bemühungen langsam Früchte. Skandinavien ist ebenfalls interessant, allerdings durch die Monopole gebremst. Im Osten gestaltet sich der Export schwierig, weil es dort ebenfalls Weinbau gibt. Tschechien ist für Fasswein interessant. Aber auch Russland wird eines Tages unsere Top-Qualitäten kaufen. Und Japan wäre super, wenn die Japaner wüssten, dass wir guten Wein haben – hier werden wir in Zukunft stärker mit dem Tourismus kooperieren. Dazu eine kleine Anekdote: Der Haupteinkäufer des japanischen Getränke-Riesen „Suntory" machte in einem 3-Sterne-Restaurant in Frankreich ein „Food-and-wine-pairing-menu", wobei die Weine vom Sommelier blind serviert wurden. Am Ende hatte ihm der erste Weißwein am besten geschmeckt. Ein Grüner Veltliner aus Österreich! Daraufhin wollte er den Grünen Veltliner gleich im großen Stil importieren. Darum ist es für uns wichtig, in der internationalen Top-Gastronomie vertreten zu sein – denn da steht man im Schaufenster.

Welche Weinstile haben Zukunft?
Mit einem Prozent der Weltproduktion und unseren kleinbetrieblichen Strukturen hat es keinen Sinn, den globalen Trends hinterherzuhecheln. Aus dieser vermeintlichen Strukturschwäche müssen wir aber eine Stärke machen. Der österreichische Wein ist ein sehr ursprüngliches, handwerklich gemachtes Naturprodukt.
Gerade diese Individualität ist ein Grund, warum die internationalen Journalisten ihn so schätzen. Darum versuchen wir auch nicht, ein nachfrageorientiertes Marketing zu machen. Also zu schauen, was der Markt will und dann die entsprechenden Weine anzubieten. Stattdessen betreiben wir ein angebotsorientiertes Marketing, das vom Produkt ausgeht. Identität kommt hier vor dem Image. Aufgrund meiner langjährigen Erfahrung auf den internationalen Märkten werde ich sicher alles dafür tun, dass wir nicht der Versuchung erliegen, Trends nachzuahmen – da bin ich absolut eisern!

Alois Gross, *Winzer*
Alois Gross, einer der renommiertesten Winzer der Steiermark und Mitglied der Vereinigung „Steirische Klassik" über Konzentrationsprozesse, Exportchancen und Grenzen des Wachstums.

Wie werden in Zukunft die Positionen von Weinbau und Handel verteilt sein?
In den vergangenen zwanzig Jahren war die Qualität ausschlaggebend für die Marktbedeutung – darum waren wir auch vom Qualitätsgedanken bestimmt. Die Sonderstellung, die wir in dieser Zeit genossen haben, wird aber in Zukunft vorbei sein. Nach dem Weinskandal konnte sich der Markt komplett neu strukturieren. Der Handel erobert seine Position wieder zurück. Was mir dabei Sorgen macht, ist, dass für den Konsumenten die Herkunft nicht mehr nachweisbar und die direkte Kommunikation zwischen Produzent und Konsument nicht mehr möglich ist. Dadurch rückt das Preisargument total in den Vordergrund. Dem versuchen wir natürlich entgegenzusteuern.

Wie sind die Chancen für den einzelnen Betrieb, sich heute auf dem Markt zu positionieren?
Wer es in den vergangenen 10 bis 15 Jahren nicht geschafft hat, seinen Weintyp zu verändern und neue Kunden zu gewinnen, der ist heute so weit zurückgefallen, dass er das nicht mehr aufholen kann. Der Weinbau wurde durch die aufwändige maschinelle Ausstattung so kostenintensiv, dass man nur überleben kann, wenn man auch einen guten Preis für sein Produkt bekommt.

Heißt das, dass größere Betriebe eine bessere Position haben?
Die Großen werden noch weiter wachsen. Aber auch Wachstum hat Grenzen. Das lehrt die Erfahrung aus der Wirtschaft – wenn etwas zu groß wird, zerbröselt es auch irgendwann wieder. Ewiges Wachstum ist schon aufgrund der nötigen Kapazitäten bei der Lese gar nicht möglich. Wenn Bedingungen wie im Jahr 2005 auftreten, wo man innerhalb von drei Wochen alles abernten muss, dann bekommt man einfach nicht mehr genug Leute dafür. Es gibt da so etwas wie eine kritische Masse – wir stehen auch an so einer Grenze, wo es gilt, zu entscheiden: Bleibe ich in der Größe, wo ich eine Entscheidungsebene habe oder: deutlich wachsen. Das bedeutet dann Arbeitsteilung: Keller, Verkauf, Marketing und so weiter

Wie sehen Sie die Perspektiven für den österreichischen Wein am internationalen Markt?
Ein bisschen exportieren wird nicht gehen, das ist dann Hobby oder Urlaubsersatz. Export ist ein eigenes Thema, da braucht man ein klares Konzept. Der österreichische Wein muss sich schon auch am Export orientieren – das ist wichtig, aber es wird sich nicht jeder Betrieb auf jedem Markt durchsetzen. Man muss Schwerpunkte setzen, weil man auf Märkten, die man besetzen will auch präsent sein muss. Ein Anfang ist schnell gemacht, aber die Kunst ist es, dann Marktanteile zu gewinnen.

Jancis Robinson,

International renommierte Weinautorin

Jancis Robinson, Master of Wine, Wein-Korrespondentin der Financial Times und eine der weltweit bekanntesten und renommiertesten Weinautorinnen über die Stellung des österreichischen Weins in der internationalen Weinszene und Trends der Zukunft.

Im Februar 2007 vermeldete ein renommiertes britische Weinmagazin, dass die britische Handelskette Marks & Spencer in ihren Weinabteilungen das Sortiment umstellen wird und verstärkt mittelkräftige Weine zu Ungunsten der alkoholkräftigen listen wird. Es gibt also offensichtlich einen Trend zu Weinen mit weniger Alkohol. In Österreich werden vergleichsweise kräftige Weine erzeugt. Wo sehen Sie den Platz für österreichischen Wein in dieser Welt?
Ich erinnere mich vor allem an den Jahrgang 1998, in dem die Alkoholgradationen abgehoben haben. Ist das noch immer so?

Es geht langsam zurück, aber hoher Alkohol scheint immer noch ein wichtiges Zeichen für hochklassigen Wein zu sein ...

Was den britischen Markt anlangt, hört man derzeit am häufigsten: „Oh Gott, ich kann so derart kräftige Weine einfach nicht mehr trinken." Das ist britisch, ich weiß nicht, wie die Amerikaner darüber denken. Und die Leute sagen auch nicht immer das, was sie eigentlich machen. Man wird zu Beginn von hochalkoholischen Weinen sehr leicht beeindruckt, aber das Trinken wird schwieriger.

Welcher Weinstil wird also Ihrer Meinung nach in der nächsten Zukunft nachgefragt werden?
Ich glaube, die Leute werden bewusster nach Erfrischung suchen. Das ist für mich eines der wichtigsten Dinge, die ein Wein bieten muss. Speisen können einen ernähren, aber Wein muss erfrischend sein.

Sie glauben also, dass die Leute nach Frische und Geschmack suchen werden ...
... und nach Individualität. Gerade die Briten sind da sehr offen, sie suchen manchmal fast zu intensiv nach der nächsten neuen Sache. Und sie sind nicht sehr loyal, sie springen immer von einem zum anderen. Früher mochten sie australischen Wein. Heute sagen alle, australischer Wein ist einfach zu viel, zu technisch, was so auch nicht stimmt. Aber die Leute haben eben solche Vorstellungen.

Sprechen Sie da von Weinkennern oder Leuten, die Wein einfach als Alltagsgetränk zu sich nehmen?
Der größte Teil der Leute geht nach dem Preis, nach Sonderangeboten und vielleicht auch noch nach der Marke. Sie werden von den Trends, über die wir sprechen, wahrscheinlich später getroffen. Aber ich glaube, es ist interessant, was die wissenderen Weinkonsumenten zu sagen haben, denn das wird wahrscheinlich weitersickern. Und diese mittlere Käuferschicht wird ein zwei Jahre später vielleicht auch das sagen, was Weinkenner früher wissen.

Welchen österreichischen Wein mochten Sie in letzter Zeit am meisten?
Der wurde in Argentinien serviert, als ein paar britische Journalisten einen Vortrag hielten, welche Weine man in Großbritannien mag: Ein französischer Sommelier brachte Gobelsburg 2005 Ried Lamm mit. Grüner Veltliner ist unter Sommeliers derzeit sehr beliebt ...

Man spricht derzeit gerne über Terroir-Weine. Gibt es Terroir-Weine in Österreich?
Vor einigen Jahren, wenn ich die Auswirkungen eines bestimmten Bodentyps auf Struktur und Geschmack zeigten wollte, machte ich das mit guten Priorat-Weinen und mit Weinen von der Ried Achleiten in der Wachau.

Was ist mit Österreichs Rotweinen?
Ich glaube, es gibt viele, viele gute Weine, und der Weltmarkt kann aus vielen, vielen Weinen wählen. Die Roten werden es also für längere Zeit etwas schwerer haben, einen Eindruck zu hinterlassen, selbst wenn ich Blaufränkisch und Sankt Laurent für etwas Spezielles halte. Aber Cabernet-Merlot-Cuvées gibt es sehr viel billiger an sehr vielen Orten.

EU-Kampagnen gegen Alkohol, gesteigertes Gesundheitsbewusstsein und Wellnessboom, wie wird sich das auf die Weinindustrie auswirken?
Ich glaube, dass die Weinindustrie weniger davon betroffen sein wird als die Destillate-Industrie, aber wenn es die Leute etwas bewusster werden lässt, sodass sie „gesünder" trinken, profitiert man sogar davon ...

Josef Pleil,
Präsident des österreichischen Weinbauverbandes

Josef Pleil, selbst Winzer und seit dem Jahr 1990 Präsident des österreichischen Weinbauverbandes, über Strukturprobleme, erfolgversprechende Produktphilosophien und die Marktverhältnisse der Zukunft.

Wie präsentieren sich heute die Strukturen im Weinland Österreich?
In den meisten Regionen haben wir sehr kleine Betriebe mit vielen alten Leuten, die nicht mehr die erforderliche Qualität produzieren, um am Markt bestehen zu können – das betrifft auch die Mitglieder der großen Genossenschaften. Insgesamt müssen wir im Weingarten noch viel besser werden – sonst holt uns der Teufel! Wir haben in den Landwirtschaftskammern eigene Leute eingestellt, die hinausgehen und die Weinhauer beraten.

Welcher Weintyp soll in Österreich in Zukunft produziert werden?
„Wir sind uns mit den regionalen Komitees einig, dass die Zukunft in der Regionalisierung und in der Typizität liegt. Natürlich ist das für die Winzer schwierig, sich auf ein so schmales Profil von nur einer oder zwei Rebsorten pro Region zu einigen. Aber wir verlangen das, denn wir brauchen noch mehr Profil – sonst müssten wir internationalen Sauvignon blanc und Chardonnay produzieren, so wie die meisten anderen auf der ganzen Welt.

Die Österreicher sind beim Weintrinken sehr patriotisch. Wird das auch so bleiben?
Wir sind in der glücklichen Situation, dass wir im Inland einen Marktanteil von rund 75 Prozent haben. Dieser Marktanteil wird in Zukunft jedoch nicht zu halten sein. Der Druck von außen wird immer größer, und jetzt kommen auch noch die weinbautreibenden Länder aus dem Osten dazu. Das nächste Problem: Wir waren immer ein Land des „Ab-Hof-Verkaufs" – früher einmal mit bis zu 60 Prozent Anteil am Gesamtverkauf. Da hatten wir 40.000 Weinbauern und jeder davon hatte Verwandte und Bekannte. Bei den 6.000 Qualitätsweinerzeugern, die wir heute haben, fallen diese Bindungen nicht mehr so ins Gewicht. Immer mehr Wein wird heute über die Supermärkte verkauft, und da ab Hof klarerweise zu 100 Prozent österreichischer Wein verkauft wurde, geht der Österreich-Anteil ganz automatisch zurück. Wir verlieren deswegen aber nicht an Produktionsmengen, weil wir das im Ausland kompensieren können – wir haben inzwischen mit dem Export bereits den Import überholt.

Wie sehen die Markt- und Marketingstrategien für die Zukunft aus?
Wir wollen Qualitätswein in Zukunft nicht mehr im Fass, sondern ausschließlich in der Flasche exportieren, um so eine höhere Wertschöpfung zu erzielen. Dafür wollen wir verstärkt Marketingmaßnahmen mit den Top-Betrieben durchführen und auch neue Märkte erschließen. Wir finden es zum Beispiel wichtig, in der Top-Gastronomie von Shanghai präsent zu sein – denn das ist ein Schaufenster. Der Präzedenzfall dafür ist England. Der Markt hat mengenmäßig keine Bedeutung, aber es ist ein zentraler Punkt der Weinwelt; darum geben wir auch Geld aus, um dort präsent zu sein. Märkte der Zukunft sind aber auch Städte im Osten wie Warschau, Krakau, Moskau oder St. Petersburg – da wollen wir hin und da können auch kleine Weinbaubetriebe mit

Die Weinregionen Österreichs

Wachau
Kremstal
Kamptal
Traisental
Wagram
Weinviertel
Thermenregion
Wien
Carnuntum
Neusiedlersee
Neusiedlersee-Hügelland
Mittelburgenland
Südburgenland
Südoststeiermark
Südsteiermark
Weststeiermark

Wachau

Das pittoreske Donautal zwischen Spitz und Krems ist landschaftlich ebenso einzigartig wie die Weine, die hier gekeltert werden: fruchtig-mineralische Rieslinge und Grüne Veltliner von Weltklasse.

Es gilt als gesichert, dass schon die Kelten und später die Römer in der Wachau Weinbau betrieben haben. Den ersten schriftlichen „Beweis“ für die Existenz von Rebkulturen liefern aber die aus dem Jahr 511 stammenden Aufzeichnungen von Eugippius, einem Schüler des heiligen Severin, der dessen von Legenden umrankte Lebensgeschichte detailliert aufgeschrieben hat. Diesen Schriften zufolge war Severin um das Jahr 470 Abt der von ihm gegründeten, kleinen Klostergemeinde in der Nähe des ehemaligen Römerkastells Favianis bei Mautern. Nach anderen Quellen war er allerdings im Raum von Wien-Döbling tätig. Folgt man jedoch der Geschichte von Eugippius, so soll sich der Abt nach allerlei Wundern, die er gewirkt hat, in eine karge Klause „Ad Vineas“, also „In den Weinbergen“ zurückgezogen haben. Geht man von schriftlichen historischen Nachweisen aus, so wäre die Wachau also wahrscheinlich das älteste Weinbaugebiet Österreichs.

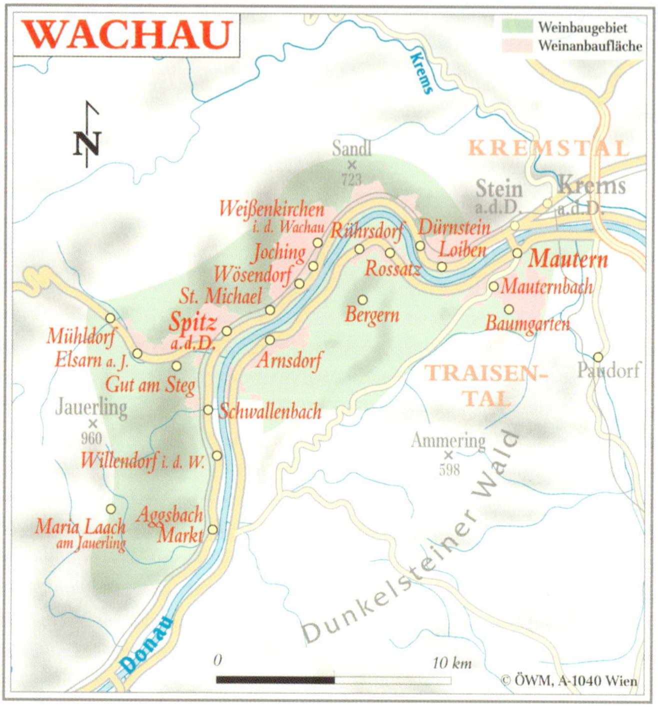

Die WACHAU auf einen Blick:

Rebfläche: 1.414 Hektar
Anteil an der Gesamtrebfläche Österreichs: 2,7 Prozent
Wichtigste Rebsorten: Grüner Veltliner: 723 ha
Riesling: 196 ha, Müller-Thurgau: 123 ha
Böden: Vorwiegend Urgesteinsböden, teilweise Löss

Im 9. Jahrhundert setzte dann unter dem Einfluss von Abteien aus Bayern und Salzburg sowie des Adels eine systematische Kultivierung von Weingärten in der Wachau ein. Wälder wurden gerodet, Terrassen in den Stein gehauen, Kelterhäuser und Lesehöfe errichtet. Diese Entwicklung zog sich bis ins 14. Jahrhundert hin, und viele der heute berühmten Lagen waren damals bereits bekannt und dokumentiert: *Kollmütz* in Wösendorf (1151), *Achspoint* in Spitz (1243), *Achleiten* (1314) und *Seiberer* (1366) in Weißenkirchen oder *Liebenberg* (1312) und *Schütt* (1379) in Dürnstein. Man kann also davon ausgehen, dass bereits vor mehr als 600 Jahren die Weinlandschaft der Wachau in ihren Grundzügen dem heutigen Aussehen entsprochen hat.

Natur und Kultur

Wenn von der Wachau die Rede ist, hört man immer wieder die Bezeichnung „Natur- und Kulturlandschaft“. Begriffe, die gerade hier besonders zutreffend sind und absolut ihre Berechtigung haben. Denn einerseits ist der Durchbruch, den sich die Donau durch die südlichen Ausläufer der Böhmischen Masse geschaffen hat, eine der imposantesten Landschaften Österreichs. Schroffe, vor allem auf der nördlichen Seiten oft bis an die Donau heranreichende Felswände und im Tal ein

Die Ried Klaus in Weißenkirchen wurde zu einem Synonym für exzellente Rieslinge vom Urgestein.

schmaler Streifen von Wiesen, Weingärten und Obstkulturen. Andererseits hat Menschenhand hier seit Jahrtausenden das Bild der Landschaft geprägt wie kaum anderswo. Neben den historischen Weinorten mit ihren sehenswerten, oft jahrhundertealten Winzerhäusern, sind es vor allem die Natursteinterrassen, die der Wachau einen unverwechselbaren Charakter verleihen. „Ein einziger kunstvoll angelegter Garten an den Ufern des großen Stromes, das ist die Wachau", schreibt der Winzer und Weißenkirchner Bürgermeister Toni Bodenstein im Vorwort zu seiner Abhandlung über Geologie, Boden und Klima in der Wachau.

Auf festen Mauern

Bereits in der Römerzeit wurde mit diesem gewaltigen Werk begonnen, das ob seiner Dimensionen mit dem Bau der ägyptischen Pyramiden verglichen wird. Noch heute gehört es im Sinne der Landschaftspflege und einer nachhaltigen Bewirtschaftung zu den vornehmsten – und anstrengendsten – Pflichten jedes Wachauer Winzers, die Steinmauern in seinen Weinbergen zu pflegen und nach witterungsbedingten Schäden wie Hangrutschungen wieder instand zu setzen. Diese kunstvoll aus Natursteinen aufgeschlichteten Mauern sind es, die auf dem kargen Boden vieler Wachauer Rieden den Weinbau überhaupt erst möglich machen. Ohne sie würde die geringe Auflage an fruchtbaren Verwitterungsböden durch die Erosion ins Tal befördert. Durch die Anlage von Terrassen wird das verhindert, wobei die Böden unmittelbar hinter der Mauer eine Tiefe haben, die der Höhe der Mauer entspricht, während diese hangseitig oft nur wenige Zentimeter beträgt. Gerade diese kargen Böden bieten aber für den Weinbau geradezu ideale Voraussetzungen. Geringe Erträge müssen hier nicht durch radikalen Rebschnitt, Ausschneiden der Trauben und andere Maßnahmen erzwungen werden – sie sind groß-

Die imposante Ried Achleiten in Weißenkirchen bringt besonders terroirbetonte, mineralische Grüne Veltliner und Rieslinge mit großem Lagerungspotenzial. *Foto: Freie Weingärtner Wachau*

teils ein Produkt der Natur, die hier einfach nicht mehr zu geben imstande ist. Dafür kommt die volle Leistungsfähigkeit der Stöcke den wenigen Trauben zugute, die sie tragen; eine besondere Konzentration von Inhaltsstoffen ist die Folge. Seit jeher gilt die alte Faustregel, dass Rebstöcke, die sich plagen müssen, die besten und aromatischsten Trauben hervorbringen. Allerdings gibt die Natur hier auch Grenzen vor: Durch die Steilheit der Hänge und die geringe Humusauflage haben die Böden in den Wachauer Weinbergen ein geringes Wasserspeichervermögen. Nur durch Bewässerungsanlagen ist es darum möglich, kontinuierlich – also auch in trockenen Jahren – Spitzenqualitäten zu erzielen. Einen weiteren Nachteil der Hang- und Terrassenlagen bekommt der Winzer zu spüren: Die Bearbeitung ist zum Teil nur händisch möglich und der Weg zu hervorragenden Weinen darum mit mühevoller Arbeit gepflastert.

Die goldene Mitte

Ein Aufwand, der sich freilich lohnt: Denn schon innerhalb der Wachau lassen sich klare Qualitätsunterschiede zwischen den Weinen von den Terrassen und jenen, deren Rebstöcke am Talboden stehen, erkennen. Die besten Lagen der Wachau befinden sich fast ausschließlich im mittleren Bereich der terrassierten Hänge. Hier ist die Sonneneinstrahlung am stärksten, die kalte Luft kann abfließen und gute Durchlüftung sorgt auch in feuchteren Perioden für eine rasche Auftrocknung der Reben und Trauben.

In den höher gelegenen Regionen ist die optimale Traubenreife schwerer zu erzielen – als Faustregel gilt: Pro 100 Höhenmeter bilden die Trauben ein Grad Zuckergehalt weniger. Zudem wirken sich kühle Fallwinde bereits stärker aus, und die Nähe des Waldrandes bedeutet kühlere Luft und früheren Schatten am Nachmittag und Abend.

In Richtung Talboden sind die Böden hingegen tiefgründiger und weisen einen höheren Gehalt an Tonen und teilweise Löss auf. Hier finden die Rebstöcke üppigere Wachstumsbedingungen vor und können höhere Erträge liefern. Den Weinen fehlt jedoch zumeist die hohe Mineralität und Feinheit, wie sie jene von den Terrassenlagen aufweisen.

Aus Stein wird Wein

Die Ursachen für jene typisch-filigrane Fruchtigkeit, die fein gewirkte Struktur und das elegante Auftreten, die die besten Wachauer Weine auszeichnen und ihnen Weltruhm eingebracht haben, sind vor allem in den Böden zu suchen: „Urgestein" heißt das Zauberwort, das die Augen aller Weinfreunde zum Leuchten und ihren Gaumen zum Singen bringt. Doch Urgestein ist eigentlich ein umgangssprachlicher Begriff, der hier die verschiedenen Arten von Gneis bezeichnet, die im wahrsten Sinne des Wortes die Grundlage für den Wachauer Weinbau bilden. Der Gföhler Gneis, der etwa in den Felsformationen oberhalb von Dürnstein zutage tritt, bildet den harten Kern dieser Formation und ist von weicheren Schiefergneisen wie dem Spitzer und dem Seiberer Gneis umhüllt; außerdem findet man in der Wachau noch diverse andere Gneisarten wie den Marmor-, Kalksilikat- oder Paragneis. Diese Mutterböden sind in der Wachau in der Lage, den Charakter der Weine entscheidend mitzuprägen, da die Auflage an Verwitterungsböden meist sehr dünn ist und die Rebstöcke ihre Wurzeln bis in Ritzen und Spalten dieser Gneise treiben.

Doch der Stein beeinflusst den Weinbau in der Wachau auch noch auf andere Weise. Die vielen kleinen und größeren Steine sorgen auf den Terrassenlagen für hohe Durchlässigkeit der Böden, und dienen – ebenso wie die Steinmauern – als Wärmespeicher; bei Sonnenschein nehmen sie die Wärme auf, in der Nacht oder bei bewölktem Wetter geben sie diese wieder ab.

Die Wachau weist jedoch keineswegs ein einheitliches Terroir auf. Die erwähnten Gneise wechseln einander oft sehr kleinräumig ab – was auch

Moderne Formen in einer traditionellen Umgebung: Weinkeller von Rudi Pichler *Foto: Rudi Pichler*

erklärt, warum zwei direkt angrenzende Weingärten Weine mit stark verschiedener Stilistik hervorbringen und auch eine unterschiedliche Wertigkeit haben können. Neben den erwähnten Unterschieden zwischen Berg- und Tallagen, gibt es aber noch einen weiteren Grund für differenzierte Weinstile: den Löss. Dieser feine Sand wurde in der Eiszeit angeweht und später großteils durch die Erosion wieder abgetragen. Besonders an den Osthängen der Wachauer Weinberge sind aber Reste dieser Lössböden erhalten geblieben, die westlich von Rothenhof und oberhalb von Joching eine Mächtigkeit von bis zu zehn Metern erreichen.

Kalt und warm

Der zweite sehr wesentliche Einflussfaktor für den Wachauer Weinbau ist das Klima. Die Wachau stellt die Grenze jener Zone dar, in der Weinbau möglich ist und zählt damit ganz eindeutig zu den

Die Wachauer Natursteinterrassen prägen das Gesicht dieser Weinlandschaft seit Jahrhunderten.

„Cool-climate"-Weinbaugebieten. Eine hohe Zuckergradation in den Trauben ist nur durch geringe Erträge und eine besonders späte Lese möglich, die sich in extremen Jahren bis gegen Ende November hinziehen kann. Das Bild von Rebstöcken, die zwar keine Blätter mehr haben, aber immer noch von Trauben behangen sind, ist auf den Terrassen von Spitz, Weißenkirchen und Dürnstein keine Seltenheit.

Der bestimmende Klimaeinfluss in der Wachau ist der des Waldviertels und des Dunkelsteinerwaldes, die ein eher kühles Klima aufweisen; nur von Osten her strömt wärmere Luft aus dem pannonischen Raum herein. Darum liegen auch die Jahresdurchschnittstemperaturen im Osten etwas über jenen im Westen der Wachau, was zur Folge hat, dass die Trauben in Loiben oder Mautern eine frühere oder höhere Reife erreichen als etwa jene in Spitz. Insgesamt weist die Wachau aber ein gegenüber dem Umland begünstigtes Klima auf. Die kühlen Winde von der Hochfläche des Waldviertels erreichen nur in abgeschwächter Form das Flusstal, das sich nach Osten hin und damit zum wärmeren pannonischen Klima öffnet.

Veltliner, Riesling und ein bisschen was

Was die Rebsorten angeht, ist die Wachau ganz eindeutig eine ausgewiesene Weißweinregion. Die weißen Sorten machen nahezu 90 Prozent der Gesamtrebfläche von etwa 1.400 Hektar aus, wobei allein auf Grünen Veltliner und Riesling rund 65 Prozent der Fläche entfallen. Leitsorte ist mit über 700 Hektar eindeutig der Grüne Veltliner, doch dem Riesling kommt als „König der Weißweine" eine Bedeutung zu, die über die reine Zahl von knapp 200 Hektar Rebfläche hinausgeht. Denn nirgendwo sonst in Österreich erreicht er eine derart feine, typische Fruchtigkeit, die einmal von Pfirsich-, dann wieder von Marillennoten geprägt ist, eine so intensive Mineralität und Feinnervigkeit wie hier. Viele Vergleichsverkostungen mit den besten Rieslingen Deutschlands haben gezeigt, dass man sich durchaus auf Augenhöhe befindet – und gar nicht selten hatten die Wachauer sogar die Nase vorn.

Der Grüne Veltliner weist natürlich sortenbedingte Unterschiede zum Riesling auf. Doch auch er ist vom spezifischen Wachauer Terroir geprägt und zeichnet sich durch feinwürzige Aromen, tiefe Mineralik und animierenden Trinkfluss aus. Der Ausbau der Weine erfolgte lange Zeit fast ausschließlich ganz trocken, und jedes Gramm Restzucker wurde als Fauxpas des Winzers, ja beinahe als Sakrileg betrachtet. Erst in den letzten Jahren wurde es in der Wachau allmählich salonfähig, auch Prädikatsweine von der eleganten Spätlese bis hin zur Trockenbeerenauslese zu keltern. Dabei zeigt sich immer wieder, dass gerade der Riesling mit seiner Frucht und pikanten Säure im Hochprädikatsbereich besonders elegante Weine hervorbringt, die zweifellos zu den besten Süßweinen der Welt zählen.

Neben Riesling und Grünem Veltliner sind von den Weißweinen noch Müller-Thurgau, Neuburger und Pinot blanc zu erwähnen, wobei wirkliche Spitzenweine aus diesen Sorten dünn gesät sind; hingegen erreichen manche Gelbe Muskateller und Sauvignons durchaus bemerkenswertes Niveau. Bei den Rotweinen sind die gut 100 Hektar Zweigelt zwar eine erwähnenswerte Größe, die Weine spielen aber im oberen Qualitätssegment keine Rolle.

Kritisch betrachtet

Die Gründung der Vereinigung ***Vinea Wachau*** und die damit verbundene Wein-Kategorisierung, die heute – durchaus zurecht – als Garantie für unverfälschte Weinqualität gesehen wird, ist eigentlich aus einer Notsituation entstanden. Die Jahre 1978 und 1982 brachten besonders große Erträge, aber auch vielfach sehr leichte Weine. Um diese dennoch vermarkten zu können, wurde dem momentan wenig geliebten Kind mit der Bezeichnung „Steinfeder" als Starthilfe zumindest ein attraktiver Name gegeben. Heute kämpft man in der Wachau eher mit dem umgekehrten Problem. Die allgemeine Tendenz zu immer höheren Alkoholgradationen – unter anderem durch qualitätsfördernde Maßnahmen im Weingarten und die Klimaerwärmung bedingt – machte auch vor der Wachau nicht Halt. Doch während etwa ein burgenländischer Rotwein mit 14 und mehr Prozent Alkohol zwar auch nicht mehr besonders trinkfreudig ist, aber im Großen und Ganzen doch seinen Charakter bewahrt, verlieren die Wachauer Rieslinge und Grünen Veltliner in diesen hohen Gradationen gerade das, was ihre Besonderheit ausmacht: Feinheit, Fruchtigkeit, Eleganz, Ausgewogenheit und Trinkfluss.

Zweifellos hat die schreibende Zunft ihren Anteil an dieser Fehlentwicklung. Alkohol ist ein Geschmacksträger, und in den allseits beliebten Blindverkostungen der Magazine und Weinführer haben nun einmal nur Weine mit hohem Alkoholgehalt eine Chance auf Spitzenplätze. Das mögen zwar große, prestigeträchtige Weine sein, aber für den Konsumenten haben sie eher einen Wert als Sammelobjekt denn als Genussmittel.

Ein weiterer Kritikpunkt ist die Tatsache, dass sich die Weinlandschaft der Wachau nicht eben durch besondere Dynamik auszeichnet. Zwar kann eine eher konservative Grundeinstellung auch in Zeiten eines immer schneller vonstatten gehenden Wandels sehr wohl auch ihre Vorteile haben, doch es fällt schon auf, dass sich in der Wachau der Anteil der Rebsorten in den vergangenen Jahren kaum verändert hat. Zwar haben Riesling und Veltliner jeweils ein wenig zugelegt, doch wurden die Flächen der Rebsorten Müller-Thurgau und Neuburger kaum geringer. Angesichts der Tatsache, dass diese Rebsorten absolut nicht im Trend liegen und dementsprechend schwer zu vermarkten sind, wäre eine raschere Strukturveränderung sicher von Vorteil.

Die besten Lagen

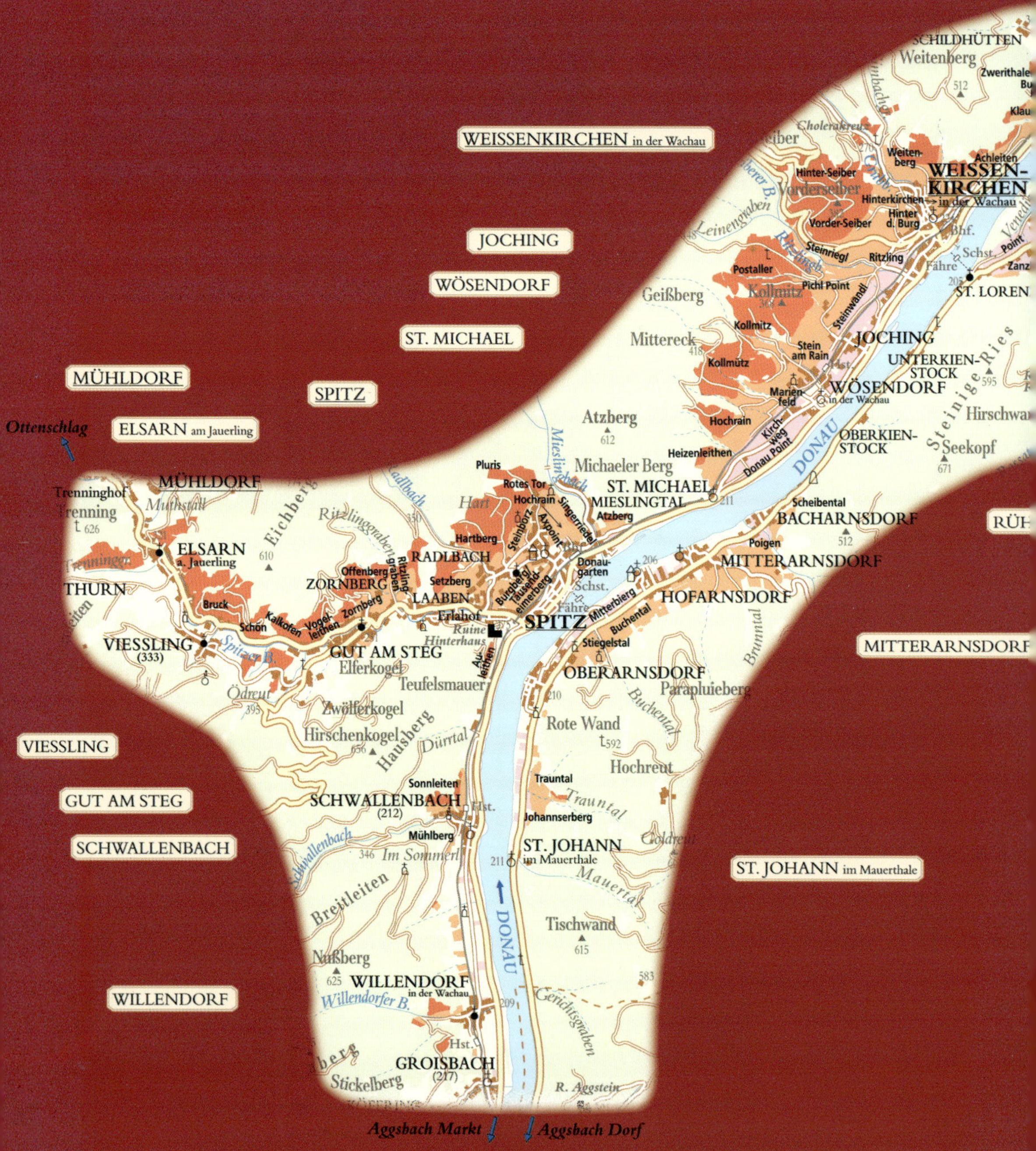

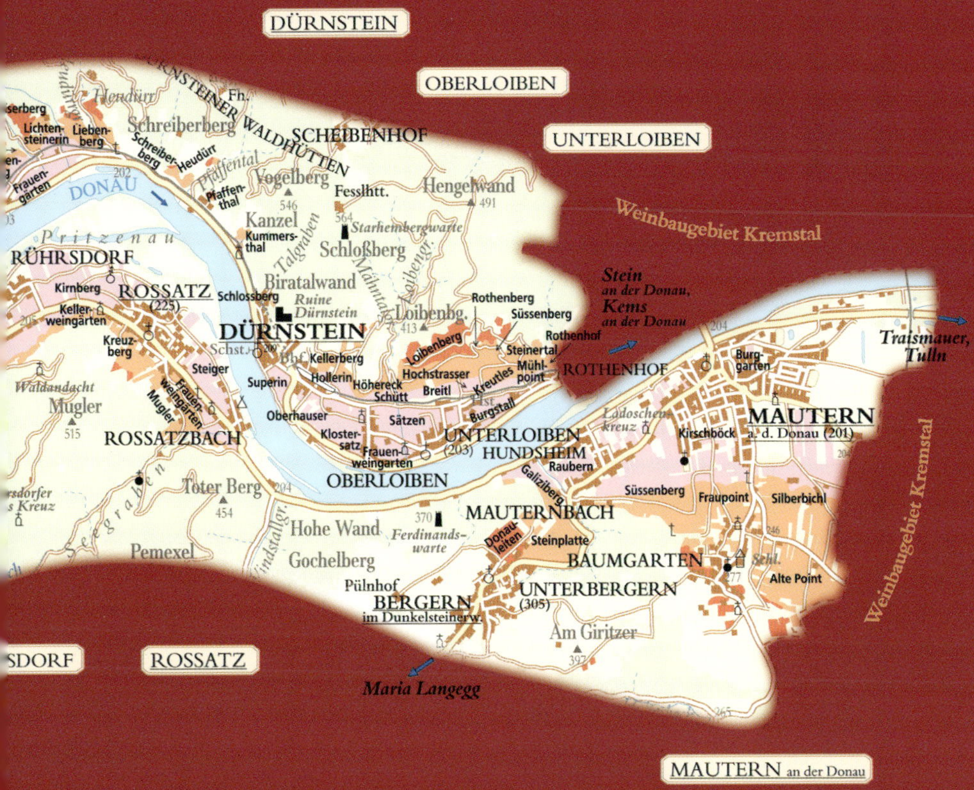

SPITZ

Tausendeimerberg

Weithin sichtbar stellt der steile, terrassierte Tausendeimerberg sozusagen das westliche Tor für das Kerngebiet der Wachau dar. Der Name rührt davon her, dass die Reben dieser Lage in guten Jahren 1.000 Eimer Wein, also rund 56.000 Liter, gebracht haben sollen. Auf Urgesteinsverwitterungsböden mit kristallinem Marmor als Kerngebirge finden an diesem reinen Südhang Grüne Veltliner und vor allem Rieslinge beste Bedingungen vor.

Winzer: Bracher, Sighardt Donabaum, Freie Weingärtner Wachau, Lagler, Mauritiushof-Gritsch

Singerriedel

Auf extrem steilen, nach Süden ausgerichteten Terrassen gedeihen hier Riesling und im unteren Bereich auch Grüner Veltliner. Auf kristallinem Marmor findet man eine geringe Auflage von Verwitterungsböden mit Anteilen von Paragneis, Glimmerschiefer

Urgestein pur am Tausendeimerberg
Foto: Freie Weingärtner Wachau

Legendäre Riesling-Lage: der Spitzer Singerriedel
Alle Fotos: Freie Weingärtner Wachau

und erzhältigem Gestein. Vor allem durch die Rieslinge von Franz Hirtzberger gilt Singerriedel als eine der besten Lagen der Wachau. Die Weine zeigen in der Jugend oft eine exotische Duftnote und sind sehr lagerfähig.
Winzer: Freie Weingärtner Wachau, Hirtzberger, Mauritiushof-Gritsch

Rotes Tor

Rotes Tor ist keine offizielle Lagenbezeichnung. Der Name stammt vom heute noch bestehenden Tor der alten Spitzer Wehrmauer, das sich der Legende nach während der Schlachten des Dreißigjährigen Krieges vom Blut der Dahingemetzelten rot gefärbt haben soll. Bei südwestlicher Ausrichtung steht hier auf kristallinem Urgestein vor allem Grüner Veltliner, der sehr feingliedrige, elegante Weine bringt.
Winzer: Hirtzberger

Hochrain

In dieser südlich ausgerichteten Lage zwischen Achspoint und Singerriedel wachsen auf kristallinen Urgesteins-Verwitterungsböden mit etwas Braunerde vor allem Grüne Veltliner und etwas Riesling.
Winzer: Hirtzberger

Achspoint

Die im Jahr 1243 erstmals urkundlich erwähnte Terrassenlage ist nach Südosten augerichtet. Im oberen Bereich dominieren kristalline Verwitterungsböden – hier findet der Riesling gute Bedingungen vor. Im unteren Teil findet man tiefgründigere Braunerde- und Lehmböden; hier steht großteils Grüner Veltliner, der für Spitzer Verhältnisse etwas fettere, üppigere Weine bringt.
Winzer: Freie Weingärtner Wachau, Hirtzberger

Setzberg

Die Terrassenlage Setzberg am Eingang zum Spitzer Graben weist reine Gneis-Verwitterungsböden auf. Die Unterschiede zwischen den Tag- und Nachttemperaturen sind bereits sehr ausgeprägt. Hier wachsen darum besonders mineralische, duftige und fruchtbetonte Rieslinge, aber auch Grüne Veltliner.
Winzer: Bracher, Donabaum „In der Spitz", Johann Donabaum, Hirtzberger

Steinborz (Steinporz)

Die Lage Steinborz ist ein mittelhoch gelegener Terrassenweingarten. Er ist von reinem Paragneis Verwitterungsboden mit geringem Humusgehalt gekennzeichnet, was den Weinen eine ausgeprägte Mineralik verleiht. Riesling, Veltliner und Weißburgunder fühlen sich hier besonders wohl.
Winzer: Hirtzberger, Lagler

WEISSENKIRCHEN/JOCHING

Achleiten

Auf den steilen, terrassierten Hängen dieser Spitzenlage findet man Urgesteins-Verwitterungsböden mit eingelagerten Amphiboliten (schwarzes Vulkangestein) auf Gföhler Gneis im oberen und Paragneis im unteren Teil vor. Die Böden sind eher tiefgründig und haben daher ein gutes Wasserspeichervermögen. Hier wachsen wuchtige und langlebige Rieslinge und Grüne Veltliner. Die Weine sind von der Stilistik her eher kraftvoll als fein, sehr mineralisch und zeigen im Duft manchmal eine fast animalische Note.
Winzer: Freie Weingärtner Wachau, Holzapfel, Jäger, Jamek, Kartäuserhof-Stierschneider, Mazza, Rudi Pichler, Weingut Prager/Toni Bodenstein, Schneeweiß

Klaus

Eine der steilsten und extremsten Terrassenlagen der Wachau. Die 1386 erstmals urkundlich erwähnte, nach Süden ausgerichtete Lage ist nur durch die Straße und die Bahn von der Donau getrennt. Im unteren Bereich ist daher eine gewisse Frostgefährdung gegeben, dafür kommt den Reben auf dieser kargen Lage die Feuchtigkeit des nahen Stromes entgegen. Die Gneis-Schiefer-Verwitterungsböden haben ein hohes Wärmespeichervermögen, was durch die vielen Steinmauern noch unterstützt wird. Hier gedeihen Grüne Veltliner, aber vor allem auch mineralisch-feine Rieslinge. Jene von Josef Jamek waren bereits in

Die Lage Kollmitz bringt durch unterschiedliche Böden und Kleinklimata sehr differenzierte Weine.

den 50er und 60er Jahren im ganzen Land bekannt, wodurch die Klaus zum Synonym für besten Wachauer Riesling wurde.
Winzer: Jamek, Jäger, Prager/Toni Bodenstein

Wösendorfer Kollmütz

In der Ried Kollmütz findet man sowohl Löss als auch Urgesteins-Verwitterungsböden, die oft abrupt abwechseln. Je nach Standort können die Weine daher einen differierenden Charakter aufweisen. Die Verwitterungsböden finden sich auf steilen, schmalen Terrassen, während die Lössbereiche durch breitere Terrassen mit tiefgründigeren Böden gekennzeichnet sind.
Winzer: Machherndl, Rudi Pichler

Jochinger Kollmitz

Die nach Süden ausgerichtete Terrassenlage weist ähnliche Bodenverhältnisse wie die Wösendorfer Kollmütz auf, wobei sich durch die Struktur des Geländes kleinklimatische Unterschiede ergeben.
Winzer: Freie Weingärtner Wachau, Machherndl

Hochrain

Die Lage Hochrein ist eine steile Terrassenlage oberhalb der Ortschaft St. Michael. Auf Urgesteins-Verwitterungsböden findet man hier eine Lössauflage, daher ist die Lage besonders für Grünen Veltliner geeignet.
Winzer: Freie Weingärtner Wachau, Jamek, Machherndl, Rudi Pichler

DÜRNSTEIN/LOIBEN

Kellerberg

Der Kellerberg oberhalb des Dürnsteiner Kellerschlössels gilt mit seinen extremen Steinterrassen als eine der besten Lagen der Wachau. Die südöstlich ausgerichtete Ried ist nach oben hin vom Wald begrenzt, der einen kühlenden Einfluss hat, was die Aromen-

Die steile Terrassenlage Kellerberg bringt sehr mineralische Weine mit kühler Aromatik.

Auf Tradition gebaut: große, alte Holzfässer und moderne, blitzblanke Stahltanks im Keller der Freien Weingärtner Wachau *Fotos: Freie Weingärtner Wachau*

ausbildung in den Trauben begünstigt. Auf kristallinem Grundgestein findet man hier eine dünne Auflage von steinigen Gneis-Schiefer-Verwitterungsböden. Die Grünen Veltliner und vor allem die Rieslinge vom Kellerberg sind besonders mineralisch und langlebig.
Winzer: W. Bäuerl, F. X. Pichler, Knoll, Freie Weingärtner Wachau, Mittelbach

Küss den Pfennig
Die bereits im Jahr 1378 erwähnte Lage „Küss den Pfennig" ist eine kleine Subried des Kellerbergs. Der Name rührt daher, dass jeder Pfennig, den man für Wein aus dieser steilen, schwer zu bearbeitenden Terrassenlage bekommt, so schwer verdient ist, dass man ihn küssen sollte ...
Winzer: Franz Schmidl

Hollerin
Die Lage Hollerin ist eine Subried und der untere Ausläufer des Kellerbergs. Hier vermengen sich die Verwitterungsböden mit Löss. Sie sind tiefgründig, haben ein gutes Wärmespeichervermögen und bieten sowohl Grünem Veltliner als auch Riesling sehr gute Voraussetzungen.
Winzer: Prager/Toni Bodenstein, F. X. Pichler, Alzinger

Loibenberg
Der Loibenberg ist eine große, terrassierte, reine Südlage, die sich von etwa 220 Metern bis auf eine Höhe von 420 Metern erstreckt und oben vom Wald begrenzt wird. Großteils findet man auf diesem steilen Hang Gneis-Verwitterungsböden, in den Mulden ist das Urgestein aber vielfach auch von einer Löss-Schicht bedeckt. Weine, die aus diesen Bereichen stammen, zeigen einen etwas weicheren, volleren und runderen Charakter, während jene von den Urgesteinsböden eher mineralisch und etwas strenger wirken.
Winzer: Alzinger, W. Bäuerl, Freie Weingärtner Wachau, Knoll, Mauritiushof-Gritsch, F. X. Pichler, P. Stierschneider

Schütt
Die 1379 erstmals urkundlich erwähnte Ried Schütt wurde vor allem durch die Grünen Veltliner und Rieslinge von Emmerich Knoll berühmt. Er beschreibt die Lage so: „Die Ried Schütt ist eine kleine Lage und wir hatten dort bereits sehr früh Weingärten. Schon für meinen Vater war der Grüne Veltliner von der Ried Schütt etwas Besonderes. Später kam der Riesling dazu und mit einer 79er-Spätlese gewannen wir mit Abstand eine Riesling- und Veltlinerverkostung des Magazins *Vinaria*. Seit damals wurde unser Betrieb mit dieser Lage identifiziert, und es hat sich immer wieder bestätigt, dass der Wein sehr gut ist.
Die Ried Schütt ist ein Bachschüttkegel aus dem Mentalbach. Man findet dort vor allem aus dem Berg herausgebrochenen Schutt mit wenig Feinerdeanteil. Die Böden sind eher sandig – mit vielen steinigen Grobanteilen; dabei handelt es sich um ein sehr mineralisches Gneis-Verwitterungsgestein ohne jeden Kalk- oder Lehmanteil. Die Weine werden auch durch den kühlen Luftzug aus dem Mentalgraben beeinflusst; sie wirken immer ein bisschen spannungsgeladener, sind etwas härter und haben mehr Säurerückgrat. Sie bieten nicht gleich vollmundige Harmonie, sondern brauchen etwas Zeit, um sich zu entwickeln."
Winzer: Knoll

Steinertal
Leo Alzinger, dessen Rieslinge und Veltliner von der Ried Steinertal stets zu den besten der Wachau zäh-

len, charakterisiert die Lage so: „Die Ried Steinertal ist eine reine Südlage am Bergfuß mit den ersten Terrassen. Das ermöglicht eine optimale Sonneneinstrahlung und die Bildung eines warmen Kleinklimas. Sie liegt aber auch im Auslauf eines Taleinschnittes, das heißt, im Herbst erlebt man hier sehr ausgeprägte Unterscheide zwischen den Tag- und den Nachttemperaturen, weil am Abend und in der Nacht die kühle Luft vom Wald her abströmt. Steinertal besteht aus Gneis-Verwitterungsboden mit einem hohen Anteil an Verwitterungsmasse und nur geringem Lehmanteil. Die Lage eignet sich sowohl für Riesling als auch für Grünen Veltliner, wobei die Weine durch eine starke Mineralik, Tiefgang und eine feine Aromenstruktur gekennzeichnet sind. Auch bei reifen Weinen drückt sich die Kraft nicht in Opulenz, sondern in dichter Struktur und Konzentration aus."
Winzer: Alzinger, F. X. Pichler, Tegernseerhof

Wein und Marillen – die „Wahrzeichen" der Wachau

Höhereck

Die rein nach Süden ausgerichtete Lage Höhereck liegt oberhalb der Ried Schütt. Sie ist ein Kegel mit den kargsten Böden im Raum Loiben, die den höchsten Anteil an Verwitterungssand aufweisen. Die Weine vom Höhereck gehen eher in die grazile Richtung; die Kraft steht nicht im Vordergrund, dafür besonders feine Aromen. Leo Alzinger hat dort Riesling stehen, hält die Lage aber für Grünen Veltliner gleichermaßen geeignet.
Winzer: Alzinger, Mittelbach, Schmelz

Charakteristisch für die Wachau: die späte Weinlese (oben)
Im Mittelalter ein Raubritter-Nest: Burg Aggstein (unten)

Steinriegl

Die Lage Steinriegl ist aufgrund ihrer Böden, die einen hohen Anteil an Kalk-Silikat und Marmor aufweisen für Riesling prädestiniert.
Winzer: Prager, Schmelz

MAUTERN

Silberbühel/Silberbichl

Die große Lage am Fuße des Göttweiger Berges ist teilweise terrassiert und weist Böden mit Donauschotter im Untergrund und Lössauflage auf; die Böden haben ein gutes Wärmespeichervermögen und drainagieren durch die Schotter-Unterlage sehr gut. Die Lage ist sanft nach Nordosten ausgerichtet; durch den hier schon stärker spürbaren pannonischen Klimaeinfluss erreichen die Trauben aber dennoch eine hohe Reife. Die Weine sind aufgrund der Nordost-Exposition und der Bodenbeschaffenheit oft von einer stahligen Säure geprägt.
Winzer: Unger, Malat, Stift Göttweig

Über den Wein

Emmerich Knoll
Der ewige Urbanus

Das farbenprächtige Bildnis des heiligen Urbanus, das seit dem Jahr 1961 die Weinflaschen aus dem Hause Knoll ziert, ist wohl das „dienstälteste" des Landes und hat gleichzeitig den höchsten Wiedererkennungswert. Niemand würde heute mehr auf die Idee kommen, daran etwas zu ändern – doch das war nicht immer so. „Der bekannte Wachau-Maler Siegfried Stolzner hat das Originalbild für das Kellerstüberl meines Onkels im Loibnerhof gemalt", berichtet Emmerich Knoll von der Entstehungsgeschichte des einprägsamen Labels. „Es sollte in einer Gewölbenische hängen, deshalb bekam es diese runde, geschwungene Form." Weil Knolls Vater damals seine Weine ausschließlich über das Restaurant seines Bruders verkaufte, war es naheliegend, das Bild auch gleich für das Etikett zu verwenden. Das ging eine Zeit lang gut, doch ab dem Ende der 70er Jahre hörte man auch kritische Stimmen, die meinten, mit so einem kitschigen Etikett könne man doch keinen Wein mehr verkaufen. Es war die Zeit, als allgemein eine neue Schlichtheit und Designverliebtheit Platz zu greifen begann, und mit dem ersten Wein-Export nach Deutschland schien das letzte Stündlein des wackeren Heiligen geschlagen zu haben.

Dem Importeur schmeckte zwar der Wein, doch war er der Meinung, mit diesem Etikett in Deutschland sicher nicht reüssieren zu können. Weil aber alles sehr schnell ging, war für eine Neugestaltung keine Zeit mehr. Also wurde der Wein geliefert und die Knolls gelobten, sich bis zum nächsten Jahr etwas anderes einfallen zu lassen. „Mit großem Unbehagen erwarteten wir im Jahr darauf den Besuch des Einkäufers", schmunzelt Emmerich Knoll, „denn es war uns inzwischen einfach nichts G'scheiteres eingefallen". Doch der heilige Urbanus hatte ein Wunder gewirkt: Der Importeur kam und meinte: „Das, was ich letztes Jahr gesagt habe, stimmt nicht mehr – das Etikett soll genauso bleiben, wie es ist". Nach einer Weinverkostung, die er in Deutschland abgehalten hatte, kamen nämlich viele Kunden ins Geschäft, die den Wein kaufen wollten. An den Namen des Winzers konnten sie sich nicht erinnern, also sagten sie einfach: „Wir wollen den Wein mit dem bunten Heiligen drauf!" Also blieb Urbanus an seinem angestammten Platz – und dort ist er noch heute.

F. X. Pichler
Der Wein vom Berg

„Als ich mit dem Weinbau begonnen habe, konnte man sich sicher nicht vorstellen, einmal wegen des Weines nach New York zu fliegen", sinniert Franz Xaver Pichler: „Wir waren auf so etwas gar nicht vorbereitet. In der Schule habe ich als Fremdsprache Russisch gelernt – nicht Englisch!" Es hat sich einiges geändert seither. Der Heurige, den die Familie betrieben hat, ist längst Geschichte, Pichlers Weine sind weltbekannt und das Einkaufsverhalten der Konsumenten ist nicht mehr dasselbe. „Früher sind die Leute in Loiben von Haus zu Haus gegangen und haben gefragt, was der Doppler kostet – und dort, wo er am billigsten war, haben sie gekauft!" Heute schätzt man sich glücklich, wenn man ein paar Fläschchen Riesling oder Veltliner vom Kellerberg ergattert.

Ich möchte wissen, was es mit dieser Lage auf sich hat, die eigentlich mit und durch F. X. Pichler berühmt geworden ist, und weil ich gerne Geschichten höre, lasse ich mir diese erzählen. „Die alten Leute wussten bereits, dass diese Lage etwas Besonderes ist. Als ich dort hinauf arbeiten gegangen bin, sagte ein alter Loibner Winzer zu mir: ‚Das wird einmal euer Brotvater!' Er meinte, dieser Weingarten würde uns einmal ernähren. Doch das Interesse an den schwer zu bearbeitenden Berglagen war damals nicht groß. Durch die Hochkultur und die Mechanisierung konnte man in der Ebene viel billiger Wein produzieren. Erst mit dem Qualitätsschub nach dem Weinskandal waren die Leute bereit, mehr Geld für Wein auszugeben, sodass sich die Arbeit in den Terrassen wieder zu lohnen begann. Unseren Weingarten am Kellerberg, der damals aufgelassen und verwildert war, habe ich so um das Jahr 1960 gekauft. Eigentlich aus der Not heraus – um überhaupt Rebflächen zu bekommen. Jeden Winter haben wir dann ein bis zwei Terrassen rekultiviert, Mauern instand gesetzt und in mühsamer Kleinarbeit die ganzen alten Wurzeln aus dem Boden gegraben. Für die 26 Terrassen brauchten wir etwa fünfzehn Jahre. Immer wenn eine Terrasse fertig war, wurden im Frühling Reben gesetzt: Grüner Veltliner und Riesling. Es hat sich aber herausgestellt, dass der Riesling mit der Trockenheit dort oben besser zurechtkommt, also wurde vermehrt Riesling gesetzt. Ich habe schon früh am Berg Weinbau betrieben und bin sehr bald draufgekommen, dass dort viel bessere Weine möglich sind als in der Ebene. Und ich denke, dass mein Sohn Lukas und ich auch einfach das Feingefühl für die Materie haben – um große Weine zu produzieren!" Da wird dem Meister wohl niemand widersprechen.

Toni Bodenstein
Wider die Gen-Erosion

„Über Jahrhunderte haben die einzelnen Winzer mit ihrem Auge Selektionen geschaffen – und von Pflanzen, die sie selbst als idealtypisch für ihren Standort angesehen haben, die Edelreiser geschnitten und diese weiter vermehrt", doziert Toni Bodenstein, der Gelehrte unter den Wachauer Spitzenwinzern, im Gewölbe seines wunderschönen Verkostungsraumes. „Das führte aber zu keiner Einengung – das ist der Unterschied zwischen Selektion und Klon. Klon heißt: Die Nachkommenschaft ist zu 99,9 Prozent ident mit der Mutterpflanze. Wenn ich also einen Klon „100" nehme, den die Weinbauschule Klosterneuburg geschaffen hat, dann haben alle Rebstöcke in allen Weingärten, die damit bepflanzt werden, dieselbe Mutterpflanze – und damit auch idente Eigenschaften." Angesichts der Tatsache, dass es in Österreich nur maximal 15 gängige Klone vom Grünen Veltliner gibt, warnt Bodenstein vor einer so genannten „Gen-Erosion", also einer drastischen Einengung der natürlichen Vielfalt. „Mein Anliegen ist die Erhaltung der alten Selektionen", erklärt Bodenstein – und er hat bereits gehandelt. Zwischen den beiden Kletterfelsen am oberen Rand der Riede Achleiten wurde ein Teil eines aufgelassenen Weingartens rekultiviert, die alten Mauern wieder aufgebaut und 112 verschiedene Selektionen und Klone vom Grünen Veltliner ausgesetzt. „Darunter sind etwa 20 bis 25 Klone", erläutert Bodenstein, „der Rest sind Selektionen von Winzern wie F. X. Pichler, Emmerich Knoll, Leo Alzinger oder Franz Hirtzberger sowie aus unseren eigenen Weingärten; darunter etwa ein Zwerithaler aus dem Jahr 1947 – da sieht man im Weingarten eine totale Vielfalt: Die Stöcke haben unterschiedliche Blattzacken, andere Beerenformen und sogar eine andere Farbe!" Durch das Sammeln dieser Rebstöcke aus verschiedenen Betrieben, Regionen und Lagen entsteht eine Art Gen-Bank im Weingarten, von der aus wiederum Edelreiser geschnitten und weiter vermehrt werden können.

Gepflanzt hat Bodenstein die Reben in der alten Erziehungsform der Stockkultur: „Sie hat über Jahrhunderte, bis in die 50er Jahre, den Weinbau, die Landschaft und das Leben der Menschen hier geprägt – diese Tradition möchte ich aufzeigen. Darüber hinaus hat sie aber auch den Vorteil, dass sie höhere Qualitäten bei geringerer Belastung des einzelnen Stockes bringt." Den hohen Arbeitsaufwand, den die Stockkultur erfordert, nimmt er dafür in Kauf: „Bei dieser kleinen Fläche kann ich mir das leisten", meint er, und fügt mit einem schelmischen Lächeln hinzu: „Man muss sich für die Bearbeitung zur Pflanze hinunterbücken – da liegt noch Demut im Weingarten."

Franz Hirtzberger
Ich bin ein Traditionalist

„Unsere Familie ist seit dem 16. Jahrhundert in der Wachau ansässig", erzählt Franz Hirtzberger bei einem Glas vollreifen, nach weißen Pfeffer und Trockenfrüchten duftenden Grauburgunder, „und in diesem Haus, das im 14. Jahrhundert erbaut worden ist, leben die Hirtzbergers seit dem Jahr 1898". Die Familie Hirtzberger verkörpert jenes für die Wachau so typische Prinzip der dynastischen Abfolge, des langsamen Wachsens, der wohlbedachten Veränderung – aber auch der Verweigerung, wenn sie notwendig erscheint. Franz Hirtzbergers Vater, damals Bürgermeister von Spitz, war gemeinsam mit Josef Jamek in den 70er Jahren federführend an der Verhinderung einer geplanten Kraftwerkskette beteiligt, die einen massiven Eingriff in das Landschaftsbild und das Klima der Wachau mit sich gebracht hätte.

Wenn schon gebaut werden muss, dann so, dass man am besten nichts davon sieht. So lautet das Credo der Hirtzbergers. „Wir haben innerhalb von 15 Jahren hinter dem Haus alles unterkellert, auf hundert Meter Länge", lüftet Hirtzberger fast ein Geheimnis, „aber das ist alles unter der Erde. Man baut immer auf der alten Substanz auf, will einen konzentrierten Betrieb, der in die bestehenden Gebäude integriert ist. Das schließt Innovation keineswegs aus und im Keller fehlt nichts an moderner Technik. Aber wir hängen solche Bautätigkeiten nicht an die große Glocke – und am Ende sieht man kaum, dass etwas passiert ist."

Wir kosten uns weiter vor, zu Grünen Veltlinern, Rieslingen, und der Hausherr kommentiert: „Ich bin sicher ein Traditionalist und muss nicht im Februar bei der ersten Weinverkostung gewinnen. Ich finde, man sollte den Weinen Zeit geben, sich zu entwickeln." Hirtzberger schwört auf die Grundsätze der „Vinea Wachau" und betont die Eigenständigkeit der Wachauer Weine. „Wir finden, dass der Wein die Landschaft und das Terroir widerspiegeln soll, weil er gerade deshalb unverwechselbar wird. Durch die späte Lese – die späteste in ganz Österreich – wird diese Eigenständigkeit noch zusätzlich betont. Dazu kommen die Lagen-Charakteristika, durch die auch Marken geschaffen werden konnten. Wie internationale Verkostungen belegen, liegen wir mit dem Prinzip, den Wein möglichst wenig zu verändern, ganz gut. Es freut mich, wenn unsere Weine immer wieder in einem Atemzug mit Burgund genannt werden – auch wenn die Stilistik natürlich eine andere ist – und ich denke, dass wir mit unserer Nischen-Qualitätspolitik bisher gut gefahren sind und entspannt in die Zukunft schauen können!"

Foto: Sabine Jellasitz

Die Winzer

Leo Alzinger
3601 Unterloiben 11

Seit dem Jahr 1983 mischt Leo Alzinger, der bis dahin seine Trauben an die Winzergenossenschaft geliefert hatte, an der Spitze der Wachauer Wein-Hierarchie mit. Alzinger versinnbildlicht mit seiner hageren Gestalt und seinen markanten, von Wind und Wetter gegerbten Gesichtszügen wie kaum ein anderer jene Theorie, der zufolge die Wachauer Winzer mit den Jahren selbst zum Urgestein werden. Der Loibner, der den Betrieb heute gemeinsam mit seinem Sohn Leo junior führt, ist kein Freund großer Worte, aber umso mehr großer Weine. Seine Rieslinge und Grünen Veltliner von Spitzenlagen wie Steinertal, Höhereck und Loibenberg zeigen eine derart präzise Struktur und fein ziselierte Fruchtigkeit, als seien sie tatsächlich aus dem Fels gemeißelt. Gerade in dieser Klarheit der Aussage sind sie selbst in der Wachau wohl einzigartig. Dabei wirken die Weine in der Jugend oft fast schüchtern, kantig und kühl. Doch haben sie auch ausreichend Rückgrat für eine längere Lagerung und belohnen den Weinfreund dann mit komplexer Aromatik und enormer Finesse.

Wolfgang Bäuerl
3601 Dürnstein, Oberloiben 28

Klein aber fein ist der Betrieb von Wolfgang und Waltraud Bäuerl in Loiben: Die 3,5 Hektar Weingärten befinden sich in Lagen mit klingenden Namen: Kellerberg und Loibenberg. Dementsprechend hoch ist die Qualität der Weine, die in einer fruchtig-mineralischen Stilistik ausgebaut werden. Die Bäuerls zählen zu den wenigen Wachauer Winzern im oberen Qualitätssegment, die auch einen Buschenschank betreiben: Für Wachau-Besucher eine gute Gelegenheit, hochwertige Weine in entspannter Atmosphäre zu genießen.

Bracher
3620 Spitz, Marstal 7

Das kleine Weingut von Karl Bracher, hoch oben in den Spitzer Weinbergen, gilt seit Jahren als einer der Wachauer Geheimtipps. Bracher gilt als Traditionalist, der die Trauben möglichst schonend behandeln und ihre Aromen authentisch in die Flasche bringen will. Darum ist die alte Baumpresse in seinem Keller nicht wie fast überall sonst nur ein atmosphärischer Ziergegenstand, sondern ist tatsächlich noch in Verwendung. Brachers Weine – neben Riesling und Veltliner keltert er als kleine Liebhaberei auch einen Neuburger – werden nicht auf vordergründige Fruchtigkeit getrimmt und brauchen immer ein wenig Zeit, um sich zu entwickeln. Ein klassischer, schöner Wachauer Wein-Stil.

Johann Donabaum

3620 Spitz an der Donau, Laaben 15

Im schmucken Heurigen von Hans Donabaum genießt man im Spitzer Graben mineralisch-duftige Weine von teilweise selbst rekultivierten Berg- und Terrassenlagen, die zu den feinsten und elegantesten der Region zählen. Hauptrebsorten sind natürlich Riesling und Grüner Veltliner, die von feinen Rieden wie dem Setzberg, zu einem kleinen Teil aber auch aus Loiben stammen. Liebhaber der Sorte Neuburger werden hier aber ebenfalls fündig: Von der Riede Spitzer Biern keltert Donabaum einen konzentriert-aromatischen, von geschliffener Säure und Frucht geprägten Wein, der jegliches Vorurteil hinsichtlich dieser etwas aus der Mode gekommenen Sorte eindrucksvoll widerlegt.

Donabaum „In der Spitz"

3620 Spitz, In der Spitz 3

Wenn man in Spitz einmal beim „falschen" der drei wichtigen Donabaums anklopft, so ist das – zumindest für den Kunden – kein großes Malheur. Denn gute Weine machen sie alle. Um aber Verwechslungen vorzubeugen, trägt Martin Donabaums Weingut die exakte Ortsbezeichnung „In der Spitz" gleich im Namen. Die Weingärten von Martin Donabaum liegen am Spitzer Setzberg und am Venusberg von Willendorf, der für den Fund einer kleinen, rund 26.000 Jahre alten Frauenstatue, der „Venus von Willendorf", bekannt ist. Donabaum begnügt sich nicht mit den Wachauer Klassikern Grüner Veltliner und Riesling, sondern zeigt, dass hier auch die duftigen Sorten wie Gelber Muskateller und Sauvignon blanc, aber auch Chardonnay ausgezeichnete Weine erbringen.

Sighardt Donabaum

3620 Spitz, Zornberg 4

Sighardt Donabaum galt als einer der — wenigen – „jungen Wilden", die es Vorbildern wie F. X. Pichler oder Franz Hirtzberger nachtun und die drohende „Generationen-Lücke" in der Wachau schließen wollten. Inzwischen zählt Donabaum selbst schon zu den arrivierten Winzern und überzeugt nicht nur mit typisch mineralischen Rieslingen und würzigen Grünen Veltlinern, sondern auch mit „Spezialprodukten" wie dem aromatischen Gewürztraminer. Die Spitzenlinie des Hauses vermarktet Donabaum – auch um Verwechslungen zu vermeiden – unter einem modernen Etikett und der Bezeichnung „S. DONA". Diese Lagenweine werden besonders lange auf der Feinhefe ausgebaut und dürfen mindestens bis zum Juni nach der Ernte reifen und ruhen, ehe sie auf den Markt kommen.

Freie Weingärtner Wachau

3601 Dürnstein 107

Den Freien Weingärtnern Wachau kommt in diesem doch sehr kleinen Weinbaugebiet eine zentrale Bedeutung zu. Etwas verkürzt könnte man sagen: Geht es der Genossenschaft gut, geht es der Region gut. Denn mit etwa 470 Hektar Weingärten bewirtschaften die Mitglieder rund ein Drittel der gesamten Wachauer Rebfläche. Damit sind sie

In der Wachau keine Seltenheit: bis zu 500 Jahre alte Höfe

nicht nur die größten Traubenproduzenten des Gebietes, sondern tragen durch ihre Arbeit auch einen bedeutenden Teil zur Erhaltung dieses Unesco-Weltkulturerbes bei. Das Führungsteam, Roman Horvath als Geschäftsführer und Heinz Frischengruber als Önologe, sieht den Betrieb heute für die Zukunft gut aufgestellt. „Auf dem Markt geht es uns gut, wir konnten unsere Preise im Handel erhöhen und uns vom Billigsegment verabschieden", zieht Roman Horvath nach zweijähriger Tätigkeit für den Betrieb eine positive Zwischenbilanz, „und wir können für die Trauben wieder faire Preise auszahlen, wobei es unser Bestreben ist, in Zukunft Trauben von den arbeitsaufwändigen Terrassenlagen noch höher zu bewerten!" Man hat in den vergangenen Jahren die Flächen ein wenig reduziert und befindet sich dadurch am Markt in einer komfortableren Lage, weil man nicht auf Druck – und um jeden Preis – verkaufen muss, sondern mit jeder Flasche Wein Wertschöpfung erzielt. Parallel zur Neupositionierung am Markt laufen aber auch Programme zur kurz und langfristigen Verbesserung der Weinqualität. Dazu zählen einerseits weitere Investitionen in die Kellerei sowie der Neubau des Gärkellers, andererseits Weiterbildungs- und Beratungsangebote für die Mitglieder und schließlich Systeme für eine qualitätsorientierte Entlohnung.
Vermarktet werden die Weine der Freien Weingärtner sowohl über Vinotheken, Händler und die Gastronomie als auch über den Lebensmittel-Einzelhandel. „Wir sind die einzigen, die im LEH eine Steinfeder anbieten können", betont Roman Horvath auch die Vorteile eines großen Betriebes: „Davon produzieren wir rund eine Million Flaschen – das

Barockes Schmuckstück: das historische Kellerschlössel der Freien Weingärtner Wachau Foto: Freie Weingärtner Wachau

ist in Österreich bei dem Preis einzigartig". Etwa 15–20 Prozent der Gesamtproduktion gehen in die Top-Linie mit der Bezeichnung „Domäne Wachau". Dazu zählen Weine wie der Grüne Veltliner „Von den Terrassen", der am amerikanischen Markt das wichtigste Standbein darstellt, aber auch die Lagenweine. Mit den Rieslingen und Veltlinern von Spitzenlagen wie Singerriedel, Achleiten, Kollmitz, Loibenberg oder Kellerberg wurde ein Qualitätsniveau erreicht, das sich durchaus mit jenem der großen Weine anderer Produzenten vergleichen lässt. Neben allen Investitionen in die Qualität, hat man es aber auch geschafft, den Betrieb für das Publikum offener und attraktiver zu gestalten. Das historische Weinschlössel am Fuße des Kellerberges wurde komplett renoviert und steht für Verkostungen zur Verfügung, die große Vinothek des Betriebes bietet neben der gesamten Weinpalette auch Edelbrände und andere Wachauer Spezialitäten und das ganze Jahr über werden Veranstaltungen, von der Donauschifffahrt mit Lagenweinverkostung, bis zur Riedenwanderung angeboten.

Hirtzberger

3620 Spitz, Kremser Straße 8

Seit Generationen geht der Weinbau im Hause Hirtzberger von Hand zu Hand. Heute mischt bereits die junge Generation kräftig mit, doch den Aufstieg zu einem der bekanntesten Weingüter Österreichs und Weinen von Weltklasse hat Franz Hirtzberger senior, unterstützt von seiner Frau Irmgard, geschafft. Gemeinsam mit anderen Wachauer Größen wie Emmerich Knoll, F. X. Pichler, Franz Prager und später Toni Bodenstein hat Hirtzberger auch als Obmann des Vereins *Vinea Wachau* maßgeblich dazu beigetragen, dass die Wachauer Weine heute nicht nur im Lande, sondern auch international ein hohes Renommee genießen. Flaggschiffe im weit verästelten Sortiment der Hirtzbergers sind der Riesling von der kargen Urgesteins-Terrassenlage Singerriedel und der Grüne Veltliner Honivogl, die alljährlich zu den herausragenden Weinen Österreichs zählen. Doch man findet hier noch eine Vielzahl von anderen Weinen, wie den idealtypischen Neuburger, den von herrlich-exotischer Frucht geprägten Grauburgunder Pluris oder das hochelegante Riesling-Fruchtbündel vom Setzberg. Allen diesen Tropfen spürt man förmlich an, dass Franz Hirtzberger jedem einzelnen Wein seine volle Aufmerksamkeit und, man darf das wohl so sagen, Zuneigung schenkt. Insbesondere gilt das natürlich auch für Raritäten wie Beeren- oder Trockenbeerenauslesen vom Riesling, die in ihrer herrlichen Symbiose von Frucht, Süße und Eleganz weltweit ihresgleichen suchen.

Högl

3620 Spitz, Vießling 31

Bevor die heimische Weinszene auf Josef Högl aufmerksam wurde, glaubte eigentlich kaum jemand, dass im kühlen Spitzer Graben, wo das raue Waldviertler Klima schon deutlich grüßen lässt, wirklich große Weine wachsen könnten. Doch Högl schaffte es durch entsprechende Maßnahmen im Weingarten und eine extrem späte Lese, seinen kargen Urgesteinslagen wie Schön und Bruck sogar hochkarätige Smaragde abzuringen und avancierte bald zum Geheimtipp unter den Wachauer Winzern. Heute gibt es bei einer Rebfläche von knapp 7 Hektar etwas mehr Högl-Weine als damals, und der ambitionierte Winzer, der keinen geringeren als den großen F. X. Pichler seinen Lehrmeister nennen darf, hat seine Palette um Weingärten in Loiben und Dürnstein erweitert. In seinem eindrucksvollen, neuen Felsenkeller keltert Högl vor allem konzentrierte, präzise und elegante Rieslinge und Grüne Veltliner, die sich im Jugendstadium meist ein wenig zurückhaltend zeigen und von ein wenig Flaschenreife deutlich profitieren.

Holzapfel

3610 Joching 36

Lange Zeit assoziierten selbst versierte Wachau-Kenner mit dem Namen Holzapfel zunächst einmal den wunderschönen Prandtauer-Hof, dann die köstlichen Edelbrände des Hauses und schließlich die Marillenmarmelade, die hier eine Klasse für sich darstellt. Doch in den vergangenen Jahren entwickelte Karl Holzapfel, der seit jeher auch Weinbau betreibt, ein immer stärkeres „winzerisches Eigenleben" und arbeitete sich sukzessive in die Riege der anerkannten Wachauer Qualitätswinzer vor. Erstklassige Lagen wie Achleiten und Vorderseiber bilden die Grundlage für mineralische, konzentrierte Grüne Veltliner und Rieslinge, die vom Typus her eher zu den stillen Wassern zählen, denen es jedoch nie an Tiefe fehlt.

Jäger

3610 Weißenkirchen
Kremser Straße 1

Das denkmalgeschützte, alte Hauerhaus der Familie Jäger ist gleichsam ein Synonym für den Weinstil, den Roman Jäger pflegt. Jäger forciert weder vorlaute, zuckerlfruchtige Aromen noch bis zur Uniformität geschliffene Weine, vielmehr könnte man in Anlehnung an einen alten Mineralwasser-Slogan sagen:

Er lässt dem Weine das Seine. Und das ist wohl auch das beste, was man tun kann, wenn man seine Rebstöcke in so bekannten Rieden wie Klaus, Achleiten und Steinriegl stehen hat, die den Weinen einen authentischen, unverwechselbaren Charakter verleihen. Dem Winzer bleibt lediglich die Aufgabe, diesen Charakter vom Weingarten bis in die Flasche zu erhalten. Das gelingt Jäger bei seinen saftig-mineralischen Rieslingen und Veltlinern ebenso wie beim Farbtupfen im Sortiment, einem duftigen Gelben Muskateller. Einmal im Jahr bieten die Jägers Weinfreunden die Gelegenheit, ihre Weine für ein paar Tage im hübschen Buschenschank der Familie zu genießen.

Jamek

3610 Weißenkirchen, Joching 45

Der Name Jamek steht seit Jahrzehnten für Wachauer Spitzenwein und regionale Gastlichkeit auf höchstem Niveau. Josef Jameks Lebenswerk sucht – nicht nur in der Wachau – seinesgleichen, und es ist wohl kein Zufall, dass es sich der große Robert Mondavi, als er vor einigen Jahren Österreich besuchte, nicht nehmen ließ, mit dem ebenfalls hochbetagten Grandseigneur des Wachauer Weinbaus die Aussicht und den Riesling von der Paradelage Ried Klaus zu genießen: Die beiden Herren sind aus demselben Holz geschnitzt.

Bereits in den 50er Jahren des vergangenen Jahrhunderts begann Jamek damit, absolut trockene, fruchtbetonte Weißweine zu keltern und gab damit einen Trend vor, dem alle anderen folgten, bis diese Stilrichtung schließlich durch die Gründung der *Vinea Wachau* endgültig als das Maß aller Dinge zementiert wurde. Untrennbar mit dem Schaffen Jameks verbunden ist auch

Seit Jahrzehnten ein Bollwerk für Kulinarik und Wein: der „Jamek" in Weissenkirchen

die Ried Klaus, eine der beeindruckendsten Urgesteins-Terrassenlagen der Wachau. Jamek machte die Rieslinge und Veltliner von dieser Lage bereits zu einer Zeit im ganzen Land bekannt, als der österreichische Qualitätsweinbau noch in den Kinderschuhen steckte. Seit rund einem Jahrzehnt werden Restaurant und Weingut von Jameks Tochter Jutta und ihrem Mann Hans Altmann geführt. War der Jamek'sche Weinstil in den 90er Jahren doch etwas aus der Mode gekommen, so schaffte Altmann mit behutsamen Nachjustierungen im Keller wieder den Anschluss an die Spitze. Und so strahlen Weine wie die Rieslinge und Grünen Veltliner von den Rieden Klaus und Achleiten oder der idealtypische, langlebige Weißburgunder vom Hochrain heute wieder im altbekannten Glanz.

Kartäuserhof – Karl Stierschneider

3610 Weißenkirchen
Kremser Straße 6

Karl Stierschneider, der seinen Betrieb in den vergangenen Jahren sukzessive vergrößert und modernisiert hat, ist kein Winzer der Extreme. Klar strukturierte, fruchtbetonte und trinkfreudige Federspiele vom Riesling und Veltliner bilden das Rückgrat seiner Weinproduktion und erfreuen sich auch in Deutschland und der Schweiz, wohin Stierschneider rund 40 Prozent seiner Weine exportiert, größter Beliebtheit. Seine Flaggschiffe sind die Riesling- und Veltliner-Smaragde, in denen sich die typische Mineralik der großen Lage Achleiten widerspiegelt. Mehr als ein Hobby – und in der Wachau eine Seltenheit – ist die feinfruchtige Rotwein-Cuvée aus Zweigelt und Pinot noir, die Stierschneider 26 Monate lang in Barriques ausbaut.

Knoll

3601 Unterloiben 10

„Es knollt!“ Mit diesem Freudenruf quittieren eingeweihte Weinfreunde das Herannahen einer Flasche mit dem unverkennbaren, bunten Etikett, denn sie wissen, dass jetzt in jedem Fall etwas Gutes auf sie zukommt. Emmerich Knoll, der im Betrieb von seiner Frau und seinem Sohn, Emmerich junior unterstützt wird, ist ein ruhiger, zurückhaltender Mann, der es im Zweifelsfall vorzieht, seine Weine für sich sprechen zu lassen. Hakt man jedoch nach, so kann man schon einiges über seine Wein- und Lebensphilosophie erfahren, was nicht zuletzt zum besseren Verständnis seiner Weine beiträgt. „Im Weinbau braucht alles seine Zeit“, sinniert er unter den Stuck-Gewölben seines wunderschönen, jahrhundertealten Hauerhauses, das die von ihm vertretene „Slow-Wine-Philosophie“ mit seiner behäbigen Ruhe widerspiegelt. „Dass heute alles schnellgehen soll, ist überhaupt nicht meine Sache – darum sind auch die Primeur-Weine für mich eine absolute Horror-Geschichte. Ich glaube, die Dinge haben einen bestimmten Ablauf, und ich will nicht schon Wein abfüllen, während ich noch ernte ... Es gibt eine Zeit der Ernte, eine Zeit der Reife und eine Zeit des Genusses. Daran halten wir uns und als Familienbetrieb haben wir das Privileg, zu sagen: ‚Wir können auch fünf Jahre auf etwas warten!‘ Wenn immer schon im nächsten Jahr die Zahlen stimmen müssen, führt das zu einem kurzfristigen Denken – für mich ist aber Nachhaltigkeit einer der wesentlichsten Punkte meiner Arbeit“, sagt Knoll – und seine Weine sprechen genau dieselbe Sprache. Denn die Rieslinge und Veltliner von den Rieden Schütt, Kellerberg und Loibenberg oder seine schon legendäre „Vinotheksfüllung“ aus den besten Trauben des Jahrgangs sind keine „schnellen Brüter“, sondern auf lange Sicht wahre Kraftwerke, die auch nach Jahren der Flaschenreife mit immer neuen Duft- und Geschmacksfacetten zu begeistern vermögen. Ebenfalls Beachtung verdienen die grandiosen Süßweine von Riesling, Traminer und Co., die zum Feinsten zählen, was es auf diesem Sektor gibt. Nicht unerwähnt bleiben darf schließlich das Restaurant Loibnerhof (3601 Dürnstein, Unterloiben 7) von Emmerich Knolls Cousin, Josef Knoll. Denn ursprünglich wurden die Knoll-Weine ausschließlich über dieses Lokal verkauft, und noch heute ist es eine wahre Pilgerstätte für seine Fans: Nirgendwo sonst lassen sich feinste Knoll-Weine in Kombination mit einer der besten Regionalküchen des Landes so perfekt genießen wie hier.

Ein gastliches Haus: das Weingut der Familie Lagler in Spitz

Lagler

3620 Spitz, Rote-Tor-Gasse 10

Man sollte einen Winzer wie Karl Lagler vielleicht nicht zuallererst für seinen Heurigen loben – aber der von Karl Lagler ist eben ein echter Glücksfall: Ein wunderschön gelegenes, altes Hauerhaus mit romantischem Garten, kulinarischen Köstlichkeiten und – last but not least – Laglers herrlichen Weine, die mit zu den besten der Wachau zählen. Diese spiegeln allerdings gar nicht so sehr die für Spitz eher typische, fast frugale Strenge wider, sondern strotzen vielmehr vor saftig-praller Frucht und vermitteln mit ihrem fein gewobenen Süßeschleier und ihrem animierenden Naturell vielmehr Fröhlichkeit und Lebensfreude. Dass es ihnen dabei keineswegs an Größe fehlt, beweisen Frucht- und Mineralik-Konzentrate wie die Riesling- und Veltliner-

Smaragde von den Lagen Steinborz und Tausendeimerberg jedes Jahr aufs Eindrucksvollste.

Machherndl

3610 Wösendorf, Hauptstraße 1

Der junge Erich Machherndl hat frischen Wind in die alten Mauern des Wachauer Winzerhauses, dessen Baukern aus dem 13. Jahrhundert stammt, gebracht. Besonders Freunde der typischen, charmanten Pfirsich- und Marillenfrucht kommen bei Weinen wie dem Riesling Smaragd von den Steinterrassen voll auf ihre Kosten. Fruchtcharme und Trinkvergnügen sind die Eckpfeiler von Machherndls Weinstilistik, wobei stets auch eine fein eingewobene Mineralik und reife, pikant-animierende Säure mitschwingt. Die solide Grundlage für Machherndls Grüne Veltliner, Rieslinge und Weißburgunder bilden exzellente Lagen rund um Wösendorf wie Kollmitz, Hochrain und Kollmütz. Einstweilen wohl ein Unikat ist schließlich Machherndls rote Cuvée „Anna" aus Zweigelt und Syrah.

Mauritiushof-Gritsch

3620 Spitz, Kirchenplatz 13

Im 600 Jahre alten, ehemaligen Lesehof des Klosters Alteich betreibt die Familie Gritsch seit dem Jahr 1799 Weinbau. Der junge Franz-Josef Gritsch, der nach seiner Ausbildung und einem Praktikum bei Josef Leberl in Großhöflein in den Familienbetrieb zurückgekehrt ist, keltert hier frische, fröhliche und animierende Weine, denen es nicht an würziger Aromatik und mineralischem Rückgrat fehlt. Die Grundlagen dafür liefern ihm die besten Lagen von Spitz, wie Singerriedel und Tausendeimer-Berg, sowie der Loibnerberg. Ein besonders zugänglicher und süffiger Grüner Veltliner

Wegweiser für Weinfreaks: Hier kommt Großes auf sie zu ...

trägt die Bezeichnung „Kalmuck", benannt nach dem karierten Stoff, aus dem traditionell die Jacken der Wachauer Winzer geschneidert werden. Von ganz anderem Format dagegen ist der Neuburger „Select" vom Tausendeimer-Berg, ein fruchtig-mineralisches Kraftbündel, das zeigt, was diese Sorte bei richtiger Behandlung und Lage so alles draufhat.

Mazza

3610 Weißenkirchen, Burg 124

Die Wachauer Winzergilde ist wahrlich eine „Men's World" – auch wenn nicht verschwiegen werden sollte, dass hinter (oder besser: neben) den meisten der berühmten und erfolgreichen Herren eine Frau steht, die mit ihrer moralischen und tatkräftigen Unterstützung wesentlichen Anteil an diesem Erfolg hat. Einzige Ausnahme ist Ilse Mazza in Weißenkirchen, die aber nicht deshalb gelobt werden soll, sondern weil sie einfach gute Weine macht. Das Paradepferd in Mazzas Stall ist der mineralisch-konzentrierte Riesling Smaragd von der Riede Achleiten, die hier eher ihre elegante als ihre animalisch-erdige Seite hervorkehrt. Daneben keltert Mazza, die ihre Weine im Spätsommer für zwei Wochen im eigenen, idyllischen Heurigen ausschenkt, vor allem fruchtig-animierende Weine, die in erster Linie viel Trinkvergnügen bereiten.

F. X. Pichler

3601 Oberloiben 27

Was soll man über Franz Xaver Pichler noch sagen, was nicht bereits gesagt wäre, wie den Vielgelobten so loben, dass er selbst auch noch eine Freude damit hat? Machen wir es kurz: Manche haben es, andere nicht. F. X. Pichler hat es auf jeden Fall. Brillanz, Mineralik, Klarheit –

dieses Metier beherrscht er wie kein Zweiter. Darum ragen seine Weine wie ein Mount Everest aus dem Himalaja der besten Wachauer, wo die Luft ohnehin schon sehr dünn ist. Auch der kleinste Wein aus der Loibner Hochpräzisions-Manufaktur, in der Junior Lukas in den vergangenen Jahren vom Lehrling ebenfalls zum Meister reifte, ist schon sehr gut. Die Besten, wie der Riesling und Veltliner vom Kellerberg, die Weine der Serie M (wie Monumental) oder der Riesling „Unendlich" sind dagegen archetypische Produkte eines Kunsthandwerks namens Weinbau. Fast undurchdringliche, mineralische Konzentrate, die in der Nase mit ihrer vielschichtigen Aromatik schwindlig machen können und am Gaumen einen dicht gewobenen, delikaten Fruchtteppich ausbreiten, dem man ein gewisses Sucht-Potenzial nur schwer absprechen kann. Der gelegentlich gehörten Meinung, Pichlers Weine seien in ihrer Jugend am allerbesten, kann sich der Autor dieses Buches übrigens nicht anschließen: Ich finde, Pichler-Weine sind immer am allerbesten.

Rudi Pichler
3610 Wösendorf, Marienfeldweg 122

Mit dem Neubau seines Weinguts, das auch aus architektonischer Sicht einen Besuch wert ist, signalisiert Rudi Pichler, dass sich in der Wachau die Verbundenheit mit der Tradition und das Bestreben nach Erneuerung unter einem Dach unterbringen lassen. In der Vinifizierung lässt Pichler ebenfalls nicht alles beim Alten, experimentiert mit verschiedenen Ausbauvarianten, versucht es mit längeren Maischestandzeiten, und das eine oder andere Mal kam hier sogar das in Wachauer Weinkellern eher selten

gesehene Barriquefass zum Einsatz. Pichlers Rieslinge und Veltliner – darunter der in der Wachau ganz selten kultivierte Rote Veltliner – geraten im Smaragdbereich oft zu mächtigen, doch immer sehr konzentrierten „Granaten", die eine manchmal ins Exotische gehende Fruchtigkeit mit der feinen Säure und tiefen Mineralik bester Wachauer Lagen wie Hochrain, Achleiten oder Kollmütz verbinden.

Weingut Prager/ Toni Bodenstein
3610 Weißenkirchen
Wachauerstraße 48

Senior Franz Prager kam einst als Schwiegersohn in dieses Haus, führte sehr zum Missfallen seines Schwiegervaters die damals gerade aufkommende Hochkultur ein und wurde schließlich zu einem der Pioniere des Wachauer Weinbaus. Er war federführend an der Gründung der *Vinea Wachau* im Jahr 1983 beteiligt und setzte früher und stärker als die meisten Kollegen auf die Rebsorte Riesling, die heute die Hälfte der Rebfläche des Gutes von 14 Hektar ausmacht. Auch Toni Bodenstein, der heutige Betriebsführer, der Pragers Tochter Ilse heiratete, musste als Schwiegersohn erst einmal sein Terrain erobern – doch ebenso wie Franz Prager machte er seinen Weg und zählt heute nicht nur zu den besten Winzern der Wachau, sondern hat sich zu einer auch über die Grenzen des Gebietes hinaus respektierten Persönlichkeit entwickelt. Mit viel Enthusiasmus, um nicht zu sagen Sendungsbewusstsein, schreckte er auch nicht dafür zurück, die manchmal recht verkrusteten Strukturen der Wachau aufzubrechen. So kelterte er – zum Entsetzen vieler – als erster in der Wachau vom Jahrgang 1992 eine Riesling-Tro-

ckenbeerenauslese. Der deutsche Weinjournalist Horst Dippel bezeichnete ihn dafür als „Verräter der Wachau", doch Bodensteins TBAs feierten bald fulminante Erfolge und heute gehört es für die meisten Wachauer Top-Produzenten schon fast zum guten Ton, gelegentlich auch einen schönen Hochprädikatswein zu keltern. Mit seinem „Wachstum Bodenstein" machte der gebürtige Weinviertler eine eigene, besonders hoch gelegene Lage urbar und schaffte es wider allen Erwartungen, mit enormem Arbeitseinsatz diesen kargen und trockenen Böden einen ganz besonders eleganten, fruchtigen und geschliffenen, hochreifen Riesling abzutrotzen, der zu den feinsten der Wachau zählt.
Die Klassiker im Haus Bodenstein sind ausschließlich Rieslinge und Veltliner von Spitzenlagen wie Klaus, Achleiten, Hollerin oder Steinriegl, die hier immer ganz besonders mineralisch, präzise und feingliedrig geraten.

Symbol für die besten und reifsten Weine der Wachau: die Smaragd-Eidechse

Schmelz

3610 Joching, Weinbergstraße 14

Johann und Monika Schmelz haben den Weinbau ursprünglich im Nebenerwerb betrieben, schafften es aber binnen weniger Jahre, zur absoluten Spitze der Wachauer Winzer vorzustoßen. Durch die vielen verschiedenen Lagen rund um Weißenkirchen und Dürnstein gestaltet sich das Sortiment im Hause Schmelz besonders facettenreich. Da kommt der eine Wein etwas üppiger und opulenter daher, der andere eher fruchtbetont und der dritte streng mineralisch. So gerät eine Degustationstour im neu eröffneten Verkostungslokal „Wein & Genuss" leicht zur Bildungs- und Vergnügungsreise zu den unterschiedlichen Wachauer Weinstilen.

Doch egal, ob die Rieslinge und Grünen Veltliner nun vom Steinriegl, der Dürnsteiner Freiheit, Pichl Point, Höhereck oder Stein am Rain stammen – von feinster Machart sind sie garantiert.

Tegernseerhof – Familie Mittelbach

3601 Unterloiben 12

Die Weine dieses großen Betriebes, in dem sich Franz und Junior Martin Mittelbach die Aufgaben teilen, kann man im pittoresken Heurigen „Alter Klosterkeller" vor der Dürnsteiner Stadtmauer verkosten und genießen. Was auf den ersten Blick – allein schon wegen der Lage – vielleicht ein wenig touristisch anmutet, entpuppt sich bei näherer Betrachtung als ein Hort Wachauer Spitzenweine, die unter anderem von so berühmten Lagen wie Kellerberg, Steinertal und Höhereck gekeltert werden. Auch die leichteren Weine, wie etwa der Kabinett-Typ von der Ried Supperin, sind stets einen Kostschluck wert.

Urbanushof – Paul Stierschneider

3601 Oberloiben 17

Auch im Urbanushof von Paul Stierschneider findet man die ideale Genuss-Kombination von Spitzenwein und Heurigenbetrieb vor. Hochreife, komplexe Rieslinge stammen von Lagen wie Loibenberg und Rothenberg, der würzige Grüne Veltliner ebenfalls vom Loibenberg. Sauvignon blanc und Chardonnay ergänzen das Sortiment in dem kleinen aber feinen Betrieb, das mit einer Riesling Smaragd Selektion „V" (wie „Valentin") nach oben hin abgerundet wird.

Rainer Wess

3601 Unterloiben, Kellergasse

Rainer Wess war zunächst etliche Jahre in der Weinbranche – unter anderem gemeinsam mit Fritz Miesbauer als erfolgreicher Geschäftsführer der Freien Weingärtner Wachau – tätig, ehe er im Jahr 2003 einen kleinen Keller in Unterloiben pachtete und als Weinproduzent selbstständig wurde. Seither steigt die Qualitätskurve seiner Weine stetig nach oben und es verwundert gar nicht, dass seine Spitzentropfen wie Grüner Veltliner vom Pfaffenberg und Loibenberg nicht nur im Inland, sondern auch in Deutschland und der Schweiz großen Anklang finden.

Winzervereinigung

Vinea Wachau

Die Vinea Wachau *(Vinea Wachau Nobilis Districtus)* wurde im Jahr 1983 als Vereinigung der Wachauer Winzer gegründet.
Die Beschränkung, ausschließlich Weine aus dem Weinbaugebiet Wachau zu keltern und das kompromisslose Bekenntnis zu Qualität, Ursprung und Reinheit sind oberstes Prinzip. Der Name Vinea Wachau geht auf Leuthold I. von Kuenring (1243–1313) zurück, der als „oberster Schenk in Österreich" galt. Das Herzstück seiner Besitzungen entsprach dem des heutigen Weinanbaugebietes Wachau.

Die Weine der Vinea-Wachau-Winzer sind entsprechend ihrem natürlichen Alkoholgehalt in drei Kate gorien unterteilt:

Charme und ein vorgeschriebener Alkoholgehalt von maximal 11% Vol. kennzeichnen den „leichtesten Typus" der Wachauer Spitzenweine, die **Steinfeder.** Der Name selbst kommt vom typischen „Steinfedergras" *(Stipa pinnata)*, das in unmittelbarer Nachbarschaft zu den Reben auf den Terrassen der Wachauer Weinberge wächst und in seiner Struktur ebenso federleicht und duftig ist wie der namensgleiche Wein.

Als **Federspiel** werden Weine mit einem Mostgewicht ab 17° KMW und einem Alkoholgehalt zwischen 11,5% und 12,5% Vol. bezeichnet. Der Name „Federspiel" stammt von der Falkenjagd (das Zurückholen des Beizvogels), eine in früheren Zeiten in der Wachau beliebte Form herrschaftlicher Jagd. Ein nuancenreicher und starker Charakter zeichnet diesen klassisch trockenen Wein aus.

Smaragd ist die Bezeichnung für die besten und wertvollsten Weine der Wachau mit einem Alkoholgehalt ab 12,5% Vol. Höchste Traubenreife und eine natürliche Konzentration ermöglichen Weine von großem Format. Smaragd-Eidechsen fühlen sich in den Wachauer Weinbergterrassen besonders wohl. An schönen Tagen sonnen sie sich neben den Rebstöcken und wurden so zum Symbol für Wachauer Weine mit vollendeter physiologischer Reife.

Kremstal

An der Schnittlinie des strengen Waldviertels und des Donautals, das sich hier gegen Osten hin öffnet, befindet sich das Weinbaugebiet Kremstal. Grüne Veltliner und Rieslinge, geprägt von Löss- und Urgesteinsböden, charakterisieren die Region.

Das Kremstal hat gegenüber den meisten anderen österreichischen Weinbaugebieten einen entscheidenden Vorteil: Es ist nicht nur durch eine pittoreske Weinlandschaft geprägt, sondern verfügt mit der Stadt Krems auch über ein urbanes, seit Jahrhunderten eng mit dem Weinbau verbundenes Zentrum. Direkt an der Donau gelegen, bietet Krems über eine sehenswerte Altstadtkulisse hinaus ein modernes Stadtleben mit einer großen Vielfalt an kulturellen sowie Unterhaltungs- und Freizeitangeboten. Umrahmt wird die Stadt von den schönsten Weinbergen der Region, die man in nur wenigen Minuten vom Stadtkern aus „erwandern" kann. Gerade dieses fast unmittelbare Nebeneinander von Stadt und Land, von historischer Substanz und zukunftsorientierten Projekten – mit der verbindenden Klammer des Weins – macht den besonderen Reiz dieser Weinregion aus.

Tatsächlich ist Krems so etwas wie die „Weinhauptstadt Österreichs". Bereits im Mittelalter wurde hier die erste Weinhauerinnung gegründet und der Aufstieg von Krems zur Freien Stadt und zu einem kulturellen und wirtschaftlichen Zentrum für die ganze Region stand immer in direktem Zusammenhang mit dem Weinbau. Im Jahr 1305 erhielt Krems das Stadtrecht mit der Begründung, dass „die Ehre der Stadt in den Wein-

Das KREMSTAL auf einen Blick:

Rebfläche: **2.270 Hektar**

Anteil an der Gesamtrebfläche Österreichs: **4,3 Prozent**

Wichtigste Rebsorten: **Grüner Veltliner: 1.180 ha**
Zweigelt: 283 ha, Riesling: 209 ha

Böden: **Vorwiegend Urgesteinsböden, teilweise Löss**

Weingarten mit Blick auf die Donau *Foto: Geyerhof/Sabine Jellasitz*

Sehenswerte Kulisse: die Altstadt von Krems

Urgesteinslagen zu Füßen der Ruine Senftenberg

gärten" liege. Zwar spielte auch der Handel mit Salz und Eisen eine wichtige Rolle, doch lebten im Mittelalter rund drei Viertel der Kremser Bevölkerung vom Weinbau und -handel; damals entstanden im Stadtgebiet auch die zahlreichen Lesehöfe der Klöster, die den Weinbau in der Wachau und im Kremstal dominierten. Die vielen sehenswerten Bürgerhäuser, Kirchen und öffentlichen Gebäude in der Altstadt von Krems und Stein zeugen noch heute davon, dass Krems jahrhundertelang nach Wien die bedeutendste und reichste landesfürstliche Stadt im „Lande unter der Enns" war. Heute ist Krems eine pulsierende Schul- und Kulturstadt, aber nicht zuletzt auch das Herz des 1993 neu definierten Weinbaugebietes Kremstal, einem der besten Herkünfte für Grünen Veltliner und Riesling in Österreich. Und obwohl die Stadt die Weingärten über die Jahrhunderte nach und nach von ihrem Zentrum an deren Rand zurückgedrängt hat, ist Krems nach wie vor eng mit dem Weinbau verknüpft. Hier findet alljährlich die Niederösterreichische Landesweinprämierung statt, und hier befindet sich neben Rust auch der zweite Standort der Weinakademie Österreich; junge Winzer und Wein-Manager können in Krems eine Vino-HAK absolvieren, historisch Interessierte im WEINSTADTmuseum Einblick in die historische Bedeutung des Kremser Weinbaus gewinnen und Weinfreunde in die zauberhafte Weinerlebniswelt der „Winzer Krems" hinabtauchen. Schließlich besitzt die Stadt sogar ein eigenes Weingut, das auf eine Bürgerspitalsstiftung aus dem Jahr 1210 zurückgeht und damit einer der ältesten weinwirtschaftlichen Betriebe des Landes ist.

Um Krems herum

Doch das Weinbaugebiet Kremstal besteht nicht nur aus Krems allein. Ganz im Süden des Gebietes liegt das geografisch eher dem Traisental zugehörige Hollenburg: Der kleine zwischen Donau und Weinbergen fast eingeklemmte Weinbauort, der

Stift Göttweig, das „Tor zur Wachau" und über Jahrhunderte ein Zentrum der Weinkultur.

heute politisch zur Stadt Krems gehört, ist amtlich gesehen auch deren Geburtsstätte. Bereits im Jahr 861 wurde Hollenburg nämlich in einer Schenkungsurkunde erwähnt, während das älteste Schriftstück, das auf Krems hinweist, aus dem Jahr 995 datiert. Ebenfalls südlich der Donau befinden sich die Orte Furth und Palt am Fuße des Göttweiger Berges, auf dem weitum sichtbar das mächtige Barockstift thront. Bereits bei seiner Gründung im Jahr 1083 wurde das Stift mit weitläufigen Weingärten ausgestattet und es blieb über Jahrhunderte ein weinbauliches Zentrum für die ganze Region. Freilich waren die Benediktiner nicht die Einzigen, die sich hier engagierten: Mehr als 40 Klöster aus Mittel- und Westeuropa erwarben im Mittelalter Weingartenbesitz rund um Krems, und die Mönche machten sich in der Folge besonders um den Weinbau in der Region verdient.

Östlich von Krems befinden sich die Orte Rohrendorf, das vor allem als Sitz des traditionsreichen Weinhauses Lenz Moser bekannt ist, sowie Gedersdorf. In diesem Gebiet wachsen die Weinreben praktisch ausschließlich auf Lössböden, die hier eine Mächtigkeit von bis zu 25 Metern erreichen und als die ältesten Lössformationen Mitteleuropas gelten.

Ein Blick auf die Weinbauorte im eigentlichen Kremstal, wie Stratzing, Senftenberg und Droß, zeigt bald, wie nahe man sich bereits an der Weinbaugrenze befindet. Schon in Droß sind Weinberge nur mehr spärlich zu finden und praktisch alle wichtigen Weinbaubetriebe dieser drei Orte verfügen ausschließlich über Weinberge in den südseitigen Lagen Richtung Krems. Deutlicher als in Krems selbst, Rohrendorf oder Furth/Palt sind im Kremstal bereits rauere Klimabedingungen zu spüren.

Stein, Löss und Schotter

Kein Wunder, denn nur wenige Kilometer nördlich von Krems beginnt bereits das Waldviertel, dessen kühle Winde in Richtung Donau hinabsinken und

Alles rund um den Wein: Im Kremser Weinmuseum kommen Wissbegierige auf ihre Kosten.

für eine besonders intensive Ausprägung der Frucht in den Weintrauben sorgen. Krems selbst liegt geschützt am Fuße der Weinberge, die sich vor allem im Westen steil hinter der Stadt erheben. Hier spannt sich der Bogen bekannter Rieden bis an die Grenze des Weinbaugebietes zur Wachau. Zu den bekanntesten zählen der Obere Weinzierlberg, Kremsleithen, Wachtberg, die Urgesteinslage Kremser Kögl, Goldberg, Steiner Hund und schließlich, als Abschluss ganz im Westen, der Steiner Pfaffenberg. Auch rein optisch sind diese Rieden wohl die schönsten des Kremstals, da sie großteils aus steil angelegten und von Trockensteinmauern gestützten Terrassen bestehen.

Die Donau, die das Gebiet in der Mitte durchschneidet, sorgt für eine konstante Feuchtigkeit und wirkt temperaturausgleichend, was oft die Frostbildung in den Weingärten verhindert. Nach Süden und Osten hin öffnet sich das enge Donautal, wodurch Ausläufer des warmen, pannonischen Klimas hier an Bedeutung gewinnen: Durch sie reifen die Trauben optimal aus, was sich in vollmundigen und harmonischen Weinen niederschlägt.

Was die Stilistik der Kremstaler Weine angeht, so besteht zwar eine gewisse Verwandtschaft mit jener der angrenzenden Weinbaugebiete Wachau, Kamptal, Traisental und Wagram, dennoch lässt sich eine durchaus eigenständige Linie erkennen. Bedingt ist diese durch klimatische Faktoren – das Zusammenspiel von kühlen Winden aus dem Waldviertel, der temperaturausgleichenden Wirkung der Donau und den warmen, pannonischen Einflüssen –, aber auch durch die sehr unterschiedlichen Böden in den Weingärten. Dominierend sind dabei vor allem im Osten von Krems die sandigen Lössböden: mächtige, sehr wasserdurchlässige Schichten, die in der Eiszeit angeweht wurden. Sie bilden ideale Bedingungen für den Grünen Veltliner, der hier seine typische pfeffrige Würze und seinen milden, zugänglichen und süffigen Charakter erhält. Da Löss – neben Konglomeratböden, Urgestein und Mischböden im Süden – die bestimmende Bodenbeschaffenheit

im Kremstal ist, haben die Grünen Veltliner vom Löss jenes Geschmacksbild geprägt, das heute als typisch für die Region gilt. Die Weine präsentieren sich meist schon in der Jugend offen und zugänglich, mit feiner, oft pfeffriger Würze im Duft, reifer, angenehmer Säure und harmonischem Charakter. Ebenfalls von Bedeutung sind die so genannten Konglomeratböden (eine harte Mischung aus Löss und Gestein), die vor allem auf einem Streifen zu finden sind, der am Weinzierlberg beginnt und sich unter der Donau bis nach Hollenburg hinüberzieht (Hollenburger Konglomerat). Vor allem der Riesling fühlt sich auf diesem eher kargen Boden wohl, entwickelt aber auf den „Urgesteinsböden", wie etwa am Kremser Kögl oder Pfaffenberg, noch mehr Mineralik, feine Fruchtigkeit und kühle Eleganz, also eine Stilistik, die jener der Wachauer Rieslinge nicht unähnlich ist.
Südlich der Donau findet man neben den genannten Formationen auch noch Böden mit Donauschotter im Untergrund und einer Auflage von fetten, nährstoffreichen Braun- und Schwarzerden: Hier fühlen sich vor allem Rotweinreben wie der Zweigelt oder sogar der Cabernet Sauvignon wohl.

Kritisch betrachtet

Lange Zeit ist man in Krems einer Gefahr erlegen, die nur dann droht, wenn man auf eine große Vergangenheit zurückblicken kann: in ihr zu leben. Während in vielen anderen Weinbaugebieten nach 1985 junge Winzer einen Neubeginn versuchten und mit großer Dynamik daran gingen, das zu produzieren, was man heute ohne Übertreibung als „Weinwunder" bezeichnen kann, schien man sich in Krems auch weiterhin auf den Lorbeeren der Vergangenheit ausruhen zu wollen. Mit verklärtem Blick auf das Gold der – eigenen – Landesweinprämierung, das mehr und mehr seinen Glanz verlor, hielten insbesondere die großen Betriebe an Strukturen fest, die sich zusehends überlebten. Auch das an sich gut organisierte und funktionierende Genossenschaftswesen erwies sich in dieser Zeit des schnellen Umbruchs zumindest vorderhand als hinderlich: Ein wendiger, kleiner Segler ändert nun einmal schneller seinen Kurs, als ein Ozeanriese, der grundsätzlich auf Geradeauslauf programmiert ist. Wenig Auftrieb gab und gibt wohl auch das bekannte „Wachau-Syndrom": Während Krems und die Wachau historisch gesehen stets eine Einheit gebildet haben und Krems von der Wachau etwa im touristischen Bereich sehr wohl „mitverkauft" wird, wollen sich die außerordentlich erfolgreichen Wachauer in Sachen Weinbau nicht mit den Kremsern in ein Boot setzen. Kein Wunder, dass hier so mancher Blick neidvoll den Donaustrom hinaufwandert, was dem önophilen Selbstwertgefühl sicher nicht zuträglich ist.
Erst in den letzten Jahren ist eine Trendwende erkennbar: Junge Winzer treten wieder selbstbewusst – und mit guten Weinen – als Kremser auf und die traditionsreichen Betriebe haben sich fast durch die Bank zu großen Investitionen und einem Neuanfang entschlossen. Das sind ermutigende Zeichen, für Euphorie ist es aber sicher noch zu früh. Denn der Markt hat sich in zwanzig Jahren verändert: Die Konkurrenz ist groß, und nur wer in Zukunft kontinuierlich Spitzenqualität anbieten kann, wird seinen Platz zu behaupten vermögen.

Die besten Lagen

KREMS UND STEIN

Pfaffenberg

Der Pfaffenberg ist die westlichste Lage von Krems und markiert die Grenze zum Weinbaugebiet Wachau, wobei ein kleiner Teil sogar dieser zugehörig ist. Der Name rührt davon her, dass sich diese Ried früher zur Gänze im Besitz der Geistlichkeit befand. Die steile, von Natursteinterrassen gestützte Lage erhebt sich direkt hinter Straße und Bahnlinie und liegt damit so nahe an der Donau wie keine andere im Kremstal. Auf massivem Fels findet man hier nur eine geringe Auflage von Verwitterungsböden mit wenig Wasserspeichervermögen, zudem ist die Lage sehr windausgesetzt: Nur durch eine Bewässerungsanlage können Trockenschäden verhindert werden. Bertold Salomon, der hier die Weingärten der Metternich'schen Besitzungen bewirtschaftet: „Die Reben haben durch die kargen Böden schwierige Wachstumsbedingungen und sind einem gewissen Stress ausgesetzt. Die Weine sind daher eher hart und besonders mineralisch!" Die Lage ist deshalb prädestiniert für Rieslinge.
Winzer: Salomon, Winzer Krems

Steiner Hund

Der Steiner Hund ist eine südseitige Terrassenlage mit kristallinem Untergrund (Urgestein) und Konglomeratböden, die teilweise von sandigen Lössanwehungen bedeckt sind. Auch diese Lage wird bewässert und erbringt daher gleichbleibende Qualitäten. Durch den mineralischen Untergrund ist sie prädestiniert für den Riesling.
Winzer: Nikolaihof – Saahs

Steiner Goldberg

Der nach Südosten ausgerichtete Steiner Goldberg gilt traditionell als eine der besten Lagen der Region. Hier wurden in den 20er Jahren die ersten Müller-Thurgau-Reben Österreichs ausgesetzt. Heute bieten die mit mächtigen, sandigen Schichten bedeckten Konglomeratböden gute Voraussetzungen für Grünen Veltliner und Riesling.
Winzer: Winzer Krems

Ein wahrer Wein-Methusalem: 50-jähriger Traminerrebstock in den Kremser Weingärten von Salomon-Undhof

Kremser Kögl

Der Kögl gilt als der beste Teil des Kremser Kreuzbergs. Die Lage ist nach Süden ausgerichtet und weist ein geschütztes Kleinklima auf. Auf kristallinem Urgestein findet man hier das eher seltene, stark verwitterte, weiche Schiefergestein. Nur dank der Natursteinterrassen ist hier Weinbau möglich, da die Humusauflage sehr dünn ist und zum Teil der nackte Fels bis an die Oberfläche durchdringt. Dieser karge Boden bringt besonders mineralische und duftige Rieslinge hervor.
Winzer: Salomon, Weingut der Stadt Krems

Wachtberg

Zwischen Kögl und Wachtberg vollzieht sich der Übergang zwischen Urgestein und Löss, oder, wenn man so will: Hier ist die eigentliche, geologische (und wohl auch logische) Trennlinie zwischen Wachau und Kremstal. Der Wachtberg ist eine südostlich

Der Steiner Goldberg mit seinen mächtigen Sandböden gilt als eine der besten Lagen der Region.Foto: ©Winzer Krems

PRIEL
STRATZING - DROSS
SENFTENBERG
IMBACH
REHBERG
EGELSEE
KREMS an der Donau
STEIN an der Donau
PALT
OBERFUCHA
FURTH bei Göttweig
AIGEN
STEINAWEG
GÖTTWEIG
PAUDORF
EGGENDORF
HÖRFARTH
MEIDLING
Gföhl
Langenlois
Dürnstein, Spitz an der Donau
St. Pölten
Weinbaugebiet Wachau
SENFTENBERG
STRATZING
HOFSTATT
IMBACH
GRIES
PLATZL
REHBERG
GNEIXENDORF
EGELSEE
ALAUNTAL
KREMS
a. d. Donau
STEIN
a. d. Donau
FÖRTHOF
REISPERBACHTAL
DONAU
PALT
BRUNNKIRCHEN
OBERFUCHA
FURTH
bei Göttweig
AIGEN
STEINAWEG
KLEINWIEN
PAUDORF
EGGENDORF
HÖRFARTH
MEIDLING
Hochsatzen
Emerlingtal
Kiesling
Gärtling
Hochäcker
Rammeln
Pellinger
Kreuzschragen
Galgenberg
Limberg
PULFERTURM
GOLDBERG
Goldberg
Spitaller
Birbaum
Kobl
Gebling
Kerschbaum
Frechau
SANDGRUBE
THALLAND
Thalland
Kühberg
SOMMERLEITEN
Spiegel
Sommerleithen
Fauchа
Wachtberg
Kögl
Kremsleithen
Sandgrube
Weinzierlberg
PFAFFENBERG
Steiner Pfaffenberg
Goldberg
Danzern
Gaisberg
Altenburg
Hund
Pitschental
Unter Ziestel
Obere Ziestel
Innausen
Steinhagen
Maring
Hochrain
Sprinzenberg
Neuberg
Katzengraben
Silberbügel
Oberfeld
Hadratstall
Hohenäcker
Steinling
Schlucht
Stift Göttweig
Panholz
Predigtstuhl
Waxenberg
Groß Gebirg
Spickenberg
Hellerhof
Kogl
Reutberg
Hirschberg
Tannenboden
Sieben Marksteine
Sandplatz
Adalbertrast

GEDERSDORF
Weinbaugebiet Kamptal
Hadersdorf am Kamp
Heide
Mosburgerin
Vordern Berg
Satzen
Weitgasse
Steingraben
Tiefenthal
Spiegeln
Wieland
Zehetnerin
Reisenthal
Paschingerin
March-gasse
Eben
GEDERSDORF
Neusiedeln
Leimern
Leithen
Meisel-ackern
Weingut
BRUNN im Felde
Obere-Ganslgasse
Untere-
Im Talheim
Leimbacher
In der Sutten
Saherken
ROHRENDORF
STRATZDORF
Grafenwörth, Tulln
NEUWEIDLING
a. d. Donau
ALTWEIDLING
Steinriegel
SCHLICKENDORF
Almerfeld
Kläranlage
Krems
DONAUDORF
THEISS
Herzogenburgerin
Neureut
Schinderau
Krw. Theiß
Beim Fieglkreuz
Theißer Au
DONAU
Riedhaufenau
Wurmsaumlacke
Wurmsaum
HOLLENBURG
Steinplatten
Marktwasser
Ruine Bertholdstein
KLEEDORF
Lusthausberg
Hollenburgern
In Schrötten
Wolfsberg
Erdschüssl
AM GLOCKENBERG
Kleedorf
KREMSER KOGL
In Schiefern
Neu-bergern
Point
Kogl
Schiffberg
Wetterkreuz
Langen-Hadinger
Traismauer, St. Pölten
Hopfengrund
Eich-buhelt
Mitter-weg
KRUSTETTEN
Dreikreuz
Weinbaugebiet Traisental
Stauden
Himmelreich
HÖBENBACH
Eichholz
BRUNN im Felde
ROHRENDORF
STRATZDORF
NEUWEIDLING
NEUSTIFT an der Donau
ALTWEIDLING
SCHLICKENDORF
THEISS
THALLERN
BRUNNKIRCHEN
ANGERN
HOLLENBURG
TIEFENFUCHA
KRUSTETTEN
HÖBENBACH

ausgerichtete Lage mit großen Terrassen und Lössböden, die sich bestens für Grüne Veltliner eignen.
Winzer: Salomon, Weingut der Stadt Krems

Oberer Weinzierlberg

Auf einem Urgesteinsuntergrund liegt hier eine Lössauflage mit einer Mächtigkeit von einem halben bis einem dreiviertel Meter. Die Weine von dieser Lage weisen darum einerseits die Cremigkeit und Fülle der Lössböden auf, bringen aber auch die Mineralität und Würze des Urgesteins mit.
Winzer: Aigner, Josef Schmid, Weingut der Stadt Krems, Türk

Kremsleiten

Kremsleiten ist eine Terrassenlage am Eingang des Kremstals mit derselben Ausrichtung nach Süden und damit zur Donau wie der Kremser Kögl, der Pfaffenberg oder der Loibenberg. Auf kristallinem Gestein mit einer kalkhaltigen Sandauflage dominiert der Riesling, der hier eine prägnante Marillennote und eine leicht cremige Textur zeigt.
Winzer: Nigl, Mayr

Sandgrube, Frechau, Gebling (Kremser und Rohrendorfer Gebling)

Als Heimadresse der Genosssenschaft Winzer Krems wurde die Ried Sandgrube gleichsam zum Synonym für Kremser Wein. Durch das Aufblasen zur „Großlage" mit 350 Hektar verlor sie ihr einstmals gutes Image, durch den Bau der Schnellstraße von Krems nach Langenlois, die sie in zwei Hälften teilte, auch einen Teil ihrer Qualität. Dennoch ist die eigentliche Ried Sandgrube nach wie vor eine gute Lage, die auf warmen Lehm- und Lössböden ausgezeichnete, regionstypische Grüne Veltliner bringt.
Über die Lagen Sandgrube, Frechau und Gebling sagt Martin Nigl, der in etlichen Kremser Rieden Weingärten bewirtschaftet: „Das sind alles gute Lagen, aber durch die tiefgründigen Lössböden ergeben sich beim Charakter der Weine kaum Unterschiede. Wenn, dann sind diese eher auf den Lesezeitpunkt, das Pflanzmaterial oder die Weingartenarbeit zurückzuführen!"
Winzer Sandgrube: Aigner, Nigl, Weingut der Stadt Krems, Winzer Krems
Winzer Gebling: Berger, Buchegger, Hermann Moser, Sepp Moser, Josef Schmid, Mayr

Schutz vor Erosion und Austrocknung: begrünter Weingarten bei Krems

SENFTENBERG

Ehrenfels

In der Nachkriegszeit war das Interesse an den schwierig zu bearbeitenden Hanglagen gering; geschätzt wurden einfach – und später auch maschinell – bearbeitbare Lagen im Flachland, die bei geringerem Arbeitsaufwand höhere Erträge versprachen. Auch die Ried Ehrenfels zu Füßen der Ruine von Senftenberg lag deshalb Jahrzehnte lang brach, ehe sie Franz Proidl Ende der 80er Jahre rekultivierte. Die kleine, nach Süden ausgerichtete und mit Trockensteinmauern fein säuberlich terrassierte, steile Hanglage weist auf kristallinem Untergrund karge Verwitterungsböden auf, somit optimale Voraussetzungen für typische Rieslinge mit feiner Marillenfrucht und hoher Mineralik.
Winzer: Proidl

Hochäcker

Mit Weinen von der Lage Hochäcker machte sich Martin Nigl aus Senftenberg in der Weinszene einen Namen. „Die Lage ist ein Teil vom Senftenberger Piri", erklärt er. „Hier ist es nicht so steil, deshalb brachte Hochäcker vor der Zeit der Bewässerung regelmäßig sehr gute Qualitäten – weil die Nährstoffversorgung immer optimal war. Dagegen war die Qualität beim Piri immer auch vom Witterungsverlauf und vom Alter der Rebstöcke abhängig. Seit hier bewässert wird, haben sich diese Unterschiede allerdings nivelliert. „Piri" ist allerdings keine offizielle Lagenbezeichnung: Die Trauben für Nigls Weine, die unter dieser Bezeichnung vermarktet werden, stammen von den Urgesteinslagen **Rammeln** und

Da lacht das Herz des Weinfreundes: Kellerschätze aus mehreren Jahrzehnten im Geyerhof Foto: Geyerhof/Sabine Jellasitz

Pellingen, die gemeinsam mit Hochäcker so etwas wie die „Grands Crus" von Senftenberg bilden.
Winzer: Nigl, Proidl

ROHRENDORF

Paschingerin, Atriumweingarten

Die Lagen Paschingerin und Atriumweingarten gelten als Rohrendorfer Spitzenlagen. Auf tiefgründigen Lössböden fühlt sich hier vor allem der Grüne Veltliner sehr wohl.
Winzer: Niki Moser

Veltliner-Boden: Lössterrassen bei Rohrendorf

FURTH-PALT

Höhlgraben

Teile der Riede Höhlgraben weisen Urgesteinsböden auf – sie sind der hochwertigere Bereich. Die Lage ist auch von der Ausrichtung her begünstigt: Sie blickt bei kräftiger Hangneigung nach Westen und fängt die Sonnenstrahlen am Abend besonders lange ein. Die Lage eignet sich gut für Rieslinge und Veltliner.
Winzer: Malat

Steinbühel

Steinbühel ist eine besonders karge Urgesteinslage, die sehr mineralische Rieslinge bringt. Gerald Malat weiß über die „Urbarmachung" seiner Weingärten am Steinbühel eine amüsante Geschichte zu erzählen: „Steinbühel ist die älteste urkundlich erwähnte Lage in der Region, aber die Leute erklärten mich für verrückt, als ich hier Weingärten gekauft habe. Sie meinten, auf diesem steinigen Grund könnte ich nicht einmal die Reben setzen ... Beim Bau der Donaubrücke nach Krems hatte dann die Baufirma auf einem Grund in der Lage Steinbühel eine Eisenbiegerei eingerichtet. Die brauchten die Zufahrt über meinen Weingartenweg – dafür lieferten sie mir den Humus vom Bau der neuen St. Pöltener Schnellstraße. Jetzt hatte ich darunter meinen felsigen Urgesteinsboden und darüber einen Meter Erde – und so war ich sehr wohl in der Lage, meine Reben zu setzen!"
Winzer: Malat

Über den Wein

Gerald und Michael Malat
Bordeaux an der Donau

„Die Lage heißt Satzen – eigentlich kein besonderer Name“, erklärt Gerald Malat schulterzuckend und zeigt auf die kraftstrotzenden Cabernet-Reben, die er Ende der 70er Jahre gesetzt hat. Gut, der Schotter im Untergrund ist hier von fruchtbarem Humus bedeckt, aber die Donau ist genauso nah wie die Gironde an den Weingärten von Latour … „Donau-Bordeaux“ werden Malats Rotweine manchmal genannt, fällt mir ein und ich denke mir: So abwegig ist das gar nicht. Während mir Gerald Malat in seiner Bauernstube seine Rotwein-Geschichte erzählt, trinken wir dennoch Pinot noir; der Mann ist eben wirklich vielseitig. „Als ich mit meiner Frau Wilma im Jahr 1975 den Betrieb übernommen habe, fuhr ich von einem guten Hotel und Restaurant zum nächsten und wollte den Wirten einen Wein verkaufen“, kramt er in den Erinnerungen, „und da wurde mir schnell klar: Das kann es nicht sein, die Doppler beim Wirt in den Keller zu schleppen und mir dabei, wegen meiner Größe, jedesmal den Kopf anzuhauen.“

Was ihm noch auffiel: Immer wieder wurde er von den Kunden nach Rotwein gefragt. „In unserem Betrieb gab es damals nur ein bisschen St. Laurent; eher hell, eher dünn …, das wollte ich ändern.“ Also pflanzte er Rotwein aus und versuchte, im Keller auch solchen zu keltern, wobei ihm seine technische Ausbildung sehr zugute kam. „Ich hatte von Direktor Haushofer von der Universität für Bodenkultur gehört, dass man mit einer Maischeerwärmung mehr Farbausbeute erzielen kann. Also konstruierte ich aus einem alten Brennkessel und einem Kupferrohr, mit dem ich das heiße Wasser durch die Maische geleitet habe, eine primitive Heizung.“ Der Erfolg ließ nicht lange auf sich warten: Mit einem Zweigelt wurde Malat 1977 niederösterreichischer Landessieger – zum Erstaunen vieler. „Es gab Stimmen, die sagten:

‚Das kann doch nicht sein, dass einer aus Krems beim Rotwein den Landessieger stellt.'"
Es sollte nicht das letzte Mal sein, dass Malat Gegenwind verspürte: 1977 wurde ihm für einen Wein, den er nach England exportieren wollte, das Weingütesiegel verweigert. Begründung: Dem Wein sei Deckwein zugesetzt worden – wegen der dunklen Farbe. Doch die Kämpfernatur Malat gab nicht auf: Er zitierte in einem Brief die Ausführungen von Direktor Haushofer zu diesem Thema – und bekam sein Gütesiegel.
Von Beginn an arbeitete Malat systematisch, ließ Bodenuntersuchungen vornehmen – was damals noch absolut unüblich war. „Rotweinreben wurden meistens gesetzt, wo Müller-Thurgau und Neuburger gerodet worden waren; das waren allerdings oft Lagen, auf denen ein Skilift besser funktioniert hätte als ein Weingarten."
Er wollte es besser machen, wollte Cabernet Sauvignon produzieren und diesen im Barrique ausbauen. Im Norden von Palt fand er dafür die richtigen Böden – fette Erde oben, Donauschotter unten. Mussten nur noch die Reben her, die damals in Österreich aber noch gar nicht ausgepflanzt werden durften. Gemeinsam mit dem Ex-Skirennläufer und Schnaps-Zampano Wolfram Ortner begab sich Malat also auf Beutezug nach Frankreich, und schmuggelte seine Cabernet-Setzlinge – deklariert als Zierpflanzen für Ortners Hotel in Bad Kleinkirchheim – ins Land. Bis die Reben in den Ertrag kamen, war Cabernet Sauvignon bereits in den Rebsortenkataster aufgenommen und Malats Weine machten von Beginn an Furore. Mit seiner 1981er „Cuvée Limousin" aus Cabernet und St. Laurent stellte er den ersten im Barrique ausgebauten Rotwein, der Falstaff-Sieger wurde.
Doch war dieser Erfolg durchaus nicht unumstritten: Ebenso wie Lenz Moser, der ebenfalls bereits mit dem Barriqueausbau experimentierte, bekam Malat einen „Drohbrief" von Großwinzer Helmut Osberger aus Straß, in dem dieser die beiden bezichtigte, den österreichischen Rotwein „mit Eichenlohe" zu ruinieren.
Malat ließ sich jedoch nicht beirren und holte sich – noch vor dem Beginn des burgenländischen Rotweinwunders – eine Auszeichnung nach der anderen. „Ich war sicher einer der Ersten, die sich mit dem biologischen Säureabbau beschäftigt haben", erinnert er sich, „und ich habe mich intensiv mit dem Thema Kellertechnik auseinandergesetzt. Es gab wenig Konkurrenz, das Geschäft ging gut und das verdiente Geld haben wir immer sofort wieder in den Keller investiert." So sicherte sich Malat einen festen Platz in der heimischen Rotweinszene und konnte diesen auch behaupten, als die süßeren, fetteren Rotweine aus dem Burgenland in Mode kamen. Heute freut er sich, weil das Pendel wieder mehr in Richtung seines strukturierten, fruchtig-eleganten Weintyps ausschlägt. „Ich glaube", resümiert er, „dass Wein grundsätzlich eher ein traditionelles als ein trendiges Produkt ist. Bleibt man der Qualität und seiner Richtung treu, wird man sich langfristig immer durchsetzen."

Martin Nigl
Botrytis tut gut

Vor Martin Nigls kometenhaftem Aufstieg zu einem der besten Weißweinproduzenten des Landes kam das Kremstal auf der heimischen Weinlandkarte praktisch nicht vor. „Unsere Subregion war deshalb nicht so bekannt, weil in Krems die Genossenschaft traditionell sehr stark war und die meisten Betriebe ihre Trauben dorthin geliefert haben", erklärt Nigl, während wir uns auf ein köstliches Mittagessen in seinem hübschen Restaurant freuen. Es ist in den 800 Jahre alten, ehemaligen Klosterhof am Fuße der Senftenberger Ruine integriert, den Nigl zu einem romantischen Hotel und zum „Verwaltungszentrum" seines Weinguts ausgebaut hat. „Doch als ich in den

Betrieb kam, war der optimale Zeitpunkt um selbstständig zu werden. Die Weinbranche wurde neu gemischt und man hatte die Möglichkeit, hochwertige Hanglagen zu erwerben, die bis dahin kaum jemanden interessiert hatten." Allerdings glaubte zu dieser Zeit niemand ernsthaft, dass in Senftenberg, Rehberg oder Stratzing wirklich große Weine entstehen könnten. Nigl erinnert sich schmunzelnd an eine Diskussion mit dem damals schon omnipräsenten Weinpfarrer Denk: „Er meinte, nur die Wachau sei das Premiumgebiet und bei uns könne nichts Vergleichbares wachsen." Spätestens 1988 kam diese Theorie jedoch ins Wanken: Gemeinsam mit Franz Hirtzberger aus Spitz lag Nigl bei einem österreichisch-deutschen Riesling-Vergleichskampf ganz vorne. „Da wurden die Leute das erste Mal darauf aufmerksam, dass auch da hinten sehr gute Qualitäten entstehen können", erinnert sich Nigl, der in der Folge bei so mancher Verkostung bewies, dass seine Urgesteins-Rieslinge und -Veltliner den großen Wachauern um nichts nachstehen.

Mehr als zwanzig Jahrgänge hat er inzwischen auf die – neuerdings ausschließlich mit „Schrauber" verschlossenen – Flaschen gefüllt, und obwohl er mit seinem lausbubenhaften Lachen noch fast jugendlich wirkt, hat sich beim Senftenberger schon so etwas wie Altersweisheit eingestellt. Über seinen mächtig-vollmundigen Riesling von der Senftenberger Spitzenlage Hochäcker etwa meint er: „Da sind so 15 Prozent Botrytisanteil dabei." So etwas habe ich von einem Winzer noch selten gehört, gilt doch Botrytis generell als Feind von Frucht und Reintönigkeit. „Das war früher sicher nicht unser Stil", klärt mich Nigl auf, „aber man wird – auch durch die Erfahrung – mit der Zeit ein bisschen liberaler und gelassener. Ich habe beim Jahrgang 2000 bemerkt, dass Botrytis dem Riesling absolut guttun kann – nur müssen die Bedingungen stimmen: zuerst Feuchtigkeit und dann trockenes Schönwetter – damit die Trauben perfekt eintrocknen können. Heute sage ich: Wenn die Botrytis passt, stören mich beim Riesling 15 bis 20 Prozent nicht – weil die Frucht nicht darunter leidet, sondern eine zusätzliche, interessante Dimension erhält."

Bertold Salomon
Wein aus Austr(al)ia

Einerseits steckt die Reiselust wohl bereits in den Genen; schon ein Vorfahre von Bertold Salomon ist nach Australien ausgewandert. Andererseits hatte er im Rahmen seiner Ausbildung, die ihn unter anderem zu einem New Yorker Weinhändler führte, und später durch seine Tätigkeit als Geschäftsführer der ÖWM reichlich Gelegenheit, die Welt des Weines kennenzulernen. Dass er den Undhof in Krems, den sein älterer Bruder Erich führte, einmal übernehmen würde, war eigentlich gar nicht vorgesehen und deshalb begann er schließlich – von der österreichischen Öffentlichkeit zunächst völlig unbemerkt – eine Weinproduktion in Australien aufzubauen. Heute steht das Weingut Salomon auf zwei Beinen: dem Undhof in Krems-Stein, wo ausschließlich Weißweine produziert werden, und dem Weingut Finniss River in Südaustralien, das die Roten und etwas Olivenöl beisteuert. Rund die Hälfte seiner Weine exportiert Salomon, wobei sich hier ja die Betrachtung etwas verschiebt. „Australien ist für uns ein zweiter Heimmarkt", beleuchtet Salomon, der soeben von dort zurückgekehrt ist, die Situation. „Wir verkaufen den Rotwein aus Australien gut auf dem österreichischen Markt und den Weißwein aus Österreich auf dem australischen. Kein anderer heimischer Winzer verbringt so viel Zeit in Australien wie ich – und die nutze ich natürlich auch, um dort österreichischen Wein bekannt zu machen und zu verkaufen." Neben seinen eigenen sind das momentan die Süßweine von Alois Kracher, und Bertold Salomon kann sich gut vorstellen, in Zukunft noch weitere heimische Winzer in „Down Under" zu vertreten. Dabei geht es jedoch nicht nur um den australischen Markt selbst, wie der Pendler zwischen zwei Welten erklärt: „Australien öffnet uns für den österreichischen Wein auch den Zugang zum südostasiatischen Raum – da gibt es einen regen Austausch und das wollen wir nutzen."

Die Perspektiven für den heimischen Wein beurteilt Salomon – jetzt noch einmal eher ÖWM-Chef als Winzer – als sehr positiv. „Wir haben zwar schwer verständliche Etiketten und kleine Strukturen, aber die Qualität ist auf breiter Basis sehr hoch und unsere Klientel ist auch dazu bereit, sich mit den Weinen und ihrer Nomenklatur auseinanderzusetzen." Für die Zukunft sieht Salomon darum dieses Rezept: „Wir müssen einerseits verhindern, dass in Österreich schlechte Qualitäten produziert werden, die unseren Ruf im Ausland beschädigen könnten. Andererseits müssen wir die Chancen nutzen, die sich uns auf Märkten wie den USA, wo ich große Zukunftsperspektiven sehe, aber auch in Deutschland, wo speziell Rotwein und Grüner Veltliner gefragt sind, der Schweiz, Holland oder Großbritannien bieten."

Franz Ehrenleitner
Die Gemeinschaft der Winzer

„Es hat sehr lange gedauert, unseren Winzern klarzumachen, dass sie einer Gemeinschaft angehören, die auf ihre sorgfältige Arbeit angewiesen ist", resümiert Franz Ehrenleitner, Langzeitdirektor der Genossenschaft Winzer Krems. Ein Prozess, der sicher niemals

ganz abgeschlossen ist, „doch haben wir hier ein Umdenken erreicht. Unsere Weinhauer wissen heute, dass sie nicht nur einfach Trauben produzieren, sondern dass es da einen Markt gibt, der hohe Erwartungen hat." Unterstützt wird dieser Prozess durch ein Team von Beratern, die jeden Weingarten der Mitglieder zumindest einmal im Jahr besuchen und Gespräche mit den Winzern führen. Außerdem wird der Reifezustand vor der Lese überprüft, daraus resultierend der Erntezeitpunkt bestimmt und die Lieferanten je nach Erfüllung der Vorgaben bezahlt. Gut bezahlt, wie der Direktor betont. „Alle Weingärten sind bei uns klassifiziert und dort, wo ein höherer Bearbeitungsaufwand nötig ist, wird das auch abgegolten. Wir geben in der Region den Preis für Trauben vor – aber das geht natürlich nur, wenn wir das Unternehmen auch erfolgreich führen können."

Eine Voraussetzung, die man durchaus erfüllt. Die Absatzzahlen im Handel steigen stetig, die Exportquote liegt bei gut 25 Prozent und das Unternehmen hat kein Problem damit, Weine von rund 1.000 Hektar Rebfläche gut zu verkaufen. „Wir erfüllen hier eine sehr wichtige Funktion", unterstreicht Ehrenleitner die Bedeutung des Betriebes für die Region: „Wenn diese Menge Wein am freien Markt wäre, hätten wir Fasswein-Marktverhältnisse. Die Genossenschaft ist für die Winzer attraktiv, weil wir Stabilität in der Vermarktung bieten und das Qualitäts- und Preisniveau hoch halten."

Doch der Ehrgeiz des begeisterten Hobbysportlers Ehrenleitner geht über den bereits erreichten Status hinaus: „Als Genossenschaft wird man ja besonders kritisch gesehen. Wir möchten darum mit unseren Spitzenweinen auch bei Blindverkostungen reüssieren." Dafür wurde schon vor Jahren ein eigenes „Premiumprogramm" gestartet, in dessen Rahmen 50 Hektar Weingärten in besten Lagen ganzjährig intensiv betreut werden. Ein Aufwand, der Erfolge zeigte. So konnte man sich unter anderem darüber freuen, dass der Grüne Veltliner Wachtberg vom renommierten „Beverage Testing Institute" in Chicago neben zwei Weinen von Willi Bründlmayer und Toni Bodenstein unter die „100 besten Weine der Welt" gewählt wurde.

Die Winzer

Frischer Wind in alten Mauern. Weingut der Stadt Krems *Foto: Weingut der Stadt Krems ©Astrid Bartl*

Aigner

3500 Krems, Weinzierl 53

Das Kremser Wein-ABC beginnt mit A. Wie Aigner. Wer sich ein Geschmacksbild von einem idealtypischen Kremser Grünen Veltliner vom Löss machen will, der ist hier an der richtigen Adresse. Aigners Veltliner stammt von der legendären Lage Sandgrube und zeigt genau jene pfeffrige Würze und – vor allem im hochreifen Bereich seiner „Privatfüllung" – obstig-exotische Note, die man sich von diesem Wein erwartet. Aber, wer's kann, der kann's: Auch Aigners Riesling vom Weinzierlberg ist immer wieder ein Genuss: zart-fruchtig, mit mineralischer Note und – so wie alle Aigner-Weine – einfach fein zu trinken.

Buchegger

3494 Gedersdorf, Weinbergstraße 9

Walter Bucheggers Weine sind zwar olympisch – seit vielen Jahren steht auf der Weinkarte des Österreich-Hauses bei Olympischen Spielen der Name Buchegger ganz oben – aber keineswegs verspielt. Präzise arbeitet Buchegger bei seinen Grünen Veltlinern und Rieslingen die Sorten- und Lagencharakteristik heraus. Größtenteils stehen seine Reben auf Löss, teilweise aber auch auf Konglomerat-Verwitterungsböden. Die besten Grünen Veltliner wie jener von der Lage Moosburgerin oder die Reserve „Leopold" präsentieren sich dicht und konzentriert, mit tabakiger Würze und exotischen Fruchtaromen im Duft. Weine, die meist schon früh zugänglich sind, aber über etliche Jahre noch an Komplexität zulegen.

Forstreiter

3506 Krems, Hollenburg 13

Zinfandel im Kremstal? Gibt es. Bei Meinhard Forstreiter. Die Sorte hat ihn auf einer Amerikareise fasziniert, also hat er sie kurzerhand ausgepflanzt. Das Ergebnis ist ein vollmundiger, geschmeidiger Wein mit Anklängen von Dörrobst in der Nase, der in warmen Jahrgängen durchaus ein New-World-Feeling vermittelt. Doch Rotwein ist für die Forstreiters keineswegs nur eine Spielerei. Sie zählten zu den Ersten in der Region, die Rotweinreben in gute Lagen gepflanzt haben, und erzielten damit auch entsprechende Ergebnisse, indem sie etwa mit ihrem Blauburger zweimal den niederösterreichischen Landessieger stellten. Es lohnt sich jedenfalls, hier den Zweigelt oder die Reserve vom St. Laurent zu kosten. Drei Viertel der Produktion machen aber die Weißweine aus, wobei man den Grünen Veltliner in verschiedenen Terroir-Varianten anbietet und mit einem Riesling von der Lage Schiefer auch eine interessante und eigenständige Interpretation dieser Edelsorte im Keller hat.

Geyerhof

3511 Furth bei Göttweig
Oberfucha 1

Ilse Maier bewirtschaftet die 16 Hektar Weingärten ihres stattlichen Geyerhofs seit Jahren nach den strengen organisch-biologischen Grundsätzen des ERNTE-Verbandes. Das ist zwar nur eine Hintergrundinformation, allerdings eine aufschlussreiche: Denn tatsächlich sind Maiers Weine Musterbeispiele dafür, wie man ein Produkt der Natur möglichst schonend verarbeiten und in die Flasche bringen kann. Ihre Weißburgunder, Veltliner und Rieslinge, die teils von Löss-, teils auch von Urgesteinsböden stammen, haben so gar nichts „Gemachtes", sondern zeigen eine vibrierende Lebendigkeit und eine natürliche Präsenz, die nicht nur große Trinkfreude bereiten, sondern jeden Schluck zu einem spannenden Erlebnis machen. So könnte der Wein der Zukunft aussehen – ein grundehrlich gewachsenes Genussmittel, das nichts anderes als die Traube selbst widerspiegelt.

Die Wurzeln der Rebstöcke finden ihren Weg durch den Löss!

Malat

3511 Furth-Palt, Lindengasse 27

Selten ist das Wort „Musterbetrieb" so angebracht wie hier. Eine Verkostung bei den Malats ist immer wieder ein „Aha-Erlebnis". Man verkostet einen Wein, ist begeistert und fragt sich: „Kann es noch eine Steigerung geben?" Es kann. Bis man dann bei „Das Beste vom Grünen Veltliner" und „Das Beste vom Riesling" angelangt ist; zwei superkonzentrierten Weinen, die Kraft und Finesse perfekt vereinen und auch bei höchster Reife niemals die Sortentypizität vermissen lassen. Aber es geht noch weiter. Zum Beispiel mit einem perfekt strukturierten, kernigen Cabernet, dem man am besten eine Zeit der Ruhe im Keller gönnt, ehe man ihn auf die Bühne einer festlichen Tafel bittet. Oder mit einem beerenfruchtigen Pinot noir von burgundischer Noblesse, konsistent und fein gegliedert, aber durchaus mit genügend Rückgrat für viele schöne Jahre. Gut, das war's. Naja, fast. Aber dann gibt es da noch dieses eine Barrique mit dem Chardonnay, der so verteufelt an Chassagne-Montrachet erinnert. Oder die Süßweine. Und die Brände. Aber alles will ich hier gar nicht verraten. Nur so viel. Der Betrieb ist bestens aufgestellt. Gerald Malat wacht über allem, genießt seine Weine, aber auch die Jagd und seine vielen anderen Hobbys, Junior Michael wächst nach Auslandsstudien immer mehr in den Betrieb hinein und beherrscht sein Metier, dass es eine Freude ist. Und Wilma Malat ist nicht nur die Seele des Hauses, sondern auch nach wie vor jene Frau, die zu den Malat'schen Pinots die besten Fasane brät.

Mantlerhof

3494 Brunn im Felde
Hauptstraße 50

Sepp Mantler ist Roter Veltliner. Eine Gleichung, die nicht ganz richtig ist. Wohl hat Mantler – wie schon sein Vater vor ihm – dieser Sorte auch gegen den herrschenden Trend stets die Treue gehalten und sowohl die Qualität als auch die Langlebigkeit dieser Weine einer selten gewordenen Rebsorte immer wieder unter Beweis gestellt. Doch in den letzten Jahren machte Mantler sehr wohl auch mit seinen Grünen Veltlinern und vor allem mit seinen Rieslingen Furore und heimste zahlreiche Auszeichnungen ein. Eine besondere Spezialität des Hauses sind dabei die hochreifen Rieslinge im Spät- oder Auslesebereich, die feine Fruchtaromen, dezenten Süßeschmelz und animierende Säure zu einem harmonischen Ganzen verschmelzen. Das sind große Weine mit enormem Potenzial, und diesmal scheint ihnen der aktuelle Trend sogar entgegenzukommen …

Mayr – Vorspannhof

3552 Droß bei Krems
Herrengasse 48

Im historischen Vorspannhof der Familie Mayr spannt man gerne seine Pferde aus, macht es sich beim Kachelofen in der heimeligen Wirtsstube gemütlich und lässt sich mit kulinarischen Köstlichkeiten und feinen Weinen verwöhnen. Die besten Tropfen des Vater-Tochter-Gespanns Anton und Silke Mayr stammen von Kremser Lagen wie Gebling, Marthal und Kremsleithen, wobei sorgfältig nach Sorte und Terroir differenziert wird. Der Grüne Veltliner spielt im Weinorchester der Mayrs die erste Geige, doch auch die Rieslinge, wie der exotisch-fruchtige, mit pikanter Säure ausgestattete Vertreter von der Lage Marthal, zählen stets zu den feinsten der Region.

Einer der wenigen „Big-Player" am österreichischen Markt mit hohem Qualitätsanspruch: die Weinkellerei Lenz Moser

Lenz Moser

3495 Rohrendorf bei Krems
Lenz-Moser-Straße 1

„Lenz Moser ist … Österreichs Wein!" So lautet der Werbeslogan der bekannten Rohrendorfer Weinkellerei, und er ist keineswegs vermessen. Tatsächlich ist Lenz Moser nicht nur der größte Flaschenabfüller, sondern mit einem Exportanteil von rund 30 Prozent auch der bedeutendste Qualitätswein-Exporteur des Landes. Zweifellos prägen die vielen Lenz-Moser-Weine, die im Ausland getrunken werden, das Bild, das man sich dort von der österreichischen Weintypizität macht, ganz wesentlich mit. Groß geworden ist der traditionsreiche Betrieb ab den 50er Jahren des letzten Jahrhunderts, als Professor Lenz Moser der Dritte die Reberziehungsform der Hochkultur entwickelte, die sich weltweit in vielen Weinbauregionen durchgesetzt und den Weinbau revolutioniert hat. Nach dem völligen Erliegen der heimischen Weinexporte infolge des Weinskandals von 1985 wurde das Unternehmen von der Linzer Familie Bruckner übernommen, in deren Besitz es sich bis heute befindet. Schritt für Schritt ist es gelungen, mit Produkten wie „Servus", „Storch" oder der Linie „Lenz Moser Selection" auf vielen Exportmärkten, aber vor allem in Deutschland, wieder Fuß zu fassen. Die Basis für diesen Erfolg sieht der langjährige Marketingleiter des Hauses, Friedrich Wimmer, in der hundertprozentigen Bindung an den österreichischen Wein, als dessen Botschafter sich das Haus Lenz Moser versteht. „Viele große Kellereien füllen Weine aus aller Welt ab, aber wir verfolgen ein ganz anderes Konzept", erklärt er. „Lenz Moser war ein österreichischer Weinbaupionier und wir stehen für Wein aus Österreich; gerade in Zeiten der Globalisierung suchen die Menschen Lebensmittel, die einen Ursprung, eine Herkunft haben – und die wollen wir produzieren. Dabei ist die Glaubwürdigkeit für unseren Erfolg entscheidend." Deshalb kauft Lenz Moser auch nicht einfach Trauben auf dem Markt, sondern bezieht neben den rund 75 Hektar eigenen Rebflächen in Mailberg und Siegendorf die Trauben von fix an das Unternehmen gebundenen Vertragsbauern. Diese bewirtschaften insgesamt rund 2.300 Hektar Rebflächen in Niederösterreich und dem Burgenland und werden nach einem Bonifikationssystem entlohnt. Produziert wird bei Lenz Moser eine große Bandbreite an Weinen, vom leichten, fruchtigen „Pfiffikus" über die oben erwähnten Markenweine, die Serien „Selection" und „Prestige" bis zu Lagenweinen wie dem Grünen Veltliner von der Mailberger Lage Hundschupfen und hochkarätigen Rotweinen wie dem Klassiker „Kommende Mailberg", „O'Dora" aus Siegendorf oder dem roten Prestigewein „Carpe Diem".

Sepp Moser

3495 Rohrendorf bei Krems
Untere Wiener Straße 1

Das Weingut Moser steht fest auf zwei Beinen. Das eine sind die Weingärten in besten Lagen von Rohrendorf, von denen größtenteils Weißweine stammen. Das andere ist der Hedwighof in Apetlon, wo die Rotweinreben des Hauses stehen. Der Keller im prächtigen Rohrendorfer Atriumhaus ist das Zentrum des Betriebes – hier werden die Trauben aus beiden Gütern verarbeitet.

Nikolaus Moser macht sich viele Gedanken über die nachhaltige Bewirtschaftung seiner Böden und gehört einer losen Gruppierung von Winzern an, die es sich zum Ziel gesetzt haben, ihre Weingärten zu 100 Prozent organisch-biologisch zu bewirtschaften. In Sachen Weinqualität zählt Moser seit vielen Jahren zuverlässig zu den besten Winzern des Kremstals. Vor allem die Rieslinge und Veltliner von den Lössterrassen des Kremser Geblings sind prototypische Vertreter von Sorte und Gebiet. Eine Verkostung wert sind aber auch alle anderen Weine des Hauses wie der immer exzellente Sauvignon blanc von der Ried Schnabel.

Hermann Moser

3495 Rohrendorf bei Krems
Bahnstraße 36

Martin Moser, der nach Auslandspraktika den Familienbetrieb übernommen hat, kann von seinem modernen Verkostungsraum aus seinen Reben beim Wachsen zuschauen. Der Blick geht zur Riede Gebling, von der er kraftvolle, feinwürzige Grüne Veltliner und Rieslinge keltert. Weniger regionstypisch, aber qualitativ absolut ebenbürtig sind der duftige Gelbe Muskateller und der aromatische Sauvignon blanc, die sich auf den Rohrendorfer Lagen ganz offensichtlich sehr wohlfühlen.

Nigl

3541 Senftenberg, Kirchenberg 1

Als Martin Nigl mit seinen Rieslingen und Grünen Veltlinern Ende der 80er Jahre bei Verkostungen erstmals auf den vordersten Rängen auftauchte, war das für viele überraschend. Topweine aus den kühlen Lagen des hintersten Kremstals? Inzwischen hat man sich freilich

daran gewöhnt, dass alles, was Nigl zwischen Krems und seiner Heimat Priel bei Senftenberg von Urgesteins- und Lösslagen keltert, zum Feinsten zählt, das Österreich an Weißweinen zu bieten hat. Dabei sind Nigls Weine über die Jahre stilistisch gereift. War es früher vor allem die atemberaubende Frucht in Kombination mit rassiger Säure, die Weinfans begeisterte, so bestechen sie heute durch Tiefe, Komplexität und – bei hoher Mineralität – einen herrlich saftigen Fruchtkörper. Seine Rieslinge und Veltliner vom Senftenberger Piri sind bereits Klassiker, der Riesling Hochäcker ist ein mächtiger Wein, der den Gaumen mit Geschmackserlebnissen regelrecht überflutet. Doch es gibt noch eine Steigerung: Riesling und Veltliner „Privat" sind konzise Meisterwerke aus Frucht und Mineralik und man kann eigentlich nur froh sein, dass der sympathische Senftenberger die Bezeichnung „Privat" nicht ganz so wörtlich nimmt ...

Proidl

3541 Senftenberg, Oberer Markt 5

Franz Proidl ist sicher kein „Medienwinzer". Er macht um seine Arbeit kein besonderes Aufhebens und wenn man ihn nach Neuigkeiten im Betrieb fragt, kann es schon sein, dass er findet: „Wenn alles beim Alten bleibt – was ist daran schlecht?" Gar nichts, lieber Herr Proidl, denn an Ihren Rieslingen und Grünen Veltlinern ist ja auch schwer etwas zu verbessern. Diese gedeihen auf den besten Lagen rund um Senftenberg wie Pellingen, Rameln oder Hochäcker und spiegeln klar und unverfälscht das karge Terroir der hiesigen Urgesteinsböden wider. Ein besonderer Leckerbissen ist die kleine Lage Ehrenfels direkt am Fuße der Burgruine von Senftenberg. Nachdem diese lange Zeit brachgelegen war, begann Proidl Ende der 80er Jahre mit deren Rekultivierung. Eine mühsame Arbeit auf den schmalen, von Natursteinmauern gestützten Terrassen, die sich jedoch lohnte: Die Rieslinge und Veltliner vom Ehrenfels sind hochreife Duft- und Geschmacksgranaten von großer Klasse.

Salomon – Undhof

3504 Krems-Stein, Undstraße 10

Der Undhof ist eines der traditionsreichsten Weingüter der Region und die Familie Salomon zählt seit vielen Jahrzehnten zu jenen, die hier die Weinkultur hochhielten. Fritz Salomon, der Großvater der heutigen Besitzer, pflanzte im Jahr 1926 die ersten Müller-Thurgau-Reben Österreichs aus und Salomon-Weine wurden bereits in den 30er Jahren in Flaschen gefüllt und bis nach Amerika exportiert. Heute bewirtschaftet Bertold Salomon, unterstützt von seinem älteren Bruder Erich, der das Gut viele Jahre geleitet hat, ausschließlich Spitzenlagen in Krems und betreibt darüber hinaus Weinbau in Südaustralien. Riesling und Grüner Veltliner sind naturgemäß die wichtigsten Rebsorten des Hauses, wobei auch der meist als Spätlese oder Auslese ausgebaute Gelbe Traminer Beachtung verdient: 50 Jahre alte Rebstöcke ergeben hier einen besonders vielschichtigen Wein, der jede Sünde wert ist. Die Veltliner und Rieslinge werden getrennt nach Lagen ausgebaut, wobei die Topqualitäten unter der Bezeichnung „Reserve" vermarktet werden. Die Salomon-Weine zeigen meist keine vordergründig-laute Fruchtigkeit, sondern präsentieren sich feinwürzig im Duft, elegant und ausgewogen – eben Weine, die einfach großes Trinkvergnügen bereiten. Die Riesling Reserve vom Kremser Kögl ist dabei zweifellos einer der Top-Rieslinge des Landes, und als besonderen Leckerbissen keltert Bertold Salomon – wenn es das Jahr zulässt – auch kleine Mengen einer süßen „Noble Selection" vom Riesling. Große Klasse zeigen auch seine Weine von der anderen Seite des Erdballs: Syrah und Cabernet Sauvignon verbinden die opulente Frucht und Süße von New-World-Weinen mit guter Struktur und schönem Trinkfluss, wobei man stets einen gewissen euopäischen Touch zu erschmecken glaubt; auch das Olivenöl vom Finniss River besitzt übrigens sehr beachtliche Qualität.

Schmid

3552 Stratzing
Obere Hauptstraße 38

Das Weingut von Josef Schmid ist seit Jahren eine der zuverlässigsten und besten Adressen für Grünen Veltliner und Riesling im Kremstal. Schmids Weingärten befinden sich rund um Stratzing und Senftenberg, aber auch in Krems. Darunter befinden sich Lagen mit Lössböden wie der Kremser Gebling, die vor allem dem Grünen Veltliner behagen, ebenso wie bestens für Rieslinge geeignete Urgesteinslagen. Seine Spitzenweine vermarktet Schmid unter der Bezeichnung „Priorissa", ein Name, den die Mitglieder der Vereinigung „Kremstaler Convent" verwenden dürfen. Sie präsentieren sich dicht und konzentriert, aber nicht üppig oder opulent – schließlich soll das Trinkvergnügen immer im Vordergrund stehen.

Weingut der Stadt Krems

3500 Krems, Stadtgraben 11

Das Weingut der Stadt Krems zählt mit seiner mehr als 500-jährigen Geschichte zu den ältesten Weinbaubetrieben des Landes, und seit mit Fritz Miesbauer, dem früheren Geschäftsführer der Freien Weingärtner Wachau, ein ambitionierter und professioneller Mann die Leitung des Betriebes übernommen hat, auch wieder zu den besten im Kremstal. Die Voraussetzungen sind denkbar gut: Die 30 Hektar Rebflächen des Weinguts befinden sich ausschließlich in Spitzenlagen rund um Krems. Dabei stammen die Veltliner meist von den Lösslagen im Osten der Stadt, wie Gebling und Sandgrube, während die Rieslingreben auf den Urgesteinsböden der Lagen Grillenparz, Pfaffenberg oder Wachtberg beste Bedingungen vorfinden. Miesbauer und sein Kellermeister mit dem klingenden Namen Leopold Figl vinifizieren jedoch keine „Show-Weine" in Mini-Mengen, sondern verständliche Weine, die ganz einfach Trinkvergnügen bereiten – und das auf hohem Niveau. Dasselbe Team zeichnet seit kurzem auch für die Weine des Stiftsweinguts von Göttweig verantwortlich. Für die Reaktivierung dieses traditionsreichen Betriebes hat sich eine Gruppe von Gesellschaftern zusammengeschlossen, der auch Fritz Miesbauer angehört. Das erklärte Ziel ist es, das Weingut zu einem der führenden Betriebe in der Region zu machen und damit den Göttweiger Weinen ihren alten Glanz zurückzugeben.

Unger

3511 Furth bei Göttweig
Zellergraben 245

Petra Unger, die das Weingut im Jahr 1999 übernommen hat, entschloss sich im Jahr 2006, die ebenfalls von ihr bewirtschafteten Weingartenflächen des Stiftes Göttweig zurückzugeben und konzentriert sich seither ganz auf ihre eigenen gut 10 Hektar Rebfläche. Eine Maßnahme, die der Qualität ihrer Weine durchaus zuträglich war. Von ausgezeichneten Lagen zu Füßen des Göttweiger Berges und in Krems keltert sie vor allem Grüne Veltliner und Rieslinge mit feiner Würze und saftiger Frucht. Doch auch die fruchtig-eleganten Rotweine wie der Pinot noir, der Zweigelt und der Cabernet Sauvignon spielen im Weingut Unger eine durchaus nicht unbedeutende Rolle.

Winzer Krems

3500 Krems, Sandgrube 13

Mitten in der berühmten Lage Sandgrube steht das neu herausgeputzte Betriebsgebäude der Genossenschaft „Winzer Krems".
Deren Keimzelle ist mit der 1447 gegründeten „Hauerinnung Krems-Stein" die älteste Weinhauerzunft des deutschen Sprachraums. Die Hauerinnung existiert und funktioniert nach wie vor, und ihr Vorsteher, der „Hauervater", ist gleichzeitig Vorstandsvorsitzender der Genossenschaft. Mit 1.450 Mitgliedsbetrieben, die Trauben von rund 1.000 Hektar Rebfläche abliefern, ist der Betrieb ein wichtiger Faktor im Weinbaugebiet Kremstal, und die Weine der Winzer Krems gelten auch international als Visitenkarte für österreichischen Wein. Nicht zuletzt deshalb wurden während der vergangenen Jahre unter der Federführung von Langzeitdirektor Franz Ehrenleitner zahlreiche Anstrengungen für eine weitere Qualitätssteigerung auf breiter Basis unternommen. Dazu zählt ein ausgeklügeltes und qualitätsorientiertes Auszahlungssystem ebenso wie ein besonderes Beratungsprogramm für die Weingartenarbeit, aber auch massive Investitionen in die Kellerwirtschaft: 2002 nahm man die modernste Flaschenfüllanlage des Landes in Betrieb und sowohl das Presshaus als auch der Lagerkeller wurden neu gebaut und mit modernster Technik ausgestattet. Um den Betrieb auch für ein breiteres Publikum mehr zu öffnen, wurde zudem eine sehenswerte Weinerlebniswelt eingerichtet: Unter dem Titel „SANDGRUBE 13 wein.sinn" erleben Besucher bei einem geführten Rundgang den Wein von seiner schönsten und sinnlichsten Seite.

Die Weinberghütte ist der Ausgangspunkt für die Reise durch die Wein-Erlebniswelt der Winzer Krems

K a m p

t a l

Mit seinen würzig-
mineralischen Grünen
Veltlinern und
Rieslingen ist das
Kamptal das Herzstück
des niederösterrei-
chischen Weinbaus.

Möchtest du einmal aussteigen?“ Es gibt viele Eigenschaften, die ich an Willi Bründlmayer, dem *primus inter pares* unter den Langenloiser Winzern, der mit mir gerade im Geländewagen über einen steilen Pfad auf den Heiligenstein hinaufrumpelt, schätze. Eine davon ist seine Höflichkeit. Natürlich möchte ich aussteigen, denn wenn Willi diese Frage stellt, dann will er mir sicher etwas zeigen. Das sind zunächst einmal seine Weinreben in der Lyra-Erziehung, die sich in langen Reihen an die Terrassen schmiegen. Auf Ypsilon-Form geschnitten, entstehen zwei Laubwände – dazwischen bildet sich ein Mikroklima mit höherer Temperatur und weniger Windbewegung: ein großer Vorteil im Kampf um Reifegrade, wie eine Vergleichsverkostung zwischen Bründlmayers „normalem“ Riesling vom Heiligenstein und jenem aus den Lyra-Weingärten zeigt. Dann krabbeln wir unter den Reben durch und stoßen praktisch mit dem Kopf an jenes Gestein, das den Heiligenstein so unvergleichlich macht. Mein „Scout“ bricht ein Stück von den rötlich in der Abendsonne leuchtenden, bröseligen Platten ab und drückt es mir in die Hand. „Das ist verwitterter Wüstensandstein aus dem Perm, rund 250 Millionen Jahre alt. Eine absolute Rarität und in Verbindung mit Rieslingreben – einzigartig in Europa.“ Der Heiligenstein gilt als die beste Riesling-Lage der Region, „aber“, schränkt Bründlmayer ein, „er ist auch die komplizierteste. Die Weine sind extrem lagerfähig und bleiben dabei spannend, weil sie ihre rassig-frische Struktur behalten. Allerdings öffnen sie sich auch sehr langsam und werden vom Konsumenten deshalb oft unterschätzt oder nicht verstanden.“ Durch seine Steilheit, die hundertprozentige Ausrichtung nach Süden und somit zur Sonne und die geringe Humusauflage ist der Heiligenstein eine besonders trockene Lage. Seit 1992 wir deshalb Wasser über eine Tröpfchenbewässerungsanlage in die Weingärten gebracht. „Durch die Bewässerung erreichen wir eine weit höhere Jahrgangskonstanz in der Qualität“, erklärt Bründlmayer. „Früher hatten die Rebstöcke in trockenen Jahren zu viel Stress, das führte zu Notreife und vorzeitigem Laubfall.“

Das KAMPTAL auf einen Blick:

Rebfläche: 4.037 Hektar
Anteil an der Gesamtrebfläche Österreichs: 5,4 Prozent
Wichtigste Rebsorten: Grüner Veltliner: 1.976 ha
Zweigelt: 517 ha, Müller-Thurgau: 391 ha, Riesling: 336 ha
Böden: Löss, Lehm, Urgestein, Wüstensandstein

Im Mittelalter trug dieser „Heilige Stein“ den Namen „Höllenstein“, und ich kann verstehen warum: Die Sonne brennt nämlich wirklich höllisch

Eine Rarität in Europa: Der Heiligenstein besteht aus rund 250 Millionen Jahre altem, verwitterten Wüstensandstein. *Foto: Weingut Jurtschitsch © Fotostudio Murth*

heiß auf die mit 30 Grad Hangneigung abfallenden Weingärten herunter. Zeit, sich ein gemütliches Plätzchen zu suchen, das wir auf der Terrasse einer kleinen, privaten Hütte unterhalb der Heiligensteinwarte finden. Der ideale Ort, um sich bei einem guten Glas Wein über Klima und Böden, Weine und Winzer, Charakteristika und Potenziale des Weinbaugebietes Kamptal zu unterhalten, das jetzt direkt zu unseren Füßen liegt.

Weißwein – mineralisch und langlebig

Der Kamp fließt unter uns vorbei in Richtung Donau; sein Rauschen am Wehr ist bis hier herauf deutlich zu hören. Im Norden ist das Tal eng, bei Zöbing öffnet es sich nach Süden und Osten und bildet einen umgekehrten Trichter, durch den warme Luft aus dem pannonischen Klimabereich einströmen kann. Das Kamptal ist ein sehr kompaktes, überschaubares Weinbaugebiet mit einer großteils zusammenhängenden Rebfläche von gut 4.000 Hektar. Im Zentrum die alte Weinstadt Langenlois, die früher der gesamten Weinbauregion den Namen gab, rundherum in hügeliger Landschaft die Weinberge, durchschnitten von Tälern und Gräben. „Wahrzeichen" und Symbol für den hohen Stellenwert, den der Weinbau hier einnimmt, ist der steil aus der Landschaft ragende, weitum sichtbare Heiligenstein, auf dem einige der besten Weißweine Österreichs wachsen. Überhaupt steht das Kamptal im Zeichen des Weißweins: Rund 90 Prozent der Rebfläche sind mit Weißweinreben bestockt, wobei der Grüne Veltliner und der Riesling die Hauptrollen spielen. Diese Weine zeigen zwar meist nicht die strahlende, vordergründige Fruchtigkeit wie jene aus der Wachau, mit denen sie oft verglichen werden. Dafür weisen die großteils von Lössböden stammenden Veltliner eine konzentrierte Würze im Duft und einen robusten, bei hohen Reifegraden geradezu mächtigen Körper auf. Die Rieslinge wiederum zeichnen sich durch hohe Mineralität, komplexe

Lange Tradition, große Lagen: Schloss Gobelsburg zählt zu den renommiertesten Betrieben im Kamptal.

Struktur und bemerkenswerte Langlebigkeit aus. Altweinkeller, wie der auf Schloss Gobelsburg und jener von Erwin Retzl in Zöbing, zählen zu den wenigen heimischen Wein-Archiven, in denen noch Weine aus der Zeit vor dem Zweiten Weltkrieg schlummern, einzelne Flaschen datieren sogar vom Beginn des 20. Jahrhunderts. Bei seltenen Gelegenheiten wird so eine Rarität geöffnet und legt davon Zeugnis ab, dass Gewächse aus dieser Region absolute Langstreckenläufer sind. Mengenmäßig von Bedeutung ist im Kamptal außerdem der Müller-Thurgau, eine Sorte, die aber kaum je Spitzenqualitäten bringt. Weißburgunder und Chardonnay fühlen sich hier ebenfalls wohl und finden sich nicht nur im Sortiment vieler qualitätsorientierter Winzer, sondern oft auch auf den Siegerlisten österreichweiter Verkostungen.

Burgund im Kamptal

Über die Qualität der Weine hinaus ist es aber die Vielfalt, die den Reiz dieser Region ausmacht. Es gibt vom erstklassigen Winzersekt bis zu edlen Hochprädikatsweinen nichts, das hier nicht in Top-Qualität produziert werden kann, und auch der Rotwein hat, vorausgesetzt, dass Lagen und Sorten richtig gewählt werden, absolut seine Berechtigung und gewinnt auch allmählich an Bedeutung. An erster Stelle ist hier der Zweigelt zu nennen. Nicht nur, weil er mit einer Rebfläche von mehr als 500 Hektar im Kamptal die größte Verbreitung hat, sondern auch weil Dr. Fritz Zweigelt, der die Rebsorte im Jahr 1922 als Kreuzung aus St. Laurent und Blaufränkisch gezüchtet hat, aus einer Langenloiser Winzerfamilie stammte. Reinsortig ausgebaut findet sich der Zweigelt in der Region selten in Top-Qualitäten; zumeist wird er als angenehmer, nicht zu kräftiger „Trinkwein" ausgebaut oder macht sich als Partner in einer Rotweincuvée mit anderen Rebsorten nützlich.

Besonders interessant erscheint im Kamptal der Pinot noir, der als echter cool-climate-wine eine an französische Burgunder erinnernde, typische Fruchtigkeit und Finesse an den Tag legt. Die Sor-

Birgit Eichingers „Weinbibliothek“, gefüllt mit Magnum-Flaschen *Foto: Weingut Eichinger ©Jellasitz*

te hat hier einige Tradition: Schon in den 60 er Jahren wurde sie von Willi Bründlmayers Vater und vom legendären Verwalter des traditionsreichen Weinguts des Stiftes Zwettl auf Schloss Gobelsburg, dem späteren Abt Bertrand Baumann, ausgesetzt. Heute beläuft sich der Rotweinanteil im Weingut Gobelsburg auf rund ein Viertel der Produktion. „Natürlich ist Rotwein in dieser Gegend ein schwieriges Thema“, erklärt Hausherr Michael Moosbrugger, „aber wir haben in den vergangenen drei, vier Jahren riesige Fortschritte gemacht“. Von vielen in der Region werde Rotwein eher als Nebenprodukt gesehen – man macht ihn halt mit, auch um das wirtschaftliche Risiko zu streuen. „So lässt sich aber keine Spitzenqualität erzielen“, ist sich Moosbrugger sicher und hat für sich einen anderen Zugang gefunden: „Wir versuchen das, was wir beim Weißwein leben, genauso beim Rotwein umzusetzen. Man muss sich auf den Rotwein voll konzentrieren und sehr tief ins Detail gehen – dann kann man auch wirklich gute Weine machen!“ Wer möchte ihm da widersprechen, angesichts eines unglaublich feingliedrigen, von zarter Beerenfrucht geprägten Pinot noirs oder des bordelesken Merlot, der freilich nur in guten Jahren reinsortig gekeltert wird? „Die Jahrgangskonstanz ist bei uns sicher eine der Hauptschwierigkeiten“, erläutert der Mann, der Gobelsburg nach längerem Dornröschenschlaf gemeinsam mit Willi Bründlmayer wieder wachgeküsst hat. „Im Gegensatz zum Pinot noir hat der Merlot in kühleren Jahren Probleme, voll auszureifen. Durch die Umstellung auf Lyra-Erziehung ist das allerdings um einiges besser geworden – wir gewinnen mit diesem simulierten Klimaunterschied ein bis zwei Grad Zuckergehalt.“

Das Klima und der Wein

Dieses Reifeproblem wird sich in Zukunft vielleicht von selbst lösen – allerdings könnten damit andere Probleme auf die Kamptaler Winzer zukommen. Die Rede ist vom Klimawandel. Ein Thema, zu dem man durchaus widersprüchliche

Fred Loimer setzt mit seinen Weinen, aber auch mit seinem schnörkellosen „Wein-Loft" Maßstäbe. Foto: Weingut Loimer

Meinungen hört. „Weinprofessor" Willi Bründlmayer zählt zu den Pessimisten: „Rieden wie Lamm und Grub sind jetzt für den Grünen Veltliner perfekt. Aber das hat ein Ablaufdatum. Wenn die Erwärmung weiter so voranschreitet, werden das für meine Kinder keine Grüne-Vetliner-Lagen mehr sein; immerhin reden wir momentan von einem Temperaturanstieg von einem Grad Celsius in zwanzig bis fünfundzwanzig Jahren." Eher unbekümmert sieht Hannes Hirsch aus Kammern diese Entwicklung. „Wir haben 1999, als von allen Rotwein ausgesetzt wurde, am Urgestein alte Rotweinreben ausgerissen und Riesling ausgesetzt. Ich sehe die Klimaerwärmung nicht als Argument für den Rotwein, weil mir auch in heißen Jahren die Rieslinge und Veltliner besser schmecken!" Dennoch könnten, wenn die Entwicklung so weitergeht, künftig auch auf renommierten Weißweinlagen wie dem Heiligenstein vermehrt Rotweinreben auftauchen. Das alles ist freilich noch klimatische Zukunftsmusik und: Ein heißer Sommer macht noch keinen Klimawandel. „Im Jahr 2003 hatten wir für den Pinot noir den letzten Lesetag am 28. September", vergleicht Michael Moosbrugger, „und in einem kühlen Jahr wie 2004 liegt er dann wieder um den 15. Oktober." Generell ist das Klima im Kamptal durch das Zusammenspiel von trocken-heißen pannonischen Einflüssen aus dem Südosten und der Nähe zum kühlen, höher gelegenen Waldviertel geprägt. Im Sommer sind die Tage heiß, während in der Nacht die Winde aus dem Norden eine deutliche Abkühlung bringen, die sich auf die Aromenausbildung in den Trauben besonders positiv auswirkt. Insgesamt ist das Klima mit rund 530 Millimeter Jahresniederschlag und 9,2 Grad Celsius durchschnittlicher Jahrestemperatur ähnlich wie jenes im Donauraum. Allerdings kommt die Nähe zum Waldviertel mit seinem kühl-rauen Klima deutlicher zum tragen, was sich im Wein durch eine besondere Würze und eine kräftige Säure bemerkbar macht. Im Herbst kommt es in den Kamptalniederungen und im Kremsfeld oft zu starker Nebelbildung, generell sind aber lange, sonnige Schönwetterperioden, die weit in den Herbst hinein reichen, für das Kamptal typisch. Die Trauben können dadurch spät gelesen werden und profitieren von der langen Vegetationsperiode, während der sie physiologisch voll ausreifen können.

Auf gutem Grund

Die Grundlage für den Weinbau im Kamptal bildet – im wahrsten Sinne des Wortes – der Gföhler Gneis, das so genannte „Urgestein", das in den Hang- und Bergbereichen nur mit einer dünnen Humusauflage bedeckt ist. Hier sind vor allem die Rieslinge in ihrem Element, in denen sich die Mineralik dieser Böden widerspiegelt. Großteils findet man im Kamptal aber auch Lehm- und Lössböden, wie etwa an den Abhängen des Manhartsberges. Grüner Veltliner, Müller-Thurgau und Zweigelt sind hier häufig anzutreffen. Im Anschluss an die mit Löss bedeckten Niedertrassen folgen Schotterböden wie am Gobelsberg und schließlich, im Über-

Weinerlebnis im Spannungsfeld von moderner Architektur und alten Kellern: Loisium in Langenlois

gangsgebiet zum Donauraum, auch Tonböden. Eine Besonderheit ist der Heiligenstein, eine durch tektonische Verschiebungen hochgeschobene Platte, die wie erwähnt aus verwittertem Wüstensandstein aus dem Perm und vulkanischem Gestein besteht. Insgesamt erlauben die Böden im Kamptal somit eine große Vielfalt von Weintypen aus unterschiedlichen Sorten, stellen aber zugleich auch eine Herausforderung für den Winzer dar, durch die Kombination von Lage und Rebsorte sowie adäquate weinbauliche Maßnahmen wie Erziehungsformen, Auswahl geeigneter Unterlagsreben oder Laubbearbeitung, das vorhandene Potenzial auch optimal auszuschöpfen.

Wein erleben in Langenlois

Wir sind bei einer guten Jause mit hervorragenden regionalen Produkten wie frischem Schafkäse und luftgetrocknetem Schinken angelangt. Wie wahr: Der Mensch lebt nicht vom Wein allein. In Langenlois, das sich in eine langgezogene, von Weinbergen flankierte Senke duckt, gehen die ersten Lichter an. Die Weinbautradition geht hier bis weit ins Mittelalter zurück. Urkunden aus dem 11. Jahrhundert geben bereits Aufschluss über die Kultivierung von Weingärten. Unter anderem hatte das Bistum Passau großen Weingartenbesitz; das geht aus einer Urkunde aus dem Jahr 1082 hervor, in der auch erstmals der Name Liubisa – „die Liebliche" – , später Langenlois, erwähnt wird. Die prächtigen, teilweise mit Arkadenhöfen ausgestatteten Bürgerhäuser, die sehenswerten Sgraffito-Fassaden und historischen Lesehöfe des ehemaligen landesfürstlichen Marktes, der im Jahr 1925 das Stadtrecht verliehen bekam, zeugen noch heute von wirtschaftlicher Bedeutung und Wohlstand über die Jahrhunderte.

Eine Langenloiser Besonderheit ist nicht auf den ersten Blick sichtbar: Fast jedes Weingut verfügt über einen imposanten Gewölbekeller, wobei jener des Weinguts Jurtschitsch sicherlich zu den sehenswertesten zählt. Ein Teil davon gehörte früher zum benachbarten Franziskanerkloster und ist mehr als 700 Jahre alt. Einen tiefen, für jedermann zugänglichen Einblick in diese unterirdischen Welten gewährt eine weithin sichtbare weintouristische Attraktion des Weinortes: das Loisium. Der

Kritisch betrachtet

Wenn man den Winzern im Kamptal etwas vorwerfen kann, dann dass viele von ihnen das definitiv vorhandene Potenzial nach wie vor zu wenig nutzen. Trotz der beachtlichen Größe des Gebietes und der Vielzahl von guten und sehr guten Lagen bleibt es im Endeffekt einem relativ überschaubaren Kreis von Produzenten vorbehalten, Weine zu keltern, die auch überregionale Bedeutung haben. Viele Weinhauer ziehen es vor, ihre Trauben selbst dann, wenn sie aus besten Lagen stammen, anderen Winzern oder der Winzergenossenschaft Krems zum Kauf anzubieten, wo sie zu weitgehend „namenlosen" Produkten – die jedenfalls keinen Hinweis auf den Produzenten geben – verarbeitet werden. Für den Weinbauern sicher der einfachste Weg, der ihm aber weder wirtschaftliche Sicherheit noch Anerkennung bringt. Auch das Thema Rotwein muss – so erfreulich manche Rote aus dem Kamptal auch sein mögen – kritisch unter die Lupe genommen werden. Der Rotweinanteil liegt bei etwa zwanzig Prozent der gesamten Rebfläche. Das bedeutet, dass viele Betriebe über beachtliche Rotweinflächen verfügen. Dennoch erfolgt die Rotweinproduktion meist eher halbherzig. Um mit Rotwein aus dem Kamptal aber erfolgreich zu sein, ist ein klares Bekenntnis zur Qualität notwendig, denn nur absolute Spitzenprodukte werden in Zukunft am Markt eine Chance haben. Das bedeutet hohe Investitionen in den Keller, längere Kapitalbindung als beim Weißwein und sehr niedrige Erträge im Weingarten. Dessen muss sich jeder Rotweinproduzent bewusst sein. Wer diesen Aufwand aber nicht betreiben will, der sollte seine Rotweinreben besser heute als morgen ausreißen und dafür Grünen Veltliner und Riesling setzen.

mächtige, vom amerikanischen Star-Architekten Steven Holl entworfene silberglänzende Würfel, in dem sich das Besucherzentrum befindet, wurde zu einem modernen Wahrzeichen der alten Weinstadt. Wenige Meter davon entfernt befindet sich das Tor zu einer eindrucksvollen, unterirdischen Wein-Erlebniswelt. Auf dem Weg durch leerstehende und nach wie vor benutzte Keller erlebt man die Weinwerdung durch fantasievolle Inszenierungen, um nach der Rückkehr ins Loisium bei einer Verkostung gleich zur Praxis überzugehen.

Eine Region mit Zukunft

Tatsächlich wird eine Verkostung von Weinen aus dem Kamptal nie langweilig – dafür sorgt schon die enorme Vielfalt an Weinsorten und -typen. Dabei würde es auch schon genügen, sich nur auf die Leitsorten Riesling und Grüner Veltliner zu beschränken, findet Hannes Hirsch. „Ich konzentriere mich voll auf diese beiden Sorten, denn allein da gibt es durch die Lagen und die unterschiedlichen Ausbauweisen schon mehr als genug Vielfalt". Die besondere Stärke der Region sieht Hirsch in der Möglichkeit, saftige, vollreife und gut strukturierte Weine auch ohne hohen Alkoholgehalt herstellen zu können: „Da geht der Weg hin und darum ist das Kamptal für mich auch eine echte Zukunftsregion". Eine Meinung, die auch Willi Bründlmayer vertritt: „Das Kamptal ist eine der spannendsten, zukunftsträchtigsten Weinbaugebiete der Welt, weil es hier ein Riesenpotenzial gibt, das noch längst nicht ausgeschöpft ist". Die Sonne ist hinter dem Schilterner Berg versunken und ein kühler Wind streicht vom Kamptal herunter. „Die Thermik verändert sich sofort und die Temperatur sinkt rasch ab. Das betrifft vor allem den Heiligenstein – die Ried Lamm schon weniger, weil sie weiter hinten steht – und beeinflusst den Charakter des Weines", erklärt Willi Bründlmayer dieses Phänomen. Wir werden langsam aufbrechen. Schön war's.

Die besten Lagen

Die Vereinigung österreichischer Traditionsweingüter versuchte bereits in den 90er Jahren eine Lagenklassifizierung durchzuführen, wonach es „Klassifizierte", „Erste" und „Große Erste Lagen" gibt. Diese Einteilung hat aber heute eigentlich nur interne Bedeutung und wird von den Mitgliedern kaum nach außen hin verwendet.

Bei unserem Gespräch über die Bedeutung der Lagen weist Michael Moosbrugger vom Weingut Schloss Gobelsburg auf einen generell interessanten Aspekt hin: „Jede Region hat einen zeitlich-historischen Kontext. Jede Zeit hat unterschiedliche Ansprüche und Wertvorstellungen – auch hinsichtlich des Weines –, die sich aber verändern. Nehmen wir zum Beispiel das Verhältnis zwischen Kamptal und Wachau: Vor hundert Jahren waren die Weine aus dem Kamptal viel besser bewertet, heute werden dagegen die Weine von den Terrassen der Wachau sicher höher eingeschätzt. Das ist aber nichts Absolutes. Die Bewertung eines Gebietes wird also sehr stark von außen geprägt, nicht nur durch Lagen und Weinqualität. Außerdem haben in jedem Zeitalter bestimmte Menschen große Leistungen vollbracht. Rund um diese Persönlichkeiten entsteht ein bestimmtes Konglomerat, entwickelt sich eine eigene Dynamik – diese prägt schließlich auch das Außenbild und die Wertigkeit einer Region."

LANGENLOIS

Fahnberg

Fahnberg ist eine Großlage, wobei nur das Herzstück, die Ried Fahnberg, als Spitzenlage gilt. Dieser lange, schmale Streifen befindet sich in einer steilen Hanglage und zeigt eine deutliche Süd-Exposition; dadurch können die Sonnenstrahlen im optimalen Winkel einfallen. Die Lage grenzt im Norden an einen Föhrenwald, der ihr zusätzlichen Schutz vor kühlen Winden bietet. Am Fahnberg ist das Gneis-Muttergestein mit seichtgründiger Braunerde überdeckt. Die Wurzeln müssen daher das harte Gestein in mühsamer Kleinarbeit durchdringen, was vornehmlich durch die Risse und Ritzen des brüchigen Gföhler Gneises geschieht. Fahnberg ist eine gute Lage für duftige, aromatische Weißweine.
Winzer: Jurtschitsch

Das 700-jährige Kellergewölbe im Weingut Jurtschitsch gehörte zu einem Franziskanerkloster.
Foto: © Fotostudio Murth

Gaisberg

Der Gaisberg schließt östlich an den Heiligenstein an und zeigt eine südwestliche, südliche und südöstliche Exposition. Im oberen Bereich ist der Berg in viele kleine Terrassen gegliedert, weiter unten finden sich etwas flachere Hanglagen, wobei die Hangneigung im Schnitt etwa 15 Prozent beträgt. Im oberen Teil findet man Böden auf verwittertem Glimmerschiefer mit Braunerde-Auflage, die gute Voraussetzungen für mineralische Rieslinge bieten. Im unteren Teil stehen die Reben auf Lössböden, darunter befinden sich Kies und verwitterter Kristallinschutt. Hier sind Grüne Veltliner, aber auch weiße Burgundersorten gut aufgehoben.
Winzer: Allram, Dolle, Birgit Eichinger, Hirsch, Hiedler, Topf

Lamm

Die Riede Lamm liegt am Fuß des Heiligensteins – dort, wo der Berg bereits in sanft geneigte Hügel übergeht. Die Lage ist nach Süden ausgerichtet und zeigt ein Terroir, das von Löss, Lehm und der Mineralik des Heiligensteins geprägt ist. „Der Boden enthält viel erodiertes Material vom Heiligenstein, deshalb entsteht hier ein sehr mineralischer, ganz eigener Veltlinertyp", erklärt Michael Moosbrugger. Die Lage ist ideal für Grüne Veltliner, die hier ganz besonders üppig, saftig und vollmundig geraten.
Winzer: Bründlmayer, Gobelsburg, Hirsch

Heiligenstein

Weine von der genau umgrenzten Ried Heiligenstein mit ihren nach Süden ausgerichteten Terrassen tragen zusätzlich den Ortsnamen Zöbing (Zöbinger Heiligenstein). Der Heiligenstein ist eine der besten

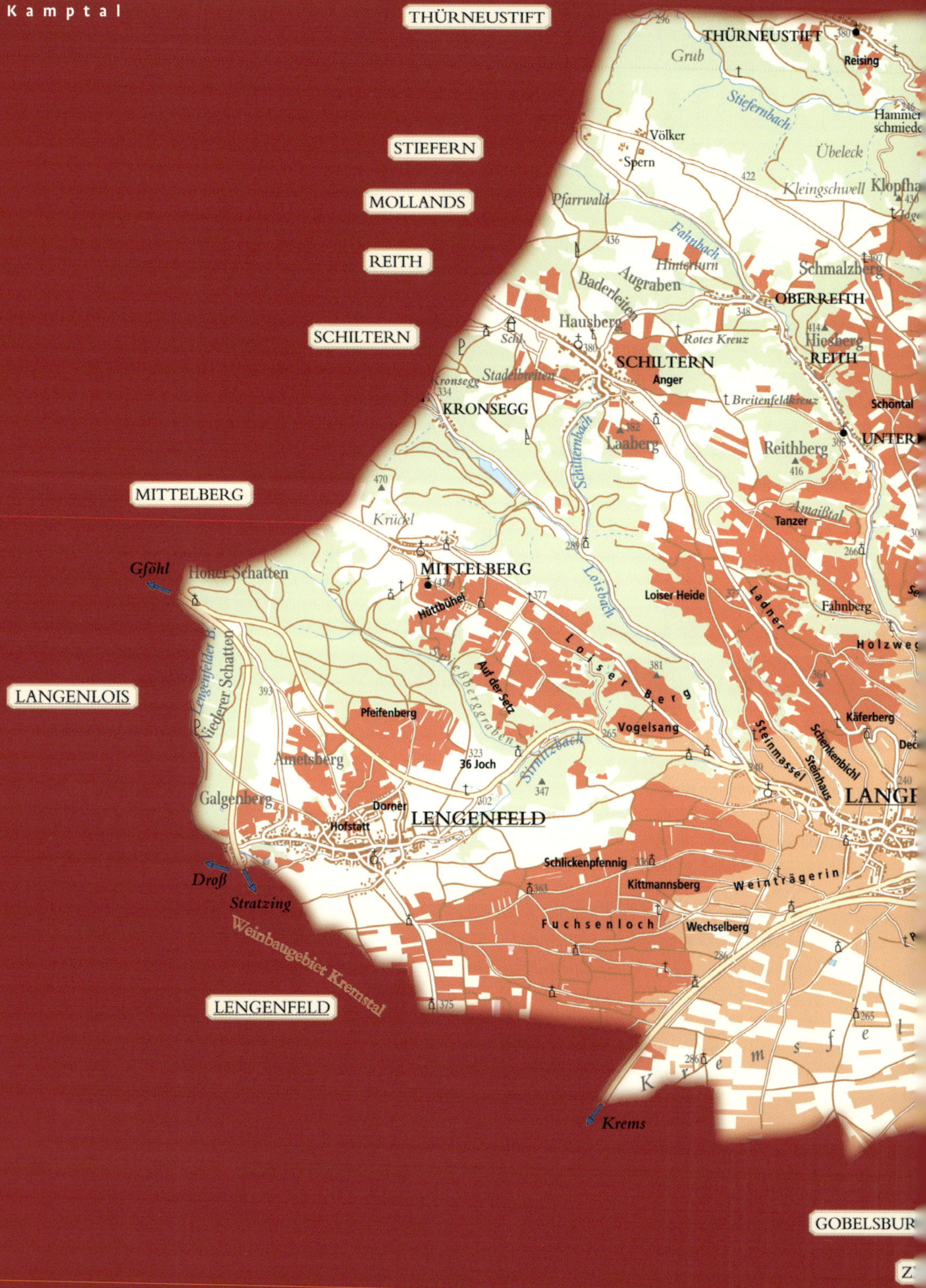
THÜRNEUSTIFT
STIEFERN
MOLLANDS
REITH
SCHILTERN
MITTELBERG
LANGENLOIS
LENGENFELD
GOBELSBUR
Gföhl
Droß
Stratzing
Krems
Weinbaugebiet Kremstal
Grub
Reising
Stiefernbach
Hammer schmiede
Völker
Spern
Übeleck
Kleingschwell
Klopfha
Pfarrwald
Fahnbach
Hinterturn
Schmalzberg
Augraben
Baderleiten
OBERREITH
Hausberg
Rotes Kreuz
Hiesberg
REITH
SCHILTERN
Anger
Stadelbreiten
Kronsegg
KRONSEGG
Breitenfeldkreuz
Schöntal
Laaberg
Reithberg
UNTER
Schilternbach
Krückl
Amaißtal
Tanzer
MITTELBERG
Hohler Schatten
Hüttbühel
Loisbach
Loiser Heide
Ladner
Fahnberg
Holzweg
Loiser Berg
Auf der Setz
Niederer Schatten
Lengenfelder B.
Pfeifenberg
Vogelsang
Käferberg
Steinmassel
Schenkenbichl
Steinhaus
Ametsberg
36 Joch
Sirnitzbach
LANG
Galgenberg
Dorner
Hofstatt
LENGENFELD
Schlickenpfennig
Kittmannsberg
Weinträgerin
Fuchsenloch
Wechselberg
Kremsfeld

ALTENHOF
SCHÖNBERG am Kamp
OBERNHOLZ
SCHÖNBERG-NEUSTIFT
ELSARN im Straßertal
ZÖBING am Kamp
WIEDENDORF
STRASS im Straßertale
ENGABRUNN
WALKERSDORF
ETSDORF am Kamp
HADERSDORF am Kamp
SITTENDORF
HAITZENDORF
KAMMERN
DIENDORF am Kamp
Weinbaugebiet Weinviertel
Weinbaugebiet Donauland
Gars am Kamp
Hohenwarth
Fels am Wagram
Krems a. d. D.
Haitzendorf
SCHÖNBERG am Kamp (226)
DIENDORF am Walde
ELSARN im Straßertal
STRASS im Straßertale
HADERSDORF am Kamp
WALKERSDORF am Kamp
ETSDORF am Kamp
ENGABRUNN
KAMMERN
GOBELSBURG
HAINDORF
ZÖBING
SITTENDORF
GRAFENEGG
DIENDORF a. K.
Mitterberg
Kalvarienberg
Große Heide
Sauzaggl
Tränkberg
Hochmeiß
Gugelberg
Pösingerberg
Wasenbank
Kirchholz
Öbritzberg
Ruine Falkenberg
Schönberg
Sandgrube
Wechselberg
Wechselberg Spiegel
Stangl
Absdorfer
Blickenweg
Fünfeckiger Stein
Karl
Schreckenberg
Reith
Placher
Point
Lammberg
Gaisberg
Ofenberg
Renner
Glinzen
Brunngasse
Eichberg
Galgenberg
Wolfsgraben
Hubertuskpl.
Stein
Badfeld
Hofstadt
Hintenaus
Wohra
Steinsetz
ZEISELBERG
Redling
Sachsenberg
Gobelsberger Haide
Alte Haid
Heiligenstein
Lamm
Grub
Kamptalwarte
Ringerin
Pfaffenberg
Hohlenstein
Gerichtsthal
Wolfsgraben
Loischl
Schnauterin
Steinfeld
Kogelberg
Eichelberg
Haseln
Bockshörndl
Spiegel
Berntal
Buchtal
Soss
Weinlehrpfad
Gleißeln
Im Renner
Irrbling
Im Schütt
Kamp
Gschinzbach
Loisbach
Elsarner Bach
Straßertal
Stöbermühle
Satzen
Schloss Grafenegg
Baumgarten
Am Damm

Pionierleistung: Willi Bründlmayer hat als Erster in Österreich am Heiligenstein die „Lyraerziehung" erprobt.

Rieslinglagen Österreichs. Die Böden bestehen aus rötlichem, verwittertem Wüstensandstein aus dem Perm (299–250 Millionen Jahre alt) mit Konglomeraten aus Vulkanbestandteilen. Darüber liegt nur eine sehr dünne Humusschicht – an manchen Stellen tritt das Untergrundgestein auch offen zu Tage. Die durch Risse bis zu zehn Meter tief wurzelnden Reben finden jedoch Nahrung in der Tiefe: Durch eingeschlossene Riesenschachtelhalme und andere Pflanzen bildeten sich Humusschichten im Gestein. Die Weingärten des Heiligensteins liegen in einem geschlossenen Naturschutzgebiet. Zwischen den Rebflächen finden sich streng naturgeschützte Trockenrasen-Flächen mit einer Flora und Fauna, wie sie ansonsten nur in weit südlicheren, mediterranen Gegenden anzutreffen ist. Durch die muschelförmige, nach Süden geöffnete Kessellage entsteht hier ein spezifisches Mikroklima: Tagsüber erwärmen sich die in Terrassen angelegten Weinstöcke durch die intensive Sonneneinstrahlung und nachts kühlen sie durch die Winde aus dem höher gelegenen Waldviertel ab. Dieser Temperaturwechsel fördert besonders die Ausbildung der feinen, sortentypischen Fruchtaromen im Riesling.

Winzer: Allram, Brandl, Bründlmayer, Birgit Eichinger, Hiedler, Hirsch, Jurtschitsch, Retzl, Schloss Gobelsburg, Topf und andere

Loiserberg (mit Subried Vogelsang)

Der Loiserberg ist die westlichste Erhebung Richtung Waldviertel und profitiert daher besonders von den starken Temperaturschwankungen zwischen Tag und Nacht. Die Weine erreichen hier eine besonders ausgeprägte Fruchtigkeit, wobei mitunter auch exotische Noten mitschwingen. Der süd- bis südostseitig gelegene kristalline Gesteinsboden (Gföhler Gneis) mit besonders dünner Humusauflage bietet den Reben eine sehr karge Unterlage, sodass die Wurzeln tief in den felsigen Untergrund eindringen müssen, um die erforderlichen Nährstoffe zu beziehen. Das bringt wiederum Weine mit besonders tiefer, vielschichtiger Aromatik hervor. Die Lage begünstigt fruchtbetonte Rebsorten vom Riesling bis zum Muskateller.

Winzer: Bründlmayer, Ehn, Hiedler, Jurtschitsch

Renner

Die Lage Renner ist am auslaufenden Gaisberg situiert und daher ähnlich wie die Ried Lamm, an die sie angrenzt. Der Boden ist ebenfalls lehmig-lössig mit sandigen und steinigen Stellen. Auch hier finden sich in hohem Ausmaß Ablagerungen des Gaisbergs (Gföhler Gneis), die den Weinen eine besondere Mineralik verleihen. Grüner Veltliner ist die bevorzugte Rebsorte.

Winzer: Aichinger, Gobelsburg

Gut für Rotwein: Die schottrigen Böden am Gobelsberg.

Das Weingedächtnis: Altweinkeller im Loisium

WEITERE SEHR GUTE LAGEN IN LANGENLOIS:

Grub (leicht erhöht gelegene, windgeschützte Lage mit Lössböden), **Schenkenbichl** (mittelsteile Terrassenlage mit reiner Südausrichtung), **Spiegel** (Hochplateau mit tiefgründigen Lössböden), **Steinmassel** (geschützte Südost-Lage; die Böden bestehen aus Braunerde mit vielen Steinen auf Gföhler Gneis)

STRASS

Strasser Hasel

Die lehmigen Böden mit Quarz-, Kalk-, Glimmer- und Lehmpartikeln, die durch die Einwirkungen der Eiszeit pulverisiert wurden, sind hervorragende Feuchtigkeitsspeicher. Das Herzstück dieser sanft nach Süden geneigten Lage nennt man Mittelhasel. Von hier stammen kräftige, dichte Weine.
Winzer: Allram, Birgit Eichinger, Topf

Strasser Wechselberg

Der Wechselberg ist eine große, nach Süden ausgerichtete Lage auf der östlichen Seite des Strassertals. Die Böden bestehen aus Verwitterungsmaterial des Kristallins der Böhmischen Masse und kristallinem Schiefer. Rieslinge und Grüne Veltliner finden gute Voraussetzungen, da am Wechselberg aufgrund seiner Höhe oft eine sanfte Brise weht, die Abkühlung bringt. Dadurch werden die Temperaturunterschiede zwischen Tag und Nacht noch verstärkt, was die Aromenbildung der Traube begünstigt.
Winzer: Allram, Cobaneshof-Schneider, Birgit Eichinger, Topf

Weinidylle pur: die Kellergasse in Etsdorf am Kamp

Über den Wein

Birgit Eichinger
Große Weine – großes Herz

Das Temperamentbündel aus dem Kamptal hat die österreichische Weinszene ordentlich aufgemischt: Mit ihrem Weingut surft sie auf der Erfolgswelle – die Auszeichnungen purzeln geradezu ins Haus und die Nachfrage nach ihren Weinen übersteigt derzeit ihre Kapazität. In einer – fast – reinen Männerdomäne behauptet die leidenschaftliche Winzerin, die neben ihrer Arbeit im Weingut auch in den Vereinigungen „Vinovative" und „11 Frauen und ihre Weine" höchst aktiv ist, mühelos ihren Platz. Der Weg zum Wein war für die Winzertochter aber alles andere als einfach. „Ich war zu Hause die Kleine", erzählt sie „und somit war es für den Vater klar, dass meine ältere Schwester Michaela das Weingut übernimmt". Schließlich bekam Birgit, die wild entschlossen war, es doch mit dem Wein zu versuchen, aber immerhin ein Drittel der Weingärten und begann mit einer Fläche von 3,5 Hektar. „Ich bin ein Widder", lacht sie bei unserem Gespräch am hauseigenen Schwimmbiotop gleich unterhalb ihrer Strasser Weingärten, „also ein stures Hörndlvieh. Außerdem war ich damals so mit Energie aufgeladen, dass es mir gelungen ist, das alles von Null hochzuziehen." Das alles ist ein schönes Winzerhaus in Straß, inzwischen acht Hektar eigene Weingärten und vor allem: eine Top-Position in der Kamptaler Weinhauer-Gilde.

Ein Herzensanliegen ist Birgit Eichinger die Gruppe „11 Frauen und ihre Weine". Kennengelernt hat sie die beiden anderen „Gründermütter", Heidi Schröck und Birgit Braunstein, bei einer Fahrt zum Rheingau Gourmet & Weinfestival. Man hat sich bestens verstanden und auf der Rückfahrt beschlossen, es nicht dabei bewenden zu lassen. Auf Birgit Braunsteins Ausschreibung hin haben sich insgesamt elf Winzerinnen versammelt und eine erste gemeinsame Präsentation im Wiener Edel-Wirtshaus „Zum Schwarzen Kameel" organisiert. „Die Leute haben uns geradezu überrannt", freut sich Birgit Eichinger noch heute – „und da blieb uns dann gar nichts anderes übrig als weiterzumachen". Höchst erfolgreich, wie sich bald herausstellen sollte. Den Grund dafür sieht die umtriebige Winzerin aber nicht nur in der Qualität der Weine aller Mitgliedsbetriebe: „Es funktioniert vor allem auch deshalb so gut, weil es zwischen uns keinen Neid gibt und wir inzwischen alle Freundinnen geworden sind!"

Hannes Hirsch
Gebinde mit Gewinde

„Man arbeitet ein ganzes Jahr lang hart, um ein optimales Produkt in der Flasche zu haben. Und am Ende drückt man ein Stück stinkende Rinde hinein!" Gemeint ist der Kork, der Hannes Hirsch immer wieder und vor allem in Form der schwer zu erkennenden, schleichenden, versteckten Korktöne Probleme bereitete. Bis er davon eines Tages endgültig die Nase voll hatte. Das Schlüsselerlebnis: Für eine Gruppe von Amerikanern, die sein Weingut besuchten, hatte er vier Flaschen seiner zum „Vinaria-Sieger" gekürten Trockenbeerenauslese eingekühlt. Doch keine einzige konnte verkostet werden – Korkfehler! Da war es für Hannes Hirsch klar, dass er nicht so weitermachen wollte. Er zählte schon vorher zu den „Jungen Wilden" der heimischen Winzerszene, war einer der besonders Innovativen und stets für eine Überraschung gut. So auch jetzt: Vom Jahrgang 2002 an füllte er – als erster Winzer Österreichs – seine Top-Weine in Flaschen mit Schraubverschlüssen. Die Baissequalitäten folgten ein Jahr später. Ein mutiger Vorstoß, der die Wellen im heimischen Wein-Biotop hochgehen ließ. „Die meisten Reaktionen waren neutral bis sehr positiv", erinnert sich der Kork-Revoluzzer, „und heute ist das Thema eigentlich gegessen." Oder vielleicht besser: getrunken. Einige Kunden gingen in dieser Phase verloren – doch es kamen noch mehr neue dazu. Während prominente Meinungsmacher wie der Steirereck-Sommelier Adi Schmid die Neuerung nicht nur begrüßt, sondern als echten Fortschritt propagiert haben, sah Helmut Romé, der Herausgeber des Wein-Magazins „Falstaff", den Untergang des Abendlandes heraufdämmern und rief zum Kauf-Boykott auf. Am Ende war auch dies – ganz nach dem Motto: Jede Werbung ist gute Werbung – der Sache nur hilfreich. Es kam eine Diskussion auf breiter Basis in Gang und Hirsch hat zahlreiche Nachahmer gefunden. Er selbst blieb in der Zwischenzeit nicht untätig: „Wir haben seit 2002 sehr viel über den Umgang mit dem Drehverschluss gelernt", erklärt er und streicht auch Vorteile abseits des einfachen Handlings und der gebannten Kork-Gefahr heraus: „Wir kommen zum Beispiel mit wesentlich weniger Schwefel aus, als bei einer Flasche, die mit Kork verschlossen wird!" Wie sich die Weine in der Langzeitentwicklung bewähren werden, muss sich zwar erst herausstellen, aber eines steht jetzt schon fest: Das Abendland besteht weiter.

Hans Topf
Auf Holz geklopft

„In der Weinbauschule haben wir noch gelernt, dass der Grüne Veltliner 25.000 Kilo tragen muss – und es hätte auch keine potenziellen Käufer gegeben, die für eine Bouteille Wein 70 Schilling bezahlt hätten", erinnert sich Hans Topf, der es als Glücksfall sieht,

dass er gerade zur Zeit des Weinskandals in den Weinbau eingestiegen ist. „Für den Wein war das die Stunde Null. Ein Vorteil für uns, weil wir uns ganz auf die Qualität konzentrieren und damit auch relativ leicht Aufsehen erregen konnten." Zu den neuen Zeiten kamen auch neue Ideen, und da traf es sich gut, dass Topfs Vater schon im Jahr 1981 Chardonnay-Reben ausgepflanzt hatte. Im Jahr 1985 nutzte der Junior eine Reise des Vaters und kaufte mit Geld, das er sich von der Mutter geborgt hatte, am Strasser Jahrmarkt drei Barriquefässer der Fassbinderei Schneckenleitner und befüllte sie mit Chardonnay, Jahrgang 1985 – einem Wein mit stolzen 11,7 Volumsprozent Alkohol. Der Senior war von diesem Vorstoß zuerst gar nicht begeistert: „Um Gottes willen – was hast du mit dem Wein gemacht? Den wirst du nie verkaufen können!" prophezeite er ihm. Doch es sollte ganz anders kommen. Die Konsumenten waren begeistert von dieser neuen Weinstilistik und Hans Junior hatte seine „Spielwiese" gefunden. Bereits 1987 ging er dazu über, den Wein auch in den Fässern zu vergären, und schon vom ersten Jahrgang an hatte er die Idee, diesen besonderen Tropfen auch in Großflaschen abzufüllen. Die Flaschen besorgte ihm ein befreundeter Glashändler – direkt aus Frankreich und mit maximal sechs Litern Inhalt. Anfang der 90er Jahre, als das Interesse an diesen „Brummern" größer wurde, wuchsen die Formate dann auf bis zu 18 Liter an. Unterdessen verfeinerte Topf den Umgang mit dem Barrique von Jahr zu Jahr, und der Chardonnay, der anfangs noch ein Etikett mit der Aufschrift „Chardonnay Limousin Barrique" trug, wurde schließlich zum Markenzeichen des Weinguts, dem sowohl nationale als auch internationale Auszeichnungen zuteil wurden.

Die Winzer

Der wunderschöne Lesehof der Familie Jurtschitsch in Langenlois wurde 1541 erstmals urkundlich erwähnt. Foto: Weingut Jurtschitsch ©Fotostudio Murth

Weingärtnerei Josef Aichinger

3562 Schönberg am Kamp,
Hauptstraße 15

Josef und Anna Aichinger waren früher in der Gastronomie tätig. Daher war es für sie naheliegend, mit ihrem ebenso hübschen wie gemütlichen „Gourmet-Heurigen“ ein Konzept zu verfolgen, das Wein und Essen – übrigens hervorragend – verbindet. Josef Aichingers Velt-liner und Rieslinge, die großteils von Lagen rund um Schönberg stammen, werden einerseits – schon in Hinblick auf die Verwendung im eigenen Lokal – auf Frische und Trinkfreudigkeit hin ausgebaut. Andererseits hat Eichinger aber auch immer ein paar echte Granaten, vor allem vom Roten Traminer und Weißburgunder, im Keller. Außerdem erlaubt er sich, eher gegen den Mainstream, den Luxus, immer wieder mächtige und komplexe Spätlesen mit deutlicher Restsüße und mitunter sogar Hochprädikate zu keltern.

Allram

3491 Strass im Straßertal
Herrengasse 3

Michaela Haas bewirtschaftet gemeinsam mit ihrem Mann Erich den elterlichen Betrieb in Straß, der über ein hervorragendes Potenzial verfügt. Vom Zöbinger Heiligenstein, wo man nach 30 Jahren des Brachliegens alte Steinterrassen rekultiviert hat, über den Gaisberg bis zum Strasser Hasel stammen die Veltliner, Rieslinge und der immer wieder modellhafte Grauburgunder des Hauses ausschließlich von Kamptaler Spitzenlagen. Dementsprechend komplex und elegant präsentieren sich diese Weine, die nicht nur in Österreich hoch geschätzt sind: Die Exportquote von 60 Prozent ist rekordverdächtig!

Angerer

3552 Lengenfeld
Schickenberggasse 4

Der junge Kurt Angerer, der vor allem den Grünen Veltliner in den Mittelpunkt seines Wirkens gestellt hat, versucht in seinen Weinen vor allem die verschiedenen Terroirs der Weingärten zum Ausdruck zu bringen und benennt seine Weine dementsprechend: Kies, Spies, Loam oder Granit. Und weil seine Weine oft so dicht und kraftvoll ausfallen, riskiert er es sogar, einen Grünen Veltliner teilweise im Barrique auszubauen. Der heißt dann natürlich „Eichenstaude“.

Brandl

3561 Zöbing, Heiligensteinstraße 13

Dieser Familien-Musterbetrieb ist ein Garant für ausgezeichnete Weine, Marke Zöbinger Heiligenstein & Co. In den drei Kategorien „Standard“, „Brandl Exklusiv“ und „Novemberlese“ werden hier vor allem Grüne Veltliner und Rieslinge gekeltert, die Fruchtigkeit und spritzige Säure mit Kraft und Dichte vereinen und im Falle der Novemberlesen über ein beachtliches Ausbaupotenzial verfügen.

Bründlmayer

3550 Langenlois, Zwettler Straße 23

Willi Bründlmayer ist nicht nur einer der ganz Großen in Österreich, sondern – unter anderem als Mitglied der angesehenen *Académie du Vin* – auch einer der wenigen heimischen Winzern mit internationalem Renommee. Den Grundstein für diesen Erfolg legte bereits sein Vater, der damit begann, Weingärten am kargen Heiligenstein zu kultivieren, einen eigenen, Arbeit sparenden und naturnahen Rebschnitt entwickelte und als einer der Ersten in der Region Rotweinreben setzte. Bründlmayer, der sich sein betriebswirtschaftliches Rüstzeug an der Wirtschaftsuniversität Wien holte und die bekannte Weinbauschule im deutschen Geisenheim besucht hat, ging diesen Weg konsequent weiter und entwickelte den Betrieb – kongenial unterstützt von seiner aus Frankreich stammenden Frau Edwige – zu einem der führenden Weingüter des Landes weiter. Was immer er dabei gemacht hat – vom Ausbau des Chardonnay im Barrique über den Winzersekt, der ebenso wie in der Champagne handgerüttelt und in der Flasche vergoren wird, bis zur Lyra-Erziehung der Weingärten – war visionär und wurde stets mustergültig umgesetzt. Bründlmayer, der für viele heimische Winzer Vorbild und Leitfigur war und ist, bietet denn auch Jahr für Jahr eine Kollektion von Weinen an, die ihresgleichen sucht: leichte, süffige Veltliner von den Kamptaler Terrassen, komplexe Granaten wie der Veltliner von der Ried Lamm, vor Mineralik strotzende Rieslinge vom Heiligenstein, einen Barrique-Chardonnay internationalen Zuschnitts, Pinot noirs von burgundischer Typizität und mitunter auch Hochprädikatsweine, die mit ihrer animierenden Säure und ihrer klaren Frucht das exakte Gegenteil von Trinkmarmelade darstellen. Chapeau!

Früher hieß er „Höllenstein“: der Heiligenstein bei Langenlois

Dolle

3491 Straß im Straßertal
Herrengasse 2

Das Weingut Dolle war einer der Pionierbetriebe im Kamptal. Schon in den 60er Jahren experimentierte Peter Dolle senior mit der damals noch raren Sorte Weißburgunder – Altweine in der Vinothek lassen sich noch bis ins Jahr 1961 zurückverkosten. Und auch wenn es in den letzten Jahren eher etwas ruhiger um diesen Betrieb geworden ist, sind die Weine von exzellenten Lagen wie Heiligenstein oder Gaisberg nach wie vor sorten- und gebietstypische „Visitenkarten“ der Region.

Ehn

3550 Langenlois, Bahnstraße 3

Das Weingut Ehn ist ein echtes *family-business:* Michaela Ehn kümmert sich um Vermarktung, Kunden und die Betreuung der Weingärten, ihr Bruder Ludwig zeichnet für das *Winemaking* verantwortlich. Die Veltliner des Hauses stammen großteils von den Lössböden der südlich von Langenlois gelegenen Riede „Panzaun“, der klassischmineralische Riesling dagegen von der Top-Lage Zöbinger Heiligenstein. Den kräftigsten Veltliner des Jahrgangs teilweise im Barrique auszubauen, hat bei den Ehns inzwischen schon Tradition: Als mächtiger „Titan" verdient sich dieser Wein ein paar Jahre Flaschenreifung, um seine Qualitäten voll entfalten zu können.

Eichinger

3491 Strass im Strassertal
Langenloiser Straße 365

Der kleine Bacchus auf den Etiketten von Birgit Eichingers Weinflaschen sieht aus wie ein Engerl – ihre Weine können hingegen ganz schöne Bengerl sein. Leichte „Schüttweine" sind nämlich nicht unbedingt ihre Sache, die Weine der leidenschaftlichen Genießerin und Winzerin kommen vielmehr konzentriert, vielschichtig und tiefgründig daher – ohne deswegen beim Alkoholgehalt gleich über die Stränge zu schlagen. Ausgenommen ist davon der „Goliath", ein Power-Veltliner von reifsten Trauben, für den gilt: Was es wiegt, das hat es! Birgit Eichingers Rebstöcke stehen auf ausgezeichneten Lagen wie dem Heiligenstein, wo ein feinfruchtiger, mineralischer Riesling gekeltert wird, dem Gaisberg, der direkt vor ihrer Haustüre liegt, und dem Strasser Wechselberg. Wahre Größe zeigen Eichingers Weine nach einigen Jahren Flaschenlagerung als Magnums – aufbewahrt in der zweistöckigen „Wein-Bibliothek" im Keller des Hauses.

Als Stich am Etikett und in natura: Schloss Gobelsburg

Schloss Gobelsburg

3550 Langenlois, Schlossstraße 16

In der langen Geschichte dieses renommierten Weingutes, das seit Jahrhunderten eines der weinkulturellen Zentren des Kamptals darstellt, dürfen die vergangenen zehn Jahre mit Fug und Recht als „goldenes Zeitalter" bezeichnet werden. Die „Goldjungs", die dieses längere Zeit eher ziellos dahinschlingernde Flaggschiff wieder flottgemacht haben, sind Willi Bründlmayer als Initiator und Mentor sowie Michael Moosbrugger, der hier seine Feuertaufe als Chef eines Weinguts mit Bravour bestanden hat. 1996 kam es zur Übernahme des Gutes, das im Besitz des Zisterzienserstiftes Zwettl steht, und schon im ersten Jahr war ein deutlicher Qualitätsschub zu erkennen. Großmeister Bründlmayer stand Moosbrugger dabei zwar mit Rat und Tat zur Seite, hat seinem jungen Partner aber von Anfang an freie Hand gelassen, um dem Weingut ein eigenständiges Profil zu verleihen. Heute ruhen in den historischen Kellern des Gutes idealtypische Weine von besten Lagen wie Heiligenstein, Lamm, Grub oder Renner in allen Qualitätskategorien. Dabei sucht Moosbrugger weniger nach Maximierung von Alkohol und Power, sondern vielmehr nach bekömmlichen, ausgewogenen Weinen. Das hat er nicht zuletzt mit der Linie „Tradition" unter Beweis gestellt, einem Riesling und einem Veltliner, die im Keller mit einem Minimum an Eingriffen sehr traditionell gekeltert und erst nach einer Reifephase von einem Jahr auf den Markt gebracht werden. Mehr als nur eine interessante Ergänzung stellen schließlich die feingliedrig-eleganten Rotweine, allen voran der Pinot noir und der Merlot dar.

Hiedler

3550 Langenlois, Am Rosenhügel 13

Ludwig Hiedlers Vater, der bereits Weinbau auf hohem Niveau allerdings im Nebenberuf betrieben hat, war Gemeindearzt in Langenlois. Hiedler selbst, der das Weingut gemeinsam mit seiner Frau Maria Àngeles-Hiedler führt, ist Student. Fachrichtung: das Zusammenspiel von Terroirs und Sorten, um qualitativ das „Maximum" zu erreichen. So heißen die kräftigsten, konzentriertesten Weine des Betriebes. Allerdings geht es Hiedler dabei nicht um vordergründige Alkoholschwere, sondern um ein Maximum an Konzentration und Struktur bei gleichzeitiger Erhaltung der Frucht und Eleganz. Wer sich Hiedlers Terroirstudien anschließen will, hat dafür im Weingut oder im benachbarten Heurigen „Weinschlössl" die Gelegenheit: Rieslinge und Grüne Veltliner von verschiedensten Lagen rund um Langenlois laden zu eingehenden Charakterstudien ein.

Hirsch

3493 Kammern, Hauptstraße 76

Hannes Hirsch hat sich vom „Jungen Wilden" zu einem der führenden Winzer der Region gemausert, wobei er mit seinem Entschluss, für seine Weine ausschließlich Drehverschlüsse zu verwenden, noch einmal so richtig den Wilden raushängen ließ. „Trinkvergnügen" heißt der leichte, fruchtige Grüne Veltliner des Hauses und dieser Name darf auch für alle anderen Hirsch-Weine als programmatisch verstanden werden. Hirsch keltert ausschließlich Grüne Veltliner und Rieslinge von den praktisch vor seiner Haustür liegenden Spitzenlagen Lamm, Gaisberg und Heiligenstein. Dabei versucht er seine Weine möglichst terroirbezogen zu vinifizieren – deshalb auch die Entscheidung, den Weinbau in Zukunft auf biologisch-organischer Basis zu betreiben. Auf der Basis von gesunden Böden wollen die Hirschs – Senior Josef betreut die Weingärten – eine frühere Traubenreife erreichen. So sollen bekömmliche Weine mit

geringerem Alkoholgehalt entstehen, die dennoch eine dichte und komplexe Struktur haben. Ein Projekt im Sinne des Trinkvernügens!

Jurtschitsch

3550 Langenlois, Rudolfstraße 39

Die „Drei Musketiere von Langenlois", Paul, Edwin und Karl Jurtschitsch exerzieren seit vielen Jahren vor, wie man einen großen Betrieb auf Erfolgskurs halten und dabei auch qualitativ an der absoluten Spitze mitmischen kann. Das Geheimnis der Familie in der inzwischen bereits drei Generationen von Jurtschitschs arbeiten, ist die Arbeitsteilung. Edwin Jurtschitsch ist dabei der Mann für die Weingärten, Paul macht aus den Trauben im Keller das Beste und Karl sorgt im Marketing und Verkauf dafür, dass dies auch unter die Leute kommt. Bereits in den 70er Jahren – lange vor den meisten Kollegen – verzichtete man im Hause Jurtschitsch auf die Verwendung von Kunstdüngern und Herbiziden, um im Weingarten möglichst gesunde, natürliche Wachstumsbedingungen herzustellen. Mit dem Jahr 2006 wurde schließlich die gesamte Weingartenbewirtschaftung auf kontrolliert organisch-biologische Methoden umgestellt. Ab dem Jahrgang 2009 werden die Trauben erstmals aus zertifizierter biologischer Produktion verarbeitet werden. Wurden die Weine des „Sonnhofs" vor 30 Jahren zu einem guten Teil aus Trauben von Vertragswinzern gekeltert, so bilden heute beeindruckende 74 Hektar eigener Weingartenflächen in besten Lagen rund um Langenlois das Rückgrat der Produktion. Sie sind die solide Grundlage für höchste Weinqualität. Das Sortiment ist dabei naturgemäß weit gestreut: Grüne Veltliner von Lösslagen in verschiedensten Qualitätsstufen, mineralische Rieslinge vom Zöbinger Heiligenstein und ganz hervorragende Rote, die rund ein Drittel der Produktion ausmachen und als Musterbeispiel für professionell erzeugte Rotweine aus dem Kamptal gelten dürfen. Die qualitative Kontinuität dieses sehenswerten Weinguts dokumentiert ein gut sortierter Altweinfundus – Langenloiser Weinbaugeschichte in Flaschen gefüllt.

Kirschner

3561 Zöbing, Heiligensteinstraße 3

Die fruchtigen, mineralisch-brillanten Rieslinge vom Heiligenstein und Kogelberg sind die Zugpferde im Stall von Gerhard und Brigitte Kirschner. Im Keller der beiden wird man vergeblich nach großen Stahltanks suchen: „Wir haben lieber viele kleine Fassln – das sind unsere Kinder“, beschreibt das Winzerpaar sein spezielles Naheverhältnis zum Produkt Wein. Vielleicht ist das der Grund, warum aus diesem Keller immer wieder Weine kommen, die hohe Qualität mit besonderer Individualität vereinen.

Thomas Leithner

3550 Langenlois, Walterstrasse 46

Der Urenkel von Dr. Fritz Zweigelt, dem Österreich seine rote „Nationalrebsorte“ verdankt, keltert ausgezeichnete Weißweine wie den fruchtig-mineralischen Riesling „Privat“, kräftige Barrique-gereifte „Granaten“ wie die Cuvée „Mantis Religiosa“ aber auch Chardonnay und Neuburger und selbstverständlich einen kostbaren, im Barrique ausgebauten Zweigelt, der in besonderen Jahren aus naheliegenden Gründen als „Hommage“ tituliert wird.

Langenlois: Altweinkeller im Weingut Jurtschitsch. ©Fotostudio Murth

Loimer

3550 Langenlois
Haindorfer Vögerlweg 23

Muß Fred Loimer doch allmählich aus Altersgründen aus dem „Club der Jungen Wilden“ suspendiert werden, so hat er sich dort längst eine Ehrenloge verdient. Der Langenloiser ging als Winzer schon immer ungewöhnliche Wege – sei es mit seinem berühmt-berüchtigten „Zacken-Etikett“ oder mit einem damals noch geradezu unerhörten Barrique-Veltliner. Heute ist sein cool gestyltes, modernes Weingut sichtbares Zeichen seines unkonventionellen Denkens. Dazu passt es auch, dass sich Lomer seit dem Jahrgang 2005 ganz dem biologisch-dynamischen Weinbau verschrieben hat. Seine Weißweine, vom leichten Szene-Veltliner „Lois“ bis zu den konzentrierten Granaten wie dem Veltliner Spiegel, zeigen inzwischen ein Höchstmaß an Perfektion. Sein Interesse gilt freilich auch den Burgundersorten in Weiß und Rot. Hier hat er neben seinen eigenen Weingärten durch die Zusammenarbeit mit dem Weingut Schellmann in Gumpoldskirchen eine erweiterte Spielwiese gefunden. Loimer ist überzeugt von den burgundischen Qualitäten der Gumpoldskirchner Lagen, und der Chardonnay, den er von diesen Trauben keltert, ist tatsächlich hervorragend. Kein Wunder, dass ihm schon bald – nämlich sobald die gesetzten Reben in Ertrag kommen – ein Pinot noir folgen soll.

Rabl

3550 Langenlois, Weraingraben 10

Das Weingut Rabl zählt mit dem Gründungsjahr 1750 nicht nur zu den traditionsreichsten, sondern mit einer eigenen Rebfläche von rund 55 Hektar heute auch zu den größten Betrieben in Langenlois. Rudolf Rabl schafft es aber durchaus, Größe und Qualität unter einen Hut zu bringen und bietet ein breites Sortiment an blitzsauberen, sorten- und regionstypischen Weinen mit einem sehr fairen Preis-Leistungs-Verhältnis an. Das breit gefächerte Angebot reicht dabei von leichten, duftigen Weinen wie dem Grünen Veltliner „Liss" über Lagenweine wie den Grünen Veltliner vom „Spiegel" und den Riesling „Steinhaus" bis zu den eleganten Rotweinen, die saftige Frucht und eine fein gewirkte Struktur zeigen.

Retzl

3561 Zöbing, Heiligensteinstraße 9

Erwin Retzl bietet solide Rieslinge, Grüne Veltliner und Sauvignons mit einem ausgezeichneten Preis-Leistungs-Verhältnis an und verfügt über einen tollen Altwein-Fundus mit gereiften Rieslingen vom Zöbinger Heiligenstein.

Steininger

3550 Langenlois, Walterstraße 2

Während des Rundganges durch die Kellerwelten des Loisiums gewinnt man – durch Glasscheiben getrennt – auch einen Einblick in das Arbeitsleben von Karl Steiningers Kellerei. Steininger ist einer der Protagonisten dieses Projekts und keltert erstklassige Grüne Veltliner und Rieslinge, die allerdings weniger bekannt sind als die exzellenten Schaumweine dieses Hauses: Hier bietet Steininger eine breite Palette von feinen, fruchtbetonten Sekten auf der Basis von Sauvignon blanc, Muskateller, Grüner Veltliner oder Riesling und sogar Traminer, die zu den besten des Landes zählen.

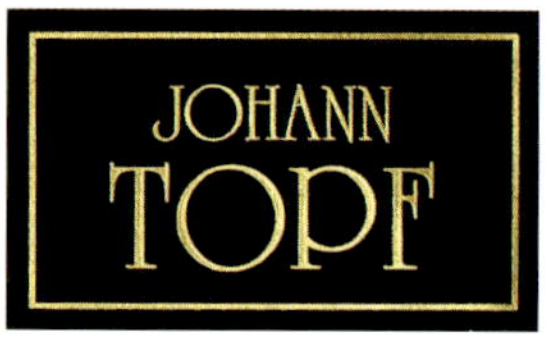

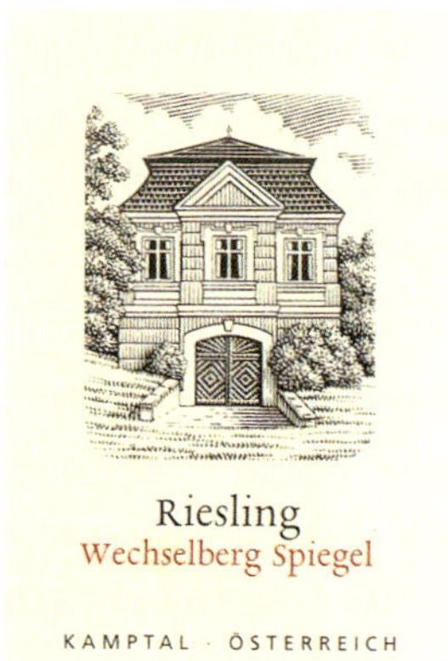

Summerer

3550 Langenlois, Weinberggasse 6

Elisabeth und Rupert Summerer konzentrieren sich auf jene Weine, die ihrer Meinung nach am besten ins Kamptal passen: Riesling, Veltliner und Zweigelt. Rupert Summerer ist zweifellos einer der innovativsten jungen Winzer im Kamptal, verschließt seine Weine ausschließlich mit dem modernen Glasverschluss „Vinolok" und ist der Erfinder des „virtuellen Weingartens": Im Rahmen seines entsprechenden Internet-Projektes www.mein-weinstock.at können die „Stock-Manager" genannten Teilnehmer darüber bestimmen, was, wann und wie mit ihren Rebstöcken zu tun ist. Der Winzer führt diese Arbeiten dann aus und am Ende zeigt der persönliche Wein, ob die Entscheidungen auch richtig waren ... Im Weingarten und Keller setzen die Summerers auf eine Philosophie, die sie als „friedfertigen Weinbau" bezeichnen: Dabei geht es ihnen um „die Produktion hochwertiger und gesunder Trauben im vollen Einklang mit allem Leben und der Natur." Ähnlich wie beim biologischen Weinbau wird der Bodengesundung ein hoher Stellenwert eingeräumt, wobei ganz besonders auf die Fauna im Weingarten geachtet wird. Sie sollen helfen, ein natürliches Gleichgewicht im Boden und Weingarten herzustellen, ohne den Boden durch das Ausbringen von zu vielen biodynamischen Hilfsmitteln zu überfordern.

Topf

3491 Straß im Straßertal
Herrengasse 6

Die ehemaligen Kelleranlagen der Metternich'schen Weingüter in Straß bieten samt barockem Salettl mit Verkostungsraum den stattlichen Rahmen für Hans Topfs Weine. Topf, der, wie er selbst sagt, das Glück hatte, unmittelbar nach dem Weinskandal so richtig mit dem Weinmachen zu beginnen, hat das Familienweingut zu einem der Leitbetriebe im Kamptal ausgebaut. Vom mineralischen Heiligensteiner Riesling bis zu würzigen Veltlinern vom Straßer Wechselberg reicht das Angebot, wobei Topfs besondere Liebe stets dem Chardonnay galt, den er als einer der Ersten in der Region im Barrique ausgebaut hat. Eine wahrhaft gigantische Probe aus Großflaschen von 9 bis 18 Litern mit Jahrgängen 1985 bis 2005 zeigte, dass dieser Wein nicht nur in punkto Gebinde das Zeug zu echter Größe hat.

Zottlöderer

3491 Straß im Straßertal
Sauerbrunngasse 49

Zwar nicht seit Adam und Eva, aber immerhin bereits seit dem Jahr 1986 baut Franz Zottlöderer seinen so benannten Chardonnay im Barrique aus. Und auch sein im großen Holzfass ausgebauter Neuburger – hier eine selten gewordene Sorte – gilt als Geheimtipp. Weniger geheim, doch sehr regionstypisch sind die Grünen Veltliner des Hauses von Lagen wie Gaisberg und Hasel.

Winzervereinigungen

Kamptal Klassik

Mehr als 70 Betriebe sind Miglied dieser Vereinigung und dürfen nach einer strengen Vorverkostung das „ K & K – Kamptal-Klassik"-Etikett für ihre Weine verwenden.
Wichtigste Veranstaltung: Wein & Kultur in Engabrunn (Ende April)
Informationen: www.kamptal-klassik.at

Traditionsweingüter

Ein kleiner Kreis von Top-Winzern aus dem Krems- und Kamptal, die in ihren Weinen vor allem die Charakteristika ihrer Gegend, ihrer Böden, ihres Klimas, ihrer Sorten und ihrer Keller zum Ausdruck bringen wollen, als Gegenthese zum Wein als uniformes Massenprodukt, ohne Individualität und Erkennbarkeit. Unter anderem haben die Traditionsweingüter im Kamptal auch eine Lagenklassifizierung geschaffen.
Wichtigste Veranstaltung: Tour de Vin (Anfang Mai)
Informationen: www.traditionsweingueter.at

Vinovative

Wein in Bewegung – so das Motto der zehn Winzer, die sowohl Solisten sind, als auch gemeinsam einen starken Sound produzieren wollen.
Wichtigste Veranstaltung: Weintage der Vinovative (2 Wochenenden Ende April)
Informationen: www.vinovative.at

Traisental

Erst seit dem Jahr 1995 ist das Traisental ein eigenständiges Weinbaugebiet. Es ist mit einer Rebfläche von rund 710 Hektar eines der kleinsten des Landes, kann jedoch auf eine lange Tradition und Weine mit eigenständigem Charakter verweisen.

Das untere Traisental erstreckt sich von St. Pölten im Süden bis zur Mündung der Traisen in die Donau, nördlich von Traismauer. Weinbau findet man zwischen Herzogenburg, das vor allem durch sein prächtiges Barockstift bekannt ist, aber für den Weinbau kaum mehr Bedeutung hat, und Traismauer zu beiden Seiten der Traisen. Der wichtigste Teil ist dabei das geschlossene Band von Weinbauflächen zwischen Inzersdorf und Nussdorf. Die auf sanften Hügeln und Terrassen angelegten Weinberge erinnern bei flüchtiger Betrachtung ein wenig an die Côte d'Or im Burgund. Ebenso wie dort liegen auch hier die kleinen Weindörfer wie Inzersdorf, Getzersdorf, Reichersdorf, Nussdorf oder Wagram ob der Traisen malerisch verstreut inmitten der Weingärten. Tragen die Weinreben Blätter, so sieht man von der Ferne nur die einzelnen Kirchtürme aus dem Rebenmeer herausragen. Gegen Westen hin sind diese Lagen durch die Ausläufer des Dunkelsteiner Waldes geschützt, nach Süden und Osten sind sie offen für die Sonne und die letzten Ausläufer pannonischer Klimaeinflüsse. Auf der östlichen Seite der Traisen findet man rund um die alte Weinstadt Traismauer ebenfalls ausgedehnte Rebflächen; die Region ist vor allem für ihre vielen guten Heurigen bekannt. Schließlich wird links und rechts des Fladnitztals südlich des Dunkelsteiner Waldes bei Kuffern, Unter- und Oberwölbling Weinbau betrieben.

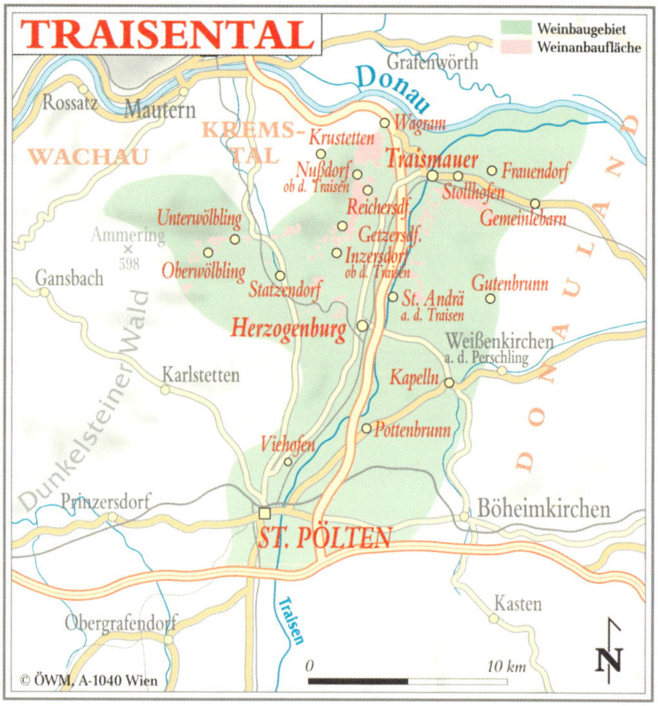

Das TRAISENTAL auf einen Blick:

Rebfläche: 712 Hektar
Anteil an der Gesamtrebfläche Österreichs: 1,4 Prozent
Wichtigste Rebsorten: Grüner Veltliner: 425 ha
Zweigelt: 60 ha, Blauer Portugieser: 40 ha
Böden: Kalkhaltige, schottrige Böden, Löss, Urgestein

Profilierung mit DAC

Zwar ist das Traisental seit dem Jahr 1995 ein selbstständiges Weinbaugebiet, doch ist es lange Zeit nicht gelungen, nach außen hin eine klare Positionierung zu finden. Anders gesagt: Selbst Experten fiel es schwer, zu sagen, für welchen Weintyp das Gebiet genau steht. Hauptgrund dafür sind die Strukturen der Region. Die meisten Betriebe sind eher klein und fast zu jedem gehört ein Heuriger. Dieser bietet eine sichere Absatzschiene für den Wein und darum haben nur wenige Winzer ernsthaft versucht, mit ihren Bouteillenweinen eine breitere Öffentlichkeit zu erreichen. Mit der Einführung der DAC Traisental ab dem Jahrgang 2006 soll sich das nun ändern und die Region eine klare Profilierung erhalten. Dafür bot sich als Rebsorte zunächst der Grüne Veltliner an, der rund 60 Prozent der Rebfläche ausmacht – das ist

Erinnern an Burgund: idyllische, mitten in den Reben gelegene Weindörfer im Traisental

mehr als etwa im Weinviertel. Die zweite Rebsorte, die den Traisentaler Winzern besonders am Herzen liegt, ist der Riesling. Darum gibt es im Traisental – erstmals in Österreich – gleich zwei DACs: „Traisental DAC Grüner Veltliner" und „Traisental DAC Riesling".

Geformt von der Traisen

Was Böden und Klima anbelangt, so hat das Traisental durchaus die Vorausetzungen für Spitzenweine, die noch dazu einen eigenständigen Charakter aufweisen. „Wir haben hier ausschließlich basische Böden mit einem pH-Wert von sieben bis acht", erklärt der junge Wein-Shootingstar Markus Huber aus Reichersdorf, „das ist im Veltlinerland sicher einzigartig." Grund dafür sind die kalkreichen Böden: Die Ur-Traisen, damals ein mächtiger Fluss, hat das breite Tal geformt und auf dem Untergrund der Böhmischen Masse Schotter mit hohem Kalkgehalt aus dem Alpenvorland angeschwemmt. Dazu kommen teilweise Lössanwehungen aus der Eiszeit, während an manchen Stellen, wie in Kuffern und Unterwölbling, verwittertes Urgestein den Boden dominiert: Insgesamt also vielgestaltige Böden, die auch – was die Weinstilistik angeht – eine gewisse Bandbreite zulassen. Grundsätzlich lässt sich sagen, dass die Böden Richtung Donau und Hollenburg immer fetter, Richtung Herzogenburg dagegen immer magerer werden. Im nördlichen Bereich hat die Donau noch eine gewisse temperaturausgleichende Wirkung, weiter im Süden kommt dafür neben dem kontinentalen auch der pannonische Klimaeinfluss stärker zum Tragen.

Zurückhaltend und langlebig

Bedingt durch die kalkreichen Böden weisen die Weine hier eine ganz eigene Stilistik auf. Ein

Wird oft mit Inzersdorf bei Wien verwechselt: Inzersdorf ob der Traisen. Hier wächst Wein – dort Konserven (oben). Sanfte Weinlandschaft mit Blumenschmuck im Traisental (unten)

Grüner Veltliner oder Riesling aus dem Traisental schmeckt und riecht darum anders als einer vom Wachauer Urgestein oder vom Wagramer Löss. Die Weine präsentieren sich in der Jugend eher verhalten und zeigen nie eine laute Frucht – was auf Kalk gewachsen ist, benötigt eine längere Entwicklungszeit. Geprägt sind sie von kräftiger Würze, eher zurückhaltender, feiner Frucht und einer ausgeprägt mineralischen Note. Das Terroir überdeckt zwar nicht den Sortencharakter, schwingt in Duft und Geschmack aber doch immer mit. Ein weiteres Merkmal ist der langsame Ausbau der Weine in der Flasche; besonders die kräftigen Weine legen dafür auch eine besondere Langlebigkeit an den Tag. Rotweine spielen im Traisental nur eine untergeordnete Rolle. Der zuletzt forcierte Zweigelt und der Blaue Portugieser machen zwar zusammen rund 100 Hektar Rebfläche aus, die Weine werden aber großteils beim Heurigen getrunken.

Weinbau mit Tradition

Archäologische Grabungen brachten im Traisental eine Vielzahl von Fundgegenständen aus der Bronze- und Eisenzeit zutage, die belegen, dass hier schon vor der Römerzeit Weinbau betrieben wurde. Viele dieser Ausgrabungen können heute im Urzeitmuseum von Nussdorf ob der Traisen besichtigt werden. Im kleinen Weinort Kuffern etwa wurde eine bronzene *Situla* (Weineimer) aus der Zeit um 450 v. Chr. mit ornamentalischen Weinszenen gefunden, und auch Traubenkernfunde weisen darauf hin, dass man hier bereits in der Bronzezeit Weinreben kultiviert hatte. Doch auch in der Neuzeit können die Traisentaler auf ihre Tradition pochen: Im Jahr 1898 wurde in Traismauer die „Erste Niederösterreichische Hauerinnung" gegründet, die für eine weit über die Region hinausreichende Weinvermarktung sorgte. Ein Beispiel, dem man nach der Einführung der Traisental-DAC auch in Zukunft wieder folgen will.

Kritisch betrachtet

Nach der „Entlassung in die Selbstständigkeit" im Jahr 1995 setzte man große Erwartungen in die Entwicklung des kleinen Weinbaugebietes im Herzen von Niederösterreich. In den darauf folgenden Jahren ist es jedoch nicht gelungen, ein eigenständiges Profil zu entwickeln und zu kommunizieren. Zu wenige Winzer setzten wirklich von ganzem Herzen auf die Vermarktung von Bouteillenweinen – der fast in jedem Betrieb vorhandene Heurige war als bequeme Alternative wohl zu verlockend. Und jene, die sich tatsächlich dem Qualitätsgedanken verschrieben haben, schielten viel zu lange Richtung Wachau, und versuchten, den dortigen Weinstil zu kopieren. Ein Unterfangen, das aufgrund der Bodenverhältnisse von vornherein aussichtslos war. Was dabei oft übersehen wurde: Im Traisental sind für Veltliner und Riesling absolute Spitzenqualitäten möglich – aber eben in einem eigenen Stil. Was ja grundsätzlich absolut positiv ist. Natürlich dauert es seine Zeit, diesen regionalen Weincharakter klar herauszuarbeiten und die Botschaft zum Zielpublikum zu tragen. Die Einführung der DAC bietet dafür sicher eine Chance – es bleibt zu hoffen, dass sie von möglichst vielen Winzern im Traisental genutzt wird. Das Potenzial wäre jedenfalls vorhanden.

Die besten Lagen

TRAISMAUER
GEMEINLEBARN
SITZENBERG-
-REIDLING
HASENDORF
LANGMANNERSDORF
WEISSENKIRCHEN an der Perschling
KAPELLN
RASSING
Weinbaugebiet
Donauland
DONAU
Traisen
Tulln
ST. GEORGEN
an der Traisen
FRAUENDORF
STOLLHOFEN
MITTERNDORF
HILPERSDORF
Schweizerhof
VENUSBERG
Hühner Kropf
Schulenberg
Vorberg
IM TOBEL
Galgenleithen
BERGHÄUSER
Im Greillen
NASENBERG
Nasenberg
Zachling
Brunberg
Hennerin
Pointen
Langes Feld
WALDLESBERG
Ebene
Weinberg
Mitter Straßl-
Hinterm Eichberg
Kreitschental
Am Herzogen-
burger Weg
Fuxberg
Holzgrund
Eichberg
Förberg
Boden-
leiten
Weinlacken
Zachling
Silber-
boden
Hinter
Thallern
Tiegeln
Au Kogel
Scheibenfeld
OBERNDORF
am Gebirge
Tonnen Leiten
Fuchsen
Rand
Reutbühel
Seelackenberg
THALLERN
SITZENBERG
Wimmergraben
AHRENBERG
NEUSTIFT
REIDLING
BAUMGARTEN
Reintal
Reidlingberg
Waldandacht
Sonnleiten
Reidlingwald
Spiegelberg
Spiegel
Tal
EINÖD
Mitterweg
Hühnerbühel
ANGERN
Fuchsleiten
-HAMETEN
UNTER-
OBER-
ST. ANDRÄ
an der Traisen
GUTENBRUNN
EGGENDORF
ADLETZBERG
Venusberg
HASENDORF
Eichberg
UNTERWINDEN
OBERWINDEN
HEILIGENKREUZ
Pottschall
Juchez-
baum
Seelackenberg
Weichselberg
LANGMANNERS-
DORF
OSSARN
ETZERSDORF
WEISSENKIRCHEN
an der Perschling
-KILLING
OBER-
UNTER-
MITTER-
MITTERAU
KAPELLN
KATZENBERG
UNTERAU
PERSCHLING
Hausberg
PANZING
RASSING
Halterberg
OBERMIESTING

Blick über die Weingärten auf Herzogenburg und das Stift Herzogenburg im Traisental.

Den Lagen kommt im Traisental nicht jene Bedeutung zu wie etwa in der Wachau, aber eine Unterscheidung hat durchaus ihre Berechtigung – nicht zuletzt auch deshalb, weil die Bodenbeschaffenheit sich oft sehr kleinräumig verändert. Es ist also für die Winzer besonders wichtig, sich intensiv mit der richtigen Kombination von Böden und Rebsorten auseinanderzusetzen.

REICHERSDORF

Alte Setzen

Die Alte Setzen ist das Herzstück eines sanft bis zum Talboden ausschwingenden, nach Osten ausgerichteten Hanges. Im Oberboden findet man hier Löss, darunter sehr kalkreiche Verwitterungsböden, aus denen sich die tief wurzelnden Reben ihre Mineralik holen. Im oberen Bereich, der an den Wald grenzt, ist die Lage etwas kühler – der Wald spendet Schatten und die Sonne verschwindet früher. Dorthin passen vor allem duftige Sorten wie Sauvignon blanc oder Gelber Muskateller. Der untere, durch eine Geländekante abgestufte Teil ist der beste Bereich. Hier wachsen kräftige, vollreife Grüne Veltliner mit viel Mineralik, feiner Obstnote und nussiger Aromatik am Gaumen.

Winzer: Huber

GETZERSDORF

Berg

Wie der Namen schon sagt, handelt es sich um eine sehr steile, terrassierte Hanglage, die nach Süden und Südosten ausgerichtet ist. Die Verwitterungsböden weisen nicht nur einen sehr hohen Kalkanteil auf, sondern sind auch eisenhaltig – die rötlichen Steine, mit denen der Boden durchsetzt ist, lassen das erkennen. Am Tag wird es hier sehr warm, in der Nacht aber eher kühl, da die Lage nach oben hin vom Wald begrenzt wird. Grüne Veltliner und Rieslinge erreichen darum eine hohe Reife, behalten dabei jedoch auch ihre frische Säure.

Winzer: Huber

Das Traistental ist ein Veltlinerland – Österreichs „Nationalrebsorte“ macht rund zwei Drittel der Rebfläche aus.

INZERSDORF

Zwirch

Die Zwirch ist ein nach Südosten ausgerichteter Kessel auf einer Höhenlage von ungefähr 250 bis 350 Metern. Im oberen, stark terrassierten Bereich dieser geschützten Lage sind die Böden karger und mineralischer; hier gedeihen unter anderem Riesling und Weißburgunder. Weiter unten ist die Lage optimal für den Grünen Veltliner, der hier einen besonders vielschichtigen, mineralischen und würzigen Wein hervorbringt, der durch seine Steinobstnoten in der Jugend an Riesling erinnern kann.
Winzer: Neumayer

Rothenbart

Rothenbart ist eine bis zu 380 Meter hoch gelegene leichte Kessellage, die von der Süd- bis zur Westausrichtung dreht. Die besonders kalkreichen, steinigen Böden bestehen aus aufgeschlossenem Kalk, Schotter und Bruch mit geringer Humusauflage. Die Lage ist terrassiert und nach oben hin vom Wald begrenzt.

Inzersdorfer Wein wurde durch Ludwig Neumayer bekannt.

„Rothenbart ist durch die Bodenbeschaffenheit eher eine Riesling- als eine Veltlinerlage“, erklärt Ludwig Neumayer, der von hier einen sehr mineralisch-würzigen Riesling keltert.
Winzer: Neumayer

Händelgraben

Die Ried Händelgraben weist leicht sandige Tegelböden auf, die zwar teilweise auch sehr steinig, aber nicht so karg sind wie jene in den Lagen Zwirch oder Rothenbart. Die Lage ist nach Süden und Südwesten ausgerichtet und sehr gut durchlüftet. Hier stehen vor allem Grüne-Veltliner-Reben, die etwas fettere Weine bringen.
Winzer: Neumayer

Über den Wein

Ludwig Neumayer
Holz muss sich ergeben

Eigentlich ist Ludwig Neumayer ja weder ein Barrikadenstürmer noch ein besonderer Liebhaber von Holztönen im Wein. Aber einmal hat er doch eine Aktion gesetzt, die damals hohe Wellen geschlagen hat. Vom Jahrgang 1986 baute er zwei mächtige, komplett trockene Auslesen vom Weißburgunder und Grünen Veltliner im kleinen, neuen Eichenholzfass aus. Letzteres war zu dieser Zeit ein ziemlich kühner Akt. „Aus der Wachau hörte man Stimmen, die das als absolutes Sakrileg bezeichneten", erinnert sich Neumayer, wie damals die Emotionen hochgingen. Immerhin: Der Wein wurde unter Insidern von Hand zu Hand gereicht, erlangte geradezu Kultstatus und bereitete noch nach vielen Jahren großes Trinkvergnügen. Dennoch kam Neumayer sehr bald wieder vom „Holzweg" ab und findet heute, dass Weißwein nur ganz wenig Holz verträgt: „Frucht und Finesse müssen immer im Vordergrund stehen!", erklärt er, lässt es sich aber doch nicht ganz nehmen, gelegentlich wieder die eine oder andere Barrique zu ordern: „Es gibt manchmal so Spielereien wie den Sauvignon blanc 2002 ‚Ikon', die ein bisschen Holz abbekommen. Aber das ist von mir nicht so geplant, es muss sich einfach ergeben!"

Markus Huber
Traisental für die Welt

Er ist gerade einmal 26 Jahre alt, produziert im Jahr 120.000 Flaschen Wein, wovon 70 Prozent in den Export gehen, und hat innerhalb weniger Jahre den Sprung vom Heurigen-Weinbau in die Oberliga der heimischen Qualitätsproduzenten geschafft. Wenn die oft strapazierte Bezeichnung „Shootingstar" auf einen heimischen Winzer zutrifft, dann auf Markus Huber – der renommierte britische „Decanter" bezeichnete ihn gar als „Wunderkind". Aber wie hat Huber das geschafft, was im Traisental bisher unmöglich schien?

„Als ich im Jahr 2000 von meinen Praktika zurückkam, war mir klar: Heurigenwirt und Winzer, das kommt für mich nicht in Frage", schildert Huber den Beginn seines rasanten Aufstiegs. „Ich wollte im Keller neue Technik einsetzen, aber mein Vater war dagegen, also haben wir erst einmal ordentlich gestritten. Sobald ich ein bisschen Geld beisammen hatte, kaufte ich bei einem Bauern eine gebrauchte Milchkühlanlage und überflutete mit dem gekühlten Wasser die Tanks. In diesem Jahr haben wir zwei Weine im SALON gehabt und den niederösterreichischen Landessieger gemacht. Ich war damals 21 Jahre alt und mir fehlte noch das Verständnis für die Böden und Lagen, aber technisch waren diese Weine einwandfrei gemacht." Nach diesem Erfolg war auch für seinen Vater klar, dass sich Investitionen in die Technik lohnen. „Dann habe ich Schritt für Schritt weitergemacht", erzählt Huber in seinem nagelneuen, modern gestylten Verkostungsraum, der zum ebenfalls neuen Keller gehört, weiter: „Man muss einfach konsequent daran glauben, dass das gut ist, was man macht. Sicher gehören auch ein bisschen jugendlicher Übermut und Naivität dazu. Sobald ich mir den Flug leisten konnte, dachte ich mir: ‚Ich fliege nach Amerika und stelle mich auf die Vinexpo.' Da fand ich dann einen jungen Importeur, dem meine Weine gefielen und mit dem ich nach wie vor zusammenarbeite. So ergeben sich viele Dinge auch zufällig – weil's einfach gerade passt." Für den heimischen Markt wurden Hubers Weine vom Gastronomen und „Weinscout" Josef Floh entdeckt – und die Kunde von ihrer Qualität verbreitete sich fast wie ein Lauffeuer. In den vergangenen Jahren ist der Betrieb rasant gewachsen, doch damit soll vorerst einmal Schluss sein: „Ich glaube, jetzt konsolidieren wir uns erst einmal und versuchen das, was wir machen, optimal zu organisieren. Außerdem brauche ich auch persönlich erst einmal Erfahrung mit dieser Größe – und wenn alles gut klappt, schauen wir weiter ..."

Die Winzer

Neumayer

3130 Inzersdorf ob der Traisen 22

Ludwig Neumayer ist zweifellos der Pionier des modernen Qualitätsweinbaus im Traisental. Seit mehr als zwei Jahrzehnten hält er das Banner – oft ziemlich einsam – hoch und hat es dabei geschafft, sich an der Spitze der heimischen Weißweinproduzenten zu positionieren. Dabei waren seine Weine nie besonders zugänglich oder leicht verständlich – was einerseits am Terroir des Traisentals, andererseits am Naturell des Winzers liegt. Neumayer hält nichts von Vordergründigkeit und lauter Frucht – Vielschichtigkeit, Tiefe und Langlebigkeit sind die hervorstechenden Eigenschaften seiner Weine. Seine besten Grünen Veltliner, Rieslinge, Sauvignon blancs und Weißburgunder vermarktet er unter der Bezeichnung „Der Wein vom Stein". Die Philosophie dahinter erklärt der Inzersdorfer so: „Der Wein vom Stein ist lagenübergreifend; es handelt sich um reife, helle Weine von mageren Kalkböden mit kühlen Aromen, die sich sehr langsam entwickeln. Sie haben eine hohe Mineralik und sind sehr komplex, aber nicht wuchtig, sondern eher zart und fein. Bei der Selektion ist nicht die höchste Reife ausschlaggebend, sondern der Charakter – schließlich will ich hier nicht pure Kraft, sondern Finesse!"

Herzinger

3111 Nussdorf 33

Das Weingut der Familie Herzinger zählt seit langem zu den positiven Beispielen für die Qualitätsentwicklung im Traisental. Als Gründungsmitglied der Vereinigung „Regio Tragisana" setzt man auf naturnahe Bearbeitung der Weingärten und vertraut ausschließlich auf die Qualität der Trauben von eigenen Rebflächen. Wichtigste Sorte ist der Grüne Veltliner, der in verschiedenen Kategorien vom leichten „Messwein" bis zum konzentriert-exotischen Lagenwein „Hochschopf privat" angeboten wird. Außerdem wachsen auf Lössböden mit steinigem, kalkreichem Untergrund noch Weißburgunder und Riesling, die sich durch besondere Würze und Mineralik auszeichnen. Bei einem Besuch im Hause Herzinger lohnt es sich, auch nach anderen Produkten, wie den vielfach ausgezeichneten Edelbränden oder anderen Obstprodukten wie Säften und Marmeladen, zu fragen.

Hofmann

3133 Traismauer
Oberndorfer Straße 41

Als Quereinsteiger hat der frühere Vinothekar Rudolf Hofmann die Herausforderung, selbst Wein zu produzieren, angenommen, und zwar durchaus mit Erfolg. Er nutzt dabei die Möglichkeiten, die ihm das vielgestaltige Terroir der Region bietet: Von kargen, steinigen Terrassenlagen stammt der fruchtbetonte Riesling, während sich die Weine der weißen Burgunderfamilie auf kalkreichen Sandböden sehr wohlfühlen. Die wichtigste Rolle spielt aber natürlich der Grüne Veltliner – würzig-mineralisch und in mehreren „Gewichtsklassen" erhältlich.

Holzer

3133 Nussdorf 4

Der Winzerhof Holzer zählt schon seit Jahren zu den (wenigen) renommierten Betrieben im Traisental. Aufbauend auf einer langen Tradition – das Weingut wird bereits seit dem Jahr 1838 von der Familie bewirtschaftet –, versuchen Senior Alfred und Junior Andreas Holzer, das besondere Terroir des Traisentals in ihren Weinen spürbar zu machen. Besonders gut gelingt dies beim Grünen Veltliner und beim Riesling der Serie „Privat": zwei Paradeweine voll Frucht und Mineralik, die zwar in limitierten Mengen, aber glücklicherweise doch nicht nur zum privaten Gebrauch gekeltert werden.

Huber

3131 Reichersdorf 148

Der junge Markus Huber führt den Betrieb mit tatkräftiger Unterstützung seiner Eltern, Anton und Hermine Huber, bereits in zehnter Generation. Allerdings hat er kaum mehr als fünf Jahre gebraucht, um den rasantesten Wandel in der Familiengeschichte herbeizuführen. Seit einem Jahr arbeitet man in einem topmodernen Weinkeller mit Blick auf den Weingarten, und der Name Huber taucht immer öfter auf den Weinkarten der guten Restaurants auf. Huber ist davon überzeugt, dass die Weine des Traisentals aufgrund des Terroirs eine eigene Stilistik an den Tag legen und man hier mehr Mut zur Eigenständigkeit haben sollte. Wie das geht, zeigt er mit seinen Weinen vor: Die Spitzen-Veltliner von den Lagen Berg und Alte Setzen brillieren mit viel Würze und Mineralik, zeigen dabei auch obstig-nussige Töne und sind von einer reifen, aber animierenden Säure gestützt. Und auch der Riesling beweist, dass er hier seine Berechtigung hat: Fein und zurückhaltend überzeugt er mit sauberer Steinobstnote, schönem Fruchtkörper und gutem Biss – ein eleganter Tropfen, der viel Trinkvergnügen bereitet. Geschätzt werden Hubers Weine im In- und Ausland, was nicht nur die hohe Exportquote, sondern auch zahlreiche Auszeichnungen bestätigen. So erhielt der junge Reichersdorfer zuletzt bei der International Wine Challenge in London die Trophy für den „Best White Wine of Austria" – ein toller Erfolg und eine große Motivation für die Zukunft.

Pernikl AWP

3133 Nussdorf ob der Traisen 38

Walter Pernikl kann wahrlich auf eine lange Tradition pochen – seit dem Jahr 1659 betreibt die Familie bereits Weinbau, und im Jahr 1905 wurde der Betrieb vom damaligen Weinbauverband mit einem Diplom ausgezeichnet. Traditionell geht es Pernikl auch im Keller an, vertritt er doch die Meinung, dass neutrale, große Holzfässer den Charakter seiner Weine am besten zur Geltung bringen. Eine Ansicht, die man nachvollziehen kann: Seine Grünen Veltliner, Weißburgunder und Chardonnays sind keineswegs vorlaute Fruchtbomben, sondern tiefgründige, saftig-mineralische Weine, die in den oberen Reifestufen durchaus eine gewisse Lagerung in der Flasche vertragen. Wenn die Natur mitspielt, liebäugelt Pernikl auch mit dem „süßen Leben" und keltert von einer kräftigen Säurestruktur geprägte Hochprädikatsweine bis hin zur Trockenbeerenauslese.

Wagram

Der Wagram mit seinen typischen Löss-Veltlinern ist eines der dynamischsten Weinbaugebiete des Landes und eine Vorzeigeregion in Sachen Bio-Weinbau. Im Donauland findet man noch eine unverfälschte, bodenständige Heurigen-Kultur.

Hinter meinem Auto steigt eine Staubwolke auf, die mir sagt, dass ich zu schnell fahre. Bei Exkursionen ins Weinland darf man es nicht eilig haben. Zumindest schreibe ich das immer. Eigentlich sollte ich ja schon bei Bernhard Ott in Feuersbrunn sitzen. Das warme, satte Abendlicht dieses frühen Septembertages hat mich aber zu einem kurzen Abstecher hinauf in die Weingärten der Ried Wadenthal bei Neudegg am Wagram verleitet. Dunkelgrün stehen die Rebzeilen links und rechts des Weges, den ich – jetzt mit vermindertem Tempo – hinauffahre; schwer hängen die schon fast reifen Weiß- und Rotweintrauben an den Stöcken. Da hoppelt vor mir ein Hase über die Straße und zehn Meter weiter gleich noch einer. Ich bleibe stehen. Die Hasen nach ein paar Sprüngen in den Weingarten auch. Der eine richtet sich auf, streckt die Ohren in die Höhe und schaut zu mir herüber: „Was will der Kerl mit seinem Auto, wo es doch eben noch so ruhig war?“

Der WAGRAM auf einen Blick:
Rebfläche: **2.834 Hektar**
Anteil an der Gesamtrebfläche Österreichs: **5,4 Prozent**
Wichtigste Rebsorten: **Grüner Veltliner: 1.353 ha**
Zweigelt: 319 ha, Müller-Thurgau: 262 ha
Böden: **Größtenteils Löss, etwas Schotter, Urgestein**

Wenig später begegnet mir ein Fasan, der aufgeregt flatternd vor mir flüchtet. Ich gehe ein Stück zu Fuß, suche ein Fotomotiv. Noch immer liegt die Hitze des Tages über den Weingärten. Nachdem sich der Sommer im August eine ziemlich lange Pause gegönnt hat, kehrt er jetzt, da sich schon die ersten Blätter auf den Bäumen verfärben, noch einmal mit aller Kraft zurück. In der warmen Abendluft ein Summen von tausenden Insekten, das Zirpen der Grillen, das Zwitschern der Vögel, die in den Erdlöchern der Böschungen oder in den Akazien ihrer Freude über das gute Wetter oder das Leben an sich lautstark Ausdruck verleihen.
Kein Wunder, denn zwischen den Weingärten am Wagram gibt es nach wie vor sehr viel Natur – man hat nicht flurbereingt, Flächen zusammengelegt und schnurgerade Asphaltstraßen durchgezogen. Das erschwert zwar die Bewirtschaftung der Rebflächen, aber dafür wimmelt es hier von Wild und Vögeln wie dem Wiedehopf, dem Bienenfresser oder dem Steinkauz. Sie alle finden in dieser intakten Naturlandschaft mit ihren Böschungen und Schotterstraßen einen Lebensraum und durch die vielen Insekten, Käfer und Bodenlebewesen ausreichend Nahrung.

Dynamisch und naturnah

Die Winzer haben schon in der Vergangenheit viel für die Erhaltung dieser Naturlandschaft getan und wollen ihre Bemühungen in Zukunft noch ver-

Die Ried Wadenthal ist eine geschützte Kessellage mit teilweise terrassierten, ineinander verschachtelten Weingärten; in diesem Kleinklima erreichen die Trauben eine besonders hohe Reife.
(S. 202/203 und oben) *Fotos: Herbert Lehmann*

stärken. Dem Wagram kommt eine Vorreiterrolle in Sachen naturnaher, biologischer Weinbau zu. Früher als anderswo haben viele Weinbauern in Großriedenthal und Neudegg wie Karl Diwald, Karl Mehofer oder Josef Bauer in ihren Weingärten umwelt- und nützlingsschonende Methoden bei weitgehendem Verzicht auf Dünge- und Spritzmittel angewandt, und bereits im Jahr 1990 wurde die Region mit dem Umweltpreis des Landes Niederösterreich ausgezeichnet. Inzwischen folgt den Vorkämpfern eine zweite Welle von Winzern, die eine weitere Steigerung ihrer Weinqualitäten nicht durch ein Mehr an Technik, sondern durch langfristige, nachhaltige Verbesserungen der Lebensbedingungen für den Rebstock erzielen wollen. Toni Söllner und Daniela Vigne erregten mit ihrem unkonventionellen, von den Gegebenheiten der Natur ausgehenden Zugang zum Weinbau und ihrem eigenwilligen Weinstil Aufsehen. Hans Czerny in Fels am Wagram hat seinen Betrieb nach einer längeren Vorlaufzeit auf biodynamischen Weinbau umgestellt und ist seit dem Jahr 2005 Mitglied des Demeter-Bundes. Andere Winzer wie Bernhard Ott oder Karl Fritsch schlossen sich mit Gesinnungsgenossen aus Niederösterreich und dem Burgenland zusammen, um sich gemeinsam, begleitet durch einen externen Berater, schrittweise dem biologischen Weinbau anzunähern. „Ich möchte mit meiner Arbeit Werte schaffen", erklärt Karl Fritsch aus Oberstockstall seine Motivation, „das liegt mir persönlich sehr am Herzen. Vor zehn Jahren ging es uns darum, einen guten Wein zu machen und damit Geld zu verdienen. Heute will ich das auf eine andere Basis stellen – daher auch der Versuch, auf biologisch-dynamisch umzustellen. Wir jagen nicht einem bestimmten Duft oder Geschmack nach, sondern versuchen, unsere Sorten und unser Terroir im Wein bestmöglich zum Ausdruck zu bringen. Früher war der Rebstock nur Mittel zum Zweck – aber wenn man da einmal beginnt umzudenken, geht man schon mit einem ganz anderen Gefühl in die Weingärten hinaus

Wiege der Weinkultur: das Stift Klosterneuburg

Kühle Idylle: Mannkeller in Königsbrunn

und nimmt die Natur viel intensiver wahr!" Sein Mitstreiter im sanften Feldzug zum Wohle der Weinrebe, Bernhard Ott, der über den Winter 600 Tonnen Kompost produziert, um sie im Frühling in seine Weingärten auszubringen, stößt ins selbe Horn: „Wir wollen unseren Reben wieder so viel Kraft und Eigenständigkeit verleihen, dass sie Trauben liefern, die ausschließlich von Boden und Klima geprägt sind." Dazu gehört auch das Einbringen großer Mengen Humus und Kompost, was für den Boden gleichsam eine Kur darstellt. Er bekommt dadurch Struktur und Speicherfähigkeit, und die Bodenlebewesen finden wieder mehr Futter vor. Unter anderem soll mit dieser intensiven Bodenbearbeitung erreicht werden, dass Pilze wie Peronospora ausreichend Nährstoffe vorfinden, sodass sie im Boden bleiben, wo sie hingehören, und nicht die Rebe angreifen.

Ganz neu ist dieses Denken nicht – schon Rudolf Steiner, der Begründer der Antroposophie („ein Weg des Wissens, der das Spirituelle im Menschen zum Spirituellen im Kosmos führt"), machte sich darüber Gedanken. In seinem 1925 erschienenen Buch *Geisteswissenschaftliche Grundlagen zum Gedeih der Landwirtschaft* beschrieb er bereits die meisten Methoden und geistigen Ansätze, die heute im biodynamischen Weinbau zur Anwendung kommen.

Neu ist jedoch, dass eine ganze Gruppe arrivierter Winzer sich diesem Gedankengut annähert und man sich bei der Umsetzung gegenseitig unterstützt.

Löss am Südhang

Der Wagram ist ein sehr homogenes Gebiet, das sich vor allem über die drei Faktoren Löss, Grüner Veltliner und Südlagen definiert. Als östlichster Teil einer geschlossenen Weinbauregion, die in der Wachau beginnt und sich über das Krems- und Kamptal fortsetzt, erstreckt er sich von Feuersbrunn im Westen bis zum Schmidatal im Osten –

sagt der Gesetzgeber; oder bis Eggendorf – sagt die Geologie. Äußeres Erkennungszeichen des Wagram ist die markante Geländestufe, die auf einer Länge von 25 Kilometern die Ackerflächen des Donautales vom Weinland trennt. Die ersten Weingärten stehen direkt auf dieser Kante – die Lage heißt dementsprechend fast überall Wagram. Im Norden schließt ein Streifen mit Ackerland an, dann folgen wieder fast geschlossene Weinbauflächen, die sich in einem Bogen von Feuersbrunn über Gösing, Großriedenthal und Neudegg bis nach Ruppersthal und Großweikersdorf ziehen. Der allergrößte Teil dieser Weingärten ist nach Süden ausgerichtet – was die Region in Österreich einzigartig macht – und von einer bis zu 20 Meter starken Lössschicht bedeckt: ein europäisches Unikat. Als Löss bezeichnet man den sandigen Lehm, den der Wind von den austrocknenden Ufern des zurückweichenden Urmeeres hierher verfrachtet und an der Steilstufe des Wagrams abgelagert hat. Hier hat sich der Löss stark verfestigt und so den Winzern seit Jahrhunderten die Möglichkeit geboten, ihre Keller ohne Abstützung in den Untergrund zu graben.

Spezialität am Wagram: der Rote Veltliner

Der Veltliner dominiert

Der Löss prägt mit seiner Durchlässigkeit und seinem Wasserspeichervermögen aber auch entscheidend den Charakter der Weine dieser Region. Die tiefwurzelnden Reben finden immer eine ausreichende Versorgung mit Wasser und Nährstoffen und haben deshalb kaum Vegetationsstress. In Verbindung mit der starken Sonneneinstrahlung auf den Südhängen ergeben sich so reife, kraftvolle Weine. Ideale Bedingungen also für den Grünen Veltliner, der rund die Hälfte der Rebfläche am Wagram einnimmt. Er zeigt hier einen fast einheitlichen, gebietstypischen Charakter mit würziger, manchmal ins Exotische übergehender Aromatik im Duft, saftigem Fruchtkörper und animierender, reifer Säure. Eine besondere Spezialität ist der mit dem Grünen Veltliner nicht verwandte Rote Veltliner, eine Weißweinsorte, die ihren Namen der rötlichen Verfärbung der Trauben verdankt. Er hat hier österreichweit die größte Verbreitung und ergibt sehr gehaltvolle Weine, die im Duft eher feine Würze als Frucht zeigen und – vor allem bei reifen Roten Veltlinern – am Gaumen ein komplexes, von mandelig-nussigen Tönen geprägtes Geschmacksbild zeigen.

In geringem Ausmaß findet man am Wagram vor allem auf Geländekanten oder am oberen Ende der Weingärten Böden mit Urgestein und rotem Schotter. Sie sind ideal für duftige Rebsorten wie Riesling und Sauvignon blanc, die hier besonders fruchtige Weine mit feiner Mineralik hervorbringen.

Darüber hinaus hat der Wagram durchaus ein Potenzial für den Anbau von Rotweinsorten wie Blauer Zweigelt und Pinot noir. Die Weine zeigen eine ausgeprägte Frucht und Eleganz, sind aromatisch und trinkanimierend. Allerdings ist die Qualität durch das kühlere Klima stärkeren Jahrgangschwankungen unterworfen als etwa im Burgenland. Mit der richtigen Sorten- und Stand-

Der Wagram ist eine markante Geländestufe mit mächtigen Löss-Anwehungen. *Foto: Herbert Lehmann*

ortwahl lässt sich dieses Problem aber zumindest teilweise entschärfen; so bringt beispielsweise gerade der Pinot noir oft in eigentlich schlechten Rotweinjahren die feingliedrigsten, elegantesten Weine. Winzer wie Karl Fritsch, Franz Leth oder Leopold Blauensteiner haben diese Herausforderung nicht nur angenommen, sondern sie spielen mit ihren Rotweinen sogar in der österreichischen Oberliga mit.

Für die Weißweine vom Wagram gilt dies heute allemal – ein Beweis für die dynamische Entwicklung der Region. Mußte man hier noch vor wenigen Jahren die guten Betriebe mit der Lupe suchen, so hat man heute beim Weinkauf schon eher die „Qual der Wahl". Da gibt es eine Reihe von Arrivierten, die Pionierarbeit geleistet und eine Bresche für die Qualität geschlagen haben. Daneben tauchen aber auch immer mehr neue Gesichter auf: Junge Winzer, die sich mit der Region Wagram identifizieren und ihren Vorbildern mit Begeisterung nacheifern.

Heurige und Klosterwein im Donauland

Der südlich der Donau gelegenen Teil des Weinbaugebietes Wagram, die Großlage „Donauland" zwischen Klosterneuburg und Traismauer, weist ganz andere Strukturen auf als der eigentliche Wagram. Hier wird der Großteil der Weine in den sehr familiär geführten Heurigen ausgeschenkt

Kritisch betrachtet

Der Wagram ist als Weinbauregion im vergangenen Jahrzehnt geradezu aus einem Dornröschenschlaf erwacht, wobei es gelungen ist, vom Niemandsland zu einer Region mit einer klaren Identität zu werden. Die Entwicklung der Infrastruktur rund um Wein und Genuss hat damit aber nicht Schritt gehalten. Es gibt hier derzeit viel zu wenig gute Gastronomie und Übernachtungsmöglichkeiten und nur eine einzige Vinothek, in der man Weine der Region erwerben kann. In puncto Zugänglichkeit hinkt man hinter anderen Regionen her, das ist eindeutig ein Manko. Denn die guten Restaurants sind Schaufenster für die Weine der Region, und je einfacher es ist, in der Region – etwa auch am Wochenende, wenn die meisten Besucher zu verzeichnen sind – Wein zu erwerben, umso besser läuft das Geschäft ...

und der Weinbau ist für die meisten Buschenschänker ein Nebenerwerb. Dennoch zeigen auch hier einige junge Winzer Ambitionen, die Qualität ihrer Weine zu verbessern und verstärkt in den Flaschenweinverkauf einzusteigen. Klosterneuburg selbst kommt im Donauland eine Sonderstellung zu: Nicht nur, dass sich hier die älteste Weinbauschule der Welt befindet (Gründungsjahr 1860), man verfügt mit dem Stiftsweingut auch über einen großen, traditionsreichen Leitbetrieb, der nicht zuletzt ein Symbol für die Weinkultur in Österreich darstellt. Bereits seit dem Jahr 1114 betreiben die Augustiner-Chorherren hier Weinbau, und es ist bis heute stets gelungen, den großen Betrieb, dessen Weingärten sich in Klosterneuburg, Wien und der Thermenregion befinden, immer wieder zu modernisieren und den Erfordernissen der Zeit anzupassen.

Foto: Winzer Krems

Abenteuer Eiswein

Anfang der 1990er Jahre begannen einige Winzer in Großriedenthal mit der Produktion von Eiswein, der heute als Spezialität der Region gilt und in zahlreiche Länder in Europa und Übersee exportiert wird. Die Trauben für diese edelsüße Rarität werden bei einer Temperatur von mindestens minus acht Grad in gefrorenem Zustand gelesen. Bei der besonders langsamen Pressung beträgt die Saftausbeute dann nur 15 bis 20 Prozent des Traubengewichts – bei normalen Trauben sind es rund 75 Prozent. Im Weingarten sind die Trauben, die oft bis in den Jänner hinein am Stock hängenbleiben müssen, durch Netze vor ungebetenen Erntehelfern wie der Wacholderdrossel geschützt. Allerdings birgt die Eisweinproduktion immer ein gewisses „Restrisiko“ – denn Frost auf Bestellung gibt es nicht. Während man etwa in Kanada der Natur auf die Sprünge hilft, indem die Trauben einfach in Kühlhäusern gefrostet werden, setzt man hierzulande auf Geduld und hofft auf entsprechende natürliche Bedingungen. Wenn es dann so weit ist, heißt es sofort ausrücken – egal zu welcher Tages- oder Nachtzeit – und die eisige „Beute“, die idealerweise eine Zuckergradation von über 30 Grad KMW aufweist, so schnell wie möglich in Sicherheit bringen. Das Ergebnis sind edelsüße Raritäten, die durch eine feine Säure dennoch trinkanimierend bleiben. Und die Eisweine aus Großriedenthal haben gegenüber Beeren- oder Trockenbeerenauslesen noch einen Vorteil: Da die Trauben ohne Botrytis (Edelfäule) gelesen werden, zeigen sie keinen Fäulniston, dafür aber trotz der hohen Zuckergradation noch Anklänge von sortentypischer Fruchtigkeit.

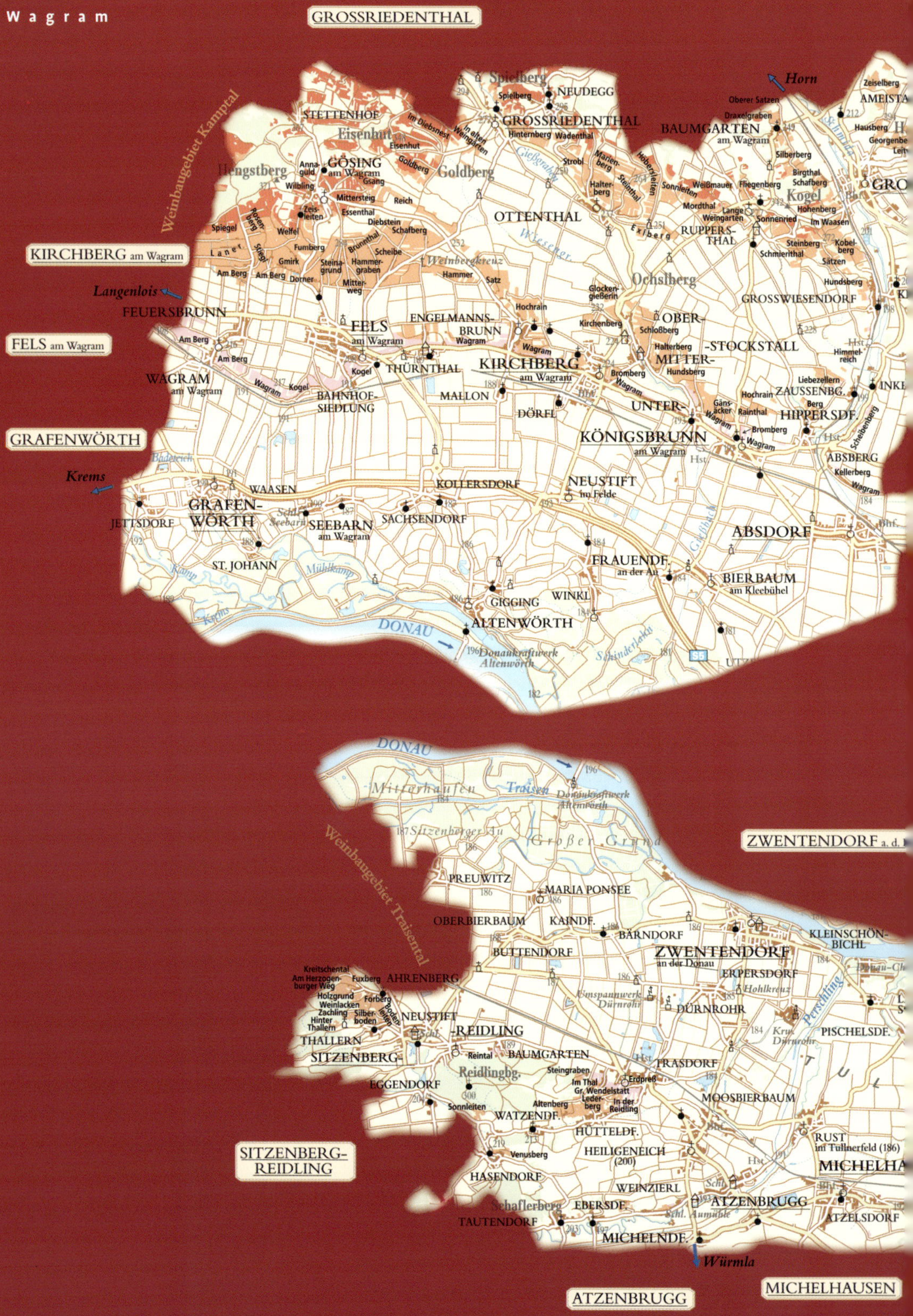

GROSSRIEDENTHAL
KIRCHBERG am Wagram
FELS am Wagram
GRAFENWÖRTH
Weinbaugebiet Kamptal
Horn
Langenlois
Krems
GROSSRIEDENTHAL
NEUDEGG
BAUMGARTEN am Wagram
STETTENHOF
GÖSING am Wagram
OTTENTHAL
RUPPERSTHAL
GROSSWIESENDORF
FEUERSBRUNN
FELS am Wagram
ENGELMANNSBRUNN
OBER-STOCKSTALL
MITTER-
KIRCHBERG am Wagram
THÜRNTHAL
WAGRAM am Wagram
BAHNHOF-SIEDLUNG
MALLON
DÖRFL
UNTER-
KÖNIGSBRUNN am Wagram
ZAUSSENBG.
HIPPERSDF.
ABSBERG
WAASEN
GRAFEN-WÖRTH
JETTSDORF
SEEBARN am Wagram
KOLLERSDORF
SACHSENDORF
NEUSTIFT im Felde
ABSDORF
ST. JOHANN
FRAUENDF. an der Au
BIERBAUM am Kleebühel
GIGGING
WINKL
ALTENWÖRTH
DONAU
Donaukraftwerk Altenwörth
Ochsberg
Goldberg
Eisenhut
Hengstberg
Spielberg
Kogel
Weinbaugebiet Traisental
ZWENTENDORF a. d.
SITZENBERG-REIDLING
ATZENBRUGG
MICHELHAUSEN
PREUWITZ
MARIA PONSEE
OBERBIERBAUM
KAINDF.
BÄRNDORF
BUTTENDORF
ZWENTENDORF an der Donau
KLEINSCHÖNBICHL
ERPERSDORF
AHRENBERG
NEUSTIFT
DÜRNROHR
PISCHELSDF.
-REIDLING
THALLERN
SITZENBERG-
BAUMGARTEN
FRASDORF
Reidlingbg.
EGGENDORF
MOOSBIERBAUM
WATZENDF.
HÜTTELDF.
HEILIGENEICH (200)
RUST im Tullnerfeld (186)
HASENDORF
WEINZIERL
Schaflerberg
EBERSDF.
ATZENBRUGG
TAUTENDORF
MICHELNDF.
ATZELSDORF
Würmla

Die besten Lagen

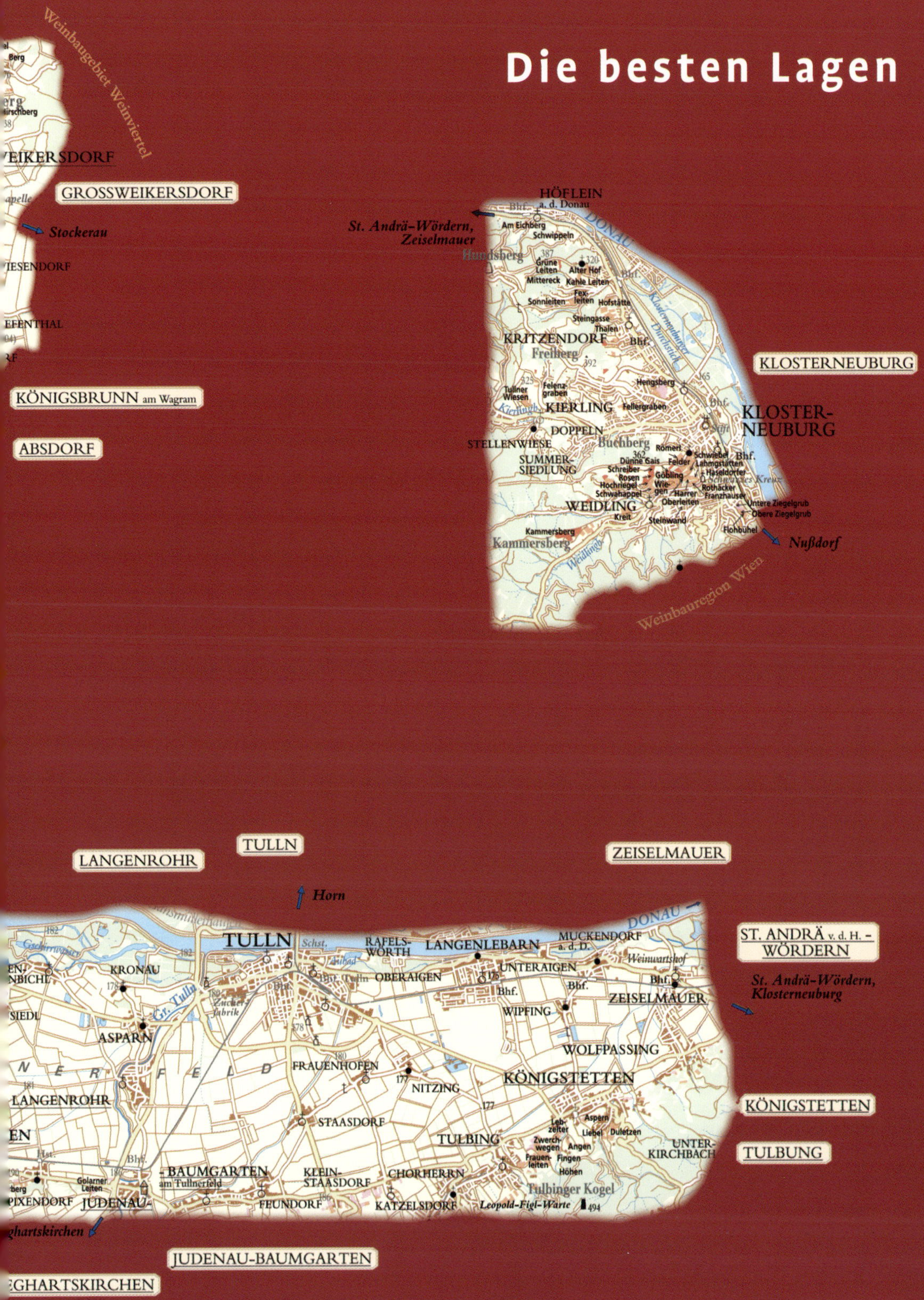

FEUERSBRUNN

Rosenberg

Die nach Süden ausgerichtete Kessellage, die sich am oberen Ende der langen Feuersbrunner Kellergasse auf einer Seehöhe von 300 bis 350 Meter erstreckt, ist durch eine mächtige Lössauflage gekennzeichnet. Veltliner-Spezialist Bernhard Ott, der mit den Trauben vom Rosenberg seine reifsten Weine keltert, erklärt die Vorzüge dieser Lage so: „Die ältesten Rebbestände sind 50 Jahre alt und die Weingartenzeilen verlaufen von Norden nach Süden – dadurch haben die Reben Morgen-, Nachmittags und Abendsonne, weil es keine echte Schattenseite gibt. Ganz oben im Norden geht der Löss in Tertiärschotter über – der richtige Platz für meinen Riesling und den Sauvignon blanc, die hier besonders aromatisch werden. Unterstützt wird die Frucht- und Aromenausbildung noch durch den Wald, der die Lage nach oben hin begrenzt und ein gewisses Kühle-Depot darstellt. Übrigens werden alle großen Weißweinlagen der Welt von einem Wald begrenzt – er bildet eine natürliche Sperre, die den Bereich dieses Kleinklimas einschließt."
Winzer: Ott, Toni Bauer

Spiegel

Die Lage Spiegel (der Name Spiegel kommt laut Joe Bauer vom althochdeutschen *„Spekulare"* – weitester Ausblick) ist eine Kuppe mit weniger Lössauflage als am benachbarten Rosenberg. Hier kommen mehr tertiäre Schotterböden durch. Die Lage ist auch durch die Nähe zum Wald etwas kühler als der Rosenberg und nach Süden bis Südosten ausgerichtet. Die Grünen Veltliner vom Spiegel zeigen daher mehr Pikanz und Frische, sind eher mineralisch und selten üppig.
Winzer: Ott, Joe Bauer

FELS

Brunnthal

Die Lage Brunnthal befindet sich auf einer Seehöhe von rund 300 Metern und liegt im obersten Drittel eines Hanges mit geschlossener Weinbaufläche, bevor dieser zum Plateau wird. Franz Leth, Winzer in Fels, erklärt, woher der Name dieser schon früh erwähnten Lage stammt: „Die Bezeichnung kommt aus dem Mittelhochdeutschen. Damals hieß es, dass die Sonne vom Himmel *brunnte*, und *thal* stand damals für das Wort ‚Teil'. Der Name bedeutet also, dass es sich um den heißesten Teil der Riede handelt."

Typisch für den Wagram: die mächtigen Lössformationen

Die Böden bestehen zu 100 Prozent aus einem sehr kalkhaltigen Löss, was sehr mineralische Weine ergibt. Grüner Veltliner, die weißen Burgundersorten, aber auch Rotweintrauben finden hier beste Bedingungen vor.
Winzer: Leth

Scheibe(n)

Die nach Süden ausgerichtete Ried Scheibe liegt etwa 50 Höhenmeter unterhalb von Brunnthal im Hang-Mittelstück. Sie ist vollständig von einer mächtigen Lössschicht bedeckt und bringt daher kraftvolle und opulente Weine vom Grünen Veltliner und von den weißen Burgundersorten hervor.
Winzer: Leth, Wimmer-Czerny

GÖSING

Fumberg

Die teilweise terrassierte, reine Südlage weist durchgehend gelbe Lössböden auf. Die optimale Sonneneinstrahlung und die ausgezeichneten kleinklimatischen Verhältnisse bieten ideale Voraussetzungen für stoffige, aber auch elegante Weine. Leopold Blauensteiner hat hier seine Rotweinreben stehen, setzt aber in Zukunft auch auf Grünen Veltliner.
Winzer: Blauensteiner, Wimmer-Czerny, Söllner

Essenthal

Auch hier findet man tiefgründigen Löss mit einer etwa 50 cm starken dunklen Humusauflage. Die nach Südosten ausgerichtete Lage befindet sich auf eine Seehöhe von rund 280 Metern und erbringt Veltliner mit viel Substanz und knackiger Säure.
Winzer: Blauensteiner

Welfel (Weelfel)
Die Lage ist stark terrassiert und vollständig nach Süden ausgerichtet. In den mittleren bis unteren Etagen dominiert der Löss, im oberen Teil findet man einen höheren Tonanteil und blauen Lehm. Die Lage befindet sich auf einer Seehöhe zwischen 250 und 300 Metern und dreht sich von Süden nach Westen. Grüner und Roter Veltliner sind die Hauptrebsorten.
Winzer: Wimmer-Czerny, Blauensteiner

GROSSRIEDENTHAL

Wadenthal
Wadenthal ist eine – vor allem aus der Luft betrachtet – besonders eindrucksvolle, nach Süden hin offene Kessellage mit ineinander verschachtelten Terrassen. Dadurch entsteht hier ein besonderes Mikroklima, das von einer sehr guten Temperaturspeicherung geprägt ist. Die Böden bestehen aus einer Mischung von Schotter und Löss. Hier entstehen sehr kompakte und vollmundige Weine, unter anderem vom Grünen Veltliner und Chardonnay.
Winzer: Mehofer, Karl Diwald

Hinterberg
Am terrassierten Hinterberg findet man roten Schotter, so genannte Sandstein-Konglomeratböden, mit einer dünnen Lössauflage. Die Böden weisen einen sehr hohen Kalkanteil auf, was auf ihre besondere Eignung für Burgundersorten hinweist. Außerdem bringen hier Grüner und Roter Veltliner, aber auch Riesling sehr gute Ergebnisse.
Winzer: Josef Bauer „Naturnaher Weinbau"

KIRCHBERG/OBERSTOCKSTALL

Schlossberg
Am Schlossberg gehen die tiefgründigen Lössböden mit einer Mächtigkeit von bis zu 12 Metern teilweise schon in Braunerdeböden über. Die Trauben reifen hier besonders früh und ergeben sehr extraktreiche Weine. Schlossberg ist eine Paradelage für Grünen Veltliner mit typischer Wagramer Stilistik.
Winzer: Fritsch, Ecker

KÖNIGSBRUNN

Bromberg
Bromberg ist die oberste Lage nach der Wagramkante. Sie ist leicht terrassiert und hügelig, die Böden setzen sich aus Löss und Humus zusammen. Die Grundausrichtung weist nach Süden, wobei sich durch die Hügel in Teilbereichen auch andere Ausrichtungen ergeben. Hier wächst vor allem Grüner Veltliner.
Winzer: Stefan Bauer

Hochrain
Der durchgehende Hügelzug des Hochrain ist die oberste Lage von Königsbrunn. Die Böden des steilen, sonnigen Südhangs sind von gelbem, sandigem Löss geprägt. Auch hier steht vor allem Grüner Veltliner.

GROSSWEIKERSDORF

Hohenberg/Schafberg
Die nach Südosten ausgerichteten, über dem Schmidatal gelegenen, Rieden weisen von rotem Tertiärschotter durchzogene Lössböden auf. Mit einer Seehöhe von 352 Metern sind sie die höchsten Lagen der Region. Die etwas geringeren Temperaturen verleihen den Weinen in Kombination mit den Schotterböden eine fruchtig-mineralische Note. Sehr gute Ergebnisse bringt deshalb neben dem Grünen Veltliner auch der Riesling.
Winzer: Ehmoser, Fritz

Steinberg
Am Fuße dieser absoluten Südlage befinden sich tiefgründige Lössböden, weiter oben findet man auch Urgesteinsanteile. Der Steinberg ist eine heiße, windgeschützte Lage, in der die Weine eine hohe Reife erreichen. Die Lössanteile im Boden liefern einen kräftigen Extrakt, während die Urgesteins-Elemente eine gewisse Mineralik beisteuern. Hier gedeihen sowohl Grüne als auch Rote Veltliner hervorragend.
Winzer: Fritsch

Über den Wein

Bernhard Ott
Magnum aus Feuersbrunn

„Meine Feste beginnen immer schon um 12 Uhr mittags – alles andere ist für Kinder!" Der Sager ist ein echter Ott. So wie die Weine des Feuersbrunners, von denen ja auch einer programmatisch „Der Ott" heißt. Bernhard Ott ist eine Erscheinung – und zwar die barockste der österreichischen Weinszene, wenn man vom Pfarrer Denk einmal absieht. Der mächtige Charakterkopf mit dem bubenhaften Ausdruck und dem stets sprungbereiten, fröhlichen Grinsen ist in der Wein- und Gastronomieszene des Landes ebenso bekannt wie das vom Künstler und Grafiker Ernst Vogel gestaltete Etikett seiner Weinflaschen. Prädikat für beides: Unverwechselbarkeit. Doch es ist nicht allein sein Äußeres, das Ott trotz seiner relativen Jugend zur Persönlichkeit macht. Er verkörpert das, was er tut – sichtbar und wie kaum ein Zweiter. Seine Grünen Veltliner füllt er am liebsten in Magnums ab – „heuer waren es schon 6.000 Flaschen" – und wenn er nicht gerade Wein macht, frönt er seiner Vorliebe für gutes Essen, lange Gespräche und feine Weine: im Dorfwirtshaus Amstätter in Hausleiten, wo er für geröstete Leber, Kalbskopf & Co. schwärmt, ebenso wie bei seinen Leib- und Magenwirten Sodoma und Floh im Tullnerfeld oder im Münchner Tantris, zu dem er eine ganz besondere Verbindung hat. Paula Bosch, die legendäre Sommelière in Hans Haas' Gourmettempel, hat schon vor Jahren das Potenzial von Otts Weinen erkannt und ihnen über die Aufnahme in die „tantrische" Weinkarte das Tor zur internationalen Weinszene geöffnet. Heute wird jede zweite Flasche Ott-Veltliner im Ausland getrunken – ein Wert, von dem die meisten anderen Top-Winzer des Landes nur träumen können.

Doch Ott hat schon immer genau gewusst, was er will: „Eigentlich war es ganz einfach. Wenn man sich die großen Weine der Welt anschaut, dann haben sie alle einige Parameter gemeinsam: Herkunft – jede Sorte bringt an ihrem Ursprung die besten Ergebnisse, denn dort ist sie mutiert und hat sich perfekt an die Gegebenheiten angepasst –, Lagerfähigkeit, Eignung als Speisenbegleiter und das Alter der Rebstöcke. Meine erste Überlegung war also: Was habe ich? Und da wurde mir klar, dass ich nur mit dem Grünen Veltliner eine Chance hatte. Wir verfügten über 40-jährige Rebstöcke in besten Lagen, die Lagerfähigkeit des Veltliners war bekannt, ebenso dass man den Wein fast überall dazutrinken kann – also war für mich die Marschrichtung klar." Bald wurden seine Veltliner vom Geheimtipp zum Renner. Doch noch heute, wo seine Produktion eine Größenordnung von rund 200.000 Flaschen jährlich erreicht hat, scheint es so, als ob alle Menschen, die Ott-Weine trinken und schätzen, zu einer großen Familie gehörten. Eine mögliche Erklärung dafür liefert der Winzer selbst: „Wenn es mir gelingt, dieses einzigartige Produkt ohne Fehler in die Flasche zu füllen, ich diese nach Wien, New York oder in ein gutes Wirtshaus hier bei uns liefere, die Leute mit der gleichen Freude und Überzeugung dazu kochen und das alles dann gemeinsam genießen – dann kann ich mir nichts Schöneres vorstellen!"

Karl Fritsch
Der Rotwein-Pirat

Am Wagram gibt es zwei Vereinigungen von Qualitätsweingütern, aber Karl Fritsch ist bei keiner von beiden Mitglied – und das, obwohl Karl senior 1989 die Wagramer Selektion gegründet hatte und zu den Pionieren am Wagram zählt. Er hegt aber deswegen keineswegs Ressentiments. „Das hat sich eben so ergeben", meint Fritsch achselzuckend, „ohne großen Streit oder so etwas. Bei solchen Vereinigungen ist immer auch viel Politik im Spiel, was die Sache recht mühsam macht – aber ich finde es trotzdem positiv, weil beide

etwas für den Namen ‚Wagram' tun." Fritsch geht indes seinen eigenen Weg – das dokumentiert auch der ungewöhnlich hohe Rotweinanteil im Betrieb: Vierzig Prozent sind für die Region ungewöhnlich viel, und darüber möchte ich mich mit dem baumlangen, durch seine verwegene Haar- und Barttracht leicht „piratesk" wirkenden Winzer aus Oberstockstall gerne unterhalten. Die Rotweingeschichte im Hause Fritsch begann in den späten 1970er-Jahren. Damals setzte Karl Fritsch senior, ein Mann, der dafür bekannt ist, dass er sagt, was er denkt, und das tut, woran er glaubt – Zweigelt-Reben aus – gegen den ausdrücklichen Ratschlag der Berater in der Landwirtschaftskammer. Dass die Idee gut war, bewies der Sieg bei der Falstaff-Rotweinverkostung 1989 mit dem 88er-Zweigelt. Für die Fritschs ein Zeichen, den eingeschlagenen Weg beizubehalten und weiter an der Verbesserung ihrer Weinqualität zu arbeiten. „Erst Anfang der 90er-Jahre begann man dann mit gezielten Maßnahmen im Weingarten wie dem Ausdünnen der Trauben", erinnert sich Fritsch, dessen 1994 erstmals gekelterte Rotweincuvée Foggathal aus Zweigelt, Cabernet Sauvignon und Merlot inzwischen zu einem Markstein in der heimischen Rotweinlandschaft geworden ist. Doch wie viele Weinkenner und -produzenten hat auch Fritsch über den Umweg anderer, leichter behandel- und begreifbarer Rebsorten letztlich seine Liebe zum Pinot noir entdeckt. „Es gibt Weißwein, Rotwein – und Pinot noir", erläutert er, welchen besonderen Stellenwert die oft ganz schön zickige Edelrebe aus Burgund in seinem Portfolio hat. „Es ist viel schwerer, einen guten Pinot noir zu machen als einen guten Cabernet Sauvignon", weiß er aus Erfahrung und empfiehlt deshalb jedem, der sich mit dieser Rebsorte beschäftigen will, erst einmal mit Zweigelt zu beginnen und es dann erst mit dem Pinot zu versuchen. „Und dann hilft nur: üben, üben, üben ... ." Dass er selbst schon fleißig geübt hat, bestätigen seine nur in guten Jahren gekelterten Pinots der Linie „P" – wie Perfektion. Der wunderbar nach Waldbeeren duftende elegante und animierende Wein bestätigt, dass diese Rebsorte am Wagram absolut ihre Berechtigung hat.

Die Winzer

Die Klosterneuburger Rieden sind prädestiniert für Riesling und Weißburgunder.

Josef „Joe“ Bauer

3483 Feuersbrunn, Neufang 52

Die Bauers – Joe und Christine sowie die Kinder Viktoria, Katharina und Florian – sind eine richtige Winzerfamilie. Seit vier Generationen betreibt man hier Weinbau, und dass nach jedem der drei Kinder ein Wein benannt ist, lässt keinen Zweifel daran, dass dies auch in Zukunft so bleiben soll. Rund die Hälfte der Rebfläche von zehn Hektar ist mit Grünem Veltliner bestockt, der auf den mächtigen Lössböden optimale Bedingungen vorfindet. Gekeltert werden daraus sowohl leichte, aromatische Weine wie der Veltliner „Katharina“ als auch mächtige „Granaten“ wie der „Rosenberg“, die intensive Würze und exotische Anklänge miteinander verbinden. Ein Teil von Joe Bauers Weinen wächst aber auch auf den am Wagram eher raren roten Schotterböden. Eine Gegenüberstellung der beiden Rieslinge vom Hengstberg (Löss) und Pfarrleithen (Schotter) zeigt deutlich, wie unterschiedlich sich Weine von diesen Böden entwickeln: Überwiegt beim Löss-Riesling eher würzige Aromatik, zeigt der vom Schotter eine klare, feine Steinobstnote.

Josef Bauer „Naturnaher Weinbau“

3471 Großriedenthal
Hauptstraße 68

Josef Bauer ist ein ruhiger Typ und alles andere als ein „Marketingwinzer“. Er lässt lieber seine Weine für sich sprechen, und die sind dafür absolut eloquent. Dass dabei zunächst einmal der Grüne Veltliner das große Wort führt, ist klar. Eine feine, aber glasklare Stimme vernimmt man auch aus der Rieslingecke, und dass der Blaue Zweigelt den Namen „Bassgeige“ trägt, lässt schon einiges an Tiefe erahnen. Der Rotweinanteil beträgt hier fast ein Drittel der Gesamtproduktion, aber die eigentlichen Spezialitäten des Hauses sind die seit Beginn der 1990er Jahre gekelterten Eisweine, darunter Raritäten wie der elegante Eiswein vom Pinot noir. All das – der Zusatz im Namen des Weingutes verrät es – passiert hier im Einklang mit der Natur, Josef Bauer zählt zu den Öko-Pionieren am Wagram.

Toni Bauer

3483 Feuersbrunn, Neufang 42

Toni Bauer ist zwar kein Prophet, dennoch machte er erst einmal woanders Karriere, ehe er im eigenen Land Beachtung und Anerkennung fand. Nach wie vor aber sind die USA für den risikofreudigen Feuersbrunner, der dort einst mit ein paar Flaschen Wein im Köfferchen anreiste, um sein Glück zu versuchen, neben Großbritannien sein wichtigster Auslands-Markt. Rekordverdächtige 70 Prozent seiner Weine exportiert Bauer, der Rest verbleibt dankenswerterweise im Inland. Der Schlüssel zu diesem Erfolg ist Bauers uneingeschränktes Bekenntnis zu Regionstypizität und Terroirprägung. Das macht auch am internationalen Markt unverwechselbar und schafft Identität. Neben den klassischen Grünen Veltlinern, die er in verschiedenen „Gewichtsklassen" keltert, überrascht Bauer mit unkonventionellen Kompositionen wie dem „Wagram White" aus Chardonnay, Welschriesling und Pinot blanc. Bei den Rotweinen, die inzwischen 45 Prozent der Gesamtproduktion ausmachen, setzt er auf einen Mix aus österreichischer Finesse und internationaler Power. Seine Spitzenweine wie die „Reserve Wagram" und der Cabernet Sauvignon präsentieren sich deshalb zwar dicht und kraftvoll, bleiben dabei aber fordernd und trinkanimierend.

Blauensteiner

3482 Gösing, Obere Zeile 12

Leopold Blauensteiners Engagement reicht weit über den eigenen Glasrand hinaus, und als Vorsitzender des Regionalen Weinkomitees Wagram ist es ihm ein besonderes Anliegen, den Wagram zu einem eigenständigen Weinbaugebiet zu machen. Zudem bleibt ihm unter anderem aber noch Zeit für die Mitwirkung am Wagramer Veltliner-Projekt – einer der Versuchsweingärten steht hinter seinem Keller – und für Weine, die wie die drei Grünen Veltliner von den Lagen Wilbling, Fumberg und Rassing zur Vergleichsverkostung herausfordern. Mit seinen Rotweinen wie der Cuvée Fumberg und dem 2004 erstmals gelesenen Syrah lotet Blauensteiner das Wagramer Rotweinpotenzial voll aus.

Diwald

3471 Großriedenthal
Hauptstraße 33

Mit Marketing haben die Diwalds nicht viel am Hut – und das ist auch der einzige Grund, warum dieses mustergültig geführte Weingut nach wie vor als Geheimtipp gelten darf. Zu entdecken gibt es im Keller des Hauerhauses aus dem Jahr 1780 nämlich allerhand. Die Grünen Veltliner, die Karl Diwald junior – unterstützt vom Senior und der ganzen Familie – keltert, zählen sicher zu den besten und authentischsten am Wagram. Und dass hier auch exzellente Rotweine wie der idealtypische Zweigelt und der vielleicht beste Portugieser des Landes auf dem Programm stehen, überrascht wohl noch viel mehr.

Ecker

3470 Kirchberg am Wagram
Mitterstockstall 25

Der junge Bernhard Ecker zählt zu den talentiertesten Nachwuchshoffnungen am Wagram, was er spätestens mit seinem Doppelsieg in der Veltliner-Kategorie bei der Niederösterreichischen Landesweinprämierung 2003 bewiesen hat. Natürlich gibt es auch im „Eckhof" eine breite Sortenpalette vom Gelben Muskateller über den Weißburgunder bis zu den sehr beachtlichen Rotweinen. Das meiste Potenzial steckt aber sicher im Grünen Veltliner, der noch dazu in Top-Lagen wie dem Schlossberg steht.

Josef Ehmoser
3701 Tiefenthal 9

Ohne viel Aufhebens zu machen, hat sich Josef Ehmoser in der heimischen Weinszene ganz weit nach vorne katapultiert. Wichtigstes „Geschoss“ dafür sind natürlich seine Grünen Veltliner, allen voran der „Aurum“, ein wahrhaftiges Goldtröpferl aus fein säuberlich selektierten, hochreifen Trauben, das am Gaumen zuweilen schon fast burgundischen Charakter zeigt. Nicht zu unterschätzen sind aber auch Ehmosers Rotweine wie die kompakte Cuvée „Ignis“ aus Cabernet und Merlot oder der in dieser Gegend rare St. Laurent, der im Betrieb aber Tradition hat und schon zu Großvater Ehmosers Zeiten angebaut wurde.

Fritsch
3470 Kirchberg am Wagram, Oberstockstall 24

Karl Fritsch hat sich ein so perfektes Rotwein-Image aufgebaut, dass man darüber fast vergessen könnte, welche hervorragenden Weißen er im Keller hat. Sein hochreifer Grüner Veltliner vom Schlossberg etwa darf mit seinen exotischen Duftanklängen als idealtypischer Vertreter für diesen Weintyp am Wagram gelten. Die Stöcke für dieses Konzentrat hat Fritsch schon in den 80er Jahren eigenhändig selektioniert: Von 2.000 Stöcken blieben damals gerade 92 mit besonders kleinbeerigen Trauben übrig – die Basis für den heutigen Rebbestand. In Sachen Rotwein hat Fritsch mit seiner Cuvée „Foggathal“ – benannt nach dem mächtigen Augsburger Handelsherrengeschlecht der Fugger, zu deren Besitz einst auch Oberstockstall gehörte – Maßstäbe gesetzt. Besonders gehätschelt wird der Pinot noir, der das Prädikat „P“ – wie

Perfektion – mit Würde zu tragen versteht.

Weingut Fritz
3701 Zaussenberg, Ortsstraße 3

Wer nicht aufzeigt, wird nicht gesehen. Schon gar nicht, wenn er in Zaussenberg am Wagram sitzt. Dieser Erkenntnis folgend, ging Josef Fritz vor einigen Jahren zielstrebig daran, Gastronomen, Vinothekare und Journalisten auf seine Weine aufmerksam zu machen. Denen schmeckte, was sie da zu kosten bekamen, und so kamen die Dinge in Schwung. Heute bewirtschaftet Fritz mit seiner Familie ein schmuckes, modernes Weingut und seine Rieslinge, Grünen und Roten Veltliner, aber auch Exoten wie der in der Barrique ausgebaute Rote Traminer fühlen sich auf den Weinkarten vieler Lokale zwischen Boden- und Neusiedlersee zu Hause.

Grill
3481 Fels am Wagram
Untere Marktstraße 19

Qualitätsbewußt war man in diesem traditionsreichen Weinbaubetrieb schon vorher, doch seit Gudrun Grill, die Tochter des Hauses, hier in Keller und Vermarktung mitmischt, weht ein spürbar frischer Wind durchs Haus. So frisch wie der ausgezeichnete Winzersekt, den die Grills neben regionstypischen Weinen vom Grünen über den Roten Veltliner bis hin zu Weißburgunder und Riesling produzieren.

Weingut Stift Klosterneuburg
3400 Klosterneuburg, Stiftsplatz 1

Das Weingut des Stiftes Klosterneuburg ist eines der ältesten – wenn nicht das älteste – und größten im Land. Das Stift wurde im Jahr

Im rund 700 Jahre alten sogenannten „Müstingerkeller" ist die modern gestaltete Vinothek des Weinguts Stift Klosterneuburg untergebracht.

1114 vom Markgrafen Leopold III. gegründet und an die Augustiner-Chorherren übergeben, die hier ein Zentrum der Wissenschaften und Künste, aber auch des Weinbaus betrieben. Schon früh wurde der hoch geschätzte Wein aus Klosterneuburg in viele Länder Europas exportiert. Im Jahr 1860 wurde dann mit Hilfe des Stifts in Klosterneuburg die erste Weinbauschule der Welt gegründet. Freiherr von Babo, der damalige Direktor, entwickelte ein Jahr später die Klosterneuburger Mostwaage, die auch heute noch zur Bestimmung des Zuckergehaltes im Most verwendet wird.
Vor diesem eindrucksvollen historischen Hintergrund präsentiert sich das Weingut des Stiftes heute als moderner, offener Betrieb. Das Weinangebot ist breit gestreut, denn man bewirtschaftet Rebflächen in Klosterneuburg, Wien und der Thermenregion. Quasi das Markenzeichen des Betriebes ist der St. Laurent aus Tattendorf, der zu den besten Weinen dieser Sorte zählt. Ebenfalls hervorragend: Weißburgunder, Riesling & Co. Die Weine des Stiftes verkostet man am besten in der sehenswerten, in einem alten Gewölbe untergebrachten Vinothek. Ebenfalls einen Besuch wert ist der mächtige, über vier Geschosse verlaufende Weinkeller unter dem Stift, in dem auch die legendären Altweinbestände des Hauses schlummern.

Leth
3481 Fels am Wagram
Kirchengasse 6

Als Besitzer eines der größten Weinbaubetriebe der Region und Obmann des Vereins „Weingüter Wagram", ist Franz Leth eine der zentralen Persönlichkeiten des Weinbaus am Wagram. Sein Engagement gilt der Entwicklung der ganzen Region, wobei der eigene Betrieb keineswegs vernachlässigt wird: Denn Leths Weine zählen nicht nur zu den besten der Region, der Betrieb spielt auch landesweit in der ersten Liga, und rund ein Viertel von Leths Weinen geht ins Ausland. Gekeltert wird eigentlich alles, was am Wagram gedeiht, von diversen Grünen Veltlinern über Riesling und Roten Veltliner bis Sauvignon blanc. In der Classic-Version zeigen diese Weine viel Frucht und Sortentypizität, während die nur in guten Jahren gekelterten „Lagen-Reserven" mit Dichte, Komplexität und Langlebigkeit aufwarten. Fast ein Geheimtipp sind auch die Rotweine des Hauses. Der feingliedrige Pinot noir zeigt, dass sich diese Rebsorte am Wagram wirklich wohl fühlt und der dichte, dunkelbeerige Zweigelt „Gigama" ist der perfekte Wein, um selbst Kenner bei einer Blindverkostung aufs Glatteis zu führen – denn so einen Giganten würde man am Wagram wirklich nicht vermuten...

Mehofer – Neudeggerhof
3471 Großriedenthal, Neudegg 14

Sogar auf der Homepage der Familie Mehofer summen die Bienen und blühen die Blumen: Als Mitglied des Vereins „Bioveritas Austria" zählte schon Senior Karl Mehofer zu den heimischen Bio-Pionieren. Für die Kellerwirtschaft im wunderschönen Neudeggerhof, wo die Familie seit dem Jahr 1709 Weinbau betreibt, ist inzwischen Junior Stephan zuständig – die Linie hat sich aber nicht verändert, höchstens verfeinert. Der Weinbau wird nach organisch-biologischen Richtlinien betrieben, und vom klassischen Roten Veltliner über den komplexen Grünen Veltliner von der Paradelage Wadenthal bis zur roten Cuvée Neydek präsentieren sich die Weine erfreulich klar strukturiert und trinkanimierend.

Mörwald

3483 Feuersbrunn
Winzerweg 6

Zum Mörwald-Imperium gehört auch das Familienweingut in Feuersbrunn. Doch hier ist es nicht der allgegenwärtige Gastro-Zampano „Toni M.", der Hand an Presse und Weinfass legt, sondern sein Bruder Erhard. Der keltert saubere, frische und sortentypische Weine, von deren Qualität man sich unter anderem im Mörwald'schen Gasthaus Traube zu Feuersbrunn in Begleitung feiner Speisen überzeugen kann.

Ott

3483 Feuersbrunn
Neufang 36

Bernhard Ott keltert ausschließlich Weißweine – und davon sind rund 90 Prozent Grüne Veltliner. Kein Wunder, dass ihm der – durchaus berechtigte – Ruf des „Veltliner-Königs" vorauseilt. Hier kann man die österreichische Nationalrebsorte wirklich in allen Facetten auskosten, und zum Drüberstreuen gibt es noch ein bisschen Riesling und Sauvignon blanc, die aber im Gegensatz zu den Veltlinern nicht auf Lössböden, sondern auf rotem Schotter gedeihen. Derzeit bewirtschaftet Ott 24 Hektar eigene Rebflächen, rund 30 sollen es noch werden – um die gesamte Produktion von eigenen Trauben bestreiten zu können. Absatzsorgen hat Ott keine, wie diese kleine Geschichte zeigt: Die Einkäufer einer großen österreichischen Weinhandelskette orderten 5.000 Flaschen und forderten Ott auf, einen Marketingbeitrag zu leisten – das sei so üblich und außerdem bleibe man ohne Bewerbung auf dem Wein sitzen. Ott weigerte sich, gab den Herren aber eine Rücknahmegarantie: Sollten sie den Wein nach sechs Monaten nicht verkauft haben, könnten sie ihn retournieren. Doch schon nach drei Monaten kam die Nachbestellung ...

Fritz Salomon

3470 Kirchberg am Wagram
Oberstockstall 1

Dem jungen Fritz Salomon ist es gelungen, wieder an die große Weinbautradition anzuknüpfen, die mit dem Gut Oberstockstall verknüpft ist. Schon die Passauer kelterten hier ihre Messweine und Ahnherr Franz Salomon bewirtschaftete das Gut ab dem Jahr 1863. Heute keltert Salomon von beachtlichen 15 Hektar Weingärten eine breite Palette von Weiß- und Rotweinen, wobei der Spitzenveltliner „Maulbeerpark" mit seiner opulent-exotischen Fruchtigkeit als Prototyp für reife Veltliner vom Wagram gelten darf.

Karl und Helga Schuster

3471 Großriedenthal
Hauptstraße 61

Von Frizzante bis Eiswein, von Veltliner bis Edelbrand – die Bandbreite des Angebotes im Weingut Schuster ist groß. Wer die Wahl hat, hat die Qual. Allerdings leitet sich das Wort hier von „Qualität" ab, denn die wird im Hause Schuster großgeschrieben, wobei die generelle Linie auf fruchtige Weine mit klarer Sortentypizität abzielt.

Söllner

3482 Gösing, Hauptstraße 34

Toni Söllner und Daniela Vigne wollen „Wein mit Seele" keltern, und das bedeutet für die beiden auf jeden Fall, dass die Trauben dafür aus biodynamischem Anbau stammen müssen. Leben und arbeiten im Einklang mit der Natur und dabei wohlschmeckende Weine und andere Produkte wie Fruchtdestillate, Fruchtansätze, Traubensaft und Sekt herstellen – das klang vor ein paar Jahren noch recht esoterisch, inzwischen fällt man mit dieser Einstellung in der heimischen Weinszene gar nicht mehr so besonders auf. Tatsache ist, dass die schnörkellosen, geradlinigen, aber doch auch unkonventionellen Weine aus dem Hause Söllner inzwischen viele Fans gefunden haben. Es sind vor allem Menschen, die Charakter über uniforme Perfektion stellen und die mit wachem Gaumen bereit sind, neue Erfahrungen zu machen.

Kurios: der „Mammutheurige"

Wimmer-Czerny

3481 Fels am Wagram
Obere Marktstraße 37

Hans Czerny hat sich schon lange mit naturnahem Weinbau beschäftigt und sich Schritt für Schritt der „reinen Lehre" angenähert. Seit dem Jahr 2005 gehört das Weingut nun dem Demeter-Bund an und wird voll biodynamisch bewirtschaftet. Unabhängig davon hat sich Hans Czerny einen Namen als zuverlässiger Produzent von klaren und geradlinigen Weinen mit durchaus eigenständigem Charakter gemacht, die sich eher an Klima und Terroir als an der gerade gängigen Mode orientieren.

Winzervereinigungen

Weingüter Wagram

Im Jahre 2001 haben sich fünfzehn Betriebe des Weinbaugebietes zusammengeschlossen, um daran zu arbeiten, die Region noch bekannter und vor allem durch ihre Weine unverwechselbar zu machen. Jeweils am ersten Wochenende im Mai öffnen die Mitgliedsbetriebe ihre Weingüter und Keller und laden Besucher ein, den Wagram mit allen Sinnen zu genießen. Beim ausführlichen Probieren der neuen Weine, bei persönlichen Gesprächen, beim Eintauchen in mystische Weinkeller, beim Genießen der stillen Schönheit der Landschaft, beim Erlebnis des Frühlingserwachens am Wagram".

Informationen: www.weingueterwagram.at

Wagramer Selektion

Die Winzer der Vereinigung „Wagramer Selektion" versehen ihre Weine mit einem eigenen Gütesiegel. Dafür muss eine Reihe von Qualitätskriterien erfüllt werden. Unter anderem dürfen die Weine nur aus besten Lagen stammen, im Weingarten muss eine Ertragsreduktion durchgeführt werden und die Weine müssen in einer verdeckten Verkostung eine bestimmte Mindestpunkteanzahl erreichen. Die Winzer der Wagramer Selektion veranstalten jeweils Anfang Mai das „Frühlingserwachen am Wagram".

Informationen: www.wagramerselektion.at

W e i n

v i e r t e l

Wer das Weinviertel heute noch als „schlummernden Riesen" bezeichnet, braucht selbst einen Wecker. Denn spätestens seit der Einführung des ersten „DAC" Österreichs herrscht im größten Weinbaugebiet des Landes Aufbruchstimmung.

Mit einer Rebfläche von über 17.000 Hektar ist das Weinviertel nicht nur das größte Weinbaugebiet Österreichs, sondern auch das einzige, das den Wein sogar in seinem Namen trägt – ein erster Hinweis auf die Bedeutung, die ihm hier zukommt. Gleichzeitig jedoch ein Versprechen, das die Weinviertler Weine lange Zeit nicht wirklich einlösen konnten. Denn das „österreichische Weinwunder", das sich nach dem Jahr 1985 quer durch die heimischen Weinbauregionen vollzogen hat, schien ausgerechnet am flächen- und mengenmäßig bedeutendsten Gebiet fast spurlos vorüberzuziehen. Nur vereinzelt schafften es einige engagierte Winzer, auf sich aufmerksam zu machen und zu zeigen, dass im Weinviertel ein bedeutendes Potenzial vorhanden ist. So wurde der Ausspruch vom „schlummernden Riesen" geprägt, dessen Erwachen zwar immer wieder herbeigeredet und -geschrieben wurde, der sich aber lange Zeit jedem noch so beherzten Weckruf beharrlich widersetzt hat.

Das WEINVIERTEL auf einen Blick:

Rebfläche: 17.242 Hektar
Anteil an der Gesamtrebfläche Österreichs: 32,9 Prozent
Wichtigste Rebsorten: Grüner Veltliner: 8.429 ha, Zweigelt: 1.686 ha, Blauer Portugieser: 1.528 ha
Böden: Vorwiegend Lössböden, Schotter, Urgestein

Aufschwung mit DAC

Der Hauptgrund dafür sind die Strukturen im „Viertel unter dem Manhartsberg", wie das Gebiet in früheren Zeiten genannt wurde. Die meisten Betriebe werden nach wie vor als gemischte Landwirtschaft geführt, die Rebflächen sind dementsprechend gering, und die Trauben werden entweder verkauft oder zu Wein verarbeitet und im Gebinde an größere Vermarkter wie Genossenschaften und Sektkellereien abgegeben. Somit fehlt dem Weinhauer weitgehend die Identifikation mit seinem Produkt und oft auch die Möglichkeit, es selbst zum Konsumenten zu bringen. Harald Frank, Juniorchef des traditionsreichen Familienweinguts in Herrnbaumgarten, sieht die Verhältnisse realistisch: „Man muss davon ausgehen, dass von unseren 500 Hektar Rebfläche in Herrnbaumgarten vier Fünftel in Literware kommen, zu Sekt verarbeitet oder im Tankwagen exportiert werden!"

Doch mit der Einführung der ersten „DAC" (*Districtus Austriae Controllatus* – kontrollierte Herkunftsbezeichnung für einen gebiets- und sortentypischen Wein) im Jahr 2002 ging ein spürbarer Ruck durch die Region. Neue, meist junge Gesichter tauchten in der Weinviertler Weinszene auf, und es war sehr bald eine Verbesserung der Weinqualität auf breiter Basis bemerkbar. Zudem hat die Einführung der DAC zu einer Beschleunigung

Typisch Weinviertel: die sanft gewellte Hügellandschaft mit Feldern, Äckern und Weingärten

der Strukturbereinigung beigetragen: Viele Winzer, die bis dahin noch eine gemischte Landwirtschaft betrieben hatten, widmeten dem Weinbau nun mehr Augenmerk oder spezialisierten sich ganz darauf. „Die Produzenten erkennen, dass sie auch mit Flaschenweinen punkten und Geld verdienen können“, kommentiert Top-Winzer Roman Pfaffl die jüngste Entwicklung. Das heißt zwar noch längst nicht, dass im Weinviertel alles eitel Wonne wäre – doch die ersten Schritte sind getan, um dieses riesige und vielfältige Weinland zum Erblühen zu bringen.

Ein Viertel Niederösterreich

Das Weinviertel erstreckt sich über den ganzen nordöstlichen Teil Niederösterreichs und wird im Westen vom Höhenzug des Manhartsberges, im Norden von der tschechischen Grenze, im Osten von der March und im Süden von der Donau und dem Wagram begrenzt. Obwohl der Name darauf hindeutet, handelt es sich dabei keineswegs um ein geschlossenes Weinbaugebiet. Der Großteil der Rebflächen befindet sich im Westen und Osten der Region und reicht jeweils von der nördlichen bis zur südlichen Grenze, während es im „Mittelstreifen“ praktisch keinen Weinbau gibt. Früher trugen diese beiden Bereiche die schönen Bezeichnungen „Weinbaugebiet Retz“ (im Westen) und „Weinbaugebiet Falkenstein“ (im Osten). Nach der Zusammenfassung zu einer Region wird das Gebiet heute weit prosaischer in „Weinviertel West“, „Weinviertel Süd“ und das sogenannte „Veltlinerland“ im Nordosten unterteilt.

Die Landschaft des Weinviertels ist großteils von sanften Hügeln geprägt. Nur in wenigen Bereichen, wie in Staatz und in Falkenstein, wo weithin sichtbare, schroffe Kalkklippen in den Himmel ragen, weicht das Bild davon ab. Typisch für die Region sind die vielen Kellergassen, deren weiß gestrichene Presshäuser sich tief in die Lössgräben ducken. Die längsten und schönsten davon findet

Gesegnete Landschaft: Weingärten bei Stetten
Foto: Weingut Pfaffl

man an den sonnigen Südhängen des Pulkautals – einer der heißesten und trockensten Flecken des Gebietes.

Im Weinviertel herrscht größtenteils ein gemäßigtes, kontinentales Klima vor. Nur im äußersten Südosten, in der Region des Matzner Hügellandes, macht sich auch ein pannonischer Einfluss bemerkbar. Die durchschnittlichen Jahresniederschläge liegen um die 500 Millimeter, wobei die Regionen um Retz und Wolkersdorf mit nur rund 400 Millimetern die trockensten Weinanbaugebiete Österreichs sind.

Veltliner & more

Die wichtigste Rebsorte im Weinviertel ist mit Abstand der Grüne Veltliner, der fast die Hälfte der gesamten Rebflächen einnimmt. Aufgrund seiner hohen Erträge haftete ihm in Zeiten des erwachenden Qualitätsbewusstseins noch lange der Ruf eines Massenträgers an, der nicht mehr als einfache Trinkweine hervorzubringen vermag. Heute beweisen aber gerade im Weinviertel immer mehr Winzer, dass in der österreichischen „Nationaltraube“ ein großes Potenzial steckt – wenn die Erträge entsprechend reduziert werden.

Nummer zwei bei den Weißweinen ist der Welschriesling, der durch seine Fruchtigkeit und die frische Säure vor allem in der Region rund um Poysdorf als Sektgrundwein eine wichtige Rolle spielt. Es folgen der Müller Thurgau mit eher abnehmender Bedeutung, der Weißburgunder und der Riesling.

Bei den Rotweinen hat der Blaue Zweigelt, von dem allein seit dem Jahr 1999 rund 700 Hektar ausgesetzt wurden, mit nunmehr fast 1.700 Hektar Rebfläche den leicht rückläufigen Blauen Portugieser (1.530 Hektar) als wichtigste Rebsorte überholt. Dahinter folgen der Blauburger mit knapp 300 Hektar und – mit Respektabstand – die „jungen“ Rebsorten vom Pinot noir über St. Laurent bis zu Merlot, Cabernet Sauvignon und Rösler, die in den vergangenen Jahren einiges an Bedeutung gewonnen haben. Stark rückläufig ist, wie in allen Weinbauregionen, der Gemischte Satz: Von 540 Hektar aus dem Jahr 1999 standen Anfang 2007 nur mehr 217 Hektar im Ertrag.

In den vergangenen Jahren wurden im Weinviertel weit mehr Rotwein- als Weißweinreben ausgepflanzt. Allein seit dem Jahr 1999 waren es rund 950 Hektar gegenüber nur 250 Hektar mit weißen Sorten – eine Entwicklung, die dem nationalen und internationalen Trend folgte, der aber heute bereits manche Winzer entgegensteuern. „Wir hatten schon über 40 Prozent Rotweinanteil“, erklärt Phillip Zull, Juniorchef des Familienweinguts in Schrattenthal, das durchaus als renommierter Rotweinbetrieb bekannt ist, „haben aber jetzt wieder auf 35 Prozent reduziert. Wir wollen diesen Anteil noch weiter vermindern – eigentlich so weit wie möglich. Ich denke, dass im Rotweinbereich bis in zehn Jahren sowohl im In- als auch im Ausland eine viel härtere Konkurrenzsituation entstehen wird als beim Weißen.“ Eine Haltung, die nachvollziehbar erscheint, hat sich doch das Weinviertel nicht zuletzt mit der Schaffung des

DAC als Weißwein- und vor allem als Veltliner-Region positioniert.
Dabei kam den Weinviertler Winzern gerade die bis dahin eher als Strukturproblem betrachtete Dominanz des Grünen Veltliners sehr entgegen. Denn sie erwies sich als erste wichtige Voraussetzung für die Schaffung eines DAC für einen Wein mit regionstypischer Stilistik. Die zweite, damit in direktem Zusammenhang stehende: In vielen Teilen des Weinviertels stehen die Rebstöcke auf Lössböden mit Braunerde oder auf reinen Lössböden – ideale Voraussetzungen für pfeffrig-würzige Veltliner. Es wäre allerdings falsch zu glauben, das Weinviertel habe ein einheitliches Terroir. In diesem großen Weinbaugebiet findet man durchaus unterschiedliche Böden sowie Bereiche mit einem ganz speziellen Kleinklima. Dazu zählen etwa die sogenannten „Rotweininseln" wie das Pulkautal, Retz oder Schrattenberg, aber auch die klimatisch begünstigten Kessel von Falkenstein oder Mailberg.

Am Grund des Weinviertels

Grob gesprochen wird das Weinviertel in fünf geologische Bereiche unterteilt. Die böhmische Masse an der Grenze zum Waldviertel ist der erdgeschichtlich älteste Teil. Hier findet man diverse kristalline Gesteine, die man etwas nonchalant als „Urgestein" bezeichnet und die etwa in der Gegend von Röschitz, Schrattenthal oder Retz gute Voraussetzungen für duftig-mineralische Weine wie den Riesling, Welschriesling, Grünen Veltliner und verschiedene Rotweinsorten bieten. Daran schließt im westlichen Weinviertel die sogenannte Molassezone an, die hier vorwiegend aus lockeren Sedimentgesteinen wie Tonen, Sanden, Schluffen, Kiesen und teilweise Kalken besteht. Die meisten dieser Ablagerungen stammen aus dem Meer der Paratethys – deshalb sind etwa in den Naturkellern von Mailberg Seesterne oder Muscheln zu sehen. Der folgende Teil, die „Waschberg-Zone", erstreckt sich vom Waschberg bei Stockerau über die Leiser Berge, Staatz und Falkenstein bis nach Südmähren. Es ist dies ein landschaftlich besonders reizvoller Teil des Weinviertels, der auch als Klippenzone bezeichnet wird. Das schönste Beispiel für diese „Durchspießungsklippen", die durch kilometerdicke Gesteinsschichten an die Oberfläche gedrückt werden, ist der völlig freistehende Kalkkegel der Staatzer Klippe. Nördlich von Korneuburg ragen die Ausläufer der Flyschzone wie zwei Finger ins Weinviertel. Der östliche Bereich schließlich wird dem Wiener Becken zugerechnet, einer großen, mit Sedimenten gefüllten Absenkung des Urmeeres. Am Steinberg bei Zistersdorf etwa kann man noch heute die Bruchlinie erkennen, entlang der sich der Untergrund des Wiener Beckens vor Millionen von Jahren abgesenkt hat.

Reise durch ein Weinland

Eine Beschreibung aller Subregionen des Weinviertels würde ein eigenes Buch füllen – doch soll eine kleine Rundreise zu den markantesten und aus der Sicht des Weinbaus interessantesten Plätzen zumindest einen ersten Eindruck vermitteln. Wir beginnen diese Tour in Hohenwarth, im Südosten des Weinviertels, und arbeiten uns dann im Uhrzeigersinn bis an die Tore Wiens vor. In Hohenwarth erstrecken sich die Weingartenflächen auf bis zu 400 Meter Seehöhe, daher reifen die Weine spät aus und haben eine lange Vegetationsperiode; vor allem komplexe Weißweine wie der Grüne oder Rote Veltliner profitieren hier von einer späten Lese. Im Untergrund dieses Gebietes findet man den bis zu 50 Meter mächtigen Schotter der Ur-Donau, die von hier über Hollabrunn bis Mistelbach ihren Weg quer durch das heutige Weinviertel genommen hat.
Weiter im Norden befindet sich das Veltliner-Eldorado Röschitz, das sowohl Löss- als auch Urgesteinsböden aufweist und somit auch gute Voraussetzungen für fruchtbetonte Weißweine wie den Riesling bietet. Im nordöstlichen Teil des Weinviertels profitiert das Gebiet um Schrattenthal und Retz von der besonderen Trockenheit, die sich insbesondere in niederschlagsarmen Herbsten äußert, und von der hohen Sonnen-

Geologische Legende

Erdneuzeit

Quartär
- Kies, Auelehm der jüngsten Talböden
- Löss, Lösslehm und Lehm
- Kiese und Sande der Terrassen, tw. mit Löss-, Lehmbedeckung
- Flugsand

Neogen
- Kiese, Sande und Tone der Ur-Donau, tw. mit Löss-, Lehmbedeckung
- Kiese, Sande, Tone, Tonmergel in der Molassezone
- Kalkstein im Wiener Becken und in der Molassezone
- Tonig-feinsandige Ablagerungen im Wiener und Korneuburger Becken
- Kies, Sand, Ton im Wiener Becken
- Kalkfreie Tone und Feinsande in der Molassezone und im Wiener Becken
- Eisenschüssige Tone und Sande der Waschbergzone
- Kalksandstein, Sand am Molasserand zum Waldviertel
- Schiefrige Tonmergel der Waschbergzone

Erdmittelalter - ältere Erdneuzeit

Paläogen - Kreide
- Quarzsandstein der Flyschzone
- Kalkige Sandsteine und Mergel der Flyschzone

Paläogen - Jura
- Kalksteine der Waschbergzone

Erdfrühzeit

- Granit der Böhmischen Masse

Weinbaufläche

- Weinbaufläche

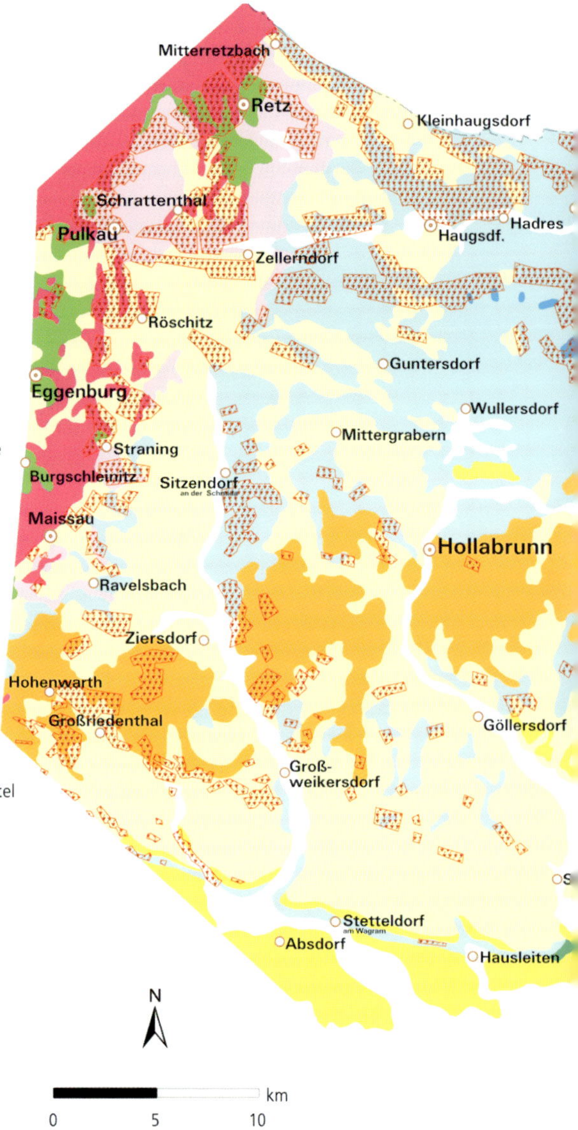

Geologische Bundesanstalt Geological Survey www.geologie.ac.at

Quelle: Geologische Bundesanstalt & Weinkomitee Weinviertel (Hrsg.): Geologie & Weinviertel, Wien 2004, verändert.

Tektonische Gliederung

- Böhmische Masse
- Molassezone
- Waschbergzone
- Flyschzone
- Wiener Becken, Korneuburger Becken

Autoren/*Authors*: M. Heinrich & R. Roetzel
Quelle: Geologische Karte von Niederösterreich 1 : 200.000, stark vereinfacht

Geologische Übersichtskarte des Weinbaugebietes Weinviertel

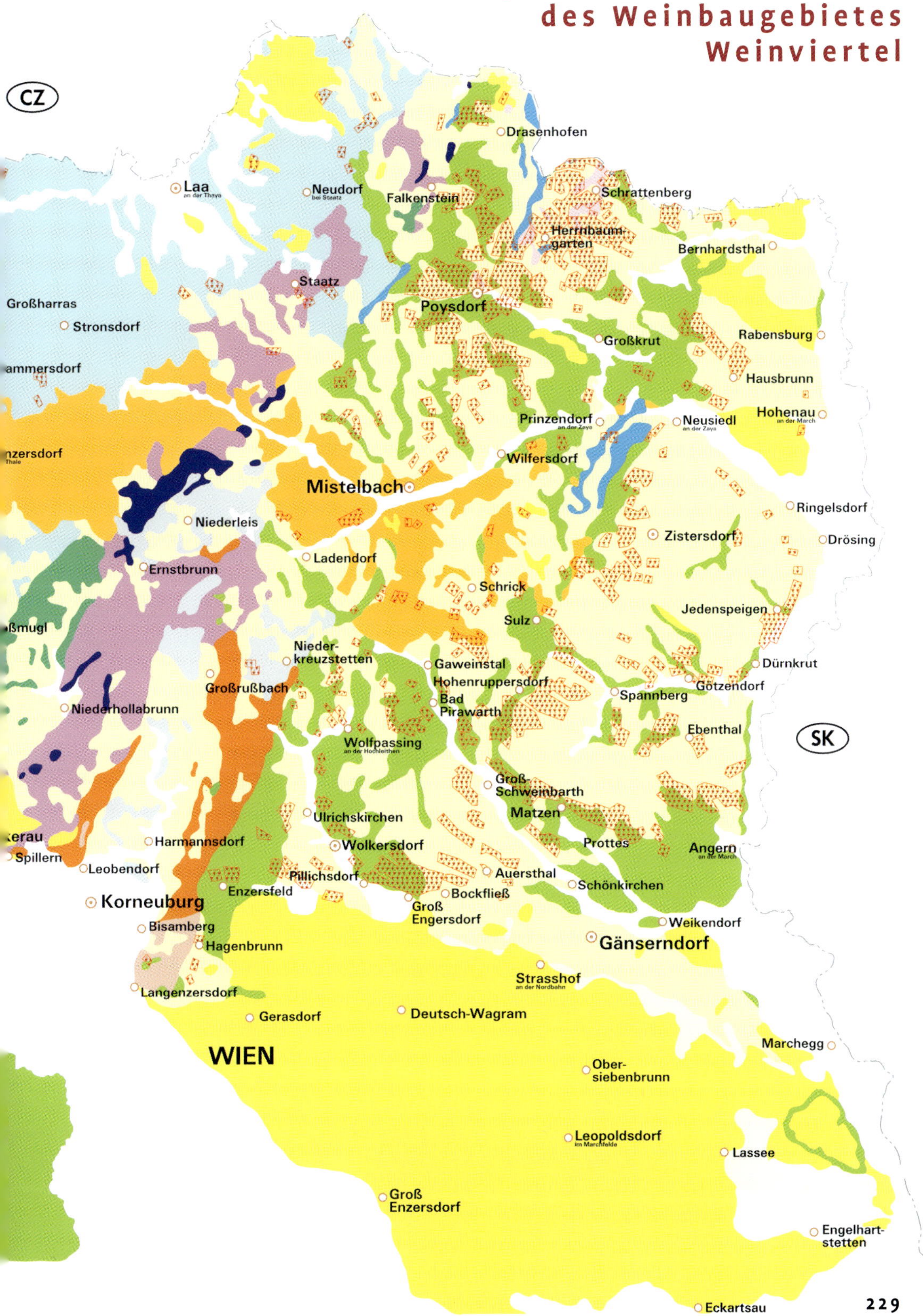

Alte Zeiten: Fast überall im Weinviertel findet man noch ruhige, idyllische Kellergassen.

einstrahlung, die auch gute Möglichkeiten für Rotweine eröffnet. Eine besondere Attraktion sind die weitläufigen, an die große Zeit der Stadt als Zentrum des Weinhandels erinnernden Naturkeller von Retz. Sie bilden ein dicht gestricktes unterirdisches Netz und können im Rahmen von geführten Rundgängen erkundet werden.

Ähnliche klimatische Bedingungen wie in Retz findet man im Pulkautal und im Kessel von Mailberg. Während im Pulkautal der Rotwein eine dominierende Stellung einnimmt, ist Mailberg eigentlich ein klassisches Weißweingebiet, das aber, wie Lenz Moser mit seinen Weinen der „Kommende Mailberg" zeigte, auch ein gutes Rotweinpotenzial aufweist.

Weiter im Osten besitzt der traditionsreiche Weinort Falkenstein, dessen „Berggericht" schon im Mittelalter für alle Fragen des Weinbaus im Gebiet zwischen Wien und Brünn zuständig war, mit seiner Kessellage ein eigenes Kleinklima. Auf kalkreichen Lössböden gedeihen hier feine Weißweine vom Welschriesling über den Weißburgunder bis hin zum Grünen Veltliner.

Schrattenberg und Herrnbaumgarten im Nordosten zählen ebenfalls zu den interessanten Rotweinregionen des Weinviertels, während Poysdorf weiter im Süden eine echte Veltliner- und Welschriesling-Hochburg darstellt. Die frischen und säurebetonten Weine entsprechen dem Bild vom „reschen Brünnerstraßler" – eben dem Wein, der rund um die Brünnerstraße gekeltert wird. Sie eignen sich unter anderem hervorragend zur Sektherstellung und werden seit langer Zeit von den großen Sektkellereien in Wien verwendet. Das Gebiet Matzner Hügelland bringt nördlich des Matzner Waldes eher frische und säurebetonte Weißweine hervor. Im südlichen Bereich wirken bereits pannonische Einflüsse; die Trauben reifen früher, die Weine geraten kräftiger und auch Rotweine haben hier bessere Chancen. Die Nähe zur March lässt in den Weinbauorten Angern und Mannersdorf an der March durch regelmäßige Botrytis auch die Produktion von Prädikats- und Hochprädikatsweinen zu – eine Weinviertler Besonderheit.

Das Gebiet um Korneuburg mit Weinorten wie

Stetten oder Hagenbrunn erbringt schließlich fruchtig-elegante Weine, die aber gleichwohl eine hohe Reife erreichen. Neben Grünem Veltliner, Welschriesling, Riesling und weißen Burgundersorten findet man hier auch immer öfter interessante Rotweine.
Insgesamt bietet das Weinviertel also sowohl den typischen Grünen Veltliner in all seinen Facetten und auch regional unterschiedlichen Ausprägungen als auch ein buntes Kaleidoskop von Rebsorten und Weintypen. Somit ist die Region eine reiche Fundgrube für Weinfreunde, die sich auch abseits von Altbekanntem orientieren wollen, denn: Es gibt hier unglaublich viel zu entdecken!

Kritisch betrachtet

Betrachtet man die Entwicklung der Rebflächen während der vergangenen Jahre, so könnte man fast glauben, dass aus dem Weinviertel bald ein Rot-Weinviertel würde. Das ist natürlich etwas übertrieben, denn der Überhang der Weißweinflächen ist nach wie vor enorm. Dennoch: Während andere Regionen durch Neupflanzungen ihr bestehendes Profil geschärft haben, wurde dieses im Weinviertel eher verschwommener. So wurden etwa in der Steiermark vor allem Weißweinsorten wie Sauvignon blanc, Morillon oder Gelber Muskateller gepflanzt, das Burgenland setzte ganz stark auf Rotweine, und hier wiederum das Mittelburgenland auf Blaufränkisch, die anderen Regionen eher auf Zweigelt. Im Weinviertel dagegen ist die am meisten ausgepflanzte Rebsorte seit dem Jahr 1999 nicht etwa der Grüne Veltliner, dessen Fläche sogar leicht zurückging, sondern der Blaue Zweigelt. Es ist natürlich verständlich, dass der einzelne Winzer auf einen allgemeinen Trend wie den zum Rotwein aufspringen will. Aber den Verantwortlichen in der Politik und den Weinbaugremien muss man sehr wohl vorwerfen, dass sie es hier an Weitblick fehlen haben lassen. Anstatt zu erkennen, dass dieser Trend schon wieder vorbei ist, wenn die meisten gepflanzten Rotweinreben gerade einmal in den Ertrag kommen, wurde das Aussetzen von Zweigelt & Co sogar noch gefördert. Das führte zu einer Situation, in der viele Winzer und auch Nebenerwerbs-Weinbauern auf Rotweintrauben setzten, für deren Verarbeitung sie in ihren Kellern gar nicht die nötige Ausstattung haten, was dazu führte, dass plötzlich sehr viel Rotwein mit einfachen Qualitäten im Gebinde auf den Markt geworfen wurde. Zu viel, wie der rapide Preisverfall ab dem Jahr 2005 allen Beteiligten bald drastisch vor Augen führen sollte.
Das Grundproblem: Um im Weinviertel wirklich erstklassigen Rotwein produzieren zu können, müssen die Erträge extrem niedrig gehalten werden; weit niedriger etwa als im Burgenland, von Weinbauländern wie Australien oder Kalifornien ganz zu schweigen. Dadurch ist die Produktion solcher Weine wirtschaftlich nur sinnvoll, wenn auch ein entsprechender Preis dafür verlangt werden kann – was angesichts der Konkurrenzsituation und der Transparenz des Weinmarktes in Zukunft immer schwieriger werden wird. Auf einfache Qualitäten auszuweichen, macht aber ebenso wenig Sinn. Hier ist die Wertschöpfung gering und die anderen Produzenten wie etwa das Burgenland können vergleichbare Weine mit wesentlich geringerem Aufwand und somit weit billiger produzieren.
Fazit: Für einzelne Betriebe in bestimmten Regionen, die sich bereits in der Vergangenheit als Produzenten für Rotwein profiliert haben, ist dieser als spannendes Nischenprodukt sicher auch in Zukunft interessant. Insgesamt empfiehlt es sich im Weinviertel zweifellos eher, sich seiner Stärken zu besinnen und ein klares Profil zu zeigen.

Die besten Lagen

Echte Lagendifferenzierungen scheinen im Weinviertel nur an bestimmten geeigneten Standorten sinnvoll, zumal sich die Lagen innerhalb vieler Regionen oft nur geringfügig unterscheiden. Das ist wohl auch der Grund, warum die meisten Winzer auf die Verwendung einer Lagenbezeichnung verzichten. Außerdem werden oft Trauben verschiedener Lagen und Parzellen zu einem Wein verarbeitet, wodurch das Erkennen eines bestimmten Lagen-Charakters von vornherein ausgeschlossen ist. Bei der Beschreibung der folgenden Lagen wurde auch das Urteil renommierter Winzer der jeweiligen Regionen einbezogen.

Die Lage **Laa** ist laut Hans Setzer die beste in **Hohenwarth.** Es handelt sich um einen langen Südhang, auf dem nur das „Herzstück", also jener Bereich mit der optimalen Hangneigung, mit Reben bestockt ist. Auf sehr kalkreichen Böden, die ab zwei Metern Tiefe in reinen Donauschotter übergehen, gedeihen vor allem Weißweinreben vom Grünen Veltliner bis zum Weißburgunder. Die Lage ist sehr luftig

STAATZ
MISTELBACH
POYSDORF
ZISTERSDORF
WOLKERSDORF
GÄNSERNDORF
DEUTSCH-WAGRAM
MARCHEGG
SLOWAKEI
MARCHFELD
Nationalpark Donauauen
DONAU
March
Zaya
Rußbach
Leiser Berge
Pottenhofen
Drasenhofen
Wildendürnbach
Laa a. d. Thaya
(183)
Falkenstein
Poysbrunn
425
Galgenberg
Neudorf b. Staatz
Schrattenberg
Reinthal
Katzelsdorf
Herrnbaumgarten
Bernhardsthal
Hanfthal
Staatz
Hagendf.
Wultendf.
Fallbach
Poysdorf
(225)
Großkrut
Altlichtenwarth
Rabensburg
Hausbrunn
Gaubitsch
Hagenberg
Wetzelsdorf
Hörersdorf
Erdberg
Ginzersdf.
Hohenau a. d. March
Gnadendorf
Zwentendf.
Aspern a. d. Zaya
Pyhra
Michelstetten
Buschberg
491
Schletz
Eibesthal
Wilfersdorf
Prinzendorf a. d. Zaya
Neusiedl a. d. Zaya
Dobermannsdorf
Niederabsdf.
Ringelsdorf
Mistelbach
(288)
Maustrenk
Drösing
Niederleis
Ladendf.
Paasdorf
Zistersdorf
(199)
Waltersdorf a. d. March
Blumenthal
Groß-Inzersdorf
Schrick
Obersulz
Jedenspeigen
Naglern
Nieder-kreuzstetten
Neubau
Gaweinstal
Niedersulz
Velm-Götzendorf
Dürnkrut
Großrußbach
Hohen-ruppersdorf
Spannberg
Ebenthal
Bad Pirawarth
Schleinbach
Groß-Schweinbarth
Stillfried
Ulrichskirchen
Matzen
Mannersdorf a. d. March
Münichsthal
Wolkersdorf
Raggendorf
Prottes
Angern a. d. March
Harmannsdf.
Auersthal
Enzersfeld
Pillichsdf.
Korneuburg
Groß-Engersdf.
Bockfließ
Schönkirchen
Weikendorf
Bisamberg
Seyring
Gänserndorf
(167)
Zwerndorf
Bisamberg
358
Hagenbrunn
Helmahof
Strasshof a. d. Nordb.
Baumgarten a. d. March
Langenzersdf.
Gerasdf. b. Wien
Oberweiden
Stammersdf.
Deutsch-Wagram
Marchegg
Markgraf-neusiedl
Ober-siebenbrunn
Schönfeld i.M.
Untersiebenbrunn
Raasdorf
Lassee
Groißenbrunn
Leopoldsdorf im Marchfelde
Schlosshof
WIEN
Groß Enzersdorf
Breitstetten
Haringsee
Markthof
Franzensdorf
Straudorf
Loimersdf.
Engelhart-stetten
Kopfstetten
Mannsdorf a. d. Donau
Wagram a. d. D.
Witzelsdorf
Eckartsau
Orth a. d. Donau
Stopfenreuth

Oben: die Windmühle in den Weingärten von Retz
Mitte: Heuriger bei Enzesfeld
Unten: die Terrassenlage Sonnleiten bei Münichstal
Foto: Weingut Pfaffl

Oben: Rast vor einem Keller in Zellerndorf
Mitte: Heurigenidylle samt Weinpresse in Großengersdorf
Unten: Winterfrost im Weingarten

und Hohenwarth eine der trockensten Regionen des Weinviertels; deshalb gibt es hier kaum Botrytis und die Trauben können problemlos bis in den November hinein ausreifen.

In den Weingärten rund um Röschitz findet man sowohl Löss als auch Urgesteinsböden, was den besonderen Reiz dieser Region ausmacht. Als beste Lösslage gilt der **Galgenberg**, gute Urgesteinslagen sind **Reipersberg** und **Steinleiten.**

Die Lagen **Innere** und **Äußere Bergen** in **Schrattenthal** wurden durch die Weine von Werner Zull bekannt, der hier sowohl Rieslinge als auch Rotweine kultiviert. Die Äußere Bergen ist ein Hochplateau, die Innere Bergen eine leichte Südlage, in der das Granitgestein stellenweise bis zur Oberfläche durchdringt; teilweise findet man hier aber auch Lössböden.

In der Gegend rund um **Retz** findet man Böden aus verwitterten Graniten und Gneisen, die teilweise von Löss bedeckt sind. Als beste Lage von Retz gilt der **Altenberg**, wo auch Rotweinreben beachtliche Qualitäten erreichen.

Im **Pulkautal** wird kaum zwischen den einzelnen Lagen unterschieden. Die begünstigten Weinbauflächen sind die sanften Südhänge im Norden der Pulkau; auf der anderen Talseite findet man eher kühlere Lagen.

Für Josef Zens, den langjährigen Obmann des Vereines „Mailberg Valley", gibt es unter den Rieden im **Mailberger Kessel** einen klaren Favoriten: die Lage **Hundschupfen** mit ihrer optimalen Ausrichtung nach Süden, auf der sowohl vollreife Grüne Veltliner und Rieslinge als auch gute Rotweine wachsen. In den bis zu zehn Metern mächtigen Sandböden findet man zahlreiche Muscheln und Seesterne, die das Urmeer abgelagert hat. Die Lössauflage ist hier sehr gering, die Böden erwärmen sich leicht und haben eine gute Wasserspeicherfähigkeit. In den Böden findet man auch immer wieder Quarzeinschlüsse, die den Weinen, speziell den Rieslingen, neben einer gewissen Feinheit und Fruchtigkeit auch eine leichte Mineralik verleihen. Am Höhenrücken oberhalb der Hundschupfen liegt der **Antlasberg.** Auf Schwarzerdeböden aus verwitterten Sanden mit geringer Lössauflage gedeihen hier gute Grüne Veltliner, Weine der weißen Burgundersorten, aber auch fruchtbetonte Rotweine wie der Pinot noir; die Reife ist aufgrund der Hangausrichtung geringer als am Hundschupfen. Ebenfalls interessante Veltliner-Lagen sind **Blickenberg, Rosenpoint** und **Altenpoint** auf der anderen Talseite.

Der traditionsreiche Weinbauort **Falkenstein** liegt geschützt in einem Kessel, und die ihn umgebenden Lagen profitieren vom dadurch entstehenden Kleinklima. Wie in Wellen folgen die vier Südhänge **Eckartsberg, Rosenberg, Ebersleiten** und **Sonnleiten** aufeinander. Ebenfalls erwähnenswert sind die Lagen **Kreuzberg** und **Rabenstein,** in denen eine Eigenart der Falkensteiner Böden besonders stark zu Tage tritt: der extrem hohe Kalkanteil.

Die große Riede **Johannesbergen,** die für Harald Frank zu den besten um **Herrenbaumgarten** zählt, weist unterschiedliche Bodenstrukturen auf. Auf den Schotterböden der Ur-Donau findet man teilweise Mergel, aber auch Lössauflagen mit einer Mächtigkeit von bis zu zehn Metern. Grüner Veltliner ist die Leitsorte, aber auch Rotweinreben fühlen sich wohl. Die Rieden **Baumgartleiten** und **Altenbergen** bilden den Kessel im Norden und Westen des Ortes, durch den man herunterfährt, wenn man von der Brünnerstraße nach Herrenbaumgarten kommt. Die Lagen sind für Grünen Veltliner zu kalkhaltig, eignen sich jedoch mit ihren schweren Böden sehr gut für Rotweinreben wie den Zweigelt.

In **Poysdorf** gilt die bereits im Jahr 1338 urkundlich erwähnte Riede **Hermannschachern** als eine der besten der Region. Der hohe Kalkgehalt kann dem Veltliner hier zwar Probleme bereiten, dafür gedeihen die Burgundersorten besonders gut. Als sehr gute Veltliner-Lagen sieht Rainer Schuckert die im Osten des Ortes gelegenen Rieden **Saurüssel, Tenn, Freibergen** und **Nestelbäcker.** Auch die östlich der Brünnerstraße gelegene Ried **Weißen Bergen** gilt mit ihrer südlichen Ausrichtung und ihren reinen Lössböden als erstklassige Veltliner-Lage. Die Lage **Steinbergen** westlich der Brünnerstraße weist steinige Böden mit hohem Muschelkalk-Anteil auf; Grüner Veltliner ist hier fehl am Platz, der Riesling fühlt sich dagegen sehr wohl und bringt mineralische Weine mit feiner Steinobst-Note.

Die Lagen im Bereich **Korneuburg-Bisamberg** wurden vor allem durch Roman Pfaffl bekannt, der hier schon sehr früh Weine mit Lagenbezeichnungen abgefüllt hat. Die **Hundsleiten** bei Stetten mit ihren schweren Tonböden und leichter Lössauflage ist, wie der Name schon sagt, eine schwer zu bearbeitende Lage, die dafür einen Grünen Veltliner bringt, der zu den besten des Landes zählt. Eine besondere Lage ist die **Sonnleiten** bei Münichstal, ein nach Süden ausgerichteter Weinberg, der in drei Terrassen angelegt ist und an der Nordseite durch eine Mauer vor kühlen Winden geschützt wird. Auf sandigen und steinigen Böden im oberen Bereich sowie Lehm im unteren Teil wachsen unter anderem Rieslinge und Rotweine. Ebenfalls als hervorragende Lage gilt die **Zeiseneck,** ein leichter Südhang mit lehmigen Böden, in denen sich zahlreiche Meeres-Fossilien verbergen. Hier wachsen unter anderem Grüne Veltliner, Sauvignon blanc und Zweigelt.

Über den Wein

Hans und Uli Setzer

Sturm auf den Achttausender

Die Initialzündung war eine Doppelmagnum „Corton Charlemagne" von Louis Latour, Jahrgang 1979, die Hans und Ulrike Setzer bei einer Verkostung vor fünfzehn Jahren besonders fasziniert hatte. Die nächste Bildungsreise führte gleich nach Burgund und dort schnurstracks mit dem Kellermeister in die Weingärten von Latour am Corton. Die Erkenntnis aus dieser Tour war, dass man mit einer hohen Stockdichte und geringen Erträgen große Weine machen kann. Zurück in der Heimat fanden sie auch gleich den passenden Platz für ihr Experiment: In der Top-Lage Laa, einem reinen Südhang, hatte Setzers Vater einen Hektar Fläche für zehn Jahre zur Regeneration freigehalten. Hier wurden jetzt Reben gesetzt, die man aus eigenen 35-jährigen Veltliner-Weingärten jahrelang selektioniert, selbst veredelt und gezogen hatte – und zwar 8.000 Stück. Womit auch schon der Name für den neuen Super-Veltliner feststand: „8.000". Allerdings musste man sich vorerst noch einige Jahre gedulden. „Erst wenn das Wurzelsystem eine gewisse Tiefe und Ausdehnung hat, können die Trauben jene Qualität bringen, die wir uns vorgestellt haben", erklärt Hans Setzer den Grund dafür. Vom Jahrgang 2003 wurde dann erstmals eine kleine Menge „8.000" in den Verkauf gebracht. Ein komplexer, vielschichtiger Wein, der Trinkspaß in der Jugend mit großem Potenzial verbindet und – nach nur vier Wochen – ausverkauft war! Natürlich ist es sehr aufwändig, so einen Wein zu produzieren, doch Hans Setzer denkt langfristig: „Der einzelne Stock wird durch den geringen Ertrag weit weniger belastet, ist immer ausgeruht und hat deshalb eine Lebenserwartung von fünfzig, sechzig Jahren – und so gesehen rechnet sich das auch."

Roman Pfaffl
Weinviertel DAC wirkt

„Losgetreten wurde die ganze Diskussion von Bertold Salomon (damals Chef der ÖWM, Anm. des Autors), und für mich kam das völlig überraschend", gesteht Roman Pfaffl, der als Vorsitzender des Regionalkomitees Weinviertel federführend an der Umsetzung von Österreichs erstem DAC beteiligt war. Es sollte allerdings noch etliche Komitee-Sitzungen dauern, bis man sich tatsächlich auf die Einführung eines DAC einigen konnte. Die Sektproduzenten, die im Weinviertel eine wichtige Rolle spielen, dachten eher in Richtung einer Marke, eines Gemeinschaftsweins. „Aber auch der DAC ist eine Marke", dachte sich Pfaffl, und diese Meinung setzte sich schließlich durch. Auf dem Weg zur Umsetzung gab es aber noch allerlei Unsicherheiten und Widerstände zu beseitigen: „Als der Qualitätsausschuss vorschlug, mit dem Grünen Veltliner nur eine Rebsorte als DAC zu deklarieren, gab es zunächst einen Riesen-Aufruhr", erinnert sich Pfaffl, „und auch die Bezeichnung „Weinviertel" war zunächst nicht unumstritten. Schließlich einigte man sich jedoch auf die Bezeichnung „Weinviertel DAC" – ein wichtiger Schritt für die Klarheit der Aussage. „Es geht schließlich darum, dem Konsumenten eine nachvollziehbare Stilistik zu liefern; er soll wissen, wie der Wein schmeckt", erläutert Pfaffl, „und das Weinviertel ist für einen DAC prädestiniert, weil es fast überall Lössböden gibt und damit ein sehr einheitliches Terroir vorhanden ist!"

Auf die Entscheidung folgte eine Riesen-Aufbruchstimmung, die das ganze Weinbaugebiet erfasste. Es waren vor allem junge Winzer, die sich mit vollem Engagement beteiligten; und die Dimension dieser Bewegung, aber auch die flächendeckende Kontrolle durch eine Verkostungskommission führte rasch zu einer merkbaren Steigerung der Weinqualitäten – und das natürlich nicht nur beim Grünen Veltliner.

Organisatorisch machte man sich schon bald daran, einige „Kinderkrankheiten" auszumerzen. So hatten viele Betriebe vorerst mehrere DAC-Weine mit unterschiedlicher Alkoholgradation im Sortiment. Für die Zukunft ist daran gedacht, zwei Kategorien von Weinviertel-DAC-Weinen zu schaffen: eine leichtere – voraussichtlich bis 12,5 % Alkohol – und eine kräftige mit schwereren Weinen. Die generelle Zielsetzung, die Wertigkeit des ganzen Gebietes zu steigern, um so jedem einzelnen Betrieb eine bessere „Absprungbasis" für seine eigene Positionierung zu bieten, wurde jedenfalls mehr als erreicht. Ein Beispiel, das Schule machte: Mit dem Mittelburgenland und dem Traisental folgten inzwischen zwei weitere Weinbaugebiete dem DAC-Gedanken; „Ich finde das sehr positiv", freut sich Roman Pfaffl, „denn die Kollegen sehen, dass wir damit erfolgreich sind – und das ist für uns eine schöne Bestätigung."

Weingut Schuckert
Die Kraft liegt in der Reduktion

Das Antonio-Stüberl im Weingut Schuckert verdankt seinen Namen dem Onkel des Vaters von Seniorchef Josef Schuckert, Antonio dal Piaz. Der gebürtige Südtiroler, der sich unter anderem einen Namen als international tätiger Berater und Weinpublizist gemacht hat, „war seiner Zeit um 100 Jahre voraus", schwärmt Josef Schuckert: „Der schrieb schon im Jahr 1890, dass man nur Spitzenqualitäten erzielen kann, wenn man mindestens drei Erntedurchgänge macht." Doch nicht nur die mehrfache Lese, sondern auch eine echte Ertragsreduktion bildet die Grundlage für Top-Qualitäten, wie sie Junior Rainer Schuckert im besagten Stüberl auf den Tisch stellen kann. Hier lässt sich sehr schön nachvollziehen, was im Weingarten, dem Reich von Mutter Gertrude Schuckert, geschehen ist. Sie ist für den Rebschnitt und das Ausdünnen zuständig „Das kann man niemandem überlassen", erklärt sie apodiktisch, „man muss sich jeden Stock einzeln anschauen und dann entscheiden, wie viele Trauben er tragen soll." Im Falle des Cabernet Sauvignon etwa, der hier mit einer geradezu sensationellen Reife daherkommt, gibt es keine Gnade. Die Erträge liegen gerade einmal bei 25 Hektoliter pro Hektar, und die Beitraube, das sogenannte „Ohrwaschl", wird beim Ausdünnen ausnahmslos weggeschnitten, weil sie erfahrungsgemäß immer grün bleibt. „Gerade die Rotweine verzeihen in unserer Region überhaupt nichts", erläutert Rainer Schuckert. „Hängt zu viel am Stock, hat man am Ende einen einfachen, unreifen Wein."

Allerdings kann man es mit der Ertragsreduktion auch übertreiben, denn der Stock wird dabei einem gewissen Stress ausgesetzt. „Wir haben in einem Chardonnay-Weingarten die Stöcke auf nur einen Strecker geschnitten", plaudert die Weingarten-Chefin aus dem Nähkästchen, „daraufhin waren sie total beleidigt und wollten nicht mehr wachsen. Dann haben wir wieder auf zwei Strecker geschnitten und seither wächst der Weingarten wunderbar." Reduktion mit Augenmaß ist also das Nonplusultra – aber das wusste wahrscheinlich auch schon Urahn Antonio.

Rudolf und Anita Schwarzböck

Der Zweigelt kann sich noch entwickeln

Rudi und Anita Schwarzböck haben in ihrem Betrieb mit 35 Prozent einen für die Region ungewöhnlich hohen Rotweinanteil. Probleme mit der Vermarktung gibt es trotzdem nicht – im Gegenteil. „Momentan ist die Menge eher zu gering – auch deshalb, weil der Export nach Deutschland und in die Schweiz besonders gut läuft“, erzählt das junge Winzerpaar. „Klar fragen sich manche: ‚Bringen die hier eine Qualität wie im Burgenland zusammen?‘“, erzählt Rudi Schwarzböck aus der Praxis. „Aber das kann man nicht vergleichen: Wenn jemand fruchtsüße, opulente Weine haben will, wird er eher im Burgenland fündig werden. Wer dagegen fruchtige, strukturierte Weine sucht, ist bei uns sicher besser aufgehoben.“

Das Klima ist im südlichsten Teil des Weinviertels wärmer als in den meisten anderen Regionen, der pannonische Einfluss bereits stärker zu spüren. Die Trauben erreichen daher bei entsprechender Ertragsbeschränkung durchaus eine hohe Reife. Schwarzböcks Favorit ist dabei der Zweigelt: „Für mich ist er der verbesserte St. Laurent!“ Trotz mancher Probleme, wie der Blattwelke und den möglichen hohen Erträgen, glaubt er an das Potenzial dieser Sorte: „Sie ist noch sehr jung, ich glaube, dass man sie noch weiter entwickeln kann.“ Nach der Erfahrung des Winzers bringt gerade das extreme Ausdünnen die Reben aus dem Gleichgewicht. Um den Stock weniger zu belasten, wird das von den Schwarzböcks in drei über mehrere Wochen verteilten Etappen erledigt. Doch der ambitionierte Hagenbrunner sucht auch nach anderen Wegen: „Die Selektion schwächer tragender Klone wäre eine Möglichkeit – eine noch höhere Pflanzdichte eine andere. Damit und auch mit dem Begrünen der Weingärten schafft man für die Rebe mehr Konkurrenz. Das alles mit dem Ziel, einen Stock zu haben, der auch ohne schwere Eingriffe beste Qualitäten bringt – so, wie es bei alten Rebstöcken ohnehin der Fall ist. Da ist alles im Lot, das vegetative Wachstum in Ordnung; und es wachsen wenige, aber gute Trauben!“

Weingut Graf Hardegg

Qualität durch Biodynamik

„Wir sind sicher keine Öko-Fantasten", stellen Maximilian Hardegg und sein Weingutsleiter Peter Veyder-Malberg, die den Betrieb im Jahr 2006 komplett auf biodynamische Produktion umgestellt haben, klar. „Unternehmerisch ist das für uns eine riesige Herausforderung", präzisiert Hardegg, „ von einem sicheren System auf eines umzustellen, das mit beträchtlichen Risiken in Hinblick auf die Erträge verbunden ist." Dennoch geht man diesen Weg, weil man sowohl nachhaltig wirtschaften als auch die Qualität der Weine weiter verbessern will. Beides greift Hand in Hand. Die Aufgabenstellung der Biodynamik lautet, Humus aufzubauen und die Reben so zu stärken, dass sie ihr Immunsystem kräftigen und widerstandsfähiger gegen Krankheiten werden. Ein hehres Ziel, das sich aber nicht so leicht erreichen lässt. Das Aufbauen von Kompost für die Humusbildung ist ein aufwändiges und kostenintensives Verfahren, und die Krankheitsanfälligkeit der Reben wird zumindest vorerst größer, wenn man die üblichen Pflanzenschutzmittel nicht mehr einsetzt. „Für uns bedeutet das Mehrarbeit in den Weingärten, und zwar innerhalb sehr begrenzter Zeitfenster", so Peter Malbergs erste Erfahrungen. „Wenn wir also einen Botrytisbefall im Weingarten haben, hilft nur noch sofortiges Auslesen." Das verteuert natürlich die Produktion und letztlich auch den Wein, doch abgesehen von den positiven Auswirkungen auf die Umwelt lassen sich bereits im ersten Jahr qualitative Verbesserungen der Trauben erkennen. „Durch den Wegfall der Spritzmittel war die Traubenreife im Jahr 2006 in unseren Weingärten viel besser als in anderen, herkömmlich bewirtschafteten", freut sich Veyder-Malberg, „und die Trauben hatten weit mehr Aromapotenzial. Ich bekomme also einen besseren Most, dessen Charakter ich im Keller nicht verändern, sondern nur bewahren möchte. Und am Ende habe ich dann Weine mit Seele!"

Foto: Graf Hardegg/Herbert Lehmann

Alt und neu: Die romantische Kellergasse am Galgenberg in Wildendürnbach zählt zu den schönsten im Weinviertel (oben). Moderner Verkostungsraum im Weingut Pfaffl/Stetten (unten). Foto: Weingut Pfaffl

Die Winzer

Bannert

2073 Obermarkersdorf 77

Manfred Bannert machte sich vor allem mit seinen pfeffrig-würzigen Grünen Veltlinern einen Namen. Inzwischen hat er sich aber nicht nur mit in der Region gängigen Sorten wie dem Riesling und dem Weißburgunder, sondern auch mit den „Schmeckerten", einem duftig-leichten Gelben Muskateller und einem Sauvignon blanc, dessen Stachelbeer- und Holunderblüten-Noten so manches steirische Pendant verblassen lassen, als Allrounder profiliert.

Hans und Christoph Bauer

2053 Jetzelsdorf 49

Hans und Junior Christoph Bauer, der seit dem Jahr 2003 für die Kellerwirtschaft im Haus verantwortlich zeichnet, zählen – leider – zu den wenigen Winzern, die das zweifellos vorhandene Rotweinpotenzial der heißen Südhänge der Haugsdorfer „Rotweininsel" zu nutzen verstehen. Und das mit zuletzt deutlich steigender Qualitätstendenz, was sowohl die samtig-fruchtigen, reinsortig ausgebauten Zweigelts als auch Topweine wie der Cabernet-Merlot deutlich zeigen. Ein Schmankerl am Rande: Hier wird auch ein Zweigelt nach Portwein-Art gekeltert.

Norbert Bauer

2053 Jetzelsdorf 180

Norbert Bauers Vater begann in dem Weingut, das bereits seit dem Jahr 1721 besteht, schon im Jahr 1960 als einer der Ersten in der Region mit der Flaschenfüllung. Bauer selbst darf man seit langem als fixe Rotwein-Größe im Pulkautal bezeichnen. Von rund 40 Hektar Rebfläche werden 70 Prozent Rotweine gekeltert, wobei Bauer neben einer breiten Palette, vom Zweigelt bis zum Cabernet Sauvignon, auch dem eher aus der Mode gekommenen Blauen Portugieser die Treue hält, dem er besondere Aufmerksamkeit schenkt. Die Weine zeigen eine kompakte Struktur und sind – insbesondere was die Reserven vom Zweigelt und die Top-Cuvée Schatzberg angeht – dankbar für eine längere Flaschenreifung.

Harald Breitenfelder

2074 Kleinriedenthal 3

Harald Breitenfelder ist einer jener jungen, ambitionierten Winzer, die drauf und dran sind, dem Weinviertel ein neues Gesicht zu geben: sorten- und regionstypische, modern vinifizierte Weine aus einem blitzsauberen Keller statt verstaubter Weinseligkeit und Nostalgie-

Stilistik. Aromatisch und mit fein ziseliertem Frucht-Säurespiel kommen die Grünen Veltliner und Rieslinge des Hauses daher, und die Roten, allen voran die Cuvée Maestro, zählen ebenfalls zu den Hoffnungsträgern der Region. Die vielen Auszeichnungen der vergangenen Jahre geben Breitenfelder für die Zukunft sicher noch zusätzlichen „Rückenwind".

Johann Diem

2223 Hohenruppersdorf
Obere Hauptstraße 28

Qualität ist im Weingut Diem keine „Erfindung" der jungen Generation. Schon Senior Johann Diem arbeitete kontinuierlich an einem „Brünnerstraßler", der diesen Namen mit Würde trägt, und heute keltert sein Sohn Ewald nicht nur ausgesprochen sorten- und regionstypische Grüne Veltliner, die viel Trinkvergnügen bieten, sondern auch samtig-vollmundige Rotweine, deren beste Vertreter, wie der Pinot noir „Exklusiv" und die „Cuvée Steinberg Exklusiv", in der absoluten Weinviertler Oberliga mitspielen.

Weinhof Edlinger

3743 Röschitz, Granitzstraße 15

Grüner Veltliner und Riesling sind die Highlights im Repertoire von Hannes Edlinger, der die Vorzüge des Röschitzer Terroirs – man findet hier sowohl reine Lössböden wie in der Top-Lage Galgenberg als auch Urgestein wie in der Steinleiten – durch richtige Zuordnung der Rebsorten zu nutzen versteht.

Fidesser

2051 Platt 39

Das Weingut Fidesser ist ein schönes Beispiel für einen Betrieb, in dem die ältere Generation die Grundlagen geschaffen und die

junge mit Pfiff und neuen Ideen auf dieser Basis aufgebaut hat. Schon 1991 baute man hier einen Frühroten Veltliner im Barrique aus und Norbert Fidesser setzt nach wie vor nicht nur auf – vorzügliche – Grüne Veltliner, sondern präsentiert ungewöhnliche Wein-Kost wie den teilweise in der Barrique ausgebauten Sauvignon blanc „Außerm Holz" oder den „Alten Turm", eine höchst unkonventionelle Marriage aus Chardonnay und Frührotem Veltliner, die sich als mächtige Granate präsentiert, dabei aber doch trinkanimierend bleibt.

Frank

2171 Herrnbaumgarten
Kellergasse 5 und 11

Das Weingut Frank zählt zu den wenigen Weinviertler Betrieben, die schon eine lange Tradition im Qualitätsweinbau und in der Flaschenabfüllung haben. Seit dem 17. Jahrhundert betreibt die Familie Weinbau in Herrnbaumgarten, und der Großvater von Junior-Chef Harald Frank begann bereits nach dem Zweiten Weltkrieg, mit dem eigenen Lastwagen Weine an Gastronomen auszuliefern, von denen manche noch heute Kunden des Hauses sind. Produziert werden Weiß- und Rotweine zu etwa gleichen Teilen, wobei die Grünen Veltliner, von der Top-Lage Johannesbergen vom Weinviertel DAC bis zur unglaublich mächtigen Reserve, zu den Highlights des Hauses zählen. Ebenfalls ein Zuckerl: der feinfruchtige, elegante Pinot noir von Pachtweingärten des Stiftes Schotten bei Maria Enzersdorf (Thermenregion).

Gschweicher

3743 Röschitz, Winzerstraße 29

Als Urgestein kann man das Winzerpaar Herta und Gerhard Gschweicher noch keineswegs bezeichnen –

bearbeitet wird dieses aber sehr wohl: Die Lage Reipersberg bietet beste Voraussetzungen für mineralisch-fruchtige Weine wie den Urgesteins-Riesling oder den Top-Veltliner „Primary-Rocks", der nur in Spitzenjahren gekeltert wird. Eher würzig-aromatische Weine wie der Weinviertel DAC-Kellerberg oder der Grüne Veltliner Galgenberg stammen von den Lösslagen des Betriebes.

Haindl-Erlacher

2120 Wolkersdorf
Johannesgasse 20

Erst im Jahr 2004 haben die ehemalige Österreichische Weinkönigin Romana und der aus der Steiermark stammende „Quereinsteiger" Walter Erlacher den Familienbetrieb in Wolkersdorf übernommen, doch die Ambitionen der beiden in Richtung Qualität tragen bereits wohlschmeckende Früchte. Der Grüne Veltliner und die Burgundersorten bilden den Schwerpunkt der Produktion von beachtlichen 16 Hektar Rebfläche: feinfruchtige, animierende Weine, die bestens als Visitenkarte eines Betriebes geeignet sind, von dem man in Zukunft sicher noch einiges hören (und trinken) wird.

Graf Hardegg

2062 Seefeld-Kadolz 1

Rund ein Jahrzehnt dauerte es, um aus einem großen, aber relativ unbekannten Weingut einen modernen Paradebetrieb zu machen, der heute nicht nur zu den führenden im Weinviertel, sondern auch zu den besten und interessantesten des Landes zählt. Das Führungsduo, Maximilian Hardegg und sein Freund und kongenialer Weingutsleiter Peter Veyder-Malberg, überraschte dabei immer wieder mit unkonventionellen und aufsehen-

Prächtiges Anwesen im nördlichsten Weinviertel: Schloss Hardegg in Seefeld-Kadolz
Foto: Herbert Lehmann

erregenden Ideen wie dem nach Portwein-Art aufgespriteten „Forticus", dem trendigen Szene-Wein „Veltlinsky", einem der ersten Syrahs des Weinviertels, dem ersten Viognier Österreichs und den stilprägenden Top-Rieslingen mit Restsüße. Ansonsten entwickelten sie aber vor allem die Qualität ihrer Weine auf breiter Basis weiter, sodass heute jeder Wein des Gutes, vom einfachen Grünen Veltliner bis zu den „Reserven vom Schloss", pures Trinkvergnügen auf qualitativ hohem Niveau bietet. Im Vordergrund stehen dabei Harmonie und Trinkfreude – und nicht das Erzielen monströser Alkoholwerte. Das Sortiment des Hauses wurde nach dem Vorbild der Châteaux in Bordeaux gestaltet: Die Basis bilden die „Gutsweine", dann kommt die Linie „Vom Schloss" und schließlich die „Reserven vom Schloss". „Die Weine sind Lagenverschnitte", so Peter Veyder-Malberg, „weil es uns nicht um Lagencharakteristika geht, die bei uns ohnehin nicht so ausgeprägt sind. Vielmehr verfolgen wir eine bestimmte Stilistik, von der wir sagen können: Das ist unser Stil – und die Reserven vom Schloss sind das Beste, das wir machen können!"

Hirtl

2170 Poysdorf, Brunngasse 72

Andrea und Martin Hirtl, die junge Generation in diesem seit 1729 bestehenden Poysdorfer Familienbetrieb, zählen zu den verlässlichen Qualitätsproduzenten in der alten Weinbaustadt. 20 Hektar Weingärten umfasst ihr Rebenreich, ein Drittel davon ist mit Grünem Veltliner bestockt, der typisch frisch und fruchtig, aber auch als besonders konzentrierte, jedoch deshalb nicht alkohollastige Novemberlese gekeltert wird. Sehr beachtlich sind auch die Rotweine des Betriebes, die mit ihrer samtigen Textur und ihrer vollen Frucht schon in der Jugend viel Trinkgenuss bereiten.

Ludwig Hofbauer

2074 Unterretzbach, Hauptstraße 1

Die Weinpalette ist hier breit angelegt – es sammelt sich eben einiges an in einem Betrieb, der bereits seit dem Jahr 1615 besteht und in dem Ludwig Hofbauers Vater Edwin schon im Jahr 1949 den ersten Wein in Flaschen gefüllt hat. Deshalb kann man hier nicht nur typisch pfeffrige Veltliner, sondern auch spannende „Exoten" wie einen duftigen Traminer, einen Eiswein vom Cabernet Sauvignon oder einen feinfruchtigen Pinot noir, der klassisch und in einer Barrique-Variante ausgebaut wird, verkosten.

Hofkellerei des Fürsten von Liechtenstein

2193 Wilfersdorf, Brünner Straße 8

Die Hofkellerei des Fürsten von Liechtenstein ist mit dem Gründungsjahr 1436 einer der traditionsreichsten Weinanbaubetriebe des Weinviertels. Heute bewirtschaftet man rund 42 Hektar Rebflächen mit der Hauptlage „Karlsberg" in Herrenbaumgarten. In den Aufbau dieser Domäne wurde sehr viel investiert, und nach eingehenden Untersuchungen von Böden und Klima setzte man hier – neben dem Grünen Veltliner – auch stark auf Rotweinsorten wie den Merlot und den Blauen Zweigelt, die heute etwa die Hälfte der Produktion ausmachen. Die besten Rotweine des Hauses, die unter der Bezeichnung „Clos Domaine" vermarktet werden, spiegeln mit ihrer animierenden Struktur den Charakter ihrer Herkunft wider, haben aber auch genügend Rückgrat für eine längere Flaschenreifezeit, in der sie ihren ganzen Fruchtcharme zum Erblühen bringen.

Hier gehts zum Chardonnay: Weingarten bei Haugsdorf

Weinkeller in der Schullerkellergasse in Enzersfeld: Was mag sich hinter diesem Tor verbergen?

Ipsmiller

2172 Schrattenberg, Hauptstraße 10

„Es braucht Erfahrung, Können und schöpferische Kraft, einen edlen Wein zu kreieren." So lautet das Motto der alteingesessenen Familie Ipsmiller, die über alle diese Eigenschaften zu verfügen scheint. Der Beweis dafür sind vor allem die Rotweine des Hauses, die mehr als zwei Drittel der Produktion ausmachen und eine gelungene Kombination von pannonischer Reife und Weinviertler Finesse darstellen.

Jauk

2162 Falkenstein 54

Leo Jauk ist inzwischen schon ein echtes Winzer-Urgestein im alten Weinort Falkenstein. Schon Anfang der 1990er Jahre zeigte er mit extraktreichen, langlebigen Weißburgundern und Grünen Veltlinern auf, später erwies er sich auch als Meister des kräftigen, gut strukturierten und trinkanimierenden Rotweins. Der Besuch in Jauks Heurigenschank mit einem Gewölbekeller aus dem 14. Jahrhundert kommt einer Zeitreise gleich – und auch die besten Weine des Hauses sind keine „schnellen Brüter", sondern verlangen ein wenig Reife und Aufmerksamkeit beim Kosten und Trinken.

Klein

2052 Pernersdorf 37

Was verbindet die Familie Klein in Pernersdorf mit der Familie Meinl in Wien? Alle Stammhalter tragen den Namen Julius – im Falle der Kleins seit dem Jahr 1788. Heute sind es drei Generationen, die in diesem gar nicht so kleinen, aber mustergültig geführten Betrieb nicht nur vorzügliche Grüne Veltliner wie die DAC aus verschiedenen Lagen, sondern auch einen verführerisch-duftigen

Gewürztraminer und feine Rotweine aus Zweigelt, St. Laurent und Cabernet Sauvignon keltern.

Lobner

2261 Mannersdorf an der March
Hauptraße 62

Mannersdorf an der March ist eine Weinwelt für sich: dem Weinviertel zugehörig, stark vom pannonischen Einfluss geprägt und durch die Nähe zur March prädestiniert für die Produktion von Süßweinen. Die eigentliche Besonderheit in Gerhard Lobners Sortiment sind daher nicht die – durchaus erstklassigen – trockenen Grünen Veltliner, Welschrieslinge und Rieslinge, sondern die eleganten „Prädikate" von der Spät- bis zur Trockenbeerenauslese, die vom Gewürztraminer ganz besonders gut gelingen. Ebenfalls bemerkenswert: die mächtigen Rotweine, die hier vom pannonischen Klima profitieren, und die Koproduktion „Friends" mit Michael Martin und Werner Hauser.

Malteser Ritterorden

2024 Mailberg, Schafflerhof 199

Im Jahr 1146 gründete der Malteser Ritterorden hier eine Kommende (eine wirtschaftliche, militärische, spirituelle und hospitalitäre Verwaltungseinheit – typisch ist die Einheit aus Kirche, Hospital und Wirtschaftsgebäude) und pflegte seither über Jahrhunderte den Weinbau. Seit 1969 bewirtschaftet das Haus Lenz Moser die 48 Hektar Weingärten in Top-Lagen rund um Mailberg. Neben typischen Sorten wie dem Grünen Veltliner, von dem heute ein Lagenwein (Ried Hundschupfen) gekeltert wird, wagte man sich damals auch an die Auspflanzung von Cabernet Sauvignon und Merlot. Aus diesen Sorten blendet Lenz-Moser-Kellermeister Ernest Grossauer die Cuvée „Kommende Mailberg" – einen der traditionsreichsten Rotweine des Landes und ein Musterbeispiel für einen trinkfreudigen und eleganten Wein, bei dem nicht üppiges Muskelspiel, sondern herrliche Beerenfrucht und feingliedrige Struktur im Vordergrund stehen.

Wahrzeichen der Region: die imposante Rochuskapelle in Mannersdorf an der March

Martinshof

2183 Neusiedl an der Zaya
Hauptstraße 28

Wiener Heurigengehern ist der „Martin-Sepp" in Grinzing seit langem ein Begriff, doch seit Michael Martin im Weinviertler Familienbetrieb für den Weinbau zuständig ist, entwickelt das „Stammhaus", der Martinshof in Neusiedl an der Zaya, zunehmend auch ein önophiles Eigenleben. Die Basis dafür bildet – wie nicht anders zu erwarten – der Grüne Veltliner, aus dem ein saftig-würziger Weinviertel-„DAC" entsteht, flankiert von Welschriesling, Weißburgunder und Chardonnay. Eher unverhofft begegnet man hier dagegen einem besonders burgundischen Pinot noir, dessen durchaus diesseitiger Fruchtcharme die etwas makabre Lagenbezeichnung „Galgenberg" elegant konterkariert. Ebenfalls bemerkenswert: die als Gemeinschaftsproduktion mit zwei anderen Winzern der Region gekelterten Weine der Linie „Friends" – zugängliche und animierende Tropfen von einigem Tiefgang –, mit denen man rasch Freundschaft geschlossen hat.

Minkowitsch

2261 Mannersdorf an der March
Kirchengasse 64

Der tief in den Rochusberg gegrabene Keller von Roland Minkowitsch zählte bereits zu den Pilgerstätten der ersten „Weinpfadfinder", als das südliche Weinviertel noch weitgehend önologisches Brachland war.

Vor allem die Prädikatsweine vom Gewürztraminer und Riesling waren es, mit denen sich Minkowitsch in der heimischen Weinszene einen Namen machte. Und sie machen mit ihrer eigenständigen Stilistik und ihrer – auch an Ort und Stelle jederzeit nachprüfbaren – Langlebigkeit nach wie vor die Besonderheit dieses traditionsreichen Weinguts aus. Dabei zeigen diese Weine nicht etwa platte Süße, sondern einen kompakten Körper und einen fein gesponnenen Geschmacksteppich aus Fruchtkomponenten, umspielt von animierender Säure. Wahres Trinkvergnügen also, und zwar sowohl für sich genossen also auch in Verbindung mit Delikatessen wie reifem Blauschimmelkäse oder Gänseleber.

Der Wein braucht Luft: Entlüftungskamin in der Großen Kellertrift von Haugsdorf

Pfaffl

2100 Stetten, Hauptstraße 24

Bekannt wurde Roman Pfaffl schon in den 1980er Jahren mit seinen für das Weinviertel so typischen pfeffrig-würzigen Veltlinern von Lagen wie Hundsleiten und Sandtal, die so sehr zu einem Markenzeichen wurden, dass viele bei besonders schöner Ausprägung des Veltliner-Aromas bald von einem „Pfaffl-Pfefferl" sprachen. Das Weinviertel hatte damals als Qualitätsweinbaugebiet kaum Konturen, und der Grüne Veltliner galt als billiger Massenwein. Pfaffls Weine waren eines der wenigen Lichter im Dunkeln, und dass sie doch sichtbar wurden, verdankte man unter anderem dem bekannten Heurigen „Laterndl-Pfaffl" in Korneuburg, der inzwischen nicht mehr von der Familie betrieben wird. In einer Zeit, als in vielen Wiener Restaurants noch der Kremser Schmitt den Qualitätshorizont absteckte, wurde hier schon echte Weinkultur gepflegt und die Gäste konnten sich durch eine Vertikale von zehn Veltliner-Jahrgängen kosten. Kontinuierlich bauten Roman und Adelheid Pfaffl ihren Betrieb zum führenden Weingut des Weinviertels aus. Heute bewirtschaften sie gemeinsam mit ihren Kindern 58 Hektar eigene Rebflächen und kaufen zusätzlich die Trauben weiterer 15 Hektar von langjährigen Vertragslieferanten zu. Im breitgestreuten Sortiment spielt nach wir vor der Veltliner eine sehr wichtige Rolle, doch ermöglicht die Vielfalt der bearbeiteten Terroirs ebenso rassig-steinobstfruchtige Rieslinge, mächtige Chardonnays und – last but not least – fruchtige bis hochelegante Rotweine vom Zweigelt über den Pinot noir bis zur Top-Cuvée „Heidrom", die immerhin rund ein Drittel der Produktion ausmachen. Die Pfaffls, die auch Weingärten in Wien und das Schlossweingut Bockfließ bewirtschaften, machen sich viele Gedanken über das Zusammenspiel von Böden, Klima und Sorten – und keltern Weine, die dem Terroirgedanken stets innig verbunden sind.

Pleil

2120 Wolkersdorf, Adlergasse 32

Nachdem Vater Josef als Präsident des österreichischen Weinbauverbandes sozusagen die Gesamtverantwortung für den heimischen Weinbau trägt, muss auch Junior Christian, der den Familienbetrieb in Wolkersdorf führt, mit seinen Weinen eine gewisse Vorbildfunktion erfüllen. Besonders gut gelingt dies mit dem typischsten der Weinviertler Weine, dem Grünen Veltliner, der hier in einer pfeffrig-würzigen, animierenden Stilistik ausgebaut wird. Ebenfalls spannend: Der Riesling, von dem es in geeigneten Jahren auch feine, liebliche Auslesen gibt.

Der Pollerhof

3743 Röschitz, Winzerstraße 48

Erwin Poller pflegt in seinem Weingut ein regelrechtes Sammelsurium von Rebsorten. Dass hier rassige Grüne Veltliner bis hin zum wuchtigen Großkaliber „Extrem" gekeltert werden, verwundert sicher weniger als Erwin Pollers Stärke im Rotweinbereich, wo mit barrique-gereiftem Zweigelt und der Cuvée Churchill zwei der besten Roten der Region am Programm stehen. Außerdem findet man hier einen Traminer, der meist mit etwas Restzucker ausgebaut wird, Gelben Muskateller, Sauvignon Blanc, Syrah, Gamay ...

Prechtl

2051 Zellerndorf 12

Seit 70 Jahren werden in diesem traditionsreichen Weingut bereits Veltliner-Kloner selektioniert. Man kann also davon ausgehen, dass die rund 50 Prozent der Gesamtrebfläche, auf der Franz und Petra Prechtl ihre Paradesorte nach ökologischen Prinzipien kultivieren, nur mit bestem Material bestockt sind. Eine Annahme, die bei der Verkostung der würzig-aromatischen Weine sehr wohl bestätigt wird. Saftig-kraftvolle Veltliner bis hin zum Top-Wein „Leitstall", bei denen das Trinkvergnügen stets im Vordergrund steht.

Pröll

3710 Radlbrunn 48

Radlbrunn ist nicht nur ein guter Boden für Politiker wie Andreas Prölls Onkel, den niederösterreichischen Landeshauptmann Erwin Pröll, oder seinen Bruder, den Landwirtschaftsminister Josef Pröll, sondern auch für würzig-aromatische Weißweine wie den Grünen Veltliner, den Riesling oder den Weißburgunder. Pröll setzt dabei auf Sorten- und Regionstypizität sowie animierendes Trinkvergnügen – Weine, die wie Granaten am Gaumen einschlagen, sind seine Sache nicht. In den vergangenen Jahren wurde im Betrieb kontinuierlich in die Modernisierung und Qualitätsverbesserung investiert, was den Weinen schmeckbar gut getan hat – ein aufstrebender Betrieb, von dem man sich für die Zukunft noch einiges erwarten darf.

Riegelhofer

2170 Poysdorf
Hindenburgstraße 10

„Weine, die einfach Schwung haben", will das junge, ambitionierte Winzerpaar Max Riegelhofer und Susanne Bernartz keltern. 20 Hektar eigene Rebflächen, in denen bis zu 40 Jahre alte Stöcke stehen, bilden dafür eine gute Grundlage. Ein blitzsauberer, modernst ausgestatteter Keller ist das Werkzeug für die Umsetzung. Als Ergebnis präsentieren die beiden ein durchaus überschaubares Angebot, in dem der Grüne Veltliner naturgemäß die Hauptattraktion darstellt. Und das sowohl als frisch-fröhlicher „Max" wie auch als klassischer Weinviertel DAC sowie in Form der „Alten Reben", die einen mächtigen, aber gleichwohl trinklustigen Wein hervorbringen.

Schöfmann

2054 Haugsdorf, Kellerstraße 17

Obwohl hier tolle Rotweine gekeltert werden, ist das Weingut von Anton Schöfmann nach wie vor eher ein Geheimtipp. Das mag daran liegen, dass ein guter Teil seiner „heißen Ware" ins ferne Vorarlberg exportiert wird, wo sich nicht nur der wichtigste Absatzmarkt für Schöfmann-Weine, sondern auch jener Architekt befindet, der den Schöfmanns soeben einen funkelnagelneuen Weinkeller samt extravagantem Verkostungsraum gebaut hat. Man hat sich damit aus der „Umklammerung“ des Presshauses in der wunderschönen Haugsdorfer „Kellertrift“ befreit und optimale Arbeitsbedingungen geschaffen. „Wir haben diesen Schritt lange im Familienrat diskutiert“, erklärt der Juniorchef – „aber es ging einfach nicht mehr.“ Den Weinen des Hauses merkt man die Mühsal ihrer Herstellung jedenfalls nicht an. Der trinkfreudige „Haugsdorfer Zweigelt“, der feinfruchtige Pinot noir und die moderne Cuvée „Aconit“ präsentieren sich als animierende, von viel Frucht und einer pikanten Säure geprägte Weine. Und die in Fässern aus Weinviertler Eiche ausgebaute „Hutberg Reserve“ bereitet trotz ihrer wuchtigen Statur großes Trinkvergnügen. Pulkautal vom Feinsten!

Praktisch: Tisch und Bänke sind hier einfach ausklappbar …

Schuckert

2170 Poysdorf
Wilhelmsdorferstraße 40

Man nehme … So ungefähr kann man sich das vorstellen, wenn Rainer Schuckert im Keller seine Weine aus jenen Chargen cuvétiert, die aus mehr als 30 Einzelparzellen in besten Lagen rund um Poysdorf stammen. Dabei entsteht zunächst einmal eine erkleckliche Anzahl von Grünen Veltlinern. Verschiedene DACs aus der Abteilung „reine Trinkfreude“ werden dabei vom Giganten aus der „Novemberlese“ noch übertroffen: Ein Wein zum Aufheben, Dekantieren oder – einfach nur genießen. Doch die Schuckerts haben noch mehr zu bieten: Etwa einen Riesling vom Steinberg, der seiner Herkunft mit einer feinen Steinobstnote alle Ehre macht, oder den in der Barrique ausgebauten Chardonnay „Exklusiv“, eine Mischung aus Biskuit, Buttertoast und Zitrusaromen, die dem Kellermeister ein hervorragendes Zeugnis ausstellt. Selbst bei den Roten sind die Schuckerts stark und schaffen es sogar, der eher schwierigen Sorte Caber-net Sauvignon den überzeugenden „Maximus“ abzuringen.

Schulz

2181 Dobermannsdorf
Hauptstraße 69

Das Weingut Schulz in Dobermannsdorf, nahe der March und der slowakischen Grenze, gehört zu den aufstrebenden Betrieben im östlichen Weinviertel. Nach dem Motto „Klasse statt Masse“ surft der junge Werner Schulz, der das seit 1686 bestehende Weingut im Jahr 2002 übernommen hat, nicht nur flott auf der „DAC-Welle“, sondern lotet auch das Rotweinpotenzial der Region – etwa mit dem jüngsten „Kind“ des Hauses, einem saftig-dunkelbeerigen, reinsortigen Merlot – erfolgreich aus.

Schwarzböck

2102 Hagenbrunn, Hauptstraße 58

Betritt man den schmucken Verkostungsraum des Weinguts an der Hauptstraße von Hagenbrunn, so weiß man eigentlich schon alles über diesen Betrieb und seine Weine: sauber, modern, offen und aufgeräumt. Zu verdanken ist das nicht zuletzt dem perfekten Zusammenspiel von Rudolf und Anita Schwarzböck, die den Betrieb in den vergangenen Jahren kontinuierlich erweitert und als eines der führenden Weingüter im südlichen Weinviertel positioniert haben. Anita sorgt dabei für einen perfekten Auftritt nach außen – bis hin zur originellen Flaschenausstattung –, das Marketing und den Verkauf, während Rudolf die Facetten des Terroirs rund um Hagenbrunn sowie der ebenfalls bewirtschafteten Weingärten in Falkenstein auslotet. Grüne Veltliner und Rieslinge geraten hier nie breit, dafür rassig und fruchtbetont, der Grauburgunder fühlt sich mit leichtem Barrique-Schliff besonders wohl und die Qualität der stoffigen, aber gleichwohl trinkanimierenden Rotweine, allen voran der Zweigelt Reserve, vermag immer wieder zu überraschen.

Setzer
3472 Hohenwarth 28

Hans und Ulrike Setzer setzen schon lange auf Qualität und toppten ihre Bestrebungen mit dem spektakulären Spitzenveltliner „8000". Doch man muss bei diesem Musterbetrieb, in dem Holzfässer eher die Ausnahme als die Regel bilden, gar nicht in die tiefste Lade greifen, wenn es ums Trinkvergnügen geht: Schon der leichte „Jausenwein" mit dem bezeichnenden Namen „Vesper" ist eine Einladung zum unbeschwerten Zechen, und die verschiedenen Weinviertel DACs dürfen durchaus als Prototypen dieser Idee gelten. Ein besonderes Schmankerl ist der famose Rote Veltliner aus der Lage Kreimelberg: Die Trauben von fast 40 Jahre alten Rebstöcken werden meist erst im November gelesen und ergeben einen vielschichtigen, großartig aromatischen Wein, der sich – wie wohl alle sehr guten Weine – dennoch absolut unkompliziert trinken lässt. Nicht unerwähnt bleiben soll in dieser Aufzählung Hans Setzers Winzersekt, dessen Charakter stellvertretend für den Stil des Hauses steht: fruchtig, präzise und transparent.

Späth
2143 Großkrut, Poysdorferstraße 40

Die Eltern des jungen Benjamin Späth, der nach dem Abschluss der Weinbauschule Klosterneuburg im Jahr 2005 die Leitung des Familienbetriebes übernommen hat, kamen durch ihre Weinleidenschaft zum Weinbau und begannen im Jahr 1991, in einem idyllisch gelegenen, alten Keller bei Großkrut eigene Weine zu keltern. Heute bewirtschaftet man rund acht Hektar eigene Weingärten mit einem beachtlich hohen Rotweinanteil von rund 30 Prozent. Die Sortenvielfalt im Hause Späth ist groß und spiegelt das breit gefächerte Weininteresse der Familie wider: Da fehlen weder Chardonnay noch Sauvignon blanc , Merlot, Pinot noir oder St. Laurent, wobei die Paradesorte dennoch der Grüne Veltliner bleibt, der hier in einer feinfruchtigen, dem Trinkvergnügen besonders zuträglichen Stilistik ausgebaut wird.

Winzerhof Stift
3743 Röschitz, Lange Zeile 6

Der Winzerhof Stift trägt diese Bezeichnung mit Würde und erinnert mit seinen weiß getünchten Arkaden und seinem üppigen Pflanzenschmuck an Gehöfte in südlicheren Gefilden. Die regelmäßig abgehaltenen Jazz-Abende sind auch für Stift-Novizen eine gute Gelegenheit, diesen schönen Platz und die Weine des Stiftes kennenzulernen. Franz Stift hat sich als Spezialist für den Grünen Veltliner profiliert, nutzt aber die Möglichkeiten des Röschitzer Terroirs – hier findet man sowohl Urgesteins- als auch Lössböden – auch für fruchtig-mineralische Weine wie den duftigen Gelben Muskateller oder den Sauvignon blanc.

Studeny
2073 Obermarkersdorf 174

Der junge Weinakademiker mit Erfahrung in diversen Top-Weinbaugebieten der Welt zwischen Elsass und Napa-Valley ist einer der – leider viel zu wenigen – Hoffnungsträger im Retzerland. Dabei gelingt es ihm sehr gut, das spezielle Terroir an den Ausläufern des Manhartsberges in Form von fruchtig-mineralischen, fein strukturierten Weinen wie dem aromatischen Grünen Veltliner, einem saftig-sortentypischen Sauvignon blanc oder dem klassischen Riesling in die Flasche zu bringen. Und mit seinen im Eichenholzfass gereiften Rotweinen beweist Studeny, dass Retz zurecht als „Rotweininsel" im Weinviertel bezeichnet wird.

Taubenschuss

2170 Poysdorf, Körnergasse 2

Das Weingut Taubenschuss ist einer der Pionierbetriebe im Weinviertel. Schon im Jahr 1942 begann man hier mit der Flaschenfüllung, und seit dem Kellerneubau mit einer gigantischen „Tunnelröhre" aus gebrannten Ziegeln scheint in dem traditionsreichen Haus auch neuer Schwung eingekehrt zu sein. Der Grüne Veltliner „MX" von fast 50-jährigen Rebstöcken aus der Ried Maxendorfzählt mit seiner von Steinobst inspirierten, intensiven Aromatik und seiner komplexen Struktur sicher zum Feinsten, das man im Weinviertel finden kann. Doch auch die anderen Weine wie der Weinviertel DAC von der Lage Tenn oder die feinen Weißburgunder zeigen, dass Helmut Taubenschuss sein Handwerk wirklich versteht.

Toifl

2074 Kleinhöflein

Lange Zeit war Herbert Toifl für die Geschicke des Stiftsweinguts Klosterneuburg verantwortlich, jetzt kümmert er sich um das Weingut des Stiftes Admont in Slowenien. Im eigenen Familienbetrieb in Kleinhöflein ist bereits sein Sohn, Herbert Junior, für die Kellerwirtschaft verantwortlich. Saftig-aromatische Grüne Veltliner, Weißburgunder und Rieslinge werden durch ein beachtliches Rotweinangebot ergänzt: Pinot noir, St. Laurent und Zweigelt profitieren vom trockenheißen Klima der Region und erbringen fein strukturierte, fruchtbetonte Weine, die viel Trinkspaß bereiten.

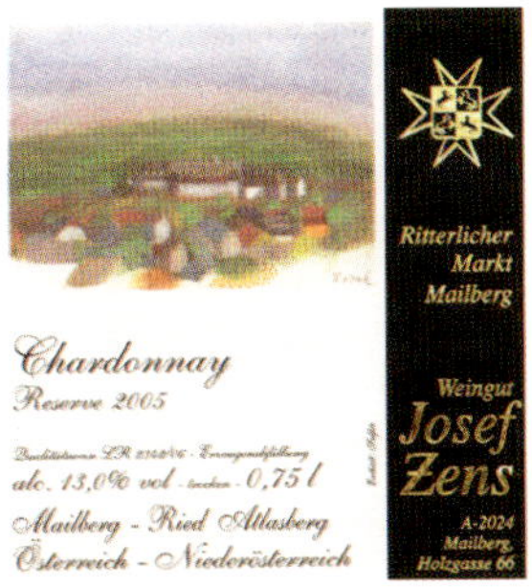

Weinrieder

2170 Kleinhadersdorf
Untere Ortsstraße 44

Fritz Rieder ist der „Alois Kracher des Weinviertels". Schon früh hat er erkannt, dass man hier etwas Außergewöhnliches machen muss, um überregionale Aufmerksamkeit zu erregen. Mit seinen Süßweinen – vom Eis- über den Strohwein bis zur Trockenbeerenauslese –, die sich vor allem durch ihre Frische und ihr feines Säurespiel auszeichnen, ist ihm das auch gelungen, wie zahlreiche nationale und internationale Auszeichnungen beweisen. Über diese Renommierweine hinaus findet man in Rieders Sortiment aber auch nusstrockene Grüne Veltliner wie den großen Klassiker vom Schneiderberg oder die „Alten Reben", sowie Weißburgunder oder Rieslinge, die zeigen, dass Rieder es nicht nur versteht, auf der „süßen Welle" zu reiten.

Zens

2024 Mailberg, Holzgasse 66

Josef Zens ist ein Weinbau-Traditionalist im besten Sinne, der sich ganz auf die Produktion von Weißwein konzentriert. Zuckerlfruchtige, von überlauten Hefen geprägte Veltliner sind seine Sache nicht. Vielmehr versucht er die Eigenart des Mailberger Terroirs in seinen Weinen, die je nach Ausprägung teilweise im großen Holzfass ausgebaut werden, klar herauszuarbeiten. „Der Mailberger Veltliner hatte immer eine interessante, eigenständige Note", findet Zens, „und wir wollen das beibehalten." Tatsächlich zeigen gerade seine reifen Grünen Veltliner, wie jene von der Spitzenlage „Hundschupfen", eine tabakig-würzige Aromatik, eine erstaunliche Vielschichtigkeit und ein hervorragendes Alterungspotenzial, wie so manche „Wein-Antiquität", die noch im Zens'schen Naturkeller ruht, beweist. Mustergültig präsentieren sich auch die klassisch ausgebaute, exotisch-fruchtige Chardonnay Reserve und der Riesling: eine Reserve von 40-jährigen Rebstöcken aus der Ried Altenpoint, die mit ihrer Abgeklärtheit und ihrer tabakig-mineralischen Note an die großen Gewächse von Emmerich Knoll in Loiben erinnert.

Herbert Zillinger

2251 Ebenthal, Hauptstraße 17

Herbert Zillinger gehört zu jener jungen, aufstrebenden Winzergeneration, die dem Weinviertel ein neues Gesicht gibt: flotter Auftritt nach außen, absolute Sauberkeit und Professionalität im Keller und eine trotz seiner Jugend gewisse lässige Abgeklärtheit, die eine Abkehr vom „Wein-machen" und eine Hinwendung zum „Wein-werdenlassen" mit sich bringt. Mustergültige, knackig-pfeffrige Grüne Veltliner sind naturgemäß die wesentlichen Protagonisten in Zillingers Wein-Show, doch auch ausgerissene Charaktere wie der blütenduftige Traminer von der Lage „In Haiden" bekommen hier ihren Auftritt.

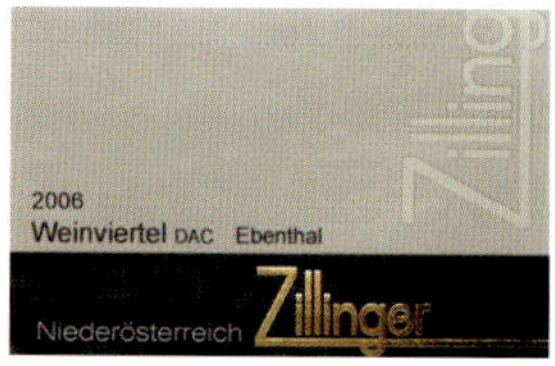

Bioweingut Johannes Zillinger

2245 Velm-Götzendorf
Landstraße 70

Bereits im Jahr 1987 beschlossen Johann und Christine Zillinger das Weingut auf biologisch-organischen Anbau umzustellen und so gleichsam zu den Wurzeln des bereits 1673 gegründeten Betriebes zurückzukehren. Heute ist die junge Generation mit Andrea, Eva und Johannes Zillinger gemeinsam mit den Eltern am Werk, und man produziert auf 15 Hektar Rebfläche rund 50 Prozent Rotweine. Das ist ebenso ungewöhnlich wie die biologisch-organische Bewirtschaftung, doch der Erfolg, der sich nicht zuletzt in zahlreichen nationalen und internationalen Auszeichnungen dokumentiert, gibt den Zillingers recht. Das Weinsortiment ist sehr breit angelegt und reicht von lustigfruchtigen Grünen Veltlinern und Rieslingen bis zur dunkelfruchtigschokoladigen Top-Rotweincuvée mit dem verheißungsvollen Namen „Passione".

Zull

2073 Schrattenthal 9

Das Weingut Zull ist seit vielen Jahren eine fixe Größe in der heimischen Weinlandschaft. Nach Steinobst duftende, mineralische Rieslinge von der kargen, mit Granitgestein unterfütterten Lage Innere Bergen und die Top-Rotweincuvée „Exklusive" wurden zu Markenzeichen des Hauses. Inzwischen ist Junior Phillip Zull für die Kellerwirtschaft verantwortlich und man befindet sich in einer Phase der Neu-Orientierung. Obwohl der beerenfruchtige Pinot noir der gehätschelte neue „Star" im Sortiment ist und das Rotwein-Flaggschiff als „Cuvée Schrattenthal" seine Wiederauferstehung feiert, geht die Reise insgesamt eher in Richtung Weißwein und hier vor allem zum klassischen Grünen Veltliner. Darüber hinaus finden aber auch Exoten wie eine saftig-fruchtige, mit schillerndem Süße-Säure-Spiel brillierende Auslese vom Riesling Platz im Sortiment.

Zuschmann
2223 Martinsdorf, Winzerstraße 52

Dass man bei den in ungewöhnlich lustige Flaschen verpackten Weinen von Else Zuschmann-Schöfmann und Peter Schöfmann gleich ans Essen denkt, ist sicher kein Zufall. Denn der Heurige des sympathischen Jungwinzer-Paars ist für seine kulinarischen Köstlichkeiten bekannt, und da braucht man natürlich kongeniale Speisenbegleiter, die sich in Form von würzigen Grünen Veltlinern und feinen, von einer animierenden Säure geprägten Rieslingen leicht finden lassen. Und auch die Top-Rotweincuvée namens „Zerberus" ist mit ihrer üppigen, einladenden Frucht und ihrer fein ziselierten Gerbstoffstruktur eher ein Türöffner zum Weinparadies der beiden als ein abschreckender Torwächter.

Schattiger Rastplatz in der Kellergasse von Pillichsdorf

Weinviertel DAC

DAC steht für *Districtus Austriae Controllatus*, was übersetzt so viel heißt wie „kontrollierte österreichische Herkunftsbezeichnung". Mit DAC werden seit März 2003 geprüfte, regionaltypische Qualitätsweine aus Österreich bezeichnet. Zu erkennen sind Weinviertel-DAC-Bouteillen an der einheitlichen Kapsel, auf der das Weinviertel schematisch abgebildet ist. Unterscheiden dürfen sie sich allein in der Farbe und im Material.

Der Weinviertel DAC ist ein gebietstypischer Grüner Veltliner, der an seiner hell- bis grüngelben Farbe und seinem pfeffrig-würzigen, feinfruchtigen Geschmack zu erkennen ist. Er muss trocken mit max. 6g/l Restzucker ausgebaut sein und darf weder einen Holz- noch Botrytiston aufweisen. Der Alkoholgehalt muss mindestens 12 vol.-% betragen. Die Weine müssen den gesetzlichen Vorschriften für Qualitätswein entsprechen und werden darüber hinaus einer strengen Verkostung unterzogen, bei welcher der typische Gebiets- und Sortencharakter, das sogenannte „Pfefferl", eingefordert wird.

Das Weinviertel stellt Österreichs größte Weinrebfläche, wobei der Grüne Veltliner mit einem Anteil von über 8.000 ha – mehr als 50% der Anbaufläche – DER gebietstypische Wein ist. In den letzten Jahren erfuhr der Grüne Veltliner auch international besonders viel Aufmerksamkeit und der würzig-fruchtige Weißweinstil reüssiert derzeit auf vielen Märkten. Somit war klar, dass der Grüne Veltliner aus dem Weinviertel mit seinem markanten „Pfefferl" der erste DAC-Wein Österreichs werden sollte.

Thermen

Die Heimat von Zierfandler und Rotgipfler ist ein Weinbaugebiet mit einer großen Vergangenheit, einer schwierigen Gegenwart und einer hoffnungsvollen Zukunft.

r e g i o n

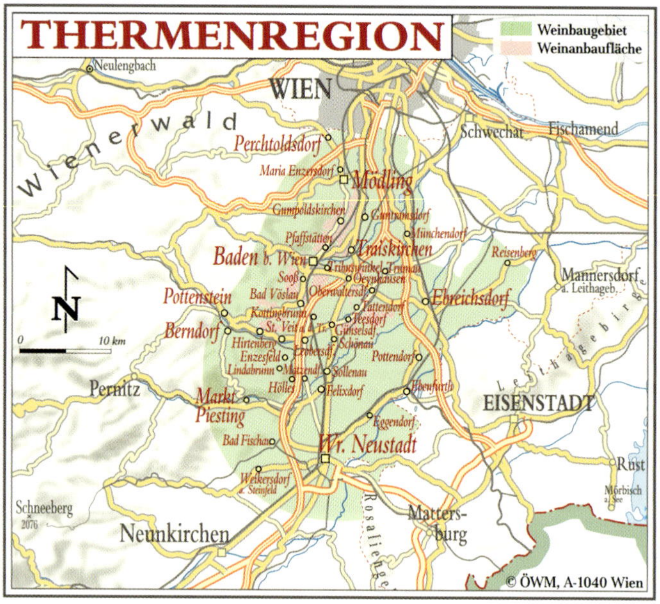

Die THERMENREGION auf einen Blick:

Rebfläche: **2.492 Hektar**
Anteil an der Gesamtrebfläche Österreichs: **4,8 Prozent**
Wichtigste Rebsorten: **Blauer Portugieser: 377 ha**
Neuburger: 345 ha, Zweigelt: 254 ha
Böden: **Schwere Böden, hoher Kalkgehalt**

Wenn man über den Weinbau der Thermenregion schreibt, muss man eigentlich beim Wasser beginnen. Denn Wein und Wasser sind hier – abgesehen von der banalen Tatsache, dass der Wein großteils aus Wasser besteht und die Reben nur bei ausreichender Wasserversorgung Früchte tragen – noch auf andere Weise miteinander verbunden. Einerseits sind es die warmen Quellen und die damit zusammenhängenden Kureinrichtungen entlang der Thermenlinie, wie jene von Baden und Bad Vöslau, die der Gegend nicht nur ein ganz besonderes, heiter-mediterranes Flair verleihen, sondern dem Weinbaugebiet auch seinen Namen geben. Andererseits spielt jenes Urmeer eine entscheidende Rolle für den Weinbau, das einst an die östlichen Ausläufer der Alpen brandete und auf dessen ehemaligem Küstenstreifen die Rebstöcke heute die besten Bodenverhältnisse vorfinden. Diese schweren, durch Verwitterung von Kalkstein entstandenen Braunerdeböden in Verbindung mit der geschützten Lage und einem dadurch entstehenden trockenen und warmen Kleinklima machen die Besonderheit der Thermenregion aus. Gegen Norden durch den Eichkogel und gegen Westen durch den Höhenzug des Anningers und die daran anschließenden Wienerwaldhöhen vor kühlen Winden und Niederschlägen geschützt, öffnet sich das Gebiet gegen Osten und Süden und profitiert von einer optimalen Sonneneinstrahlung und dem Einfluss des pannonischen Klimas. Ein Umstand, der nicht nur den Weintrauben zugute kommt: Die Schönheit der Landschaft und das milde Klima erfreuen auch die Besucher der Gegend – egal, ob sie nun zur Kur hier sind oder um den Wein zu genießen.

Burgund in Niederösterreich

Das Weinbaugebiet im Süden Wiens erstreckt sich von Perchtoldsdorf über Mödling, Gumpoldskirchen, Guntramsdorf, Traiskirchen, Pfaffstätten, Baden und Sooß bis nach Bad Vöslau und schließt außerdem die Gemeinden des so genannten Steinfeldes, Tattendorf, Teesdorf und Oberwaltersdorf, mit ein. Durch den landschaftlich schönsten Abschnitt führt vom Eichkogel bei Mödling über den alten Weinort Gumpoldskirchen bis nach Pfaffstätten eine idyllische Weinstraße – mitten durch die Weingärten. Dieser Bereich wird immer wieder mit der Côte d'Or im Burgund verglichen – und das kommt nicht von ungefähr: Über die land-

Der Anninger schützt die Weingärten von Gumpoldskirchen vor kühlen Westwinden und Niederschlägen.

schaftliche Ähnlichkeit und die Hangausrichtung der Weingärten hinaus sind es die kalkreichen Böden, die hier wie dort vor allem den Burgundersorten sehr gute Voraussetzungen bieten. Und schließlich gibt es auch einen historischen Konnex: Waren es doch Zisterziensermönche aus dem Burgund, die im Jahr 1134 mit dem Bau des Stiftes Heiligenkreuz begannen und im Jahr 1141 nach dem Vorbild von Clos de Vougeot, dem Weingut ihres Mutterklosters Citeaux, das Freigut Thallern bei Gumpoldskirchen errichtet hatten. Zweifellos brachten diese Mönche nicht nur großes Wissen über den Weinbau, sondern auch Rebsorten wie den Grauen Burgunder, der später auch „Grauer Mönch" genannt wurde, in ihre neue Heimat mit.

Die offizielle Bezeichnung „Thermenregion" erhielt das Gebiet mit der Weingesetznovelle von 1985. Im Volksmund wird es in Anlehnung an den Bau der Südbahn im 19. Jahrhundert aber nach wie vor auch „Südbahn" genannt. Ursprünglich trug das Weinbaugebiet den Namen der Kurstadt Baden, ehe man sich im Jahr 1976 dazu entschloss, es in die Regionen „Bad Vöslau" und „Gumpoldskirchen" zu teilen. Damit wollte man die gängi-ge Praxis legalisieren, dass Weine aus der Region um Gumpoldskirchen als „Gumpoldskirchner" verkauft wurden.

Ein eher fragwürdiges Motiv, allerdings war die Nomenklatur glücklicher gewählt als die heutige, denn tatsächlich gibt es zwischen den beiden Gebieten deutliche Unterschiede, wobei man der Region am ehesten gerecht wird, wenn man von drei wesentlichen Bereichen spricht. Das Gebiet von Gumpoldskirchen bis Pfaffstätten, auf dessen Hanglagen größtenteils Weißweine, allen voran die regionstypischen Spezialitäten Zierfandler und Rotgipfler gedeihen. Das Gebiet von Sooß, Baden und Bad Vöslau mit ähnlichen klimatischen Voraussetzungen, aber etwas leichteren Böden, das Rotweine begünstigt. Und das Steinfeld rund um Tattendorf, in dem ebenfalls vor allem Rotwein wächst, der aber durch die tiefgründigen Schotterböden einen ganz anderen Charakter aufweist als jener von Sooß und Bad Vöslau.

Späte Lese in Gießhübl bei Perchtoldsdorf – wer Geduld hat, darf sich über feine Prädikatsweine freuen.

Gumpoldskirchen – Glanz und Elend

Berühmt wurde die Region zunächst durch den Riesling, der vor allem als Prädikatswein bereits im 19. Jahrhundert in viele Teile der Welt exportiert wurde und internationale Verkostungserfolge errungen hat. Hinter dem klassischen „Gumpoldskirchner", der noch bis in die 70er Jahre des vergangenen Jahrhunderts im In- und Ausland beliebt war, standen die Rebsorten Zierfandler, auch Spätrot genannt, und Rotgipfler, die meist als Cuvée mit der Bezeichnung Spätrot-Rotgipfler ausgebaut wurden, sowie der Neuburger, der hier nach wie vor von großer Bedeutung ist. Wichtiger als die Rebsorten war aber der Charakter dieser Weine: Sie waren reif und kraftvoll, teilweise als Spätauslesen und Auslesen mit natürlicher Restsüße ausgebaut und mit einer präsenten, aber reifen Säure unterlegt. Genau jene Stärken, die man auch heute noch bei den besten Weinen der Region findet.

Möglich wurde der internationale Erfolg des Gumpoldskirchners nicht zuletzt durch die Leitbetriebe, die sich im Besitz der Klöster und Stifte befanden, wie das Freigut Thallern, das Weingut des Deutschen Ritterordens oder der Melkerhof. Über ihre Ordensbrüder hatten die Mönche Kontakte und Vertriebskanäle in ganz Europa, und mit Hilfe dieses weit gespannten Netzwerks gelangten Gumpoldskirchner Weine bis an den Hof des russischen Zaren in Sankt Petersburg. In Österreich selbst genossen sie gleichfalls ein hohes Ansehen und zählten zu den besten und teuersten Weißweinen des Landes.

Der fulminante Erfolg des Gumpoldskirchners hatte aber auch seine Schattenseiten. So wurden nicht nur Weine aus der gesamten Region unter dieser Bezeichnung verkauft, sondern bis in die 70er Jahre auch regelrechte Fälschungen mit Billigstweinen aus osteuropäischen Ländern, die weder Gumpoldskirchen noch Österreich je gesehen hatten, auf den internationalen Markt geworfen. Der österreichische Weinhandel war an diesen

Der damalige Wiener Bürgermeister ließ den Gumpoldskirchner Lueger-Keller im Jahr 1905 als Dependance des Wiener Rathauskellers errichten; heute wird er vom Weingut Gebeshuber genutzt. Foto: www.bouchal.com

Praktiken sehr wohl beteiligt – wie der Weinskandal von 1985 drastisch aufzeigen sollte. Solche Manipulationen, aber auch strukturelle Probleme in der Region zerstörten schließlich den einstmaligen Ruf des Gumpoldskirchners, und der Export kam praktisch zum Erliegen. Dazu trug auch ein gewisser Hochmut vieler Produzenten bei, die sich im Ruhm des Erfolges sonnten, aber den eigentlichen Bezug zu ihrem Produkt verloren hatten. So sagte man den großen Gumpoldskirchner Winzern nach, sie arbeiteten niemals selbst – sondern ließen vielmehr arbeiten.

Dabei versuchten die Winzer des Ortes immer wieder, dem Verfall entgegenzusteuern. So wurde bereits im Jahr 1958 ein „Weinwerbungs- und Markenschutzverband" gegründet, dessen Mitglieder ihre Weine nach einer kommissionellen Verkostung mit dem „Königswein"-Etikett ausstatten durften. Damit und mit der Bezeichnung „Original Gummpoldskirchner" versuchte man sich vor Fälschungen zu schützen und die Herkunft der Weine zu garantieren. Heute wird dieses Etikett von einigen Produzenten in neuer Gestaltung zwar weiter verwendet, es hat aber seine ursprüngliche Bedeutung weitgehend verloren, da die Garantie der Herkunft ja durch die allgemeinen Prüfsysteme ohnehin gewährleistet ist. Das allein bringt freilich die verlorengegangene Reputation des Gumpoldskirchner Weines nicht zurück – da fehlt es vor allem an der Ambition der Beteiligten. Viele Weinhauer betreiben einen Buschenschank, der ihre Existenz sichert, und engagieren sich nicht sonderlich für die Steigerung ihrer Weinqualität. Es sind daher nur eine Handvoll Winzer, die es mit der Qualität wirklich ernst nehmen und mit ihren Weinen beweisen, was für ein großes Potenzial dieses Terroir in sich birgt.

Highlights sind dabei nach wie vor die Sorten Zierfandler und Rotgipfler, die weltweit fast nur in der Thermenregion angebaut werden und ihre Qualitäten vom leichten und trockenen Wein über die klassischen, hochreifen Auslesen bis hin zu den raren Hochprädikaten mit ihrem feinen Süße-Säure-Spiel zeigen. Von der Stilistik her eher würzig-aromatisch als fruchtig, sind sie universell einsetzbare Speisenbegleiter. Die kräftigeren Vertreter erweisen sich zudem als sehr lagerfähig und zeigen auch – oder gerade – nach vielen Jahren im Keller einen besonderen Facettenreichtum. Flächenmäßig ist der Neuburger die wichtigste Rebsorte in der Thermenregion. Er bringt milde, aromatische und angenehme Weine, die allerdings derzeit nicht im Trend liegen. Ihm folgen der Pinot blanc und der Grüne Veltliner, dann kommt in der Statistik der Rotgipfler und schließlich der Riesling, der hier eine lange Tradtition hat und eine feinwürzige Steinobstnote entwickeln kann. Die Gumpoldskirchner Lagen sind darüber hinaus durch den hohen Kalkgehalt der Böden für die Burgundersorten Chardonnay und Pinot noir prädestiniert, wie einige hervorragende Beispiele zeigen.

Sooß & Vöslau: der Rotwein im Süden

Die Weine aus Bad Vöslau brachten es ebenfalls bereits im 19. Jahrhundert zu internationalem Ruhm – allerdings die Roten. Die Voraussetzungen waren und sind mit etwas leichteren Böden – Braunerde und sandiger Löss mit vielen Kalksteinen auf schottrigem Unterboden – sowie dem pannonischen Klimaeinfluss hervorragend. Das erkannten schon die Freiherrn von Fries, die hier im Jahr 1772 den Blauen Portugieser heimisch machten, der bis heute in der Thermenregion die meist verbreitete Rebsorte geblieben ist. Angeblich stammten diese Reben aus Portugal, was aber bezweifelt werden darf, denn dort ist die Sorte nicht bekannt. Zu internationaler Geltung gelangte der „Vöslauer" durch Robert Schlumberger, der im Jahr 1845 in Bad Vöslau damit begann, Sekt nach der traditionellen „Méthode Champenoise" zu produzieren sowie Rotwein im großen Stil zu keltern. Er pflanzte die internationalen Rebsorten Cabernet Sauvignon und Merlot aus und war sowohl mit reinsortigen Blauen Portugiesern als auch mit Cuvées erfolgreich. „Goldeck" war die erste in Österreich amtlich registrierte Weinmarke, und die gleichnamige, einstmals 150 Hektar umfassende, heute aber großteils verbaute Ried „Goldeck" trägt im Rebflächenregister die Nummer eins. Schlumbergers Weine fanden sich auf den Weinkarten der Grand Hotels und Luxusdampfer und wurden sogar im englischen Königshaus genossen.

Von diesem einstigen Glanz, der auf die ganze Region abstrahlte – neben Schlumberger gab es in Vöslau auch noch andere große Weingüter und -handelshäuser – blieb letzten Endes nicht allzu viel übrig, und es sollte lange dauern, bis das heute im Besitz der deutschen Firma Underberg stehende Weingut Schlumberger nach einer Schwächephase wieder mit hervorragenden Rotweinen aus Bad Vöslau aufwarten konnte. Ansonsten sind in dieser Region Topproduzenten dünn gesät und eher in Sooß zu finden, wo freilich dieselbe Heurigen-Problematik gilt wie in Gumpoldskirchen. Die besten Weine stammen heute aus den Rebsorten Zweigelt, Pinot noir, St. Laurent, Merlot und – mit der Einschränkung, dass die Sorte nicht jedes Jahr ihre volle Reife erreicht – Cabernet Sauvignon. Der Blaue Portugieser ist zwar nach wie vor weit verbreitet, erbringt aber eher milde und bekömmliche Weine mit wenig Gerbstoff und Säure – eine Stilistik, die durchaus ihren Reiz hat, allerdings eher einem süffigen, unkomplizierten Tropfen gut ansteht als einem Spitzenwein.

Das Steinfeld – wo der St. Laurent wohnt

Das dritte wichtige Weingebiet der Thermenregion ist das Steinfeld bei Tattendorf. Weinbau wurde hier zwar schon lange betrieben, in Sachen Topqualitäten hat dieses Gebiet aber bei weitem nicht die Tradition von Gumpoldskirchen oder Bad Vöslau. Das mag daran liegen, dass man die hiesigen Lagen für eher ungeeignet hielt, um große Weine produzieren zu können. Es handelt sich um tiefgründige Schotterböden mit geringer Humusauflage, die früher vor allem als Weiden und Äcker genutzt wurden. Was es an Wein gab, war meist Blauer Portugieser und ein wenig Blaufränkisch. Doch im Jahr 1950 setzte das Weingut des Stifts Klosterneuburg, das hier über weitläufigen Grund-

besitz verfügt, im großen Stil St. Laurent aus, und bald zeigte sich, dass diese Böden doch Potenzial besitzen. Sie sind sehr durchlässig und trocknen daher schnell aus – ein Problem, das man später durch die Bewässerung in den Griff kriegen sollte –, verfügen mit den vielen Steinen aber über ein ausgezeichnetes Wärmespeichervermögen.
Der St. Laurent Ausstich des Stiftes galt jedenfalls lange Zeit als österreichischer Vorzeigewein und erfreute sich eines großen kommerziellen Erfolges. Als andere Winzer der Region das erkannten, folgten sie diesem Beispiel und setzten ebenfalls St. Laurent und später auch andere Rotweinsorten aus. Heute sind St. Laurent und Pinot noir die Spitzensorten der Region, wobei auch Merlot, Cabernet Sauvignon und Zweigelt sehr gute Ergebnisse bringen. Die Weine sind voller und weicher als jene aus Sooß oder Bad Vöslau, haben dafür aber etwas weniger Struktur – die unterschiedlichen Böden und Kleinklimata sind da deutlich zu spüren. Etliche Winzer haben in den vergangenen Jahren die Zeichen der Zeit erkannt: Sie setzen auf Qualität und Rotwein und machen dieses Gebiet zum dynamischsten in der Thermenregion. Denn hier sprudeln moderne Weine und innovative Ideen wie der Zusammenschluss der „Burgundermacher“ wie die heißen Quellen der Thermenlinie.

Kritisch betrachtet

Zwar wird seit Jahren von einer bevorstehenden Renaissance der Thermenregion gesprochen, doch trotz der Bemühungen der Gruppe der „Thermenwinzer“ herrscht auf breiter Front eher Stagnation als Fortschritt. Einzig die Rotweinwinzer im Steinfeld scheinen im Aufwind zu sein; hier spürt man Bewegung und es gibt eine Vielzahl von guten Weinen. In den klassischen Weinbauzentren wie Gumpoldskirchen, Sooß und Bad Vöslau dagegen hat sich im vergangenen Jahrzehnt kaum etwas verändert. Dabei gäbe es inzwischen durchaus wieder eine Nachfrage nach gut gemachten Zierfandlern, Rotgipflern, Chardonnays oder Pinot noirs aus dieser Region. Doch die meisten Produzenten verlassen sich auf das sichere Geschäft des Heurigen und unterziehen sich nicht der Mühe, Weine in Spitzenqualität auf die Flasche zu bringen und zu vermarkten. „Man muss das zunächst einmal wirklich wollen“, kommentiert Christian Fischer aus Sooß diese Situation – und da hat er sicher recht. Speziell in Gumpoldskirchen sind den wenigen Winzern, die tatsächlich wollen, dennoch die Hände gebunden. Sie leiden unter Platzproblemen, arbeiten in Kellern von 500 Jahre alten Häusern und haben keine Möglichkeit, neue Betriebsstätten zu errichten, weil das gesamte Umland als Landschaftsschutzgebiet deklariert ist. Moderne Kellertechnik aber lässt sich in verwinkelten Kellergewölben nur sehr beschränkt unterbringen – und damit sind sowohl der quantitativen Expansion als auch der qualitativen Verbesserung im wahrsten Sinne des Wortes enge Grenzen gesetzt. Doch nur potente Betriebe, die auch eine gewisse Größe haben, können es in Zukunft schaffen, den Weinen aus der Region wieder eine Geltung zu verschaffen, die über ein Minderheitenprogramm für Spezialisten hinausgeht. Initiativen wie die des Langenloisers Fred Loimer, der gemeinsam mit Ossi Schellmann und zwei weiteren Partnern Wein von Gumpoldskirchner Trauben keltert, oder jene von Hans Reinisch, der große Teile der ehemaligen Weingärten des Stiftes Melk in Pacht genommen hat, bringen zumindest etwas frischen Wind in die Region und sind darum zu begrüßen. Andererseits verliert das Gebiet aber zweifellos an Authentizität, wenn in Zukunft die besten Weine von auswärtigen Winzern produziert werden.

Die besten Lagen

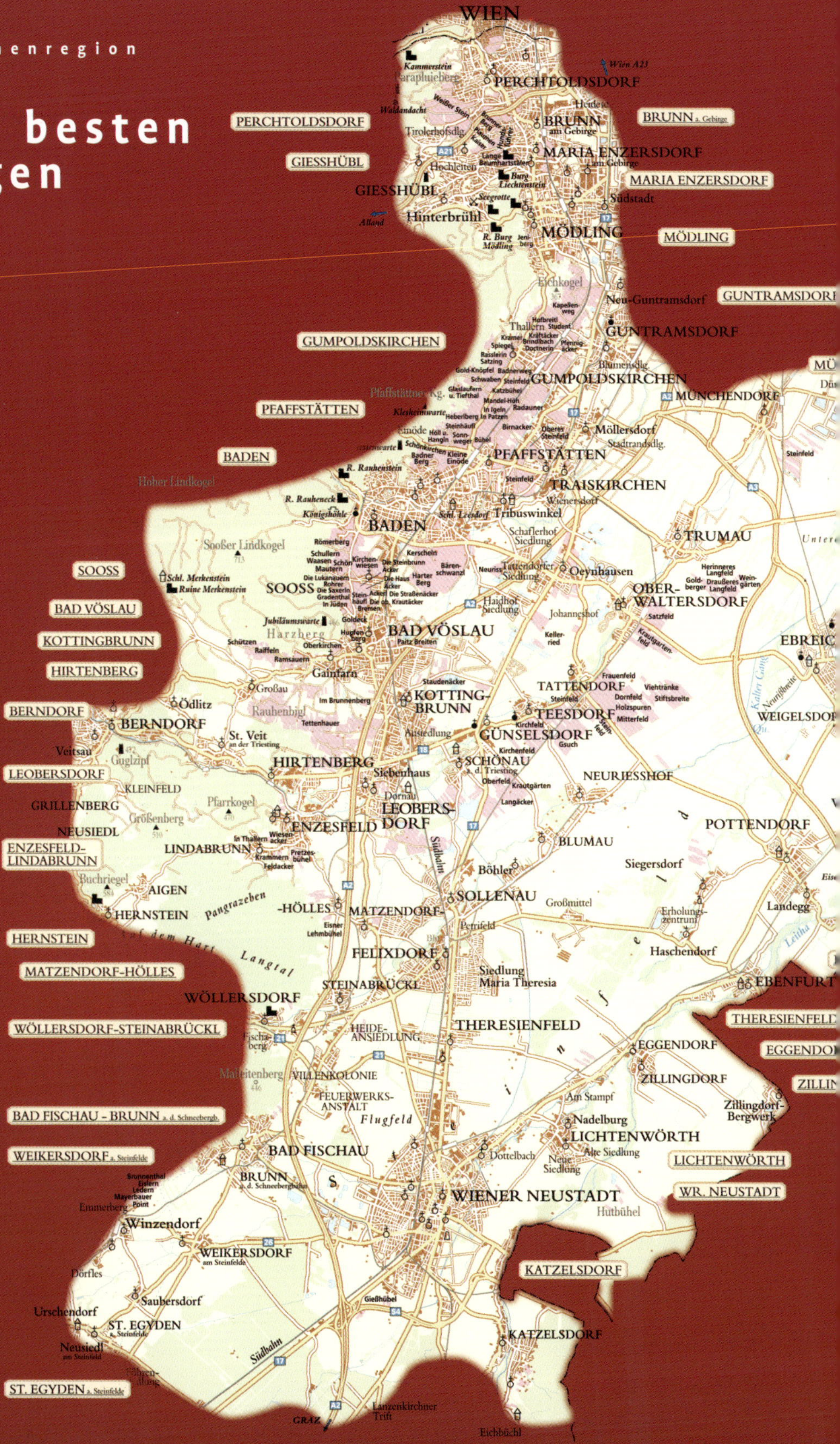

BADEN

Harterberg

Die Lage Harterberg im Süden von Baden ist nach Ansicht von Leopold Aumann, dessen Top-Rotweine hier gedeihen, die beste Rotweinlage von Baden. Der Name stammt noch aus jener Zeit, als die Weingärten händisch mit der Haue bearbeitet wurden und die Böden hier im Sommer besonders hart wurden. Das liegt am hohen Lehmanteil, der hier vorherrscht. Die Böden sind tiefgründig und verfügen über ein gutes Wasserspeichervermögen. Im Untergrund befindet sich eine Schotter-Mergel-Schicht – darunter folgt wieder Lehm. Für Rotweinreben am besten geeignet sind aufgrund der Sonneneinstrahlung und weil hier die Böden eher karg sind, die Süd- und Südwestseite des Harterberges. Regelmäßig die besten Qualitäten bringt für Aumann, der hier seit 1992 Rotweinreben bearbeitet, der Merlot, gefolgt vom Blauen Zweigelt.
Winzer: Aumann, Johann Schwertführer

GUMPOLDSKIRCHEN

Othmar Biegler, einer der renommiertesten Winzer von Gumpoldskirchen, relativiert die Frage nach den Spitzenlagen des Gebietes: „Man sollte dabei nicht vergessen, dass die Leute früher alle zu Fuß zur Arbeit in die Weingärten gegangen sind – allein schon deshalb galten die Lagen in der Nähe des Ortes als besonders wertvoll. Mein Großvater sagte: ‚Die reichen Hauer haben ihre Lagen direkt beim Ort!'" Dennoch gibt es natürlich – und gerade in Gumpoldskirchen – Unterschiede zwischen den Lagen, wobei die besten Rieden grob in vier Bereiche unterteilt werden können:

Im Norden von Gumpoldskirchen sind es die Lagen ober- und unterhalb der Wiener Hochquellleitung, die hier entlang einer Höhenlinie mitten durch die Weingärten verläuft, wie **Kreuzweingarten, Stocknarrn (mit Subried Hochkräutl), Sonnberger, Kramer, Hausberg** oder **Ingerin.**

Ebenfalls von bester Güte sind die Lagen rund um das Freigut Thallern wie **Student (mit der Subriede Alte Ried)** und **Hofbreite:** Sie weisen eine optimale Hangneigung auf, schauen genau nach Süden

Wahrzeichen von Gumpoldskirchen: das Schloss des Deutschen Ordens

und bilden mit den benachbarten Lagen eine Art Hohlspiegel rund um das altehrwürdige Gemäuer. Der dritte Bereich sind die Lagen oberhalb des Melkerhofes und der Kirche des Deutschen Ritterordens: insbesondere **Spiegel** und **Wiege**, teilweise auch **Braun**. Sie galten traditionell als die besten und wertvollsten von Gumpoldskirchen, was aber auch mit ihrer Höhenlage zu tun haben könnte: „Hier wurden die ohnehin spät reifenden Zierfandler und Rotgipfler immer zuletzt gelesen", erinnert sich Biegler, „dadurch waren die Weine regelmäßig im Auslese-Bereich angesiedelt." Die Trauben konnten hier wohl auch deshalb besonders lange am Stock bleiben, weil durch die gute Durchlüftung keinerlei Fäulnisgefahr bestand.

Im Süden von Gumpoldskirchen sind es dann wieder die mittleren Lagen entlang der Wasserleitung, die mit ihren schweren Böden und ihrer sanften Hangneigung die besten Trauben bringen. Dazu gehören die Lagen **Hofpoint**, **Grimling**, **Rasslerin**, **Oberer Badnerweg** und **Schwaben**.

Die Böden aller Spitzenlagen von Gumpoldskirchen sind relativ ähnlich: Es handelt sich um schwere Braunerdeböden, die durch die Verwitterung des Kalksteins im Küstenbereich des Urmeeres entstanden sind. Die lehmigen Tone und sandigen Lehme an der Oberfläche werden durch den darunter liegenden Verwitterungsschutt gut bewässert und erwärmt.

Alle Lagen unterhalb der Weinstraße haben bereits eine andere Bodenbeschaffenheit und gelten als weniger wertvoll.

Steinige Böden mit hohem Kalkanteil: Ried Wiege

Kramer

Die Lage befindet sich im Norden von Gumpoldskirchen, direkt am Ortsrand oberhalb der Weinstraße. Die Lage hat ein besonders geschütztes Kleinklima und weist im oberen Bereich eher kiesige, im unteren schwerere Braunerdeböden auf. Hauptrebsorten sind Zierfandler und Rotgipfler.

Winzer: Zierer

Rasslerin

Die große Lage mit schweren Braunerdeböden, die öfters von Kalksteinen durchsetzt sind, liegt im Süden des Ortes, sozusagen im Herzstück des Hanges, und weist eine sehr gute Hangneigung und Wasserversorgung auf.

Winzer: Krug, Weingut spaetrot-gebeshuber, Roschmann, Zierer

Sonnberg(en)

Eine durch den Hang geschützte Südostlage. Schwere Braunerdeböden mit Kiesanteil. Hauptrebsorten sind Zierfandler und Rotgipfler.

Winzer: Brigitte Aigner, Krug, Zierer

Spiegel

Die drei Hektar umfassende Ried Spiegel gehört zum Kerngebiet der Gumpoldskirchner Toplagen und liegt relativ hoch (Seehöhe zwischen 260 und 320 Meter) oberhalb des Melkerhofes, zu dessen Besitz sie auch zählt. Seit dem Jahr 2006 wird sie vom Johanneshof der Familie Reinisch in Tattendorf bewirtschaftet. Die Lage ist nach Südosten ausgerichtet und fängt durch ihre Hangneigung von rund 20 Prozent und die Form, die an einen Hohlspiegel erinnert, eine optimale Sonneneinstrahlung ein. Auf Kalksteinschotter im Untergrund liegen sandige Lehme mit ausgezeichnetem Wasserspeicherverhalten. Traditionell wachsen hier sehr gute Zierfandler, Rotgipfler und Rieslinge.

Winzer: Johanneshof – Reinisch

Wiege

Die Ried Wiege ist ein windgeschützter Südosthang direkt hinter der Pfarrkirche und gilt traditionell als eine der besten Lagen von Gumpoldskirchen. Auch hier dominieren schwere Kalksteinverwitterungsböden.

Winzer: Freigut Thallern, Weingut des Deutschen Ritterordens (Stift Klosterneuburg)

Top-Lage für St. Laurent und Pinot noir in Tattendorf: die Ried Holzspur. Foto: ©Johanneshof Reinisch

SOOSS

Gradenthal

Die lang gestreckte Ried Gradenthal liegt zu Füßen des so genannten „Lausturms", da, wo die flacheren Sooßer Lagen in die steileren Abhänge des Lindkogels übergehen. Für Christian Fischer aus Sooß, der hier seine besten Zweigelt-Trauben erntet, ist sie das „Filetstück" der Sooßer Lagen. Die Lage blickt nach Südosten, ist gegen Westen vom Lindkogel abgeschirmt und weist eher leichte, sandige Lössböden auf, die mit Kalksteinen durchsetzt sind und daher einen hohen Kalkanteil aufweisen. Der Zweigelt von der Ried Gradenthal zeigt eine sehr konzentrierte Aromatik und weist eine eigene, kräuterwürzige Note auf.
Winzer: Fischer

TATTENDORF

Die Boden- und Klimaverhältnisse in den einzelnen Tattendorfer Lagen sind sehr ähnlich – die Lagendifferenzierung hat daher eine etwas geringere Bedeutung als in den Hanglagen von Gumpoldskirchen, Traiskirchen oder Pfaffstätten.

Holzspur

Für Johannes Reinisch ist die Ried „Holzspur" für St. Laurent und Pinot noir die beste von Tattendorf. Die tiefgründigen Böden weisen einen sehr hohen Kalkanteil auf. Im Untergrund findet man Lehm, darauf liegt Schwarzerde mit vielen großen Steinen, die für eine optimale Erwärmung und Abstrahlung sorgen.
Winzer: Auer, Johanneshof – Reinisch

Frauenfeld

Die Lage Frauenfeld hat etwas leichtere Böden als Holzspur. Dadurch werden die Weine filigraner, aber dafür nicht so kraftvoll und opulent.
Winzer: Auer, Johanneshof Reinisch

Stiftsbreite mit der Subried Dornfeld

Die im Besitz des Stiftes Klosterneuburg stehende Lage wurde bereits im Jahr 1114 urkundlich erwähnt. Hier wurden 1950 erstmals in der Region St.-Laurent-Reben ausgepflanzt. Heute gedeihen auf den warmen Schotterböden der großen Fläche Cabernet Sauvignon, Merlot und St. Laurent.
Winzer: Stiftsweingut Klosterneuburg, Johanneshof Reinisch

TRAISKIRCHEN

Eine Sonderstellung kommt im geschlossenen Weinanbaugebiet zwischen Gumpoldskirchen und Pfaffstätten den beiden Lagen **Rodauner** und **Mandlhöh** zu, die unter anderem durch ihre Hangneigung hervorstechen.

Rodauner

Unter der Lage Rodauner, die früher im Besitz der Pfarre von Rodaun stand, führt die Südbahn durch; der so genannte „Busserltunnel" – so benannt, weil die Durchfahrt früher so lang dauerte wie ein Busserl (Küsschen) – wurde angeblich angelegt, weil Kaiser Ferdinand I. bereits um den Wert dieser Weinlage wusste und sie deshalb schonen wollte. „Tatsächlich", so Karl Alphart, der hier seinen Rotgipfler stehen hat, „hat man wohl eher für den Semmering geübt – mit dem ersten Bahntunnel Österreichs." Die Lage ist nach Südosten ausgerichtet und weist Muschelkalk-Verwitterungsböden mit Sand und vereinzelt Urgestein auf, das möglicherweise durch den Tunnelbau an die Oberfläche gebracht wurde. Auf diesen mittelschweren Böden wachsen Rotgipfler und Zierfandler, die Kraft und Feinheit verbinden.
Winzer: Alphart, Zierer

Mandlhöh(e)

Auf der anderen Seite des Tunnel-Hügels befindet sich die Lage Mandlhöh oder Mandlhöhe, die eine Hangneigung von bis zu 25 Prozent aufweist. Die steinigen, tiefgründigen Braunerdeböden mit Kalkanteilen bieten sehr gute Voraussetzungen für Neuburger und Zierfandler. Bekannt ist die Lage vor allem durch die ausgezeichneten Zierfandler von Johann Stadlmann in Traiskirchen.
Winzer: Stadlmann

Über den Wein

Karl Alphart
Rotgipfler pur

Natürlich gibt es im Weingut Alphart auch sehr bemerkenswerte Rotweine, wie etwa den Pinot noir, aber unter dem Strich handelt es sich doch um einen echten Weißweinbetrieb. Da mag jene Einstellung noch mitschwingen, die von den Vorvätern tradiert wurde, wie Karl Alphart bei einem guten Glas des trinkfröhlichen Neuburgers „Hausberg" – übrigens der Lieblingswein seines Vaters – lachend erzählt: „Unsere Großväter sagten: ‚Solange

wir uns Weißwein leisten können, trinken wir keinen Roten!'" Tatsächlich bieten die Ausläufer des Anningers, jene Hänge, an denen sich Alphart mit seinen Lagen im vergangenen Jahrzehnt „Schritt für Schritt hinaufgearbeitet" hat, beste Voraussetzungen für vollreife, saftige und konzentrierte Weißweine. Somit auch für die klassischen Südbahnsorten: den Zierfandler und den Rotgipfler, wobei Alphart Letzterer besonders ans Herz gewachsen ist. Dieser Rebsorte entlockt der Traiskirchner mehr Facetten als jeder andere Winzer in der Region. Begonnen hat er mit ganzen 2.400 Quadratmetern in seiner Toplage Rodauner.

Heute kultivieren die Alpharts dort rund zwei Hektar Rotgipfler, dazu kommt noch ein Hektar in der Gumpoldskirchner Edellage „Rasslerin" am Fuße des Anningers. „Die Sorte passt perfekt hierher, weil sie spät reift", schwärmt Alphart von seinem Liebkind im Keller, „darum braucht sie auf jeden Fall gute Lagen – die gleichen wie Chardonnay oder Pinot noir. Fährt man mit dem Ertrag entsprechend hinunter, bekommt man tolle, langlebige Weine – reif und immer mit ausreichend Säure!" Diese werden im Hause Alphart in drei Linien unterteilt: den Rotgipfler „Klassik", einen animierenden Trinkwein und Speisenbegleiter, der immer schon kurz nach der Abfüllung ausverkauft ist, den kräftigeren Lagenwein „Rodauner" und den Modellathleten „Rodauner Top-Selektion" aus besonders reifen Chargen, einen idealtypischen, hochreifen Rotgipfler mit konzentrierter, zwischen Exotik und Trockenfrüchten oszillierender Aromatik und herrlich saftigem Fruchtkörper. Damit nicht genug, setzt Alphart in guten Jahren mit dem „Rotgipfler Rodauner PUR", einer halbtrockenen Auslese aus gesunden Trauben, die als absolutes Konzentrat alle positiven Eigenschaften dieser Rebsorte aufweist, noch eins drauf. Das wär's dann aber – abgesehen von der einen oder anderen Trockenbeerenauslese, wenn die Natur das will …

Veronika und Christian Fischer
Die feine Klinge

„Das ist mein bevorzugtes Lauf- und Mountainbike-Revier." Christian Fischer weist über den mit Föhren bewachsenen Bergrücken des Lindkogels, der den Reben unten in der Ebene Schutz gegen kühle Winde und Niederschläge aus dem Westen bietet. Wir stehen oben auf der Kaiser-Franz-Josephs-Jubiläumswarte – der beste Platz, um die Weinrieden von Bad Vöslau, Sooß und Baden zu überblicken. Fischer ist ein sportlich-drahtiger Typ, und wenn man seine Weine verkostet, kommt man nicht umhin, wieder einmal an die Theorie zu denken, dass Weine sehr oft im Charakter dem Winzer ähneln, der sie gekeltert hat. Natürlich hat das hier auch mit der klimatischen Situation zu tun: „Gegenüber den Weinen aus Tattendorf und noch mehr aus dem Burgenland sind unsere feingliedriger und zarter", findet Fischer, der die Sooßer und Vöslauer aufgrund des sehr hohen Kalkgehaltes der Böden am ehesten in der Nähe der Rotweine vom Leithagebirge ansiedeln würde.

Tatsächlich verfügen sein Zweigelt, der Pinot noir oder der Merlot über eine sehr eigenständige Stilistik. Die feine, kräuterwürzige Aromatik zeigt fast mediterrane Anklänge, die Frucht kommt dunkelbeerig und konzentriert daher, der Gerbstoff reif, aber fordernd und das feine Säurespiel gibt den Weinen Schliff und Eleganz. Das sind keine schnellen Brüter, aber – obwohl sie in der Statur keineswegs mächtig wirken – doch richtige Kraftbündel. Ein paar Jahre Flaschenreifung tun ihnen auf jeden Fall gut, und dass sie das Talent für lange Strecken haben, beweist der Winzer mit einer Zweigelt Reserve vom Jahrgang 1991, der in Österreich nicht unbedingt zu den besten zählte, regional aber sehr gute Weine brachte. Der Wein hat kaum an Farbe eingebüßt, ist von der intensiven Kräuterwürze und einer dezenten Liebstöcklnote im Duft und am Gaumen geprägt und erfreut den Gaumen mit Harmonie und ungestörtem Trinkfluss. Insgesamt wirkt er geradezu noch jugendlich. Wie der Winzer eben.

Hans Reinisch
Hobbys eines Winzers

„In anderen Winzerfamilien ist es so, dass die Jugend die Visionen hat", schmunzelt Juniorchef Johannes Reinisch, „aber bei uns kommt immer der Vater mit den verrücktesten Ideen – und wir müssen ihn einbremsen!" Der Senior, Hans Reinisch, der den Betrieb nach dem frühen Tod seines Vaters bereits mit achtzehn Jahren übernehmen musste, genießt heute sichtlich die Freiheit, die ihm seine – vollständig ins Weingut integrierte – Familie lässt. Er ist der „Jolly Joker", kann überall mithelfen, muss aber nicht – und er ist da, wenn er gebraucht wird oder größere Entscheidungen im Familienrat zu treffen sind. Die Hauptverantwortung für den Wein hat er schon im Jahr 1997, bald nach der Übersiedlung ins neue Weingut, an Johannes übergeben – ohne deswegen weniger präsent zu sein. Trotzdem bleibt ihm mittlerweile auch Zeit für seine „Hobbys". Eines davon hängt mit der Expansion des Weinguts in beste Gumpoldskirchner Hanglagen zusammen, die dem Betrieb zusätzliche Weißwein-Kompetenz bringen sollen.

„Wir haben selektionierte Zierfandler- und Rotgipfler-Reben aus der gesamten Region an einem Platz nebeneinander gesetzt", gibt Reinisch einen kleinen Einblick in seine Freizeitbeschäftigung. „Die werden wir jetzt über einen Zeitraum von einigen Jahren ganz genau beobachten – und die dabei gewonnenen Daten, vom Blütezeitpunkt bis zur Zuckergradation der Trauben, aufzeichnen. Die besten Stöcke werden dann wieder selektiert, vermehrt und in die optimalen Lagen gesetzt. Vor 25 oder 30 Jahren wurden solche Selektionierungen nur in Hinblick auf hohen Ertrag und eine maximale Zuckerbildung in der Traube gemacht. Wir wollen hingegen die bestmögliche Qualität erzielen – und so wieder jenen ‚Gumpoldskirchner' produzieren können, der einst Weltruhm besaß." „Das ist mein Hobby", erklärt Reinisch ganz ohne Ironie, „und ich glaube, dass man damit auch für die Zukunft der ganzen Region etwas Positives bewirken kann."

Die Winzer

Alphart

2514 Traiskirchen, Wiener Straße 46

Die Thermenregion weist vermutlich die größte Dichte an Spitzenheurigen des ganzen Landes auf. Einer davon ist der von Elisabeth und Karl Alphart in Traiskirchen. Hier geben sich Wein und Kulinarik die Hand – auf höchstem Niveau. Hauptthema im Weinkeller ist der Rotgipfler, den Karl Alphart in allen Spielarten moduliert. Wer wissen will, was in dieser Rebsorte steckt, ist hier an der richtigen Adresse. Internationale Klasse hat die im Barrique ausgebaute Chardonnay Reserve. Ganz und gar bodenständig hingegen präsentiert sich der Lieblingswein von Alpharts Vater, Karl senior, der bereits vor Jahrzehnten für seine extraktreichen, langlebigen Weine bekannt war: ein Neuburger mit milder Aromatik und unkompliziertem Trinkfluss. Elaborierter kommen die beerenfruchtig-eleganten Rotweine wie die Cuvée „Alpha“ aus Pinot noir, St. Laurent und Zweigelt und die „Pinot noir Reserve“ daher, bei denen auch schon Junior Florian Alphart kräftig mitmischt.

Auer

2523 Tattendorf
Pottendorfer Straße 14

Leopold Auer ist in der Thermenregion fast so etwas wie ein „Mann der ersten Stunde“: Mit seiner Cuvée aus Cabernet Sauvignon und Merlot war er Ende der 80er Jahre den meisten Winzerkollegen weit voraus, und der kraftvolle und langlebige Wein zählte schon damals zu den besten der Region. Inzwischen hat sich der Schwerpunkt auf die Reserven von Pinot noir und St. Laurent verlegt, Weine, die nicht so sehr durch ihre Power, sondern durch charmante Beerenfrucht und angenehm-samtige Textur überzeugen.

Aumann

2512 Tribuswinkel
Oberwaltersdorfer Straße 105

Plötzlich war Leopold Aumann da – und das ist gut so, denn sonst wüssten wir gar nicht, welches Rotweinpotenzial in den Badener Lagen steckt. Seine Spitzenweine, der Merlot vom Harterberg und die Cuvée Harterberg aus Cabernet Sauvignon, Merlot und Zweigelt, zählen mit ihrer saftig-vollfruchtigen Stilistik und ihrer kernigen Struktur zu den besten und spannendsten Rotweinen Österreichs. Vielleicht noch besser erkennt man Aumanns önologisches Ausnahmetalent jedoch bei den einfacheren

Weinen, wie dem St. Laurent und der Zweigelt Reserve, die ebenfalls unverkennbar seine Handschrift tragen. Hier heißt es: Viel Aumann für relativ wenig Geld ... In der Wahrnehmung der Öffentlichkeit gilt der Shootingstar aus Tribuswinkel vor allem als prononcierter Rotweinwinzer – was bei einem Rotweinanteil von 80 Prozent auch absolut korrekt ist: Trotzdem sollte man nicht ganz auf seine Weißen vergessen: Zierfandler, Rotgipfler und Chardonnay geraten hier zu trinkvergnüglichen Granaten voll Saft und Kraft.

Biegler

2352 Gumpoldskirchen
Wiener Straße 16–18

Der Name Biegler steht seit mehreren Generationen für klassischen Gumpoldskirchner Wein von bester Machart. Hier steht solides Handwerk, Traditions- und Lagenbewusstsein vor dem Experiment um des Experimentierens willen. Die Weine von Othmar Biegler präsentieren sich dementsprechend nie vordergründig oder laut, sondern sind einfach, was sie sind: die Summe von Rebsorte, Klima und Terroir – vom Winzer behutsam gehegt und in die Flasche gebracht. Der Rotgipfler wird hier sowohl trocken als auch im traditionellen Gumpoldskirchner Stil als Spätlese ausgebaut, und auch der Zierfandler zeigt viele Facetten bis hin zum Hochprädikatswein. Der feinfruchtige, von Steinobstnoten und frischer, zitroniger Säure begleitete Riesling des Hauses lässt erahnen, warum es diese Sorte war, die den Gumpoldskirchner einst weltberühmt gemacht hat. Schließlich keltert Biegler auch einen saftigbeerenfruchtigen Pinot noir – als Ausnahme von der Regel: „Für mich die reizvollste Rotweinsorte in

Reben, so weit das Auge reicht: Weingärten bei Pfaffstätten

einem Weißweinbetrieb – und in unserer Gegend sicher die mit dem größten Potenzial!“ Fast alle hier angeführten Winzer haben auch ausgezeichnete Heurige. Doch dieser, der von Susi Biegler mit viel Verve und Engagement geführt wird, muss dennoch hervorgehoben werden: einfach köstlich.

Dopler

2523 Tattendorf
Pottendorfer Straße 8

Schon seit langem setzt man in diesem Betrieb größtenteils auf Rotwein und die Doplers haben sich als Mitglied der Vereinigung „Die Burgundermacher“ vor allem mit regionstypischen Pinot noirs und St. Laurents profiliert, wobei sämigem Trinkfluss gegenüber Hyperkonzentration der Vorzug gegeben wird. Das Einzige, was Dopler-Fans vielleicht gelegentlich bedauern werden: Dass diese Weine „nur“ in Bouteillen und nicht tatsächlich in Doppler abgefüllt werden.

Fischer

2500 Sooß, Hauptstraße 33

Christian Fischer hält die Rotwein-Bastion von Sooß und Bad Vöslau und hat es als einziger Winzer dieser Region in die erste Reihe der heimischen Rotweinproduzenten geschafft. Dabei verfolgt er einen eigenen, vom Klima und Terroir dieser Gegend gestützten Stil und keltert Weine mit würziger Aromatik und kerniger, in der Jugend oft fast strenger Struktur. Weine, die sich niemals anbiedern, erst mit ein wenig Reife zutraulicher werden und mit ihrem feinen Gerbstoff geradezu ideale Speisenbegleiter abgeben. Ein Umstand, der nicht zuletzt den vielen Stammgästen des populären Heurigen zugute kommt, den Christian und Veronika Fischer in Sooß betreiben. Eine klare Hierarchie der Weine gibt es hier eigentlich nicht, wobei momentan sicher der reinsortige Merlot der Darling aller Fischer-Fans ist. Mit diesem Wein hat er eindrucksvoll das Gerücht widerlegt, dass Merlot ohne Beimengung anderer Rebsorten irgendwie fad sei. Schon als Klassiker gilt die vor allem auf Zweigelt basierende Cuvée „Gradenthal“ mit ein wenig Würze von Cabernet und Merlot, von jener Lage, die sich für Fischer über die Jahre als beste von Sooß erwiesen hat. Nicht unerwähnt bleiben darf schließlich der Pinot noir Premium, der mit seiner feinen, aber nicht süßen Beerenfrucht und seinem filigranen und doch kernigen Aufbau vielleicht der typischste aller Fischer-Weine und zudem ein akkurates Abbild des hiesigen Terroirs ist.

Gisperg
2523 Teesdorf, Hauptstraße 14

„Terroir de Pierre“ heißt Johann Gispergs Spitzen-Roter in der ungewöhnlichen Zusammensetzung St. Laurent mit Cabernet Sauvignon und man scheint es Gispergs Rotweinen vor allem in der Jugend anzumerken, dass sie auf einem harten, steinigen Grund gewachsen sind. Ein wenig Flaschenreife und eine Dekantierkaraffe können da jedoch wahre Wunder wirken. Dann glänzen diese Tropfen wie die Reserve vom St. Laurent mit konzentrierter, reifer Beerenfrucht und würziger Aromatik. Sie zeigen gleichzeitig Muskeln, aber auch Harmonie, und der gut eingewobene, reife Gerbstoff lässt den Trinkfluss nicht so schnell zum Versiegen kommen. Zwar spielt der Rotwein im Hause Gisperg sicher die erste Geige, doch sollte man deswegen nicht auf die Weißen, vor allem jene aus der Burgunderfamilie, vergessen. Denn gerade der Neuburger, dem Gisperg nach wie vor die Treue hält, ist mit seiner ausgewogen-unaufgeregten Stilistik ein Musterbeispiel für die Sorte.

Heuriger der modernen Art im Johanneshof Reinisch, Tattendorf

Hartl
2440 Reisenberg
Florianigasse 7

Feuer und Flamme (so wie sein Blaufränkisch „Tout feu, tout flamme“) ist Toni Hartl auch für das Projekt der „Winzer vom Leithaberg“, und lieferte gleich zum Start einen exzellenten „Leithaberg Rot“ vom Blaufränkischen ab. Ein Wein modernen Zuschnitts mit dichter Frucht und großem Körper, der mit seinen mineralisch-erdigen Anklängen dennoch den Terroir-Bezug nicht vermissen lässt. Toni und Claudia Hartl ist es binnen weniger Jahre gelungen, den vormals kleinen Betrieb mit Weingärten in Reisenberg (Weinbaugebiet Thermenregion) und Purbach (Weinbaugebiet Neusiedlersee-Hügelland) zu einem stattlichen Weingut auszubauen, das einen guten Teil seiner Produktion exportiert. Internationales Flair bringen auch die Namen der Spitzenweine ins Haus: Der beerige-schokoladige Syrah heißt „Femme fatale“ und die Cuvée „Inkognito“ vermählt gleich fünf Sorten zu einem vielschichtigen, spannenden Rotwein.

Weingut Johanneshof – Reinisch
2523 Tattendorf, Im Weingarten 1

Mit dem Bau ihres neuen Weinguts außerhalb von Tattendorf Mitte der 90er Jahre haben Johann und Veronika Reinisch Maßstäbe gesetzt. In kalifornisch anmutendem Stil – und ebensolcher Dimension – wurde hier ein Musterweingut samt Ecktürmchen, Biotop und nagelneuem, sehenswertem Gewölbekeller errichtet. In den folgenden Jahren loteten Reinisch und seine Söhne, die nach und nach im Betrieb Verantwortung übernahmen, auf breiter Sortenbasis die Möglichkeiten des Terroirs von Tattendorf voll aus. St. Laurent und Pinot noir, die hier in mehreren Ausbaustufen bis hin zur nur in Subskription abgegebenen „Grande Reserve" gekeltert werden, haben den Horizont in der Region neu definiert und zeigen mit ihrer dichten, schokoladigen Beerenfrucht und ihrer warmen Aromenfülle klar die Typizität des warmen Steinfeldes. Gleichzeitig suchen die Reinischs aber auch jene feinfruchtige Eleganz, wie sie nur die Hanglagen zu Füßen des Anningers bringen. Von hier stammt etwa der floral-burgundische Pinot noir „Grillenhügel" und hier haben die Reinischs, die inzwischen 32 Hektar eigene Rebflächen bewirtschaften, die Weingärten des Gumpoldskirchner Melkerhofs für 30 Jahre in Pacht genommen. Bei der Bewirtschaftung arbeitet man weitgehend biologisch – ohne sich jedoch ganz dem engen Reglement der biologisch-organischen Bewirtschaftung unterwerfen zu wollen. Auch hier gehen die Reinischs einmal mehr konsequent ihren eigenen Weg.

Im Zeichen des Weins: Relief an einem alten Winzerhaus in Gumpoldskirchen

Krug

2352 Gumpoldskirchen
Kirchengasse 1

Der Betrieb der Familie Krug ist gut aufgestellt. Gleich unterhalb vom Schloss des Deutschen Ritterordens betreiben die Krugs einen Heurigen im imposanten „Alten Winzerhaus" (erste urkundliche Erwähnung im Jahr 1549), unter anderem bekannt für den sehenswerten gotischen Dachboden und die beste Ente weit und breit. Für den Wein ist Junior Gustav Krug zuständig, der als Einziger im Ort mit dem Neubau einer Produktionshalle nahe der Südbahn den betriebstechnisch längst überfälligen „Befreiungsschlag" aus der Enge der bisherigen Produktionsstätten geschafft hat. Dass die Halle dem Landschaftsbild nicht gerade zuträglich war, ist dabei ein Wermutstropfen. Entsprechende Erweiterungs- und Verschönerungspläne liegen zwar bereits fix und fertig in Krugs Schublade – doch jetzt zieren sich die hiesigen Baubehörden mächtig. Das „neue Arbeiten" unter besten Bedingungen hat den Weinen des Hauses jedenfalls schmeckbar gut getan: blitzsaubere Zierfandler, Grauburgunder und Rotgipfler in moderner Stilistik mit saftiger Opulenz und einschmeichelnder Textur stehen da ebenso auf dem Programm wie die wohl derzeit besten Roten von Gumpoldskirchen: „Die Versuchung" aus Cabernet Sauvignon und Zweigelt sowie der Top-Cabernet „Privat" sind Weine, die beerige Frucht, saftig-vollmundigen Körper und reifen Gerbstoff vereinen.

Winzerhof Landauer-Gisperg

2523 Tattendorf, Badner Straße 32

Der Winzerhof von Franz und Johanna Landauer-Gisperg ist zweifellos einer der aufstrebenden Betriebe von Tattendorf. Im Jahr 2004 präsentierten die beiden erstmals ihre neue Toplinie unter der Bezeichnung „Best of" und ernteten damit schon bald zahlreiche Auszeichnungen, darunter mehrere Landessieger. Der St. Laurent und der Pinot noir, denen hier naturgemäß das Hauptaugenmerk gilt, zählen sicher zu den besten Vertretern ihrer Sorte in der Region: Dabei sind das keine Weine, die den Gaumen „erschlagen", sondern trotz ihrer Reife eher mit feinbeerigen Aromen und eleganter Struktur betören.

So ging es früher: Das Pressen mit der Baumpresse war sehr aufwändig, aber schonend.

Nigl

2380 Perchtoldsdorf
Kunigundbergstraße 57

Georg Nigl beweist mit seinen delikaten, von reifer Beerenfrucht geprägten Rotweinen – allen voran der feinwürzige, fruchtig-süße Pinot noir, aber auch ein erstaunlich erwachsener Cabernet Sauvignon und die rote Cuvée „Georg“ –, dass man in Perchtoldsdorf auch Weine jenseits des einfachen Schoppentrunks keltern kann, der hier üblicherweise auf die Heurigentische kommt. Und zwar eindrucksvoll.

Piriwe

2514 Traiskirchen, Wiener Straße 34

Josef Piriwes Heuriger „Josefshof“ und seine Weine zählen zu den zwar nicht mehr ganz geheimen, aber dafür wirklich guten Tipps in der Thermenregion. Piriwe keltert exzellente, feinwürzige Zierfandler und Rotgipfler mit exotischer Note und mineralischer Bodenhaftung von höchster Güte. Die Weine sind zumeist nusstrocken – denn, was süß ist, ist wirklich süß und wird zu eleganten Hochprädikatsweinen mit ausgewogenem Süße-Säure-Spiel verarbeitet.

Schaflerhof

2514 Traiskirchen
Wiener Straße 9–11

Der Schaflerhof von Catherina und Andreas Schafler ist eines jener gastlichen Häuser in der Thermenregion, in denen man Wein und Speisen nur ungern „auseinanderdividieren“ möchte. Zu perfekt ergänzen sich Andreas Schaflers Zierfandler und Rotgipfler, ob klassisch oder mit ein wenig Holz ausgebaut, aber auch die Rotweine, wie der vollmundige Parade-Zweigelt vom Aichkogel, mit den Köstlichkeiten, die aus Catherina Schaflers Küche kommen.

Schellmann

2352 Gumpoldskirchen
Wiener Straße 41

Das Werk des unermüdlichen und viel zu früh verstorbenen Gumpoldskirchner Weinpioniers Gottfried „Friedl“ Schellmann lebt weiter. Was noch zu seinen Lebzeiten als Kooperation mit seinem Sohn Ossi, dem Werber Max Palla, „Kurier“-Marketingleiter Marcus Mittermeier und dem Langenloiser Topwinzer Fred Loimer als Projekt „loimer and friends“ begann, findet nun unter dem würdigen Namen „Schellmann“ seine Fortsetzung. Flaggschiff des Teams, das an Ort und Stelle von Schellmanns Witwe Hilde unterstützt wird, ist der Chardonnay „Gumpold“, ein hochelegantes, burgundisch anmutendes Gewächs mit Länge und Tiefgang, in dem der Geist von Schellmanns legendärem „Brindlbach“ mitschwingt. Die freche und trinklustige „Cuvée in Gumpoldskirchen“ vereint die traditionellen Südbahnsorten Zierfandler und Rotgipfler mit dem internationalen Chardonnay. Und mit einem gelungenen, fruchtbetonten St. Laurent zeigen Friedl Schellmanns Nachfolger, wo die Reise in Zukunft außerdem hingehen soll: Denn die Pinot-noir-Reben, durch die sie die Schätze des kalkreichen Gumpoldskirchner Terroirs heben wollen, sind bereits ausgesetzt.

Schlager

2500 Sooß, Hauptstraße 32

Ein neues Gesicht – ein frischer Wind im alten Weinort Sooß. Und es ist mit Gaby Schlager eine Frau, die nach Praktika im In- und Ausland diesen frischen Wind entfacht. Wuchtige, doch gleichwohl von saftig-süßer Frucht geprägte Barriqueweine vom St. Laurent oder Zweigelt sind die Rotweinflaggschiffe des Hauses. Doch auch mit den weißen Burgundersorten weiß Gaby Schlager sehr wohl umzugehen. Schließlich kann man auf der Terrasse des schmucken Heurigen mit herrlichem Blick auf die Weingärten nicht immer nur rote „Granaten" trinken.

Schlumberger

2540 Bad Vöslau
Hans-Haderer-Gasse 8

Die Tradition des Hauses Schlumberger dauert seit mehr als 150 Jahren an, und dem Gründer des Hauses, Robert Alwin Schlumberger, ist es zu verdanken, dass hier – erstmals in Österreich – Cabernet Sauvignon und Merlot heimisch wurden. Neben diesen Sorten stehen heute in den Weingärten auch Cabernet-Franc-Reben – zur Abrundung der beiden frankophilen Cuvées, die man, ganz dem Château-Gedanken vom Erst- und Zweitwein folgend, produziert. Die Basisqualität trägt den Riedennamen „Goldeck" und ist für den Handel konzipiert. Vinotheken, Fachmärkte und die Gastronomie spricht man mit dem „R. Schlumberger Privatkeller" an. Ein moderner, konzentrierter Rotwein mit dunkelbeeriger Frucht, mineralischer Note und kernigem Körper. Gedacht für eine längere Flaschenreifung, ist er eine Hommage an jene großen Zeiten, als Schlumberger-Rotweine weltbekannt waren.

Schneider

2523 Tattendorf, Badner Straße 3

Das Weingut Schneider zählt seit langem zu den qualitätsorientierten Betrieben von Tattendorf, aber seit Junior Georg Schneider die Verantwortung für die Kellerwirtschaft

Im Herbst schenken die Winzer an der Weinstraße zwischen Gumpoldskirchen und Pfaffstätten den frischen Sturm aus.

übernommen hat, ist ein weiterer Fortschritt schmeckbar. Gekeltert wird fast ausschließlich Rotwein, wobei naturgemäß Pinot noir und St. Laurent die Vorzeigeweine des Hauses sind: Dicht und dunkelbeerig mit kräftigem Fruchtkörper und reifem Gerbstoff repräsentieren sie nachvollziehbar das Tattendorfer Terroir.

Weingut spaetrot

2352 Gumpoldskirchen
Jubiläumsstraße 43

Im legendären Lueger-Keller, der einst die Heimstätte der seinerzeit berühmten Gumpoldskirchner Winzergenossenschaft war, halten Johanna und Johannes Gebeshuber mit ihrem Weingut „spaetrot" jene große Tradition hoch, die hier – nicht nur durch das kleine Weinbaumuseum – noch allgegenwärtig ist. Dementsprechend gilt die ganze Aufmerksamkeit den weißen „Südbahnsorten" Zierfandler und Rotgipfler, die als trockene Cuvée in drei verschiedenen Reifestufen ausgebaut werden, und den roten Sorten Pinot noir und St. Laurent. Auch sie werden zu einer Cuvée vermählt und als „Klassik", „Reserve" und „Große Reserve" – mit Barriqueausbau – auf den Markt gebracht. Beim Ausbau der Weißweine setzt man nicht auf Überreife und Restsüße, sondern will bewusst moderne, elegante und trinkanimierende Weine anbieten.

Stadlmann

2514 Traiskirchen, Wiener Straße 41

Bereits im Jahr 1780 wurde das Weingut Stadlmann gegründet, und Johann Stadlmann fühlt sich dieser Tradition auch nach sieben Generationen verpflichtet. Dementsprechend sieht er seine Weine eher als Produkt eines gelungenen Zusammenspiels von Boden, Klima und dem Menschen, der die Rebe behutsam pflegt, an, denn als Ergebnis artistischer Kellerakrobatik. In großen Holzfässern reifen für die Region typische Tropfen geruhsam heran, die dann als durchaus unaufgeregte, aber umso vielschichtigere Weine auf den Tisch kommen. Stadlmanns besondere Liebe gilt dem Zierfandler, und der braucht sie auch, denn die Sorte ist im Weingarten alles andere als pflegeleicht. Doch sein Wein von der sonnendurchfluteten „Aussichtslage" Mandlhöh, direkt oberhalb des „Busserltunnels", ist ein wahres Musterbeispiel für die Sorte: Die alten Rebstöcke verleihen ihm ein dicht gewirktes Fruchtkostüm mit tropischen Anklängen, einen kompakten und doch transparenten Körper sowie eine lange nachklingende, von feinen Zitrustönen umspielte, mineralische Aromatik.

Zierer

2352 Gumpoldskirchen
Badner Straße 36

Wo findet man in Gumpoldskirchen noch einen echten Gumpoldskirchner? Im Weingut Zierer ist diese Suche sicher von Erfolg gekrönt. Zierer, der bei den Lagen Trümpfe wie Sonnberg und Rodauner im Ärmel hat, spielt auf der ganzen Klaviatur von Möglichkeiten, die ihm die Sorten Zierfandler und Rotgipfler bieten. Trocken und feinwürzig, hochreif als im Barrique ausgebaute „Reserve" mit exotischem Fruchtschmelz und vielschichtiger Mineralik oder klassisch als Spätlese mit lieblichem Frucht-Süße-Säure-Spiel. Jede Variante hat ihren Reiz, und weil Harald Zierer die Kellertechnik perfekt beherrscht, geraten die Weine allesamt ihrem Charakter entsprechend ausdrucksvoll und mit klarer Stilistik. Dasselbe gilt für die Pinot noir „Selektion", einen Wein aus handverlesenen Trauben, der die kalkreichen Gumpoldskirchner Böden in eine charmante Beerenfrucht und einen saftig-vollmundigen, doch filigranen Fruchtkörper ummünzt. Schließlich wäre Zierer kein echter Gumpoldskirchner Winzer, würde er nicht als Krönung und Abrundung seines Sortiments auch edle Hochprädikatsweine keltern – als Hommage an die Ewigkeit.

Die alte Weinpresse ist der Ausgangspunkt für den Weinlehrpfad von Gumpoldskirchen.

Wien

Wien ist Stadt und Weinbaugebiet zugleich und nimmt damit nicht nur unter den österreichischen Weinregionen eine Sonderstellung ein. Mit einer Rebfläche von knapp 700 Hektar ist Wien weltweit die einzige Metropole mit ökonomisch bedeutendem Weinbau innerhalb der Stadtgrenzen.

Der Wiener Weinbau hat eine lange Tradition und schon so manche Höhen und Tiefen erlebt. Derzeit befindet er sich in einer Um- und Aufbruchphase; Modernität und Zukunftsorientierung greifen in einem Umfeld Platz, das lange vom Bewahren und Weiterführen des Bestehenden geprägt war. Heute ergreifen junge Winzer die Initiative, engagierte Quereinsteiger bringen zusätzliche Würze ins Spiel, und lange Zeit verhärtete Fronten wie jene zwischen den Wiener Winzern und der Wiener Gastronomie brechen allmählich auf. Man besinnt sich seiner Qualitäten, wertet den Heurigen mit einer gehobenen Wein- und Genusskultur auf, geht aber auch über den eigenen Betrieb hinaus und präsentiert sich und den Wiener Wein selbstbewusst sowohl in der eigenen Stadt als auch auf dem nationalen und internationalen Markt.

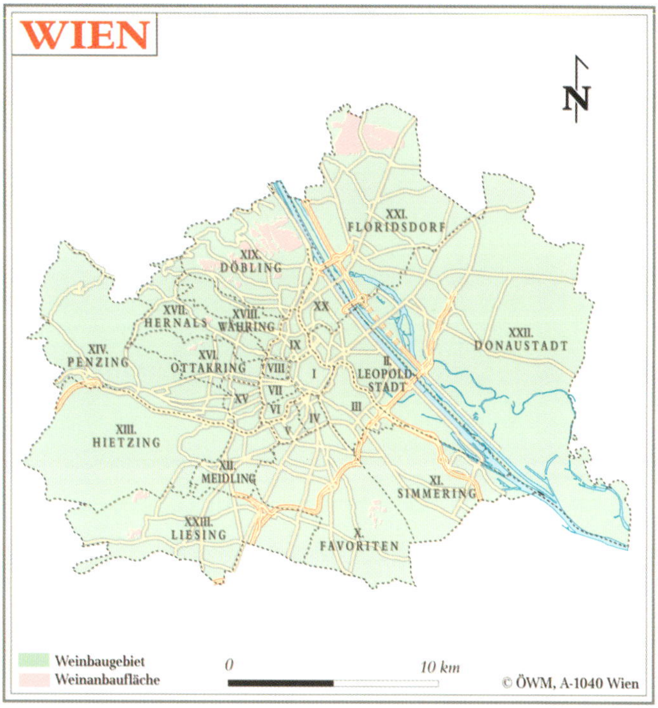

WIEN auf einen Blick:
Rebfläche: 691 Hektar
Anteil an der Gesamtrebfläche Österreichs: 1,3 Prozent
Wichtigste Rebsorten: Grüner Veltliner: 200 ha
Riesling: 90 ha, Weißburgunder: 84 ha
Böden: Kalkreich, Lehm, Löss,Schwarzerde im Süden

Schutz von oben

Das alles passiert in einem schwierigen Umfeld, denn der Wiener Weinbau sieht sich einer ständigen Bedrohung, ausgelöst durch die Baulust der Wiener, vor allem aber durch Begehrlichkeiten von Immobilienspekulanten, ausgesetzt. Eine Bedrohung, die nicht nur den Weinfluss versiegen lassen könnte, sondern auch eine wertvolle Naturlandschaft verschwinden lassen würde. Dass dies nicht bereits Realität ist, liegt nicht zuletzt am beherzten Eingreifen der Stadtverwaltung – allen voran des jeweiligen Bürgermeisters. Schon Helmut Zilk hat gemeinsam mit seinem Vizebürgermeister Hans Mayr die Weichen gestellt, um die Zukunft des Wiener Weinbaus langfristig abzusichern: Die Wiener Weingärten wurden in seiner Amtszeit zur besonderen Schutzzone erklärt, was einem absoluten Bauverbot gleichkommt. Außerdem lancierten Zilk und Mayr gemeinsam mit Franz Mayer, dem Doyen der Wiener Winzerschaft und damaligen Präsidenten der Wiener Landwirtschaftskammer, eine groß angelegte Neuauspflanzung der Wiener Weingärten, die in den darauf folgenden Jahren zu einer massiven Verjüngung, aber auch zu einer Sortenbereinigung führte. Zilks Nachfolger, Michael Häupl, hält ebenfalls seine schützende Hand über den Wiener Rebensaft. Weinbau-Anliegen finden bei ihm stets ein offenes Ohr, und die Ausrichtung der Wiener Landesweinverkostung samt Vergabe des Wiener

Weinlese der Familie Wieninger am Nussberg. Der Wiener Nussberg gilt als eine der besten Riesling-Lagen des Landes – und die mit dem schönsten Stadtblick. *Foto: Weingut Wieninger/Herbert Lehmann*

Weinpreises im Rahmen eines großen Festaktes im Rathaus hat der „Landesvater" überhaupt zur Chefsache erklärt. Auch das ist einzigartig in Österreich und zeigt, dass der Ausspruch „Wien ist anders" mehr als nur ein Werbeslogan ist …

Die Bedeutung des Heurigen

Dem Schutz und der Förderung des Wiener Weinbaus kommt eine ganz besondere Bedeutung zu, denn dieser ist mehr als nur ein reiner Wirtschaftsfaktor: Die Weingärten prägen das Stadt- und Landschaftsbild, sind im sensiblen Umfeld des urbanen Raumes ein wesentlicher ökologischer Faktor und werden von Wienern und Gästen gleichermaßen als Naherholungsgebiet genutzt. Eine entscheidende Rolle spielt dabei der Wiener Heurige in seiner traditionellen Form. Denn nur im echten Heurigen wird garantiert Wiener Wein ausgeschenkt, was bedeutet, dass der Winzer auch Wiener Weingärten bewirtschaftet und betreut. Darüber hinaus ist es sicher nicht übertrieben, zu behaupten, dass der Heurige ein Teil der Identität der Stadt ebenso wie des Lebensgefühls und der Befindlichkeit ihrer Bewohner ist.

Andererseits hat er sich jedoch lange Zeit als „Bremse" für die Steigerung der Weinqualität und als Hindernis für die Erschließung neuer Märkte erwiesen. Durch den gesicherten Absatz im eigenen Haus ergab sich für viele Winzer keine Notwendigkeit, in die Weinproduktion zu investieren und neue Absatzwege zu erschließen. Heute sehen viele Wiener Betriebsführer in diesem Dualismus sogar einen Vorteil. Der Heurige bietet neben einem gewissen Grundumsatz auch die Möglichkeit zum direkten „Kundenkontakt" und ist damit nicht zuletzt ein Schaufenster für den Wein: Die Gäste kommen, gustieren und kaufen die Weine vor Ort. Darüber hinaus bieten hochwertige Bouteillenweine aber auch die Chance, Vertriebswege in der Gastronomie über Vinotheken und den Handel aufzubauen.

Herbst beim Wiener Heurigen: Jetzt haben Most, Sturm und Staubiger Saison. *Foto: Mani Hausler*

Herkünfte und Rebsorten

Traditionell wurden die Wiener Weine nicht nach Rieden und schon gar nicht – wie es heute gang und gäbe ist – nach Rebsorten unterschieden. Vielmehr bestellte man sich im Heurigen oder im Wirtshaus einen „Nussberger", „Alsegger" oder „Sieveringer" und wusste damit schon in etwa, was einen erwartete. Heute ist die Rebsorte tonangebend, wobei sich die Winzer in den vergangenen Jahren wieder mehr der Bedeutung der Lagen bewusst wurden und diese teilweise nun auch auf dem Etikett anführen.

Die Wiener Klassiker sind der Riesling und der Weißburgunder, wobei auch dem Grünen Veltliner, der aber vor allem in den Schankwein geht, eine zumindest mengenmäßig große Bedeutung zukommt. Daneben bringen Sauvignon blanc, Chardonnay und der Gelber Muskateller sehr gute Ergebnisse. Wiederentdeckt wurde zuletzt der klassische Gemischte Satz aus verschiedenen Rebsorten (z. B. Grüner Veltliner, Weißburgunder, Traminer, Rotgipfler oder Riesling), die im selben Weingarten stehen und deren Trauben gemeinsam gelesen und gekeltert werden. Traditionell war das der Wein, der offen beim Heurigen ausgeschenkt wurde, neuerdings wird er aber auch als hochwertiger Bouteillenwein angeboten – als ein Stück trinkbare Wiener Identität und Geschichte.

Dem internationalen Trend folgend, erlebt auch der Rotwein in Wien derzeit einen rasanten Aufschwung: Die Rebfläche beträgt derzeit rund 100 Hektar, Tendenz steigend. Immer mehr engagierte Winzer zeigen, dass aus Rebsorten wie St. Laurent, Zweigelt oder Blauburgunder ausgezeichnete Weine gekeltert werden können. Versuche mit Cabernet Sauvignon, Merlot und neuerdings auch Syrah werden dagegen – auch wenn die Ergebnisse teilweise sehr beachtlich sind – sicher auch in Zukunft eher ein Minderheiten-Programm bleiben.

Vom Meer zur Donau

So wie die Thermenregion oder das Leithagebirge stellen auch die Abhänge des Wienerwaldes im Norden der Stadt Küstenbereiche des ehemaligen Urmeeres dar. Das Wiener Becken senkte sich ab und wurde mit Meerwasser geflutet, später aber vom Urmeer abgetrennt. Kalkablagerungen aus Muscheln und Korallen blieben in den Uferbereichen – wie etwa am Wiener Nussberg – zurück und beeinflussen bis heute den Charakter der Weine. Auch die Donau, die sich ihren Weg zwischen Nussberg und Bisamberg, also dort, wo heute ein Großteil der Wiener Weingärten steht, gebahnt hat, ist ein wichtiger Faktor: Sie wirkt temperaturausgleichend und sorgt durch ihre Fließgeschwindigkeit dafür, dass kühle Luft rasch abtransportiert wird.

Vom Osten her sind in Wien noch Ausläufer des warmen pannonischen Klimas zu spüren, aus dem Westen kommen die kontinentalen Einflüsse. Viele Weingärten, die sich von Mauer über Neustift bis zum Nussberg an die Wienerwaldhänge schmiegen, sind gegen Winde und kühlere Temperaturen durch die letzten Höhenzüge der Alpen und den Wald geschützt. Ein Großteil dieser Lagen ist nach Süden oder Südwesten ausgerichtet und weist eine deutliche Hangneigung auf, womit eine optimale Exposition zur Sonne gegeben ist. Am Bisamberg findet man unterschiedlich mächtige Lehmböden mit hohem Sandanteil, teilweise aber auch Schotter. Am Nussberg ist die Bodenbeschaffenheit unterschiedlich, Lehm ist meist mit im Spiel, teilweise ist es sehr steinig und der Kalkgehalt der Böden ist besonders hoch. Anders das Bild in Mauer, im Süden von Wien: Die Böden sind hier schwerer und tiefgründiger, mit hohem Wasserspeichervermögen – und damit prädestiniert für die Rotweinproduktion.

Die Geschichte mit dem Wein

Traubenkernfunde belegen, dass sich bereits die Kelten und Illyrer ab 500 vor Christus mit wilden Weinreben abgemüht hatten, der erste „qualitative Durchbruch“ kam erst mit den Römern, die Edelreiser auf die bestehenden Rebstöcke aufpfropften. Zu verdanken haben wir diese Maßnahme dem Kaiser Probus (232–282 n. Chr.), der das damals für die Gebiete nördlich der Alpen geltende Weinanbauverbot aufhob. Um seine Leute bei Laune zu halten, erlaubte ihnen Probus schließlich, selbst Reben zu pflanzen und Wein zu keltern. In der Folge stieg jedoch der Weinkonsum so dramatisch an, dass die Verteidigungsfähigkeit der Truppen darunter litt. Schon bald sah sich Probus gezwungen, auf dem Wiener Nussberg Nussbäume zu pflanzen; die Nüsse sollten den Legionären eine handfeste Unterlage bieten und so die Auswirkungen ihres bacchantischen Treibens mildern. Im späten Mittelalter war der größte Teil der späteren Wiener Bezirke von Rebstöcken bedeckt. Die Bürger Wiens besaßen damals, im 12. und 13. Jahrhundert, bereits Weingärten innerhalb und außerhalb der Stadt, die sich bis zum 16. Jahrhundert erhalten haben. Von den Weingärten innerhalb der Stadtmauer, wie etwa jenen in der Gegend der heutigen Minoritenkirche, blieb bis heute im Vorgarten des Hauses Schwarzenbergplatz 2 ein winziges Weingärtlein bestehen, dessen Ertrag alljährlich für wohltätige Zwecke versteigert wird.

Kritisch betrachtet

In Sachen Weinqualität hat sich in Wien in den vergangenen Jahren enorm viel getan. Das darf aber nicht darüber hinwegtäuschen, dass sich nach wie vor ein beträchtlicher Teil der Wiener Winzerschaft großteils auf den Heurigen als Absatzschiene verlässt und Investitionen in die langfristige Qualitätsverbesserung der Weine skeptisch gegenübersteht. Zudem leidet der Wiener Weinbau an strukturellen Problemen. In etlichen renommierten Betrieben ist die Nachfolgerfrage nicht geklärt, und viele Winzer haben in den vergangenen Jahren mit dem Weinbau Schluss gemacht, betreiben aber den Heurigen, der als Bezeichnung gesetzlich nicht schützbar ist, als Gastronomiebetrieb weiter. Dem Gast wird so der Eindruck vermittelt, dass er hier authentischen Wiener Wein bekommt. Tatsächlich werden diese Weine aber oft billigst aus anderen Regionen eingekauft, was sowohl den Ruf des Wiener Heurigen als auch den des Wiener Weinbaus schädigt.

Zudem droht, wenn die Weingärten nicht mehr bewirtschaftet werden, die Gefahr, dass sie Immobilienspekulationen zum Opfer fallen und damit als Bestandteil des Wiener Ökosystems und des Landschaftsbildes unwiderbringlich verloren gehen.

Die besten Lagen

DORNBACH

Alsegg

Der „Alsegger“ gilt als besonders feiner und eleganter Riesling. Die sieben Hektar große Einzellage, die wie eine Insel mitten im Stadtgebiet (Ortsteil Hernals) liegt, bildet zu zwei Dritteln einen recht steil geneigten, nach Süden ausgerichteten Hang, ein Drittel liegt in der Ebene. Der nahe gelegene Wienerwald verursacht hier starke Schwankungen zwischen den Tages- und Nachttemperaturen, was die Weine besonders duftig, fruchtig und aromatisch macht.

Winzer: Die Lage ist Eigentum des Salzburger Benediktinerstiftes St. Peter, bewirtschaftet wird sie von Hans Schmids Weingut Rotes Haus (vormals Franz Mayer).

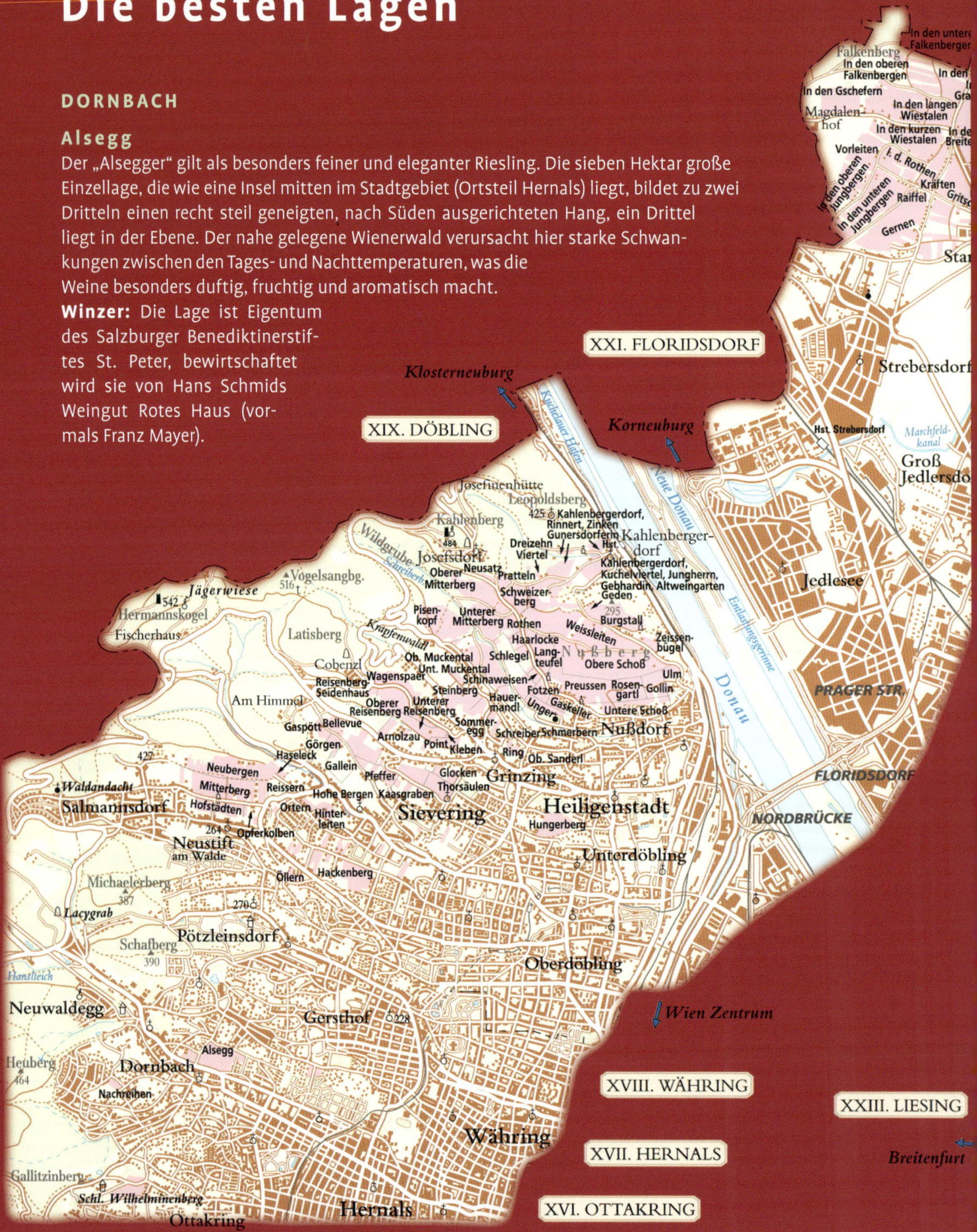

In den Zwergbreiten
Rendevousberg
Hochfeld
Kirchberg
Erdln

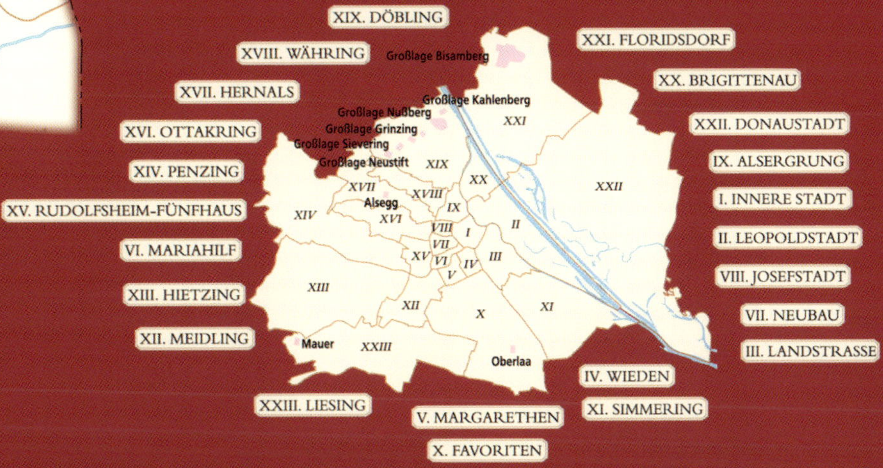
XIX. DÖBLING
XVIII. WÄHRING
XVII. HERNALS
XVI. OTTAKRING
XIV. PENZING
XV. RUDOLFSHEIM-FÜNFHAUS
VI. MARIAHILF
XIII. HIETZING
XII. MEIDLING
XXIII. LIESING
V. MARGARETHEN
X. FAVORITEN
IV. WIEDEN
XI. SIMMERING
III. LANDSTRASSE
VII. NEUBAU
VIII. JOSEFSTADT
II. LEOPOLDSTADT
I. INNERE STADT
IX. ALSERGRUND
XXII. DONAUSTADT
XX. BRIGITTENAU
XXI. FLORIDSDORF
Großlage Bisamberg
Großlage Kahlenberg
Großlage Nußberg
Großlage Grinzing
Großlage Sievering
Großlage Neustift
Alsegg
Mauer
Oberlaa

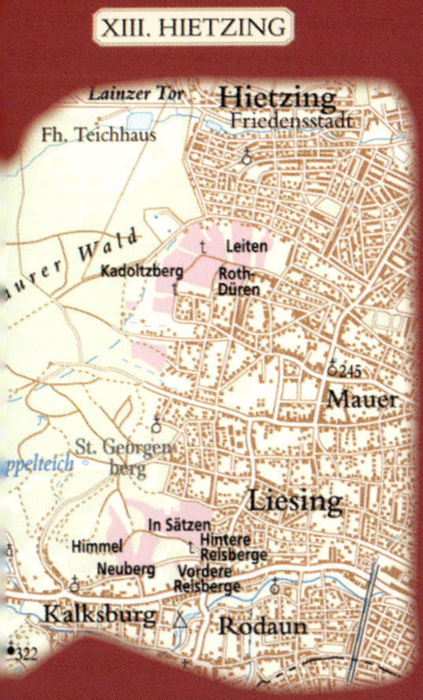
XIII. HIETZING
Lainzer Tor
Hietzing
Friedensstadt
Fh. Teichhaus
Leiten
Kadoltzberg
Roth-Düren
245
Mauer
St. Georgenberg
Liesing
In Sätzen
Himmel
Hintere Reisberge
Neuberg
Vordere Reisberge
Kalksburg
Rodaun
322

LANDSTRASSE
XI. SIMMERING
Simmering
Erholungsgebiet Laaer Berg
FAVORITEN
Laaer Berg
X. FAVORITEN
Schwechat
Johannes-pointen
Vösendorf
Favoriten
Goldberg
Schmerbern
Weichseltal
Erholungspark Laaer Berg
Kurpark
Kurzentrum Oberlaa
Unteres Feld
Neulaa
Oberlaa

GRINZING

Steinberg

Die nahe dem bekannten Krapfenwaldlbad gelegene Ried Steinberg ist schon aufgrund ihrer Anlage eine Besonderheit – handelt es sich doch dabei um Wiens einzige Terrassenlage. In der im Jahr 1355 erstmals als „Stainperch“ erwähnten Lage wachsen auf sehr steinigen Böden vor allem Riesling, Weißburgunder und Grüner Veltliner.
Winzer: Weingut Rotes Haus

Reisenberg

Der Reisenberg ist eine geschützte, nach Süden ausgerichtete Kessellage und erstreckt sich von knapp oberhalb des Zentrums von Grinzing inklusive seiner Verlängerung, der Ried „Wagenspaer“, bis hinauf zum Cobenzl. Dennoch ist die Lage, wie Ferdinand Hengl aus langjähriger Erfahrung weiß, kühler als etwa der Nussberg. Dort werden die Trauben noch reifer, am Reisenberg dafür fruchtiger, leichter im Alkohol und sehr duftig. Alles in allem also jene Eigenschaften, die man dem „Grinzinger“ traditionell zuschreibt und die zunächst wohl auch dazu geführt haben, dass der Wein von hier – und damit der Weinort selbst – zu seiner heutigen Bekanntheit gekommen ist. Die schweren, kalkreichen Böden bieten in Verbindung mit den klimatischen Bedingungen beste Voraussetzungen für Weißweine – die Ried Reisenberg ist darum ausschließlich mit weißen Rebsorten wie Riesling, Grüner Veltliner, Neuburger, Sauvignon blanc und Chardonnay bestockt.
Winzer: Hengl-Haselbrunner, Reinprecht, Weingut Rotes Haus, Zahel

Sommereck

Auch die Lage Sommereck – ein Bergvorsprung mit atemberaubendem Blick über die Stadt – ist von schweren, eher steinigen Böden geprägt und gilt traditionell als eine der wertvollsten von Grinzing (erste urkundliche Erwähnung im Jahr 1355).
Winzer: Obermann, Weingut Rotes Haus

MAUER

Maurerberg (Langsatz)

Die Großlage Maurerberg (korrekte Bezeichnung: Langsatz) ist nach Süden und Südosten ausgerichtet und genießt durch ihre Muschelform eine ganztägige Sonneneinstrahlung. Die Gradation der Trauben liegt darum regelmäßig um ein bis eineinhalb Grad höher als am Kadoltsberg. „Wäre nicht die Stadtgrenze dazwischen, könnte das klimatisch gesehen genauso gut der erste Weingarten der Südbahn-Region sein“, erklärt Richard Zahel, der hier Weingärten bewirtschaftet. Nicht zuletzt auch aufgrund des guten Wasserspeichervermögens der Böden ist die Lage besonders für Rotweinreben geeignet.
Winzer: Edlmoser, Hofer, Zahel

NEUSTIFT

Mitterbergen/Neubergen

Die Rieden Mitterbergen und Neubergen in Neustift am Walde zählen zu den schönsten geschlossenen Weinlagen von Wien. Die Reben profitieren hier von der geschützten Lage in einem nur nach Osten hin geöffneten Talkessel und bringen feine Weine mit hoher Reife. Die besten Parzellen befinden sich hier von der Hangmitte aufwärts, wobei es in den höchsten Bereichen, am Rande des Wienerwalds, in trockenen Jahren zu Problemen mit der Wasserversorgung kommen kann.
Winzer: Huber

NUSSDORF-HEILIGENSTADT

Nussberg

Der Wiener Nussberg galt und gilt als eine absolute Spitzenlage – und der herausragende Status der Nussberger Weine ist auch historisch dokumentiert. So existieren etwa im Stift Zwettl Aufzeichnungen darüber, dass der Wein von der damals zum Stift gehörenden Lage „Ulm“ am Wiener Nussberg der beste und teuerste Tropfen im Keller der Zwettler war. Die Kombination von – mehr oder weniger steinigen

Zählen zu den schönsten Lagen von Wien: Mitterbergen und Neubergen in Neustift *Foto: Mani Hausler*

Wien ist die einzige Metropole der Welt mit nenneswertem Weinbau innerhalb der Stadtgrenzen. Foto: Mani Hausler

– Schwemmsandböden mit teilweise hohem Kalkanteil, dem pannonisch beeinflussten Klima und der idealen Hangneigung bietet vor allem für Weißweine wie Riesling und Weißburgunder ideale Wachstumsbedingungen.
Die südliche Seite, also jene, die der Stadt zugewandt ist, bringt dabei eine fast homogene Qualität, wobei der östliche, der Donau zugewandte Teil optimales Mikroklima aufweist. Der hohe Kalkanteil der Böden verleiht den Weinen eine besondere Mineralität, und die optimale Hangneigung sorgt für eine perfekte Ausreifung der Trauben. Bis etwa zur Mitte des Nussbergs hin profitieren die Rebstöcke darüber hinaus von einer erhöhten Luftfeuchtigkeit, bedingt durch die Donau. Fäulnisgefahr besteht dabei kaum, zumal die durch das Donautal kommenden Winde, die von der Nordseite her über den Nussberg streichen, für eine rasche Abtrocknung der Trauben sorgen.
Was den Charakter der Weine angeht, so präsentieren sie sich gleichermaßen sowohl fruchtig als auch mineralisch, komplex und ausdrucksstark. „Die gewünschte Traubenreife zu erreichen, ist hier nie das Problem", erklärt Franz Mayer, der auf mehr als 50 Weinernten am Nussberg zurückblicken kann.

Als beste Rieden am Nussberg gelten: Rosengartl, Preussen, Gollin, Ulm und Unger.
Winzer: Hengl-Haselbrunner, Huber, Sektkellerei Kattus, Kierlinger, Sirbu, Weingut Cobenzl, Weingut Rotes Haus, Welser, Wieninger, Zahel

STAMMERSDORF (BISAMBERG)

Jungenberg

Jungenberg ist eine sehr warme Lage mit sanfter Hangneigung und Süd- bis Südostausrichtung, wobei der Blick auf die neue Wiener Skyline rund um die UNO-City fällt. Die sandigen Lössböden sind sehr wasserdurchlässig, was sich im Sommer nicht immer nur als Vorteil erweist, und die Weingärten genießen den Windschutz der höchsten Erhebungen des Bisamberges. Vom Jungenberg kommen vor allem kräftige, vollmundige Weine mit reifer, angenehmer Säurestruktur.
Die Lage ist gut für Weißweinsorten, die eine hohe Reife benötigten, aber auch für Rotweine geeignet.
Winzer: Bernreiter, Leopold Klager, Schilling, Wieninger

Lange Wiestalen

Der nach Südosten ausgerichtete Weinberg weist eine dünnere Lössauflage auf als der Jungenberg, und ist eine kühlere Lage, wo die Trauben später gelesen werden. Am besten gedeihen hier fruchtig-aromatische Weißweine, die einen besonders intensiven Duft entwickeln. Muskateller oder Sauvignon blanc fühlen sich besonders wohl.
Winzer: Wieninger

Gabrissen

Gabrissen ist eine reine Südlage mit Blick über Stammersdorf nach Wien. Auf schottrigen Böden mit Lehm und Löss wachsen die Trauben für manchen Top-Wein, und Fritz Wieninger nennt dafür die entscheidenden Gründe: „Neben der Bodenbeschaffenheit mit vielen wärmespeichernden Steinen sind die Vorzüge dieser Lage die optimale Hangneigung und die direkte Südausrichtung; dadurch haben wir hier von Sonnenaufgang bis Sonnenuntergang den ganzen Tag Sonneneinstrahlung – und das gibt es sehr selten!" Die Lage bietet beste Voraussetzungen für kräftige, reife Rotweine.
Winzer: Bernreiter, Christ, Leopold Klager, Wieninger

Über den Wein

Rainer Christ
Der Mann im Mond

„Feine Nase mit zarten, gereiften Honigtönen, herrlicher Extrakt, absolute Harmonie, immer noch Frucht, saftig am Gaumen, perfekter Wein, toll zu trinken; großer Weißburgunder aus einem großen Jahrgang". Das sind meine Degustationsnotizen aus dem Jahr 2006 über Rainer Christs Weißburgunder 1997, seinen ersten „Vollmondwein". „Zu der

Zeit wurde man immer technikverliebter, wollte alles standardisieren", erklärt Christ, wie es damals zur Initialzündung gekommen ist: „Aber wir wollten genauer die Natur anschauen, sie spüren und wieder Dinge in Betracht ziehen, die uns schon früher die Arbeit erleichtert haben". Christ, der in den 90er Jahren zu den Shooting-Stars der heimischen Weinszene zählte, ist keineswegs ein Esoteriker, sondern vielmehr ein Mann, der mit beiden Beinen fest am Boden steht und sowohl in Sachen Wein als auch im Marketing absolut firm ist. „Natürlich sollte die Bezeichnung neugierig machen", gibt er zu, „doch der Wein muss dann auch qualitativ überzeugen, damit das Ganze nachvollziehbar wird." Schon bei der ersten Lese, bei der ein Teil der Trauben bei Vollmond und ein anderer ein bis zwei Tage später gelesen wurde, zeigte sich bei identischer Verarbeitung zwar kein analytischer, aber sehr wohl ein degustativer Unterschied. „Der Vollmondwein war eindeutig üppiger und vollmundiger – und mit den Jahren der Reife kommt der Unterschied immer deutlicher zum Vorschein," schildert Christ seine ersten Erfahrungen mit der Einwirkung der Mondkräfte auf seinen Wein.

Dass sein Weißburgunder regelmäßig zu den besten des Landes zählt, liegt freilich auch daran, dass er sich besonders intensiv mit dieser Rebsorte auseinandersetzt. „Er ist für mich eine Diva, die oft missverstanden und vor allem oft in einer falschen Stilrichtung ausgebaut wird". Christs Rebstöcke wurden aus einer eigenen, uralten Burgunderanlage weiterveredelt und stehen hoch oben am Bisamberg, wo der Wind für rasches Auftrocknen der für Fäulnis anfälligen, dünnschaligen Beeren sorgt. Die Weine von dieser Lage sind stoffig und konzentriert, zeigen eine hohe Mineralität und werden im Keller nur mit einer Prise Holz gewürzt. „Sie sind sehr lange lagerfähig", sagt Rainer Christ, aber das hat uns der 1997er ohnehin schon gezeigt.

Fritz Wieninger
Rotwein gehört nach Wien

Foto: Weingut Wieninger

Vom Jahrgang 1987 kelterten Fritz Wieninger und sein Vater den ersten Cabernet Sauvignon – gleich mit Säureabbau und im Barriquefass, denn das hatte der Junior in Kalifornien so gesehen; und der Erfolg war fulminant. Der Wein war eine Reaktion auf Medienberichte, die am Wiener Rotwein kein gutes Haar gelassen und den jungen Heimkehrer auf die Palme gebracht hatten. „Ich konnte das damals gar nicht verstehen", erinnert sich Wieninger, „denn in unserem Betrieb gab es eine lange Rotweintradition". Schon in den späten 50er Jahren hatte der Großvater Pinot noir ausgepflanzt – Weingärten, die sein Enkel noch heute bewirtschaftet. „Er war ein Feinschmecker, der für ein gutes Essen hundert Kilometer weit gefahren ist", erzählt Wieninger, „und in seinem Keller habe ich französischen Burgunder gefunden ..." Vielleicht mit ein Grund, warum Wieningers Liebe ganz besonders den Burgundersorten gilt. „Rotwein macht in Wien auf jeden Fall Sinn", ist er überzeugt, und seine Weine untermauern diese Aussage eindrucksvoll.

Wieningers wichtigster Wein ist die „Trilogie" aus Zweigelt, Cabernet Sauvignon und Merlot, und sein Pinot noir zählt zu den feinsten und burgundischsten des Landes. Auch der Cabernet Sauvignon spielt als Cuvée-Partner in der Trilogie und in ihrem großen Bruder, der Cuvée „Danubis", eine wichtige Rolle. Und für die Zukunft könnte sich Wieninger sogar Syrah am Nussberg vorstellen. „Mir gefallen die Weine von der Rhône sehr gut", sinniert er; und statt der Rhône hätte man ja hier die Donau ...

Die Winzer

Christ

1210 Wien, Amtsstraße 12–14

Das Weingut Christ zählt zu den modernen, aufstrebenden Wiener Weinbaubetrieben. Nicht zuletzt mit seinen kräftigen und langlebigen, in der Jugend meist ein wenig unzugänglichen, Rotweinen hat sich Rainer Christ einen Namen gemacht. Weinen wie der Cuvée Mephisto, dem Shiraz oder der Cuvée XXI sollte man auf jeden Fall einige Jahre Flaschenreife gönnen, damit sie ihr Potenzial voll ausspielen können. Ebenfalls bemerkenswert ist der Weißburgunder „Vollmondwein", ein nussig-würziger, idealtypischer Vertreter dieser Sorte, der sogar schon zum besten Weißburgunder Österreichs gekürt wurde. Kosten kann man diese Weine unter anderem im Familienheurigen in Jedlersdorf, in dem alte Substanz und moderne Architektur geschickt miteinander verknüpft wurden.

Heuriger einmal anders: Im Weingut Christ finden sich Alt und Neu unter einem Dach.

Weingut Cobenzl

1190 Wien, Am Cobenzl 96

Als Weingut der Stadt Wien – seit etwas mehr als 100 Jahren – und ein für Wiener Verhältnisse mit 32 Hektar Rebfläche sehr großer Betrieb, hat man es nicht ganz leicht, ein positives Image aufzubauen. Doch durch kontinuierliche Qualitätsarbeit und beträchtliche Investitionen in Weingut und Kellertechnik gelang es Betriebsleiter Thomas Podsednik, dem der junge, talentierte Kellermeister Georg Königsbauer zur Seite steht, das Weingut Cobenzl in der Riege der anerkannten Wiener Qualitätsbetriebe zu etablieren. Besonders die Wiener Paradesorten Weißburgunder und Riesling zählen zu den Stärken des Hauses – was inzwischen durch etliche Auszeichnungen, wie etwa den Sieg beim „SALON Österreichischer Wein", untermauert wird. Verfolgt wird dabei eine fruchtbetonte, typisch wienerische Stilistik, wobei die Weine der Linie „Senator" oder die Lagenweine wie der Weißburgunder „Seidenhaus" auch mit konzentrierter Würze, kräftigem Körper und stoffiger Textur aufwarten.

Edlmoser

1230 Wien, Maurer Lange Gasse 123

Michael Edlmoser, der sein Knowhow nach der Weinbauschule bei Emmerich Knoll in der Wachau und bei Hall Crest Vineyards in Kalifornien komplettiert hat, verfolgt mit seinen mächtigen, hochreifen Weiß- und Rotweinen mehr als jeder andere Wiener Winzer eine Stilistik, die nicht selten an die „Neue Welt" erinnert. Besonders die als „Grande Reserve" bezeichneten Weine wie der Chardonnay, der St. Laurent oder die Rotweincuvée „Maurer Berg" sind wuchtige „Granaten" mit kräftigen Holztönen, einschmeichelnd süßer Frucht und opulentem Auftreten am Gaumen. Erfolgreich ist Edlmoser, der beim Wiener Weinpreis regelmäßig auf dem Siegerpodest steht, jedoch auch mit seinem saftig-fruchtsüßen, meist halbtrocken ausgebauten Riesling, der – gemeinsam mit einem Riesling von Fritz Wieninger – vom Gourmet- und Weinmagazin *A la Carte* bereits einmal zum besten Riesling des Landes gekürt wurde. Neben seiner Tätigkeit im Weinbau und Heurigen organisiert Edlmoser auch die Austrian Wine-Challenge, eine internationale Vergleichsverkostung, für die zuletzt mehr als 6.000 Weine aus 30 Ländern eingereicht wurden. Durch diesen Contest, der durch eine große Gala samt Preisverleihung im Wiener Rathaus abgeschlossen wird, rückt Wien alljährlich auch als Weinbauregion ins Blickfeld der Weinwelt.

Fuhrgassl-Huber

1190 Wien

Altmeister Ernst Huber ist einer der Doyens des Wiener Weinbaus – und ein verlässlicher Produzent von Spitzenweinen, wobei der Riesling der besondere Liebling des Hausherrn ist. Im renommierten Heurigen der Familie, der, wie man in Wien sagt, „alle Stückerln spielt", genießt man die ausgezeichneten Eigenbauweine und bedient sich am wahrhaft ausufernden Buffet.

Göbel

1210 Wien
Stammersdorfer Kellergasse 151

Der „höchstgelegene" Heurige in Wiens einziger echter Kellergasse ist ein Buschenschank der etwas anderen Art. Der gelernte Architekt Hans Peter Göbel hat hier eine Art Vision des Heurigen der Zukunft entwickelt. Im modern gestylten, coolen Ambiente des Schankraums oder dem idyllischen Gärtlein erfreut man sich zu einem zeitgemäß interpretierten Buffet an einigen der besten Rotweine Wiens.

Hengl-Haselbrunner

1190 Wien, Iglaseegasse 10

Das Weingut und der Heurige Hengl-Haselbrunner sind ein Musterbeispiel dafür, dass man auch in Grinzing dem Touristenrummel entgehen und erstklassige Qualität bekommen kann. Schon Senior Ferdinand Hengl, der heute seinen Sohn Matthias tatkräftig unterstützt, war ein Qualitätspionier des Wiener Weinbaus und engagierte sich als Obmann des Grinzinger Weinbauvereins auch weit über den eigenen Betrieb hinaus für den Wiener Wein. Unter der Betriebsleitung von Matthias Hengl entwickelte man sich noch mehr in Richtung Rotwein: Die Palette reicht vom klassischen Zweigelt über Cabernet Sauvignon und Merlot bis hin zum trendigen Syrah. Auch beim Weißwein ist Hengl, dessen Reben auf Spitzenlagen wie Nussberg, Reisenberg oder Hungerberg stehen, breit aufgestellt: Chardonnay, Veltliner, Weiß- und Grauburgunder sowie Gewürztraminer – und natürlich allen voran das weiße Flaggschiff: ein konzentrierter und aromatischer Riesling vom Wiener Nussberg. Für Verkostungen dieser Weine bietet der gemütliche Hengl'sche Heurige, der auch regelmäßig Schauplatz für hochkarätig besetzte Musikabende ist, das passende Ambiente.

Hofer

1230 Wien
Maurer Lange Gasse 29

Ganz im Süden von Wien ist die Winzerfamilie Hofer zu Hause, die in Mauer und Perchtoldsdorf rund

5,5 Hektar Rebfläche bewirtschaftet. Bei den Weißen schenkt Wolfgang Hofer dem Veltliner und dem Weißburgunder die größte Aufmerksamkeit. Beim Rotwein stehen vor allem der Zweigelt und der Cabernet Sauvignon in der Auslage – für Letztere hat Wolfgang Hofer bereits ebenso beachtliche Auszeichnungen erhalten wie für seine Weißweine.

Karl Lentner

1210 Wien, Amtsstraße 14

Karl Lentner ist einer der jungen, aufstrebenden Winzer in „Transdanubien". Vor allem mit seinen Weißweinen wie dem Grüner Veltliner, Weißburgunder oder Chardonnay zählt er zu den interessantesten Entdeckungen der letzten Jahre.

Langes

2102 Bisamberg
Josef Dabsch Straße 2

Mit der ihr eigenen Energie und Beharrlichkeit hat es die gebürtige Südtirolerin Irene Langes als Quereinsteigerin innerhalb weniger Jahre geschafft, aus bescheidensten Anfängen – die erste Lese waren 400 Kilo Trauben – zu einer der besten Winzerinnen von Wien zu werden. Verschiedenste Auszeichnungen wie etliche Landessieger mit ihren sortentypischen Grünen Veltlinern und den feinen Rieslingen sind eine schöne Bestätigung dafür. Doch auch in Sachen Rotwein hat die quirlige Dame, die den Weinbau – unterstützt von ihrem Lebensgefährten Josef Kain – nach wie vor im Nebenberuf betreibt, einiges zu bieten: Ihre stoffige, von dunkler Beerenfrucht geprägte, rote „Cuvée Reserve" vereint Power und Trinkspaß zu einem höchst erfreulichen Ganzen.

Franz Michael Mayer

1190 Wien, Eroicagasse 6

In die Fußstapfen des Vaters, Franz Mayer, wollte Franz Michael Mayer nicht treten. Zwar hat er sich nach seiner Rückkehr von Reisen in die Neue (Wein-) Welt im Jahr 1995 dem Weinbau zugewandt, aber das auf unkonventionellste Weise: Statt Grünen Veltliner & Co keltert er Sémillon und einen Chardonnay namens „Francisco Miguel", für den er die Reben selbst aus dem argentinischen Mendoza Valley geholt hat. Für Grinzing wahrhaft exotisch!

Weingut Mayer am Pfarrplatz & Weingut Rotes Haus

1190 Wien, Pfarrplatz 2

Nach der Übernahme des traditionsreichen Weinguts und Heurigen Mayer am Pfarrplatz durch Hans Schmid, den ehemaligen Werbe- und Medien-Tycoon, wird der Betrieb mit vollem Elan weitergeführt. Das Team – Willi Balanjuk als Geschäftsführer und die bewährte Kellermeisterin Barbara Wimmer – kann auf eine ganze Reihe von Wiener Toplagen wie Nussberg, Reisenberg, Schenkenberg oder Alsegg zurückgreifen, um Wiener Wein vom Feinsten zu keltern. Schon zu Zeiten Franz Mayers, der die neue Mannschaft noch mit Rat und Tat unterstützt, hatte der Riesling hier einen besonderen Stellenwert: Der würzig-aromatische Nussberger darf als Musterbeispiel für diese Sorte in Wien gelten. Daneben setzt man auf duftig-aromatische Weine vom Muskateller über Sauvignon blanc bis zum Gewürztraminer, der mitunter auch als Prädikatswein ausgebaut wird, und natürlich den neuerdings wieder in Mode gekommenen Gemischten Satz, dessen wichtigster Protagonist Mayer schon seit vielen Jahren war. Hans Schmids bereits bestehendes Weingut „Rotes Haus“ wird unter einem eigenen Label geführt, die Weine werden jedoch vom selben Team produziert. Die wichtigsten Weine sind der Gemischte Satz und der Grüne Veltliner, die mit der Herkunftsbezeichnung „Nussberger Edellage“ vermarktet werden.

Obermann

1190 Wien, Cobenzlgasse 102

Wer glaubt, dass es in Grinzing nur Touristenfallen mit schlechtem aber dafür teuren Wein gibt, sollte einmal die paar Schritte vom Zentrum hinauf bis zum Obermann gehen. Hier erlebt man noch klassisches Wiener Heurigen-Feeling, und Martin Obermanns Rieslinge, Weißburgunder und Chardonnays zählen zu den besten im traditionsreichen Wiener Heurigen-Mekka.

Schilling

1210 Wien
Langenzersdorfer Straße 54

Herbert Schilling war zweifellos einer der Wegbereiter des „Qualitätsheurigen“ in Wien. Bereits Ende der 80er Jahre wurden hier Bouteillenweine in Riedelgläsern ausgeschenkt. Vor allem die duftigen Weißweine wie Riesling, Sauvignon blanc und Chardonnay locken nach wie vor nicht nur fröhliche Zecher, sondern auch Freunde feiner Wiener Qualitätsweine zum Schilling nach Strebersdorf.

Wieninger

1210 Wien
Stammersdorfer Straße 80

Für einen Weinbau-Pionier ist Fritz Wieninger eigentlich noch ein junger Bursche, und dennoch steht

ihm diese Bezeichnung durchaus zu. Seit fast zwei Jahrzehnten ist er Leitfigur und Qualitäts-Katalysator des Wiener Weinbaus, dem er, das kann man ohne Übertreibung sagen, ein neues Gesicht gegeben hat. War bis dahin der Heurige für jeden Wiener Winzer der Lebensnerv und die Haupteinnahmequelle, so zeigte Wieninger, dass man auch mit dem Weinbau als eigener Sparte erfolgreich und lebensfähig sein kann. Dabei konnte der sympathische Stammersdorfer durchaus auf die Vorarbeit seiner Familie aufbauen. Schon Fritz Senior setzte auf hohe Weinqualität, und in den Weingärten des Hauses stehen noch Pinot-noir-Reben, die Wieningers Großvater ausgepflanzt hat. Wieninger selbst schaffte den Brückenschlag zwischen dieser Tradition und jener Spitze des Fortschritts, für die er heute steht. Es ist sein Verdienst, dass in Wien nicht länger roter Wein, sondern Rotwein gemacht wird; er hat es geschafft, von den Hängen des Bisamberges Chardonnays und Pinot noirs zu keltern, die uneingeschränkt das Prädikat „Weltklasse“ verdienen, und er hat mit seinen „Alten Reben“ vom Nussberg den traditionellen „G'mischten Satz“ wiedererweckt und zum aufsehenerregenden Top-Wein gemacht. Nicht zuletzt zählt Wieninger aber auch zu den Winzern, deren einfachster Wein immer noch sehr gut ist.

Winzerhof Leopold

1210 Wien
Stammersdorfer Str. 18

Als einer der Ersten hat Leopold Klager schon Ende der 80er Jahre seine besten Rotweine im Barrique ausgebaut, und zahlreiche Auszeichnungen bestätigen, dass er sowohl mit seinen Weiß- als auch mit seinen Rotweinen zu den beständigsten Qualitätswinzern Wiens zählt. Eine Qualität, die zunächst auf konsequenter Arbeit im Weingarten fußt und im Keller behutsam in die Flasche gebracht wird. Von sechs Hektar Rebfläche in besten Lagen am Bisamberg, wie Gabrissen und Jungerberg, keltert Leopold Klager eine breite Weinpalette, die vom leichtgewichtigen „Weissen Wiener" aus Grünem Veltliner und Weißburgunder bis zur kräftigen Rotwein-Cuvée „Markus-Leopold" aus Zweigelt und Merlot reicht. Ein Steckenpferd ist die Haus-Brennerei, wo Klager neben Klassikern wie Marillen- und Zwetschkenschnaps unter anderem einen vier Jahre im Eichenfass gereiften Veltlinerbrand produziert. Der Heurige der Klagers, in dem Leopold Klagers Frau Renate persönlich aufkocht, zählt zu den empfehlenswertesten von Wien.

Winterlandschaft am Kahlenberg

Zahel

1230 Wien, Maurer Hauptplatz 9

Richard Zahel ist mit seinen ausgezeichneten Weinen wesentlich dafür mitverantwortlich, dass Mauer heute als „aufsteigender Stern" am Wiener Weinhimmel gilt. Von diesem stammt übrigens auch die Bezeichnung für seine rote Top-Cuvée aus Zweigelt, Merlot und Cabernet Sauvignon: „Antares", der hellste Stern im Sternbild des Skorpion. Hatte man aus dem Süden Wiens bis vor wenigen Jahren nur einfache Heurigenweine erwartet, so wird man spätestens durch Richard Zahels kraftvolle und ausdrucksstarke Rotweine eines Besseren belehrt. Seine besten Weißweine, wie der mächtige Gemischte Satz „Rosengartl" oder der Riesling Nussberg, stammen hingegen von Top-Lagen des 19. Bezirks. Nachzukosten ist dies unter anderem im von Richards Bruder Alfred geführten Heurigen am Maurer Hauptplatz.

Winzervereinigungen

Verein „Der Wiener Heurige"

Auf Betreiben der Wiener Landwirtschaftskammer und basierend auf einer breit angelegten Karmasin-Studie über Publikumswünsche an den Wiener Wein/Heurigen wurde im Jahr 1999 eine groß angelegte Qualitäts- und Imageoffensive für den Wiener Heurigen gestartet. Rund 60 Betriebe, die in einem anonymen Testverfahren auf Herz und Nieren geprüft und positiv bewertet wurden, gehören heute dem Verein „Der Wiener Heurige" an. Die Betriebe verpflichten sich, einem detaillierten Leitbild zu folgen und sind an der grün-gelben Tafel an der Tür oder Außenmauer zu erkennen.

WIENWEIN

Im Jahr 2006 hat sich die Gruppe WIENWEIN, bestehend aus den engagierten Winzern Rainer Christ, Michael Edlmoser, Fritz Wieninger und Richard Zahel, mit dem Ziel zusammengeschlossen, neue Qualitätsstandards für den Wiener Wein zu setzen. Darüber hinaus geht es WIENWEIN darum, Weinfreunde in Wien und über Österreichs Grenzen hinaus durch regelmäßige Veranstaltungen und Präsentationen von der hohen Qualität und der Einzigartigkeit des Wiener Weins zu überzeugen.

Der junge Wiener

Der erste Wein des kommenden Jahres ist immer etwas Besonderes. So wie Frankreich den Beaujolais oder die Steiermark den Junker hat, hat Wien seinen „Jungen Wiener". Bereits ab Anfang September werden die Trauben für diesen Wein gelesen, und Ende Oktober ist es dann soweit: Der fruchtig-frische, trendige Jungwein wird erstmals der Öffentlichkeit präsentiert. Der Junge Wiener steht für jugendlichen Charme und unkompliziertes Trinkvergnügen und erfreut sich darum vor allem beim jungen Publikum und in der Szenegastronomie großer Beliebtheit.

Der Wiener Heurige

Einerseits versteht man darunter den jungen Wein, der aus der letzten Ernte stammt, andererseits die Buschenschank selbst im Rahmen ihrer gesetzlichen Definition. Der Wein gilt vom Martinitag des Erntejahres (11. November) bis zum folgenden „Martini" als Heuriger. Wenn ihm dann der nächste Jahrgang folgt, wird er zum „Altwein". Was den Wein selbst angeht, so ist der Heurige meist ein trockener, spritziger, bekömmlicher oder eben „rescher" Wein.

Die zweite Bedeutung des Wortes „Heuriger" bezeichnet den Buschenschankbetrieb selbst. Dabei geht das heute gültige Buschenschankgesetz im Wesentlichen auf eine Verordnung von Kaiser Josef II. aus dem Jahr 1784 zurück. („Josefinische Zirkularverordnung"), die den Weinhauern das Recht einräumt, Eigenbauweine und dazu passende Speisen anzubieten.

Sehr viele ehemalige Heurige werden heute als Gastgewerbe-Betriebe geführt, tragen aber den – nicht schützbaren! – Namen „Heuriger", und locken den Gast auch mit entsprechendem Heurigen-Ambiente. Nur der Föhrenbuschen und die „Ausg'steckt"-Tafel garantieren, dass es sich um einen echten Wiener Heurigen nach dem Buschenschankgesetz handelt, in dem ausschließlich Wein aus Wien ausgeschenkt wird.

Weingärten am Kahlenberg: Der Blick geht über die Kirche des Kahlenbergerdorfs nach „Transdanubien".

Carnuntum

Weinbau wurde in Carnuntum schon vor der Römerzeit betrieben. Und das „Carnuntinische Rotweinwunder“ der vergangenen zwei Jahrzehnte zeigt, dass sich das lange Üben gelohnt hat.

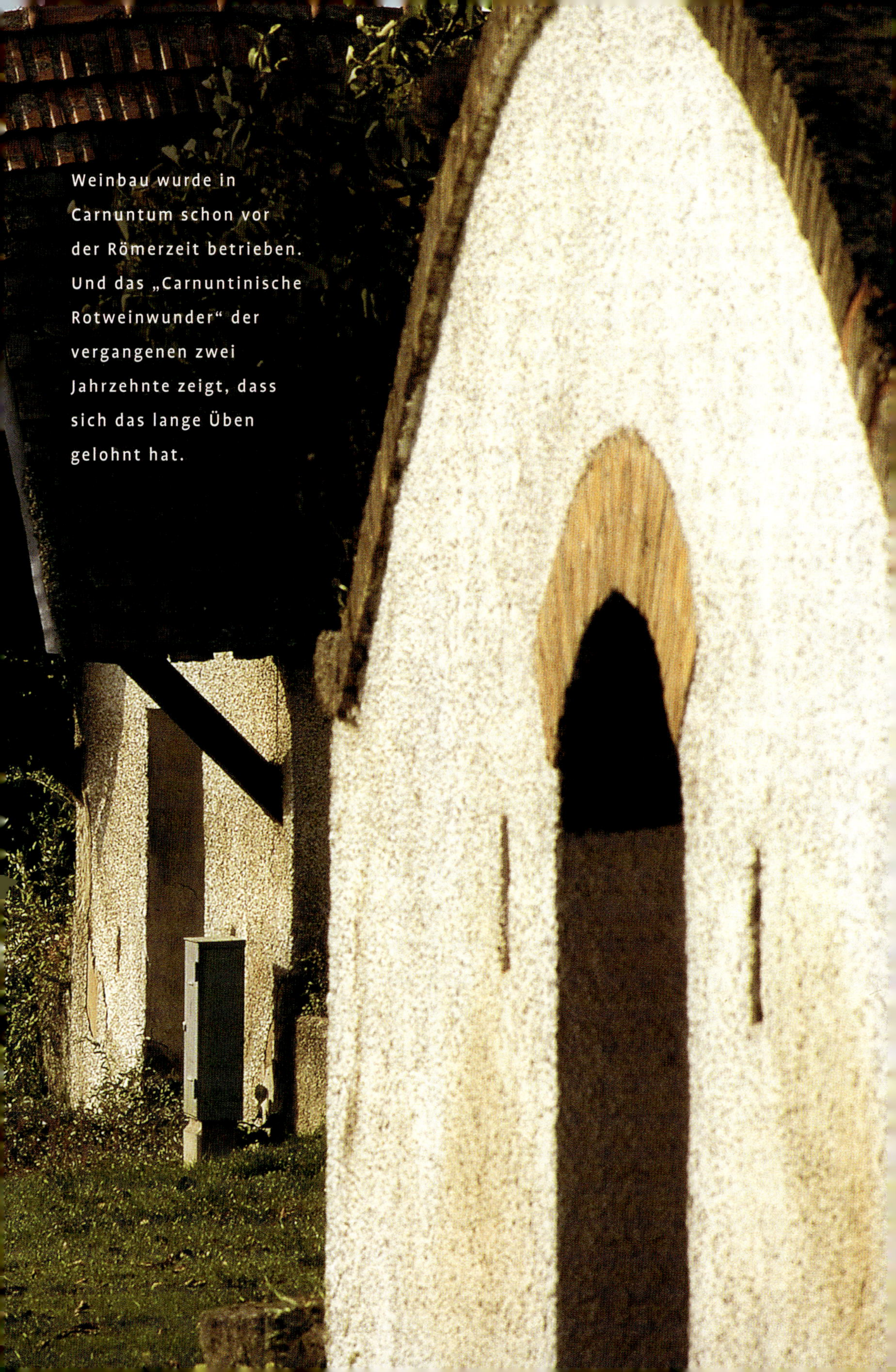

Auf die Lage kommt es an. Das galt schon in der Zeit der Römer, die hier, am Schnittpunkt von zwei wichtigen transkontinentalen Verkehrswegen, nämlich der Donau und der Bernsteinstraße, einen ihrer wichtigsten Stützpunkte nördlich der Alpen errichtet haben. Und das gilt noch heute, da die Weinreben in Carnuntum sowohl von pannonischen als auch von alpinen Klimaeinflüssen profitieren. Dadurch ergeben sich ideale Bedingungen für den Weinbau; die Region ist eine wahre Spielwiese für die Winzer, die vom knackigen Veltliner bis zum vollreifen Cabernet praktisch alles produzieren können, was ihnen Spaß macht. Kein Wunder, dass Carnuntum heute eines der „jüngsten“ und dynamischsten Weinbaugebiete Österreichs ist. Nirgendwo sonst schießen so viele interessante Betriebe förmlich aus dem Böden, nirgendwo starten Winzerkarrieren so raketengleich wie hier. Kein Zweifel: In Carnuntum köchelt die Weinszene nicht auf kleiner Flamme, sondern sie brodelt regelrecht.

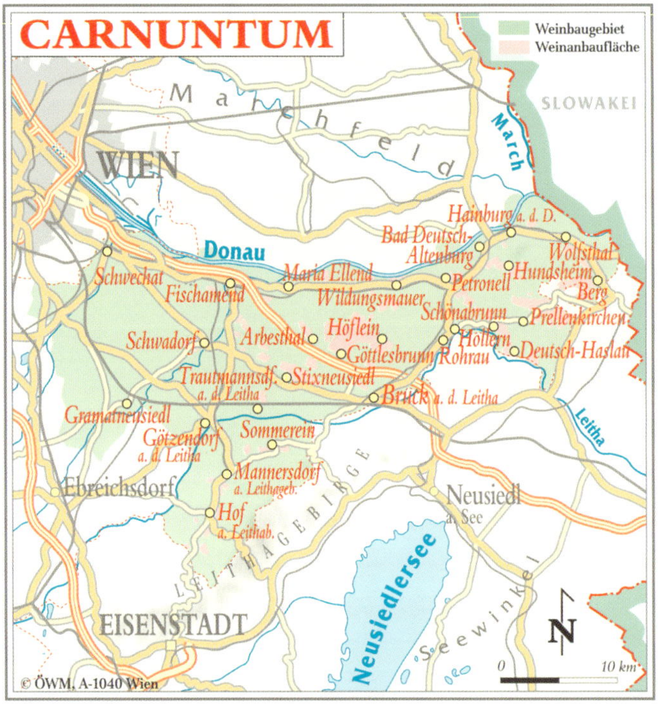

CARNUNTUM auf einen Blick:

Rebfläche: **1.022 Hektar**
Anteil an der Gesamtrebfläche Österreichs: **2 Prozent**
Wichtigste Rebsorten: **Grüner Veltliner: 295 ha Zweigelt 208 ha, Blaufränkisch: 90 ha**
Böden: **Schotter, Sand, Lehm und Löss**

Der Beginn einer Karriere

Geschichten, die mit den Worten „Schon die alten Römer …“ beginnen, gelten im Journalismus als besonders schlecht und einfallslos. Schließlich gibt es in Österreich kaum einen Flecken, an dem die eroberungslustigen Imperialisten aus dem Süden nicht die eine oder andere Spur hinterlassen hätten. Im Fall der Weinbauregion Carnuntum ist es allerdings gerechtfertigt, einen kurzen Blick auf die römische Epoche zu werfen. Nicht nur, dass die Region den Namen der Mitte des ersten Jahrhunderts nach Christus gegründeten Garnisons- und Zivilstadt trägt, die mit geschätzten 50.000 Einwohnern die größte auf österreichischem Boden war, haben die Römer den Weinbau hier zwar nicht „erfunden“, aber doch kultiviert und stark weiterentwickelt. Die Spuren der römischen Besiedelung sind noch heute unter anderem im Archäologischen Park Carnuntum mit seinen Gebäuden, Bädern, Straßen und Amphitheatern gegenwärtig. Es war daher naheliegend, das so genannte „Heidentor“ aus dem vierten Jahrhundert, das als einziges Monument der Antike in Österreich die Jahrhunderte zumindest zum Teil überdauert hat, zum Symbol der Weinstraße Carnuntum und der Qua-

Barriquekeller im Weingut Markowitsch – Ordnung muss sein! *Foto: Gerd Kressl*

litätsvereinigung Rubin Carnuntum zu machen. Diese wurde 1989 ins Leben gerufen. Vorerst um gemeinsam einen Jungwein namens „Primus Carnuntum" zu erzeugen und zu vermarkten, der sich freilich am Markt nie wirklich durchsetzen konnte. Im Jahr 1992 folgte dann der rote „Rubin Carnuntum" – mit einheitlichem Erkennungszeichen, aber von jedem Winzer eigenständig vinifiziert. Ein Zeichen des Aufbruchs in der Region, dem 1993 die Entlassung in die weinbauliche Selbstständigkeit folgte. Bis dahin wenig sinnvoll mit der Region Donauland zusammengespannt, wurde Carnuntum nun zur eigenständigen, homogenen Weinbauregion. Der wichtigste „Karriereschritt" des Gebietes war damit getan und das „Carnuntinische Rotweinwunder" konnte sich vollziehen.

Das Wunder

Die nun entstehende Aufbruchstimmung ging von einem Ort aus, den bis dahin nur echte Wein-Insider kannten: Göttlesbrunn. Hans Pitnauer hatte bereits in den Achtzigern mit seinen Weißburgundern vom Hagelsberg und seinem Zweigelt „Bienenfresser" überregionale Bekanntheit erlangt. Jetzt wollten es auch andere wissen: Walter Glatzer hob mit dem Zweigelt „Dornenvogel" ab, Hans Markowitsch war mit seinem Label „Marko's Weine" bereits eine konstante Größe und der Nebenerwerbswinzer Hans Edelmann verblüffte mit Grünen Veltlinern und Blauen Portugiesern, deren Extraktwerte schwindelnde Höhen erreichten. Damit war aber erst angedeutet, welches Potenzial in dieser Region schlummert – und es ging so weiter. Hannes Artner aus Höflein, Hans Grassl, die Netzls und andere folgten, bis mit Gerhard Markowitsch ein junger Winzer aus Göttlesbrunn mit seiner spektakulären Cuvée Rosenberg zum neuen Superstar der heimischen Rotweinszene avancierte. Viele dieser Betriebe wurden erst durch die heutigen Besitzer von der vorher üblichen gemischten Landwirtschaft mit Ackerbau,

Weinblüte in Höflein bei Göttlesbrunn

Viehzucht und Weingärten auf reine Weinbaubetriebe umgestellt. Der Sprung zur qualitativen Spitze samt technologischer Hochrüstung vollzog sich dann aber großteils innerhalb von nur einem Jahrzehnt.

Dem kometenhaften Aufstieg der Region um Göttlesbrunn, Arbesthal und Höflein war der allmähliche Niedergang des zweiten großen Weinzentrums von Carnuntum vorangegangen. Lange bevor Göttlesbrunn in der heimischen Weinlandschaft von sich reden machte, waren die Weine aus der Gegend um Prellenkirchen, und hier vor allem jene vom Spitzerberg, bekannt. Zunächst handelte es sich dabei hauptsächlich um Weißweine, ehe es in den 60er und 70er Jahren dann die Blaufränkischen der „Winzergenossenschaft für Prellenkirchen und Umgebung" zu einigem Ruhm brachten. Zur Blütezeit soll es, erzählt Willi Schenzel, der dort heute acht Hektar bewirtschaftet, am Spitzerberg mehr als 1.000 Hektar Weingärten gegeben haben. Das ist lange her. Die Genossenschaft verpasste den abdampfenden Qualitätszug – wohl auch deshalb, weil die Mitglieder nur bestimmte Traubenmengen abliefern mussten und, wie man hört, diese Trauben nicht immer die besten ihrer Ernte gewesen sein sollen. Im Jahr 2000 schloss der Betrieb endgültig seine Pforten. Doch wie so oft muss erst eine Ära zu Ende gehen, ehe etwas Neues entstehen kann. Heute zählen der Spitzerberg und die Gegend um Berg wieder zu den Hoffnungsgebieten der Region. Junge Winzer besinnen sich auf das Rotweinpotenzial dieser perfekten Hanglage und auch das Engagement der aus Rohrau stammenden „Grande Dame" der heimischen Wein-PR, Dorli Muhr, die gemeinsam mit ihrem Mann Dirk Niepoort einen Blaufränkisch vom Spitzerberg produziert, lenkte zuletzt den Fokus endlich wieder verstärkt auf dieses Gebiet.

Rotwein auf der Überholspur

Hand in Hand mit dem Aufbruch zu neuen Qualitätsufern veränderte sich in Carnuntum auch das Sortenbild: Dominierten früher eindeutig die weißen Gewächse mit dem Grünen Veltliner als Leitsorte, so ging der Trend während der vergangenen zwei Jahrzehnte klar in Richtung Rotwein. Heute beträgt der Rotweinanteil bei den meisten Spitzenbetrieben mindestens 60 und bei manchen sogar bis zu 90 Prozent. Noch 1999 standen in Carnuntum zwei Drittel Weißweinreben, heute nähert sich der Rotweinanteil bereits der 50-Prozent-Marke. Grundsätzlich bietet die Region klimatisch aber sowohl für Weiß- als auch für Rotweine ausgezeichnete Voraussetzungen.

Nur edelsüße Hochprädikatsweine findet man hier selten – für eine regelmäßige Botrytisausbildung herrscht zu wenig Luftfeuchtigkeit.

Die Weinreben genießen einerseits die Wärme und die vielen Sonnenstunden – fast so viele wie im sonnenverwöhnten Rust –, sind aber auch den kühleren Witterungseinflüssen aus dem Westen, insbesondere Winden, die eine nächtliche Erfrischung bringen, ausgesetzt. Dazu kommt noch die temperaturausgleichende Wirkung vor allem der nahen Donau, aber auch des Neusiedlersees.

Die Böden in Carnuntum sind großteils von Schotterablagerungen der Donau gekennzeichnet, an deren Rändern sich teilweise Lössverwehungen, aber auch Braunerdeböden gebildet haben. Einer

Die rebenumrankte Pforte zum Genuss: Weingut Markos Weine in Göttlesbrunn

dieser Kieskegel ist etwa der Schüttenberg, auf dem sich die besten Weinrieden von Göttlesbrunn und Höflein befinden. Weiter östlich, in der Region von Berg und am Spitzerberg, findet man Schieferverwitterungsböden mit Sand und Lehmauflage, wobei die Böden leichter und sandiger sind als in den westlichen Teilen des Gebietes. Die Weine der Region präsentieren sich dicht, vollmundig und voluminös – hier ist der pannonische Einfluss zu spüren. Gleichzeitig weisen sie aber auch eine gute Struktur auf und haben nie zu wenig Säure: Das östliche Weinviertel lässt grüßen.
Innerhalb der Region könnte man generalisierend sagen, dass die Rotweine im Gebiet Göttlesbrunn, Höflein und Arbesthal eine „Neue-Welt-Stilistik" aufweisen, während jene vom Spitzerberg eher ein französisches Geschmacksbild entwickeln, wobei schon aufgrund der Hanglagen mehr an Burgund als an Bordeaux zu denken ist.

Der Zweigelt dominiert

Die flächenmäßig bedeutendste Rebsorte in Carnuntum ist nach wie vor der Grüne Veltliner, der auch durchaus sehr gute Weine hervorbringt. Allerdings schrumpfte die Veltliner-Fläche von 1999 bis 2006 um etwa zehn Prozent auf rund 290 Hektar. Kein Wunder: Die Vermarktung von Veltliner aus einem ausgewiesenen Rotweingebiet ist schwierig, assoziieren Konsumenten Veltliner doch viel eher mit dem Weinviertel, dem Krems-, Kamp- und Traisental, dem Wagram oder der Wachau. Ähnliches gilt aber auch für andere Weißweinsorten vom Welschriesling über Weißburgunder bis zum Chardonnay. Bei den Rotweinen dominiert eindeutig der Zweigelt, dessen Rebfläche sich innerhalb eines Jahrzehnts auf rund 200 Hektar fast verdoppelt hat. Es waren Weine aus dieser lange Zeit unterschätzten Reb-

Kellergassen-Idylle in Höflein bei Göttlesbrunn

sorte, die der Region erste Bekanntheit brachten, und es gibt kaum eine Top-Rotweincuvée, die nicht auf Zweigelt basiert, der hier besonders opulent und stoffig gerät.

Während der Blaufränkisch in Göttlesbrunn praktisch keine Rolle spielt, war und ist er am Spitzerberg die Leitsorte; gute Spitzerberger Blaufränker überzeugen durch ihre kernige Struktur, aber auch durch ihre Finesse. Darüber hinaus wird in Sachen Rotwein so ziemlich alles angebaut und ausprobiert, was in Österreich Sinn hat. Der Merlot, von dem in Carnuntum inzwischen fast 40 Hektar stehen, fühlt sich hier besonders wohl und auch der Cabernet Sauvignon erreicht zumeist eine gute Reife, vorausgesetzt, er steht in den richtigen Lagen. Etliche Winzer setzen auch auf Pinot noir und St. Laurent – zwei Zukunftshoffnungen in diesem Gebiet, während Syrah wohl auch hier ein Minderheitenprogramm bleiben wird. Schließlich wurden in den vergangenen Jahren einige Hektar der Klosterneuburger Neuzüchtung Roesler ausgesetzt. Diese Rotweinsorte gilt als besonders widerstandsfähig gegen Krankheiten wie falschen und echten Mehltau (Peronospora und Oidium), zudem sind diese Weine aufgrund ihrer dunklen Farbe und ihres Gerbstoff- und Extraktreichtums vor allem als Cuvée-Partner gefragt.

Mit einer Gesamtrebfläche von rund 1.000 Hektar ist Carnuntum eines der kleineren Weinbaugebiete Österreichs. Was die Weinqualität angeht, zählt man aber zu den ganz Großen. Das beweisen nicht zuletzt zahlreiche Verkostungserfolge, die Weine aus dieser Region in den vergangenen Jahren errungen haben. Für die Zukunft darf man sich jedenfalls eine dynamische Weiterentwicklung erwarten: Das „Carnuntinische Rotweinwunder" dauert an.

Kritisch betrachtet

In der allgemeinen Aufbruchstimmung und Rotwein-Euphorie hat man zuweilen über das Ziel hinausgeschossen. Durch das Bestreben nach immer höherer Qualität entstanden opulente, süße Rotweine mit viel Holz und noch mehr Alkohol. Man setzte hier eher auf Wucht und Fülle als auf Struktur und Finesse – was letzten Endes auf Kosten der Trinkbarkeit geht. Solche Weine beeindrucken und reüssieren zwar bei Verkostungen, sind aber in der „Trink-Praxis" kaum zu gebrauchen: Als Speisenbegleiter zu süß und selbst für sich getrunken zu fett und alkoholisch, um wirklich trinkanimierend zu wirken.

Der Aufgabe, einen komplexen Topwein mit 12,5 oder 13 Prozent Alkohol zu keltern, stellte sich bis dato kaum jemand. Dabei wäre das absolut möglich und auch eine spannende Herausforderung. Einem Wein durch Konzentrationsverfahren Fülle und Power zu verleihen ist leicht – dafür muss man nur einen Schalter umlegen. Ausgewogene Weine mit großer Struktur und verträglichem Alkoholgehalt zu produzieren erfordert hingegen eine ebenso intensive wie kritische Auseinandersetzung mit Natur und Kellertechnik. Der Lohn dafür wären Weine, die den Gaumen nicht „erschlagen", sondern fordern und so ein Maximum an Genuss bringen.

Die besten Lagen

Alte Zeiten: Weinkeller bei Prellenkirchen

Im Gebiet rund um Göttlesbrunn, Höflein und Arbesthal ist das Lagenprinzip grundsätzlich nicht besonders ausgeprägt. Gerade für ihre Spitzencuvées bevorzugen viele Winzer Fantasienamen, was nicht nur der besseren Unterscheidbarkeit dient, sondern wohl auch daran liegen mag, dass es zwischen den einzelnen Lagen keine allzu gravierenden Charakterunterschiede gibt. Die besten Lagen, erklärt Gerhard Markowitsch, befinden sich am Abhang des Arbesthaler Hügellandes, der parallel zum Leithagebirge verläuft. Nach oben hin werden die Weinberge vom Wald umrahmt und so vor Winden geschützt. Die Hanglagen sind leicht sichelförmig gebogen und fallen gleichmäßig ab – dadurch entsteht ein guter Sonneneinfallswinkel. Die Böden hier sind gute Wasserspeicher, daher ist keine künstliche Bewässerung notwendig – das stärkt die Ausdruckskraft der Trauben.

Rosenberg

Die Lage Rosenberg, die es vor allem durch die gleichnamige Rotweincuvée von Gerhard Markowitsch zu einiger Berühmtheit gebracht hat, liegt ungefähr in der Mitte des Kessels, den die geschlossenen Rebflächen hier bilden. Ganz oben findet man vor allem Schotter, weiter unten geht dieser in sandigen Lehm mit steinigen Einschlüssen über. Die Böden verfügen über einen relativ hohen Kalkgehalt. Eine Lage, in der auch anspruchsvolle Rotweinreben wie der Cabernet Sauvignon Spitzenergebnisse bringen.
Winzer: Gerhard Markowitsch, Lukas Markowitsch, Hans & Martin Netzl, Oppelmayer

Bärnreiser

Die Riede Bärnreiser liegt auf dem Gemeindegebiet von Höflein, die Weingartenflächen gehören jedoch größtenteils Göttlesbrunner Winzern. Sie ist nach Süden ausgerichtet und weist eine schwache Hangneigung auf. Im oberen Teil stehen die Reben auf kiesigen Böden, weiter unten findet man mehr Humus und Löss. Die Lage zählt zu den besten der Region und eignet sich vor allem für Rotweinreben, die hier mächtige, volle Weine bringen.
Winzer: Hans & Philipp Grassl, Pitnauer, Franz Netzl

Aubühel

Eine Subried der Lage Bühl mit relativ tiefgründigen Lössböden, deren beste Teile nach Süden ausgerichtet sind. Hier stehen sowohl Weiß- als auch Rotweinreben.
Winzer: Artner, Glatzer, Hans & Philipp Grassl

Hagelsberg

Eine große Lage, die sich bis an den Ortsrand von Göttlesbrunn erstreckt. Auf mittelschweren Lehm- und sandigen Lössböden wachsen hier sowohl elegante Weißweine, etwa der weißen Burgundersorten, als auch Rote wie der St. Laurent.
Winzer: Johann Edelmann, Pitnauer, Taferner

Spitzerberg

Der Spitzerberg ist der östlichste Teil der Hainburger Berge und zählt geologisch bereits zu den Karpaten. Die Lage weist eine große, geschlossene Rebfläche auf, die allerdings in viele kleine Parzellen zersplittert ist. Bei einer optimalen Hangneigung blicken praktisch alle Weingärten nach Süden. Sie stehen

Mit Schwung: Weingärten/Göttlesbrunn.
Foto: Weingut Grassl/Gerd Kressl

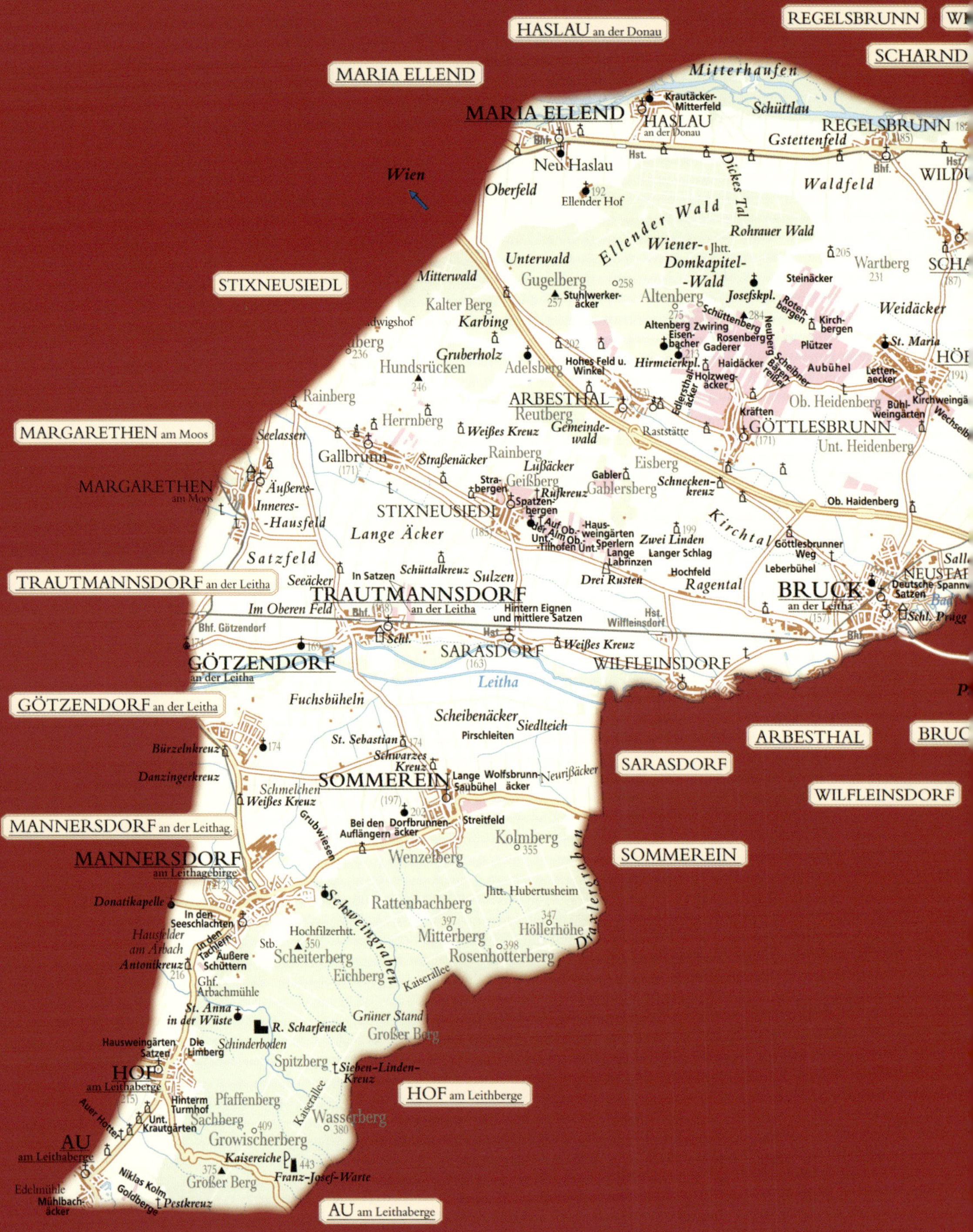
HASLAU an der Donau
REGELSBRUNN
SCHARND
MARIA ELLEND
STIXNEUSIEDL
MARGARETHEN am Moos
TRAUTMANNSDORF an der Leitha
GÖTZENDORF an der Leitha
MANNERSDORF an der Leithag.
ARBESTHAL
BRUC
SARASDORF
WILFLEINSDORF
SOMMEREIN
HOF am Leithberge
AU am Leithaberge
Wien
Mitterhaufen
Schüttlau
Gstettenfeld
Waldfeld
Oberfeld
Ellender Hof
Ellender Wald
Dickes Tal
Rohrauer Wald
Wiener-Domkapitel-Wald
Unterwald
Gugelberg
Mitterwald
Kalter Berg
Karbing
Gruberholz
Hundsrücken
Adelsberg
Altenberg
Josefskpl.
Steinäcker
Wartberg
Weidäcker
Hirmeierkpl.
Aubühel
St. Maria
Rainberg
Herrnberg
Weißes Kreuz
Reutberg
Gemeindewald
Raststätte
Ob. Heidenberg
GÖTTLESBRUNN
Unt. Heidenberg
Seelassen
Gallbrunn
Straßenäcker
Lußäcker
Geißberg
Eisberg
Gablersberg
Schnecken-kreuz
Ob. Haidenberg
Äußeres-Inneres-Hausfeld
Lange Äcker
Kirchtal
Zwei Linden
Langer Schlag
Satzfeld
Seeäcker
In Satzen
Schüttalkreuz
Sulzen
Drei Rusten
Hochfeld
Ragental
Leberbühel
BRUCK an der Leitha
NEUSTAD
Im Oberen Feld
TRAUTMANNSDORF an der Leitha
Hintern Eignen und mittlere Satzen
Bhf. Götzendorf
GÖTZENDORF an der Leitha
SARASDORF
WILFLEINSDORF
Leitha
Fuchsbüheln
Scheibenäcker
Siedlteich
Pirschleiten
St. Sebastian
Schwarzes Kreuz
Bürzelnkreuz
Danzingerkreuz
SOMMEREIN
Lange Saubühel
Wolfsbrunn-äcker
Neurißäcker
Schmelchen
Weißes Kreuz
Grubwiesen
Bei den Auflängern
Dorfbrunnen-äcker
Streitfeld
Kolmberg
MANNERSDORF am Leithagebirge
Wenzelberg
Donatikapelle
Schweingraben
Rattenbachberg
Jhtt. Hubertusheim
In den Seeschlachten
Hausfelder am Arbach
Antonikreuz
Äußere Schüttern
Hochfilzerhtt.
Scheiterberg
Mitterberg
Höllerhöhe
Rosenhotterberg
Eichberg
Kaiserallee
Daxlergraben
Ghf. Arbachmühle
St. Anna in der Wüste
R. Scharfeneck
Grüner Stand
Großer Berg
Hausweingärten
Satzen
Die Limberg
Schinderboden
Spitzberg
Sieben-Linden-Kreuz
HOF am Leithaberge
Hinterm Turmhof
Pfaffenberg
Sachberg
Wasserberg
Auer Hotter
Unt. Krautgärten
Growischerberg
AU am Leithaberge
Kaisereiche
Franz-Josef-Warte
Großer Berg
Edelmühle
Mühlbach-äcker
Niklas Kolm
Goldberg
Pestkreuz

auf Schieferverwitterungsböden mit einer Sand- und Lehmauflage, die einen hohen Kalkanteil aufweisen. „In Richtung Edelstal (Osten) wird der Spitzerberg immer besser“, erklärt Willi Schenzel, der hier acht Hektar Weingärten bewirtschaftet, „während die Böden zum Flughafen hin sandiger werden und nicht so tiefgründig sind. Das kann in trockenen Jahren zu Engpässen bei der Wasserversorgung führen.“ Am Spitzerberg stehen sowohl Weiß- als auch Rotweinreben, wobei dem finessenreichen Blaufränkischen eindeutig die Position der Leitsorte zukommt.

Winzer: Dietrich, „D & D“ Muhr-van der Niepoort, Schenzel-Wallner, Trap

Der Wein macht Pause: Heuriger bei Prellenkirchen

Über den Wein

Gerhard Markowitsch

Vom Roten Berg zum Blauen Burgunder

Es ging Gerhard Markowitsch ein bisschen so wie vielen Weinfreunden. Sein Weg führte ihn von Bordeaux über Kalifornien nach Burgund. Im übertragenen Sinne natürlich, denn

die Rede ist von den Weinen des Göttlesbrunners, der Anfang der 90er Jahre in den Betrieb eingestiegen ist und diesen von der gemischten Landwirtschaft mit Weinbau zu einem der führenden Weingüter des Landes gemacht hat. Der Durchbruch gelang ihm dabei mit der Cuvée Rosenberg aus Zweigelt, Cabernet Sauvignon und Merlot, die stilistisch oft an einen großen Bordeaux erinnert. Sein nächster Streich war der „Redmont“, den er bewusst in amerikanischen Barriques ausbaute. „Der Name stammt vom roten Schotter der Lage Rotenberg“, erläutert Markowitsch, „doch wollten wir hier keinen Lagenwein machen, sondern eine bestimmte Stilistik erzielen, die sich an den Neue-Welt-Weinen orientierte.“ Das Ergebnis war ein fetter Wein mit viel Holz und Fruchtsüße, der am Markt sofort reüssierte: Die Jahrgänge 1997, 98 und 99 machten den Namen zum Begriff und trugen wesentlich zum Aufstieg des Weinguts bei. „Aber irgendwann hat mir das nicht mehr geschmeckt“, erzählt der Göttlesbrunner, der sich nicht auf den Lorbeeren ausruhen, sondern immer wieder einen Schritt weitergehen will: „Wir haben mit dem amerikanischen Holz aufgehört und den Wein anders ausgebaut. Er ist zwar nach wie vor sehr zugänglich, doch härter und mit mehr Struktur – einfach ernsthafter.“ In dieselbe Kerbe schlägt Markowitsch bei seiner jüngsten Liebe, dem Pinot noir. An die sechs Hektar hat er von dieser Rebsorte ausgesetzt, die ihn ganz besonders fasziniert. Zwar gibt es im Sortiment schon einen Pinot noir, doch liebäugelt der Winzer für die Zukunft damit, den edlen Burgunder lagenweise auszubauen. „Wenn die Böden wirklich erkennbar unterschiedliche Weine bringen, dann sollen sie auch getrennt abgefüllt werden!“ Bis es so weit ist, tröstet man sich mit dem „normalen“ Pinot noir und, wenn der Jahrgang passt, einer Reserve. Aber man tröstet sich gerne.

Hans Pitnauer
Carnuntum muss gut werden

„Man muss immer Vor- und Nachdenker zugleich sein", lacht Hans Pitnauer, der Weinbaupionier aus Göttlesbrunn, der mit seinen gerade einmal fünfzig Lenzen schon seine fünfunddreißigste Weinlese absolviert hat. Anfangs natürlich nur als Helfer, aber kaum hatte Hans die Weinbauschule in Gumpoldskirchen absolviert, übertrug ihm der Vater, der als Bürgermeister von Göttlesbrunn froh über die Entlastung war, die komplette Verantwortung für den Weinbau. Schon damals hatte der rührige Winzerspross eine Vision, die über den eigenen Betrieb hinausging: „Carnuntum muss gut werden!" Das Weinbaugebiet hatte damals keinen besonderen Ruf, was nicht nur an einem Mangel an Spitzenbetrieben, sondern auch daran lag, dass man mit anderen Gebieten recht willkürlich in einen Topf geworfen wurde. Die Bezeichnung „Donauland-Carnuntum" missfiel dem jungen Burschen außerordentlich, zumal diese Gebiete sowohl geografisch als auch klimatisch – vom verbindenden Element der Donau einmal abgesehen – kaum etwas gemein haben.

Die eigenen Erfolge, wie der Bundessieger 1987 für seinen Zweigelt „Bienenfresser", brachten auch der Region vermehrte Aufmerksamkeit, und Hans Pitnauer nutzte seine wachsende Bekanntheit, um Lobbying für eine selbstständige Weinbauregion Carnuntum zu machen. Als er 1988 das erste Mal im Landwirtschaftsministerium war – „weil ich mit einem weißen Zweigelt einen Wein erzeugt hatte, den es laut Gesetz nicht gab", packte er die Gelegenheit gleich beim Schopf, um sein Anliegen vorzutragen. Dort wurde man zumindest einmal hellhörig, und Pitnauer versuchte in den darauf folgenden Jahren Journalisten, Politiker und Meinungsmacher davon zu überzeugen, dass Carnuntum ein eigenes Weinbaugebiet werden sollte. Im Jahr 1993 war das Ziel schließlich erreicht und seither ist Carnuntum ein selbstständiges, homogenes Weinbaugebiet, das sich qualitativ enorm entwickelt hat. Ein Erfolg, an dem Pitnauer sicher maßgeblichen Anteil hat, war er doch einer der Ersten, die damit begonnen haben, das Potenzial dieser Region zu nutzen. Viele haben es ihm inzwischen gleichgetan, was dem (Nicht-wirklich-Alt-) Meister durchaus gefällt: „Ich freue mich über jeden jungen Winzer, der bei uns erfolgreich ist!"

Willi Schenzel
Der Spitzerberg ist Spitze

Dass Bruck an der Leitha im 17. und 18. Jahrhundert eine bedeutende Weinhandelsstadt zwischen Österreich und Ungarn war, ist weitgehend in Vergessenheit geraten. „Bruck war eine Garnisonsstadt, in der bis zu 70.000 Soldaten stationiert waren", erzählt Willi Schenzel, der 1985 in den Betrieb „eingeheiratet" hat und seither mit seiner Familie Weinbau und einen Heurigen betreibt. Dass die Soldaten durstig waren, beweist die Tatsache, dass es um das Ende des 19. Jahrhunderts hier rund 85 Heurige gab – heute sind es nur noch eine Handvoll. Früher gehörten zur Stadt auch weitläufige Weingärten, aber sie fielen dem großen Truppenübungsplatz zum Opfer. Kein Problem für Willi Schenzel, denn er wurde woanders fündig. Heute bewirtschaftet er acht Hektar Weingärten am Spitzerberg – in bester Lage direkt hinter der Kellergasse. Diese zusammenzubekommen war nicht leicht, denn die Flächen am Spitzerberg sind extrem aufgesplittert, und viele der Eigentümer wollen ihre Weingärten weder bewirtschaften noch verkaufen – schon gar nicht an einen „Ortsfremden". Aber Schenzel hatte schon früh das Potenzial des Spitzerbergs erkannt und blieb hartnäckig. Das ursprünglich von ihm angedachte Projekt, gemeinsam mit Winzern aus Göttlesbrunn am Spitzerberg eine Fläche von 40 bis 50 Hektar samt Bewässerung zu bewirtschaften, scheiterte jedoch an der Distanz. Den meisten sind die Weingärten einfach zu weit weg, um sie selbst zu bearbeiten – deshalb kaufen viele Göttlesbrunner Winzer einfach die Trauben von den Bewirtschaftern am Spitzerberg.

Willi Schenzel fand hier sein Weinparadies und nimmt dafür auch die 22 Kilometer Anfahrtsweg in Kauf, die seinen Betrieb von den Weingärten trennen. Auf Schieferverwitterungsböden mit Sand- und Lehmauflage stehen hier vor allem Rotweinstöcke vom Zweigelt bis zum Cabernet Sauvignon, aus denen er charaktervolle, ausgewogene Rotweine keltert. Eine Konzentration dieser Weine kommt für ihn übrigens nicht in Frage: „Wir arbeiten lieber mit Saftabzug: Wenn der Most in den Gärständer kommt, ziehen wir zehn Prozent Saft ab und machen daraus Rosé. Dadurch werden die Weine zwar konzentrierter, aber nicht marmeladig und bleiben viel schöner und harmonischer als mit irgendwelchen Konzentrationsverfahren."

Die Winzer

Modernes Ambiente: Verkostungsraum im Weingut Grassl. Foto: Weingut Grassl/Gerd Kressl

Artner

2465 Höflein, Dorfstraße 93

Als Rufer in der Wüste kann man Hannes Artner nicht gerade bezeichnen – schließlich wachsen dort keine Weinreben. Aber Artner war der erste Winzer in Höflein, der das Potenzial von hervorragenden Lagen wie Aubühel wirklich nutzte. Schon seit Anfang der 90er Jahre mischt er im obersten Qualitätssegment mit und hat sich vor allem mit seinen Rotweinen wie der Top-Cuvée Amarok oder dem reinsortigen Merlot einen Namen gemacht. Ebenfalls bemerkenswert: der „Syrah and Ever", ein österreichischer Syrah von internationaler Stilistik.

Böheim

2464 Arbesthal, Hauptstraße 38

In seiner nach einer Lage benannten Top-Cuvée „Stuhlwerker" verbindet Johann Böheim regionale und internationale Rebsorten zu einem harmonischen Ganzen: Zweigelt, Merlot und Syrah ergeben einen Wein, der mit seiner satten, reifen Beerenfrucht die Sonne richtig einfängt, während ihm sein kräftiger Gerbstoff Struktur und Potenzial verleiht. Ebenfalls bemerkenswert: der in dieser Gegend eher rare, reinsortige Blaufränkisch und der zugänglichere „Rubin Carnuntum".

„D & D" Dorli Muhr & Dirk van der Niepoort

1190 Wien, Hardtgasse 7/7

Gemeinsam mit ihrem Mann, dem portugiesischen Rotwein- und Portweinproduzenten Dirk van der Niepoort startete die aus Rohrau stammende Eigentümerin der bekannten Wein-PR-Firma „wine & partners", Dorli Muhr, ein Weinprojekt am Spitzerberg. Stück für Stück haben die beiden kleine Weingartenflecken erworben und sie nach und nach zu einer sinnvollen Größe zusammengefügt. In Kooperation mit Gerhard Markowitsch entstand dann vom Jahrgang 2004 der erste Blaufränkische, der einer breiteren Öffentlichkeit präsentiert wurde. Vorerst sind es nur 1.200 Flaschen eines Weines, der sehr traditionell hergestellt wurde und mit seiner eleganten Struktur, seiner Frucht und feingliedrigen Säure stilistisch in Richtung Pinot noir weist. Ganz bewusst wollen Muhr und Niepoort hier kein Mainstream-Produkt erzeugen, sondern einen Wein, der das eigenwillige Terroir dieser besonderen Lage widerspiegelt – Fortsetzung folgt.

Josef Dietrich

2472 Prellenkirchen, Hauptstraße 1

Der Keller des Familienweinguts Dietrich befindet sich direkt in der Kellergasse von Prellenkirchen am

Spitzerberg, und hier stehen auch die Reben des Betriebes. Josef Dietrich ist einer der ganz wenigen Winzer des früher renommierten Weinbauortes, der mit seinen Weinen – allen voran dem eleganten und vielschichtigen Blaufränkischen, der auf den sandigen Lehm- und Lössböden beste Bedingungen vorfindet – die große Weinbautradition des Spitzerberges aufrechterhält.

Glatzer

2464 Göttlesbrunn
Rosenbergstraße 5

Walter Glatzer war einer der frühen Protagonisten des „Rotweinwunders" von Carnuntum. Mit seinem Zweigelt „Dornenvogel", dem er mit einem Schuss Cabernet Sauvignon zusätzliche Struktur verleiht, zeigte er als einer der Ersten, welches Potenzial in dieser lange Zeit aufgrund ihrer hohen Erträge eher unterschätzten Rebsorte steckt. Die nach der alten Ortsbezeichnung „Gotinsprun" benannte Top-Cuvée des Hauses aus Blaufränkisch, Merlot, Syrah und St. Laurent steht stellvertretend für die Weinbau-Philosophie von Walter Glatzer, der sich nicht so sehr an der „Neuen Welt" orientiert und stattdessen auf Struktur und spürbaren Gerbstoff setzt, die Weine aber dennoch recht zugänglich hält. Die jüngsten Trümpfe in Glatzers Hand sind der St. Laurent und der Pinot noir – vollmundig-saftige Weine mit klarer Burgunder-Stilistik. Sie sind das rote Gegenstück zum traditionellen Weißburgunder, der aus Glatzers Keller seit jeher eine zuverlässige Bank ist.

Grassl

2464 Göttlesbrunn, Am Graben 6

Die Entwicklung des Betriebes von Hans und Junior Philipp Grassl ist typisch für Göttlesbrunn. Noch vor zehn Jahren war hier die Hälfte der Trauben weiß; heute keltert man zu 90 Prozent Rotweine und hat sich damit auch einen Namen gemacht. Dabei verfolgen die beiden eine moderne, internationale Stilistik und haben sich dementsprechend mit passenden Sorten von Cabernet Sauvignon über Syrah bis zu Merlot, der hier eine besonders wichtige Rolle spielt, eingedeckt. Die Spitzencuvée „Bärnreiser" aus Zweigelt, Merlot und Cabernet Sauvignon, ein vollmundiger, opulenter Wein von perfekter Machart, zählt zu den besten Rotweinen der Region. Ihm dicht auf den Fersen ist die Reserve vom St. Laurent, eine Wucht von Kaffee, Schokolade, Frucht und weichem Gerbstoff, und damit österreichweit eine der besten Interpretationen dieser schwierigen Rebsorte.

Marko – Lukas Markowitsch

2464 Göttlesbrunn
Am Graben 20

Schon unter der Leitung von Johann Markowitsch senior zählte dieser Betrieb zu den zuverlässigen Qualitätsproduzenten. Mit Junior Lukas, dem Kellermeister, der inzwischen von seinem Bruder Hans, einem Absolventen der Universität für Bodenkultur in Wien, unterstützt wird, kam dann neuer Schwung in den Betrieb. Markowitsch versteht es bei Weinen wie der Cuvée „Lukas" oder der „Perfektion" aus gleich fünf roten Rebsorten, Kraft und Opulenz die Zügel einer feinen Struktur und eines präsenten Gerbstoffs anzulegen. Ebenfalls einen Kostschluck wert sind die Weißweine des Hauses wie der in internationaler Stilistik ausgebaute Chardonnay.

Gerhard Markowitsch setzt auf Gärständer aus Holz: Eine alte Technologie im neuen Kleid

Gerhard Markowitsch

2464 Göttlesbrunn
Pfarrgasse 6–8

Gerhard Markowitsch ist den Weg von – explosionsartiger – Expansion bei gleichzeitigem – fast fanatischem – Augenmerk auf die Qualität von allen Winzern der Region am konsequentesten gegangen. Heute verarbeitet er in seinem sehenswerten Keller mit Kostraum mitten unter den Barriquefässern die Trauben von rund 30 Hektar eigenen Rebflächen und zusätzlich jene von 45 Hektar, die von Vertragslieferanten nach seinen Vorgaben bewirtschaftet werden. Das ergibt natürlich ein breites Sortiment, in dem auch etwa ein Viertel Weißweinanteil Platz hat. Daran will Markowitsch auch in Zukunft nicht rütteln, und das ist verständlich, zählen doch seine dichten, hochreifen Grünen Veltliner von über 40-jährigen Reben und die mächtigen Chardonnays zu den komplexesten und besten der Region.

Dennoch: Markowitschs Paradedisziplin bleiben die Roten, allen voran der „M1“ (M für Markowitsch), eine Cuvée, die je zur Hälfte aus Zweigelt und Merlot besteht, und aus dem ersten Weingarten stammt, der – vom optimalen Klon bis zur Dichtpflanzung mit 6.000 Stock pro Hektar – exakt den Vorstellungen des Winzers entspricht. Das Ergebnis ist bemerkenswert. Der Wein verbindet enorme Konzentration mit Feinheit und Eleganz, zeigt sich extrem fokussiert und überwältigt schon in der Nase mit seinem herrlichen Duft nach Kaffee und dunklen Beeren. Den „M 1“ gibt es nur in guten Jahrgängen – aber dann zählt er zum Besten, was in Österreich zum Thema Rotwein bisher produziert wurde. Bereits legendär ist Markowitschs Cuvée „Rosenberg“ und auch der „Redmont“ hat ein Stückchen heimischer Rotweingeschichte geschrieben. Für die „Reifephase“ seiner Winzerkarriere hat es Markowitsch besonders auf die burgundischen Sorten Pinot noir und St. Laurent abgesehen – man darf sich darauf freuen.

Im Zeichen der Traube: Der Dorfplatz von Göttlesbrunn

Nadler

2464 Arbesthal
Zwetschkenzipf 12

Im Jahr 1996 gab Robert Nadler seinen Bürojob auf, um sich fortan ganz dem Weinbau zu widmen. Die richtige Entscheidung, wie jeder, der die gekonnt vinifizierten Weiß- und Rotweine des Hauses verkostet hat, gerne bestätigen wird. Besonders bei seinen Roten, die so klingende Namen wie „Plaisir“ oder „Episode“ tragen, schafft es Nadler, Kraft und Opulenz mit Individualität und Trinkvergnügen zu kombinieren. Nachzuprüfen am besten im empfehlenswerten Heurigen der Familie.

Franz & Christine Netzl

2464 Göttlesbrunn
Rosenbergstraße 17

Auch das Weingut von Franz und Christine Netzl ist im Eiltempo „errötet“: Innerhalb von zehn Jahren wurde der Rotweinanteil von 40 auf 80 Prozent gesteigert, wobei sich die gesamte Rebfläche auf rund 22 Hektar verdreifachte. Gut so, denn die Nachfrage nach den kraftvoll-konzentrierten Netzl-Weinen ist groß. Zugänglichkeit ohne Anbiederung – das scheint die Zauberformel von Weinen wie der Cuvée „Anna Christina“, benannt nach den Töchtern des Hauses, dem Cabernet Sauvignon, dem St. Laurent oder dem Zweigelt „Rubin Carnuntum“ zu sein.

Hans & Martin Netzl

2464 Göttlesbrunn
Rosenbergstraße 1

Kontinuität ist in diesem Betrieb gegeben – der Großvater der Brüder Hans und Martin Netzl begann schon im Jahr 1957 damit, Weine in Flaschen abzufüllen. Heute sind die Netzls, deren Weine nicht nur durch hohe Qualität, sondern auch durch originelle, mundartliche Namensgebungen wie „Oida Schwoaza" oder „Stariegl" auffallen, drauf und dran, sich unter den hervorragendsten Winzern von Göttlesbrunn zu positionieren. Der Pinot noir des Hauses ist übrigens ein rares Beispiel für einen Wein, der eher leicht im Alkohol, aber groß in der Konzentration und Ausdruckskraft ist: ein Hoffnungsträger!

Pelzmann

2413 Berg, Hauptstraße 27

Horst Pelzmann sieht von seinen Weingärten rund um die Königswarte bei Berg direkt hinüber nach Bratislava. Ein Blick mit symbolischer Bedeutung, denn die Lage von Berg als östlichstem „Vorposten" der Region Carnuntum ermöglicht auch eine Orientierung hin zur Nachbarschaft. „Pressburg ist eigentlich unser Hoffnungsmarkt – immerhin leben hier 600.000 Menschen praktisch vor unserer Haustür", erklärt Pelzmann, der mit seinen Weinen in der Slowakei schon etliche Preise gewonnen hat. Die Orientierung nach Osten hat hier Tradition, wurde dem Ort doch bereits im Jahr 1588 von Kaiser Rudolf das Recht eingeräumt, seinen Wein auch in Ungarn zu verkaufen. Heute ist Pelzmann, dessen Familie hier seit dem Jahr 1850 Weinbau betreibt, der Einzige, der versucht, den vielversprechenden Lagen von Berg auch Topweine

abzuringen. Zweigelt, Blaufränkisch und Cabernet stehen hier auf leichteren, sandigeren Böden als etwa in Göttlesbrunn und profitieren noch stärker vom Einfluss des pannonischen Klimas. Die Weine sind durchwegs saftig und konzentriert, mit dunklen Beeren- und Schokoladearomen, zeigen aber auch einen kräftigen, reifen Gerbstoff, der zumindest bei den Topprodukten wie der Cuvée „Regis" ein schönes Entwicklungspotenzial verheißt.

Pimpel

2464 Göttlesbrunn
Kirchenstraße 19

Dem jungen Gerhard Pimpel, der das Familienweingut erst im Jahr 2000 übernommen hat, gelang ein regelrechter Senkrechtstart – hüpfte er doch mit Weinen wie dem Zweigelt „Selektion" oder dem reinsortigen Merlot „Optime", der seinem Namen alle Ehre macht, fast direkt auf die Siegertreppchen diverser Verkostungen vom „SALON Österreichischer Wein" bis zu jenen der Fachmagazine. Ausgezeichnete Lagen wie Rosenberg und Bärnreiser bilden die Grundlage für vollfruchtige, hochreife Weine, deren fein gewirkte Struktur stets auch den Einfluss des Terroirs durchschimmern lässt.

Pitnauer

2464 Göttlesbrunn
Weinbergstraße 4–6

Der begeisterte Großwildjäger Hans Pitnauer ist so etwas wie der „Platzhirsch" in Göttlesbrunn. Als Erster stieß er mit seinen Weinen wie dem Top-Zweigelt „Bienenfresser", der nach einem seltenen hier nistenden Vogel benannt ist, dem legendären, inzwischen leider nicht mehr produzierten Weißburgunder und der Cuvée „Franz Josef" in die Topliga der heimischen Winzer vor. „Das Wichtigste", sagt der Routinier bescheiden, „ist die Weingartenarbeit. Und die macht meine Frau Edith!" Man muss allerdings hinzufügen, dass Pitnauer mit den perfekten Trauben, die ihm so in die Hände gespielt werden, auch umzugehen weiß. Zahlreiche Verkostungserfolge bestätigen das ebenso wie die Weine selbst, wo sich der sinnenfrohe Genießer als Multitalent erweist. Ob feinfruchtiger Muskateller, würziger Grüner Veltliner oder die beiden Granaten der neuen Wein-Welle, der üppige Merlot „Quo vadis" und der internationale Syrah „Pegasos" – Pitnauers Weine vereinen stets Qualität und Trinkvergnügen. Damit Letzteres auch auf dem Weingut selbst nicht zu kurz kommt, haben sich die Pitnauers eine exotische „Safari-Lounge" eingerichtet und beweisen großen Erfindungsreichtum, wenn es darum geht, wenigstens einmal im Jahr mit Kunden und Weinfreunden ein großes Fest zu feiern.

Schenzel-Wallner
2460 Bruck an der Leitha
Feldgasse 36

Der Großteil von Willi Schenzels Weinen stammt von Trauben aus Toplagen am Spitzerberg, den Rest holt er sich vom Ungerberg, der eigentlich schon zum Burgenland gehört, aber traditionell auch von Brucker Winzern bearbeitet wird. Schenzel tüftelt stetig an der Qualität seiner Rotweine und setzt dafür sogar „Geheimwaffen" wie Barriques aus amerikanischem Holz, aber mit französischen Fassböden ein. Schon die „normalen" Qualitäten von Zweigelt und Blaufränkisch bewegen sich hier auf hohem Niveau, während die Topweine wie der Merlot und der Cabernet Sauvignon „Don Carlos" mit ihrem dicht gestrickten Fruchtkörper und ihrer aromatischen Würzigkeit zeigen, wie viel Potenzial in diesen Lagen steckt.

Taferner
2464 Göttlesbrunn, Pfarrgasse 2

Ausgehend von seinem bekannten Buschenschank „Tafi's Heuriger" entwickelte Franz Taferner seinen Betrieb zu einem der Top-Rotweingüter von Göttlesbrunn. Sein Cabernet Sauvignon „Tribun" und die Cuvée „Excalibur" wurden dabei zu Markenzeichen des Betriebes. Heurigen-Weine sind das allerdings nur bedingt, fallen sie doch zum Teil wahrlich monumental aus und bedanken sich für ein paar Jahre Flaschenlagerung durch ein Mehr an Harmonie und Ausgewogenheit.

Trapl
2454 Sarasdorf, Hauptstraße 48

Der junge Johannes Trapl, der nach seiner Ausbildung und einem Praktikum in Kalifornien den Betrieb im Jahr 2000 übernommen hat, brachte mit seinen tollen Verkostungserfolgen, etwa mit seinem roten Premiumblend „Tilhofen", die frühere „Weinmetropole" Stixneusiedl, deren Glanz einigermaßen verblasst war, wieder zurück auf die Wein-Landkarte.
Trapl bewirtschaftet jedoch nicht nur hier, sondern auch am Spitzerberg Weingärten, von denen er einen exzellenten Blaufränkisch keltert. Entsprechend der Stilistik dieses Terroirs besticht dieser Wein nicht durch üppige Opulenz, sondern durch feingliedrige Fruchtigkeit, Struktur und eine elegante, trinkanimierende Säure. Ein vielversprechender Wein von einem Winzer, der noch von sich reden machen wird.

N e u s i e d l e r

s e e

Das Weinbaugebiet Neusiedlersee hat sich von einer Weiß- und Prädikatsweinregion zum wichtigsten Reservoir hochwertiger, österreichischer Rotweine entwickelt.

Mit einer Rebfläche von über 9.000 Hektar ist das Weinbaugebiet Neusiedlersee nach dem Weinviertel das zweitgrößte in Österreich. Noch Mitte der 90er Jahre betrug hier der Weißweinanteil 80 Prozent, inzwischen ist er auf 60 Prozent geschrumpft. Rund 1.500 Hektar Rotweinflächen wurden allein seit dem Jahr 1999 ausgepflanzt – eine Zahl, die den Wandel in dieser Region deutlich dokumentiert. Heute weist das Gebiet zweifellos das größte Rotweinpotenzial des Landes auf, während die früher dominierenden Weißweine zwar flächenmäßig noch immer die Oberhand haben, im Bereich der Top-Qualitäten aber von geringerer Bedeutung sind. Nach wie vor ist der Seewinkel, wie die Region in der Alltagssprache oft genannt wird, jedoch auch die bedeutendste Prädikatsweinregion des Landes.

NEUSIEDLERSEE auf einen Blick:

Rebfläche: 9.159 Hektar
Anteil an der Gesamtrebfläche Österreichs: 17,5 Prozent
Wichtigste Rebsorten: Zweigelt: 1.792 ha
Welschriesling: 1.299 ha, Grüner Veltliner 1.266 ha
Böden: Löss, Schwarzerde, Schotter, Sand

Vom Leithaberg zur Langen Lacke

Tatsächlich ist der eigentliche Seewinkel am südlichen Ostufer des Neusiedlersees aber nur ein Teil des Weinbaugebietes, das durchaus ein differenziertes Bild von Landschaften und Terroirs bietet. Das liegt unter anderem an der Aufteilung der Weinbauregionen, die sich mehr an politischen Grenzen als an geografischen Gegebenheiten orientiert. Darum zählen die am Nordufer des Sees gelegenen Gemeinden Breitenbrunn, Winden und Jois zur Region Neusiedlersee, obwohl sie an den Ausläufern des Leithagebirges liegen und darum von den Bodenstrukturen und klimatischen Voraussetzungen her eher dem Neusiedlersee-Hügelland zuzurechnen wären. In diesem Gebiet wird heute vielfach das größte Potenzial für struktur- und terroirbetonte Rot-, aber auch Weißweine gesehen, und zahlreiche prominente Winzer aus den Weinbauorten im Osten des Neusiedlersees, wie Gernot Heinrich, Hans Nittnaus, Josef Umathum oder Axel Stiegelmar, haben hier bereits Weingartenbesitz erworben.

Zwischen Neusiedl am See und Halbturn spielt sich der Weinbau vor allem auf der Parndorfer Platte und ihren nach Südwesten zum Neusiedlersee hin ausgerichteten Abhängen ab, dem so genannten Wagram. Die Parndorfer Platte ist mit Tonen, Sanden und von der Donau angeschwemmten Kiesen bedeckt, worauf sich teilweise noch angewehte Schichten von eiszeitlichem Löss befinden. Die Weingärten sind hier meist eben oder leicht

Der „Golser Wagram" zwischen Parndorfer Platte und Neusiedlersee. *Foto: Roland Unger*

wellig; sie gelten auf Grund der weniger intensiven Sonneneinstrahlung als nicht so hochwertig wie die am Wagram, können aber in sehr heißen Jahrgängen auch begünstigt sein und fruchtigere Weine bringen.

Am Wagram selbst findet man Lehm- und Sandböden, im unteren Teil verstärkt auch Humus und Schwarzerdeanteile. Die Weinberge sind hier optimal zur Sonne hin ausgerichtet, und im mittleren Teil des Hanges befinden sich die besten Lagen wie Ungerberg, Altenberg, Salzberg, Gabarinza oder Kurzberg. Diese bieten beste Voraussetzungen für kraftvolle und dichte Rotweine, aber auch für kräftige Weißweine wie jene der Burgunderfamilie.

Ab dem Wagram wird das Terrain in Richtung Seewinkel vollkommen flach. Die Böden sind zunächst schwerer und fetter mit hohem Schwarzerdeanteil, werden aber in Richtung See und Süden zunehmend sandiger. Eine Lagendifferenzierung macht hier wenig Sinn und wird auch kaum durchgeführt. Im Gebiet von Illmitz und Apetlon wird des Klima besonders stark vom Neusiedlersee und von den zahlreichen großen und flachen Lacken des Naturparks Neusiedlersee geprägt. Sie sorgen für eine hohe Luftfeuchtigkeit und begünstigen damit einen regelmäßigen Befall der Trauben mit Botrytis. Hier werden in großem Stil Hochprädikatsweine erzeugt, die das Aushängeschild der Region darstellen.

Insgesamt weist die Region ein trockenes und heißes, pannonisches Klima auf; Andau, die östlichste Weinbaugemeinde des Gebietes, zählt zu den wärmsten und trockensten Punkten Österreichs. Der Neusiedlersee ist der zweite bestimmende Klimafaktor: Mit seiner großen Wasseroberfläche wirkt er als Regulator für Temperatur und Luftfeuchtigkeit.

Gansln und Rotwein

„Wo kommen Sie her, aus dem Seewinkel? Sie sollten mir Gansln bringen und keinen Wein!"

Bei der Eröffnung flogen die Gäste mit dem Hubschrauber ein: Weingut Hillinger. *Foto: Michael Sazel*

Dieses Zitat stammt von der Wiener Gastronomielegende Rudi Kellner, der für seine direkte Art ebenso bekannt war wie für seinen Entdeckergeist und sein unermüdliches Engagement für den Wein. Empfänger der Botschaft war eine junger Winzer namens Hans Nittnaus, der sich anschickte, mit seinen Rotweinen den Wiener Markt zu erobern. Doch der Seewinkel hatte kein Rotwein-Image. Die Region war geprägt vom Gemüseanbau, Ackerbau und Viehzucht, und wenn schon Wein, dann vor allem weißem – und süßem. Hochprädikatsweine fanden bis Mitte der 80er Jahre – nicht zuletzt auch in Deutschland – einen guten Markt und erzielten hohe Preise. Nach dem Weinskandal war es damit vorerst vorbei und eine Umstrukturierung das Gebot der Stunde. Die Reise ging jetzt in Richtung Rotwein, und Pioniere wie Josef Umathum, der das Kunststück schaffte, mit einem Zweigelt von der Ried Hallebühl direkt in den österreichischen Rotwein-Olymp einzuziehen oder Georg Stiegelmar, ein eigenwilliger Visionär aus Gols, der vor allem auf autochthone Sorten wie Pinot noir und St. Laurent setzte, ebneten den Weg. Es folgten Winzer wie Hans Nittnaus und Josef Pöckl, und es folgte vor allem auch der Cabernet Sauvignon. „Alte Blaufränkischanlagen waren damals dünn gesät", erinnert sich Hans Nittnaus, der ab dem Jahr 1990 mit seiner Cuvée „Comondor" Furore machte, „und man musste ganz einfach einen Cabernet Sauvignon haben, um überhaupt ernst genommen zu werden!" Doch es stellte sich sehr bald heraus, dass die international hoch geschätzte Sorte selbst im klimatisch begünstigten Burgenland nur in guten Jahren wirklich reife Trauben brachte, und mit der von Nittnaus im Jahr 1994 initiierten Gründung der Vereinigung „Pannobile" wurde der Fokus wieder verstärkt auf regionale Rebsorten gerichtet. Heute wird in der Region eine breite Palette von Rebsorten kultiviert und Syrah hat hier ebenso seinen Platz gefunden wie Merlot; insgesamt geht der Trend aber eindeutig in Richtung

Kritisch betrachtet

Bei einem derart großen Weinland wie dem Neusiedlersee-Gebiet sind Strukturprobleme schon fast immanent. Zwar hat sich in den vergangenen Jahren einiges zum Besseren gewendet, indem vor allem Weißweinreben in ungünstigen Lagen gerodet wurden, doch ist deswegen längst noch nicht alles eitel Wonne. Mehr als 1.200 Hektar Grüne-Veltliner-Flächen sind auch eingedenk der Tatsache, dass sich diese Weine mitunter im Export recht gut behaupten, sicher zu viel. Denn abgesehen vom nördlichsten Teil des Weinbaugebietes, am Fuße des Leithagebirges, macht der Veltliner in dieser Region in qualitativer und stilistischer Hinsicht wenig Sinn, oder anders gesagt: Das kann das Weinviertel eindeutig besser.
Die Folge solcher Fehlproduktion sind Fassweinpreise für einfache Qualitäten, die im Keller dümpeln und den Aufwand der Produktion kaum rechtfertigen. Nur für Trauben von passenden Sorten, die auf den richtigen Böden stehen, gibt es einen funktionierenden Markt und anständige Preise. Ähnliches gilt für die Süßweine des Seewinkels. Abgesehen von der Überproduktion leben viele Winzer immer noch in dem Glauben, dass nur eine möglichst hohe Zuckergradation die Qualität eines Weines ausmacht. Ein Denken, das aus der Zeit stammt, als Trauben rein nach ihrem Zuckergehalt bezahlt wurden. Zudem ist es bisher nur wenigen Produzenten gelungen, einen – auch internationalen – Markt für ihre Flaschenweine zu finden. Und eine funktionierende und schlagkräftige Vermarktungsgemeinschaft gibt es – trotz mehrerer Anläufe – nach wie vor nicht.

autochthone Rebsorten: Mehr als 600 Hektar Zweigelt und 300 Hektar Blaufränkisch wurden in den vergangenen acht Jahren ausgepflanzt, Pinot noir und St. Laurent gewinnen ebenfalls an Bedeutung.
Auch bei den Weißweinsorten dominiert Regionales: Welschriesling und Grüner Veltliner sind – allerdings bei stark rückläufiger Tendenz – nach wie vor die Platzhirsche, Weißburgunder und Müller Thurgau folgen. Zu den Aufsteigern zählt der Chardonnay, der hier kraftvolle und dichte Weine bringt, die sich auch für den Ausbau im Holz eignen.

Der Wert der Lagen

Die Bedeutung der Lagen wurde in diesem Weinbaugebiet erst mit dem Trend zum Rotwein nach und nach erkannt. Gernot Heinrich war mit seiner Cuvée „Gabarinza" im Jahr 1990 einer der Ersten, der einen Wein nach einer Lage benannte. „Am Anfang stand die Erkenntnis, dass der Wein von den Hanglagen anders schmeckt als der aus der Ebene", erklärt Heinrich, „und wir haben bemerkt, dass man dort regelmäßig eine hohe Qualität bekommen kann". Zuerst leiteten sich diese Feststellungen rein aus der Beobachtung der Natur ab, später gaben dann auch Bodenprofile Aufschluss über die Bodenzusammensetzung, das Wasserspeichervermögen und den Wasserabfluss, wodurch die Hanglagen begünstigt sind. Inzwischen sind vor allem die Golser Lagen in der Weinszene bekannt und viele Winzer verwenden sie auf den Etiketten ihrer Weine, um deren Herkunft zu unterstreichen. Hand in Hand mit einem verstärkten Lagenbewusstsein geht auch eine Strukturbereinigung: Weingärten in der Ebene werden aufgelassen, solche in Hanglagen neu ausgepflanzt. Allerdings sind gerade die großen, zusammenhängenden und ebenen Weingartenflächen mit oft mehrere Kilometer langen Rebzeilen auch eine der Stärken des Seewinkels. Hier lassen sich bei rationeller Bearbeitung gute Trauben für Basisweine produzieren, die der Markt genauso – und in weit größeren Mengen – verlangt als die Spitzenprodukte.

Die besten Lagen

Imposant: Josef Umathums Joiser Terrassen. Foto: Umathum

BREITENBRUNN

Kirchberg

Die Lage Kirchberg, die vormals zu den Weingütern des Stiftes Heiligenkreuz gehörte, ist die letzte Erhebung vor dem Neusiedlersee. Ein sanft geneigter Hang, der nach Südosten – also zum See hin – ausgerichtet ist. Die Böden bestehen aus sandigem Lehm mit hohem Anteil an Muschelkalk, wobei auch an der Oberfläche viele, zum Teil sehr große, Kalksteine sichtbar sind. Die hellen Böden bieten eine starke Sonnenreflexion, und die Lage profitiert auch von der Thermik vom Leithaberg, die für eine gute Durchlüftung sorgt. Der Blaufränkische ist hier ebenso gut aufgehoben wie Pinot noir.
Winzer: Höpler, Juris

JOIS

Hackelsberg

Der Hackelsberg liegt an der Schnittlinie zwischen ostalpinem und kontinentalem Klima. Als letzter Ausläufer der Alpen bremst er Westwinde und leitet sie zum Neusiedlersee ab, von wo sie als erwärmte, thermische Winde wieder zurückkommen. Durch diese warme Luft und die Ausrichtung nach Süden ist der Hackelsberg eine extrem heiße Lage; gegen Abend strömt durch einen kleinen Taleinschnitt kühle Luft vom Leithagebirge herab, die für eine rasche Abkühlung sorgt. Dadurch wachsen hier Trauben mit einer besonders intensiven Aromatik. Auf reinen Quarz-Böden – Urgestein, das nur an der Oberfläche verwittert ist –, die ein hohes Wasserspeichervermögen aufweisen, entstehen besonders mineralische, elegante Weine. Die Lage ist sowohl für Rot-, als auch für Weißweine gut geeignet.
Winzer: Umathum, Hillinger, Pasler

Jungenberg

Josef Umathum, der am Joiser Jungenberg eine alte Terrassenlage aus dem früheren Besitz des Grafen Harrach – übrigens die einzige im Burgenland – wieder aufgebaut und rekultiviert hat, beschreibt diese Lage so: „Im Jahr 1214 wurde der Weinberg erstmals urkundlich erwähnt – Jois hat somit neben Neusiedl am See und Rust die wahrscheinlich weltweit erste Appellation. Um 1700 wurden die ursprünglichen Terrassenmauern angelegt – nach jahrzehntelanger Brache war 2001 eine der großartigsten und besten Weinlagen des Burgenlandes wieder mit Reben bepflanzt. Der vom Wind geschützte Süd-Ost-Hang bildet ein geologisches Kleinod. Fast 100 Meter über dem Niveau des Neusiedlersees spürt man die milde Luft, die über diesen Weinberg streicht. Da er oberhalb der Nebelgrenze liegt, kann im Herbst ohne Fäulnisgefahr sehr spät geerntet werden. Die langsame Endreife bringt besonders feine, mineralische Aromen.
Quer durch den Weinberg verläuft eine Bruchlinie, darum weist die Lage zwei unterschiedliche Bodenprofile auf. Unter den Terrassen findet sich am ehemaligen Strand des Urmeeres kalkhältiger Lehm und Muschelkalk mit hervorragender Wasserspeicherkapazität. Am Berg selbst findet sich Schiefer, der mit Quarz durchsetzt ist. Josef Umathum hat in diesem Bereich Blaufränkisch-Reben gepflanzt (Joiser Kirschgarten), unterhalb der Terrassen steht Pinot noir.
Winzer: Nittnaus, Umathum

GOLS

Altenberg

Der Altenberg ist ein Südhang am Wagram der Parndorfer Platte, ideal in der Hangmitte gelegen. Hier ist die Sonneneinstrahlung optimal, und ein ausgeglichener Wasserhaushalt bietet eine gute Versorgung der Rebstöcke. Im oberen Teil bestehen die Böden aus Sand, Lehm und Kies im Oberboden, im unteren Bereich findet man neben Lehm auch größere Schwarzerdeanteile.
Winzer: Paul Achs, Werner Achs, Beck, Gsellmann & Hans, G. Heinrich, Juris, Leitner, Anita und Hans Nittnaus, Pittnauer, Renner

WINDEN am See
JOIS
Bruck a. d. Leitha
Parndorf
NEUSIEDL am See
WEIDEN am See
GOLS
MÖNCHHOF
HALBTURN
PODERSDORF am See
FRAUENKIRCHEN
ST. ANDRÄ am Zicksee
ANDAU
TADTEN
ILLMITZ
WALLERN im Bgld.
PAMHAGEN
APETLON
UNGARN
Fertöd
NEUSIEDL
WEIDEN
BREITENBRUNN
PODERSDORF
ST. ANDRÄ
WALLERN
Neusiedler See
Parndorfer Platte
Bewahrungszone Nationalpark Neusiedler See - Seewinkel
Naturzone Nationalpark Neusiedler See - Seewinkel
Lange Lacke
Seewinkel
Heide
Große Insel
Vogelinsel
Fünf Schoppen
Schotterinsel

Bless

Bless ist eine schwach geneigte Südwest-Lage an der Kante der Parndorfer Platte mit einem hohen Anteil an Donaukiesen, die ausgezeichnete Voraussetzungen für aromatische Rotweine bieten.
Winzer: (FEHLT!!)

Gabarinza

Gabarinza ist eine in zwei sanften Wellen (Langer und Kurzer Gabarinza) zur Parndorfer Platte ansteigende Südhanglage. Das Bodenprofil zeigt mittelschweren bis lehmigen Schluff mit hohem Kalkgehalt und geringem Kiesanteil im Oberboden.
Winzer: Beck, Gsellmann & Hans, G. Heinrich

Salzberg

Der Salzberg ist ein Südhang am Rand der Parndorfer Platte, der zum Neusiedlersee blickt. Die Bodenbeschaffenheit ist ähnlich wie im Gabarinza: mittelschwerer bis lehmiger Schluff mit geringem Kiesanteil und hohem Kalkgehalt.
Winzer: Beck, Gsellmann & Hans, G. Heinrich, Leitner, Hans & Christine Nittnaus, Pittnauer, Renner

Bodenprofil der Lage Salzberg bei Gols. Foto: Roland Unger

Spiegel

Die Lage Spiegel befindet sich zwischen Salzberg und Gabarinza. Sie ist nach Südosten ausgerichtet und weist lehmig-sandige Böden mit Kalkanteilen auf.
Winzer: Paul Achs, Gsellmann & Hans, Anita und Hans Nittnaus

Ungerberg

Die Lage Ungerberg erstreckt sich von der Bundesstraße zwischen Gols und Weiden den Wagram hinauf und ist nach Südwesten ausgerichtet. Im oberen Teil dominieren Lehmböden, im unteren werden die Böden sandiger mit Lehmanteilen.
Winzer: Paul Achs, Gsellmann & Hans, Matthias & Ilse Gsellmann, Juris, Leitner, Anita und Hans Nittnaus, Pittnauer

MÖNCHHOF

Kurzberg

Der Kurzberg schließt an die Golser Lage Gabarinza an. Er ist nach Südwesten ausgerichtet und weist im oberen Bereich leichtere, durchlässige Böden auf, während man im unteren Teil mehr Lehmanteile findet. Die Lage eignet sich gut für Rotweinreben wie den Blaufränkischen.
Winzer: Anita und Hans Nittnaus, Pöckl

FRAUENKIRCHEN

Hallebühl

Mit einer Meereshöhe von 128 Metern ist der Hügel, dessen Name sich von „Hollerbühel" ableitet, die höchste Erhebung östlich des Neusiedlersees. Die Lage umfasst etwa 50 Hektar und weist leichte, von rotem, eisenhaltigem Kieselgestein durchsetzte Sandböden mit hohem Magnesiumgehalt auf. Zweigelt fühlt sich hier besonders wohl und bringt sehr reife Trauben mit hoher Würze und individuellem Charakter hervor.
Winzer: Umathum

WINDEN

Altenberg

Alte Lage mit teilweise sehr steilen Südhängen, die bis an den Waldrand des Leithagebirges reichen. Horizontal verlaufen durch die gesamte Riede drei markante Bodenstrukturen: im untersten Bereich tiefgründiger, sehr humushältiger Lehm, im Mittelteil fast rötlich aussehender Tonboden, im obersten Teil fast ausschließlich Verwitterungssandstein und Muschelkalkablagerungen.

Über den Wein

Hans Nittnaus
Wir sind in einem Selbstfindungsprozess

„Das Burgenland ist momentan in einem Selbstfindungsprozess“, doziert Hans „John“ Nittnaus, der Vor- und Querdenker des burgenländischen Weins auf der gemütlichen Bank unter dem Nussbaum im Hof des Weinguts. „Weg vom Imitieren anderer Weinbauregionen und hin zur Eigenständigkeit!“ Mit Syrah und Merlot war er der Erste im Gebiet, und schon im Jahr 1992 pflanzte er gemeinsam mit Josef Pöckl Nebbiolo und Sangiovese. Auch beim Cabernet Sauvignon war er ganz vorne mit dabei – und später der erste, der ihn wieder eliminiert hat. „Wir haben einiges ausprobiert, um draufzukommen, was am besten zu uns passt – und es war notwendig, die Bordeaux-Sorten zu pflanzen. Das war eine Entwicklung, die wir durchmachen mussten. Doch heute lösen wir uns vom Bordeaux-Stil und entdecken unsere eigenen Stärken“. Dazu zählt für Nittnaus eindeutig der Blaufränkische – „weil er wenig Sortencharakter hat, bringt er das Terroir am besten zur Geltung“ –, aber generell feine, spannende Weine, die ihre Herkunft nicht verleugnen. „Zwanzig Jahre lang haben wir Winzer jetzt gelernt, wie man gute Weine macht“, zieht Nittnaus, der durch das von ihm ins Leben gerufene „Vinology“-Projekt mit dem französischen Önologen Philippe Ricoux einiges zu dieser Entwicklung beigetragen hat, eine Zwischenbilanz. Doch jetzt müsse man einen Schritt weitergehen. „Die Kluft geht immer mehr auseinander: Hier gewachsene Terroir-Weine, dort gemachte Techno-Weine. Unser Weg kann nur der erste sein.“ Und Nittnaus erläutert, was er darunter versteht. „Die Arbeit verlagert sich vom Keller – wo wir alle einen hohen Standard erreicht haben – in den Weingarten; dort gibt es noch viele Möglichkeiten. Wir setzen dabei auf Biodynamik, weil es darum geht, die Reben widerstandsfähiger zu machen und den Boden langfristig gesund zu erhalten.“ Doch auch im Keller geht Nittnaus eigene Wege. „Wir verwenden seit Jahren keine Reinzuchthefen mehr, konzentrieren keine Weine, weil ich finde, dass der Wasserentzug den Charakter und die Struktur des Weines mehr verändert als die Zuckerung, und setzen statt Barriques 500-Liter-Fässer ein – schließlich will ich den Wein spüren und nicht das Holz!“

Gernot und Heike Heinrich
Auch einfacher Wein muss schön sein

„Wir wollten einen guten Basiswein machen, den man auf den Tisch stellen kann – als Alternative zu den hässlichen Liter-Flaschen oder zum Doppler, den man nach dem Einschenken am liebsten gleich wieder verschwinden lässt", erläutert Heike Heinrich, wie es im Jahr 1997 zur Erfindung des „heinrich red" kam. Ursprünglich hatte der in Magnumflaschen abgefüllte Rotwein ja „simply red" – wie der berühmte Sänger – geheißen, doch nach einigen Gerichtsstreitigkeiten, die dem Wein durchaus eine gute Presse brachten, wurde er zu „heinrich red". Doch der flotte Rote mit dem modernen Etikett, der ganz zum Stil des Hauses passt, war mehr als nur ein Wein. Er wurde gleichsam zum Symbol für eine Öffnung und Verjüngung der Weinszene. Weg vom konservativen und elitären, hin zu einem freien und unkomplizierten Umgang mit der Materie – auch in der Szenegastronomie. Mit einer ansprechenden Aufmachung – ebenso wie mit guter Qualität. Denn obwohl Heinrich in der Weinszene primär für seine Prestigeprodukte wie die Cuvée „Gabarinza" und den „Überflieger" Salzberg bekannt ist, legt er größten Wert darauf, dass auch seine Basisweine mehr können, als man sich von ihnen erwartet: „Der normale Zweigelt ist unsere stärkste Marke", plaudert er aus der Schule, „und wir legen da sehr viel Aufmerksamkeit hinein. Es macht wahrscheinlich unseren Vorteil auf dem Markt aus, dass wir es über die Jahre geschafft haben, einen Wein zu machen, der mehr Struktur hat als ein einfacher Zweigelt. Der perfekte Wein für Leute, die ihn genießen und nicht stundenlang darüber reden wollen." Und Heike Heinrich sekundiert: „Wenn Heinrich draufsteht, kann es zwar ein einfacher Wein sein – aber es muss immer ein schöner einfacher Wein sein!"

Axel Stiegelmar
Das pinologische Quartett

Schon Senior Georg Stiegelmar hatte eine Vorliebe für Pinot noir und St. Laurent; was ihm quasi in die Wiege gelegt war, denn bereits sein Vater kultivierte in Gols Pinot-noir-Reben. Also gute Grundlagen für ein Experiment, das Axel und Herta Stiegelmar mit dem Jahrgang 2004 gestartet haben: Eine hübsche Holzkiste mit vier Pinot noirs, die alle aus unterschiedlichen Lagen stammen. Zum Verkosten, Vergleichen und Terroir spüren. „Wir haben Pinot noir in insgesamt acht verschiedenen Lagen in Gols und Breitenbrunn", erklärt er, „und wir wollen jedes Jahr vier davon in diese Box legen". Die ganze Terroir-Debatte sei ihm irgendwie auf die Nerven gegangen, lässt er den typisch Stiegelmar'schen Kampfgeist aufblitzen, denn: „Meist geht es dabei um Cuvées. und ich finde, dass nur ein reinsortiger Wein, der sich nicht primär über kräftige Tannine definiert, den Charakter einer Lage präzise wiedergeben kann." Um diese „Lagen-DNS" möglichst unverfälscht in die Flasche zu bringen, verzichtet Stiegelmar auf den Einsatz von neuem Holz. „Lage bedeutet für mich vor allem, dass die Mineralien des Bodens bestimmte Aromen im Wein generieren. Das sind Sekundär- und Tertiäraromen, die eher im Hintergrund mitspielen; wenn diese von kräftigen Holz- und Röstaromen überdeckt werden, kann man eigentlich nicht von einem Lagenwein sprechen."

Um den Konsumenten diese Idee näherzubringen, ist jeder Pinot-Kiste eine Riedenkarte samt Bodenbeschreibungen beigelegt. Aus gutem Grund, wie Axel Stiegelmar findet: „Bis jetzt haben die Leute gelernt, dass gut ist, was allen schmeckt – und hohe Bewertungen bekommt. Jetzt wollen wir ihnen beibringen, dass gut ist, was ihnen selbst schmeckt. Dazu braucht es viel Selbstbewusstsein – beim Konsumenten, aber auch beim Produzenten. Denn solche Weine können natürlich nicht jedem gefallen. Aber wenn sie jedem gefallen sollten, dann würden wohl alle vier Weine gleich schmecken …"

Josef Umathum
Wir helfen nur ein bisschen mit!

Als Josef Umathum Mitte der 90er Jahre die Rebflächen seines Betriebes erweitern wollte, stellte er zu seiner Erschütterung fest, dass es für die autochthonen Rebsorten keine wirklichen Grundlagen gab. „Seit Professor Zweigelt die Sorte gezüchtet hat, wurde daran nichts mehr verbessert ...“. In dieser Situation lernte er den Mikrobiologen und Virusforscher Helmut Gangl kennen und beschloss, gemeinsam mit diesem, die Sache selbst in die Hand zu nehmen. Mit zehn besonders alten, sorgfältig nach Kriterien wie Widerstandsfähigkeit, Geschmack der Trauben und Reifezeitpunkt ausgewählten und auf Virusfreiheit geprüften Rebstöcken, machten sie sich im Jahr 1998 ans Werk. Von jedem Mutterstock wurden bis zu 100 Edelreiser geschnitten und auf Unterlagsreben aufgepfropft – in einem neuen, wegen der Infektionsgefahr möglichst weit entfernten Weingarten; somit war die Basisanlage geschaffen. Nachdem die Stöcke in Ertrag gekommen waren, wurde eine Mikro-Vinifikation durchgeführt – somit hatte man schon eine zweite Generation von Stöcken sowie Weine von den Mutterstöcken und den Ablegern, die man miteinander vergleichen konnte. Auch die jeweiligen Reihen von Stöcken, die jeweils von einem Mutterstock stammen, wurden getrennt vinifiziert und die Weine miteinander verglichen. Das ganze Prozedere wird wissenschaftlich begleitet, laufend dokumentiert und die Erkenntnisse werden ausgewertet. Auf diese Weise erlangten Gangl und Umathum eine internationale Zertifizierung, die sie berechtigt, die Edelreiser ihrer Basisanlage unter ihrem Namen weiterzuvermarkten.

Doch Umathum geht es hier nicht in erster Linie um finanzielle Überlegungen. „Es dauert zwar eine Weile, bis man diese Edelreiser zur Verfügung hat“, erklärt er, „doch haben die dabei generierten Klone riesige Vorteile: Die Rebstöcke bringen Ertragssicherheit, Gleichmäßigkeit, hohe Qualität und einen individuelleren Geschmack. Der Rebstock hat ja ein genetisches Gedächtnis, merkt sich über Jahrzehnte alle Wetterkapriolen und passt sich genetisch an; ebenso übrigens an den Winzer! Der Mensch ist für mich ebenfalls ein Teil des Terroirs, und ich bin überzeugt, dass meine Pflanzen sich auf mich und meine Sicht der Weingartenarbeit eingestellt haben. Und das Beste dabei: Das ganze Verfahren ist nichts als eine Selektion der Natur – wir Menschen helfen nur ein bisschen mit!“

Die Winzer

Noble Bleibe: Barriquekeller im Schlossweingut Halbturn.
Foto: Schloss Halbturn

Paul Achs

7122 Gols, Neubaugasse 13

Als Paul Achs Anfang der 90er Jahre von diversen Praktika in Kalifornien zurückkehrte, wo er eine für ihn völlig neue Art der Rotwein-Bereitung kennengelernt hatte, fand er zu Hause bereits einen gut eingeführten Weinbaubetrieb vor. Schon der Großvater beschäftigte sich intensiver mit Weinbau als die meisten Nachbarn, und Paul Achs Senior begann bereits im Jahr 1961, Bouteillen zu füllen. Doch mit dem Eintritt des Juniors in den Betrieb brach dennoch eine neue Ära an; der setzte nämlich im Gegensatz zu den bis dahin üblichen Gepflogenheiten ganz stark auf Rotwein, und schon bald galt sein Pinot noir im Burgenland als Maß aller Dinge für diese Rebsorte. Seither hat Paul Achs den Betrieb und seine Weine kontinuierlich weiterentwickelt. Er verfügt inzwischen über eine Rebfläche von 23 Hektar und setzt großteils auf autochthone Rebsorten wie Blaufränkischen, Zweigelt und St. Laurent; der Cabernet Sauvignon wurde hingegen wieder eliminiert. Der Pinot noir, nach wie vor ein Aushängeschild des Hauses, ist dazu kein Widerspruch, haben doch die Zisterzienser, die ab dem Jahr 1217 in Mönchhof ein Gut übernommen und Weinbau betrieben hatten, diese Sorte schon vor Jahrhunderten an den Neusiedler See gebracht. Weitere Spitzenweine aus dem Hause Achs sind die reinsortigen Blaufränkischen aus den Top-Lagen Ungerberg, Altenberg und Spiegel sowie der Pannobile in Weiß und Rot.

Werner Achs

7122 Gols, Goldberg 5

Werner Achs ist einer der „Jungen Wilden“ am Neusiedlersee. Im Jahr 1999 begann er mit einer Rebfläche von 1,27 Hektar – heute nennt er 17 Hektar und einen modernen, neu erbauten Weinkeller in der Lage

Goldberg sein eigen. Das allein wäre schon bemerkenswert genug, doch ebenso ungewöhnlich ist es, dass er sich darauf beschränkt, gerade einmal drei Weine – diese allerdings von bester Qualität – zu keltern. Werner Achs, der früher öfters Alois Kracher zu Messereisen begleitet hat, dürfte sich ein Prinzip des Süßwein-Meisters zu eigen gemacht haben: Durchschnitt interessiert ihn nicht – sein Ziel ist die Spitze. Einen ordentlichen Sprung in diese Richtung machte er bereits mit seiner Cuvée „XUR“ aus Blaufränkisch, Zweigelt und St. Laurent, einem modern gemachten Wein, der sich aber durchaus an der „Old-World-Stilistik“ orientiert. Mit seiner Cuvée „Werner Achs“ aus Blaufränkisch und Merlot, einer gelungenen Vermählung von internationaler und autochthoner Rebsorte zu einem mächtigen, vielschichtigen Power-Wein, legte er aber noch ein Schäuferl nach. Fazit: Weine und Winzer haben Zukunft!

Angerhof – Tschida

7142 Illmitz, Angergasse 5

Süß! Süßer!! Tschida!!! Hans Tschida ist ein Großmeister des Süßweins. Rund 70 Prozent seiner gesamten Produktion von 14 Hektar Rebfläche werden zu Prädikatsweinen wie Beeren- und Trockenbeerenauslesen, Schilf- und Eisweinen verarbeitet. Die Latte an nationalen und internationalen Auszeichnungen, die Tschida dafür eingefahren hat, ist lang, und das hat einen Grund: Der Illmitzer beschränkt sich nicht darauf, einfach nur süße Weine zu keltern, sondern schafft es, diesen durch ein elegantes Süße-Säure-Spiel jene Spannung zu verleihen, die gute Süßweine von süßen Weinen unterscheidet; auch sein (trockener) Zweigelt ist keinesfalls zu unterschätzen.

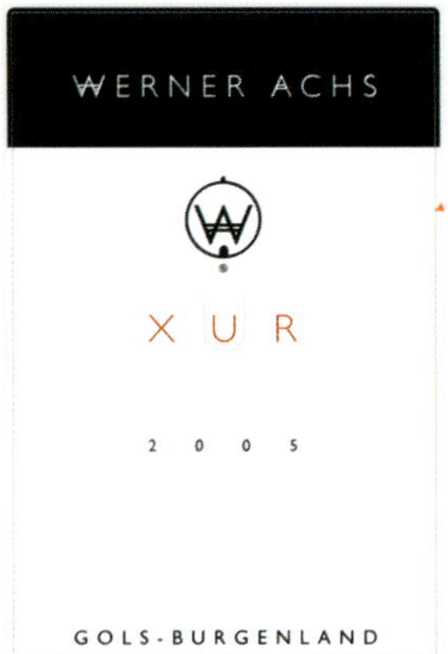

Beck

7122 Gols, In den Reben 1

Judith Beck ist eine von Österreichs Vorzeige- (nicht zu verwechseln mit Alibi-) Winzerinnen. Die Stationen ihres Werdegangs, den man durchaus als Karriere bezeichnen kann: Abschluss der Weinbauschule in Klosterneuburg, Praktika in internationalen Spitzenbetrieben wie Cos d'Estournel in Bordeaux, Braida im Piemont oder Errazuriz in Chile, ab dem Jahrgang 2000 Verantwortung für den Keller im Familienbetrieb, den sie inzwischen – natürlich unterstützt von ihren Eltern Matthias und Christine Beck – leitet. Seit dem Jahr 2005 arbeitet man in einem neuen, top-modernen Keller etwas außerhalb von Gols mit der schönen Adresse „In den Reben 1“. Dort entstehen vor allem ausgezeichnete, terroirbetonte Rotweine, die weder mit übermächtigem Alkohol noch mit anbiedernder Süße daherkommen, sondern vor allem Sorte und Boden zum Ausdruck bringen. Flaggschiffe sind die Cuvée „Judith“ aus Blaufränkisch, St. Laurent und Merlot, der reinsortige Pinot noir und die Cuvée „Pannobile“.

Fink

7151 Wallern, Bahnstraße 66

Wenn man ein Weingut in Wallern betreibt, muss man sich schon etwas einfallen lassen, um auf sich aufmerksam zu machen. Günter Fink ist da um gute Ideen nicht verlegen. Neben klassischen Weiß- und Rotweinen keltert er auch Fun-Weine wie den Rosé „Fink-Pink“, hat sich daneben aber auch einen Namen als Produzent von feinen Essigen und Ölen gemacht.

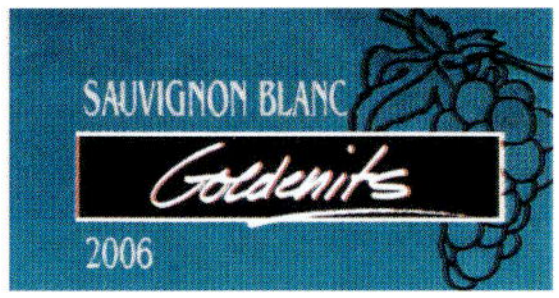

Anita & Richard Goldenits

7162 Tadten, Obere Hauptstraße 9

Wer sich durch das Sortiment von Anita und Richard Goldenits kosten will, sollte sich etwas Zeit nehmen. Zwei Dutzend Weine finden sich im Keller der Allrounder, und es gibt fast nichts, was es hier nicht gibt. Feinfruchtige Leichtgewichte wie Welschriesling oder Muskat Ottonel, ebenso wie kräftige Rotweine, allen voran die Cuvée „Best of", die – wie der Name schon sagt – aus den reifsten Trauben der Sorten Blaufränkisch, Cabernet Sauvignon, Cabernet Franc und Syrah gekeltert wird. Das „Tüpfelchen auf dem i" sind schließlich feine Hochprädikate vom Eiswein bis zur Trockenbeerenauslese, die im Seewinkel ganz einfach dazugehören.

Robert Goldenits

7162 Tadten, Untere Hauptstraße 8

Tadten im östlichsten Seewinkel ist eine der trockensten und heißesten Weinbauregionen Österreichs – dementsprechend weich und vollmundig geraten hier die Rotweine. Gerade darin sieht Robert Goldenits die Stärke dieser Region, der er mit Weinen wie der Cuvée „Tetuna" oder dem Top-Wein „Mephisto" aus den internationalen Rebsorten Cabernet Sauvignon und Syrah als Erster ein eigenständiges Profil gegeben hat.

Gsellmann & Hans

7122 Gols, Obere Hauptstraße 38

Der Betrieb ist aus dem Weingut der beiden Brüder Hans und Matthias Gsellmann (Gsellmann & Gsellmann) hervorgegangen und setzt seither stark auf eine eigenständige Linie, die sich schon rein äußerlich durch die flotte, neue Flaschenausstattung manifestiert. Doch Hans und Junior Andreas Gsellmann haben mehr zu bieten als eine ansprechende Verpackung. Bei einem fast ausgewogenen Verhältnis zwischen Weiß- und Rotweinen steht man hier gut auf zwei – auch qualitativ praktisch gleichwertigen – Beinen. Beim Weißwein setzen die Gsellmanns neben dem Welschriesling voll auf die Burgundersorten, Chardonnay, Grau- und Weißburgunder, wobei letzterer auch den Pannobile ergibt. Auch in Sachen Rotwein sind Andreas und Hans, deren 16 Hektar Rebfläche in den besten Lagen von Gols stehen, regional orientiert: Pinot noir, St. Laurent und Zweigelt werden reinsortig ausgebaut, und nur in der Cuvée mit dem programmatischen Namen „Charakter" spielt neben Zweigelt und Blaufränkisch auch ein bisschen Cabernet Sauvignon mit.

Matthias & Ilse Gsellmann

7122 Gols, Obere Hauptstraße 28

Matthias und Ilse Gsellmann sind das zweite Duo, das aus dem früheren Weingut Gsellmann & Gsellmann entstanden ist – ein Schritt, der sich ergeben hat, um die Betriebe besser für eine Übernahme durch die nächste Generation, in diesem Fall die beiden ambitionierten Töchter Julia und Christine, vorzubereiten. In Matthias Gsellmanns 18 Hektar umfassendem Rebenreich dominieren die Rotweine mit etwa 60 Prozent Anteil – und sie sind hier auch klar die Nummer eins. Zu den Top-Weinen zählt ein fruchtbetonter, eleganter Pinot noir, dessen Lagenbezeichnung „Übermasz" nicht falsch verstanden werden sollte, sowie die Cuvée „Ungerberg", ein dicht gewobener, kraftvoller Rotwein aus Blaufränkisch, Zweigelt und Merlot.

Haider

7142 Illmitz, Seegasse 16

Martin Haider keltert zwar auch trockene Weiß- und Rotweine, bekannt ist der Illmitzer aber für seine vielfach ausgezeichneten Hochprädikatsweine, von denen er stets eine besonders breite Palette anbietet. Dabei findet Haider stets jene Balance zwischen Süße und Säure, die einen edelsüßen Wein auch trinkanimierend machen kann, und er scheut auch nicht davor zurück, Mini-Mengen von nur wenigen hundert Flaschen zu keltern, wenn es um eine besondere Spezialität wie seine „Nektaressenz" geht.

Schloss Halbturn

7131 Halbturn, Im Schloss

Nach dem „Einfall" des barocken Genussmenschen und berühmt-berüchtigten Wein-Zampanos Carlo Wolf blieb in dem altehrwürdigen Weingut kein Stein auf dem anderen. Wolf machte in Sachen Qualität nicht den geringsten Kompromiss und wuchtete den Betrieb unter enormem finanziellen Aufwand – des Eigentümers – innerhalb von kürzester Zeit aus dem Niemandsland ins Spitzenfeld der burgenländischen Weingüter. Nach Auffassungsunterschieden verließ Wolf das Schiff, das er so eindrucksvoll flott gemacht hatte, jedoch wieder und Dipl.-Ing. Markus Graf zu Königsegg übernahm die alleinige Betriebsleitung. Was nach der turbulenten „Ära Wolf" bleibt, ist ein wunderschöner, in die historischen Gemäuer eingebetteter Weinkeller, der seinesgleichen sucht, ein französischer Önologe und – zum Teil sehr extravagante – Weine von höchster Qualität. Allen voran ein kräftig vom Barrique verwöhnter, kirschig-röstiger St. Laurent, ein eher fruchtig-mineralischer Pinot noir der Extraklasse und die Cuvée

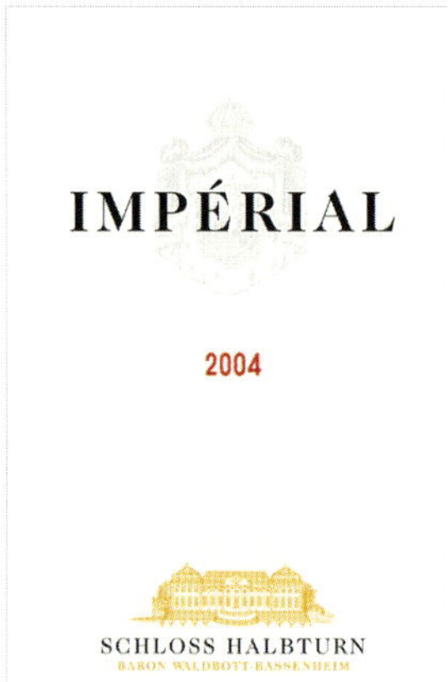

Schloss Halbturn
Foto: Schloss Halbturn

Imperial Rot, ein vielschichtiger, mächtiger Wein aus Cabernet Sauvignon, Merlot, Cabernet Franc und Blaufränkisch. Doch auch im Weißweinbereich hat man in Halbturn Spitzenqualität anzubieten: Der Chardonnay und die Cuvée Imperial Weiß verbinden regionales Terroir mit moderner, internationaler Ausbauweise, und der Grüne Veltliner „Schloss Halbturn", ein mächtiger, im Barrique ausgebauter Wein mit burgundischer Stilistik, zeigt, dass diese Rebsorte auch im Burgenland einen spannenden Wein bringen kann.

Gernot & Heike Heinrich

7122 Gols, Baumgarten 60

Gernot und Heike Heinrich haben ihr Weingut innerhalb von nur knapp zwei Jahrzehnten aus bescheidensten Anfängen zu einem der besten und größten Betriebe des Landes gemacht. Schlichtes, einprägsames Etikett, modernes, schnörkelloses Auftreten in allen Bereichen und kompromissloses Qualitätsdenken – so präsentiert sich der Golser Musterbetrieb heute. Mit Weinen wie den Cuvées Gabarinza und Salzberg hat Gernot Heinrich Maßstäbe gesetzt, doch ausruhen will er sich auf diesen Lorbeeren nicht. Immer wieder gibt es spannende Aufgaben, neue Ziele, wie etwa einen feinnervigen, klar burgundisch ausgerichteten Pinot noir zu keltern, oder die Weingärten nach biologisch-dynamischen Richtlinien zu bewirtschaften. Auch die Suche nach dem jeweils besten Terroir gehört für Heinrich zur permanenten Weiterentwicklung seines Betriebes und seiner Philosophie. Darum machte er auch den Schritt an den Leithaberg: Am Altenberg bei Winden hat Gernot Heinrich bereits 10 Hektar Weingärten mit reinem Leithakalk-Boden erworben, auf denen vor allem Blaufränkisch und ein wenig Weißburgunder ausgesetzt wird. Eine spannende Konstellation – eine neue Herausforderung!

Hillinger

7093 Jois, Hill 1

Leo Hillinger kann man schwer mit einem anderen Winzer vergleichen, denn er ist wie ein Prototyp, von dem nur ein Exemplar gefertigt wurde – eben ein Original! Gerne wird der fesche Golser, dem kein Event zu bunt, keine Idee zu kühn und keine Aufgabe zu schwierig ist, als Medien- oder Marketingwinzer bezeichnet. Und nicht selten sahen Beobachter der Szene seinen wirtschaftlichen Untergang bereits gekommen. Doch allen Unkenrufen zum Trotz hat Hillinger seinen atemberaubend designten Weinkeller in Jois (Adresse: Hill 1!) gebaut, und aus einem kleinen Weingut innerhalb von wenigen Jahren ein wahres Rebensaft-Imperium hochgezogen. Aber Hillinger macht nicht nur Wein – sehr beachtlich ist die im New-World-Stil vinifizierte Serie Hill 1 bis Hill 3 –, sondern definiert sein Weingut auch als multifunktionales Event-Zentrum, das alle Stückerln spielt. Prädikat: sehens- und erlebenswert!

Kadlec

7143 Illmitz, Untere Hauptstraße 34

Karl Kadlec, der Quereinsteiger mit der Schwarzenegger-Statur, fing im Weinbau praktisch bei null an, konnte aber sehr bald beachtliche Erfolge erzielen. Vor allem seine Hochprädikate der Serie „Lyss douce" heimsten so manche Auszeichnung ein. Doch auch Kadlec' Rotweine, kräftige, dicht gestrickte und langlebige Tropfen, verdienen durchaus Beachtung.

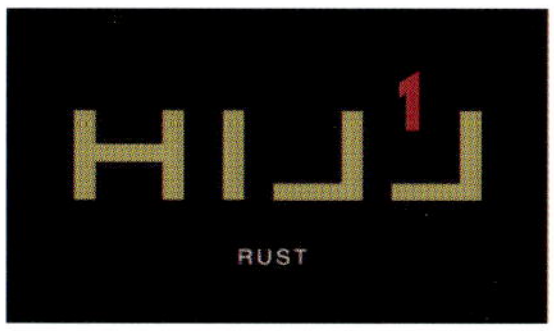

Juris – Axel & Herta Stiegelmar

7122 Gols, Marktgasse 12–18

Georg Stiegelmar, der in Sachen Weinbau schon immer seinen eigenen Kopf hatte und sich stets weigerte, auf bereits von anderen ausgetretenen Pfaden zu wandeln, ist zweifellos einer der Pioniere des modernen burgenländischen Weinbaus. Als einer der Ersten kelterte er schon Mitte der 80er Jahre Rotweine, die weit mehr waren als nur Weine mit roter Farbe, und seine teilweise im Tokajerstil produzierten Hochprädikate sind auch nach Jahrzehnten noch Leckerbissen für Kenner. Sein Sohn Axel, der den Betrieb heute gemeinsam mit Eherau Herta führt, kümmert sich ebenfalls wenig um Trends und Moden und keltert konsequent echte Stiegelmar-Weine. Trinkmarmeladen im New-World-Stil wird man hier vergeblich suchen; dafür findet man charaktervolle Struktur- und Terroirweine, die vor allem großes, spannendes Trinkvergnügen bereiten. Ein besonderer Schwerpunkt liegt bei der Gruppe St. Laurent und Pinot noir, von dem neben der Reserve auch ein „Probier-Paket" mit Weinen aus vier verschiedenen Lagen angeboten wird. Aus diesen beiden Sorten entsteht auch die St. Georg Reserve, während die Cuvée „Ina'mera" aus dem regionalen Blaufränkisch und den internationalen Sorten Cabernet Sauvignon und Merlot komponiert wird.

Kracher – Weinlaubenhof

7142 Illmitz, Apetloner Straße 37

„The Alchemist" wurde Süßwein-Zauberer Alois Kracher vom *Decanter*, dem renommiertesten britischen Weinmagazin, genannt. Und damit lag der Autor dieses Artikels gar nicht so falsch. Denn eigentlich ist der Mann, der Süßwein aus Österreich weltbekannt gemacht hat, ja gelernter Chemiker. Nach einigen Jahren Arbeit in der Pharmabranche trat er erst im Jahr 1986 in das Weingut des Vaters ein, der sich bis heute um die Pflege der Weingärten kümmert und den Alois Kracher als den „eigentlichen Pionier“ bezeichnet. Alois senior hatte schon damals großartige Beeren- und Trockenbeerenauslesen gekeltert, der Junior, den hier alle nur den „Luis“ nennen, gab den Weinen aber einen neuen, modernen Stil. Nicht mehr der Zuckergehalt allein sollte in Zukunft für die Qualität seiner Hochprädikatsweine entscheidend sein, sondern die Balance von Süße, Säure und Frucht, die den Weinen Eleganz verleiht und sie zum reinsten Trinkvergnügen macht.

So empfanden es bald die heimischen Weinfreunde und -kritiker, die begannen, Krachers süße Preziosen zu lieben. Doch Kracher war das nicht genug. Er ärgerte sich einerseits darüber, dass österreichische Weine nach dem Weinskandal von 1985 am internationalen Markt in der Bedeutungslosigkeit versunken waren. Andererseits hatte er erkannt, dass der Seewinkel mit seinen besonderen klimatischen Bedingungen ein Potenzial für Prädikatsweine bot, wie man es sonst weltweit nur noch zwei- oder dreimal vorfindet. Mit dieser Überzeugung und zehn seiner besten Süßweine im Koffer bestieg er im Jahr 1992 ein Flugzeug nach London. Dort organisierte er eine Blindverkostung seiner Weine mit den besten Süßweinen der Welt, zu der er alle namhaften englischen Weinjournalisten eingeladen hatte. Und er siegte! „Playing with the big boys“ titelte daraufhin Jancis Robinson, die Doyenne des angelsächsischen Weinjournalismus, im bekanntesten amerikanischen Fachmagazin,

Süßes Gold: Der Seewinkel ist das Mekka der edlen Hochprädikatsweine. *Foto: ÖWM, Gotschim*

dem *Wine Spectator*, und damit hatte Kracher seinen ersten großen Auftritt auf der internationalen Weinbühne.

Es sollten diesem viele weitere folgen. Kracher wurde seither mit Höchstwertungen und Auszeichnungen geradezu überschüttet, als „Wunderkind“ bezeichnet und vom englischen Magazin *Wine* nicht weniger als fünfmal mit dem Titel „Winemaker of the year“ geehrt. Das alles kam freilich nicht von selbst. Der rastlose Illmitzer kelterte immer wieder fulminante Weinserien, die in den zwei Linien „Zwischen den Seen“ – im großen Holzfass, und „Nouvelle vague“ – im Barrique, ausgebaut werden, und die Kollektion aller Trockenbeerenauslesen eines Jahrgangs zählt mittlerweile zu den begehrtesten Sammlerstücken der Weinwelt.

Daneben blieb Kracher aber auch noch Zeit für Aufsehen erregende Weinprojekte. Dazu gehört die Kooperation mit dem Andauer Winzer und Fleischermeister Hans Schwarz sowie dem Austro-Kalifornier Manfred Krankl, mit den spektakulären Weinen „Schwarz-Rot“ und „Schwarz-Weiß“ ebenso wie seine Süßweinprojekte in Kalifornien und Malaga, für die er bereits höchstes Lob geerntet hat, oder sein „Kracher Grand Cru“, ein Blauschimmelkäse, der in Beerenauslese gereift ist und zu den feinsten des Landes zählt.

„Wir wollten damals der Welt beweisen, dass wir auch in Österreich große Weine machen können“, erinnert sich Alois Kracher, der das Weingut gemeinsam mit seiner Frau Michaela und dem Sohn Gerhard führt, an die Anfänge. Das ist ihm inzwischen mehr als eindrucksvoll gelungen.

Lang

7142 Illmitz, Quergasse 5

Mit dem berühmten österreichischen Modemacher gleichen Namens ist Helmut Lang weder verwandt noch verschwägert – höchstens der Wille zur Spitzenqualität ist den beiden gemeinsam. Lang gehört zu den meist-ausgezeichneten Prädikatswein-Spezialisten Österreichs und hat es mit seinen Trockenbeerenauslesen, Beerenauslesen und Eisweinen geschafft, auch auf dem internationalen Parkett zu reüssieren. Über die rund zwanzig Hochprädikatsweine hinaus, die Lang permanent im Angebot hat, widmet er sich auch den Sorten Zweigelt und Blaufränkisch, aus denen er stoffig-vollmundige Rotweine keltert.

Leitner

7122 Gols, Quellengasse 33

Was mit einem Versuchsweingarten und einem „Prototypen" vom Jahrgang 1995 namens „SY I" begann, ist inzwischen zu einem der spannendsten Weine dieser Sorte im Land gereift. Leitner, der im Betrieb von seiner Frau Melitta und Junior Gernot Leitner, der nunmehr hauptberuflich im elterlichen Betrieb arbeitet, unterstützt wird, hat mit der Sorte Syrah in Österreich echte Pionierarbeit geleistet. Doch sollte man deswegen keineswegs übersehen, dass die Leitners noch eine breite Palette anderer ausgezeichneter Weine wie etwa Pannobile Weiß und Rot, die Cuvée Ungerberg aus Blaufränkisch und Merlot und den beerenfruchtigen Pinot noir im Angebot haben. Über ihre Weinbauphilosophie sagt die Golser Winzerfamilie: „ Am wichtigsten für uns ist die Wiedererkennbarkeit unserer Weine. In jedem Schluck sollen Boden, Klima und Gebiet aufblitzen."

Nicht nur Wein: Die Joiser Kirsche ist eine gesuchte Spezialität

Kellergasse in Winden am See

Josef Lentsch – Zur Dankbarkeit

7141 Podersdorf am See, Hauptstraße 39

Josef Lentsch ist gleichzeitig Winzer und Wirt – und in beiden Fächern mit dem selben Engagement bei der Sache. In Sachen Weinbau beweisen das schon seine „Hausweine": Die von den Burgundersorten dominierten Cuvées „Dankbarkeit weiß" und „Dankbarkeit rot" können jedenfalls weit mehr, als man sich von einem Hauswein erwarten würde. Lentsch's Sortiment ist klein aber fein, wobei besonders die Sorten Pinot gris und Pinot noir sowie die tollen Prädikatsweine hervorzuheben sind. Der Genuss endet im Hause Lentsch aber nicht bei Wein und Speisen, auch Sekt, Essig, Marmeladen oder die getrockneten Würstel sind wirklich nicht zu verachten ...

Heinrich Lunzer

7122 Gols, Breitenäcker 1

Heinrich Lunzers Stärke sind die roten Burgundersorten wie der in zwei Varianten angebotene St. Laurent und der im Barrique ausgebaute Pinot noir. Top-Wein des Hauses ist die rote „Cuvée d'Amitié" und mit seinen beiden Cuvées, „Henri blanc " und „Henri rouge" kreierte Lunzer zwei qualitativ hochwertige Weine, die auch rasches, unkompliziertes Trinkvergnügen bieten.
Mehrmals jährlich präsentiert Lunzer seine aktuellen Weine im Rahmen von Degustationen, die gemeinsam mit Künstlern veranstaltet werden.

Nekowitsch

7142 Illmitz, Schrändlgasse 2

Den Weinbau betreibt Gerhard Nekowitsch im Nebenberuf – dennoch hat er es geschafft, sich mit seinen feinen Nischenprodukten einen fixen Platz in der heimischen Weinszene zu erobern. Neben anderen Hochprädikatsweinen sind es vor allem seine nach Art des Amarone in Folientunnels auf Schilfmatten getrockneten Schilfweine, die Konsumenten wie Kritiker gleichermaßen begeistern. Die rote Version mit der Bezeichnung „The Red One" und der weiße „Schilfwein Tradition" sind Weine, die nicht durch ihre enorme Süße überwältigen; sie führen die feine Klinge, zeigen sich stets elegant, ausgewogen und animierend am Gaumen. Kleine Kostbarkeiten von höchster Qualität, die eigentlich nur einen Nachteil haben: Es gibt stets zu wenig davon.

Anita & Hans Nittnaus

7122 Gols, Untere Hauptstraße 49

Hans Nittnaus ist ein Pionier des modernen burgenländischen (Rot)-Weinbaus. Der Initiator der Vereinigung „Pannobile" ist stets vorne mit dabei, wenn es um die neuesten Entwicklungen geht, ohne dabei jedoch blindlings irgendwelchen Trends zu folgen. Nittnaus ist ein Suchender und scheut sich auch nicht, einmal einen Schritt zurückzugehen, wenn er darin den wahren Fortschritt erblickt; ein Beispiel dafür ist etwa die Hinwendung zur biologisch-dynamischen Bewirtschaftung der Weingärten. Den Durchbruch schaffte Nittnaus mit der 1990 erstmals gekelterten Rotweincuvée „Comondor", die seither zu den besten und bekanntesten Rotweinen des Landes zählt. Der Wein wird heute vom Merlot dominiert, Cabernet Sauvignon und Zweigelt verleihen ihm zusätzlich Würze und Frucht. Weitere Top-Weine aus seinen Golser Lagen sind der Pannobile aus Blaufränkisch und Zweigelt sowie der elegante, fein-fruchtige Pinot noir vom Kurzberg – ein Liebkind des Winzers, das zeigt, wie sich sein Weinstil in den vergangenen Jahren gewandelt hat. Das Holz tritt dabei immer mehr in den Hintergrund, Frucht, Mineralität und der Ausdruck von Sorte und Terroir dominieren. Insofern ist auch Nittnaus' Engagement am Leithaberg eine logische Fortsetzung dieser Philosophie. Nittnaus hat Weingärten in Jois erworben und ist Mitglied der Leithaberg-Winzer, was für ihn eine neue Sicht des Rotweins zum Ausdruck bringt: „Viele sagten: Darauf haben wir schon gewartet, da musste jetzt etwas Neues kommen ... statt dieser dicken, stoffigen, marmeladigen Weine." Bei Nittnaus ist das vorerst ein Grüner Veltliner und die Cuvée „Leithaberg Rot". Zwei mineralische Terroirweine, die vielleicht nicht für jedermann leicht verständlich sind, jedoch sehr gut dokumentieren, was Nittnaus unter einem neuen, zukunftsorientierten Weinstil versteht.

Hans & Christine Nittnaus

7122 Gols, Untere Hauptstraße 105

Hans und Christine Nittnaus bewirtschaften 26 Hektar Weingärten in den besten Lagen von Gols, wie Altenberg, Salzberg oder Gabarinza, deren Trauben nach sorgfältiger Handlese im modernen Keller des Hauses zu einer breiten Palette hochwertiger Weine verarbeitet werden. Der Bogen spannt sich dabei vom leichten, duftigen Welschriesling über die Top-Rotweincuvées „Vigor Rubeus" und – neu im Programm – „Nit ana" (nicht nur eine, sondern gleich vier Rebsorten!) bis hin zu den edelsüßen Hochprädikatsweinen. Hervorragend präsentieren sich auch die reinsortigen Roten wie der Zweigelt vom Golser Luckenwald und der Merlot von der

Top-Lage Salzberg; dichte und konzentrierte Weine mit viel Rückgrat für eine schöne Reifephase.

Pasler

7093 Jois, Obere Hauptstraße 44

Im Jahr 1994 hat Martin Pasler nach etlichen Wanderjahren in Frankreich, Deutschland und Australien den traditionsreichen Joiser Familienbetrieb übernommen, in dem bereits seit dem Jahr 1780 Weinbau betrieben wird. Mit Top-Qualität und professionellem Marketing hat es Pasler schnell geschafft, sich sowohl mit seinen Hochprädikaten als auch mit seinen ausgezeichneten Weiß- und Rotweinen, wie etwa der mächtigen Cuvée „R" aus Cabernet, Blaufränkisch und Zweigelt oder dem Parade-Zweigelt „Z" aus den reifsten Trauben des Jahrgangs, in der nationalen und internationalen Weinszene einen guten Namen zu machen, was auch sein Exportanteil von fast zwei Drittel der Gesamtproduktion bestätigt. Seinen Zugang zur Weinherstellung hat Pasler in den vergangenen Jahren gemäß dem Motto „Ohne Herkunft gibt es keine Zukunft!" neu definiert. „Bis vor wenigen Jahren hatte ich alles im Keller, was es an High-Tech gibt und habe mit Mikrooxidation, Puls Air und anderen Methoden gearbeitet. Doch inzwischen weiß ich, dass ich das alles nicht brauche, werde in der Weinbereitung wieder viel traditioneller und hole mir die Qualität im Weingarten!"

Pittnauer

7122 Gols, Untere Hauptstraße 71

Gerhard und Brigitte Pittnauer, die in ihrem „State-of-the-Art"-Weinkeller in der Lage Altenberg die Erträge von 18 Hektar Weingärten verarbeiten, haben frühzeitig das Potenzial der Burgundersorten in Gols erkannt und bei Neuauspflanzungen auf St. Laurent und Pinot noir gesetzt. Ein guter Griff, wie sich heute zeigt, denn die Sorten liegen nicht nur voll im Trend, sondern Gerhard Pittnauer hat auch das richtige „Händchen", um daraus spannungsgeladene, elegante Weine zu keltern. Er setzt dabei auf Kraft, Dichte und Stoffigkeit, schafft es aber auch, seinen Weinen auch jenes Quäntchen an reifem Gerbstoff und feiner Säure mitzugeben, die das Verlangen nach einem zweiten Glas wecken. Für Einsteiger in die Pittnauer'sche Weinwelt wurde der „Red Pitt" kreiert, eine rasch zugängliche, fruchtige Cuvée aus vier Rebsorten, die unkompliziertes Trinkvergnügen bietet und dennoch die Klasse des Hauses widerspiegelt.

Pöckl

7123 Mönchhof, Baumschulgasse 12

Wenn von großen österreichischen Rotweinen die Rede ist, muss unweigerlich auch der Name Pöckl fallen. Seit vielen Jahren stehen Josef Pöckls Paradewein, der „Admiral" aus Zweigelt, Merlot und Cabernet Sauvignon, und Junior Renés Gesellen- und Meisterstück, der „Rêve de Jeunesse" aus Syrah und Zweigelt, an der Spitze der österreichischen Rotwein-Hierarchie. Schon früh gelang es Josef Pöckl, Rotweine zu keltern, die nicht nur das lokale Publikum begeisterten, sondern auch mit internationalen Größen mithalten konnten. Das war nicht nur Bestätigung für ihn, sondern motivierte auch viele andere Winzer zu Höchstleistungen und trug somit wesentlich zum heutigen Selbstbewusstsein der österreichischen Rotweinszene bei. Neben seinen „Überfliegern", lieferte Pöckl mit seinem „Rosso e Nero" und dem „Solo Rosso" auch Weine für Einsteiger und Fortgeschrittene ab, die einen unkomplizierten Zugang zu seiner Weinwelt eröffnen, doch gleichzeitig die Meisterschaft ihres Herstellers dokumentieren. Und wie um sich selbst zu übertreffen, kreierte er in besonderen Jahrgängen einen grandiosen Wein namens „Mystique“, dessen genaue Sortenzusammensetzung er – dem Namen verpflichtet – stets genussvoll verschwieg. Heute hält sich Josef Pöckl eher im Hintergrund und steht seinem Sohn René, der allein für die Kellerarbeit verantwortlich zeichnet, mit Rat und Tat zur Seite. Das Statement, das der Pinot-noir-Fan – ja, auch den gibt es hier in toller Qualität – zum Thema Rotwein aus Österreich abgegeben hat, wird jedenfalls auch in Zukunft Gültigkeit haben.

Claus Preisinger

7122 Gols, Obere Hauptstraße 33

Erst im Jahr 2000 gründete Claus Preisinger, der seine Praxiserfahrung unter anderem bei Hans Nittnaus, der ihm größtes önologisches Talent attestiert, gesammelt hat, sein eigenes Weingut, und legte auch gleich einen Blitzstart hin. Seine fruchtigen, stoffig-dichten Rotweine, denen eine gesunde Portion reifen Gerbstoffs Eleganz und Trinkfreudigkeit einhaucht, etablierten sich vom Fleck weg auf den Spitzenpositionen diverser Verkostungen. Seine Spitzencuvée „Paradigma“ ist tatsächlich ein Musterbeispiel für einen modernen, komplexen Rotwein der Sonderklasse, doch auch der feinbeerige Pinot noir, die Cuvée „Haideboden“ und der teilweise im Barrique ausgebaute Zweigelt überzeugen voll und ganz.

Helmut & Gabriele Preisinger

7122 Gols, Neubaugasse 19

Helmut Preisinger, einer der „Jungen Wilden“ von Gols, liebt es extrem. Wenn schon Barrique, dann ordentlich, wenn schon kräftig, dann gleich auch mal mit 15 Prozent Alkohol, und wenn schon ein Hochprädikatswein, warum nicht gleich eine Trockenbeerenauslese mit 417 – ja, 417-Gramm Restzucker! So ist denn auch der Name seines im Barrique ausgebauten, rauchig-röstigen, stoffigen Ruländers S.EX (SehrExtrem) durchaus programmatisch zu verstehen. Natürlich gibt es in Preisingers Sortiment auch konventionellere Weine, wie die Cuvée Mithras aus Cabernet Sauvignon, Merlot und Syrah oder die reinsortigen Pinot noir und Merlot. Doch eines ist allen Preisinger-Weinen gemeinsam: Sie überzeugen sowohl durch stilistische Eigenständigkeit als auch hohe Qualität.

Renner

7122 Gols
Obere Hauptstraße 97

Mit dem Pannobile Rot oder der Cuvée Altenberg hat Helmut Renner Weine im Keller, die mit ihrer reifen Frucht und dem gekonnt eingesetzten, kleinen Eichenholzfass internationales Format erreichen. Renners Rotweine, wie der Pannobile, Syrah, Blauburgunder, oder die Cuvée vom Altenberg aus Blaufränkisch, Merlot und Zweigelt, bestechen dabei nicht durch vordergründig-stoffige Dichte, sondern durch Finesse und einen eigenständigen, das Golser Terroir und die Handschrift des Winzers widerspiegelnden Charakter. Durchaus nicht zu übersehen sind jedoch auch die Weißen, allen voran die Burgundersorten Chardonnay und Weißburgunder.

Salzl-Seewinkelhof

7142 Illmitz
Obere Hauptstraße 16

Im wunderschönen Sandstein-Kellergewölbe des traditionsreichen

Familienweinguts Salzl sind die gepflegten Barriquefässer fein säuberlich aufgeschlichtet – und was darin ruht, sind zum Großteil Rotweine. Anders als viele Illmitzer Kollegen produziert Josef Salzl nur einen geringen Anteil Süßweine und konzentriert sich stattdessen auf kraftvolle Rote, denen er durch den Ausbau in Barriques zusätzliche Würze und Struktur verleiht. Musterbeispiele dafür sind der „3-5-8", aus Cabernet Sauvignon und Merlot sowie die Cuvée „Panoterra" aus Zweigelt, Cabernet Sauvignon, Merlot und Syrah. Zwei Weine mit opulentem Charakter, pfeffriger Würze im Duft, süßer Frucht und vollmundiger Stoffigkeit.

Sattler

7162 Tadten, Obere Hauptstraße 10

Erich Sattler, der das Familienweingut in Tadten seit dem Jahr 2001 führt, holte sich nach seiner Ausbildung an der Weinbauschule Krems und der Wiener Universität für Bodenkultur noch in Kalifornien den letzten Schliff, ehe er gleich voll durchstartete. Seine Philosophie dabei: „Aus der Verbindung von regionalem Terroir, heimischen und internationalen Rebsorten sollen Spitzenweine mit eigenständigem Charakter entstehen." Zweigelt und St. Laurent, die zusammen etwa 80 Prozent der Rebflächen ausmachen, spielen da eine wichtige Rolle, wobei sich in der Top-Cuvée Cronos neben dem St. Laurent auch Cabernet Sauvignon und Syrah finden. Sattler verwendet amerikanische und französische Barriques und füllt seine stoffig-dichten, mächtigen Weine mit minimaler Filtration ab. Somit spiegeln sie ihre Herkunft aus Weingärten, die zu den heißesten und trockensten des Landes zählen, nahezu perfekt wider.

Scheiblhofer

7163 Andau, Halbturnerstraße 1a

Dass Erich Scheiblhofer nach seiner Ausbildung Erfahrungen in Kalifornien und Australien gesammelt hat, lässt sich am Stil seiner Weine eindeutig erkennen. Der junge Blitzstarter zeigt, dass sich in dieser heißen Ecke des Seewinkels Weine in New-World-Stilistik produzieren lassen, die dennoch eine gewisse Bodenhaftung aufweisen. Auch sortenmäßig ist Scheiblhofer international orientiert: Unter seinen Top-Weinen finden sich reinsortiger Shiraz und Merlot sowie die Cuvée „Legends" aus Cabernet Sauvignon und Merlot. Daneben darf es aber schon auch einmal ein satter, reifer Zweigelt sein, der schon in so mancher Blindverkostung mit einem waschechten Australier verwechselt worden sein soll.

Schwarz

7163 Andau, Hauptgasse 5

Wenn zwei Wein- und Marketingvollprofis wie Alois Kracher und der austro-amerikanische Restaurant- und Weinzampano Manfred Krankl gemeinsam mit einem Mann wie Johann Schwarz an einem Strang ziehen, dann muss daraus fast zwangsläufig ein besonderes Produkt entstehen. Von Beginn an erregten die Weine des Andauers, der im Brotberuf Fleischhauer ist, riesiges Aufsehen. Denn was da unter dem Label „Schwarz Rot" auf den Markt kam, war ein Zweigelt, wie man ihn bisher nicht kannte: Dicht, fleischig und mit intensiven Röstaromen, ein Wein mit ebenso mächtiger Statur wie Schwarz selbst, dabei aber mit größtem Vergnügen zu trinken. Doch spätestens seit „Schwarz Rot" beim Hamburger Weinsalon sogar die Konkurrenz aus Piemont und Australien bezwang, ist klar geworden, dass es sich dabei nicht nur um einen Fun-Wein, sondern um einen der interessantesten Roten des Landes handelt. Ebenfalls nicht zu verachten ist der mit einem Spritzer Veltliner aufgepeppte Chardonnay Schwarz-Weiß, während der Rosé „The Butcher" mehr den schrägen Geschmackstyp anspricht.

Steindorfer

7143 Apetlon, Illmitzer Straße 25

„Vergleichen Sie uns mit den besten der Welt!" schlägt Ernst Steindorfer auf seiner Homepage vor und verweist auf tolle Ergebnisse bei nationalen und internationalen Vergleichsverkostungen wie etwa das „Rotweinduell" des deutschen *Feinschmecker-Magazines*, bei dem man im Vergleich mit österreichischen und deutschen St. Laurents gleich zweimal unter den Top Ten landete, oder die Auszeichnung bei der Austrian Wine Challenge als „winery of the year". Für Besucher seines Weinguts ist das zwar nicht unmittelbar nachvollziehbar, ein Vergleich mit den Spitzenweinen vom Seewinkel ist jedoch in seiner „Nationalpark Vinothek" jederzeit möglich. In seinem eigenen Sortiment findet man eine breite Palette von Beeren- und Trockenbeerenauslesen, trockene Weißweine und kräftige Rote vom Zweigelt bis zur Cuvée „STE" aus Cabernet Sauvignon und St. Laurent, einem stoffig-vollmundigen Wein, der die Seewinkler Sonne förmlich in sich aufgesogen zu haben scheint.

Umathum

7132 Frauenkirchen
St. Andräer Straße 7

Seit Josef Umathum mit zwei „Charakter-Weinen", der großteils aus Zweigelt bestehenden Cuvée Hallebühl und dem St. Laurent vom Stein, in den 80er Jahren die heimischen Rotwein-Charts stürmte, gilt der große Tüftler und Wein-Philosoph als eine der Leitfiguren der österreichischen Rotwein-Landschaft. Dabei hat sich Umathum von Anfang an vor allem auf die autochthonen Rebsorten Zweigelt, St. Laurent und Blaufränkisch konzentriert und damit einen heute aktuellen Trend vorweggenommen. Auch mit dem Sprung zum Leithaberg war Umathum früher dran als die Winzerkollegen. Bereits ab dem Jahr 1993 kaufte er Trauben vom Joiser Jungenberg, und als sein Lieferant in Pension ging, erwarb er die Weingärten im Jahr 2000 aus dem Besitz des Grafen Harrach und rekultivierte mit enormem Aufwand jene verfallenen Terrassenmauern, die hier bereits um das Jahr 1700 angelegt worden waren. Seine Vision: Ein Blaufränkisch von reinen Schieferböden aus der einzigen Terrassenlage des Burgenlandes. Vom Jahrgang 2003 konnte dann erstmals ein Wein mit der Lagenbezeichnung „Joiser Kirschgarten" erzeugt werden, und die folgenden Jahrgänge zeigten, dass hier tatsächlich ein besonders mineralischer, charaktervoller Blaufränkischer mit vollkommen eigenständigem Charakter entsteht. Ein weiteres Meisterstück aus der Werkstatt von Umathum, der freilich mit Weinen wie dem klassischen St. Laurent und der dunkelfruchtigen, fein geschliffenen Cuvée vom Haideboden auch „volksnähere" Tropfen bereithält.

Josef Umathums „Wein-Kathedrale" dokumentiert, dass man auch mit klassischen Materialien wie Sandstein und Holz Modernes schaffen kann. Fotos: Umathum

Velich

7143 Apetlon, Seeuferstraße 12

Als die Brüder Heinz und Roland Velich Anfang der 90er Jahre ihre ersten Barrique-Chardonnays mit der Bezeichnung „Tiglat" auf den

Markt brachten, verbreitete sich die Kunde vom neuen österreichischen „Wunder-Chardonnay" internationalen Zuschnitts in Windeseile: Der Weg vom Geheimtipp zum Kultwein war dann nicht mehr weit. Die Idee dahinter: Den kräftigen Weißweinen vom Seewinkel durch das französische Holz mehr Komplexität, Würze und Langlebigkeit zu verleihen. Die Trauben dafür stammen von der Lage Tiglat, einem Teil der Riede Hedwighof in Apetlon. Die Trauben von alten Rebstöcken werden besonders streng selektioniert, der Wein bis zu zwei Jahre im Fass ausgebaut. Das Ergebnis ist ein dichter, komplexer Chardonnay mit feinen Vanille- und Röstaromen sowie einer zarten Zitrusnote, die mitunter an Burgund erinnert.

Neben dem „Star der Truppe" keltern die Velichs den ebenfalls ausgezeichneten, weniger holzbetonten Chardonnay „Darscho", die Cuvée „TO" und sehr feine, elegante Hochprädikatsweine bis hin zur Trockenbeerenauslese.

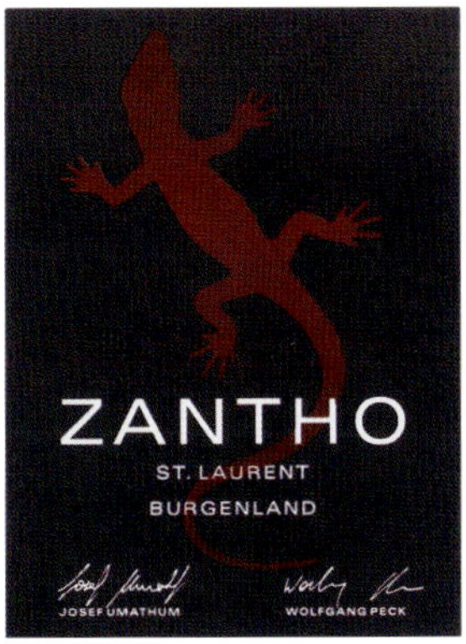

Zantho

7163 Andau, Dammweg 1 A

Typisch österreichische Rotweine zu produzieren, die das Terroir und den Charakter der heimischen Rebsorten widerspiegeln – und das in vernünftigen, sprich: auch exportfähigen Mengen. Das ist die Idee hinter der Marke „Zantho", einer Kooperation zwischen Top-Winzer Josef Umathum, der sein Know-how einbringt und die beteiligten Winzer berät, Wolfgang Peck, der die Geschäfte leitet und den Betrieb vor Ort führt, und der Andauer Genossenschaft, einem der modernsten Rotweinbetriebe des Landes. Von rund 50 Hektar Rebfläche werden etwa 350.000 Flaschen produziert, wobei sich das Angebot vom Grünen Veltliner und Muskat-Ottonel über den Zweigelt, von dem auch eine Reserve gekeltert wird, St. Laurent und Blaufränkisch bis hin zu einer Beerenauslese erstreckt. Um eine hohe Qualität gewährleisten zu können, wird streng darauf geachtet, dass die Entstehung jeder einzelnen Flasche Wein bis zum Rebstock zurückverfolgbar ist.

Winzervereinigung
„Pannobile"

In Gols hat sich im Jahr 1994 eine Gruppe von befreundeten Winzern zusammengeschlossen, die sich folgende Philosophie auf ihre Fahnen geschrieben hat: „Kooperieren, das ganze gemeinsame Wissen in einen Topf werfen, gute Idee gemeinsam verfolgen, sich beständig an den Besten und aneinander messen, kompromisslos sein, was die Qualität angeht." Jedes Jahr produziert jeder Pannobile-Betrieb eigenständig und aus eigenen Trauben maximal eine Rot- und eine Weissweincuvée, die er als Pannobile vermarktet. Dazu verwendet er nur Trauben mit hoher physiologischer Reife aus mindestens 85% heimischen Sorten, achtet auf extreme Ertragsreduktion und betreibt schonenden Ausbau im Barrique. Die Pannobile-Weine werden alljährlich einmal in Wien präsentiert und sind zudem immer wieder bei Weinveranstaltungen – auch mit befreundeten Winzergruppen aus dem In- und Ausland – zu verkosten.

Info: www.pannobile.at

Neusiedlersee

Das Neusiedlersee-Hügelland punktet mit einer in Österreich einzigartigen Vielfalt: Hier können sowohl Weiß- und Rot- als auch Süßweine in absoluter Spitzenqualität gekeltert werden.

-Hügelland

Das Weinbaugebiet Neusiedlersee-Hügelland liegt im Westen und Nordwesten des Neusiedlersees und ist von zwei markanten Landschaftsformationen geprägt, die auch den Weinbau wesentlich beeinflussen: Dem Leithagebirge, an dessen Ausläufern sich in einer fast geraden Linie über rund 30 Kilometer die Weinorte Großhöflein, Eisenstadt, St. Georgen, Schützen, Donnerskirchen, Purbach, Breitenbrunn – und genau genommen auch noch Winden und Jois, die aber schon zum benachbarten Weinbaugebiet Neusiedlersee zählen – auffädeln, sowie dem Ruster Hügelzug mit den direkt an den Neusiedlersee grenzenden Orten Mörbisch, Rust und Oggau sowie St. Margarethen auf der westlichen Seite dieses sanft gewellten Plateaus.

NEUSIEDLERSEE-HÜGELLAND auf einen Blick:

Rebfläche: 4.068 Hektar
Anteil an der Gesamtrebfläche Österreichs: 7,8 Prozent
Wichtigste Rebsorten: Blaufränkisch: 964 ha
Grüner Veltliner 878 ha, Zweigelt: 671 ha
Böden: Kalk-Verwitterungsböden, Schiefer, Lehm

Vom Kalk geprägt

Mit rund 4.000 Hektar Rebfläche ist das Neusiedlersee-Hügelland wesentlich kleiner als das Weinbaugebiet Neusiedlersee, das mehr als die doppelte Rebfläche aufweist. Bedingt durch die stärker konturierte Landschaft, die auch die Ausbildung von Kleinklimata ermöglicht, vor allem aber durch die Beschaffenheit der Böden entstehen hier jedoch strukturiertere, stärker vom Terroir geprägte Weine. Das Leithagebirge, ein vor hunderten Millionen Jahren entstandener Bergrücken, besteht aus einem kristallinen Grundgebirge mit Gneis- und Glimmerschiefergestein, das bis zu einer Seehöhe von rund 370 Metern von einer Kalkschicht, dem sogenannten Leithakalk, bedeckt ist. Die Weinbauzone befindet sich – so wie in der Thermenregion – auf einem ehemaligen Küstenstreifen des Wiener Beckens, wo Muscheln, Schalentiere und Korallen den Grundstock für die heutigen Kalksedimente gebildet haben. Dieser Kalkboden ist für den Weinbau ein bestimmender Faktor und beeinflusst von der passenden Unterlagsrebe über die Sortenwahl bis zur Standortfindung für bestimmte Sorten praktisch jede Entscheidung, die im Weingarten zu treffen ist. Die Auswirkungen dieser kalkreichen Böden auf die Weine beschreibt Birgit Braunstein, Winzerin in Purbach, so: „Die Weine vom Leithaberg haben Tiefgründigkeit und Reife, bereiten aber auch Trinkvergnügen – bedingt durch die feine, nervi-ge Säure und die hohe Mineralität. Dabei sind die Weine im Duft nicht so vordergründig und

Der Neusiedlersee reguliert das Klima und beeinflusst so den Weinbau in den umliegenden Regionen.

brauchen immer eine gewisse Zeit, um sich zu entwickeln!“

Auch auf der Ruster Hügelkette findet man kalkreiche Böden – wenn auch nicht so extreme wie am Fuße des Leithagebirges. Den Grundstock bildet hier ebenfalls kristallines Schiefergestein, das im oberen Bereich von stark kalkhaltigen Böden bedeckt ist. Diese kalkreichen Lehme und Mergel gehen weiter unten in Lössschichten und in Seennähe in immer tiefgründiger werdende Braunerdeböden über, wobei man vor allem in den oberen Lagen auch immer wieder verwitterten Gneis und Schiefer in Form von kleineren und größeren Steinen findet. Traditionell gelten aufgrund ihrer Bodenbeschaffenheit die Rieden südlich von Rust eher als Weißweinlagen, während sich im Norden, Richtung Oggau, wo die Böden noch kalkreicher werden, der Rotwein wohler fühlt. Ernst Triebaumer, dessen Paradelage Mariental sich sowohl auf Ruster als auch auf Oggauer Gemeindegebiet befindet, sieht hier eine lange Tradition: „Vor 250 Jahren wusste man anscheinend besser, was hierher passt, als vor 50 – denn damals standen in dieser Lage bereits Rotweinreben.“

Generell zeichnen sich die Ruster Weine durch eine hohe Reife bei gleichzeitig feiner Frucht und animierender Säurestruktur aus. Sie sind kernig und konzentriert, ohne dabei übermächtig zu wirken, brauchen eine gewisse Reifezeit und zeichnen sich dafür durch besondere Langlebigkeit aus.

Mittelmeer am Neusiedlersee

Das Leithagebirge und die Ruster Hügelkette schirmen das Weinbaugebiet von den rauheren Klimaeinflüssen und kühlen Winden aus dem Westen und Norden ab. Sie bilden gleichsam eine Muschel, die sich nach Süden und Osten öffnet und das warme und milde pannonische Klima voll einfängt. Konkret bedeutet das an die 2.000 Sonnenstunden pro Jahr, geringe Niederschlagsmengen, ein frühes Frühjahr, einen trockenen, heißen

„Für einen Weingarten, von dem aus man den See sieht, kann man Geld ausgeben – das wussten schon die Alten", erklärt die Ruster Winzer-Legende Ernst Triebaumer.

Sommer und einen langen, milden Herbst. Dabei werden die Leithaberg-Gemeinden noch etwas mehr von kontinentalen Einflüssen gestreift und haben mit bis zu 800 Millimetern etwas höhere Niederschlagsmengen als Rust, Mörbisch oder Oggau mit jährlich zwischen 500 und 650 Millimetern. Diese Orte zählen zu den wärmsten Plätzen in Mitteleuropa und weisen an warmen Sommer- und Herbsttagen fast subtropische klimatische Bedingungen auf. Oleander, Palmen und Zitronenbäume sind darum in den alten Arkadenhöfen gern gesehene Gäste und fühlen sich bis weit in den Herbst hinein wohl. Dazu trägt neben der geschützten Lage vor allem die intensive Sonneneinstrahlung und die klimaregulierende Wirkung des nahen Neusiedlersees bei.

Europas größter Steppensee ist ein Naturphänomen. Bei einer Länge von 36 Kilometern und einer Breite von fünf bis zwölf Kilometern entsteht eine Wasserfläche von 320 Quadratkilometern, wobei der See nur 70 bis 150 Zentimeter tief ist. Er bildet also einen riesigen Wärmespeicher – das flache Wasser erwärmt sich im Sommer rasch und gibt diese Wärme im Herbst dosiert wieder ab. Zudem entsteht durch die starke Verdunstung eine hohe Luftfeuchtigkeit, die unter anderem für die Bildung von Botrytis sorgt – die Voraussetzung für die Produktion von edelsüßen Hochprädikatsweinen, die hier jahrhundertelang das Rückgrat des Weinbaus bildeten.

Rot, Weiß oder Süß?

Der langjährige Obmann des Ruster Weinbauvereins, Ernst Triebaumer, plädiert dafür, diese Tradition auch in Zeiten des allgemeinen Rotwein-Booms aufrecht zu erhalten: „Der Süßwein ist für uns wirtschaftlich nicht so wichtig, aber emotional! Auch wenn wir heute viel mehr vom Rotwein leben, muss man trotzdem sagen: Die vergangenen 500 Jahre war Süßwein für Rust das Hauptprodukt; und alles andere war praktisch bedeutungslos. Wir bemühen uns deshalb sehr um den Ruster Ausbruch, denn er ist unsere Identität – und vielleicht wird er irgendwann auch wirtschaftlich wieder viel wichtiger."

Tatsächlich erscheint das Neusiedlersee-Hügelland heute in der öffentlichen Wahrnehmung primär als Rotweinregion, denn das Hauptaugenmerk der Winzer, Konsumenten und Medien lag in den vergangenen Jahren eindeutig im roten Bereich. Eine Wertschätzung, die für das obere Qualitätssegment durchaus seine Berechtigung hat. Schließlich entstehen hier Jahr für Jahr einige der besten Rotweine das Landes und viele Spitzenbetriebe in Großhöflein, Mörbisch, Rust oder Purbach halten inzwischen bei einem Rotwein-Anteil von 70 bis 80 Prozent ihrer Gesamtproduktion.

Beginnend mit Initialzündungen wie Ernst Triebaumers Blaufränkisch Ried Mariental 1986 oder Anton Kollwentz' Steinzeiler, der zu den ersten erwähnenswerten Rotwein-Cuvées des Landes zählte, wurde die Region in den vergangenen 20 Jahren zur heimischen Rotwein-Macht. In keinem qualitätsorientierten Betrieb fehlt eine im Barrique ausgebaute Rotweincuvée, und sowohl der Blaufränkische als auch Pinot noir und St. Laurent haben hier ein enormes Potenzial. Kein Wunder, dass die Nachfrage nach Rotweinen aus der Region – begünstigt durch den allgemeinen Rotwein-Boom – stark angestiegen ist und diese so zum wichtigsten Wirtschafts- und Imagefaktor wurden. Der Blaufränkische, der hier beste Bedingungen vorfindet, hat sich dabei zur mit Abstand wichtigsten Rebsorte entwickelt. Ihm folgen Zweigelt und dann – bereits mit Respektabstand – Pinot noir sowie Cabernet Sauvignon. An Bedeutung gewonnen haben zuletzt auch Merlot, der meist als Cuvée-Partner eingesetzt wird, sowie St. Laurent.

Die scheinbar bestehende Rotwein-Dominanz relativiert sich freilich durch einen Blick in die Statistik: Tatsächlich hat der Blaufränkische den Grünen Veltliner als flächenmäßig bedeutendste Rebsorte erst in den letzten Jahren verdrängt, und nach wie vor beträgt der Weißweinanteil an der Gesamtrebfläche – allerdings bei deutlich fallender Tendenz – knapp 60 Prozent.

Neben dem Grünen Veltliner, den man als Relikt aus den 60er und 70er Jahren betrachten kann, als der Markt nach billigem Weißwein in großen Mengen verlangte und der nur in speziellen Nischen wie dem Gebiet um Donnerskirchen wirklich gute Weine hervorbringt, haben von den Weißweinen Welschriesling, Pinot blanc und Müller-Thurgau die größte Verbreitung. Der Welschriesling ist der typische fruchtig-frische Sommerwein des

Ausgedient: Ausgehackte Rebstöcke am See.

Burgenlandes, wird aber aufgrund seines feinen Duftes auch gerne für Hochprädikatsweine verwendet. Aus dem Weißburgunder entsteht ein feinfruchtiger, eleganter Wein mit hoher Mineralität, während der Müller-Thurgau selten mit wirklichen Spitzenqualitäten aufwartet. Sauvignon blanc und Chardonnay, der hier aufgrund der kalkreichen Böden absolute Spitzenqualitäten bringen kann, sind unter den Weißweinen sicher die Aufsteiger der vergangenen Jahre, während die meisten anderen Weißweinsorten an Bedeutung verloren haben.

Rust – das Herz des Weinbaugebietes

Das Zentrum der Region war schon von alters her die kleine Weinstadt Rust am Neusiedlersee. Die gepflegten Bürgerhäuser aus dem 16. bis 19. Jahrhundert im denkmalgeschützten Ortszentrum zeugen mit ihren Barock- und Renaissance-Fassaden voller Stuck, Erkern und Wappen nach wie

Esterházy: Jahrhundertelange Weinbautradition mit modernem Gesicht. *Foto: Steiner*

vor von Wohlstand und Kultur vergangener Epochen – ein Wohlstand, der auf dem Weinbau fußte. So ist es kein Wunder, dass sich unter fast jedem dieser Häuser mit den pittoresken Arkadenhöfen auch ein Weinkeller befindet. Bereits im Jahr 1524 erhielten die Ruster durch Königin Maria von Ungarn das Privileg, für den Weinhandel ein gekröntes „R“ als Herkunftszeichen in ihre Fässer einzubrennen, das noch heute als Korkbrand für die Ruster Weine dient. Für die Ruster war dies ein wichtiger Schritt, denn die Herkunft Rust stand schon damals für beste Weinqualität, was nicht zuletzt dadurch unterstrichen wird, dass sich die Ruster im Jahre 1681 die Unabhängigkeit von der Obrigkeit und das Stadtrecht von Kaiser Leopold I. mit „echtem und flüssigem Gold“, nämlich 30.000 Gulden und 500 Eimern Ausbruch (das entspricht etwa 30.000 Litern), erkauft haben. Auch heute ist es für einen Ruster Winzer Ehrensache, einen Ausbruch zu keltern, immerhin zählen diese Süßweine nach wie vor zu den besten, feinsten und langlebigsten der Welt.

Kritisch betrachtet

Trotz einer spürbaren Sortenbereinigung ist, wenn man die Nachfrage in Betracht zieht, der Weißweinanteil in dieser Region nach wie vor zu hoch. Allein der Grüne Veltliner ist mit seinen fast 900 Hektar Rebfläche zweifellos überrepräsentiert. Zwar kann man an geeigneten Plätzen wie am Leithagebirge durchaus gute Grüne Veltliner keltern, die als Nischenprodukt ihre Berechtigung haben. Allerdings stehen viele Veltliner-Weingärten nicht in den dafür passenden Lagen und, was weit schwerer wiegt: Es gibt keine wirkliche Nachfrage nach Grünem Veltliner aus dem Burgenland. Ähnliches gilt für Sorten wie Müller-Thurgau, Neuburger, Muskat Ottonel, Goldburger oder Traminer, die noch in beachtlichem Ausmaß ausgepflanzt sind. Aus diesen Trauben entsteht großteils billige Handelsware, die zwar auch verkaufbar ist, aber den Produzenten nur eine minimale Wertschöpfung bringt.

Was den Ruster Ausbruch angeht, so ruht man sich ein bisschen auf den Lorbeeren oder besser gesagt: Rosinen aus. Trotz der Bemühungen des Cercle Ruster Ausbruch ist es nicht gelungen, dem Wein auf dem nationalen und internationalen Markt wieder jene Geltung zu verschaffen, die er einst hatte. Das mag einerseits daran liegen, dass die Nachfrage für Süßweine generell nicht sehr hoch ist. Es hat aber sicher auch damit zu tun, dass man an die ganze Sache zu sehr mit dem Ansatz des Bewahrens herangegangen ist, ohne dem Produkt und seinem Image neue Impulse gegeben zu haben.

Die besten Lagen

GROSSHÖFLEIN

Bei einer Lagenbegehung in Großhöflein skizziert Andi Kollwentz die grundsätzlichen Lagen- und Sortenzuordnungen rund um den bekannten Weinort so: „Bei uns in Großhöflein gibt es eine sehr klare Einteilung, was die Lagen und die Rebsorten betrifft: Point und Haussatz sind eindeutig Blaufränkisch, Setz ist etwas vielgestaltiger, da steht zu 90 Prozent Blaufränkisch, aber an den Stellen mit weniger Kalk ist auch Cabernet Sauvignon möglich. Die Rieden Tatschler und Gloria sind optimal für Chardonnay, in der Steinmühle wird nur Sauvignon Blanc gepflanzt. Bei Neusatz ist ein bisschen mehr möglich; da ist der Zweigelt dominant, und auf den extremen Kalklagen im oberen Bereich findet auch Chardonnay gute Voraussetzungen. Dürr wiederum ist eindeutig Pinot noir, und die guten Teile von Föllig sind perfekt für Zweigelt. Insgesamt gibt es meiner Meinung nach kaum eine Weinbaugemeinde in Österreich, die von den Lagen – unter Berücksichtigung der Böden, der Höhenlage und der Windverhältnisse – so vielgestaltig ist wie Großhöflein. Von wenigen Ausnahmen, wie Riesling oder Traminer abgesehen, kann man hier fast alles machen!"

Point, Setz, Haussatz, Neusatz

Die Rieden Point, Setz, Haussatz und Neusatz links und rechts von Großhöflein zählen zu den besten Rotweinlagen des Ortes. Sie bilden ein Band auf etwa 180 bis 200 Metern Seehöhe. Hier herrscht keine Frostgefahr und die Böden weisen weniger Kalkanteil und eine höhere Wasserspeicherkapazität auf als die echten Hanglagen. Sie bestehen aus Lehm, Braun- und Schwarzerden, mit wenigen Steinen aus Leithakalk, mitunter auch Glimmerschiefer, und bieten – auch weil sie die wärmsten von Großhöflein sind – beste Voraussetzungen für Rotwein. Hier stehen zu 90 Prozent Blaufränkischreben, da die Sorte mit dem hohen Kalkgehalt gut zurechtkommt. Cabernet Sauvignon gedeiht dagegen nur an Stellen mit geringerem Kalkanteil. Weiter oben am Leithagebirge wird der Kalkanteil noch höher, was die Weißweine und den Pinot noir begünstigt.

Blick vom Goldberg auf Weingärten von Schützen am Gebirge. *Foto: Weingut Prieler/Manfred Klimek*

Gesamtübersicht
der Weinbaugebiete
Neusiedlersee-Hügelland (linke Seite)
und Neusiedlersee (rechte Seite).

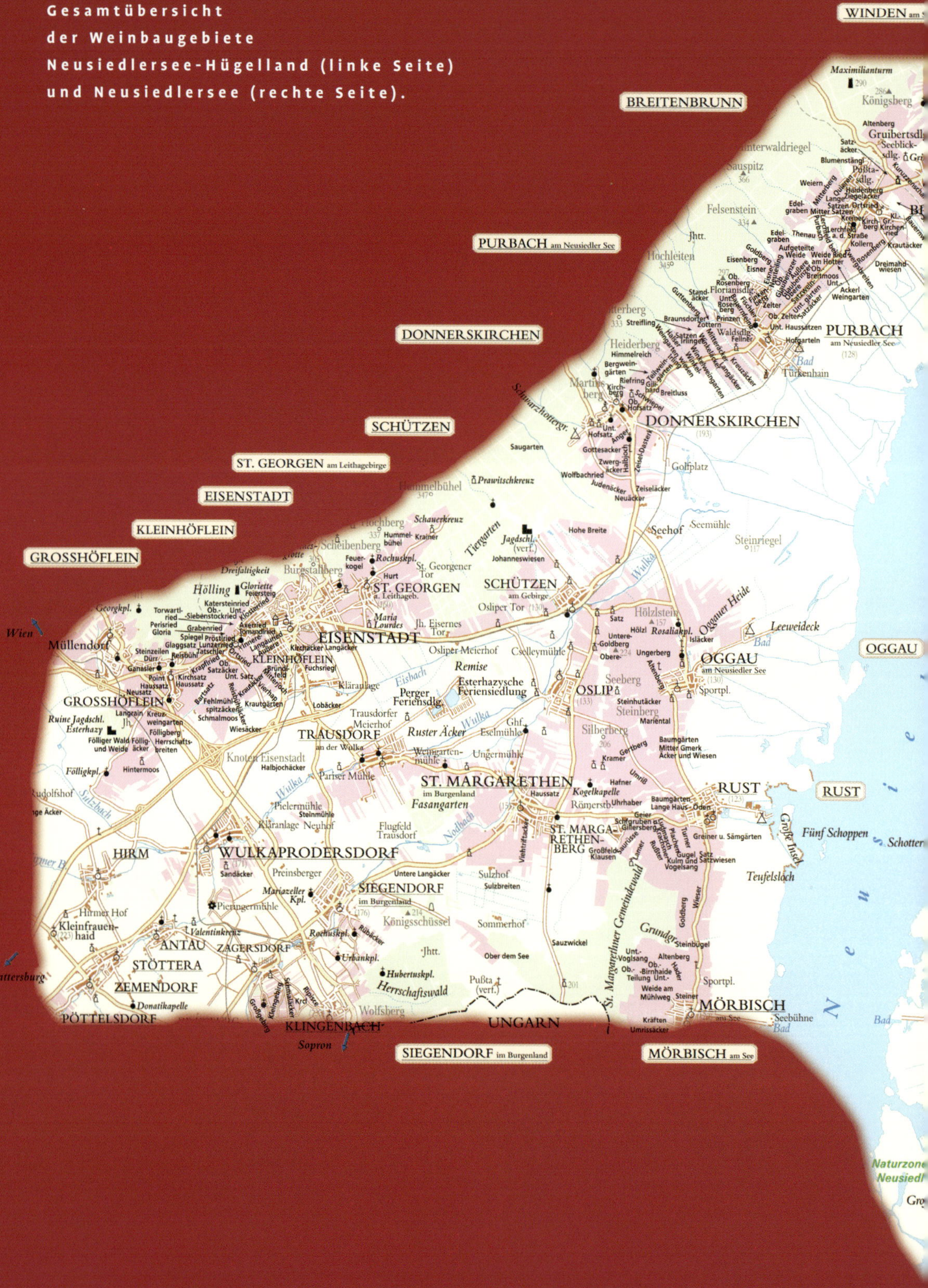

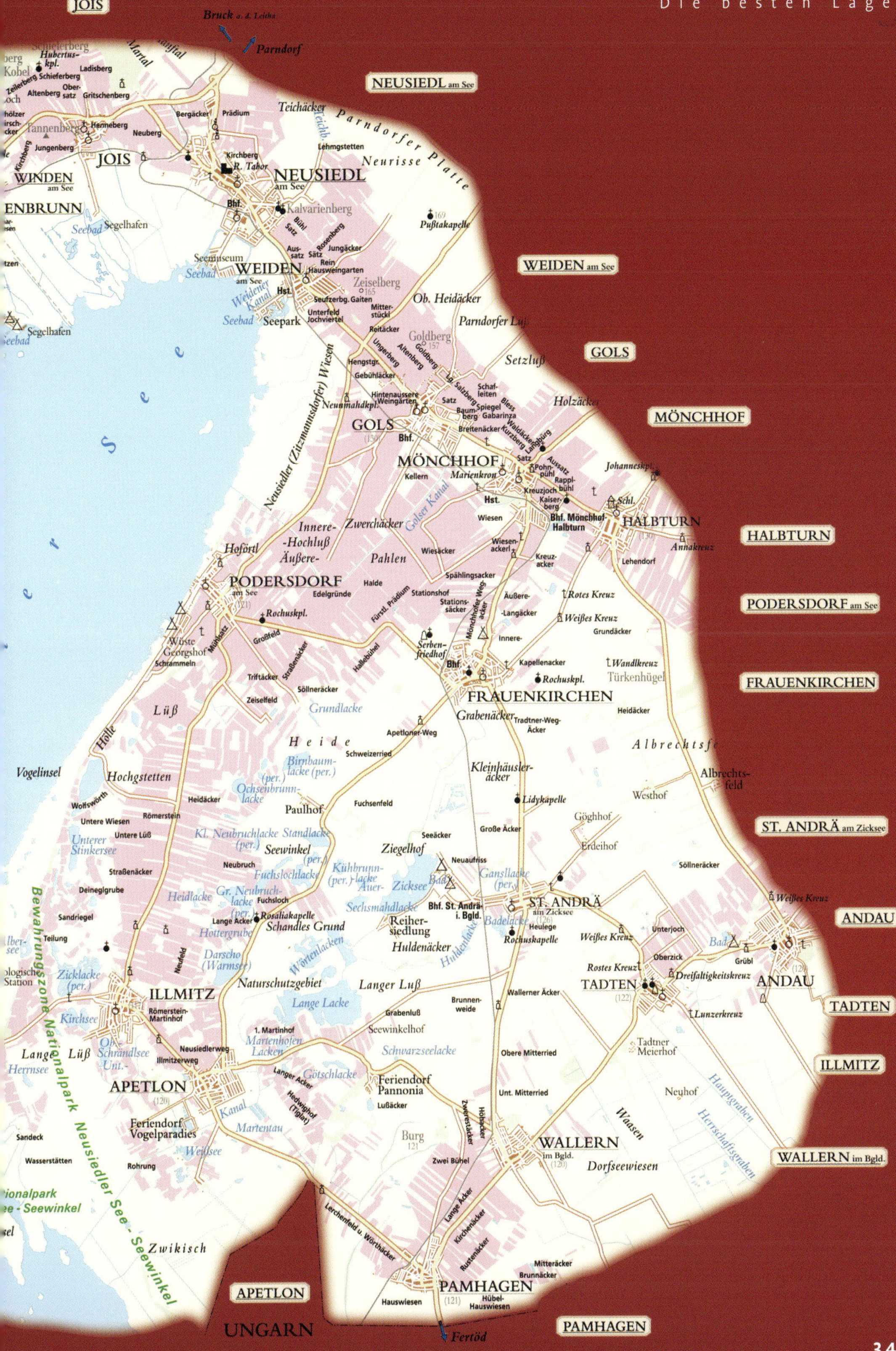
JOIS
Bruck a. d. Leitha
Parndorf
NEUSIEDL am See
Parndorfer Platte
Neurisse
Teichäcker
JOIS
WINDEN am See
NEUSIEDL am See
Kalvarienberg
Pußtakapelle
WEIDEN am See
WEIDEN am See
Seepark
Zeiselberg
Ob. Heidäcker
Parndorfer Lüß
Goldberg
Setzluß
GOLS
GOLS
Holzäcker
MÖNCHHOF
MÖNCHHOF
Marienkron
Neusiedler (Zitzmannsdorfer) Wiesen
Golser Kanal
Johanneskpl.
HALBTURN
HALBTURN
Annakreuz
Bhf. Mönchhof-Halbturn
Hofgrtl
PODERSDORF am See
PODERSDORF am See
Innere-Hochluß
Äußere-
Zwerchäcker
Pahlen
Rochuskpl.
Wüste Georgshof
Serbenfriedhof
Rotes Kreuz
Weißes Kreuz
FRAUENKIRCHEN
FRAUENKIRCHEN
Grabenäcker
Rochuskpl.
Wandlkreuz
Türkenhügel
Lüß
Grundlacke
Heide
Albrechtsfeld
Vogelinsel
Hochgstetten
Birnbaumlacke (per.)
Ochsenbrunnlacke
Paulhof
Kleinhäusleräcker
Lidykapelle
Westhof
Göghof
Erdeihof
ST. ANDRÄ am Zicksee
Unterer Stinkersee
Kl. Neubruchlacke (per.)
Standlacke
Seewinkel
Ziegelhof
Fuchslochlacke
Kühbrunnlacke (per.)
Zicksee
Gansllacke (per.)
ST. ANDRÄ am Zicksee
Weißes Kreuz
Heidlacke
Gr. Neubruchlacke (per.)
Rosaliakapelle
Schandles Grund
Sechsmahdlacke
Reihersiedlung
Huldenäcker
Badelacke
Rochuskapelle
Weißes Kreuz
ANDAU
ANDAU
Hottergrube
Darscho (Warmsee)
Wörtenlacken
Bewahrungszone Nationalpark
ILLMITZ
Naturschutzgebiet
Langer Lüß
Lange Lacke
Rostes Kreuz
TADTEN
Dreifaltigkeitskreuz
Lunzerkreuz
TADTEN
Zicklacke (per.)
Kirchsee
Martenhofen Lacken
Schwarzseelacke
Tadtner Meierhof
ILLMITZ
Oberer Schrandlsee Unt.
Lange Lüß
Herrnsee
APETLON
Götschlacke
Feriendorf Pannonia
Neuhof
Hauptgraben
Herrschaftsgraben
Feriendorf Vogelparadies
Martentau
Burg
Waasen
WALLERN im Bgld.
Dorfseewiesen
WALLERN im Bgld.
Weißsee
Nationalpark Neusiedler See - Seewinkel
Zwikisch
APETLON
UNGARN
PAMHAGEN
PAMHAGEN
Fertöd
Neusiedler See

Haussatz

Haussatz ist dabei die begehrteste Lage, weil die Weingärten direkt an die Häuser anschließen; das ist nicht nur praktisch, sondern bietet auch die Aussicht auf Gewinn – falls diese Gründe einmal zu Bauland umgewidmet werden. Darum, und weil die Parzellen sehr klein sind, ist es besonders schwierig, hier Weingärten in sinnvoller Größe zu bekommen. Die Böden bestehen aus Lehm, Braun- und Schwarzerden und weisen einen sehr hohen Kalkanteil auf. Beim Zurückweichen des Urmeeres wurden große Muschelbänke angelagert, deren verwitterte Sedimente heute den Charakter des Untergrundes – und damit der Weine – prägen. Die Böden sind lehmig mit hohem Kalkanteil.

Winzer: Kollwentz,Leberl, Mariell

Neusatz

Neusatz ist eine sehr windoffene Lage, was zu einer raschen Abtrocknung von Reben und Trauben führt. Sie ist nach Süden ausgerichtet und weist ein sanftes Gefälle auf. Die Schwarzerdeböden haben einen hohen Kalkanteil und sind von vielen Steinen durchsetzt.

Winzer: Kollwentz, Mariell

Setz und Reisbühel

Die Rieden Setz und Reisbühel (unter- und oberhalb der Straße) weisen lehmige, tiefgründige Böden mit hohem Kalkanteil auf und sind sehr gefragte Lagen, weil sie bestens für Blaufränkisch geeignet sind.

Winzer: Leberl

Point

Die Ried Point grenzt in westlicher Richtung direkt an den Ort und befindet sich unterhalb der Bundesstraße in einer windgeschützten Situation. Auf kalkigen Lehmböden steht vor allem Blaufränkisch. Von hier stammen auch großteils die Trauben für die bekannte Cuvée „Steinzeiler" der Familie Kollwentz. Die besten Teile der Lage Steinzeiler sind heute verbaut, sie hat dadurch ihre Bedeutung verloren.

Winzer: Kollwentz, Mariell

Tatschler

Die Lage befindet sich oberhalb der Straße auf einer Seehöhe von 205 bis 240 Metern, ist nach Südosten ausgerichtet und schaut bei sanfter Hangneigung auf den Neusiedlersee. Die Böden weisen weniger Kalk-, dafür einen hohen Schieferanteil auf. „Das bringt eine starke Fruchtigkeit. Die Weine sind blumig, elegant

Bodenprofil der Lage Gloria: Von Kalksteinen geprägt

und schon in der Jugend sehr offen", erklärt Andi Kollwentz. Die Burgundersorten Chardonnay und Pinot blanc fühlen sich hier besonders wohl.

Winzer: Esterházy, Kollwentz, Leberl

Gloria

Die 1570 erstmals erwähnte Lage steht heute fast im Alleinbesitz der Familie Kollwentz, die hier ausschließlich Chardonnay ausgepflanzt hat. Mit einer Seehöhe von 300 bis 325 Metern ist sie die höchste Lage im nördlichen Burgenland. Sie wird von Wald umrahmt, was ihr einen gewissen Schutz bietet, und ist nach Osten und Südosten ausgerichtet. Die Böden bestehen aus sandigem Lehm, mit sehr kalkreichen Schichten und vielen kleineren und größeren Kalksteinen, wobei sich die Zusammensetzung oft auf kleinstem Raum verändert. Die Reben bringen relativ geringe Erträge und liefern sehr konzentrierte, mineralische Weine.

Winzer: Kollwentz

Dürr

Die Lage Dürr ist rundum vom Wald umgeben und nach Süden ausgerichtet. Die besonders kargen Böden sind ähnlich wie in der Lage Gloria, wobei im Oberboden etwas mehr Lehm und im Unterboden

Lage Dürr: Die Steinfelder sind an der Oberfläche sichtbar

mehr Steine zu finden sind, die teilweise als regelrechte Steinfelder auch an der Oberfläche zu sehen sind. Hier wächst ein besonders mineralischer, eleganter Pinot noir.
Winzer: Kollwentz

Föllig
Die Lage Föllig ist der westlichste Punkt mit hundertprozentig pannonischer Flora und Fauna. Die Qualität der Lage ist nicht einheitlich. Der beste Teil schaut nach Süden und Südosten – hier fühlen sich Blaufränkisch aber auch Zweigelt sehr wohl. Auf schweren Böden aus Schwarzerde mit hohem Tongehalt und etwas weniger Kalk als auf der anderen Talseite finden diese Sorten gute Bedingungen vor. Der Föllig ist ein Schwemmkegel, der sich über die Ebene erhebt, daher haben die Weingärten auch eine sanfte Hangneigung, was die Sonneneinstrahlung begünstigt.
Winzer: Esterházy, Kollwentz, Leberl

Steinmühle
Steinmühle ist eine „Insellage" auf Schwemmschotter, den die Leitha im Laufe von hunderttausenden Jahren angetragen hat. Man findet hier teilweise fein vermahlenen Schiefer, dazu große Steine aus Feuerstein (Silex) und Quarz. Steinmühle ist der trockenste Standort im Bezirk Eisenstadt und Umgebung. Hier wächst eine außergewöhnlich duftiger, mineralischer Sauvignon blanc.
Winzer: Kollwentz

RUST

Greiner
Die Ried Greiner liegt direkt am Ortsrand von Rust in Richtung Mörbisch. Der beste Teil befindet sich unterhalb der Straße und erstreckt sich bis zum Ufer des Neusiedlersees, wodurch die Bildung von Botrytis besonders gefördert wird. Dieser Bereich wurde darum schon von alters her als besonders hochwertige Süßwein-Lage gehandelt. Sie ist nach Südosten ausgerichtet und weist warme, leichte Verwitterungsböden mit etwas Lehm auf, wobei man im Unterboden ab einer Tiefe von 35 Zentimetern sehr viel Gneis in Form von zerfallenden Brocken findet, die teilweise auch an der Oberfläche zu sehen sind. Hier stehen vor allem Weißweinsorten, die für die Produktion von Ausbruch geeignet sind, wie Furmint, Welschriesling und Muskateller. Durch die Ortsnähe und den schönen Seeblick ist die Lage ständig in Gefahr verbaut zu werden.
Winzer: Beilschmidt, Feiler-Artinger, Schandl, Ernst Triebaumer

Vogelsang
Diese große Lage, die in Untere und Obere Vogelsang unterteilt wird, ist nach Süden und Südosten zum See hin geneigt, weist ein sanftes Gefälle auf und ist durch Naturböschungen leicht terrassiert. Die Böden sind je nach Standort von Lehm und Löss geprägt, im Unterboden findet man Glimmerschiefergeröll, der Kalkanteil ist eher niedrig. In der Nacht streichen hier kühle Winde vom Margarethner Wald in Richtung See, wodurch die Fruchtausprägung bei Weißweinsorten wie dem Sauvignon blanc begünstigt wird.
Winzer: Feiler-Artinger, Schröck, Schandl, Seiler, Ernst Triebaumer, Wenzel

Plachen
Die Plachen, ein nach Osten ausgerichteter Hang, gilt als sehr gute Lage. Kristalline Böden mit hohem Lehmanteil begünstigen eher duftig-fruchtige Weine. Daher stehen hier Weißweinsorten wie Muskateller und Welschriesling, aber auch Blaufränkischreben, die einen charmanten, fruchtbetonten Wein bringen.
Winzer: Ernst Triebaumer

Hochbaumgarten

Hochbaumgarten ist eine steile, nach Osten ausgerichtete Hanglage im Westen von Rust mit kristallinen Schiefer- und Gneisböden. Im oberen Bereich, der die besten Qualitäten bringt, sind die Böden eher karg, weiter unten findet man mehr Lehm und Braunerde. Rotweine wie Pinot noir und Merlot fühlen sich hier wohl.

Winzer: Esterházy

Hundertpfunder/Hundertpfünder

Die Lage profitiert von der Nähe des Ortes, durch das hier entstehende Kleinklima sind die Temperaturen immer etwas höher als in den weiter nördlich gelegenen Lagen. Die Bezeichnung „Hundertpfunder" stammt von einem früher gebräuchlichen Flächenmaß: Ein Pfund entspricht dabei einer Fläche von 285 Quadratmetern. Das Weingut Esterházy hat hier ausschließlich Pinot noir ausgepflanzt.

Winzer: Esterházy

Pandkräften & Umriss

Unter einer Humusdecke, die von kleinen Quarz- und Schieferbrocken durchsetzt ist, findet man einen sehr kalkhaltigen, hellgelben Löss. Die besten Teile dieser Lagen befinden sich in der Hangmitte.

Winzer: Beilschmidt, Feiler-Artinger, Giefing, Seiler, Wenzel, Ernst Triebaumer, Günter Triebaumer

Mariental

Ernst Triebaumer, durch dessen Blaufränkisch die Lage Mariental berühmt geworden ist, charakterisiert sie so: „Der Boden unterscheidet sich nicht wesentlich von benachbarten Lagen, ist aber ideal für den Blaufränkisch. Der Kalkgehalt ist sehr hoch, das ist eine natürliche ‚Wachstumsbremse'. Der Boden besteht aus Kalksand mit Lehm, wobei man an der Oberfläche feine Steine, in 35 Zentimetern Tiefe aber auch riesige Kalk-Brocken findet, die man erst herausarbeiten muss, wenn man Rebstöcke pflanzt. Durch die Erosion in Richtung See ist die Bodenmächtigkeit relativ gering, daher versuchen wir durch Begrünung und Schilf-Einstreuung, die Erosion zu verhindern und Humus aufzubauen." Ausgesetzt ist hier großteils Blaufränkisch, der besonders kernige, robuste und langlebige Weine bringt.

Die Lage Mariental erstreckt sich auf Ruster und Oggauer Gemeindegebiet und wir in Oggau „Marienthal" geschrieben.

Winzer: Ernst Triebaumer, Mad (Oggau), Prieler (Schützen am Gebirge)

Oberer Wald

Die Lage Oberer Wald, wo Ernst Triebaumer 60-jährige Blaufränkisch-Stöcke stehen hat, weist ähnliche Böden auf wie Mariental und ist ebenfalls gut für Blaufränkisch geeignet, der hier alljährlich eine gleichmäßig gute Qualität liefert.

Winzer: Ernst Triebaumer, Wenzel

PURBACH

Die besten Lagen von Purbach befinden sich im Norden und Nordosten des Ortes, wo sich in Richtung Breitenbrunn ein sanft gebogener, zum See hin geneigter Kessel bildet. Die geeignetsten Bereiche für Sorten, die eine hohe Reife brauchen, wie Cabernet Sauvignon oder Blaufränkisch, sind die mittleren Stücke (oberhalb des Weges) der Lagen **Glauberinzer** und **Heide** und der untere Teil der Riede **Edelgraben.** Sie sind sehr heiß und weisen Böden aus Rendzine und Schwarzerde mit hohem Kalkgehalt, durchsetzt mit großen Steinen, auf.

Weiter oben in Richtung Wald und Leithaberg wird der Schieferanteil immer größer, die Lagen werden karger und steiniger. Hier stehen eher Sorten, die ein kühleres Klima bevorzugen, wie Pinot noir und St. Laurent. **Goldberg,** eine Südlage auf 340 Metern Seehöhe, ist die höchste dieser Lagen. Der Name stammt von den eisenhaltigen Schieferböden – die Steine glänzen und glitzern in der Sonne. Ähnliche Böden hat auch der südwestlich ausgerichtete Eisenberg: Von hier stammen sehr mineralische Weine, unter anderem vom Zweigelt, die mehr vom Terroircharakter als von der Sorte geprägt sind. In diesen Lagen, die vom Wald begrenzt sind, herrscht eine hohe Tageserwärmung, doch geht die Sonne – bedingt durch den Wald und das Leithagebirge – früher weg; zudem wehen am Abend und in der Nacht kühle Winde vom Berg zum See, wodurch die Aromenausprägung in den Trauben begünstigt wird. Ebenfalls gute Lagen, auch für Rotweine, sind die nördlich des Ortes gelegenen **Bleier, Bauernfeind, Prinzen** und **Rosenberg.** Eher für Weißweine geeignet sind die Lagen in Richtung Donnerskirchen. Die Böden sind hier kalkreicher und das Kleinklima ist etwas kühler, was ein bis zu zehn Tage späterer Lesezeitpunkt dokumentiert.

SCHÜTZEN AM GEBIRGE

Goldberg

Der Goldberg ist eine geneigte Hanglage, die nach

Schützen blickt und durch eine Geländestufe in einen unteren und oberen Bereich geteilt ist, wobei nur der obere als Spitzenlage einzustufen ist. Der Boden ist sehr karg und von Muschelkalk und Glimmerschiefer geprägt, was in Form von zahllosen kleineren und größeren Steinen, die gleichzeitig einen guten Wärmespeicher abgeben, auch an der Oberfläche sichtbar ist. Die Lage ist gut durchlüftet, aber erosionsgefährdet; es ist daher wichtig, durch Begrünung, Mist- und Schilfeinstreuung die Erosion zu verhindern und die Humusbildung zu fördern. Teilweise stehen hier nach wie vor Weißweinreben, die besten Weine bringt aber der Blaufränkisch, der hier besonders tiefgründig und mineralisch wird.
Winzer: Prieler

Ungerbergen

Die warme Lage Ungerbergen auf der Seeseite des Schützener Gebirges weist im oberen Bereich einen höheren Kalkanteil auf, während weiter unten mehr sandiger Lehm zu finden ist. Rotweine wie der Cabernet Sauvignon reifen hier gut aus und zeigen einen sehr mineralischen Charakter.
Winzer: Prieler

OGGAU

Pratsche

Die Lage grenzt an Mariental (s. Rust) und galt seit jeher als sehr hochwertig, was im oberen Bereich des Hanges auch zutrifft, wobei die Wasserversorgung hier besser ist als in der Lage Mariental. Auf den sehr kalkreichen Böden fühlen sich die weißen und roten Burgundersorten, aber auch der Blaufränkische sehr wohl.
Winzer: Mad, Prieler

ST. GEORGEN/EISENSTADT

Ried Schneiderteil

Eine sehr warme Südostlage, wodurch die Weine öfters einen mediterranen Touch bekommen. Auf den sehr humusreichen Böden dieser leichten Kessellage bringt der Merlot jedes Jahr gleichmäßig reifes Traubengut.
Winzer: Esterházy

Großer Feurer

Auf diesem nicht zu warmen Ost-Westhang, der von Bäumen umrahmt wird, die etwas Schatten spenden, wachsen auf eher schweren Böden gute Weißweine wie der Sauvignon blanc.
Winzer: Esterházy

Krainer

Der sanft geneigte Hang blickt nach Osten und ist vor allem im oberen Bereich, wo die Böden karger sind, sehr gut für aromatische Weißweinsorten wie den Welschriesling und den Sauvignon blanc geeignet.

ST. MARGARETHEN

Hartmisch

Hartmisch ist eine hervorragende Lage auf dem Plateau des Ruster Hügelzuges mit einer leichten Neigung zum Neusiedlersee hin. Durch eine kleine Geländekante ist sie gegen starken Wind etwas geschützt, aber dennoch gut durchlüftet. Auf den kargen, warmen und sandigen Böden findet der Pinot noir sehr gute Bedingungen vor.
Winzer: Esterházy

MÖRBISCH

In Mörbisch gelten der obere Bereich der lang gestreckten Lage Goldberg und der Altenberg als die besten Lagen; hier gedeihen unter anderem ausgezeichnete Blaufränkische.
Winzer: Schindler, Sommer

Schieferböden am Goldberg.
Foto: Weingut Prieler/Manfred Klimek

Über den Wein

Engelbert & Silvia Prieler
Der Weinberg ruft

„Ich habe mein Leben lang immer nur Weingärten getauscht und ausgesetzt", erzählt Engelbert Prieler, Seniorchef des Schützener Top-Weinguts, der sich heute hauptsächlich um die Weingärten kümmert. „Es gab zwar eine Zeit, als man bei uns auch Reben in der Ebene ausgepflanzt hat, weil man hier maschinell arbeiten konnte. Aber mein Vater sagte mir: ‚Wenn du da oben (auf dem Schützener Weingebirge, Anm. d. Autors) Weingärten hast, kannst du immer lesen – hier gibt es keinen Hagel, keinen Frost und keine Krankheiten, weil kein Nebel da ist. Die Erträge sind zwar gering, aber konstant.'" Da jedoch jeder Winzer nur kleine Flecken am Berg besaß, dauerte es lange, bis brauchbare Flächen zusammenkamen. „Wir haben einen Weingarten gekauft, der hatte elf Besitzer", lacht Silvia Prieler, die dafür sorgt, dass die vom Vater im Weingarten gehätschelten Trauben auch im Keller die beste Pflege erfahren. Im Jahr 1984 hat Engelbert Prieler oben am Berg Blaufränkisch-Reben ausgesetzt, ein Jahr später folgte Cabernet Sauvignon. Bis dahin waren die Weingärten praktisch ausschließlich mit Weißweinreben bestockt gewesen. Die Mühen des „Weingartensammelns" und der schwierigen Bearbeitung haben sich gelohnt: Die kargen Lagen wie Goldberg, Ungerbergen und Seeberg, die teils von Kalk, teils von Schiefer geprägt sind, erbringen ganz besonders engmaschige, mineralische und charaktervolle Rotweine – ein Gegenentwurf zum weltweiten Rotwein-Einheitsbrei, der den Prielers auch internationale Anerkennung brachte.

Robert Parker, der bedeutendste amerikanische Weinkritiker, verlieh dem reinsortigen Blaufränkisch vom Goldberg die höchste Bewertung, die ein österreichischer Rotwein bis dahin je erhalten hatte. Für Prieler eine Bestätigung seiner Philosophie: „Wir wollen den Weinbau auf den Berg konzentrieren, denn hier sind die Beeren kleiner, die Trauben nicht so mastig; der Rebstock muss sich das Wasser suchen, muss kämpfen, um Früchte zu tragen – und das bringt die besseren Weine."

Foto: Engelbert & Irmgard Prieler.

Birgit Braunstein

So sein, wie man ist

Birgit Braunsteins Keller sagt sehr viel über ihre Weinbauphilosophie aus. In alten Wirtschaftsgebäuden, die aufwändig und liebevoll adaptiert und restauriert wurden, stehen blitzende Stahltanks, kunstvoll geschlichtete Barriquefässer – der Eindruck ist der einer Manufaktur, keiner Fabrik. Braunstein will ihre Weine nicht machen, sie will sie wachsen sehen und wachsen lassen.

Wir verkosten einen Blaufränkisch, kräftig, aber nicht fett, elegant und fein gestrickt, vom kalkreichen Terroir am Leithagebirge mit einer deutlichen mineralischen Note ausgestattet. „Wir haben hier etwa 5,2 bis 5,4 Promille Säure", doziert sie und fügt fast trotzig hinzu: „Es liegt mir fern, das zu korrigieren. Es ist das, was die Natur bringt, darum ist es für mich stimmig: Ich finde, man soll so sein, wie man ist." Natürlich, meint sie, könnte sie wahrscheinlich mehr davon verkaufen, wenn sie diesen klassisch ausgebauten Blaufränkisch ein wenig hintrimmen, runder und gefälliger machen würde. „Aber das wäre dann nicht ich", erteilt sie solchen Eingriffen gleich eine klare Absage, „und ich glaube, dass die Leute diese Authentizität im Endeffekt auch zu schätzen wissen."

Die Winzer

Eine Pracht: vollreife Blaufränkisch-Trauben
Foto: Weingut Prieler/Manfred Klimek

Beilschmidt

7071 Rust, Turnerweg 6

Bereits seit 1975 betreibt Rudolf Beilschmidt Weinbau nach organisch-biologischen Richtlinien und zählt damit österreichweit zu den Pionieren dieser neuerdings in Mode gekommenen, besonders naturverbundenen Art, Wein zu produzieren. Im Keller der Beilschmidts findet man das gesamte Ruster Weinspektrum, vom rassigen Blaufränkisch über den delikat-süßen Ruster Ausbruch bis zu Österreichs erstem Bio-Sekt namens „Urknall".

Braunstein

7083 Purbach, Hauptgasse 18

Nachdem es für Birgit Braunstein vorerst eher nach einer Laufbahn im Tourismus ausgesehen hatte, entschloss sie sich im Jahr 1996 doch, es mit dem Weinbau zu versuchen. Vorerst noch unter der Obhut von Vater Paul übernahm sie im Jahr 2001 endgültig die Geschicke im Familienbetrieb und ging, was den Wein angeht, einen ebenso eigenständigen wie erfolgreichen Weg. Getreu ihrem Motto, dass Weine Charakter haben sollten, begnügt sie sich nicht damit, einfach nur ein gutes Produkt nach allgemein bekanntem Rezept zu machen, sondern setzt ihren ganzen – beträchtlichen – Ehrgeiz darin, das besondere Terroir der sehr kalkreichen Purbacher Weingärten in ihren Weinen riech- und schmeckbar zu machen. Was dabei herauskommt, ist von feinster Qualität, aber zweifellos kein Mainstream – was mitunter schon einmal dazu führt, dass einer ihrer Weine von Verkostern, die sich lieber von süßem Dicksaft einlullen lassen, nicht verstanden wird... Highlights in Braunsteins Sortiment sind unter anderem der feinfruchtige, mineralische Pinot noir, die dunkelbeerig-kraftvolle, auf einem soliden Blaufränkisch-Fundament stehende Cuvée „Oxhoft Rot", aber auch die saftig-frischen, animierenden Weißweine wie der Welschriesling, der Sauvignon blanc und der Weißburgunder. Mit dem Beitritt zur Gruppe der Leithaberg-Winzer wurden zwei neue Stars im wunderschön renovierten alten Purbacher Winzerhaus geboren: die besonders terroirgeprägten Cuvées „Leithaberg Weiß" und „Leithaberg Rot".

BIRGIT BRAUNSTEIN

Schlossweingut Esterházy

7061 Trausdorf/Eisenstadt

Alles neu im Hause Esterházy. Im Jahr 2006 konnte man aus dem alten Keller im Eisenstädter Schloss ausziehen und sich in der neu errichteten High-Tech-Kellerei im nahegelegenen Trausdorf niederlassen, die zu den modernsten Europas zählt. Hier werden nun die Trauben von rund 45 Hektar Weingärten in besten Lagen von Großhöflein, Eisenstadt, St. Georgen, St. Margarethen und Rust verarbeitet – mit dem Ziel, zeitgemäße aber gleichzeitig authentisch-regionstypische Weine für den heimischen und internationalen Markt zu keltern. Diese sind in drei Linien unterteilt: Die Klassik-Weine zeigen sich fruchtig und animierend, wobei besonderer Wert auf den Sortencharakter gelegt wird. Die Linie „Estoras" ist als Brückenschlag zwischen regionalen und internationalen Sorten gedacht: Sauvignon und Pinot blanc sowie Blaufränkisch und Cabernet Sauvignon werden zu zwei Cuvées vermählt, die Klasse und Trinkvergnügen verbinden. Auf Individualität setzt man schließlich mit den im Barrique gereiften Lagenweinen der Linie „Single Cru" – vom Chardonnay bis zum Pinot noir. Über all dem steht noch der „Schatz" des Hauses, die mächtige Rotwein-Cuvée „Tesoro". Mit diesen Weinen schließt man an eine lange Tradition an: Seit Jahrhunderten ist der Name Esterházy mit dem Weinbau im Burgenland aufs Engste verbunden.

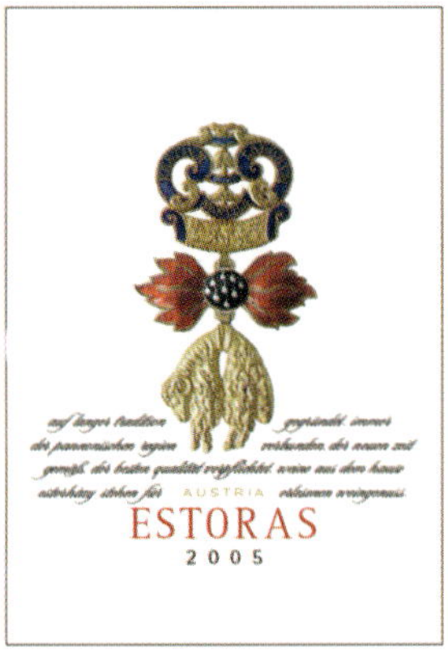

Feiler-Artinger

7071 Rust, Hauptstraße 3

Das Weingut Feiler-Artinger zählt nicht nur zu den traditionsreichsten, sondern seit Generationen auch zu den besten in der Weinstadt Rust. Heute lenkt Kurt Feiler, unterstützt von der ganzen Familie, die Geschicke im Betrieb und führt einerseits die Tradition fort – etwa was das starke Standbein des Ruster Ausbruchs betrifft –, zögert aber auch nicht, innovative Schritte zu setzen, wenn es um das Wohl des Weines geht. So hatte er als einer der Ersten im Land den Mut, seine besten Rotweine, die fortlaufend nummerierte „1000er Cuvée" (mit dem Jahrgang 2004 hielt man bei 1010) und den „Solitaire" – seit Jahren ein Fixstern am heimischen Rotweinhimmel –, alternativ mit Schraubverschlüssen anzubieten. Im Hause Feiler-Artinger wird die „Ruster Dreifaltigkeit" aus weiß, rot und süß in geradezu idealtypischer Art verwirklicht. Dabei finden die trockenen Weißweine derzeit sicher weniger Beachtung – was aber durchaus nicht an ihrer Qualität liegt. Mit den Roten rittert man jedoch regelmäßig um die vordersten Plätze bei österreichweiten Degustationen. Und dass die mit besonderer Hingabe gepflegten, eleganten Ausbruchweine zum Feinsten gehören, das es in Sachen Süßwein weltweit gibt, wurde den Feiler-Artingers schon des Öfteren mit Brief und Siegel bestätigt.

Giefing

7071 Rust, Hauptstraße 13

Der gelernte Koch – er betrieb in Rust das kleine Gourmetlokal „Backstube" – Erich und seine Frau, die Kellermeisterin Claudia Giefing, haben es innerhalb nur weniger Jahre geschafft, von Newcomern zu etablierten Ruster Winzern zu avancieren. Die Weine der beiden sind mit ihren bunten Etiketten und klangvollen Fantasienamen leicht zu erkennen, fallen aber keineswegs nur deshalb, sondern vor allem durch ihre tadellose Qualität auf. Hauptstoßrichtung ist dabei klar der Rotwein mit den kräftig-vollmundigen Flaggschiff-Cuvées „Marco Polo“ und „Cardinal“ an der Spitze. Aber natürlich dürfen daneben auch reinsortige Blaufränkische und Pinots sowie ein erstklassiger Ruster Ausbruch nicht fehlen.

Gmeiner

7083 Purbach, Angergasse 13

Blaufränkisch ist das Hauptthema in diesem modernen Weingut, das von zwei Generationen geleitet wird: Bertl und Helga Gmeiner sowie die Söhne Alex und Peter variieren das Spektrum gekonnt, vom „Novum“ über den „Antiquum“ bis zum im Barrique ausgebauten „Leithaberg Rot“, der nicht durch stoffige Süße, sondern durch kernige Struktur und eine feine, fast burgundische Fruchtnuancierung überzeugt. Daneben übt man sich im Keller, der sich mit klassischer Musik beschallen lässt, auf der ganzen Rotweintonleiter, von Zweigelt über Merlot bis hin zu Cabernet Sauvignon, Pinot noir und Syrah.

Grenzhof-Fiedler

7072 Mörbisch, Weinzeile 2

Juniorchef Bernhard Fiedler ist nicht nur Winzer, sondern auch geprüfter Weinakademiker, der an der Ruster Weinakademie Vorträge hält. Er ist ein Mann, der sich viele Gedanken über und rund um den Wein macht, und irgendwie scheint man das seinen Weinen auch anzumerken. Jedenfalls sind seine Roten, wie der reinsortige Cabernet Sauvignon und die Cuvée „Mörbisch Rot“ aus Blaufränkisch und Cabernet, oder die weiße Burgundercuvée „Mörbisch Weiß“ aus Chardonnay und Weißburgunder keine vordergründigen, lauten Gesellen, sondern Weine, mit denen man sich beschäftigen muss – eine Auseinandersetzung, die sich jedenfalls lohnt.

Höpler

7091 Breitenbrunn, Heideweg 1

Seniorchef Jost Höpler hat es geschafft, seine Weine in vielen Ländern der Welt – oft in den besten Gastronomiebetrieben – zu positionieren, was eine Pionierleistung ist, aber den kuriosen Nebeneffekt hatte, dass der Betrieb im Ausland bekannter war als am heimischen Markt. Junior Christof Höpler schließt nun diese Lücke, indem er besonderes Augenmerk auf österreichische Zielgruppen legt und das Sortiment dementsprechend ausrichtet. Qualitativ ist spätestens mit den beiden terroirbetonten, aber dennoch trinkfreudigen Lagenweinen „Blaufränkisch Kirchberg“ und „Pinot noir Rosenberg“ der Anschluss an die Spitze gelungen – zwei Weine für den anspruchsvollen Weinfreund. Daneben forciert Höpler jedoch auch Weine, die für die Szenegastronomie interessant sind und ein junges Publikum ansprechen sollen: Jüngster Spross dieser Entwicklung ist der „K 7“, eine Cuvée aus Syrah, Blaufränkisch und Cabernet Sauvignon, die „alltäglichen Weingenuss auf höchstem Niveau“ bietet. Um Interessierten einen Einblick in die Zauberwelt des Weines zu ermöglichen, wurden in Breitenbrunn „Höplers Weinräume“ geschaffen, wo man „Wein mit allen Sinnen erfahren“ kann.

Kloster am Spitz

7083 Purbach, Waldsiedlung 2

Thomas Schwarz nutzt für seine Weine die Differenziertheit der Purbacher Lagen und schafft so ein breites Sortiment an charaktervollen, für die Region typischen Weinen. Die Weißen sind niemals vordergründig im Duft, der Chardonnay – ganz „comme il faut“ – vom Muschelkalk. Die beiden nach den

Sauberer gehts nicht: Im Keller der Familie Kollwentz könnte man vom Boden essen...

Schutzheiligen des ehemaligen Klosters benannten Rotwein-Cuvées Antonius und Nepomuk sind ein gekonntes Spiel mit regionalen und internationalen Rebsorten. Reine Lehre dagegen sind der Syrah, der zu den besten des Landes zählt, und die feinnervig-mineralische Reserve vom Pinot noir. Als „Primus inter pares" gilt der Blaufränkisch, der jetzt als „Leithaberg" verkauft wird und je nach Jahrgang auch mit Zweigelt ergänzt werden soll – kein Muskelprotz, sondern ein dichter und konzentrierter, nerviger und mineralischer Rotwein mit langem Atem. Für die Zukunft möchte Schwarz noch näher Tuchfühlung mit der Natur aufnehmen; deshalb wird der Betrieb auf biologisch-organischen Weinbau umgestellt.

Kollwentz – Römerhof

7051 Großhöflein, Hauptstraße 120

Ein Text über das Weingut Kollwentz könnte eigentlich sehr kurz sein: „Alles bestens!" Gut, der Leser würde damit wohl nicht zufrieden sein, aber diese beiden Worte bringen genau das auf den Punkt, was ich im Großhöfleiner Paradebetrieb bei meinem letzten Besuch – wie auch bei allen bisherigen – vorgefunden habe. Anton Kollwentz, viel prämierter und inzwischen auch hoch dekorierter Weinbaupionier des Burgenlandes, hat die Marschrichtung vorgegeben: Konsequente Arbeit im Weingarten (er und seine Frau Margarethe schneiden noch heute 90 Prozent aller Rebstöcke persönlich ...), penibelste Sauberkeit im Keller und ein waches Auge für Neuerungen. Seit vielen Jahren geht Juniorchef Andi Kollwentz, unterstützt von der ganzen Familie, diesen Weg weiter. Und eben darum ist das Weingut ein Schmuckkästchen, sind die Weingärten so gepflegt wie ein englischer Garten und die Weine von einer durchgängigen Qualität, vor der man nur den Hut ziehen kann. Die kernig-massive, auf Blaufränkisch basierende Cuvée Steinzeiler ist das Flaggschiff des Hauses und seit zwanzig Jahren regelmäßig einer der besten Rotweine des ganzen Landes. Der Cabernet Sauvignon und der Blaufränkisch „Point" spielen in derselben Liga, während sich bei den Weißweinen der üppigere, offenere Chardonnay Tatschler mit dem kernig-mineralischen von der Ried Gloria jährlich ein packendes Match um die Nummer eins im Haus liefern. Nicht zu vergessen natürlich der vom Feuerstein geprägte, intensiv nach Cassis duftende Sauvignon blanc von der Steinmühle sowie der neue Superstar des Hauses: ein fein gestrickter, intensiv-würziger und mineralischer Pinot noir von der kargen Ried Dürr – erneut ein „vin de garde".

Leberl

7051 Großhöflein, Hauptstraße 91

Josef Leberl war schon Mitte der achtziger Jahre einer der ersten im nördlichen Burgenland, der Rotwein statt rotem Wein machte. Gewiss, seine kernigen Blaufränkischen waren nicht die vordergründigen Charmebündel par excellence, sondern herausforderndes Trinkvergnügen für Fortgeschrittene, die dem Wein auch die Chance lassen, seine optimale Reife zu erreichen. Trinkbare Monumente aus dieser Zeit beweisen noch heute, dass Leberls Weine tatsächlich einen langen Atem haben. Junior Gerald Leberl hat den Weinstil des Hauses vorsichtig adaptiert – die Weine wurden zugänglicher, ohne deshalb an Substanz zu verlieren. „Peccatum – Die Sünde" heißt der Top-Rotwein des Hauses, und nach reiflicher Überlegung – mindestens fünf Jahre wären gut – muss man sagen: Dieser strukturierte, vielschichtige Tropfen ist immer eine Sünde wert.

Liegenfeld

7082 Donnerskirchen, Johannesstraße 25

Andreas Liegenfeld hat sich als „Weißer unter Roten" profiliert. Von den 25 Hektar Weingärten des Betriebes sind 90 Prozent mit Weißweinreben bestockt, wobei der Grüne Veltliner eine besonders wichtige Rolle spielt. Liegenfeld und seinen Kollegen vom „Donnerskirchner Weinquartett" ist es in den vergangenen Jahren gelungen, die Besonderheit Donnerskirchens als Weißweininsel im Rotweinland herauszustreichen und im Bewusstsein der Konsumenten zu verankern. Kühle Winde vom Leithagebirge in Verbindung mit kalkreichen Böden sind die Voraussetzung für interessante Weine, die hohe Mineralität, frische, aber nicht vordergründige Frucht und animierende Säure miteinander verbinden. Das gilt insbesondere für Grünen Veltliner, Riesling und Weißburgunder, wobei auch Sauvignon blanc und Chardonnay mit Frucht und Substanz überzeugen. Besonders gelungen ist der neue „Leithaberg Weiß", ein überaus konzentrierter, mineralischer und würziger Wein – natürlich vom Grünen Veltliner.

Mad – Haus Marienberg

7063 Oggau, Antonigasse 1

Ein Heurigenbetrieb und tolle Weinqualitäten müssen einander nicht ausschließen. Ein gutes Beispiel dafür ist das Weingut Mad, wo alle Familienmitglieder mit anpacken, um die vielfältigen Aufgaben bewältigen zu können. Christian Händler als Kellermeister und Matthias

Siess, der für die Vermarktung der Weine zuständig ist, haben sich über die Jahre als gutes Team erwiesen und das Weingut vor allem mit seinen Rotweinen in der Oberliga des Landes positioniert. Die Weine machen die Sonne der Lagen am Neusiedlersee spürbar, wirken warm und vollmundig und bereiten schon früh Trinkvergnügen, ohne es an Rückgrat fehlen zu lassen. Spitzenwein ist der von der typischen Mineralik dieser Lage geprägte Blaufränkisch Marienthal; daneben bietet man eine breite Palette von Rotweincuvées an, vom klassischen Cabernet-Merlot bis zum „Furioso" aus gleich vier Rebsorten, aber auch erstklassige reinsortige Weine wie den St. Laurent vom Waldacker.

Wein und Schnaps Mariell

7051 Großhöflein, Hauptstraße 74

Sie sind die mit dem zweiten „l", oder die mit dem Schnaps, oder einfach die kleinen, feinen aus Großhöflein, die von einigen der besten Lagen vor allem ausgezeichnete Rotweine keltern. Einen kraftvoll-opulenten Blaufränkisch von der Point, den Zweigelt von der dafür prädestinierten Ried Fölligberg, aber auch eine Reserve vom Blauburgunder und natürlich die Top-Cuvée „Wetzlasberg" aus Cabernet Sauvignon, Zweigelt und Blaufränkisch.

Konrad Mariel

7041 Wulkaprodersdorf, Untere Hauptstraße 51

Konrad Mariel ist kein Freund offensiver Public Relations und daher in kaum einem Führer zu finden – was nicht an der Qualität seiner Weine liegt. Werbung braucht er auch nicht, denn erstens gibt es den Heurigen, in dem die Gäste Bekanntschaft mit seinen Weinen machen können, und zweitens sprechen sich manche Dinge auch einfach herum. Das Klima ist in Wulkaprodersdorf bereits etwas kühler als unmittelbar am Neusiedlersee, und so schafft es Mariel, sowohl frische, saftig-fruchtige Weißweine wie Pinot blanc und Sauvignon blanc, als auch gut strukturierte, nie marmeladige Rote wie die Top-Cuvée „Condre" oder den konzentrierten Blaufränkisch „Domovina" zu keltern – und das alles zu sehr vernünftigen Preisen.

Hans Moser

7000 Eisenstadt,
St. Georgener Hauptstraße 13

Im stattlichen Weingut von Hans Moser ist der Weißwein keinesfalls ein Stiefkind: Die Lagen um St. Georgen sind zu einem guten Teil vom Leithakalk geprägt und speziell jene, die nicht direkt nach Süden, also zum Neusiedlersee hin, ausgerichtet sind, bieten beste Voraussetzungen für fruchtig-frische Weißweine – wie den Welschriesling – oder intensiv-mineralische wie Sauvignon blanc und Chardonnay. Image-Lokomotive sind aber natürlich die Roten, allen voran der „V.T.S.", eine kraftvolle, vielschichtige Cuvée aus allen Rotweinsorten des Hauses, die erst nach ausreichender Reifezeit im Barrique und in der Flasche auf den Markt kommt. Interessant ist auch die hierzulande seltene und eher für Bordeaux typische Cuvée aus Cabernet Franc, Cabernet Sauvignon und Merlot. Darüber hinaus dürfen in Mosers breitem Sortiment aber auch die Süßweine und Sekte nicht fehlen.

Als besonderen Service für seine Kunden bietet Moser schon seit vielen Jahren seinen Blaufränkischen auch in Großflaschen mit einem Volumen von bis zu 18 Litern an.

Pretterebner

7011 Zagersdorf, Weinbergstraße 10

Rolf Pretterebner, international tätiger Weinbauberater und Winzer zu Zagersdorf, würde zwar nie behaupten, dass die Erde eine Scheibe sei. Aber deswegen muss man auch nicht gleich ihre Kugelform widerspruchslos hinnehmen. Er ist ein Mann, der vieles hinterfragt, alles diskutiert und sich in manchen Fragen des Weinbaus ein Urteil erlaubt, das weder dem Zeitgeist noch dem Mainstream entspricht. Dementsprechend kontroversiell, ja oft rätselhaft, sind auch seine Weine. Keiner gleicht dabei dem anderen und das Einzige, was sie vielleicht gemeinsam haben, ist, dass sie alle gegen den Strich gebürstet sind. Einförmige Faserschmeichler sind aus dem Haus Pretterebner jedenfalls nicht zu erwarten, sodass seine Weine zumindest in ihrer Jugend selten zugänglich sind. Um die größten Verständnisprobleme von vornherein auszuräumen, aber auch aus tiefster Überzeugung, lässt der Zagersdorfer Weinguru seine besten Tropfen wie die Cuvées „Steinfeuer" oder „Fanfare" mehrere Jahre reifen, ehe er sie auf den Markt bringt. Fazit: Wer selbstverständliches Trinkvergnügen sucht, ist hier an der falschen Adresse – wer sich auf das „Abenteuer Rotwein" einlassen will, dagegen goldrichtig.

Prieler

7081 Schützen am Gebirge,
Hauptstraße 181

„Einen Wein machen, der ebenso sorten- wie gebietstypisch ist, ein Naturprodukt, das entdeckt, erforscht und erobert werden will." – Das ist die Zielsetzung von Silvia Prieler, studierte Molekularbiologin und im Familienweingut, wo alle mit anpacken, für die Kellerwirtschaft verantwortlich. Die Weine der Prielers sind niemals anbiedernd, üppig oder marmeladig, sondern kernig, fordernd, strukturiert und langlebig. Allen voran steht der extrem mineralische Blaufränkische von der steinigen Schiefer-Lage Goldberg, dann kommt der stets reinsortig ausgebaute Cabernet von der Lage „Ungerbergen", die Lagencuvée „Schützener Stein" und der auf eisenhaltigen Böden gewachsene, stark vom Terroir geprägte Blaufränkisch „Johannneshöhe". Die besonderen Lieblinge von Silvia Prieler sind freilich die Burgundersorten Pinot noir und St. Laurent, würzig-mineralische Weine mit zurückhaltender, eleganter Frucht. Ewiger Geheimtipp bei den Prielers ist der saftig-fruchtige Pinot blanc vom Seeberg, ihm zur Seite steht ein im internationalen Stil ausgebauter Chardonnay, der ebenfalls vom Seeberg stammt. Neu im Sortiment sind die Weine der Leithaberg-Serie: ein mineralischer Weißburgunder und die großartige rote Cuvée aus Blaufränkisch, St. Laurent und Pinot noir.

Remushof Jagschitz

7064 Oslip, Untere Lerchengasse 15

Im 240 Jahre alten Gewölbekeller dieses traditionsreichen Familienbetriebes entsteht eine breite Palette von Rot-, Weiß- und, wenn es das Jahr zulässt, auch Süßweinen bis hin zum Ausbruch. Den Schwerpunkt legen Dorothea und Franz Jagschitz freilich auf den Rotweinbereich: ausgezeichnet zum Beispiel der Zweigelt Barrique und der Blaufränkisch, der in einer klassischen und einer „Exklusiv"- Variante angeboten wird. Daneben spielen aber auch „neue Rebsorten" wie der Syrah, der gemeinsam mit Merlot zur Cuvée „Mersy" vermählt wird, eine immer wichtigere Rolle.

Schandl

7071 Rust, Haydngasse 3

Seit 250 Jahren betreibt die Familie Schandl Weinbau in Rust. Seniorchef Peter Schandl verfolgte immer eine eher traditionelle Stilistik – aber auf höchstem Niveau. Noch immer bereiten Cabernet Sauvignon, Pinot blanc oder Blaufränkisch vom Anfang der 90er Jahre echtes Trinkvergnügen – ohne biologischen Säureabbau, ohne Barrique! Heute leitet Junior Paul Schandl das Weingut, in dem zwei Drittel Weißweine produziert werden, und legt einen besonderen Schwerpunkt auf die Burgundersorten: Pinot blanc, Grauburgunder und Pinot noir. Allesamt kommen sie fruchtbetont und elegant daher, da gibt es nichts Marmeladiges oder Ermüdendes am Gaumen. Nach wie vor wird auch die Tradition des Ruster Ausbruchs hochgehalten, der stets zu den Besten der Weinstadt am See zählt.

Schindler

7072 Mörbisch, Neustiftgasse 6

Wer hier nach Franz Schindler ruft, liegt auf jeden Fall richtig. Mit Großvater, Vater und Sohn werken im Mörbischer Weingut drei Generationen – eines Namens. Franz, der Mittlere, kelterte vom 1985er-Jahrgang erstmals eine im Barrique ausgebaute Rotweincuvée mit dem für damalige Verhältnisse unerhört exotischen Namen „Cuvée d'Or" und war damit seiner Zeit um einiges voraus. Der Wein aus Blaufränkisch, Cabernet Sauvignon und Merlot, der nach wie vor zur burgenländischen Rotwein-Elite zählt, scheint mit seiner dunkelbeerigen Nase, der stoffigen Textur und intensiven, vom kräftig getoasteten Holz unterstützten Aromatik die Wärme der Mörbischer Weingärten förmlich einzufangen. Ebenfalls hervorragend: der würzig-extraktsüße Merlot, die Selection vom Blaufränkisch und das weiße Gegenstück zur Cuvée d'Or, die „Cuvée d'Argent" aus Chardonnay und Sauvignon blanc. In besonderen Jahren wird das gesamte Sortiment noch von der „Grande Cuvée d'Or" getoppt – einer wahren Weingranate, die auch aufgrund ihres exklusiven Preises ins Schatzkästchen gehört.

Schönberger

7072 Mörbisch, Setzgasse 9

Quereinsteiger Günther Schönberger leistet sich seine eigene Weinbau-Philosophie. Menge zählt bei ihm nicht – in seinen schon seit Jahren nach biologisch-dynamischen Richtlinien bewirtschafteten Weingärten hält er darum die Erträge sehr niedrig. Dafür sind seine Weine kraftvolle und gleichzeitig fein linierte Konzentrate. Der autochthone Blaufränkische und die weißen Burgundersorten haben es ihm besonders angetan, darum tragen diese Weine auch den Namen des Winzers: „Schönberger Weiß" ist ein reinsortiger Chardonnay, „Schönberger Rot" der Blaufränker. Ebenfalls zu den besten Weinen des Hauses zählen die „Herbst-Cuvées" in Weiß und Rot.

Schröck

7071 Rust, Rathausplatz 8

Wer würde schon auf die Idee kommen, einem Ruster Ausbruch den Namen „Auf den Flügeln der Morgenröte" zu geben? Heidi Schröck natürlich. Die sympathische Rusterin geht ihre eigenen Wege und gerade das macht sie zu einer der interessantesten Persönlichkeiten der heimischen Weinszene. Sie war lange Zeit Obfrau des „Cercle Ruster Ausbruch", ist Mitbegründerin der Vereinigung „11 Frauen und ihre Weine" und lektoriert an der Ruster Weinakademie. Dabei verbreitet sie keineswegs umtriebige Hektik, sondern ist vielmehr ein Mensch, der das Gute in den Dingen sucht und durchaus in sich ruht. In den Weingärten und im Keller geht sie einen behutsamen Weg, pflegt alte Sorten wie den Muskat-Lunel oder den Furmint – auch oder gerade weil diese momentan nicht im Trend liegen – und setzt im Keller eher auf Zeit als auf High-Tech-Einsatz. Ihre Weine – ziemlich gleichmäßig auf Weiß, Rot und Süß verteilt – sind daher nie laut und effekthascherisch, sondern vielmehr dezent im Auftritt, aber tiefgründig – so wie die Winzerin.

Die Ruster Altstadt wurde vom Europäischen Rat als ganzes Ensemble unter Denkmalschutz gestellt.

Rosi Schuster

7062 St. Margarethen
Prangergasse 2

Rosi und Franz Schuster machten schon in den 80er Jahren mit ihren Rotweinen Furore. Stilistisch orientierten sie sich dabei immer eher an Bordeaux – freilich mit der Leitsorte Blaufränkisch. Ihre Weine, wie der Top-Blend „C.M.B." aus Merlot, Blaufränkisch und Cabernet Sauvignon, sind keine glatt gebügelten Faserschmeichler, sondern kernige, kompakte Langstreckenläufer, die den Gaumen fordern und sich über ein paar Jahre im Keller und eine Dekantierkaraffe freuen. Mit Junior Hannes Schuster, der inzwischen für die Kellerwirtschaft verantwortlich ist, hat ein fruchtig-opulenter St. Laurent und generell eine etwas weichere und entgegenkommender Linie im Hause Schuster Einzug gehalten.
Achtung auch auf den stets blitzsauberen Sauvignon blanc.

Seiler

7071 Rust, Setzgasse 10

Friedrich und Junior Georg Seiler sind im Weinbau echte Allrounder und nutzen die Möglichkeiten des Ruster Terroirs aufs Beste aus. Spannend ist unter anderem die rote Paarung aus Cabernet Franc und Cabernet Sauvignon, sehr ansprechend sind die Weißweine vom duftigen Muskateller bis zum konzentrierten Chardonnay. Und natürlich dürfen da auch Süßweine bis zum Ruster Ausbruch in Spitzenqualität nicht fehlen. Hemmschwellen, die Seiler-Weine zu kosten, gibt es keine mehr: Seit dem Umzug in das schöne Bürgerhaus am Conradplatz 10 betreibt die Familie auch einen Heurigen. Als Geheimtipp sei noch das köstliche selbstgebackene Brot erwähnt.

Franz Sommer

7072 Mörbisch, Dr. Wurditschg. 2

Obwohl der Weißweinanteil im Betrieb beträchtlich ist, wurde Franz Sommer vor allem mit seinen – im wahrsten Sinne des Wortes – ausgezeichneten Rotweinen bekannt. Zur Auswahl stehen neben den reinsortigen Weinen gleich drei Cuvées, die sich in verschiedenen Zusammensetzungen aus Blaufränkisch, Zweigelt und Cabernet Sauvignon rekrutieren. Beim Flaggschiff des Betriebs mit der Bezeichnung „Von Altenberg“, einer dunkelfruchtigen, vollmundig-reifen Rotwein-Bombe, trägt auch der Merlot sein Scherflein zum gelungenen Gesamtbild bei.

Leo und Silvane Sommer

7082 Donnerskirchen, Johannesstraße 26

Ein Grüner Veltliner macht noch keinen Sommer. Darum gibt es bei Leo und Silvane Sommer auch gleich derer vier – von leicht und lustig bis hin zu ganz schön stark. Wobei stark hier, mit Verlaub, nicht breit und mächtig, sondern finessenreich und mineralisch bedeutet. Dafür sorgen schon das Terroir, also Kalk und Schieferböden am Leithaberg, und angenehme Abkühlung durch die Winde, die vom Berg durch die Gräben in Richtung Neusiedlersee streichen. Apropos Leithaberg: Mit dem neuen Leithaberg-Rot aus Blaufränkisch und Zweigelt versteht es das Winzerpaar auch seine Rotweinkompetenz unter Beweis zu stellen.

Tinhof

7000 Eisenstadt, Gartengasse 8

Frisches Know-how – gesammelt unter anderem an der Universität für Bodenkultur in Wien und im bekannten südfranzösischen Weingut Mas de Daumas-Gassac – sowie alte Rebstöcke bilden das Rückgrat von Erwin Tinhofs Weinen. Bei seinem „Leithaberg weiß“, einem angenehm unaufgeregten, aber sehr trinklustigen Wein setzt er auf die klassischen Sorten Pinot blanc und Neuburger, und auch für die exzellente Cuvée Feuersteig ist die Sortenzusammensetzung ähnlich unkonventionell: St. Laurent und Zweigelt. Ganz einfach dagegen das Konzept des Top-Weins Gloriette: reinsortiger Blaufränkisch aus Reben, die bereits 45 Jahre auf dem Buckel haben. Daraus entsteht ein kräuterwürzig-aromatischer Wein mit Leder- und Bodentönen, der durchaus Assoziationen mit Südfrankreich weckt. Einen witzigen Sommerwein bildet schließlich der stets taufrische Blend aus den beiden Muskat-Spielarten.

Ernst Triebaumer

7071 Rust, Raiffeisenstraße 9

„So lange haben wir ausschließlich Wein gemacht“, sinniert Ernst Triebaumer, „und jetzt werden wir wieder eine gemischte Landwirtschaft." Die Triebaumers züchten Schweine, selchen Speck und Schinken, betreiben Ackerbau. Und bauen nebenbei einen neuen Keller – im Stil des danebenliegenden alten, mit dem er in Zukunft verbunden sein wird. Problem ist das keines, denn mit seiner Frau Margarethe steht Triebaumer eine kongeniale Partnerin zur Seite, und jeder ihrer Söhne hat einen Beruf erlernt: Herbert ist Elektriker, Gerhard Tischler und Richard Koch, während Nesthäkchen Elsa an der Universität für Bodenkultur in Wien Landschaftsarchitektur studiert.

Man hilft zusammen und hat für den Weinbau eine „Familien-Genossenschaft" gegründet: Jedes Familienmitglied ist in Form von Rebflächen beteiligt, doch alle Weine werden unter dem mittlerweile berühmten „E.T."-Etikett vermarktet. Ein Ruhm, der mit dem legendären 1986er Blaufränkisch von der Ried Mariental begann: In einer Zeit, als es um den Rotwein alles andere als rosig stand, stellte dieser Wein alles in den Schatten, was bis dahin in heimischen Kellern entstanden war; und noch heute zählt er regelmäßig zu den besten und charaktervollsten Roten des Landes. Der Rest ist Geschichte – und eine Menge guter Wein, der inzwischen diesen Keller verlassen hat. Das Geheimnis dahinter ist keines. „Auf die konsequente Arbeit im Weingarten kommt es an", meint E. T., „der Außerirdische", wie ihn seine zahlreichen Fans ebenso liebe- wie respektvoll nennen. Und noch etwas: „Wir beschleunigen unsere Weine nicht, wir geben ihnen die Zeit, die sie brauchen", meint der stets eigensinnige Ruster und fügt mit dem für ihn typischen trockenen Humor hinzu: „Und bis dahin kann man ja Welschriesling trinken."

TRI
EBA
UME
R G
blaufränkisch reserve günter triebaumer

Günter Triebaumer

7071 Rust, Neue Gasse 18

Schon sein Vater Paul Triebaumer war ein Vordenker – um nicht zu sagen Revoluzzer – in der heimischen Rotweinszene und baute Shiraz und Nebbiolo an, als die meisten seiner Kollegen diese Sorten bestenfalls vom Hörensagen kannten. Junior Günter Triebaumer, der das Weingut gemeinsam mit seiner Partnerin Regina Limbeck führt,

Der Ruster Ausbruch

Ruster Ausbruch dürfte bereits um die Mitte des 16. Jahrhunderts gekeltert worden sein und bildete seither die Grundlage für Ruhm und Wohlstand der Weinstadt Rust. Das Wort Ausbruch kommt vom „Ausbrechen", also Selektieren der von Botrytis (Edelfäule) befallenen Trauben, aus denen dann ein hochwertiger Süßwein gekeltert wird, der nach dem Weingesetz eine Zuckergradation von mindestens 27° KMW aufweisen muss. In der Praxis weisen die meisten Ausbruchweine eine Lesegradation von 30° und mehr auf. Für besonders süße Weine mit mehr als 35° KMW wurde vor Kurzem die eigene Bezeichnung „Essenz" geschaffen. Traditionell wurde der Ausbruch aus den Sorten Furmint und Gelber Muskateller gekeltert. Heute werden dafür auch Rebsorten wie Chardonnay, Weißburgunder und Welschriesling verwendet, wobei der Ausbruch sowohl reinsortig als auch in Form einer Cuvée gekeltert werden kann. Der Wein ist goldgelb bis bernsteinfarben und zeigt im Idealfall ein ausgewogenes Alkohol-Süße-Säure-Spiel, das ihn trotz des hohen Zuckergehaltes besonders trinkanimierend macht. Die Lagerfähigkeit ist praktisch unbegrenzt – für guten Ruster Ausbruch sind 30 Jahre und mehr in einem geeigneten Keller kein Problem.

Die Weinakademie Österreich

Seit 1991 steht die Weinakademie Österreich mit ihrem Seminar- und Fortbildungsprogramm allen Weininteressierten offen. Beheimatet ist diese Institution in Rust im stimmungsvollen Ambiente des Seehofes, ein zweites Büro befindet sich in Krems an der Donau.
In allen Bundesländern werden gemeinsam mit weinkompetenten Partnern Seminare veranstaltet. In Wien wurde ein Seminarzentrum der Weinakademie in den Räumlichkeiten der ÖWM (Österreichische Weinmarketingservicegesellschaft) eingerichtet. Kooperationen bestehen weiters mit dem WIFI und den Volkshochschulen in ganz Österreich.
Für Weinkenner und jene, die es werden wollen, bietet die Weinakademie Österreich eine fachlich fundierte Aus- und Weiterbildung an. Die Bandbreite reicht von Kurzseminaren für Wein-Interessierte bis zur Berufsvorbereitung für alle Tätigkeiten in der Weinbranche. Darüber hinaus werden auch Fachseminare für die Weinwirtschaft zu verschiedensten Themen von der Produktion bis zur Vermarktung angeboten.
Absolventen der Weinakademie sitzen heute als kompetente Mitarbeiter bereits an vielen Schlüsselstellen der Weinwirtschaft.
Mit über 1.000 Seminaren und mehr als 20.000 Teilnehmern jährlich ist die von Josef Schuller, einem hervorragenden Weinfachmann und Österreichs einzigem Master of Wine (MW), geleitete Weinakademie Österreich bereits seit Jahren die größte europäische Wein-Ausbildungsinstitution.
Information: www.weinakademie.at

setzt diesen Weg fort: Neue Ideen und Produkte vom Leicht-Sprudel „Muscato“ bis zum Spaß-Wein „Trie“ kommen hier regelmäßig zum Vorschein und wollen vor allem eines vermitteln: die Freude am Weintrinken. Generell setzt Triebaumer auf terroirbetonte, gut strukturierte Rotweine, die niemals übermächtig wirken oder sich anbiedern, im Gegenteil: Wer die Cuvée „Weite Welt“, den reinsortigen Syrah oder die Blaufränkisch Reserve wirklich genießen will, sollte mit wacher Sensorik an die Sache herangehen, bereit sein, sich mit dem Wein auseinanderzusetzen und auch ein gewisses Maß an Geduld besitzen.

Wenzel

7071 Rust, Hauptstraße 29

Bereits in den 1920er Jahren füllte Michael Wenzels Großvater hier

Nicht nur für den Wein bekannt – Rust gilt als Stadt der Störche.

Weine in Flaschen – und bereits damals lautete der noch heute gültige Wahlspruch der Familie: „Die einzige Konstante ist die Veränderung!“ Der Name Wenzel stand – vor allem unter der Ägide des heutigen Senior-Chefs Robert Wenzel – lange Zeit für Ruster Ausbruch in höchster Qualität und feinster Machart. Daran hat sich nichts geändert. Doch seit Junior Michael Wenzel für die Kellerwirtschaft des bereits seit dem 17. Jahrhundert bestehenden Weinguts zuständig ist, haben auch die trockenen Weiß- und Rotweine des Hauses eine deutliche Aufwertung erfahren. Wenzels Vorzugsschüler ist dabei ein würzig-aromatischer Pinot noir, den er mit qualitätsfördernden Maßnahmen wie einem Dichtpflanzungsprogramm im Weingarten noch weiter verbessern will.

Winzervereinigungen

Cercle Ruster Ausbruch

Der 1991 gegründete „Cercle Ruster Ausbruch" ist eine Gruppe von Ruster Weinbauern, die es sich zum Ziel gesetzt hat, die lange Tradition des Ruster Ausbruchs weiterzuführen. Insbesondere soll die traditionelle Herstellungsmethode beibehalten und die Bekanntheit des legendären Ruster Botrytis-Weins verbessert werden. Darum organisiert der Verein regelmäßig Präsentationen und Verkostungen für Weininteressierte und Fachpublikum. **Information:** www.rust.at

Leithaberg

Fünfzehn Winzer, die Weingärten entlang des Leithagebirges bewirtschaften, haben sich im Jahr 2006 zur Gruppe „Leithaberg" zusammengeschlossen, um dem einzigartigen, vom Muschelkalk geprägten Terroir dieser Region mehr Geltung zu verschaffen. Jeder Betrieb keltert alljährlich jeweils einen „Leithaberg Weiß" und einen „Leithaberg Rot", wobei die Weine sowohl reinsortig als auch als Cuvée aus heimischen Rebsorten ausgebaut werden können. Die Weine müssen sich durch Mineralik, Eleganz und Regionstypizität auszeichnen oder, wie die Leithaberg-Winzer sagen: „Leithaberg muß man schmecken können!"
Information: www.leithaberg.at

Renommierte Weingüter Burgenlands (RWB)

Der im Jahr 1995 gegründete Verein ist ein Zusammenschluss von fünfzehn burgenländischen Top-Winzern, die sich ganz dem qualitätsorientierten Weinbau verschrieben haben. Die RWB stehen für Innovation ebenso wie für Know-how-Transfer und stellen über eine Fachgemeinschaft hinaus auch eine Marketinggemeinschaft dar. Im Mittelpunkt des Interesses stehen neben der Qualität des burgenländischen Weines auch die umfassende Pflege der burgenländischen Weinbautradition, die Wahrung der Bedeutung der Weinkultur für das gesellschaftliche Leben und eine beständige Forschungstätigkeit sowie die Verbesserung des internationalen Renommees der Weine aus dem Burgenland. Zu diesem Zweck werden jährlich Veranstaltungen und Verkostungen für weininteressiertes Publikum durchgeführt.
Information: www.rwb.at

Mit großem Aufwand und viel Gefühl hat Birgit Braunstein ihren Vinothekskeller aus dem Dornröschenschlaf geholt.

Mittelbu

genland

Das Weinbaugebiet Mittelburgenland ist das rote Herz des Burgenlandes – sein Lebenssaft ist der Blaufränkisch.

Bereits im Jahr 1989, als gerade Sorten wie Cabernet Sauvignon und Chardonnay in Österreich in Mode kamen, bekannte man sich im Mittelburgenland mit der Gründung des „Verbandes Blaufränkisch Mittelburgenland" klar zum Blaufränkischen als Leitsorte der Region und nahm damit den allgemein erst viel später aufkommenden Trend zu regionalen, autochthonen Rebsorten vorweg. Über Jahrhunderte war das Mittelburgenland vor allem eine Weißweinregion; erst in der zweiten Hälfte des zwanzigsten Jahrhunderts fassten verstärkt auch Rotweinreben – und hier insbesondere der Blaufränkische – Fuß. Mit dem Beginn des österreichischen „Rotweinwunders" Mitte der 80er Jahre stellte sich dann in zunehmendem Maß heraus, dass die schweren Böden und das warme Klima des Mittelburgenlandes beste Voraussetzungen für kraftvolle, dichte und langlebige Rotweine bieten.

Das MITTELBURGENLAND auf einen Blick:

Rebfläche: 2.107 Hektar
Anteil an der Gesamtrebfläche Österreichs: 4,0 Prozent
Wichtigste Rebsorten: Blaufränkisch: 1.185 ha
Zweigelt: 429 ha, Grüner Veltliner: 134 ha
Böden: Schwere, tiefgründige Lehmböden, Schotter

Pioniere wie Hans Igler und Engelbert Gesellmann eilten mit ihren Weinen von Verkostungserfolg zu Verkostungserfolg, und weitsichtige Winzer wie Stefan Wellanschitz senior oder Anton Iby setzten in ihren Betrieben schon früh voll auf die Produktion von Rotwein. Bei einer Gesamtrebfläche von rund 2.100 Hektar beträgt der Blaufränkisch-Anteil im Mittelburgenland heute gut 55 Prozent (1.185 Hektar), wobei allein seit dem Jahr 1999 rund 200 Hektar Blaufränkischreben ausgepflanzt wurden. Mit der Einführung der ersten österreichischen Rotwein-DAC ab dem Jahrgang 2005 wurde der Status des Mittelburgenlandes als das Blaufränkisch-Land erneut bekräftigt und festgeschrieben. Kaum ein anderes österreichisches Weinbaugebiet hat in den vergangenen zwei Jahrzehnten eine derartig dynamische und zielgerichtete Entwicklung erlebt wie das Mittelburgenland. Begünstigt wurde diese durch den nationalen und internationalen Trend zum Rotwein – getragen wurde sie aber von der Initiative der einzelnen Winzer, der Qualitätsorientierung der großen Genossenschaften in Horitschon und Neckenmarkt und der konsequenten Arbeit der hiesigen Verbände.

In seinem 1979 erschienenem Standardwerk „Die großen Weine Österreichs" widmet Falstaff-Herausgeber Dr. Helmut Romé dem Mittelburgenland nicht einmal eine ganze Seite. Er betont zwar bereits das Rotwein-Potenzial der Region, kritisiert

Der Barriquekeller in der von Wilhelm Holzbauer geplanten Arachon-Kellerei bei Horitschon zählt zu den imposantesten des Landes (Seiten 366/367).
Weingärten bei Horitschon (oben)

aber den „säurearmen und lieblichen Ausbau (der) dem Charakter des Blaufränkisch widerspricht". Einen erwähnenswerten Winzer fand Romé damals im Mittelburgenland nicht. Heute sind Namen wie Weninger, Kerschbaum, Lehrner, Igler, Gager, Gesellmann, Bayer, Heinrich, Iby oder Kirnbauer – um nur einige zu nennen – aus der heimischen Rotweinszene nicht mehr wegzudenken; ihre Weine zählen regelmäßig zum Besten, das in Österreich gekeltert wird. Eine beachtliche Karriere für ein relativ kleines Weinbaugebiet, das seine Identität erst finden und sich als Rotweinregion gänzlich neu positionieren musste.

Erde, Wind und Wetter

Das Mittelburgenland ist – vom etwas weiter im Süden gelegenen Lutzmannsburger Weingebirge einmal abgesehen – ein sehr kompaktes, fast geschlossenes und übersichtliches Weinbaugebiet. Die schweren, sandigen bis lehmigen, manchmal auch schottrigen Böden an den südlichen Ausläufern des Ödenburger Hügellandes sind für den Rotweinanbau besonders geeignet und verleihen den Weinen eine erdig-mineralische Geschmacksnote und somit eigenständige Typizität. Ideal auch die klimatischen Verhältnisse: Auf drei Seiten, nämlich durch das Ödenburger Hügelland im Norden, die Bucklige Welt im Westen und das Günser Bergland im Süden, vor kühlen, kontinentalen Einflüssen geschützt, öffnet sich das kleine und recht scharf abgegrenzte Gebiet nur gegen Osten, von wo das warme pannonische Klima wie ein natürlicher Ofen hereinstrahlt. Zudem hat der keine zehn Kilometer entfernte Neusiedlersee, vor allem in Deutschkreutz, einen ausgleichenden Einfluss auf die Temperatur und sorgt für einen noch milderen Klimaverlauf. Insgesamt herrscht im Blaufränkischland bei einer Jahresniederschlagsmenge von rund 650 Millimetern ein trockenes und warmes Klima vor, wie es Rotweinreben besonders lieben.

Die modernen Kathedralen des Weins: Lichtspiele im Barrique-Keller der Pfneisl-Winery in Kleinmutschen

Blaufränkisch im Mittelburgenland

Wann der Blaufränkische genau ins Mittelburgenland gekommen ist, lässt sich heute ebenso wenig stichhaltig nachweisen wie die Frage nach dem „woher" mit letzter Sicherheit beantwortet werden kann. Allerdings ist ziemlich gewiss, dass die Rebe aus dem ehemaligen „Frankenland" Karls des Großen stammt, dessen Reich im 9. Jahrhundert große Teile Europas umfasste, insbesondere das heutige Deutschland, Spanien, Frankreich sowie Italien. Franken, das im heutigen im Nordwesten Bayerns liegt, ist als Heimat eher unwahrscheinlich, zumal das dortige Klima nicht geeignet scheint und der Blaufränkische nur in Württemberg als „Lemberger" oder „Limberger" angepflanzt wird. Als wahrscheinlichste Theorie gilt heute, dass die Rebe aus einer Selektion von fränkischen – und möglicherweise auch heimischen – Rotweinsorten hervorgegangen ist, wobei fränkisch in diesem Fall für französisch steht. Karl der Große, der unter anderem auch als bedeutender Reformer des Weinbaus bekannt ist, hatte nämlich mit einer umfassenden Ausmusterung der Rebsorten begonnen. Die minderwertigen, die aus Ostländern mit niedriger Rebkultur stammten, wurden dabei als „hunnisch" oder „heunisch" bezeichnet, die wertvollen hingegen mit den französischen Reben gleichgesetzt und somit „fränkisch" genannt. Aus dieser Selektion dürfte sich dann der Blaufränkisch entwickelt haben, der vermutlich im 10. Jahrhundert, möglicherweise aber auch später mit der zweiten Besiedelungswelle im 11. und 12. Jahrhundert, seinen Weg ins Burgenland gefunden hat. Bereits in der zweiten Hälfte des 10. Jahrhunderts war der bis dahin als „Pannonische Mark" dem Frankenreich zugehörige Landstrich unter die Herrschaft der herandrängenden Ungarn geraten, wo er – mit Unterbrechungen, da die Herrschaftsverhältnisse in dieser Zeit oftmals wechselten – bis zum Jahr 1921 verblieb, als das Burgenland als jüngstes Bundesland zu Österreich kam.

Im besten Licht: der neue Verkostungsraum im Weingut Igler. Foto: Weingut Hans Igler/Herbert Lehmann

Runde Sache: kreisförmig angeordnete Tanks im Weingut Heinrich. Foto: Weingut J. Heinrich

Diese gesamte Zeitspanne überdauerte der Blaufränkische, der besonders in Westungarn – zu dem das Burgenland jahrhundertelang gezählt wurde – auch heute noch eine starke Verbreitung findet.

Was es sonst noch gibt

Das Mittelburgenland ist mit einem roten Rebflächenanteil von mehr als achtzig Prozent heute ganz eindeutig ein Rotweinland. Neben dem Blaufränkischen ist der Zweigelt mit etwa 430 Hektar Rebfläche die zweitwichtigste Rebsorte, wobei im qualitativen Top-Segment auch der Cabernet Sauvignon – immerhin mit rund 70 Hektar präsent – eine wichtige Rolle spielt. Überhaupt kommen Böden und Klima im Blaufränkischland – von einzelnen Lagen vielleicht abgesehen – eher den kraftvoll-rustikalen und gerbstoffreicheren Rotweintypen entgegen als feingliedrigen und fruchtigen Typen wie dem Pinot noir. Den übrigen Rotweinanteil im Mittelburgenland teilen sich Syrah – an dem die Brüder Pfneisl den Löwenanteil halten –, Merlot, Blauburger, St. Laurent und in geringen Mengen Sorten wie Roesler und Rathay. Weißweine spielen im Blaufränkischland noch am ehesten in der Deutschkreutzer Gegend eine Rolle. Welschriesling und Pinot blanc bringen dabei eher fruchtig-frische Weine, Sauvignon blanc oder Chardonnay werden gelegentlich auch kräftiger ausgebaut; der flachenmäßig dominierende Grüne Veltliner spielt im oberen Qualitätssegment praktisch keine Rolle.

Mit DAC in die Zukunft

Nach dem Weinviertel und dem Traisental ist das Mittelburgenland die dritte Region in Österreich, in der man sich auf die Einführung einer DAC, also einer geschützten Herkunftsbezeichnung, geeinigt hat. Die Besonderheit: Es handelt sich dabei um die erste Rotwein-DAC – was man durchaus auch als Beweis für das erstarkte Selbstbewusst-

Mitten im Blaufränkischen: Weingärten bei Raiding

sein der heimischen Rotweinwinzer werten kann. In den Mittelburgenland-DAC-Weinen sollen die Eigenschaften von Terroir und Sorte möglichst authentisch zum Ausdruck gebracht werden, wobei eine „fruchtig-würzige" Charakteristik angestrebt wird. Die Weine müssen einen Alkoholgehalt von mindestens 12,5 Prozent aufweisen und mit höchstens 2,5 Gramm Restzucker pro Liter absolut trocken ausgebaut sein. Angeboten wird der Mittelburgenland DAC in einer Basislinie, die ab 1. März des auf die Ernte folgenden Jahres auf den Markt gebracht und im Stahltank oder klassisch im großen Holzfass ausgebaut werden darf. Diese Weine dürfen die Bezeichnung Classic tragen, wobei in Verbindung mit einem kräftigeren Weinstil auch Rieden oder Markennamen verwendet und die Weine in gebrauchten Barriques ausgebaut werden können.

Die zweite Linie firmiert unter der Bezeichnung „Mittelburgenland Reserve DAC" und gilt für kräftige Blaufränkische, die in neuen Barriques ausgebaut werden dürfen und erst ab dem 1. März des zweiten auf die Ernte folgenden Jahres verkauft werden. Von der Schaffung dieser DAC verspricht man sich für die Zukunft eine noch klarere Positionierung am Markt durch gebietstypische Weine mit einem erkennbaren, individuellen Geschmacksprofil. Dass es sich dabei nicht nur um einen Marketinggag handelt, beweist eine vom Bundesamt für Weinbau in Eisenstadt durchgeführte Sortencharakterisierungsstudie, in deren Rahmen der Weintyp „Mittelburgenland DAC" untersucht wurde. Dabei konnte durch die Analyse und statistische Auswertung von Weininhaltsstoffen und Aromakomponenten die Herkunft des Weines eindeutig zugeordnet werden. Ein Ergebnis, das sich bei der Verkostung von Weinen aus dem Mittelburgenland jederzeit nachvollziehen lässt – sind diese doch schmeckbar eigenständig.

Kritisch betrachtet

Die Einführung der Mittelburgenland DAC ist grundsätzlich sicher ein begrüßenswerter Schritt. Wenn es aber um die Klarheit der Aussage und eine präzisere Positionierung am Markt geht, so erscheint die neue Nomenklatur doch eher halbherzig. Statt eines DAC-Weines gibt es nun nämlich gleich drei unterschiedliche Typen, dazu noch die Möglichkeit, Rieden- und Markennamen zu verwenden – eine klare Botschaft klingt jedenfalls anders. Schon bisher hatte man im Mittelburgenland mit Winzer- und Qualitätsvereinigungen nicht unbedingt eine glückliche Hand. Die jährlich ermittelten „20 Besten aus dem Blaufränkischland" waren ja noch durchaus nachvollziehbar. Doch dann folgte die Bezeichnung „Juwel" für die besten Blaufränkischen und die Gruppe „Vitikult", die wiederum einen eher klassischen, konsumfreundlichen Blaufränkischen mit Preislimit anbietet. Gemeinsam mit den verschiedenen DAC-Typen also eine Vielfalt von Kategorisierungen und Bezeichnungen, die sich eigentlich selbst ad absurdum führt. Denn das jeweils vorrangige oder zumindest mitverfolgte Ziel, nämlich für den Konsumenten Klarheit und Transparenz zu schaffen, wurde damit eindeutig verfehlt.

Die besten Lagen

HORITSCHON

In Horitschon hat man sich darauf geeinigt, nur die Bezeichnungen der drei Großlagen Hochäcker (mit Kirchholz), Dürrau und Gfanger zu verwenden. Dazu gibt es viele Unterteilungen und Riedenbezeichnungen, die aber nur intern gebraucht werden.

Hochäcker

Der nach Süden ausgerichtete Teil der Lage Hochäcker weist leichtere Böden auf, im steilsten Stück sind sie am schwersten; hier findet man viel mit Kies gemischten Ton. Diese Böden werden im Sommer sehr hart und waren früher, wie Anton Iby junior berichtet, bei den Winzern unbeliebt, weil sie besonders schwer zu bearbeiten sind. Dafür gedeihen hier sehr charaktervolle Weine mit pfeffriger Würze. Das Herzstück der Lage vergleicht Iby qualitativ mit Dürrau, „wobei in Jahren mit feuchtem Lesewetter Hochäcker die Nase vorn hat, weil hier das Wasser besser abrinnt, während Dürrau in trockenen Jahren die größeren Weine bringt."

Kirchholz ist eine Subried von Hochäcker mit etwas leichteren Böden; hier gedeihen fragilere, würzige aber nicht so kräftige und tanninreiche Weine.
Winzer: Bauer-Pöltl, Iby, Iby-Lehrner, Maria Kerschbaum, Paul Kerschbaum, Paul Lehrner, Strass, Weninger

Dürrau

Die Lage Dürrau weist schwere Böden aus Tonmergel und Kies auf. Der südliche Teil ist ein Hügel, der von der Abendsonne abgeschnitten ist; hier ist die Traubenreife geringer. Ansonsten ist Dürrau eine besonders wertvolle Lage, die Blaufränkische von großer Struktur und Langlebigkeit bringt. Die Weine weisen eine pfeffrige Aromatik auf, zeigen mitunter aber auch eine zimtige Süße im Duft.
Winzer: Iby, Weninger, Paul Kerschbaum

Gfanger

Gfanger ist ebenfalls eine Großlage, wobei die echten Gfanger-Äcker eigentlich die Verlängerung von Dürrau und die einzige echte Südlage in Horitschon sind. Die besten Weine wachsen im westlichen Teil. Der andere Teil ist von einer Lehmschicht durchzogen; hier bringen die Weine mehr Frucht, aber weniger Tannine und Würze. Dieser Teil ist eher für Zweigelt als für Blaufränkisch geeignet.
Winzer: Iby

NECKENMARKT

Hochberg

Der Hochberg befindet sich am Südhang des Ödenburger Gebirges und genießt eine optimale Sonneneinstrahlung. Im obersten Teil, den höchstgelegenen Weingärten im Blaufränkischland, findet man Schiefer-Verwitterungsgestein. In Verbindung mit der kühlen Luft, die am Abend vom angrenzenden Wald herunterstreift, entstehen hier besonders würzig-aromatische Weine mit spürbarer Mineralik.
Winzer: Bayer, Winzerkeller Neckenmarkt, Tesch, Wellanschitz, Wieder

Bei Deutschkreuz

DEUTSCHKREUTZ

Die besten Lagen von Deutschkreutz befinden sich im sogenannten „Alten Weingebirge", südöstlich des Ortes gelegen.

Goldberg

Der Goldberg ist ein sanfter Westhang mit Lehm- und Schwarzerdeböden mit einem hohen Kalkanteil. „Immer wieder graben wir hier riesige Kalkbrocken aus", erklärt Silvia Heinrich, die den Goldberg ganz besonders schätzt. Die Blaufränkischreben der Heinrichs, die dort stehen, haben ihre Großeltern in deren Hochzeitsjahr 1947 gepflanzt – und sie werden nach wie vor besonders gepflegt und gehätschelt. Doch der Goldberg wurde bereits ab dem 14. Jahrhundert immer wieder erwähnt und als besonders hochwertige Weinlage bezeichnet. Der sogenannte „Klausische Goldberg", wo sich heute die Weingärten der

MITTELBURGENLAND

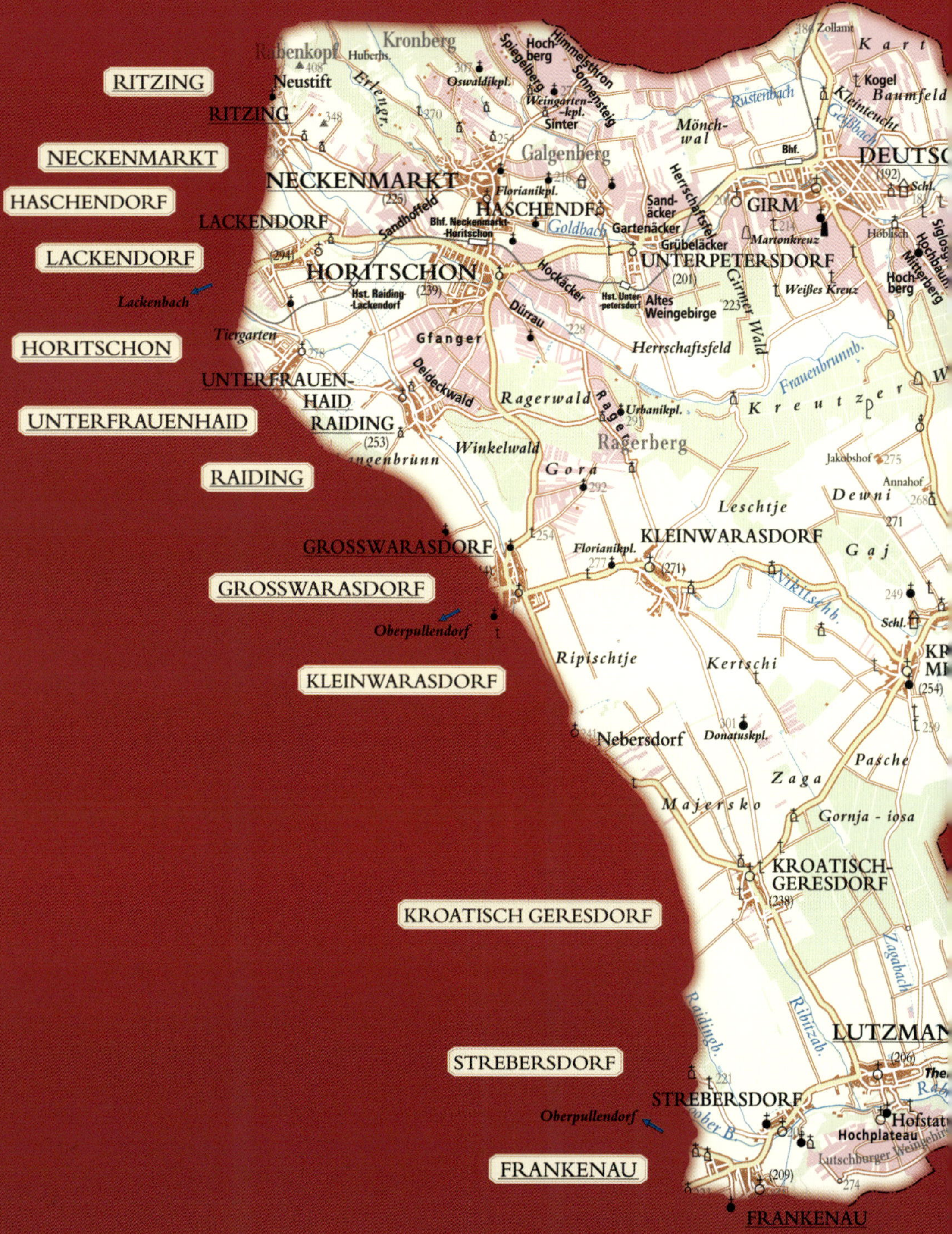

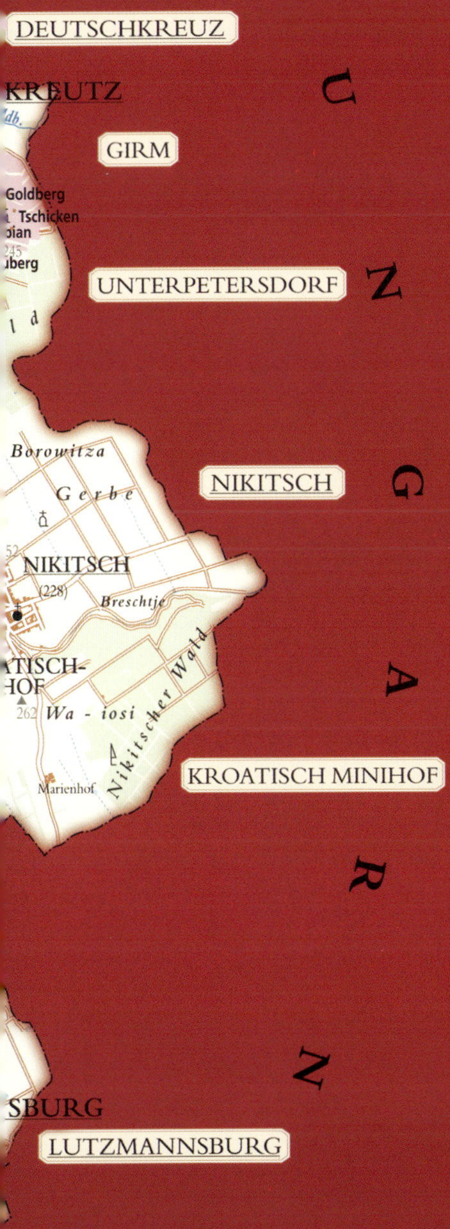

Heinrichs befinden, galt als sehr wertvoller Teilbereich und wurde auch in der Zeit, als der gesamte Goldberg im Besitz des Hauses Esterházy stand, immer separat gelesen.
Winzer: Heinrich, K + K Kirnbauer, Reumann

Hochberg

Die Lage Hochberg ist nach Süden und Südwesten ausgerichtet und weist ein starkes Gefälle auf. Der Oberboden besteht aus sandigem Lehm, darunter befindet sich schwerer Lehm mit einem sehr hohen Kalkanteil. Für Albert Gesellmann, der von hier den Großteil der Trauben für seinen „G“ liest, ist der Hochberg seine wertvollste Lage. Vor allem der Blaufränkische bringt hier sehr konzentrierte, mineralische Weine.
Winzer: Gesellmann, Igler

Siglos

Siglos ist eine Art Kessellage – auf der anderen Seite befindet sich die Lage Hochbaum. Siglos ist nach Süden geneigt und nach Norden hin offen. Die Unterböden bestehen aus schwerem Lehm mit einem hohen Anteil an Kalk, der hier sowohl in verwittertem Zustand als auch in Form von großen Brocken eingelagert ist. Darüber findet man eine etwa 40 Zentimeter starke Schicht mit sandigem Lehm. Albert Gesellmann hat hier seinen Pinot noir stehen, für den die Lage besonders gut geeignet ist, weil hier vor allem im Herbst stets der Wind bläst, wodurch die Gefahr von Fäulnis sehr gering ist.
Winzer: Gesellmann

LUTZMANNSBURG

Das Lutzmannsburger Weingebirge ist eine geschlossene Großlage von etwa 150 Hektar. Auf lehmigen Böden mit Lössanteil wachsen hier sehr aromatische, oft erdig-rustikale Blaufränkische. Diese Hochplateau-Lage hat zweifellos ein großes Potenzial, das aber derzeit nur von wenigen Winzern ausgeschöpft wird.
Winzer: Weber

KLEINMUTSCHEN

Hexenberg

Die Lage wurde von den Brüdern Pfneisl kultiviert und eignet sich hervorragend für Rotweine. Der reine Südhang weist einen lehmigen Untergrund mit Kiesauflage auf, wobei die vielen Steine für eine zusätzliche Bodenerwärmung sorgen. Seinen Namen erhielt der Hexenberg in der Zeit, als hier die Äcker noch mit dem Pflug bearbeitet wurden; wenn dieser in den festen Lehm geriet, blieb das Pferd stehen – und die Bauern fanden, das sei doch wie verhext.
Winzer: Pfneisl

Über den Wein

Albert Gesellmann

G-Punkt des Genusses

„Die Idee, einen absoluten Top-Wein aus heimischen Rebsorten zu keltern, war bei uns eigentlich schon lange vorhanden", erzählt Albert Gesellmann bei einem Glas erstaunlich fruchtigem und sortentypischem Sauvignon blanc, der beweist, dass dieser Betrieb auch beachtliche Weißweinkompetenz hat, und

fährt fort: „Mein Vater war einer der Ersten, die Bordeaux bereist und hier Cabernet Sauvignon und Merlot ausgepflanzt haben. Aber ich fand, der beste Wein unseres Hauses sollte doch aus bodenständigen Sorten entstehen." Ab dem Jahr 1994 war der Entschluss gefasst, doch erst der Jahrgang 1997 brachte jene Traubenqualität, von der Gesellmann geträumt hatte. Vier Weingärten mit bis zu 80 Jahre alten Rebstöcken lieferten die Trauben – großteils Blaufränkisch und ein wenig St. Laurent für einen Wein, der die schlichte Bezeichnung „G" – wie Gesellmann erhalten sollte. Aber noch war es nicht so weit, denn: Gut „G" braucht Weile! Nach rekordverdächtigen 50 Tagen auf der Maische und der Vergärung reift der Wein für 40 Monate im Barrique – das bedeutet, dass er erst vier Jahre nach der Lese in den Verkauf geht. Das Ergebnis ist ein komplexer Wein mit einem Aromenstrauß von Gewürzen über Dörrobst bis Rumtopf in der Nase, intensiv-würziger Aromatik am Gaumen, dicht gestricktem Fruchtkörper, einer beachtlichen Ladung reifen Gerbstoffs und einer präsenten Säure. Also keineswegs ein Faserschmeichler, vielmehr ein Wein mit prägnanter Struktur, Ecken und Kanten. „Wir wollten keinen ‚Blockbuster' machen", erläutert Gesellmann die dahinter stehende Philosophie, sondern einen ausgewogenen und vielschichtigen, aber auch eigenwilligen und charaktervollen Wein." Entsäuern will er diesen prinzipiell nicht, denn „ich habe das Gefühl, dass ich damit dem Wein seine Seele nehme."

Die weiteren Grundsätze, auf denen das Konzept des G beruht, sind die Produktion einer marktfähigen Menge, die sich inzwischen bei 7.500 bis 8.000 Flaschen eingependelt hat und nicht weiter gesteigert werden soll, sowie eine Selektion der Jahrgänge: Ein G wird nur dann produziert, wenn die Qualität eines Jahrganges den hohen Anforderungen des Winzers entspricht. Und das, obwohl die Nachfrage das Angebot regelmäßig bei weitem übersteigt.

Pfneisl Winery
Die Shiraz-Brüder

Sepp Pfneisl, einer der drei Pfneisl-Brothers, die freilich nicht aus California, sondern aus Deutschkreutz stammen, macht kein Hehl daraus: Ihn fasziniert die weite Welt des Weines und da ganz besonders die Neue. In den Weingärten der Pfneisls stehen unter anderem auch Zinfandel und Carmenere, vor allem aber Shiraz, der sich zur wichtigsten Rebsorte in dem über 100 Hektar großen Weingut entwickelt hat. „Nachdem wir vorher die Weine im Gebinde verkauft haben, begannen wir erst im Jahr 1999 mit der Flaschenfüllung – und mit Blaufränkisch und Zweigelt hätten wir als Newcomer kaum eine Chance gehabt, uns am Markt zu positionieren", erklärt Sepp Pfneisl die Beweggründe für den Weg, den er und seine beiden Brüder Franz und Gerhard eingeschlagen haben. Durch seine vorherigen Jobs, unter anderem als Einkäufer bei Meinl, hatte er ständig mit internationalen Rebsorten und Neue-Welt-Weinen zu tun, die damals besonders boomten. Und nach der Rückkehr von einer 5-monatigen Tätigkeit als „Operations Wine-Manager" bei Hardys in Australien war für ihn klar: Aus den Brüdern Pfneisl würden die „Shiraz Brothers". Vorher galt es jedoch noch einige Widerstände zu überwinden, denn der Shiraz stand damals noch nicht im österreichischen Sortenregister und die Behörden waren besorgt, dass Sorten wie Shiraz oder Cabernet Sauvignon die autochthonen Varietäten verdrängen könnten. Außerdem hatte sich Pfneisl in den Kopf gesetzt, den größten zusammenhängenden Shiraz-Weingarten des Landes in Kleinmutschen anzulegen – weil man über viele Jahre beobachtet hatte, dass hier der Raps viel früher reif wurde als in Deutschkreutz. Das Problem dabei: Hier gab es keine Weingärten und damit keine Auspflanzgenehmigung. Es stellte sich heraus, dass es eine Unterpullendorfer Flur gibt, auf der zwar keine Weingärten mehr standen, jedoch: Wenn man an eine bestehende Weingartenflur anschließt, darf man wieder Weingärten setzen. So geschah es, und der Shiraz aus dem Hause Pfneisl wurde von Anfang an ein Renner – und zum Markenzeichen des Weinguts. Im markanten schwarzen Barriquekeller, der heute am Fuß der Top-Lage „Hexenberg" steht, resümiert Pfneisl zufrieden: „Da gab es so starke Träume und Visionen – die mussten trotz aller Widerstände zum Durchbruch kommen." Wie liest man doch auf der Glasfront des futuristischen Würfels, in dem wir sitzen: „Born 2 make wine!"

Heribert Bayer
Ich bin kein Kulissenschieber

Seine Top-Cuvée „In Signo Leonis" (im Zeichen des Löwen), die auch namensgebend für sein Weingut in Neckenmarkt ist, war von Beginn an Kult. Doch wer ist dieser Heribert Bayer, wo kam er her und warum gab es da plötzlich einen Wein, den jeder haben wollte? „Als Marketingleiter eines amerikanischen Petrochemie-Konzerns hatte ich in den 70er und 80er Jahren viele ausländische Gäste zu bewirten", rollt der erfolgreiche Quereinsteiger die Hintergründe seiner späten Wein-Karriere auf, „und im Gegensatz zu mir schmeckten ihnen die österreichischen Rot-

weine gar nicht. Ich fragte mich, warum das so ist und habe begonnen, während meiner Reisen im Flugzeug und in Hotelzimmern so viel önologische Fachliteratur wie möglich zu studieren. Dabei stieß ich auf einen bedeutenden Unterschied zwischen den internationalen und den österreichischen Unterlagen. Das Credo der Weinbauschule Klosterneuburg lautete: ‚Der biologische Säureabbau verändert die Typizität des österreichischen Rotweins negativ.' Das war sicher der einschneidendste Satz meines Lebens. Als dann nach dem Weinskandal die österreichische Weinwirtschaft mit dem Rücken zur Wand stand, war für mich die Stunde gekommen zu handeln."

Gemeinsam mit seinem Freund Franz Schindler in Mörbisch baute er – erstmals in Österreich – einen Wein länger als ein Jahr in neuen Barriques aus: Die erste „Cuvée d'Or" war geboren und schaffte bei der Falstaff-Rotweinbewertung auf Anhieb den zweiten Platz hinter einem Wein von Anton Kollwentz. Mit Josef Umathum hob Bayer 1986 den ersten „Hallebühl" aus der Taufe, 1988 folgte Hans Feilers „Solitaire" und 1989 die ersten „Admirals" – damals gab es noch einen Admiral aus St. Laurent und einen aus Zweigelt – mit Josef Pöckl. Bayer war Geburtshelfer und Marketingberater und verschaffte diesen neuen Wein-Kreationen durch seine guten Kontakte zu Sommelier-Legende Adi Schmid im Steierereck auch gleich eine angemessene Bühne. „Ich sah, wie die Winzer zuerst bekannt und dann berühmt wurden", erzählt Bayer und fügt schmunzelnd hinzu: „Ich bin im Sternzeichen Löwe – und da fühlt man sich auf lange Sicht als Kulissenschieber nicht wohl!" Also betrat Bayer selbst die Bühne und kreierte ab dem Jahrgang 1994 seinen „In Signo Leonis" – im ersten Jahr als Pinot noir von Franz Sommer, dann als Cuvée, die in Zusammenarbeit mit dem Winzerkeller Neckenmarkt entstand. Der Wein wurde bald als „heiße Ware" gehandelt, stürmte von Beginn an die Wein-Charts und Heribert Bayer katapultierte sich sozusagen vom Fleck weg in den österreichischen Rotweinhimmel – wo der Löwe seither hell erstrahlt.

Anton Iby senior & junior
Wir wollen Blaufränkisch pur

Anton Iby junior ist Winzer und Lektor an der Weinakademie in Rust. Über den Weinbau macht er sich viele Gedanken – und hält damit auch nicht hinter dem Berg. Eine Auswahl.

„Wir reduzieren generell die Erträge, aber die jüngeren Stöcke sollen etwas mehr tragen, damit sie tiefer wurzeln. Ich denke, dass sich durch die Klimaveränderung die Wassersituation verschlechtert und dann ist es besser, wenn die Wurzeln tief in die Erde dringen. Bewässerung lehne ich aber generell ab, weil sie den Terroircharakter verändert."

„Wir fahren bereits seit drei Jahren den Anteil an neuem Holz zurück und bauen heute keinen Wein mehr zu 100 Prozent in neuen Barriques aus. Das Toasting ist dabei nur noch ‚medium' und ich möchte eigentlich noch weniger."

„Ab dem Jahrgang 2007 verwenden wir nur noch Fässer, die zwar Tannine, aber weniger Aromen abgeben. Wir wollen Blaufränkisch pur und nicht diesen ganzen Aromen-Cocktail und diese vordergründigen Vanille- und Kaffeetöne, die das Holz in den Wein bringt."

„Es gibt keinen ‚gesunden Stress' für die Rebe. Wenn sie zuerst Not leidet, nimmt sie, wenn es dann regnet, mehr Wasser auf, als sie eigentlich braucht."

„Wir tendieren zum biologischen Weinbau, weil wir damit die Weinqualität weiter verbessern können, aber ich sehe auch die Nachteile. Man muss vermehrt Kupfer spritzen, das ist ein biologisch nicht abbaubares Schwermetall – und durch das häufige Spritzen wird der Boden stärker verdichtet. Es werden aber in den nächsten Jahren aus Geisenheim (eine der ältesten Forschungseinrichtungen des Wein- und Gartenbaus im deutschsprachigen Raum; Anm.) ganz neue Pflanzenpflegemittel kommen, von denen wir uns sehr viel erhoffen. Ich will von den systemischen Pflanzenschutzmitteln weg – will aber deswegen nicht mehr Kupfer ausbringen."

„Wir haben gelernt, zwischen Vollreife und Überreife zu unterscheiden, darum machen wir keine totale Freistellung der Traubenzone mehr – dem Blaufränkischen nimmt man durch diese extreme Besonnung die Säure und die Aromatik. Trauben, die in der Sonne kochen, bekommen Sonnenbrand, lagern mehr Phenole ein und werden dadurch hart."

„Seit dem Jahrgang 2004 haben wir keinen Wein mehr gemacht, der im Alkohol über 13,5 Prozent liegt."

„Der mittelburgenländische Blaufränkische hat einen eigenen Charakter, eine Identität. Wir wollen keine breiten, fetten Weine, sondern solche, die beim Trinken einen Zug haben!"

Die Winzer

Weingut Heribert Bayer – In Signo Leonis. *Foto: Herbert Lehmann*

Arachon T.FX.T

7312 Horitschon, Günserstraße 60

Mit dem Jahrgang 1996 begann das erste große „Spin-off"-Unternehmen einer Winzergenossenschaft in Österreich. Treibende Kraft war der allgegenwärtige und leider viel zu früh verstorbene Wein-Zampano Tibor Szemes aus Pinkafeld. Gemeinsam mit seinen Freunden, den Star-Winzern Manfred Tement und F. X. Pichler heckte er das Projekt Arachon aus, das dann in enger Kooperation mit Josef Pusch, dem Kellermeister der Winzergenossenschaft Horitschon, umgesetzt wurde. Etwa 25 Vertragswinzer, die ihre Weingärten nach genauen Vorgaben bewirtschaften, liefern die Trauben für zwei Cuvées auf Blaufränkisch-Basis: den einfacheren Trinkwein „a'Kira" (ein Aufschrei, Juchzer) und die Top-Cuvée „Arachon", die nach einer alten Bezeichnung des Ortes Horitschon benannt ist. Das Château-Konzept, eine große – und damit markt- und exportfähige – Menge eines Erst- und eines Zweitweins zu produzieren, ist voll aufgegangen und der Arachon hat binnen kürzester Zeit sowohl im In- als auch im Ausland beachtliche Marktpräsenz erreicht. Im Jahr 2004 erhielt er dann einen repräsentativen Rahmen: Nach Plänen des renommierten Architekten Wilhelm Holzbauer wurde in Horitschon die eindrucksvolle moderne Arachon-Kellerei errichtet.

Bauer-Pöltl

7312 Horitschon-Unterpetersdorf

Das Weingut Bauer-Pöltl ist eines der aufstrebenden Weingüter im Blaufränkischland – was sich sichtbar auch im Bau eines neuen, modernen Kellers manifestiert. Ludwig und Marianne Bauer werden von ihrem Sohn Daniel unterstützt, der nach dem Abschluss der Weinbauschule in Klosterneuburg und nach diversen Auslandspraktika wieder in den Betrieb zurückgekehrt ist. Von tiefgründigen, schweren Lehmböden ausgezeichneter Lagen rund um Horitschon stammen vor allem kräftige, reife Blaufränker, aber auch ein wuchtiger Pinot noir und eine elegante Cuvée aus Blaufränkisch, Cabernet Sauvignon und Zweigelt, die den Namen „Christania" trägt.

Bayer – In Signo Leonis

7311 Neckenmarkt
Wirtschaftspark 5

Zuerst war Heribert Bayer ein Winzer mit tollen Weinen – aber ohne Weinkeller und Weingärten. Dann baute sich der im Sternzeichen des Löwen geborene Quereinsteiger im Wirtschaftspark von Neckenmarkt seine ebenso schmucke wie zweckmäßige Kellerei „In Signo Leonis". Und schließlich füllte er durch eine Kooperation mit dem Neckenmarkter Winzer Stefan Beisteiner auch noch die Lücke der fehlenden eigenen Rebflächen. Die Erträge von acht Hektar in bester Lage am Neckenmarkter Hochberg werden gemeinsam vinifiziert, und im Laufe von zehn Jahren sollen die Bayers das Weingut Beisteiner dann ganz übernehmen. Neben den Bayer-Weinen gibt es also in Zukunft auch Weine unter dem Namen Bayer & Beisteiner – vorerst den Blaufränkischen „Babeross" und eine gleichnamige Reserve. Zwei Weine, die deutlich jene Handschrift tragen, die Heribert Bayers Weine ab Mitte der 90er Jahre vom Start weg zu Kulttropfen machten. Sowohl bei seinem Topwein „In Signo Leonis" als auch bei seiner – gar nicht so heimlichen – Leidenschaft, dem Pinot noir, verfolgt Bayer eine sehr eigenständige Linie, spart nicht mit Holz, bringt aber vor allem die Struktur in den Vordergrund und verzichtet gänzlich auf den Show-Effekt von süßer Üppigkeit. Für Kontinuität im Weingut Bayer ist ebenfalls gesorgt. Schon im zarten Alter von 18 Jahren legte Junior Patrick, der inzwischen voll in den Betrieb integriert ist, seinen ersten reinsortigen Blaufränkischen ins Barrique, der unter dem Namen „In Signo Sagittarii" gleich einen fulminanten Start hinlegte und ihm „gar keine andere Wahl ließ als gleich weiterzumachen!" Damit auch die Zukunft spannend bleibt, haben sich die beiden ein ganz besonderes Tröpfchen beiseite gelegt: „Bayer Herzblut" ist ein Mix aus den beiden Spitzenweinen des Hauses und einer Super-Charge vom Merlot, der zweifach im Barrique ausgebaut wird und erst nach vier Jahren in Form von 1.500 nummerierten Magnums auf den Markt kommt. Der

Kultstatus ist auch diesem Wein bereits sicher ...

Draxler

7311 Neckenmarkt, Haschendorf 17

Schwungvoll betrat der junge Andreas Draxler mit seiner Cuvée Florian vom Jahrgang 1997 die österreichische Weinbühne, auf der er seither vor allem im Fach „kraftvollstoffige Rotweine" auftritt. Neben der Top-Cuvée aus vier Rebsorten zählen dazu auch ein reinsortiger Syrah, der Pinot noir und natürlich Blaufränkische in unterschiedlichsten Kategorien. Andreas Draxler setzt dabei besonders auf die autochthonen Rebsorten, die in seinen Augen die Eigenheiten des mittelburgenländischen Terroirs besonders akkurat widerspiegeln. Es ist daher nur folgerichtig, dass der beste Wein des Hauses ein reinsortiger Blaufränkischer ist: Hinter der Bezeichnung „Aenea" steht ein Wein, der einen mächtigen Körper mit kraftvoller Struktur verbindet, durch seine reife Säure dennoch animierend wirkt und viel Trinkfreude bereitet. Gesteigert wird diese noch, wenn man diesem Wein einige Jahre Flaschenreifung im Keller gönnt und ihn vor dem Genuss für einige Stunden dekantiert.

Gager

7301 Deutschkreutz, Karnergasse 8

Lange Zeit betrieben Josef und Paula Gager den Weinbau als Nebenerwerb – bis sie der wachsende Erfolg im Jahr 1999 dazu „zwang", sich nunmehr voll dieser Tätigkeit zu widmen. Gagers Cuvée „Quattro", ein Wein aus vier Rebsorten mit einem einprägsamen vierfärbigen Quadrat am Etikett, galt schon früh als Geheimtipp und reihte sich bald unter die besten Rotweine des Blaufränkischlandes ein. Inzwischen haben die Gagers – Junior Horst und

Tochter Daniela arbeiten ebenfalls im Betrieb – mit der Cuvée „Cablot" aus Cabernet Sauvignon und Merlot und dem „Tycoon", einer dunkelbeerig-stoffigen Granate aus Cabernet Sauvignon, Cabernet Franc, Roesler und Tannat, ihren Top-Seller qualitativ bereits mehrfach übertroffen. Auch die Stilistik der Weine hat sich über die Jahre in kleinen Schritten verändert. Wirkten sie früher in der Jugend oft recht hart und verschlossen, so präsentieren sie sich heute etwas zugänglicher und charmanter – ohne dabei jenes für Josef Gagers Weine so typische Rückgrat zu verlieren, das sie für eine lange Lagerung prädestiniert. Produziert wird heute in einem neuen Keller mit modernstem technischen Equipment, der auch regelmäßig den stimmigen Rahmen für Wein- und Kulturveranstaltungen bietet.

Gesellmann

7301 Deutschkreutz, Lange Gasse 65

Kaum ein anderes Weingut hält sich seit nunmehr über zwei Jahrzehnten so unangefochten an der Spitze der heimischen Produzenten wie jenes der Gesellmanns. Senior Engelbert Gesellmann hat als einer der Rotwein-Pioniere des Burgenlandes bedingungsloses Qualitätsdenken immer mit großer Innovationsfreude verbunden. Eine Philosophie, die sich auch sein Sohn Albert zu eigen gemacht hat, der diesen Weg konsequent weitergeht. Ein Weg, der von etlichen Meilensteinen geprägt war: 1988 wurde der erste „Opus Eximium", eine Cuvée aus Blaufränkisch, Pinot noir, St. Laurent und Cabernet Sauvignon, gekeltert. Im Jahr 1992 folgte der „Bela Rex" aus den internationalen Rebsorten Cabernet Sauvignon und Merlot. Beide Weine zählen seither zur Crème de la Crème der heimischen Rotweinszene. Im Jahr 2000 brachte Albert

Gesellmann seinen „G" aus Blaufränkisch und St. Laurent auf den Markt. Ein Wein, der nicht nur qualitativ Maßstäbe setzte, sondern auch als markantes Statement für autochthone Rebsorten und gegen den Trend zu süßen, stoffigen und überholzten Rotweinen gelten darf. Den Stil des Hauses dokumentieren auch Weine wie der Pinot noir Siglos: Struktur, Finesse, Fruchtigkeit und Trinkvergnügen sind dafür die passenden Schlagworte. Doch Gesellmann will sich nicht auf den Lorbeeren ausruhen, die ihm der „G" zweifellos eingebracht hat, und bereitet schon seinen nächsten Coup vor: Ein reinsortiger Blaufränkisch von alten Reben, der besonders aufwändig produziert wird. Die Maische dafür rührt er händisch im offenen 500-Liter-Fass, in dem später – nach dem Einsetzen des Fassbodens – der Wein ausgebaut wird. So soll ein eher geringer Holzeintrag und eine sehr hohe Mineralik erzielt werden. Auf das Ergebnis darf man gespannt sein, nur eines steht eigentlich jetzt schon fest: Es wird sehr gut sein.

Grenzlandhof Reumann

7301 Deutschkreutz
Friedlbrunngasse 1

Unter der Führung von Christian und Birgit Reumann hat sich der Grenzlandhof zu einem stattlichen Betrieb mit einer Rebfläche von 24 Hektar – davon 90 Prozent Rotweinreben – entwickelt. Der Schwerpunkt liegt dabei natürlich beim Blaufränkischen, der auch in der – absolut preiswerten – Basisqualität einen feinwürzigen, dichten und aromatischen Wein abgibt. Flaggschiff des Hauses ist die 4-Sorten-Cuvée Mariela, ein mineralischer Wein mit dunkelbeeriger Aromatik und kräftigem Rückgrat für eine lange Reifephase.

Heinrich

7301 Deutschkreutz, Karnergasse 59

Die Geschichte des Weinguts Heinrich passt wohl am besten in die Kategorie „When dreams come true". Obwohl die Familie seit mehr als dreihundert Jahren mit dem Weinbau verbunden ist, entschlossen sich Johann und Gerti Heinrich erst im Jahr 1992, Flaschenweine zu produzieren. Dann ging es allerdings konsequent zur Sache: Den Doppler ersparte man sich gleich, füllte einen Teil der Weinproduktion in Bouteillen und verkaufte den Rest im Gebinde – mit dem Ziel, innerhalb von zehn Jahren ausschließlich Bouteillen zu vermarkten. Eine Vorgabe, die viel schneller erreicht wurde als erwartet – und das, obwohl der Betrieb gleichzeitig rasch gewachsen ist. Neben konsequentem Qualitätsstreben waren es dabei immer wieder neue, spektakuläre Wein-Projekte – wie „terra o.", „Elegy" oder „Cupido" –, mit denen die Heinrichs Aufsehen erregten, wobei hier bereits Tochter Silvia die Hand mit im Spiel hatte. Durch ihre berufliche Tätigkeit – unter anderem im deutschen Weingut Müller-Catoir und bei der ÖWM – sowohl zum Wein- als auch zum Marketingprofi geworden, kehrte sie im Jahr 2002 endgültig in den Betrieb heim und mischt seither in allen Bereichen kräftig mit. Bereits im Jahr 2000 hatten sich die Heinrichs mit dem großzügigen Neubau des Kellers einen Traum erfüllt und eine optimale Arbeitsbühne geschaffen, die auch Freunden und Gästen des Hauses zugänglich sein sollte. Es war Silvia Heinrichs Idee, das Konzept eines „offenen Weinguts" mit Gästezimmern und regelmäßigen Kultur- und Weinveranstaltungen zu verwirklichen, was hier vorbildlich umgesetzt wurde. „Wenn man in der Weinbranche arbeitet, lernt man in der ganzen Welt Menschen kennen", erklärt sie, „und die wollte ich auch hierher einladen können. Das soll aber keine sture Verkostung und auch keine Verkaufsveranstaltung sein: Wir wollen, dass die Gäste bei uns Wein, gutes Essen und Musik genießen und mit einem guten Gefühl nach Hause fahren." Tatsächlich gibt es im Weingut Heinrich, wo auf 30 Hektar Rebfläche ausschließlich Rotwein produziert wird, einiges zu genießen – von Johann Heinrichs Lieblingswein, einem dunklen, konzentrierten, brombeerigen Pinot noir, über den idealtypischen Blaufränkischen von bis zu 60-jährigen Reben aus der Ried Goldberg bis zu den erwähnten Nobel-Cuvées, deren spektakulärste wohl der Cupido ist: ein mächtiger, stoffiger und opulenter Wein, der vor allem die Leidenschaft widerspiegeln soll, mit der die Heinrichs Wein machen.

Das neue Gesicht des Weinbaus: Weingut Heinrich in Deutschkreutz. *Foto: J. Heinrich*

Iby

7312 Horitschon, Kirchengasse 4a

Anton Iby senior, gelernter Techniker und vom Typ her ein Macher, der Entscheidungen sucht und die Ergebnisse möglichst schnell umsetzen will, hätte mit der Bezeichnung „Visionär" wahrscheinlich keine Freude. Dennoch: Gerade er, der den Weinbau zunächst nur im Nebenerwerb betrieb, war es, der bereits ab dem Jahr 1983 konsequent das Ziel verfolgte, ausschließlich Rotweine zu produzieren – und damit einen Trend vorwegnahm, der erst Jahre später das Geschehen im Mittelburgenland bestimmen sollte. Auch in anderen Belangen dachte Iby fortschrittlich. Seine Weingärten bepflanzte er in der damals unüblichen Dichte von 5.000 bis 5.500 Stock pro Hektar, und eine Begrünung war bei ihm schon vor 25 Jahren selbstverständlich. Inzwischen trägt sein Sohn, Anton Markus Iby, die Hauptverantwortung für die Kellerwirtschaft, und die Stilistik der Iby-Weine hat sich dadurch verändert. Präsentierten sie sich früher in der Jugend oft recht hart und unzugänglich, so sind sie heute offener, fruchtbetonter und charmanter, ohne sich dabei anzubiedern. Die besten Weine des Hauses sind der dunkelbeerige, dicht gestrickte Blaufränkische von der Spitzenlage Dürrau und die mächtige, von Dörrzwetschken im Duft und reifem Gerbstoff am Gaumen geprägte Cuvée „Quintus" aus den autochthonen Rebsorten Blaufränkisch und Zweigelt. Überhaupt setzt man im Hause Iby ganz pragmatisch auf Regionalität: Cabernet Sauvignon und Pinot noir wurden wieder gerodet und durch Blaufränkisch ersetzt.

Iby-Lehrner

7312 Horitschon, Hauptstraße 34

Das Weingut Iby-Lehrner weist mit seiner Architektur schon den Weg zur Weinbau-Philosophie des jungen Michael Lehrner: klare Linien, Modernität, Offenheit. Drei Generationen ziehen in der Familie an einem Strang und haben dazu beigetragen, dass der Betrieb heute mustergültig dasteht. Von 15 Hektar aus vielen verschiedenen Parzellen rund um Hortischon – darunter solche in den Spitzenlagen Dürrau und Hochäcker – werden hier vor allem Rotweintrauben geerntet. Der Schwerpunkt liegt dabei klar, aber nicht ausschließlich beim Blaufränkischen. Der gerät hier zwar kraftvoll und dicht, überzeugt aber auch mit einer klaren Struktur, pfeffriger Würze und animierender Säure. Dass Horitschon auch ein guter Boden für internationale Rebsorten ist, beweist Michael Lehrner mit seiner komplexen Cuvée aus Cabernet Sauvignon und Merlot und der Cuvée Prelude, einem Sortenmix aus Blaufränkisch, Cabernet, Merlot und Zweigelt. Beide sind gut strukturierte Weine, die – ebenso wie der Top-Blaufränker „Rondo" – durch ein paar Jahre Flaschenreife noch an Komplexität gewinnen.

Hier spukt das Phantom: Barrique-Keller im Weingut Kirnbauer

Igler

7301 Deutschkreutz, Lange Gasse 49

Der Name Hans Igler ist mit der österreichischen Rotweingeschichte fest verknüpft. Die Geschichte, wie er sich Anfang der 80er Jahre gebrauchte Fässer von Château Lafite holte und darin seinen ersten Barrique-Wein ausbaute, ist längst Legende, ebenso wie die vielen Erfolge, die Igler später mit seinen – auch durch die Künstleretiketten des bekannten Malers Anton Lehmden – unverwechselbaren Weinen errungen hat. Heute wird das Weingut von Iglers Tochter, Waltraud Reisner-Igler, und Junior Clemens Reisner, der seit dem Jahr 2005 voll im Betrieb mitarbeitet, mustergültig geführt. Gab es in den Jahren nach dem frühen Tod von Hans Igler noch einige Qualitätsschwankungen, so hat man sich bald gefangen, kräftig in den Betrieb investiert und eindrucksvoll wieder den Anschluss an die qualitative Spitze der heimischen Rotweinszene gefunden. Dabei blieb man der Linie treu, keine vordergründig-gefälligen Weine zu keltern, sondern solche mit Struktur und Charakter, die öfters auch nach längerer Flaschenlagerung verlangen, um sich voll entfalten zu können. Der Cabernet Sauvignon von der Ried Kart und die Cuvée Vulcano aus Blaufränkisch, Cabernet Sauvignon, Zweigelt und Merlot gehören längst zu den Klassikern des Hauses und erinnern stilistisch an gute Bordeaux. Getoppt werden diese Weine noch von der Cuvée „Ab Ericio“ (Vom Igel) aus Blaufränkisch und Zweigelt mit kräftigem Merlot-Anteil, der dem Wein bei klarer, kräftiger Struktur auch stoffige Fülle verleiht. Eine spannende Kombination, die den Wein regelmäßig zu einem der Besten des Landes macht.

Josef Igler

7301 Deutschkreutz, Hauptstr. 59–61

Winzer in Deutschkreutz zu sein und den Namen Igler zu tragen, ist nicht immer nur ein Vorteil. Doch Josef Igler hat als Quereinsteiger im Weinbau diese Herausforderung angenommen und es nicht nur geschafft, sich in der qualitativen Oberliga des Mittelburgenlandes zu positionieren, sondern seinen Weinen auch ein eigenständiges Profil zu verleihen. Ausgezeichnete Lagen rund um Deutschkreutz wie Goldberg, Hochberg und Satz liefern ihm die Grundlage für Weine, die eine feine Balance zwischen Reife und Power einerseits und Struktur andererseits halten. Igler, der auch Mitglied der Vereinigung „Viticult“ ist, variiert dabei nicht nur gekonnt das Thema Blaufränkisch, sondern hat mit seinem „Maximus“, einer Cuvée aus Cabernet Sauvignon und Merlot, auch einen gelungenen Wein aus internationalen Rebsorten mit regionalem Touch im Köcher.

K+K Kirnbauer

7301 Deutschkreutz
Zinkendorfer Straße 7

Hätte vor zehn, fünfzehn Jahren ein österreichischer Winzer angekündigt, er würde sich – so wie in Bordeaux – ein „Château“ mitten in die Weingärten bauen, man hätte ihn bestenfalls als Träumer belächelt. Die Familie Kirnbauer hat diesen Traum wahr gemacht, und das auf einem Hügel über Deutschkreutz gelegene Weingut mag gleichsam als Symbol dafür gelten, dass Österreich aus seinem Dornröschenschlaf erwacht ist und sich zu einem Weinland der – fast – unbegrenzten Möglichkeiten entwickelt hat. Das starke Herzstück der Kirnbauer'schen Produktion ist das „Phantom“, eine saftig-satte, tiefdunkle Cuvée aus Blaufränkisch, Merlot, Cabernet Sauvignon und neuerdings auch Syrah, die sich zum Flaggschiff und Markenzeichen des Betriebes entwickelt hat. Ist das Phantom ein Wein, der vielen gefällt, so zeigen die reinsortigen Vertreter wie der Blaufränkisch vom Goldberg, der Merlot und der Syrah einen starken, eigenständigen Charakter. In Spitzenjahrgängen wird das gesamte Sortiment noch durch eine Cuvée aus Cabernet Sauvignon und Merlot mit dem Namen „Forever“ getoppt: Diese ist zwar wahrlich nicht billig, versucht aber, ihrem Namen alle Ehre zu machen.

Maria Kerschbaum

7322 Lackenbach
Dreifaltigkeitsgasse 30

Das Rotweingut von Maria und Rudolf Kerschbaum entwickelte sich binnen weniger Jahre vom Geheimtipp zum etablierten Spitzenbetrieb im Mittelburgenland. Der Standort Lackenbach mag auf den ersten Blick etwas irritierend wirken, weil hier praktisch keine Weinreben stehen, doch die Weingärten der Kerschbaums befinden sich im nahe gelegenen Horitschon. Hier wächst vor allem Blaufränkisch, der im Betrieb die Hauptrolle spielt und unter anderem eine absolut sorten- und regionstypische Reserve bringt, die man als gelungene Mischung aus Stoffigkeit und Struktur charakterisieren kann. Noch etwas mehr Süße, Würze und Finesse bringt „David's Show Reserve“, ebenfalls ein reinsortiger

Blaufränkischer, mit dem der Junior des Hauses eindrucksvoll sein Talent als Winemaker unter Beweis stellt. Mehr als nur eine Spielerei ist schließlich die Cuvée „Women" – ein Top-Wein, den Maria Kerschbaum gemeinsam mit Paul Kerschbaums Frau Gabi produziert.

Paul Kerschbaum

7312 Horitschon, Hauptstraße 37

Obwohl einer seiner Top-Weine diesen Namen trägt, ist Paul Kerschbaum alles andere als ein „Impressario". Wenn er überhaupt etwas inszeniert, dann seinen Wein – während er selbst sich stets dezent im Hintergrund hält. Aus bescheidenen Anfängen hat Kerschbaum, der erst im Jahr 1989 mit der Flaschenfüllung begann, innerhalb von nur eineinhalb Jahrzehnten eines der führenden Rotweingüter des Landes geschaffen und sich dabei gleichermaßen als Winzer und Baumeister betätigt. Heute bewirtschaftet Kerschbaum rund 26 Hektar Rebflächen in Horitschoner Spitzenlagen wie Dürrau und Hochäcker und beschäftigt sich fast ausschließlich mit dem Thema Rotwein. Kerschbaums Weine sind – obwohl durchaus nicht ungefällig – immer von spürbarer Struktur und intensiver Würze im Duft und am Gaumen geprägt und zeigen nach ein paar Jahren Flaschenlagerung und einigen Stunden in der Dekantierkaraffe ihre beste Performance. Der Star in Kerschbaums Ensemble ist die Cuvée Kerschbaum aus Merlot, Cabernet Sauvignon und Blaufränkisch, auf die das oben Gesagte in besonderem Maße zutrifft. Die Hauptrolle für den Impressario spielt der Blaufränkische, der als reinsortiger Wein von der Lage Dürrau mit seiner dunklen Frucht und seiner konzentrierten Würze ebenfalls Applaus verdient.

Fassprobe: Rudolf Kerschbaum vom Weingut Maria Kerschbaum in Lackenbach.

Lang

7311 Neckenmarkt, Rathausgasse 20

Seit rund 300 Jahren betreibt die Familie Lang Weinbau in Neckenmarkt, doch erst mit dem Jahrgang 1991 begann Stefan Lang mit der Flaschenfüllung. Ermutigende Anfangserfolge – schon mit dem Blaufränkischen des Jahrganges 1992 holte er sich den SALON-Sieg – waren eine zusätzliche Motivation und bestärkten Lang auf seinem Weg in Richtung Spitzenqualität. Bei einer Rebfläche von inzwischen 18 Hektar, die noch durch beachtliche Trauben-Zukäufe ergänzt wird, steht der Betrieb heute als reines Rotweingut mustergültig da. Spätestens seit Lang die in hohe, dunkle Flaschen mit einprägsamem Designer-Etikett gefüllte „Cuvée Excelsior" aus Blaufränkisch, Cabernet Sauvignon und Syrah auf den Markt gebracht hat, zählt er endgültig zu den Großen im Blaufränkisch-Land – und ist auch bei landesweiten Verkostungen immer für einen Spitzenplatz gut. Weitere Juwelen aus dem groß angelegten modernen Keller von Stefan und Andrea Lang sind der 24 Monate im Barrique ausgebaute, tiefdunkle und stoffige Blaufränkisch „Juwel" sowie die Reserven vom Blaufränkisch und Pinot noir.

Paul Lehrner

7312 Horitschon, Hauptstraße 56

Der quirlige Horitschoner mit dem ungarischen Magnaten-Bärtchen galt lange Zeit als Geheimtipp, und die eher moderate Preisgestaltung seiner Weine motivierte Lehrner-Fans nicht besonders, diesen allzu großzügig weiterzugeben. Doch irgendwann ließ es sich nicht mehr unter Verschluss halten, dass dieser Mann einfach gute Weine macht … kraftvoll aber niemals üppig, mit Charakter und Struktur, fest und langlebig – als Spiegel des Terroirs und eines Winzers, der nicht für die Glasvitrine, sondern für genussvolles Trinken produzieren will. Ein Genuss, der sich insbesondere bei Lehrners Top-Weinen nach einigen Jahren Flaschenlagerung noch vergrößert: Anfangs vielleicht abweisende Tannine erweisen sich dann als strukturierender Faktor und die Weine präsentieren sich harmonischer, ohne je anbiedernd zu sein. Flaggschiff des Hauses ist die dichte und konzentrierte Cuvée Paulus aus Blaufränkisch, Zweigelt und Cabernet Sauvignon. Ebenfalls bemerkenswert: der Blaufränkisch „Steineiche“ – ein idealtypischer Vertreter dieser Sorte im Mittelburgenland. Noch übertroffen werden diese Weine von Lehrners Blaufränkisch „Juwel“, einem mächtigen, zugleich eleganten Wein, mit dem der Horitschoner zeigt, was herauskommt, wenn er wirklich Gas gibt.

Winzerkeller Neckenmarkt

7311 Neckenmarkt, Harkauerweg 2

Der Winzerkeller Neckenmarkt ist zweifellos eine mustergültig geführte Genossenschaft, die sich unter der Führung von Franz Heincz als Obmann und Josef Tesch als Kellermeister unter den Top-Betrieben des Mittelburgenlandes etablieren konnte. 1968 gegründet, um die Abhängigkeit der Winzer vom Weinhandel zu verringern, schaffte man es in diesem Betrieb, durch gezielte Qualitätsförderungsmaßnahmen weit über die „Traubenverwertung“ hinauszugehen. Bereits seit dem Jahr 1992 läuft das sogenannte „8-Trauben-Programm“, wodurch die Erträge von alten Rebstöcken der Kernlage Hochberg auf rund 5.000 bis 6.000 Kilo reduziert werden. Diese Trauben bilden die Grundlage für Top-Weine wie den Blaufränkisch „Himmelsthron“ oder den gemeinsam mit Süßweinguru Alois Kracher kreierten „Zaubertrank“ – „Potio Magica“ – aus Blaufränkisch und Zweigelt.

Pfneisl Winery

7452 Frankenau
Gutshof Kleinmutschen

Die Brüder Franz, Gerhard und Josef Pfneisl arbeiteten bis Ende der 90er Jahre als Traubenproduzenten am Standort Deutschkreutz, ehe sie mit dem Jahrgang 1999 selbst mit der Flaschenfüllung und -vermarktung begannen. Dank der guten Kontakte und der Marketingerfahrung von Josef Pfneisl gelang es ihnen rasch, am Markt Fuß zu fassen, und die Weinqualitäten stiegen von Jahr zu Jahr. Mit dem Neubau eines Barriquekellers in Kleinmutschen haben die Brüder ihrem Betrieb im Jahr 2006 dann auch ein modernes, zeitgeistiges Gesicht gegeben. Besonders mit dem Syrah, der rund ein Drittel der Gesamtrebfläche von über 100 Hektar im Mittelburgenland und in Ungarn einnimmt, konnten sich die Pfneisls ein eigenständiges Profil erarbeiten und zeigen, dass diese Sorte im Mittelburgenland exzellente Bedingungen vorfindet. An der Spitze des breiten Sortiments findet sich der „Hexenberg“, ein komplexer Wein von internationalem Format, der aus einem neu angelegten Weingarten in Kleinmutschen stammt. Zum Markenzeichen des Betriebes wurde neben dem Syrah die geschliffene und vielschichtige Cuvée „Pentagon“ aus den fünf Rebsorten Cabernet Sauvignon, Blaufränkisch, Merlot, Shiraz und Pinot noir. Für die Zeitgeist-Abteilung kreierte man hingegen die fruchtige Cuvée „Sylt“ aus Syrah und Zweigelt und den „White Pepper“, ein pfeffrig-frisches Trinkvergnügen aus den hierzulande seltenen Rebsorten Viognier und Semillon.

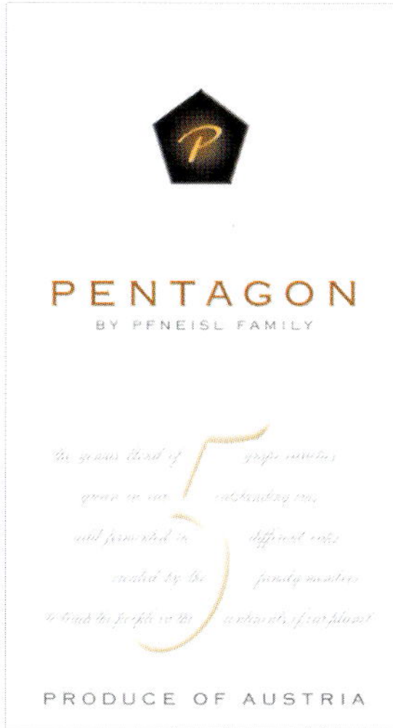

Monumental: Pfneisl-Winery in Kleinmutschen.

Josef und Maria Reumann

7301 Deutschkreutz
Neubaugasse 39

Das „Reumann-R“ – verpackt in die schlichten und eleganten Etiketten, die Maria Reumann entworfen hat – ist zum Markenzeichen des Betriebes geworden, den Josef und Maria Reumann mit viel Engagement und nicht weniger Erfolg führen. Mit der Cuvée Phoenix hat Josef Reumann einen Flaggschiff-Wein aus Blaufränkisch, Cabernet Sauvignon, Merlot und Syrah kreiert, mit dem das Weingut in den 90er Jahren richtig abheben konnte. Mit dem „Vinum sine nomine“ – einem Wein, der keinen Namen hat, der aber ohnehin für sich spricht – schaffte er dann sein Meisterstück: Ein herrlich konzentrierter, aber dabei nicht breiter Wein mit viel Merlot und ein wenig Cabernet Sauvignon von der Spitzenlage Goldberg, der große Statur mit fast unkompliziert wirkendem Trinkgenuss verbindet.

Strass

7372 Draßmarkt, Mühlgasse 24

Bis Ende der 90er Jahre betrieb die Familie Strass den Weinbau im Nebenerwerb. Mit dem Einstieg von Franz Strass junior, der die Betriebsleitung im Jahr 2004 übernommen hat, wurden dann die Weichen ausschließlich in Richtung Weinbau – und Qualität – gestellt. Die rund 10 Hektar Weingärten der Familie befinden sich in Horitschon, Draßmarkt und Neckenmarkt, wobei der Blaufränkische rund 65 Prozent der Gesamtfläche ausmacht. Top-Wein ist ein reinsortiger Blaufränker von der Horitschoner Ried Hochäcker – ein dichter, vollmundiger Wein, der regionales Terroir und internationale Stilistik mustergültig verbindet.

Szemes

7423 Pinkafeld, Weinhoferplatz 5–7

Seit dem frühen Tod von Tibor Szemes führt seine Frau Illa den Betrieb in bewährter Weise weiter. Die Trauben werden von der Winzergenossenschaft Horitschon bezogen und im Haus zu zwei Weinen verarbeitet: dem Blaufränkisch Tradition und dem im Barrique ausgebauten Blaufränkisch Imperial C. S., der mit einem Schuss Cabernet „gewürzt“ wird. Besonders der Imperial ist ein Wein, der mit viel Struktur aufwartet und sich über einige Jahre Flaschenlagerung und ein paar Stunden in der Dekantierkaraffe freut. Neben ihrem eigenen Betrieb ist Illa Szemes auch am Gemeinschaftsprojekt „Arachon“ mit F. X. Pichler und Manfred Tement beteiligt.

Tesch

7311 Neckenmarkt, Herrengasse 26

Nach einer langen Pause haben es die Teschs innerhalb weniger Jahre geschafft, wieder an jene glorreichen Zeiten anzuknüpfen, als Josef Tesch 1979 und 1983 mit seinem Bruder Hans Blaufränkische gekeltert hat, die heute noch als Meilensteine der österreichischen Rotweingeschichte gelten. Heute führt er den Betrieb gemeinsam mit seinem Sohn Josef-Christian, der für die Kellerwirtschaft verantwortlich zeichnet, und seiner Frau Helene, deren Revier die Weingärten sind. Nach wir vor ist der Blaufränkisch der „Leitstern“ des Betriebes. So präsentiert sich etwa die „Selection“ als idealtypische Vertreterin dieser Sorte im kraftvollen, hochreifen Bereich. Getoppt wird der Wein noch vom „Titan“, einer Cuvée aus Cabernet Sauvignon und Syrah, die ihrem Namen alle Ehre macht.

Trauttmansdorffwines
Keller: 7312 Horitschon
Florianigasse 11
Büro und Stockhouse:
2325 Pellendorf bei Himberg
Lanzendorferstraße 8

Der Name Trauttmansdorff war über Jahrhunderte mit dem Weinbau verbunden. Im Jahr 1999 entschloss sich Maximilian Trauttmansdorff-Weinsberg, mit einem ungewöhnlichen Konzept und daraus resultierenden sehr bemerkenswerten Weinen künftig in der österreichischen Weinszene mitzumischen. Produziert werden die Weine mit Trauben, die aus Horitschon stammen, im „Gastkeller“ von Franz Weninger, als Kooperation zwischen Weninger, Trautmannsdorff und dem italienischen Top-Önologen Mario Olivero, der auch im italienischen Weingut von Trauttmansdorffs Frau, Marchesi Alfieri, in Piemont tätig ist. Das Ergebnis sind sehr strukturierte, tiefgründige und elegante Weine im klassischen „Old-World-Stil“, bei denen die Trinkfreude immer im Vordergrund steht.

Vereinte Winzer Blaufränkischland
7312 Horitschon, Günser Straße 54

Unter den kundigen Händen von Langzeit-Kellermeister Josef Pusch wurde die Horitschoner Vorzeige-Genossenschaft nicht nur als „Arachon-Werkstatt“ bekannt, sondern entwickelte auch ein beachtliches önophiles Eigenleben, was nicht zuletzt mit dem Top-Wein des Hauses, der „Cuvée Royal“ aus Blaufränkisch und Zweigelt mit etwas Cabernet und Merlot, eindrucksvoll unter Beweis gestellt wird. Ein kraftvoller und dichter Wein mit herrlicher, dunkler Beerennote und rauchiger Aromatik, der mit seinem vollen Fruchtkörper und seinem reifen, konzentrierten Gerbstoff internationales Niveau erreicht.

Weber
7361 Lutzmannsburg
Neustiftgasse 15

Das Lutzmannsburger Weingebirge bietet hervorragende Voraussetzungen für tiefgründige, kräftige und strukturierte Rotweine, allen voran den Blaufränkischen. Senior Rudolf Weber war schon in den 90er Jahren einer jener – wenigen – Winzer, die dieses Potenzial zu nutzen wussten, und der Betrieb galt lange Zeit als Geheimtipp für exzellenten Blaufränkisch. Heute zählt das von der nächsten Generation, nämlich Helmut Weber, Gertrude Plöchl und Karin Lang, geführte Weingut zu den renommierten Qualitätsbetrieben des Mittelburgenlandes. Spitzenwein des Hauses ist die Vier-Sorten-Cuvée „Avus“, ein mächtiger, stoffiger Rotwein, der besonders in heißen Jahrgängen sogar ein wenig an Amarone erinnert. Ebenfalls exzellent der reinsortige Merlot, der mit einer einladenden Schokoladenote nund reifer Beerenfrucht zu gefallen weiß, sowie die Cuvée „Villa Nomine Lusman“, ein komplexer und lagerfähiger Wein aus Blaufränkisch, Cabernet, Zweigelt und Merlot.

Wellanschitz
7311 Neckenmarkt, Lange Zeile 28

Die Familie Wellanschitz – im Betrieb arbeiten Stefan, Christine und Georg mit – zählte zu den ersten Produzenten im Mittelburgenland, die sich voll auf Rotwein und da vor allem auf die Sorte Blaufränkisch konzentriert haben. So ist es bis heute geblieben: Der Blaufränkisch spielt als Spitzenwein mit der Bezeichnung „Well“, als Blaufränkisch Hochberg, Vitikult oder Bestandteil der Cuvée Fraternitas im Haus die erste Geige. Viel Erfahrung im Umgang mit dieser Rebsorte und Weingärten in den besten Lagen rund um Neckenmarkt – vor allem am Hochberg, aber auch im Alten Weingebirge und in der kalkreichen Lage Rüsselsgrund, wo Cabernet Sauvignon ausgepflanzt ist – bilden hier die Grundlage für hochwertige und langlebige Rotweine, wobei man vor allem den Spitzen-Kreszenzen immer eine entsprechende Reifezeit im Keller zugestehen sollte. Denn die Wellanschitz' wollen nicht in erster Linie vordergründig-gefällige Weine machen, sondern solche, die das Terroir widerspiegeln und immer trinkanimierend wirken.

Weninger

7312 Horitschon, Florianigasse 11

Franz Weninger hat sicher nicht den leichtesten Weg zum Ruhm genommen, der ihm inzwischen – absolut zurecht – beschieden ist. Denn seine Weine waren niemals gefällig, besonders stoffig, marmeladig oder vordergründig. Im Gegenteil: Er verfolgte immer die Linie, strukturierte und terroirbetonte Weine zu keltern, die auch in punkto Gerbstoff und Säure ihre Herkunft nicht verleugnen. Weine, die man auch wie klassische Rotweine behandeln sollte: im Keller reifen lassen, nach

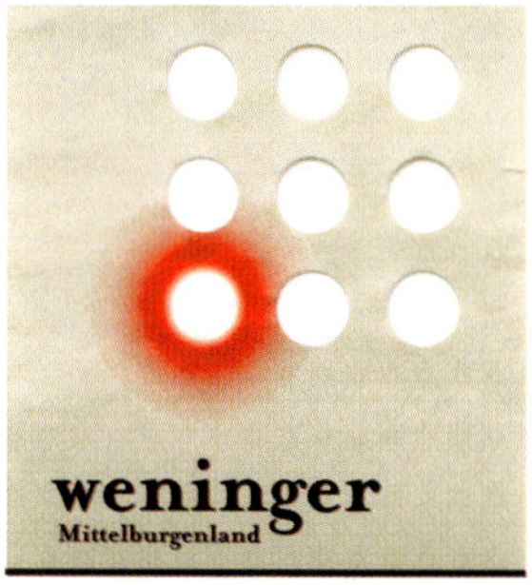

Dürrau 2004

einigen Jahren öffnen, dekantieren – und sich dann an konzentrierter Frucht, Würze und animierendem Charakter erfreuen. Ein Klassiker des Hauses ist die Cuvée Veratina aus Blaufränkisch, Merlot und Zweigelt, ein Topwein, der auch in marktfähigen Mengen produziert wird. Ebenfalls exzellent der reinsortige Merlot und die diversen Blaufränkischen bis hin zum Blaufränkisch Dürrau, mit dem Weninger Maßstäbe gesetzt hat: Ein Vin de Garde, aus einer autochthonen Rebsorte gekeltert, aber mit internationaler Größe – und ein Paradebeispiel für Weningers Weinbauphilosophie, die er selbst so beschreibt: „30 Jahre Erfahrung haben mich gelehrt, dass je weniger wir das Wachstum der Pflanzen beeinflussen, desto eher die Rebstöcke zu ihrem natürlichen Gleichgewicht finden. Die Trauben nehmen mehr vom Terroir auf, die Weine werden eigenständiger und individueller." Schon früh dachte Weninger, der den Betrieb inzwischen auf biologische Bewirtschaftung umgestellt hat, auch grenzüberschreitend: Im Jahr 1992 gründete er gemeinsam mit Attila Gere ein Weingut im ungarischen Villány und seit 1997 bewirtschaften die Weningers auch ein Weingut im benachbarten Balf bei Sopron, für das Junior Franz Reinhard Weninger verantwortlich zeichnet.

Winzervereinigung

Vitikult

Neun Winzer aus dem Blaufränkischland haben sich zur Vereinigung „Vitikult – Rot-Wein-Kunst Mittelburgenland" zusammengeschlossen, um die Stärken des klassischen Blaufränkisch aus dem Mittelburgenland ins rechte Licht zu rücken. Jeder Betrieb keltert einen eigenen „Vitikult"-Blaufränkischen, der ein leistbarer Alltagswein, aber dennoch kein alltäglicher Wein sein soll. In der Vermarktung will man neue Wege gehen und die Themen Wein, Kunst und Kultur dabei eng miteinander verknüpfen.

Wein-Kunst, Wein-Kultur: Verkostungsraum im Weingut Maria Kerschbaum in Lackenbach (oben); Rotweinreben so weit das Auge reicht: Seit dem Jahr 1999 wurden im Mittelburgenland rund 200 Hektar Blaufränkisch neu ausgepflanzt (unten).

Südburgen

Das Südburgenland
ist eine Weinidylle,
die lange Zeit im
Dornröschenschlaf lag.
Aber auch ein kleines,
feines Rotweingebiet,
in dessen Böden ein
enormes Potenzial
steckt.

l a n d

Das Südburgenland unterscheidet sich von den anderen Weinbauregionen des Burgenlandes grundlegend. Hier sind keine weiten Ebenen, hier ist kein Schilfgürtel, kein Neusiedlersee und auch kein damit verbundener Klimaeinfluss. Am deutlichsten bemerkt man das, wenn man vom Mittelburgenland über das Günser Bergland ins Südburgenland fährt. Da wird es richtig subalpin, und den Geschriebenstein, die höchste Erhebung des Burgenlandes, kann man mit seinen 884 Metern Höhe durchaus als Berg bezeichnen. An den südlichen Flanken des Günser Berglandes beginnt bei Rechnitz der Weinbau und zieht sich entlang des Pinkatals auf einem relativ schmalen Streifen mit Unterbrechungen bis zum südlichsten Punkt bei Heiligenbrunn. Weinbauzentren sind Rechnitz, das vor allem für seine Weißweine bekannt ist, Eisenberg an der Pinka, Deutsch-Schützen und – wenn auch weniger beachtet – der Csater Berg. Mit gut 500 Hektar Rebfläche – das entspricht knapp einem Prozent der heimischen Gesamtrebfläche – ist das Südburgenland nach der Weststeiermark das zweitkleinste Weinbaugebiet Österreichs. Bekannt ist es vor allem für seine mineralischen, charaktervollen Blaufränkischen vom Eisenberg und aus Deutsch-Schützen. Allerdings halten sich, nachdem in den vergangenen Jahren vor allem Rotweinreben ausgesetzt wurden, heute Weiß- und Rotweinflächen die Waage.

Das SÜDBURGENLAND auf einen Blick:

Rebfläche: 512 Hektar
Anteil an der Gesamtrebfläche Österreichs: 1 Prozent
Wichtigste Rebsorten: Blaufränkisch: 180 ha
Welschriesling: 115 ha, Grüner Veltliner: 45 ha
Böden: Sandiger, toniger Lehm, Schiefer mit Eisenanteil

Aufbruch zum Terroir

Durch seine Abgeschiedenheit – nicht von ungefähr wirbt man im Tourismus mit der „Wein-Idylle" –, die geringe Gesamtgröße und die zersplitterten Strukturen erlebte das Südburgenland keinen großen Wein-Boom, wie er in den anderen Regionen des Burgenlandes deutlich zu spüren war. Zwar war das Potenzial der Lagen am Eisenberg längst bekannt, allein: Wer wollte es nutzen? Der Weinbau beschränkte sich hier lange Zeit auf das, was man im Buschenschank verkaufen konnte, und ein wenig Bouteillenwein, den die Besucher aus Graz und Wien von ihrem Wochenendausflug mit nach Hause nehmen wollten. Es waren darum lange Zeit immer nur Einzelkämpfer, die das Südburgenland auf die Reiseroute von „Wein-Pfadfindern" setzten, die sich hier Entdeckungen erhofften. Die Blaufränkischen von Gisela und Josef

Spitzenlage für Rotweine mit eigenständigem Charakter: der Eisenberg. *Foto: Weingut Wachter-Wiesler*

Wiesler waren bereits Ende der 70er Jahre ein Begriff, Felix Körper bemühte sich ebenfalls um eine gehobene Rotweinkultur, und dann war es vor allem Hermann Krutzler, der es schaffte, seine Weine auch über die Region hinaus bekannt zu machen und dieser dadurch ein Profil zu geben. Heute findet man hier doch eine Handvoll Winzer, die in moderne Keller investiert haben und sich des Wertes der Eisenberger-Spitzenlagen sehr wohl bewusst sind. Erfreulicherweise geht dabei der Trend generell eher in Richtung terroirbetonte Weine mit viel Struktur, spürbarem Gerbstoff und bewusst nicht allzu sehr eingeschliffener Säure; Weine, die nicht schon im Frühjahr nach der Lese freundlich und zugänglich sind, dafür aber viel Rückgrat und beachtliches Reifepotenzial aufweisen.

Stein und Eisen

Geprägt wird der Charakter dieser Weine vor allem durch die einzigartigen Böden der Region, aber auch durch das Klima, das sich von jenem rund um den Neusiedlersee deutlich unterscheidet. Durch die Nähe zum Bergland sind die Niederschlagsmengen höher – was vor allem für die Weißweine im nördlichen Bereich von Vorteil ist –, wobei der Sommer und Herbst meist von langen warmen Perioden geprägt ist. Hier spielt der pannonische Klimaeinfluss von Osten eine wichtige Rolle. Gegen Westen und teilweise auch Norden sind die Weingartenflächen meist durch Anhöhen und Wälder geschützt, nach Süden und Osten öffnen sie sich dagegen der Sonne und den warmen Winden aus der pannonischen Tiefebene. Die Nähe zum Wald bietet aber nicht nur Schutz, sondern bringt auch deutlichere Unterschiede zwischen den Tages- und Nachttemperaturen, die sich positiv auf die Aromenausbildung in den Trauben auswirken.

Im Gebiet von Rechnitz findet man auf kristallinem Untergrund tiefgründige, tonige Lehmböden und in höheren Lagen auch Tonschiefer-Verwitte-

Typisches Kellerstöckl bei Heiligenbrunn

rungsböden. Der Eisenberg mit seinen 415 Metern Höhe ist eine Grundgebirgsklippe, die sich muschelförmig nach Süden und Osten hin öffnet und damit ein ideales Kleinklima erzeugt. Auf einem Grundstock von weißem Quarz und Verwitterungsgestein findet man hier puren blauen und grünen Tonschiefer, der von Eisenerz-Adern durchzogen ist. Darauf liegt dann eine mehr oder weniger mächtige Lehmschicht, die in flacheren Lagen wie Reihburg sehr tiefgründig ist, während sie im obersten Teil so gering ist, dass oft schon der Schiefer zutage tritt. Im Weingebirge von Deutsch-Schützen sind die Böden generell fetter, tiefgründiger und weniger eisenhaltig als am Eisenberg. Hier dominieren Lehmböden mit sandigen und tonigen Anteilen. Der Weinstil ist dadurch etwas üppiger und wuchtiger als am Eisenberg.

Was die Weine angeht, so sind die Rebflächen am Eisenberg und in Deutsch-Schützen für Rotweine prädestiniert, wobei sich das Terroir besonders für den Blaufränkischen eignet, der hier eine ganz besondere erdig-mineralische Note entwickelt.

Ganz im Süden des Gebietes, rund um den malerischen Weinort Heiligenbrunn mit seinen strohgedeckten Kellerhäuschen, ist schließlich der Uhudler zuhause. Ein Wein aus Direktträger-Reben, der bis zum Jahr 1992 nur für den Hausgebrauch gekeltert werden durfte und gerade deshalb den Status einer liebgewordenen Kuriosität erlangt hat.

Kritisch betrachtet

Aus heutiger Sicht sind die kleinen – und leider oft kleinkarierten – Strukturen im Südburgenland der größte Hemmschuh für eine Weiterentwicklung in Sachen Wein. Zwar herrscht da und dort Aufbruchstimmung, ein sanfter und genussorientierter Tourismus etabliert sich allmählich, und ambitionierte Winzer keltern nicht nur Wein, sondern bringen auch durch Kulturveranstaltungen Besucher in die Region. Betrachtet man aber speziell die Situation am Eisenberg, so stellt man fest, dass dort nicht nur viele der besten Flächen brachliegen – oder nicht ordentlich bewirtschaftet werden –, sondern auch jede dritte, vierte Rebzeile einen anderen Besitzer hat. Da ist es schwer, sinnvolle Einheiten für die Bearbeitung zu schaffen, insbesondere auch deshalb, weil die Eigentümer ihre Weingärten zwar kaum nutzen, diese aber – nicht selten einfach aus Eigensinn oder Missgunst – nicht verkaufen oder verpachten wollen. Schade, denn dadurch können die Schätze des Eisenbergs nur sehr langsam und mühselig gehoben werden.

Die besten Lagen

WELGERSDORF

Königsberg

Die Lage Königsberg befindet sich nördlich vom Eisenberg und weist eine sanfte Hangneigung nach Südwesten auf. Die Böden sind etwas durchlässiger als am Eisenberg und bestehen aus sandigem Lehm mit einem höheren Kalkanteil. Die Weine werden hier etwas fruchtiger als am Eisenberg, lassen aber ebenfalls mineralische Bodentöne und feine Würze erkennen.
Winzer: Schiefer, Wachter-Wiesler

EISENBERG

Szapary

Die Ried Szapary ist eine sehr steile Lage, die bis an den Kamm des Eisenbergs hinaufreicht. Je weiter man nach oben kommt, desto karger wird die Lage; die Humusbedeckung im obersten Bereich ist so gering, dass stellenweise der Schiefer zutage tritt; immer wieder findet man im Oberboden auch große Schieferplatten. Im Unterboden sind auch jene oxidierenden Erzadern zu finden, die dem Eisenberg seinen Namen und den Weinen den typisch-mineralischen Bodenton geben. Die Lage bildet eine Art Hohlspiegel und ist nach Südwesten ausgerichtet. Somit bildet sich hier ein besonderes Kleinklima bei optimaler Sonneneinstrahlung.
Winzer: Schiefer, Vinum Ferreum

Ried Szapary: Schieferplatten mit oxidiertem Eisenerz.

Seybritz

Seybritz ist teilweise eine sehr gute Lage, wobei der nach Osten weghängende Teil nicht mehr optimal von der Sonne bestrahlt wird. In sehr heißen Jahren kann man aber auch hier sehr gute Trauben ernten. Die Bodenbeschaffenheit ist mit jener von Szapary praktisch identisch.
Winzer: Schiefer, Vinum Ferreum, Weninger

Reihburg

Reihburg ist eine Lage mit relativ geringer Hangneigung. Der Oberboden besteht hier aus einer mächtigen Schicht fetten Lehms. Die Weine werden darum opulenter, schwerer und fetter als auf den kargen Hanglagen.
Winzer: Schiefer

Fasching

Die Ried Fasching ist vom Boden her ähnlich wie Reihburg und im oberen Bereich gleichwertig. Der tiefer liegende Bereich zur Straße hin ist jedoch frostgefährdet.

Hummergraben

Die Ried Hummergraben liegt direkt an der Grenze zu Ungarn, wo sich der Eisenberg weiter – und in vergleichbarer Lagenqualität – fortsetzt. Hier findet man tiefgründige, tonige Lehmböden mit gutem Wasserspeichervermögen. Die Lage ist nach Osten ausgerichtet, was vor allem in heißen Jahrgängen ein Vorteil sein kann, und bringt Weine mit einer etwas kühleren Stilistik.
Winzer: Vinum Ferreum

DEUTSCH-SCHÜTZEN

Weinberg

Die Lage Weinberg ist ein Südhang mit sanftem Gefälle. Die Böden sind schwer und mit sehr tiefgründigem Lehm bedeckt. Auch hier findet man eisenhaltige Schichten, die den Weinen viel Charakter verleihen. Die Lage bringt sehr kräftige, mächtige und langlebige Rotweine hervor.
Winzer: Kopfensteiner, Krutzler, Schützenhof, Wachter-Wiesler, Wallner, Weber

SÜDBURGENLAND

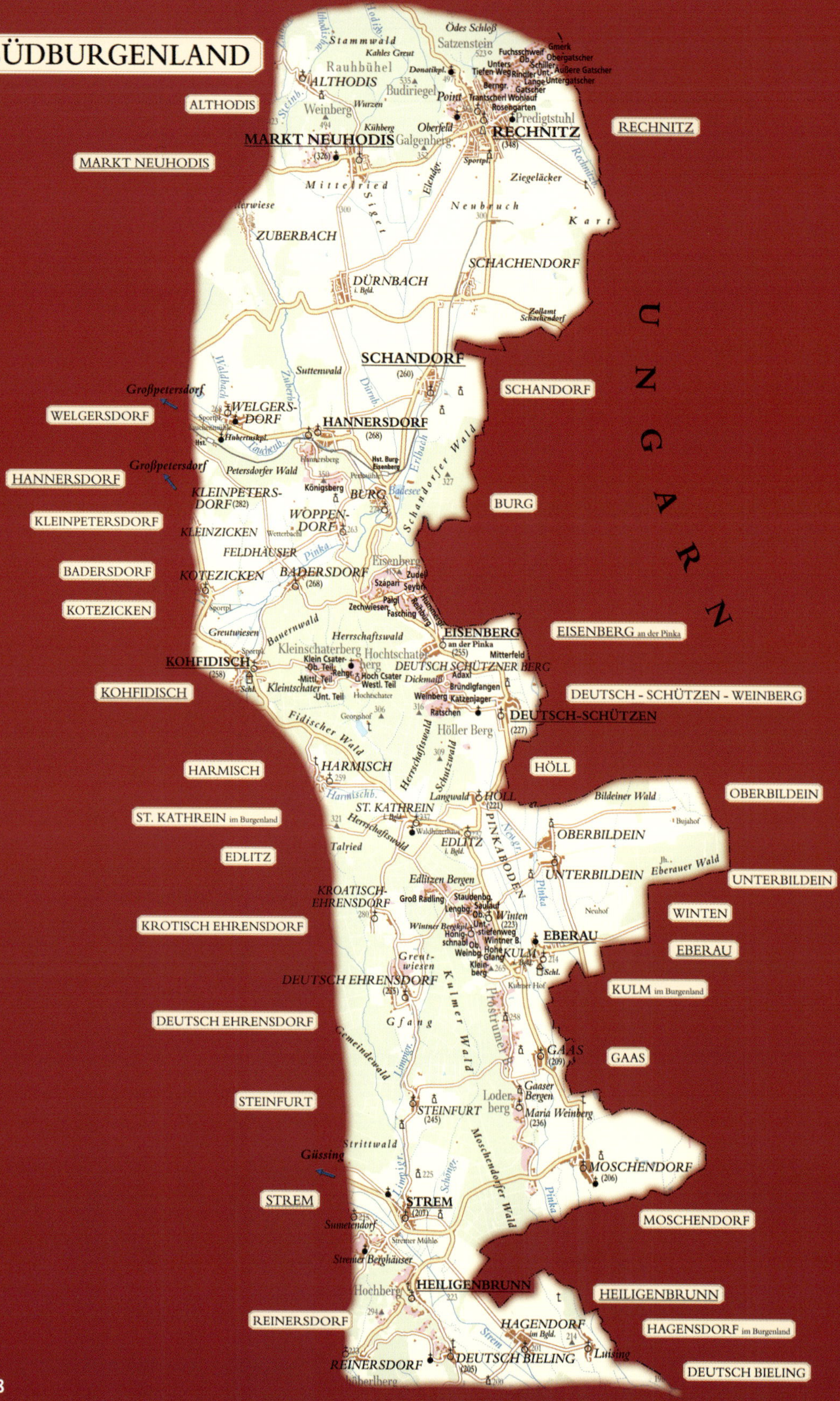

Über den Wein

Uwe Schiefer
Ich habe den Eisenberg mit wachgeküsst!

„In der Zeit, als ich bei Papouschek und Kohl in Wien als Sommelier tätig war, habe ich einmal gemeinsam mit Erich Krutzler eine Nacht lang verschiedenste Weine verkostet; Erich hatte Blaufränkische vom Eisenberg, aus Deutsch-Schützen und von noch weiter unten mitgebracht. Und der Eisenberger hat für mich richtig gestrahlt; der hatte diese strenge, feine Würze – das war etwas ganz Eigenes.“

Das war der Moment, als dem Weinfreak aus Welgersdorf im Südburgenland, der sich durch Jobs in der Weinbranche, intensives Kosten und Durchkämmen sämtlicher verfügbarer Weinliteratur bereits jede Menge Know-how erarbeitet hatte, klar wurde: „Wenn ich einmal Wein mache, dann Blaufränkisch am Eisenberg!“ Und so geschah es auch. Schiefer konnte einen schönen Fleck mit alten Rebstöcken in der Lage Reihburg kaufen und seinen ersten eigenen Wein keltern. Parzelle für Parzelle kam in den folgenden Jahren dazu, darunter ein beachtliches Stück in der Ried Szapary, die Schiefer für die beste am Eisenberg hält.

Das ganze war ein schwieriger Prozess: Unendliche Verhandlungen mit den Besitzern und dann, wenn es einmal klappte, meist ein Beginn bei der Stunde null: mit dem Aussetzen von Blaufränkisch-Reben.

Doch Schiefer – möglicherweise hat es ja auch etwas mit dem Namen zu tun – hatte sich in den Eisenberg verliebt; und verbissen! Er glaubt an die Kombination dieses eigenwilligen Terroirs mit der Sorte Blaufränkisch: „Der Schiefer und die oxidierenden Eisenerz-Adern, aber auch das spezielle Kleinklima – im Sommer gibt es hier oft 20 Grad Unterschied zwischen Tages- und Nachttemperaturen – bringen ganz besondere Blaufränkische hervor. Sie duften nach Wildkräutern und Cassis, der Schiefer verleiht ihnen eine gewisse Salzigkeit, sie sind feinnervig, elegant und von einer tiefen Aromatik geprägt!“

Thomas Wachter
Am Anfang hielt man mich für verrückt

Manchmal hat es auch Vorteile, wenn man der „Kleine" ist: Da Thomas Wachters älterer Bruder Franz das Weingut übernommen hatte und Thomas dem Wein trotzdem treu bleiben wollte, zog es ihn erst einmal von Deutsch-Schützen weg: auf die Weinakademie, in die Vinothek St. Stephan in Wien – und zwischendurch auch immer wieder mal ins Weingut, wo er im Weinbau und beim Buschenschank mithalf. Mit im Reisegepäck hatte er dabei

neue Ideen, wie man im verschlafenen Südburgenland ein bisschen „Action" machen und die Gegend beleben könnte. So entstand unter anderem die inzwischen schon zur Institution gewordene Veranstaltung „Wein & Jazz" zu Pfingsten, die ebenso wie der „Weinkulturgenuss" im Weingarten gemeinsam mit sechs anderen Winzern aus Deutsch-Schützen durchgeführt wird. Daneben ist das Weingut Wachter-Wiesler aber auch immer wieder Schauplatz von Ausstellungen, Wein- und Kulturveranstaltungen. Ein besonderes Anliegen ist es Thomas Wachter auch, die „kulinarische Wüste" des Südburgenlandes zu beleben. „Das mit der Gastronomie muss bei uns in den Genen liegen", schmunzelt er – „sonst würden wir uns das mit dem Buschenschank nicht antun." Tatsächlich stammt seine Mutter aus dem Wirtshaus im Ort und schon die Großeltern versorgten Besucher, die am Wochenende aus Wien und Graz kamen, mit kleinen Köstlichkeiten. Diese Tradition wurde mit dem Buschenschank wieder aufgenommen, doch jetzt geht Thomas Wachter gemeinsam mit seiner Schwester Gerda noch einen Schritt weiter. Im ehemaligen Weingut Wiesler entsteht ein neues Wirtshaus mit starkem Wein-Schwerpunkt und feiner regionaler Küche. „Essen und Trinken in den Weinbergen, das ist unsere Idee", erklärt der Winzer und Neo-Gastronom voll Vorfreude und fügt hinzu: „Am Anfang haben mich alle für verrückt gehalten: Ein Wirtshaus in Deutsch-Schützen! Aber je näher die Eröffnung rückt, desto besser gefällt den Leuten die Sache!" Am liebsten, meint er, würde er sich ja gleich selbst in die Küche stellen, „aber, das wird sich dann wohl doch nicht ausgehen ..."

Die Winzer

Kopfensteiner

7474 Deutsch-Schützen 38

Mit seiner Cuvée „Border" – ein Hinweis auf die Grenznähe seiner Weingärten zu Ungarn – avancierte Manfred Kopfensteiner Mitte der 90er Jahre vorerst zum Geheimtipp im Südburgenland. Ursprünglich nur mit minimaler Rebfläche ausgestattet, verfügt der Betrieb heute über 13 Hektar Weingärten in Deutsch-Schützen und am Eisenberg. Für die Kellerwirtschaft zeichnet inzwischen bereits der junge Thomas Kopfensteiner verantwortlich, der gemeinsam mit den Eltern weiter an der Verbesserung der Qualität von Blaufränkisch und Co. feilt.

Krutzler

7474 Deutsch-Schützen 84

Hermann Krutzler ist einer der Pioniere des Weinbaus im Südburgenland. Schon sehr früh setzte er auf Qualität und schaffte mit seinen mineralisch-konzentrierten Blaufränkischen den Sprung in die heimische Top-Gastronomie. Mit dem „Perwolff", einer Cuvée, die zu rund 90 Prozent aus Blaufränkisch und etwas Cabernet Sauvignon besteht, gelang dann der Sprung an die Spitze der österreichischen Rotweinszene. Heute wird der Betrieb von seinem Sohn Reinhold geführt, der die Qualitätsphilosophie der Familie konsequent weiterentwickelt. Dazu gehört auch, dass man sich auf wenige verschiedene Weine beschränkt: ein bisschen Welschriesling, ein Zweigelt, ein Blaufränkisch in normaler und einer in Reserve-Qualität und der Perwolff. Wenn das Jahr dafür passt, wird in kleinen Mengen auch ein reinsortiger Merlot abgefüllt, der meist etwas stoffiger und üppiger ausfällt als der Perwolff und von manchen Krutzler-Fans sogar für den besten Wein des Hauses gehalten wird. Unterschätzen darf man den Perwolff freilich nicht: Zwar zeigt er sich in der Jugend meist eher verhalten und unzugänglich, doch wie eine Vertikalverkostung aller bisher gekelterten Jahrgänge seit dem Jahr 1992 bewies, legt der Wein mit einigen Jahren Reife enorm zu und kann auch – und gerade – nach einem Jahrzehnt Lagerung viel Trinkfreude bereiten.

Schiefer

7503 Welgersdorf 3

Angefangen hat Uwe Schiefer Mitte der 90er Jahre mit einem Mini-Weingarten und einem gebrauchten Barrique-Fass von den Krutzlers.

Doch gleich mit seinem ersten Wein erregte er große Aufmerksamkeit – und plötzlich wollten alle einen Schiefer-Wein, von dem es natürlich viel zu wenig gab. Wie bei einem Puzzlespiel fügte er in den darauf folgenden Jahren kleine Parzellen am Eisenberg zusammen, was inzwischen eine Rebfläche von rund 6 Hektar ergibt. Von Anfang an glaubte Schiefer an die Formel: Blaufränkisch plus Eisenberg ergibt Top-Wein. Dabei schwebt dem deklarierten Burgund-Fan vor allem ein sehr strukturierter, terroirbezogener Wein vor. Deshalb begann er schon im Jahr 2001, den Einsatz von neuem Holz für seine Weine Schritt für Schritt zu reduzieren und auch mit dem Toasting zurückzugehen. Heute verwendet er mit Vorliebe Fässer, die 500 Liter und mehr fassen und baut seine Weine weit länger darin aus als noch vor einigen Jahren. „Die Blaufränkischen vom Eisenberg sind so aromatisch, dass ich eigentlich keine zusätzlichen Holzaromen brauche", erklärt er. Tatsächlich transportieren seine Weine von der Ried Reihburg, vor allem aber auch von der Ried Szapary, die Eigenheiten des Terroirs am Eisenberg klarer als alle anderen. In der Nase sind sie von aromatischer, manchmal fast mediterran anmutender Kräuterwürze und intensiven Bodentönen geprägt, und am Gaumen glänzen sie mit feinnerviger Struktur, intensiver Würze und animierendem Gerbstoff. Besonders gefällig sind diese Weine sicher nicht, dafür aber eigenständig, charaktervoll und nicht zuletzt auch besonders langlebig.

Schützenhof

7474 Deutsch-Schützen
Weinberg 159

Der Schützenhof, der sich heute als top-modernes Weingut präsentiert, in dem auch immer wieder Wein- und Kulturveranstaltungen stattfinden, ist einer der traditionsreichsten Weinbaubetriebe im Südburgenland. Senior Felix Körper, dem ein Blaufränkisch mit dem Namen „Senior" gewidmet ist, füllte bereits ab dem Jahr 1952 Flaschenweine ab und setzte schon früh auf kräftige, langlebige Blaufränkische. Eine Linie, die von seiner Tochter Karin und Schwiegersohn Walter Faulhammer konsequent weiterverfolgt und verfeinert wurde. Die besten Schützenhof-Weine wie die reinsortig ausgebauten Merlot und Cabernet Sauvignon oder die Cuvée „Kastellan" aus Blaufränkisch, Cabernet und Merlot erinnern in ihrer mineralischen, eleganten Machart gelegentlich an Bordeaux. Bodenständiger wird es dagegen bei den Blaufränkischen, die mit ihrer Würze und den kräftigen Bodentönen waschechte Südburgenländer sind.

Unger

7474 Deutsch-Schützen 106

Gerald Unger war als ausgebildeter Hotelkaufmann etliche Jahre in der Welt unterwegs, ehe er im Jahr 1993 das Weingut der Familie in Deutsch-Schützen übernahm. Die besten Weine des mit 5 Hektar Rebfläche nach wir vor recht überschaubaren, aber top-modernen Weingutes sind der Blaufränkische „Limitation" und die Cuvée aus Cabernet Sauvignon und Merlot, zwei dichte und kompakte Weine, die von dunkler Beerenfrucht und erdig-mineralischen Terroirnoten geprägt sind.

Vinum Ferreum

7474 Eisenberg
Obere Kellergasse 35

Vinum Ferreum ist ein Zusammenschluss von Winzern, die es sich zum Ziel gesetzt haben, die Kulturlandschaft des Eisenbergs zu pflegen und zu erhalten und mit ihren Weinen das besondere Terroir der Eisenberger Lagen zum Ausdruck zu bringen. Angeboten wird eine breite Palette von Weiß- und Rotweinen, wobei der Blaufränkisch natürlich im Mittelpunkt steht. Seit Kurzem verfügt die Gruppe über einen neuen, modernen Weinkeller am schönsten Aussichtspunkt in der oberen Kellergasse des Eisenbergs, der in Zukunft auch zu kulinarischem Leben erweckt werden soll.

Wachter-Wiesler
7474 Deutsch-Schützen
Hauptstraße 26

Das Weingut Wachter-Wiesler entstand durch die Zusammenlegung der beiden vorher selbstständigen, gleichnamigen Weingüter. Kontinuierlich haben Franz und Thomas Wachter in den vergangenen Jahren an der Qualität ihrer Weine gefeilt, und heute zählt der Betrieb zur Oberliga der burgenländischen Rotweinproduzenten. Der Blaufränkische ist auch hier die Leitsorte,

wobei man teilweise – wie etwa im Pfarrweingarten, einer Subried der Lage Weinberg – auf besonders alte Rebstöcke zurückgreifen kann. Die Weine, wie der reinsortige Merlot, der Blaufränkisch „Pfarrweingarten" oder die Cuvée „Julia" aus Blaufränkisch, Merlot und Cabernet Sauvignon, zeichnen sich durch kräftige Struktur, dichten Fruchtkörper und großes Reifepotenzial aus. Der Blaufränkisch „Grossdorf", der von einer Lage auf der ungarischen Seite des Eisenbergs stammt, zeigt dagegen viel Kräuterwürze und Mineralik, Eleganz und kirschige Frucht – eine spannende Ergänzung für das Wachter-Wiesler-Sortiment, zu dem außerdem ein interessanter, ganz zart vom Holz geküsster Weißburgunder aus der kalkreichen Lage Königsberg gehört. Zum Weingut gehört auch ein Buschenschank, in dem die Gäste nicht nur mit den Weinen, sondern auch mit vielen hausgemachten Schmankerln verwöhnt werden, die den Weinen in Sachen Qualität und Wohlgeschmack um nichts nachstehen.

Das neue Weingut Vinum Ferreum – ein modernes Wein-Monument am Eisenberg. *Foto: Weingut Vinum Ferreum/Reiter*

Südostste

ermark

Die einstige Traminer-Hochburg entwickelt sich zu einem Weinbaugebiet modernen Zuschnitts und zum kulinarischen Schlaraffenland. Dabei bleibt aber nach wie vor Platz für kleine, bäuerliche Strukturen und einfache Weine, die im Buschenschank getrunken werden.

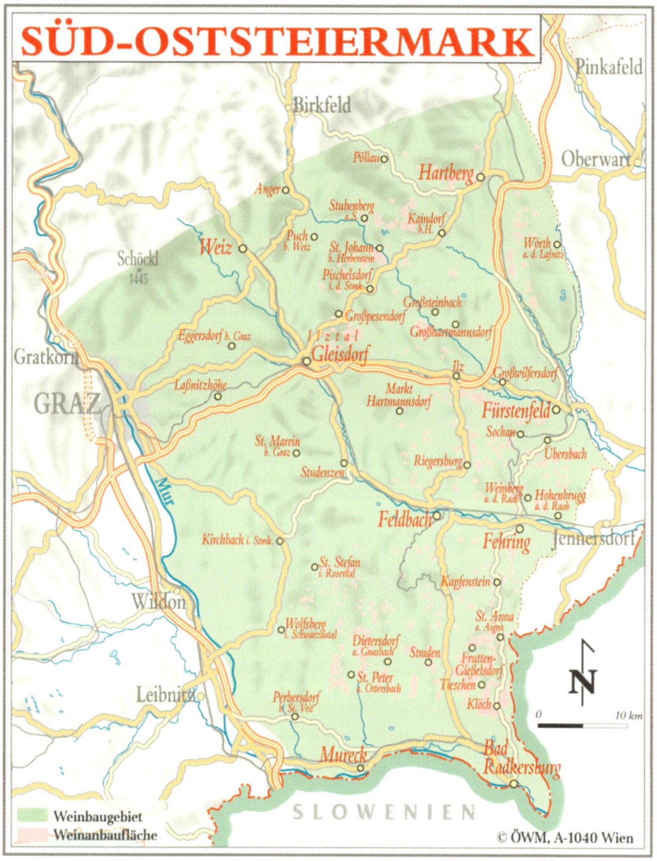

In der Südsteiermark ist der Wein unbestritten der „Superstar". In der Südoststeiermark hat er es nicht so leicht. Denn die Region ist an Sehenswürdigkeiten, kulturellen Highlights, Freizeit- und Erholungsmöglichkeiten sowie kulinarischen Genüssen so reich, dass man als Besucher nicht etwa vor der Frage steht, was man hier wohl tun soll, sondern sich vielmehr überlegen muss, was man – diesmal! – noch auslässt.

An Attraktionen zuerst zu nennen sind da sicher die Thermen in Bad Waltersdorf, Bad Blumau, Loipersdorf, Bad Gleichenberg und Bad Radkersburg, die der Region ein neues Image und einen beachtlichen Aufschwung beschert haben. Weiters die Burgen und Schlösser, die sich von der Festenburg im Wechselgebiet bis zur Burg von Bad Radkersburg im äußersten Süden des Landstrichs wie die Perlen an einer Schnur aufreihen. Schließlich – und für genussorientierte Weinlandfahrer besonders interessant – die Produktionsstätten kulinarischer Köstlichkeiten vom hochwertigen Edelbrand bis zum feinsten luftgetrockneten Schinken, die der Südoststeiermark zu Recht den Ruf einbrachten, ein wahres Schlaraffenland zu sein.

Die SÜDOSTSTEIERMARK auf einen Blick:

Rebfläche: **1.316 Hektar**
Anteil an der Gesamtrebfläche Österreichs: **2,5 Prozent**
Wichtigste Rebsorten: **Welschriesling: 328 ha**
Weißburgunder: 248 ha, Zweigelt: 205 ha
Böden: **Vulkanisches Gestein, Verwitterungsböden, Sand**

Doch kommen wir zurück zum Wein. Die Südoststeiermark ist kein Weinland für den ersten Blick, und wer zwischen Wald, Feldern und Obstkulturen auch Weingärten finden will, der sollte zumindest wissen, wo er sie suchen muss. Denn die insgesamt rund 1.200 Hektar Rebfläche sind hier gut verteilt und liegen wie Inseln weit verstreut im sanftwelligen Hügelland. Nur rund um die legendäre Traminer-Hochburg Klöch erstreckt sich eine größere geschlossene Rebfläche, die unmissverständlich den Eindruck vermittelt, dass man sich hier in einer Weingegend befindet.

Weinbau seit der Römerzeit

Dabei hat der Weinbau in der Region, die im Osten an das südliche Burgendland und im Süden an Slowenien grenzt, eine lange Tradition. In kulti-

Pittoreske Weinberge in St. Anna am Aigen: Hier befindet sich auch eine gesamtsteirische Vinothek.

vierter Form geht er nachweislich auf die Römerzeit zurück, wir sprechen also von mehr als zweitausend Jahren Weingeschichte. Entlang der oststeirischen Römerweinstraße, die teilweise einer ehemaligen Römerstraße folgt, findet man zahlreiche steinerne Zeugen dieser Zeit. Dazu zählen die „Villa rustica“, ein feudaler römischer Gutshof, dessen Überreste in Löffelbach bei Hartberg entdeckt wurden, und die römischen Grabsteinsammlungen bei Bad Waltersdorf und St. Johann bei Herberstein. Letztere beinhaltet unter anderem einen Stein, der einen Weinstock als Lebensbaum zeigt. Nicht nur daran erkennt man, dass der Weinbau in dieser Region über die Epochen immer wieder von großer Bedeutung war: Die Jahresbilanz der gräflichen Herrschaft Kottulinsky aus dem Jahr 1720 weist zum Beispiel Erlöse aus der Rinderzucht von 390, dem Wald von 207 und dem Weinbau von 2.150 Gulden aus. Heute sind in der Südoststeiermark vor allem kleine und kleinste Weinbaubetriebe zu finden; Betriebe von überregionaler Bedeutung sind dagegen eher dünn gesät. Die Zahlen sprechen für sich: Die 1.200 Hektar Rebfläche werden von rund 3.000 Weinhauern bewirtschaftet. Die meisten Winzer betreiben den Weinbau im Nebenerwerb oder im Rahmen einer gemischten Landwirtschaft, und bei den geringen Mengen, die dabei produziert werden, hat es wenig Sinn, überregionale Vertriebsschienen aufzubauen. Zu einem beträchtlichen Teil wird der Wein in den rund 300 über das Weinland verstreuten, meist kleinen, oft wunderschön gelegenen und immer gemütlichen Buschenschänken zur selbst gemachten Hauer-Jause direkt ausgeschenkt oder „ab Hof“ verkauft.

Comeback durch die neue Winzergeneration

Dass die Weine aus der Südoststeiermark heute wieder zu den besten des Landes zählen, ist freilich einer Handvoll engagierter Winzer zu ver-

Spitzenlage unter anderem für Traminer und Zweigelt: Steintal bei Straden. *Foto: Neumeister*

danken, die dem hiesigen Weinbau zu einer neuen Blüte verholfen haben. Bekannt war bis in die 80er Jahre vor allem der Traminer aus Klöch, jenem Weinort, der früher für die gesamte Weinbauregion namensgebend war. Der damals bevorzugte Ausbaustil mit leichter Restsüße kam jedoch immer mehr aus der Mode und war nach der Zäsur des Weinskandals von 1985 überhaupt verpönt. So verblasste der einstige Ruhm des Klöcher Traminers immer mehr, und es fanden sich in dieser Zeit wohl auch nicht die richtigen Protagonisten, um diesen aufrechtzuerhalten. Dafür machten Einzelkämpfer in bisher weniger beachteten Weinbauorten auf sich aufmerksam: Georg Winkler-Hermaden auf Schloss Kapfenstein, dem es nicht genügte, sich auf dem Erbe seiner Väter auszuruhen. Martin Platzer, „Mister Welschriesling" aus Tieschen, der als einer der Ersten im Land mit elektronischen Hilfsmitteln wie einem Mehltau-Frühwarnsystem im Weingarten arbeitete. Andreas Tscheppe aus Leutschach, dem es nach 100-jähriger Reblaus-bedingter Unterbrechung gelungen ist, den Weinbau auf der Riegersburg zu reaktivieren. Der Tüftler Alois Eibel, der am Schießlkogel, wo längst keine Reben mehr wuchsen, eigenhändig ein kleines, feines Weinparadies geschaffen hat. PR-Genie Karl Thaller, der sich im abgelegenen Wilfersdorf traute, voll auf den Rotwein loszugehen und den ersten Syrah der Region zu setzen. Und allen voran Albert Neumeister in Straden, der schon vom kompromisslosen Qualitätsgedanken beseelt war, als sein heutiges Musterweingut noch eine kleine „Quetschen" am Sazianiberg war. Ihnen folgt heute eine Generation von jungen Winzern wie Martin Frauwallner, Fritz Frühwirth oder Toni Krispel, für die der Boden schon bereitet ist und die nun mit ihren Ideen frischen Wind in die Szene bringen und das Spektrum der südoststeirischen Topweine erweitern.

Weine vom Vulkan

Das „Terroir" der Südoststeiermark ist für Österreichs Weinbaugebiete einzigartig: In Klöch, Straden, Kapfenstein, Riegersburg und Bad Gleichenberg stehen die Rebstöcke auf Böden vulkanischen Ursprungs. Die ehemaligen Vulkankegel, die heute weithin sichtbar aus der Landschaft ragen, bilden auch tatsächlich die besten Lagen der Region: der Burgberg in Riegersburg, ein mächti-

Die bunte Welt des Weines: Kunst und Wein im Kostraum der Familie Frühwirth in Klöch

ger, wärmespeichernder Basaltblock, ebenso wie der Kapfensteiner Kogel, in dessen Bauch sich zwei der schönsten historischen Weinkeller der Steiermark befinden und der vom Schloss der Familie Winkler-Hermaden sozusagen gekrönt wird, der Stradener Kogel und der Ölberg in Klöch, von dem viele Experten glauben, er sei die beste Traminer-Lage des Landes.

Diese besondere Bodenbeschaffenheit der Weingärten ergibt in Verbindung mit den klimatischen Gegebenheiten optimale Bedingungen für den Weinbau: Die Südoststeiermark liegt in einer Übergangszone zwischen dem heißen und trockenen pannonischen Kontinentalklima, Ausläufern des alpinen Klimas und dem von Süden her einwirkenden feuchtwarmen Mittelmeerklima. Obwohl die klimatischen Voraussetzungen jenen in der benachbarten Südsteiermark ähnlich sind, unterscheiden sich die Weine – manchmal in Nuancen, manchmal deutlich erkennbar. Vor allem im südlichen Teil des Gebietes zwischen Riegersburg und Klöch präsentieren sich die besten Vertreter kraftvoll, würzig und konzentriert. Sie weisen – abgesehen vielleicht vom Welschriesling – selten die vordergründige Frucht der Südsteirer auf, verfügen aber über Tiefgang und lange Lagerfähigkeit. Das etwas wärmere Klima – die durchschnittliche Jahrestemperatur liegt in der Südsteiermark bei 9,2 Grad, in der Südoststeiermark bei rund 10 Grad Celsius – begünstigt den Anbau von Rotweinen, und es ist wohl kein Zufall, dass Winkler-Hermadens Parade-Zweigelt „Olivin" als der erste wirklich ernst zu nehmende Rotwein der Steiermark galt. Stilistisch sind die südoststeirischen Rotweine immer auf der eleganten, feingliedrigen und charaktervollen Seite zu finden. Üppige Trinkmarmeladen sind dagegen – zumindest ohne Konzentrator – nicht machbar und wohl auch nicht gewollt. Neben den kraftvollen und dichten, aber selten üppigen, trockenen Lagenweinen, etwa vom Morillon (Chardonnay), Sauvignon blanc, Grau- oder Weißburgunder, werden auch leichte und duftige Weißweine wie der Welschriesling und der fruchtbetonte Gelbe Muskateller gekeltert.

Nach wie vor ein Thema für sich ist der Traminer samt seinen Spielarten Gewürz-, Gelber und Roter Traminer. Er hat sich inzwischen von seinem Status als Sorgenkind einigermaßen emanzipiert und erlebt eine zaghafte Renaissance. Dabei ist die

Sorte durchaus kapriziös. Fällt die Säure zu niedrig oder die Süße zu deutlich aus, gerät der Wein oft schal, breit und nichtssagend. Wenn aber alle Parameter im richtigen Verhältnis zueinander stehen, hat er das Potenzial zum großen Wein – und das von der knochentrockenen Version bis hin zu edlen Hochprädikatsweinen wie der Beeren- und Trockenbeerenauslese.

Das Paradies für Genießer

Der Mensch lebt freilich nicht vom Wein allein und das muss er hier auch nicht, denn die Südoststeiermark hat sich in den vergangenen Jahren immer mehr zu einem Land der Genießer entwickelt. Die traditionelle „Kernkompetenz" liegt beim Wein- und Obstbau: Äpfel, denen eine eigene „Apfelstraße" gewidmet ist, Birnen und anderes Obst sind zu einem Synonym für steirische Agrarprodukte, aber auch für das Wesen des Steirers selbst geworden: „Frisch, saftig, steirisch!" Eine Verfeinerung besonderer Art erhält das südoststeirische Obst durch eine Vielzahl von Schnapsbrennern: Sie destillieren Edelbrände, die zu den hochwertigsten des Landes zählen. Doch damit ist der Fundus der südoststeirischen Speisekammer noch längst nicht erschöpft: Edle Essige von Edelbrand- und Essigguru Alois Gölles, hervorragende Schinken, Würste und andere Fleischprodukte von der Erzeugergemeinschaft „Vulcano" oder von Gottfried-Franz Finks „Turmschinkerei" und schließlich die wohl besten Schokoladen Österreichs aus Sepp Zotters Schokoladenmanufaktur sind einige herausragende Beispiele für hochwertige Genussprodukte mit Bodenhaftung. Nicht zu vergessen natürlich das Kernöl, das zahlreiche regionale Spezialitäten verfeinert – und noch nach althergebrachter Methode in zahlreichen Kernölmühlen gepresst wird. Wer all diese Köstlichkeiten genießen möchte, findet dafür eine fast unendliche Vielfalt an Möglichkeiten: kleine, manchmal versteckt gelegene Buschenschänken ebenso wie die traditionellen Backhendlstationen, in denen sich leicht nachprüfen lässt, warum dem Traminer und dem Backhendl ein spezielles Naheverhältnis zugeschrieben wird. Aber auch Gasthöfe, in denen herzhaft-bodenständig, kreativ-regional, auf höchstem Gourmet-Niveau oder, etwa in den Thermen-Restaurants, leicht und gesund aufgekocht wird, lassen den Gaumen lachen. All diese Plätze sind natürlich auch hervorragende „Schaufenster" für die regionalen Weine. Die gut entwickelte Infrastruktur, der sanfte, aber qualitätsorientierte Tourismus und nicht zuletzt das ausgezeichnete Terroir und das Engagement der Winzer lassen erwarten, dass die Südoststeiermark auch in den nächsten Jahren zu den aufstrebenden Weinbauregionen des Landes zählen wird.

Kritisch betrachtet

Obwohl es durch die Bemühungen vieler Topwinzer in den vergangenen Jahren gelungen ist, das allgemeine Interesse an den Weinen der Südoststeiermark wieder zu wecken, schlummert hier nach wie vor viel ungenutztes Potenzial. Vor allem der einstmals berühmte Klöcher Traminer ist immer noch weit davon entfernt, seine frühere Bedeutung zurückzuerlangen. Es reicht eben nicht, als Markengemeinschaft den eigenen Wein großspurig als „den besten der Welt" zu preisen. Das unterstreicht nur den Eindruck, dass man sich hier zu sehr selbst genügt und kaum den Blick über den eigenen Glasrand hinaus erhebt. So gesehen ist es auch nur symptomatisch, dass heute die besten Traminer der Südoststeiermark durchwegs nicht aus Klöch stammen. Ein Neustart wäre mehr als angebracht, doch der wird wohl erst erfolgen, wenn sich ein „Leithammel" findet, der das Heft in die Hand nimmt und mit Spitzenweinen auch seine Kollegen neu motivieren kann.

Die besten Lagen

Junge Rebanlagen am Kapfensteiner Schlosskogel

Riegersburg

Die vier Hektar Weingärten innerhalb der mächtigen Festungsanlage genießen durch ihre exponierte Lage ganztägige Sonneneinstrahlung. Die Burgmauern und der Basaltstein des Burgfelsens dienen als Wärmespeicher, was zu einer besonders hohen Traubenreife führt. Der beste Abschnitt ist die Südbastei – hier wächst ein mächtiger, lagerungsfähiger Sauvignon blanc mit besonders exotischen Duft- und Geschmacksnuancen und großem Alterungspotenzial.
Winzer: Pächtergemeinschaft Burgweinbau Riegersburg

Kirchleiten

Die teilweise terrassierte Lage erstreckt sich von der Kirche von Kapfenstein bis hinauf zum Schloss und befindet sich im Alleinbesitz von Georg Winkler-Hermaden. Der steile Südhang bildet einen leichten Kessel und besteht aus Basalttuff, einem vulkanischen Verwitterungsgestein, sowie etwas sandigem Lehm. Im unteren Teil der Lage, die von 350 bis 400 Meter Seehöhe reicht, steht vor allem Gewürztraminer; in der „Oberen Kirchleiten" wurde erstmals Merlot ausgepflanzt, der zusammen mit Zweigelt und Cabernet Sauvignon zur Rotweincuvée „Hermada" wird.
Winzer: Winkler-Hermaden

Rosenberg

Der Rosenberg bei Straden, dem Kenner ein enormes Potenzial zubilligen, ist ein hoch gelegener Kessel, der nach Süden und Südwesten gerichtet ist. Auf vulkanischen Böden und roter Erde findet in dieser Großlage eine Vielzahl von Rebsorten wie Traminer, Weißburgunder oder Sauvignon blanc ausgezeichnete Wachstumsbedingungen. Bislang wurden Weine von diesem wunderschönen Flecken, der von Weinreben und Kellerstöckln geprägt ist, kaum lagenrein ausgebaut. Walter Frauwallner kennzeichnet seine Weine neuerdings mit dem Zusatz „vom Buch" – der Buchberg ist ein Teil des Rosenbergs – und „Hochrosenberg".
Winzer: Frauwallner, Neumeister, Krispel

Saziani

Das Weingut Neumeister hat Anteil an den meisten Spitzenlagen rund um Straden. Die Ried Saziani, die sich fast im Alleinbesitz der Neumeisters befindet, ist dabei nach Einschätzung des jungen Kellermeisters Christoph Neumeister die hochwertigste. Der nach Süden ausgerichtete Weinberg direkt hinter dem gleichnamigen Toprestaurant der Neumeisters ist leicht gewölbt, was für gute Sonneneinstrahlung und Durchlüftung sorgt. Auf den kalkreichen Böden gedeihen weiße Burgunder-Sorten wie der Grauburgunder besonders gut, während der oberste, von Sandböden gekennzeichnete Teil mit Cabernet-Sauvignon- und Merlot-Reben bepflanzt ist, die dort fast jedes Jahr voll ausreifen.
Winzer: Neumeister

Steintal

Die unterhalb der Stradener Kirchtürme gelegene Riede Steintal wird ihrem Namen durchaus gerecht. Es handelt sich um eine sehr steinige, steile Kessellage, die sowohl für Traminer, von dem hier viele rund 40-jährige Rebstöcke stehen, als auch für Rotweine prädestiniert ist. Die Lage ist besonders warm und weist vor allem im oberen Teil stark sandige Böden auf, die mit großen wärmespeichernden Steinplatten durchsetzt sind. Christoph Neumeister verweist darauf, dass von hier die besten Zweigelt-Trauben des Gutes stammen.
Winzer: Neumeister

Hochwarth/Ölberg

Der Ölberg erhebt sich direkt im Norden des Ortszentrums von Klöch. Die gesamte Lage ist nach der Burgruine Hochwarth benannt, der untere Teil wird als Ölberg bezeichnet, wobei die Subrieden blumige Bezeichnungen wie „Reitschule", „Amerikanischer Garten" oder „Grafenstückl" tragen. Die Ausrichtung geht von Südwest über Süd bis Südost, die starke Hangneigung sorgt für optimale Sonneneinstrahlung und die rötliche Erde – im oberen Teil handelt es sich um reines Vulkangestein – trägt das ihre dazu

Die Klöcher Lagen sind für Traminer prädestiniert.

bei, dass hier besonders kraftvolle und mineralische Weine entstehen. Hochwarth gilt historisch gesehen als die beste Traminer-Lage Österreichs, wobei zuletzt auch Rotweinreben ausgesetzt wurden. Georg Winkler-Hermaden will schon bald einen „St. Laurent Ölberg" in seinem Sortiment führen.

Winzer: Gräflich Stürgkh'sches Weingut, Winkler-Hermaden, Walter Müller, Domittner

Klöchberg

Der Klöchberg ist ebenfalls eine exzellente Traminer-Lage, deren Potenzial derzeit aber wohl nur teilweise ausgeschöpft wird. Die nach Süden und Südosten ausgerichteten Rieden sind besonders trocken und heiß, auf vulkanischem Gestein findet man eine im unteren Bereich stärkere Lehmauflage.

Winzer: Rudolf Palz

ÜD-OSTSTEIERMARK

Über den Wein

Albert Neumeister
Der Wein hat eine Seele

Für Albert Neumeister steht fest, dass der Wein eine Seele hat: „Hätte er keine, würde uns das Weintrinken schnell fad werden. Wir bräuchten nur einen einzigen Wein, der den Durst aller stillen würde!“ Den Ursprung dieser Seele sieht er im Weingarten und im Menschen, der den Wein keltert. „Wenn man manchmal sieht, wie mühsam ein Weinstock sich auf kargen Böden emporkämpft, dann wird klar, dass diese Seele des Weines in der Natur draußen erwächst. Darum hat für mich der Spruch ‚Nur was die Traube kann, kann der Wein‘ nichts von seiner Gültigkeit verloren. Alles, was dann im Keller passiert, ist nur noch das Tüpfelchen auf dem i. Begleitet wird der Wein natürlich durch den Winzer, und auch der haucht dem Wein Seele ein. Das moderne Equipment im Keller erleichtert zwar die Arbeit, aber es ersetzt nicht den Menschen. Als Winzer braucht man auch in einem Hightech-Keller viel Erfahrung und Fingerspitzengefühl. Man muss schon wissen, was man tut und welchen Wein man haben will, aber der Weg dorthin ist nie Routine, sondern ein ständiges Abwägen, Prüfen und Hineinspüren in den Wein – so werden täglich viele kleine Entscheidungen getroffen, die sein Wesen am Ende ausmachen.“ Darum kann für Neumeister das Ziel der Weinproduktion nicht einfach nur Wertschöpfung sein. „Uns ist das zu wenig“, stellt er klar. „Wir wollen bei jedem Wein seine Einzigartigkeit hervorheben, und darauf verwenden wir viel Mühe. Aber Weine, die eine Seele haben, bringen auch uns Lebensqualität und Anerkennung und dann ist diese Mühe schnell vergessen!“

Walter Frauwallner
Wie ich den Wildbacher zähmte

Im Jahr 2000 ist Walter Frauwallner in den Betrieb zurückgekommen, wo er schon bald allein für die Kellerwirtschaft verantwortlich war, und hat sich gleich mit dem „Projekt Wildbacher" beschäftigt. Ausgesetzt hatte der Vater die Reben schon Anfang der 90er Jahre, als es in der Weststeiermark einen regelrechten Schilcher-Boom gab, an dem man ein bisschen mitnaschen wollte. „Beim Jahrgang 1997 haben wir bemerkt, dass die Trauben ganz besonders reif wurden, und versucht, auch ein bisschen Rotwein daraus zu keltern – was aber aus kellertechnischen Gründen nicht so ganz geklappt hat", erinnert sich Frauwallner an die ersten Gehversuche. Richtig ernst wurde es mit dem 2000er. „Ich wollte das Thema noch einmal aufgreifen, weil ich einfach daran glaubte, dass man hier bei uns aus dem Blauen Wildbacher einen guten reinsortigen Rotwein machen kann", erklärt er seine Motivation für dieses ungewöhnliche Vorhaben. Die Erträge wurden auf 6,5 Tonnen Trauben pro Hektar hinuntergefahren – heute sind es nur noch fünf Tonnen – und der Wein durchlief einen Säureabbau, wurde aber nicht im Barrique ausgebaut. Doch da fehlte etwas. Im Jahr 2002 waren es dann schon 100 Prozent neue Barriques – und einer der ungewöhnlichsten, aber auch besten Rotweine der Steiermark war geboren. In den Schoß fällt Frauwallner dieser Wein aber nicht. „Der Blaue Wildbacher verlangt eine sehr gute Lage und die passenden Böden – in unserem Fall sandig mit vulkanischen Anteilen –, damit die Traube voll ausreift. Außerdem benötigt er intensive Pflege im Weingarten – unreife Trauben müssen schon

vor der Verfärbung herausgeschnitten werden – und vor allem eines: ganz viel Zeit. Zuerst bis die Beeren wirklich reif sind, und später im Keller genauso. Alle biologischen Prozesse laufen hier sehr langsam ab. Er vergärt sehr langsam, muss lange im Fass liegen und sollte abschließend auch noch eine längere Flaschenlagerung bekommen. Wichtig ist während der gesamten Weinwerdung viel ‚Zuwendung' – man muss bei diesem Wein ständig dabei sein, weil er das einfach braucht."

Alois Eibel
Ich bin kein Weinmacher!

„Wein", sagt Alois Eibel ernst, „kann man nicht ‚machen' – und erzeugen auch nicht! Ich mag es darum nicht, wenn man mich als ‚Weinmacher' bezeichnet. Man kann nur reife Trauben lesen, diese keltern und dann dazuschauen, dass ein guter Wein daraus wird." Es ist Eibel wichtig, den Unterschied klarzustellen: Das Werden des Weines ist ein natürlicher Vorgang, den der Mensch nur begleiten soll, ohne ihn mehr als nötig zu manipulieren. Weine vom Reißbrett und Großtechnologie im Keller sind ihm dagegen ein Gräuel. Ihm selbst genügt es, gemeinsam mit seiner Familie drei Hektar Rebflächen zu bearbeiten. „Das ist überschaubar und wir können alles selbst machen", erklärt der gelernte Elektrotechniker, der sich seine Weinidylle am Schießlkogel inklusive Wohnhaus, Keller und Weingartenstöckl in mühevoller Kleinarbeit größtenteils eigenhändig aufgebaut hat. Nach Expansion gelüstet es Eibel gar nicht, denn sein Ziel ist es nicht, reich zu werden, sondern mit dem, was er schafft, zufrieden zu sein. Und die bescheidene Betriebsgröße hat einen weiteren Vorteil: Absatzprobleme gibt es hier nicht. Denn obwohl – oder vielleicht gerade weil – Eibels Weine so geradlinig, ungekünstelt und unaufgeregt daherkommen wie der Winzer selbst, sind sie auch ohne große Überzeugungsarbeit problemlos an Mann und Frau zu bringen.

Georg und Margot Winkler-Hermaden
Aus gutem Holze geschnitzt

Der Weinbau ist in der Familie Winkler-Hermaden ein „family-business", alle wichtigen Entscheidungen werden von Georg und Margot gemeinsam diskutiert. Zum Beispiel: In der Lage Kirchleiten, gleich unterhalb des Schlosses, wurde Merlot ausgepflanzt. Margot wollte ihn unbedingt sortenrein ausbauen, Georg fand, er gehöre mit Zweigelt und Cabernet verschnitten und hatte in diesem Fall das letzte Wort. Als dann der Prüfnummernbescheid für den Wein kam, staunte Margot Winkler-Hermaden nicht schlecht: Neben der neuen Cuvée „Hermada" war da auch eine Prüfnummer für 300 Flaschen reinsortig ausgebauten Merlot – Georgs Hochzeitstagsgeschenk an sie. Die handnummerierten Flaschen hütet sie wie ihren Augapfel, gibt aber mit einem Augenzwinkern zu: „Die Cuvée ist doch besser!" Ausgebaut werden die Rotweine im Hause Winkler-Hermaden in Barriques, deren Holz aus den eigenen Wäldern stammt – und das kam so: „Im Jahr 1986 brachte uns der Fassbinder Schneckenleitner unsere ersten Barriques aus Allier- und Limousineiche", erinnert sich Margot, „und wir waren wahnsinnig stolz darauf." Weil es ein bitterkalter Tag war und Schneckenleitners Lastwagen nicht mehr anspringen wollte, lud man ihn zum Bleiben und Essen ein. Dabei plauderte der Fassbinder aus der Schule und erklärte den beiden, dass man für

Barriques besonders langsam gewachsene Eichen benötige. „Genau das, was wir haben", fanden die beiden. In den eigenen Wäldern wachsen die Eichen so langsam, dass sie forstwirtschaftlich keinen großen Nutzen bringen. Schneckenleitner war sofort begeistert und so begab man sich gemeinsam auf den – eigenen – Holzweg. Seit dem Jahr 1988, als der erste „Olivin" gekeltert wurde, reifen die Weine nun in Fässern aus 120 bis 150 Jahre alter steirischer Eiche, die ihnen einen zarten und angenehmen Holzton verleiht.

Die Winzer

Sakrale Atmosphäre: Langer Keller im Weingut Winkler-Hermaden

Karl Breitenberger

8221 Kaibing 71

Karl Breitenberger ist ein Wein-Aficionado und Einzelkämpfer im nördlichsten Bereich des Weinbaugebietes Südoststeiermark. Als Einziger hier hat es der Wirt, Winzer und Sommelier geschafft, mit seinen rassigen, feinfruchtigen Weißweinen auch überregional bekannt zu werden. Bestes Schaufenster für Breitenbergers Weine ist der eigene Heurige samt angeschlossener Vinothek.

Pächtergemeinschaft Burgweinbau Riegersburg

8333 Riegersburg 27

Der von 1988 bis zum Jahr 2005 von Andreas Tscheppe betriebene Weinbau auf der Riegersburg wurde mit dem Jahrgang 2006 von einer Pächtergemeinschaft, bestehend aus den Winzern Ferdinand Bernhart und Franz Hutter sowie dem „Burg-Vinothekar" Gottfried Franz Fink junior, übernommen. Die Fortführung des Projektes „Burgweinbau Riegersburg" ist damit gewährleistet. Die neuen Betreiber können auf der Vorarbeit von Andreas Tscheppe aufbauen, der diesem einzigartigen Terroir schon bisher große Sauvignon blancs und Morillons entlockt hat.

Domittner – Klöcherhof

8493 Klöch 102

Durch die innerfamiliäre Aufteilung – Bruder Herbert führt das Restaurant und Radhotel Klöcherhof – kann sich der junge Günther Domittner voll auf den Weinbau konzentrieren. Die Weinqualitäten, sowohl beim Traminer als auch beim Rotwein, sind ansprechend. Ein aufstrebender Betrieb, den man im Auge behalten sollte.

Eibel

8361 Hatzendorf, Schießl 12

Anfang der 80er Jahre setzte sich Alois Eibel in den Kopf, am Schießlkogel Weinbau zu betreiben. Etwa drei Hektar Weingärten rund um das selbst gebaute Winzerhaus nennt er heute sein Eigen, und zusammen mit dem von ihm revitalisierten Weingartenstöckl aus dem Jahr 1750 hat er hier inzwischen ein kleines, feines Paradiesgärtlein geschaffen. Beharrlichkeit und Bescheidenheit zeichnen den bärtigen, stets wettergegerbten Selfmade-Winzer aus, dessen Weine dieselbe angenehme Unaufgeregtheit ausstrahlen wie er selbst. Weißburgunder, Sauvignon blanc, Morillon & Co. haben nichts Lautes oder Vordergründiges an sich, lassen sich aber zu jeder Gelegenheit herrlich trinken. Sollte es so etwas wie einen „ehrlichen Wein“ geben, dann gibt es ihn hier.

Frauwallner

8345 Straden, Karbach 7

Aus der gemischten Landwirtschaft – Kernöl, Käferbohnen und Co. stammen nach wie vor aus eigener Erzeugung – hat sich mit dem Eintritt von Walter Frauwallner, der inzwischen für die Kellerarbeit verantwortlich zeichnet, eines der interessantesten Weingüter der Region entwickelt. Von schönen Lagen am Rosenberg bei Straden keltert Frauwallner unter anderem einen bemerkenswerten Traminer, einen exotisch-vollreifen Chardonnay, der ebenso wie die Cuvée aus Zweigelt und Merlot unter der Dachmarke „Eruption“ vertrieben wird, sowie einen im Barrique ausgebauten Blauen Wildbacher.

Frühwirth

8493 Klöch, Deutsch Haseldorf 46

Der Familienbetrieb ist eines der aufstrebenden Weingüter von Klöch – und der junge Fritz Frühwirth, der am liebsten nur noch Traminer keltern würde, eine Hoffnung für die Zukunft. Hier wird viel investiert und die Weine – vom in vielen Variationen ausgebauten Traminer bis zum experimentellen Syrah – erweisen sich als gute Rendite. Nachzukosten ist das unter anderem im mitten in den Weingärten gelegenen Heurigen der Familie.

Gießauf-Nell

8493 Klöch 63

Lage – das Weingut mit dem gemütlichen Buschenschank befindet sich am Hochwarth, dem besten Traminer-Standort von Klöch – und Tradition sind hier Verpflichtung,

Kost-bar: Weingut Krispel
Foto: Weingut Krispel

wobei im Weingut Giessauf-Nell zum Glück die Zeit nicht stehen geblieben ist. Das Weingut gehört zu den innovativen Betrieben von Klöch und ist ein guter und verlässlicher Tipp für Traminer in unterschiedlichsten Reifestufen und Ausbauvarianten.

Hutter

8330 Feldbach, Reiting 2

Seit fast drei Jahrhunderten befindet sich der schmucke Hof der Hutters schon im Familienbesitz – was durch eine Urkunde aus dem Jahr 1726 belegt wird. In Sachen Weinbau geht es hier aber absolut zeitgemäß zu und so versteht sich Franz Josef Hutter nicht nur auf ausgezeichnete Weißweine wie einen von einer intensiven Cassis-Nase geprägten Sauvignon blanc, sondern keltert auch bemerkenswerte, reife und harmonische Rote von der Cuvée „F.J.H.“ bis zum trendigen Shiraz.

Krispel

8345 Hof bei Straden, Neusetz 29

Binnen weniger Jahre haben die Krispels mitten in den Reben ein kleines Paradiesgärtlein geschaffen. Im modernen Designer-Keller hat Toni Krispel ein völlig neues Konzept verwirklicht, das es ihm ermöglicht, auf engstem Raum und mit minimalem Personalaufwand zu werken: Statt Weine umzupumpen, werden einfach die Tanks per Kran in die Höhe gehoben ... Hier kann man gut sitzen – im Garten oder in den gemütlichen Stuben der Buschenschank –, gut schmausen – feinste Schinken- und Speckprodukte vom Wollschwein –, gut wohnen – unter anderem im schnuckeligen „Siebenschläferzimmer“ – und last but not least: gut trinken.

Müller

8493 Klöch 51, Ölberg

Das Weingut der Familie Müller ist schon ein Klöcher Klassiker. Hoch oben am Ölberg gelegen ist es da fast Ehrensache, dass man vor allem feine Traminer in allen Variationen keltert.

Neumeister

8345 Straden 42

Vom kleinen Weingut mit – damals schon hervorragendem – Buschenschank am Sazianiberg hat die Familie Neumeister ihren Betrieb innerhalb von fünfzehn Jahren zu einem der besten und bemerkenswertesten Weingüter des Landes gemacht. Von Toplagen wie Saziani, Steintal, Moarfeitl und Klausen keltern die Neumeisters eine breite Palette von Weinen, wobei der Schwerpunkt, den regionalen Voraussetzungen entsprechend, bei den weißen Burgunder-Sorten Weißburgunder, Grauburgunder und Morillon, beim Traminer und bei den Rotweinen gesehen wird. Durch besonders lange Maischestandzeiten und einen Ausbau auf der Feinhefe, der sich über mehr als ein Jahr hin ziehen kann, erzielt man besonders gehaltvolle und dichte Weine, die aber stets auch trinkanimierend geraten. Der terrassenförmig in den Berg gebaute Keller – inzwischen vor allem das Reich von Junior Christoph Neumeister – ist auch aus architektonischer Sicht einen Besuch wert. Zum „Neumeister-Imperium" gehören außerdem das exzellente Restaurant „Saziani-stub'n", das mit viel Liebe eingerichtete „Schlafgut Saziani" und die Greißlerlei „de Merin", in der neben Weinen eine breite Palette von hochwertigen Produkten aus der regionalen Landwirtschaft angeboten wird.

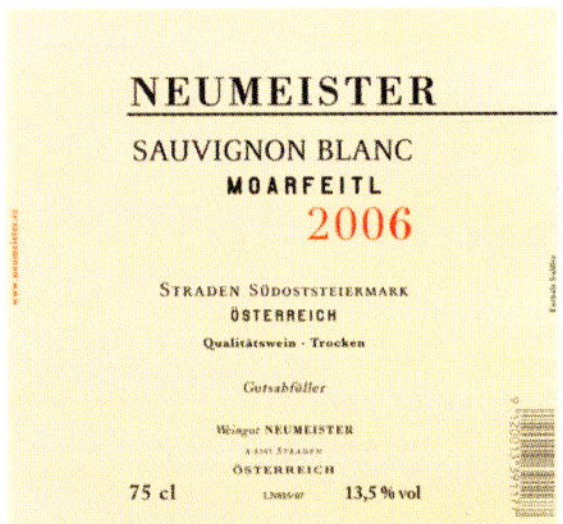

Platzer

8355 Tieschen, Pichla 25

Manfred Platzer zählt heute schon zu den Pionieren in der Südoststeiermark. Schon Anfang der 90er Jahre war er einer der Ersten, die Chardonnay & Co. in Barriques ausgebaut haben, und auch mit seinem elektronischen „Frühwarnsystem" für Mehltaugefahr im Weingarten war er den meisten seiner Kollegen voraus. Wirklich bekannt geworden ist Platzer freilich mit seinem herrlich duftigen Welschriesling, der ihn bereits mehrfach auf das Siegerpodest vom „SALON Österreichischer Wein" gebracht hat.

Ploder-Rosenberg

8093 St. Peter am Ottersbach 86

Wenn man abseits der Hauptdurchzugsrouten der Weinpfadfinder wohnt, dann genügt es nicht, einfach nur guten Wein zu machen. Dieser Überlegung folgend bieten Alfred und Maria Ploder in ihrem Weingut mit dem sogenannten „Szenarium" Veranstaltungspakete zum Thema Wein, Kunst und Kulinarik an. Was den Wein angeht, so führt man hier alles, was gut und steirisch ist, vom duftig frischen Rivaner über den eleganten Sauvignon blanc bis hin zum kraftvollen, vom Holz unterstützten Chardonnay.

Thaller

8263 Maierhofen 24

Karl Thaller liebt es, ungewöhnliche Wege zu beschreiten. Als wohl einziger Betrieb in der Steiermark setzt er größtenteils auf Rotwein, der in seinem Betrieb rund drei Viertel der gesamten Rebfläche ausmacht. Als Erster in der Steiermark pflanzte er einen Syrah, und als sich das umtriebige Marketinggenie – Markenzeichen: Lederhose und Steirerhut – ein Schloss wünschte, da baute er sich einfach eines. Das ist sehenswert und die Weine vom Thaller-Koarl, vor allem die fruchtig-eleganten roten, sind kostenswert.

Winkler-Hermaden

8353 Kapfenstein 105

Auch im Weingut von Georg und Margot Winkler-Hermaden spielt der Rotwein mit etwa der Hälfte der Gesamtproduktion eine wichtige Rolle und ein Schloss gibt es hier ebenfalls: Das war allerdings schon länger im Familienbesitz. Ganz in aristokratischer Tradition nehmen die beiden ihre Verantwortung für das Weingut, die Ländereien und das Schloss mit Umsicht wahr, ohne sich deswegen in irgendeiner Weise wie Feudalherren (oder -damen) zu gerieren. Während das Schloss ein ausgezeichnetes Restaurant samt authentischem Schlosshotel beherbergt, hat Georg Winkler-Hermaden aus dem Weingut der Familie einen Leitbetrieb für die Region gemacht. Mit seinem „Olivin" kelterte er schon 1988 den ersten wirklich ernst zu nehmenden Rotwein der Steiermark, und sein kraftvoll-üppiger

Bollwerk der Wein- und Genusskultur: Schloss Kapfenstein

Traminer von der Ried Kirchleiten zählt mit seinem idealtypischen Rosenblütenduft alljährlich zu den feinsten des Landes. Stets schafft man es hier, die richtige Mischung zwischen Tradition und Innovation zu finden. So wurden einerseits in jahrelanger, mühevoller Arbeit zwei historische Weinkeller mustergültig restauriert und so zählte man andererseits zu den Ersten, die Jungweine mit poppigen Etiketten und dem modernen Glasverschluss auf den Markt brachten. Rund 30 Hektar Rebflächen werden in Kapfenstein und Klöch (ehemalige Weingärten des Gräflich Stürgkh'schen Weingutes) bewirtschaftet, wobei Toplagen wie Kirchleiten und Winzerkogel in Kapfenstein sowie Hochwarth in Klöch die Grundlage für die hohe Qualität der Weine bilden.

Weinhof Wippel

8333 Riegersburg 67

Bekannt ist der Betrieb vor allem für den weithin sichtbaren Buschenschank mit Riegersburg-Blick. Doch auch die Weine des Hauses – darunter ein als Rotwein ausgebauter Blauer Wildbacher – bringen bemerkenswerte Qualitäten.

Keine Monokultur: In der Südoststeiermark findet man Weinbau neben Äckern und Obstgärten.

S ü d s t e i e r

mark

Österreichs südlichstes Weinbaugebiet hat sich vom einstigen Sorgenkind zum prosperierenden Musterschüler unter den heimischen Weinregionen entwickelt.

Die Südsteiermark ist ein Weinbaugebiet wie aus dem Bilderbuch und – neben der Wachau – sicher die profilierteste Weißweinregion Österreichs. Steirischer Wein fehlt auf keiner guten Weinkarte zwischen Boden- und Neusiedlersee und die steirischen Winzer zeigen auch auf dem internationalen Parkett, dass vor allem ihre Sauvignon blancs inzwischen zu den besten der Welt zählen. Noch dazu hat die Gegend weit mehr zu bieten als nur den Wein: Da ist einmal die Landschaft, über die allein Bücher zu schreiben sich lohnen würde. Am besten solche mit vielen Fotos und nur kurzen Texten, Ortsangaben vielleicht oder ein bisschen Lyrik. Eigentlich sprechen die Bilder ohnehin für sich. Wunderbar integriert in diese von steilen Weingärten, hoch aufragenden Pappeln, etwas Wald und einigen Obstbäumen geprägte Landschaft sind die Bauwerke der Menschen. Häuser mit ziegelroten Giebeldächern, Straßen oder besser Sträßlein, die sich über die Hügel winden, hübsche Buschenschänken mit einfachen Bänken und einem großen Baum davor. Und dann natürlich jene Bauwerke, auf die sich unser Interesse fokussiert: die Weingüter, die hier, wenn schon nicht die Qualität von Kunstwerken, so doch jene von bemerkenswerten Zeugen moderner Architektur aufweisen. Doch es kommt nicht nur auf die Optik an: Im Bauch dieser Weinkeller findet man modernste Weinbau-Technologie, blitzende Edelstahltanks, klimatisierte Hallen, computergesteuerte Pressen, feinste Barriques aus Frankreich. Kein Zweifel, die Winzer hier meinen es ernst mit der Qualität und es wurde dafür in den vergangenen Jahren viel Geld und Arbeit investiert.

Die SÜDSTEIERMARK auf einen Blick:

Rebfläche: 2.005 Hektar
Anteil an der Gesamtrebfläche Österreichs: 3,8 Prozent
Wichtigste Rebsorten: Welschriesling: 431 ha Weißburgunder: 388 ha, Sauvignon blanc: 297 ha
Böden: Sand, Schiefer, Mergel, Muschelkalk

Geht man durch eine dieser Hightech-Kathedralen, so stellt man sich unwillkürlich die Frage, was da eigentlich der Winzer noch zu tun hat. Ich habe sie Topwinzer Manfred Tement gestellt, der sich hoch über seiner Spitzenlage Zieregg einen der schönsten und eindrucksvollsten Keller des Landes gebaut hat. „Das ist so wie mit einem Ferrari", meinte er mit seinem typischen verschmitzten Lächeln im Gesicht. „Der ist ein tolles Auto, aber man muss ihn auch fahren können!"

Vom Abgrund zum Aufbruch

Eine Entwicklung, die fast atemberaubend anmutet, wenn man einen Blick auf die Geschichte die-

Blick vom Weingut Tement auf die bereits legendäre Lage „Zieregg" (Seiten 422/423); Der Klapotetz soll Vögel verscheuchen und Touristen anlocken. Dieser klappert am Schererkogel bei Gamlitz (oben).

ses einstmals alles andere als blühenden Gebietes wirft. Nach dem Ersten Weltkrieg wurde dem Weinland Steiermark buchstäblich der Lebensnerv abgetrennt: 30.000 Hektar Rebfläche, die sogenannte Untersteiermark als Kernland des Weinbaus, fielen an Jugoslawien – was übrig blieb, machte gerade einmal zehn Prozent davon aus … Als im Jahr 1955 der damalige Landeshauptmann Josef Krainer die erste Weinstraße Österreichs in der Südsteiermark bauen ließ, bekamen viele Winzer erstmals eine Zufahrt zu ihren Höfen, auf denen sie fast durchwegs eine gemischte Landwirtschaft mit Ackerbau, Viehzucht und ein bisschen Weinbau betrieben – von Wohlstand noch keine Spur.

Ich selbst kam Anfang der 80er Jahre zum ersten Mal in die Südsteiermark, und von der heutigen Blüte des steirischen Weinbaus war auch damals wenig zu sehen. Immerhin erfuhren wir Mittelschüler aus dem „Wein-Binnenland" Vorarlberg bei einer Verkostung im Keller des Weinguts Regele, dass es mehr als nur die uns bekannten Kategorien „Rot", „Weiß" und „G'spritzter" gab. Steirischen Wein kannte bis dahin keiner von uns. Das war im Jahr 1982 auch kein Wunder, denn die meisten „Weinexporte" aus der Grünen Mark erreichten gerade einmal das Salzkammergut oder den Semmering. Dass damals der Weinhandel das Geschehen im steirischen Weinland dominierte und die Winzer nur eine untergeordnete Rolle spielten, wusste ich natürlich ebenfalls nicht.

Es sollte einige Jahre dauern, bis ich Anfang der 90er Jahre, inzwischen in Wien lebend und als Weinjournalist bei „Gault Millau" tätig, das steirische Weinland wieder sah. Inzwischen hatte sich hier vieles verändert. Es herrschte eine unglaubliche Aufbruchstimmung im Hügelland an der slowenischen Grenze und junge Winzer wie Erich und Walter Polz, Willi Sattler, Manfred Tement oder Alois Gross hatten bereits einen guten Namen – und meistens zu wenig Wein in den noch bescheidenen Kellern. Der wirkliche Boom, der sich nicht

Die „Grüne Mark": Ausreichende Niederschläge und mildes Klima sorgen für eine üppige Vegetation.

zuletzt durch den großzügigen Ausbau dieser Produktionsstätten sichtbar artikulierte, stand freilich noch bevor. Doch die Lunte gloste bereits.
Walter Polz, mit dem ich dieses Thema bei einigen guten Flaschen Wein, die bezeichnenderweise durchaus nicht alle aus dem eigenen Keller stammten, diskutiert habe, erinnert sich an die Jahre davor: „Unser Vater führte einen Weinhandelsbetrieb und hatte selbst wenig Visionen zum Thema steirischer Wein. Für die Nachkriegsgeneration war es zunächst einmal wichtig, Geld zu verdienen und die Kinder über die Runden zu bringen." Dieses Geld ließ sich im Handel, der den Wein in Niederösterreich und im Burgenland viel billiger einkaufte als in der Steiermark, leichter verdienen als mit der Arbeit im Weingarten. Wohl auch deshalb besaß man im Jahr 1983, als Walter Polz von der Weinbauschule nach Hause kam, nur drei Hektar Weingärten. Nicht viel, aber er und sein älterer Bruder Erich sahen darin doch eine Chance. „Wir hatten das Glück, Wein machen zu können, weil uns das getaugt hat. Wir sahen darin etwas Positives, aber uns war auch klar, dass wir nur Spitzenweine schaffen, wenn wir entsprechende Lagen besitzen." Im Jahr 1985 kauften die Brüder sechs Hektar am inzwischen legendären Hochgrassnitzberg, 1988 wurde der letzte Weißwein zugekauft und 1990 der letzte Rote – womit sie sich vom Weinhandel verabschiedet haben. Ab Mitte der 80er Jahre begannen sie, im kleinen Rahmen, die Gastronomie außerhalb der Steiermark zu beliefern und Anfang der 90er verließen die ersten Flaschen das Land in Richtung Deutschland. „Für uns war das damals wirklich nicht leicht, denn als Steirer musste man vorerst total darum kämpfen, überhaupt ernst genommen zu werden", erinnert sich Walter Polz noch an die mühsamen Anfänge.

Ein trockener Lacherfolg

Von der Stilistik her entsprachen die Weine zu dieser Zeit schon jenem Bild, das für uns heute als

Die Antithese zum klassischen Koststüberl: Stahl, Glas und Beton im „Tasting Room" des Weinguts Gross

Steiermark-typisch gilt: frisch und fruchtig, relativ leicht im Alkohol und mit einer knackigen Säure ausgestattet. Noch bis zum Ende der 70er Jahre sah das ganz anders aus. Wolfgang Röthl beschreibt in einem Beitrag, der anlässlich der Steirischen Landesausstellung in Gamlitz im Jahr 1990 erschienen ist, diese „alte" Stilistik so: „Vor circa einem Jahrzehnt waren die steirischen Weine süßlich, breit und alkohollastig." Der Mann, der sich von diesem Geschmack als einer der Ersten radikal abwandte, war der bereits verstorbene Wilhelm Sattler senior, der Pionier des modernen steirischen Weinbaus. Sattler, der zuvor unter anderem in der Winzergenossenschaft Dürnstein (heute Freie Weingärtner Wachau) gearbeitet hatte und aus der Obersteiermark stammte, kannte einen ganz anderen Weinstil und war, nachdem er gemeinsam mit seiner Frau im Jahr 1968 das kleine Weingut bei Gamlitz übernommen hatte, wild entschlossen, diesen auch in seinem neuen Wirkungsgebiet zu pflegen. „Meine ersten trocken ausgebauten Weine waren auf der Weinmesse in

Die Steirische Klassik

Im Jahr 1994 riefen Willi Sattler und Manfred Tement die Gruppe der „Steirischen Klassik"-Winzer ins Leben. Die beiden sowie Alois Gross, Fritz Tinnacher, Albert Neumeister, Erich und Walter Polz, Hans Prünte und Georg Winkler-Hermaden beschlossen, ihre fruchtbetonten, leichten und im Stahltank ausgebauten Weine künftig unter dieser Bezeichnung zu vermarkten – nicht zuletzt, um auch dem Kunden eine Orientierungshilfe zu bieten. Inzwischen ist „Klassik" zu einem gängigen Marken-Begriff geworden, der von vielen Winzern verwendet wird und allgemein als Synonym für typisch-steirische, frische und fruchtige Weine gilt. Einmal jährlich präsentiert die Gruppe ihre aktuellen Weine im Rahmen einer Veranstaltung im verwunschenen Schloss von Ehrenhausen.

Weinberge am Pössnitzberg: Die Südsteiermark ist wohl eine der schönsten Weinlandschaften der Welt.

Leibnitz ein großer Lacherfolg", erzählte mir Sattler einmal. Doch mit der ihm eigenen Sturheit ging er seinen Weg weiter und schaffte schließlich mit einer exotischen Rebsorte namens Muskat-Sylvaner, der nichts anderes ist als der heute viel gerühmte Sauvignon blanc, den Durchbruch. Damit war der Weg für den Siegeszug der leichten, trockenen Weine, die heute als typisch steirisch gelten, geebnet. Als Relikt aus den 60er und 70er Jahren hat sich aber bis heute bei manchen Weintrinkern der Irrglaube gehalten, dass Traminer und Muskateller zwangsläufig süße Weine sein müssten.

Die Weine der Südsteiermark

Indes beschränkt sich das Angebot der Steiermark für die weintrinkende Welt längst nicht mehr nur auf trockene, leichte Weißweine. Schon in der ersten Hälfte der 80er Jahre begannen die ersten – und, wie überall anders auch, vorerst noch recht unbeholfenen – Versuche, Weine im Barrique auszubauen. Die bevorzugten „Opfer" waren Morillon und Sauvignon blanc, später kamen mitunter Grauburgunder oder Roter Traminer hinzu. Anfangs wurden dabei hauptsächlich Weine ohne biologischen Säureabbau produziert, die ihre Frucht zugunsten eines mehr oder weniger intensiven Holzgeschmacks einbüßten. Doch was als heiß umstrittenes Experiment begann, wurde innerhalb weniger Jahre zum fixen Bestandteil jedes Weinsortiments. Schon nach kurzer Zeit hatten die ersten Winzer ein Gefühl dafür entwickelt, wie viel Holzeinsatz und malolaktische Vergärung einzelne Weine vertragen, und schafften es, diese nicht nur zu verändern, sondern durch das Barrique zu verfeinern und aufzuwerten. Gleichzeitig setzte man vor allem bei Spitzenweinen vermehrt auf den lagenreinen Ausbau, was bald dazu führte, dass Lagenbezeichnungen wie „Zieregg“, „Hochgrassnitzberg“, „Ratscher Nussberg“ oder „Pfarrweingarten“ einen Marken-Status erlangten und zu Synonymen für Spitzenweine wurden.

Schließlich wurde in den vergangenen Jahren – dem internationalen Trend folgend – auch in der Südsteiermark der Rotwein entdeckt. Den gab es hier, nicht zuletzt für den Ausschank in den Buschenschänken, schon seit jeher, im Qualitätswein-Bereich hatte er jedoch kaum Bedeutung. Zumindest die Initialzündung zu einer Trendwende lieferte einmal mehr Manfred Tement. Ende der 90er Jahre kelterte er einen Pinot noir in Mini-Auflage, der am Markt praktisch nicht erhältlich war, von dem es aber in eingeweihten Kreisen schon bald hieß: „Den musst du unbedingt kosten!“ Somit wurde erstmals klar, dass bei entsprechender Ertragsreduktion, intensiver Weingartenarbeit und professionellem Ausbau im Keller auch in der Südsteiermark durchaus kost- und vermarktbare Rotweine gekeltert werden können.

Begünstigt durch die Tatsache, dass man für diese Weine mittlerweile auch einen anständigen Preis verlangen kann, beschäftigen sich inzwischen immer mehr Topwinzer mit diesem Thema, wobei Zweigelt, Pinot noir und teilweise auch der Blaue Wildbacher im Mittelpunkt des Interesses stehen.

Was den Weißwein angeht, so findet man heute in der Südsteiermark eine breite Sorten- und Typenpalette, die von leichten, fruchtigen Weinen wie dem Welschriesling und dem Steirischen Mischsatz aus verschiedenen Rebsorten über den immer beliebter werdenden Weißburgunder und die in ihrer Bedeutung rückläufigen Müller-Thurgau und Scheurebe bis hin zu den „Image-Lokomotiven“ Muskateller, Sauvignon blanc und Morillon reicht. Letzteren gilt primär das Medieninteresse, was bei der weniger informierten Öffentlichkeit inzwischen zu einem etwas verzerrten Bild der Realität geführt hat. So fragte mich etwa kürzlich ein Teilnehmer bei einer Weinverkostung in Salzburg, ob es denn in der Steiermark überhaupt noch Welschriesling gäbe. Die Antwort ist ja – und mit einem Rebflächenanteil von gut 20 Prozent ist er sogar der wichtigste Wein der gesamten Region. Der Brot-und-Butter-Wein sozusagen, während Sauvignon & Co. noch den Räucherlachs beisteuern ...

Mengenmäßig weniger bedeutend, aber dennoch interessant sind Rebsorten wie der Grauburgunder und die verschiedenen Spielarten des Traminers, die auch in der Südsteiermark einen hervorragenden Boden vorfinden.

In geeigneten Jahren werden außerdem in zunehmendem Maß Dessertweine der höheren Kategorie ausgebaut, und zwar mit durchwegs schönen Resultaten, wie so manche Gewürztraminer-Eisweine oder Beerenauslesen vom Sauvignon blanc beweisen.

Die Sache mit dem Morillon

In der Steiermark wird die Rebsorte Chardonnay zumeist als „Morillon“ bezeichnet. Wie es dazu kam, steht in Aufzeichnungen der Weinbauschule Marburg zu lesen: „Nach der Reblauskatastrophe reisten um die Wende vom 19. zum 20. Jahrhundert steirische Winzer in die Champagne, um neue, gegen die Reblaus immune Sorten zu finden. In der französischen Ortschaft Morion wurde man fündig. Man brachte von dort die Edelreiser der Chardonnay-Rebe in die Steiermark und pflanzte sie dort aus. Man nannte diese Rebe nach der französischen Ortschaft, aus der sie kam, zuerst Morion-Rebe und später wurde daraus die heute übliche Bezeichnung Morillon.“ Seit damals dürfte die Morillon-Rebe nach Ansicht von Experten allerdings eine etwas andere Entwicklung genommen haben als der Chardonnay und daher heute nicht mehr hundertprozentig ident mit diesem sein.

Transparenz ist Trumpf: Verkostungsraum am Weingut Polz – und gleich daneben gibts die Buschenschank.

Das Weinland verändert sein Gesicht

In den vergangenen zwei Jahrzehnten wurde der Boden kräftig beackert. Eine Vielzahl von Weingärten wurde verjüngt oder – teilweise in Lagen, auf denen bereits früher einmal Weinbau betrieben worden war – neu ausgepflanzt. Dabei nutzten die Winzer die Gelegenheit zu einer Bereinigung des Sortenspiegels: Weniger gefragte Weine wie etwa der Müller-Thurgau oder der Sämling (Scheurebe) fielen dabei der Hacke zum Opfer, trendige Sorten wie Sauvignon blanc, Muskateller, Morillon oder auch Rotweinsorten wurden – allerdings nicht immer in begünstigten Lagen – neu ausgesetzt. Skeptiker erkennen in der kontinuierlichen Neuanlage von Weinbergen aber auch eine Gefahr: Alte Obstbaumkulturen und Wiesen verschwinden zunehmend und die Tendenz geht in Richtung Wein-Monokultur. Durch die Deklaration des Naturparks Steirisches Weinland, der alle steirischen Weinbauregionen einschließt, hat man ein Instrument geschaffen, um diese Entwicklung kritisch beobachten und ihr gegebenenfalls auch gegensteuern zu können.

Doch nicht nur die Neuanlage von Weingärten hat die Landschaft verändert. Das „Steirische Wein-

Der Steirische Junker

Jedes Jahr wird am Mittwoch vor Martini (11. November) der „Steirische Junker“ österreichweit der Öffentlichkeit präsentiert. Es handelt sich dabei um die ersten Weine des neuen Jahrgangs, die sich vor allem durch ihre Frische und Fruchtigkeit auszeichnen. Meist geht es dabei um Weißwein, doch auch der weststeirische Schilcher mit seiner knackigen Säure ist als „Junker“ sehr beliebt. Um das Etikett mit dem Steirerhut tragen zu dürfen, müssen die Weine strenge Qualitätskriterien erfüllen. Mehr als 300 steirische Winzer beteiligen sich an dieser im Jahr 1995 nach dem Vorbild des berühmten französischen „Beaujolais Primeur“ gegründeten Initiative. Dabei verkaufen sie jährlich über eine Million Flaschen des duftigen Jungweins.

Kritisch betrachtet

Der enorme Erfolg und das damit verbundene rasante Wachstum einiger Weinbaubetriebe haben in der Südsteiermark zu einer Art Zwei-Klassen-Gesellschaft geführt. Die Großen werden dabei immer größer und ziehen durch ihr wirtschaftliches Gewicht auch den Löwenanteil der hochwertigen Trauben an sich. Die Kleinen kämpfen hingegen um mediale Aufmerksamkeit, Anerkennung und, wenn es ihnen nicht gelingt, sich als „Geheimtipp" zu positionieren oder einen Buschenschank als zusätzliches Standbein zu betreiben, manchmal sogar um ihre wirtschaftliche Existenz. Ein normaler Umstrukturierungsprozess, könnte man sagen. Solche Konzentrationseffekte stehen im Zeitalter der Globalisierung überall und in jeder Branche an der Tagesordnung. Dennoch sollte diese Entwicklung aufmerksam beobachtet werden.

Zur Verdeutlichung: Das gesamte Weinbaugebiet Südsteiermark umfasst eine Rebfläche von etwa 2.000 Hektar. Die größten Betriebe wie jene von Erwin Sabathi, Polz, Regele, Walter Skoff, Tement und Wohlmuth verarbeiten in ihren Superkellern – aus eigenem Anbau und Zukauf – jeweils Trauben von bis zu 100 Hektar Rebfläche und mehr. Anders ausgedrückt: Ein Dutzend Winzer hält fast die Hälfte der Produktion der gesamten Region in ihren Händen. Dass dabei nicht nur Spitzenweine entstehen können, liegt auf der Hand. Tatsächlich wird ein großer Teil der Umsätze mit einfachsten Stahltank-Weinen wie dem Welschriesling gemacht, die auf dem Etikett zwar durchaus einen klingenden Namen tragen, denen man aber maximal zubilligen kann, dass sie blitzsauber gemacht sind.

Daraus lässt sich mit einiger Berechtigung die Theorie ableiten, dass die Weinqualität insgesamt besser wäre, wenn es mehr potente Klein- und Mittelbetriebe gäbe, deren Besitzer jeden Rebstock persönlich kennen und die mit ihren Flaschen auf Du und Du sind. Dass diese – zumindest für österreichische Verhältnisse – großen Strukturen auch auf Kosten der Individualität der Weine gehen, ist ebenfalls nicht verwunderlich. Bei einer Jahresproduktion von zwei-, dreihunderttausend Flaschen ist eine persönliche Handschrift des Winzers allenfalls bei den „Topmodellen", also den besten Lagenweinen, erkennbar. In einem kleinen Betrieb ist es dagegen eher möglich, den Menschen – und womöglich auch das Terroir – im Endprodukt wiederzuerkennen. Dem könnte man freilich entgegenhalten, dass ein sauberer, aber uniformer Wein immer noch besser ist als einer mit individuellem – durch unsauberes Arbeiten oder mangelndes Know-how verursachtem – „Hauston". Doch so etwas ist in der Südsteiermark ohnehin immer seltener anzutreffen.

wunder" dokumentierte sich nicht zuletzt durch einen Kellerbau-Boom, der für das ganze Weinland Österreich beispielgebend sein sollte. Es entstanden dabei zwar Zweckbauten, allerdings solche mit einem hohen architektonischen Anspruch nicht nur an die Funktionalität, sondern auch an die Optik. So hat das Zusammenspiel von aufgeschlossenen, zukunftsorientiert denkenden Winzern und Architekten in der Südsteiermark geradezu ein neues Genre geschaffen, das ich mangels bestehender Begriffe einfach „Wein-Architektur" nenne.

Bei der Umsetzung dieser Großprojekte ebenso wie beim Bau neuer Betriebe in der Gastronomie und Hotellerie bewiesen alle Beteiligten bisher viel Fingerspitzengefühl und Sensibilität im Umgang mit einer einzigartigen (Wein-)Landschaft – wenige Ausnahmen bestätigen die Regel. Es bleibt zu hoffen, dass die Südsteiermark auch in Zukunft von durch Profitgier motivierter Verschandelung weitgehend verschont bleibt – und sich so ihren Status als eine der schönsten Weinbauregionen der Welt erhält.

ST. NIKOLAI im Sausal

KITZECK im Sausal

GROSSKLEIN

ST. JOHANN im Seggautal

EICHBERG-TRAUTENBURG

ARNFELS

LEUTSCHACH

Die besten Lagen

Obegg

Die nach Süden ausgerichtete Lage Obegg befindet sich auf einem Kalkberg. Während man am Oberboden Presssand findet, stößt man in einer Tiefe von einem halben bis einen Meter auf reinen Muschel-Verwitterungsstein. Hier tauchen auch noch Meeresablagerungen wie Muscheln, Seesterne oder Korallen auf, die von der früheren Existenz des Urmeers zeugen. Die Lage Obegg bringt sehr mineralische, vollmundige, etwas breitere Weine, die sehr opulent ausfallen können. Kräftige Morillons und Sauvignon blancs sind die besten Weine von dieser Lage.

Winzer: Erich und Walter Polz, Walter Skoff, Regele

Pfarrweingarten

Die Böden dieses Weingartens, der sich im Besitz der Pfarre Gamlitz befindet, bestehen aus reinem Muschelkalk. Es handelt sich um eine geschützte Kessellage auf einer Seehöhe von 300 bis 350 Metern, die komplett nach Süden ausgerichtet ist und so die besten Voraussetzungen für eine hohe Traubenreife erbringt. Die Weine zeigen hier weniger florale Aromen, dafür aber viel Mineralik, Tiefe und Würze. Die Lage ist, laut Willi Sattler, der den Pfarrweingarten als Monopol bearbeitet, ideal für die Sorten Weißburgunder, Morillon und Grauburgunder. „Bei zunehmender Reife werden die Weine hier immer würziger und mineralischer, sie bleiben aber immer kühl und gehen nie in die Breite. Bei entsprechenden Jahrgängen gehen wir mit den Weinen von dieser Lage zu 100 Prozent ins Holz – aber nur, wenn der Jahrgang auch wirklich gut genug ist, denn unter dieser Lagenbezeichnung sollen nur die besten Jahrgänge abgefüllt werden."

Winzer: Sattlerhof

Sernauberg

Am Sernauberg findet man, von einem eingelagerten Korallenriff abgesehen, nur wenig Kalkanteil in den Böden – großteils handelt es sich um reine Sandböden, die durch die Niederschläge im Laufe von Jahrmillionen fast vollständig entkalkt wurden. Die Lage, die sich von 385 Metern Seehöhe mit einer Hangneigung von bis zu 70 Prozent aufwärts erstreckt, weist eine leichte, nach Süden und Südosten gerichtete Kesselform auf. Sie bringt Weine mit floraler, süßer Aromatik, die durch ihre Frucht geprägt sind und eher geringe Mineralität aufweisen. Sie eignen sich vor allem für den klassischen Ausbau im Stahltank. Ausgepflanzt sind unter anderem Muskateller und Sauvignon blanc, dort wo höhere Kalkanteile zu finden sind, auch Morillon.

Winzer: Sattler, Hans Jöbstl, Dietrich, Tement

Kranachberg

Willi Sattlers Spitzenriede am Kranachberg trägt den programmatischen Namen „Trinkaus“ – und die fruchtigen, animierenden Weine, die von hier stammen, machen es leicht, dieser Aufforderung zu folgen. Der Kranachberg ist eine Südlage mit Sanden und Schotter/Kiesen der sogenannten Kreuzbergserie. Sattler, der hier rund 18 Hektar Rebfläche bewirtschaftet, sieht den Kranachberg als die Sauvignon-blanc-Lage. „Nur hier wird die Mineralität, Intensität und Würze so, wie ich mir das vorstelle.“ Die Weine sind ganz besonders aromatisch, wobei das Duftspektrum von floralen Anklängen und schwarzen Ribiseln bei hoher Reife bis hin zu Gewürzen wie Fenchel, Dille oder Minze reicht. Ausgebaut werden die Weine hier großteils klassisch, nur die Trauben von den 30 Jahre alten Rebstöcken im Trinkaus gehen in die Lagenweine, erklärt Willi Sattler: „Da bleiben nur der Boden, die Sorte und der Jahrgang übrig – darüber kann ich mich als Winzer nicht hinwegsetzen, sondern nur das Beste daraus machen.“ Das Ergebnis sind ausgesprochen langlebige Weine, die ihren Höhepunkt oft erst nach etlichen Jahren in der Flasche erreichen.

Winzer: Sattlerhof, Hannes Sabathi, Peter Skoff, Reiterer, Pongratz

Hochgrassnitzberg

Der Hochgrassnitzberg ist der beste Teil der Großlage Grassnitzberg im Gemeindegebiet von Spielfeld. Der auf etwa 380 Metern Seehöhe gelegene, geschützte Talkessel ist nach Süden und Südwesten ausgerichtet. Der Untergrund ist Muschelkalk, genannt Spielfelder Kalk; im oberen Bereich befinden sich Muschelkalkböden mit Mergeleinschlüssen, weiter unten sandig-lehmige Böden, entstanden durch Erosion und Bodenbearbeitung. Hier gedeihen vor allem ersklassiger Morillon und Sauvignon blanc. Das Kürzel „H.G.“ wurde durch die Weine von Erich und Walter Polz zu einem Synonym für Spitzenqualität.

Winzer: Erich und Walter Polz

Kittenberg

Durch die Höhenlage – die Weingärten liegen auf 360 bis 485 Metern Seehöhe – liefert dieser frostgeschützte Weinberg besonders fruchtige und aromatische Weine. Die im östlichen Teil des Sausals situierte Lage (Gemeindegebiet Heimschuh) ist nach Süden und Südwesten ausgerichtet und weist im unteren Teil Lehm- und im oberen (Hochkittenberg) reine Schieferböden auf, die besonders mineralische Weine hervorbringen. Hauptsächlich wachsen hier Welschriesling,

Moment der Ruhe: Willi Sattler ist einer der Vor- und Querdenker in der Südsteiermark. Foto: Weingut Sattlerhof

Weißburgunder und Sauvignon blanc. Topwinzer Alois Gross keltert am Kittenberg einen Weißburgunder und findet die Lage aus der Sicht des Winzers besonders spannend: „Die Böden sind 400 Millionen Jahre älter als am Nussberg. Die heutigen Hügel ragten einst als Inseln aus dem Meer heraus. Dort wo Brandungszonen waren, haben sich Korallenriffe gebildet, wo heute unser Weißburgunder steht. Es ist eine eher kühle, nach Westen hin offene Lage. Die kühlen Winde von der Koralpe sorgen dafür, dass auch in einem heißen Jahr die Zuckerbildung niedrig bleibt – 13 Prozent Alkohol sind da schon die Obergrenze. Aber dieses verstärkte Reizklima fördert auch die Mineralität und bringt sehr konzentrierte, enge Weine, die von der Nuanciertheit und Vielschichtigkeit leben und nicht von der Opulenz. Für mich ist noch eine auffallende Besonderheit, dass am Kittenberg auch kleinere Jahrgänge sehr gut werden!“

Winzer: Alois Gross, Muster am Hochkittenberg (reine Südlage), König (Sausal), Kieslinger, Schloss Seggau

Ratscher Nussberg

Die Einzellage Ratscher Nussberg zählt auch landschaftlich zu den schönsten der Südsteiermark. Der nach Süden und Südwesten ausgerichtete Hang ist Teil eines Kessels rund um Ratsch und blickt der Sonne wie ein Hohlspiegel entgegen. Auf sandigen und silikathaltigen Mergelböden wachsen hier unter anderem Grauburgunder, Weißburgunder, Morillon und Sauvignon blanc von hoher Mineralik, Dichte und Reife. Alois Gross, dessen Weingut sich mitten am Ratscher Nussberg befindet, hat hier – den Bodentypen entsprechend – mehrere Rebsorten stehen: „Teilweise sind die Böden hier sehr sandig – das ist ideal für unseren Muskateller, der übrigens der erste Lagen-Muskateller der Steiermark war. Unser

Terrassenlagen am Ratscher Nussberg: Auf vulkanischen Tuffen gedeiht Alois Gross' Super-Traminer.

Flaggschiff, der Sauvignon blanc, steht auf Kalkmergel. Das ist nicht unbedingt typisch für Sauvignon und der Wein bringt deshalb auch keine vordergründige Aromatik. In der Jugend tut er sich darum im Wettbewerb schwer, mit zunehmender Reife kommen aber die typischen Sauvignon-Merkmale immer deutlicher heraus, vor allem eine klare Cassis-Note. Wir schwimmen hier gegen den Strom, versuchen das aber auszugleichen, indem wir die Weine zeitversetzt auf den Markt bringen. Im obersten Bereich des Nussbergs findet man vulkanische Tuffe, die durch einen Abbruch nach oben gekommen sind. Wir haben hier Terrassen angelegt und Traminer angepflanzt, weil wir glauben, dass der Boden ideale Voraussetzungen für diese Rebsorte bringt."

Winzer: Gross, Uhl, Bruckmayer (Gabersdorf), Rebenhof Aubell

Zieregg

Die Lage in Berghausen wurde durch die Topweine von Manfred Tement bekannt, dessen Weingut diesen Weinberg krönt. Er reicht bis zu einer Höhe von 470 Metern hinauf, ist nach Süden und Südwesten ausgerichtet und erstreckt sich bis ins benachbarte Slowenien hinüber. Auf Muschelkalk-Verwitterungsböden und blauem Mergel wachsen vor allem Sauvignon blanc und Morillon von unvergleichlicher Dichte, Vielschichtigkeit und Exotik, die zu den Besten der Welt zählen können.

Winzer: Manfred Tement, Domäne Müller

Pössnitzberg

Der Pössnitzberg bei Glanz auf einer Seehöhe von 450 bis 480 Metern ist mit seinen steilen Hängen ein besonders guter Boden für Sauvignon blanc und Morillon. Auf einem Untergrund von blauem Opok (Ton- und Schluffsteine) liegt nur eine seichte humose Schicht von 20 bis 40 Zentimetern auf, wodurch für die Reben bei extremer Trockenheit Stressbedingungen herrschen können. Die Weine zeigen hier einen dichten, weichen, reifen Charakter, aber auch – vor allem in kühleren Jahren – eine üppige Frucht mit exotischen Anklängen.

Winzer: Tscheppe am Pössnitzberg, Erwin Sabathi

Czamillonberg

Der Czamillonberg zwischen Pössnitz und Glanz an der Weinstraße gilt als eine der besten Lagen der Südsteiermark. Bekannt geworden ist er durch den Grafen Woracziczki, zu dessen Weingütern er gehörte, ehe er vom Weingut Eduard Tscheppe übernommen wurde. Famose Altweine, die bis zum Jahrgang 1947 zurückreichen, beweisen, wie langlebig steirischer Weißwein sein kann. Die Böden der 13 Hektar umfassenden Lage bestehen aus Erosionsmaterial und lockerer Braunerde; sie bieten beste Voraussetzungen für die Rebsorten Muskateller, Morillon und Sauvignon blanc. Der geradezu idealtypische Sauvignon blanc Czamillonberg aus dem Haus Tscheppe am Pössnitzberg zeigt mit seiner herrlichen, leicht exotischen Frucht und seiner balancierten Struktur Jahr für Jahr das Potenzial dieser Lage auf.

Winzer: Tscheppe am Pössnitzberg

Oberburgstall

Die Lage Oberburgstall bei Flamberg auf einer Seehöhe von rund 450 Metern ist ein nach Westen, in Richtung Koralpe hin, geöffneter Südhang-Kessel. Die kalkreichen Sandböden haben eine besonders gute Wasser- und Wärmespeicherkapazität. Obwohl Oberburgstall eine der nördlichsten Weinlagen der Südsteiermark ist, bringt sie durch die geschützte Kessel-Situation und eine Hangneigung von meist über 30 Prozent besonders reife Weine. Nachzukosten ist das bei Hannes Harkamp, der hier mächtige, vollreife Sauvignons, Morillons und Grauburgunder, aber auch interessante Rotweine wie die nach den hier gefundenen Sternchenkorallen benannte Cuvée „Montastraea" produziert.

Winzer: Hannes Harkamp

Über den Wein

Erich und Walter Polz
Auf den Weinkarten zu Hause

Irgendwann, es muss wohl Ende der 80er Jahre gewesen sein, haben sich Erich und Walter Polz in den Kopf gesetzt, mit ihren Weinen auf allen guten Weinkarten des Landes vertreten zu sein. „Aber am Anfang war das für uns gar nicht so leicht", erinnert sich Walter Polz schmunzelnd an eine Episode aus der Frühzeit ihrer Gastronomie-Erfahrungen.

Foto: Weingut Erich & Walter Polz

Wir schreiben das Jahr 1987. Erich und Walter Polz sind unterwegs nach Wien, im Kofferraum 60 Flaschen Muskateller und 60 Flaschen Sauvignon blanc für ein Restaurant in Wien. Walter: „Wohin müssen wir eigentlich liefern?" Erich: „Ins Steirereck!" Walter: „Sagt mir nichts …?" Erich: „Das ist ein Haubenlokal!" Walter: „Was ist denn ein Haubenlokal?" Erich: „Ein Restaurant mit besonders guter Küche!"

Nachdem der Wein abgeliefert ist, findet Erich, dass man – wenn man nun schon einmal hier ist – auch im Steirereck gegessen haben sollte. Gesagt, getan. Die Wachteln, die dann serviert wurden, sind Walter bis heute im Gedächtnis geblieben: „Sie schmeckten viel besser als die Hendln, die ich bis dahin gekannt hatte." Nach dem Essen präsentierte die damals schon amtierende Sommelier-Legende Adi Schmid die Rechnung, und die Brüder Polz legten ihre auf den Tisch. Da staunten sie allerdings nicht schlecht, das sie trotz der vielen Weinflaschen noch aufzahlen mussten.

„Am Heimweg waren wir zwar sehr stolz, im Steirereck gegessen zu haben", erzählt Walter Polz, „aber wir wussten auch, dass wir mit unseren Weinen noch viel besser werden mussten, damit wir etwas dafür verlangen können." Der Besuch im Steirereck erwies sich übrigens als Anfang einer bis heute andauernden, engen Beziehung, denn Adi Schmid kommt nach wie vor alljährlich aufs Weingut, um den neuen Jahrgang persönlich zu verkosten und seine Bestellung zu machen. Der Name Polz aber wurde längst zu einem Synonym für steirischen Spitzenwein, und Polz-Weine fehlen tatsächlich auf kaum einer guten Weinkarte zwischen Boden- und Neusiedlersee.

Franz Strablegg
Terroir statt Technologie

„Ich sehe mich nicht als Manager, der sich nur zum Arbeiter hinstellt und sagt: ‚Mach dies oder das!‘ Ich will den direkten Bezug zu meiner Arbeit nicht verlieren.“ Dass ihm das gelingt, kann man schon am wettergegerbten

Gesicht von Franz Strablegg erkennen. Er ist gerne draußen in der Natur, in seinen Weingärten, die so klingende Namen wie „Kaiseregg“ tragen und die er mit größter Sorgfalt pflegt. Die Arbeit gestaltet sich mühevoll, denn die Weingärten sind hier oben, in Eichberg-Trautenburg, besonders steil. Doch als Verfechter des Terroir-Gedankens glaubt Franz Strablegg an den Einfluss von Boden, Klima und Lage auf das Naturprodukt Wein. Gleichzeitig wittert er hier eine ernst zu nehmende Gefahr: „Es ist heute wirklich kein Problem mehr, einen Wein im Keller zu verändern – und ich fürchte, dass die Technologie in Zukunft eine noch größere Rolle spielen wird.“ Dadurch würde nicht nur die Bedeutung der Lagen schwinden, sondern auch die Individualität der Weine verloren gehen. „Wenn ähnliche Weine wie unsere unten in der Ebene mit Hilfe der Kellertechnik hergestellt werden können, dann lohnt es sich für uns nicht mehr, uns auf unseren steilen Leiten abzuplagen“, sinniert Strablegg und sieht nicht nur seinen Betrieb, sondern die gesamte Region durch diese Entwicklung gefährdet. „Doch wir Steirer sind Kämpfernaturen“, verscheucht der sympathische Naturbursch mit einem Lachen seine düsteren Gedanken und erklärt, wie man diesem Zukunftsszenario begegnet: „Unsere Philosophie ist es, über den Buschenschank und den Ab-Hof-Verkauf die Leute für das Thema zu sensibilisieren, einen Bezug zwischen Wein und Region herzustellen und die Landschaft sozusagen ‚mitzuverkaufen‘.“ Wer einmal auf der Sonnenterrasse von Strableggs altem Winzerhaus gesessen ist und die Weine des Hauses zum köstlichen Backhendl gekostet hat, wird nicht nur diese Philosophie, sondern auch einen anderen Grundsatz des Winzers verstehen: „Wir machen Weine zum Trinken!“

Gerhard Wohlmuth
Mit dem Siegel des Rabbi

„Wir sind ein multikulturelles Haus und ich habe keine Berührungsängste mit irgendeiner Religion", erklärt Gerhard Wohlmuth, dessen Weine in nicht weniger als 19 Ländern von den USA über Japan bis Russland getrunken werden. Dass Wohlmuth irgendwann Mitte der 90er Jahre die Idee hatte, auch koscheren

Wein zu produzieren, ist kein Zufall. Seine Familie, die seit 1803 in der Steiermark ansässig ist, hatte jüdische Vorfahren in Ungarn. Ehe ein Wein sich freilich mit dem Etikett „kosher for passover" – das bedeutet, dass der Wein auch dann koscher ist, wenn er von einem Nichtjuden eingeschenkt wird – schmücken darf, muss er ein kompliziertes Prozedere durchlaufen. Im Weingarten dürfen keine tierischen Düngemittel eingesetzt werden und alle Produkte, die für die Weinbehandlung verwendet werden, müssen auf einer Liste für „kosher" oder „kosher for passover" zugelassen sein. Bei der Ernte sind für die Leser Handschuhe vorgeschrieben, sämtliche Gerätschaften, die mit dem Wein in Berührung kommen, dürfen nicht aus Metall sein und müssen auf über 100 Grad erhitzt werden, und für die Reifung dürfen ausschließlich neue Holzfässer verwendet werden. Der Wein selbst wird für einige Sekunden auf über 90 Grad erhitzt und für jede Bewegung des Weines wie Umpumpen oder Abfüllen kommt eigens der Rabbi ins Haus, der den Koscher-Status letztendlich mit seiner Unterschrift bestätigt.

Wohlmuths koschere Weine, ein kräftiger Chardonnay mit internationaler Stilistik und eine fruchtig-elegante Rotwein-Cuvée, sind inzwischen weit in der Welt herumgekommen.

„Gerade in Amerika erregen die Weine Aufmerksamkeit und verkaufen sich sehr gut", erklärt Wohlmuth nicht ohne Stolz und kann auf hochkarätige Referenzen wie den Film-Zampano Steven Spielberg verweisen, dessen Familie ursprünglich im steirischen Spielberg beheimatet war. Doch zählen nicht nur Menschen jüdischen Glaubens zum Kundenkreis. Die Weine werden auch von Katholiken, vor allem Geistlichen, gekauft und selbst der Bischof von Graz genießt ab und zu ein Gläschen garantiert koscheren Wein.

Familie Scheucher
Die Ab-Hof-Kaiser

Für Weinhändler ist der Weg nach Labuttendorf eine unergiebige Angelegenheit. Man kommt zum Hof der Familie Scheucher, kostet die klaren, fruchtigen und blitzsauberen, eben typisch steirischen Weine, freut sich über das hervorragende Preis-Leistungs-Verhältnis, will kaufen und: zieht unverrichteter Dinge wieder ab. „Wir verkaufen 80 Prozent unserer Weine ab-Hof", erklärt Junior Paul Scheucher, der nach acht Semestern an der deutschen Weinbau-Eliteschmiede in Geisenheim im Jahr 2002 in den Betrieb zurückgekommen ist, warum man von Großhändlern nichts wissen will. „Wir sind in der Gastronomie gut vertreten, die anderen Weine gehen an Privatkunden – und wir mögen es, wenn die Leute zu uns herkommen." Ein Konzept, das hervorragend funktioniert, denn Absatzsorgen haben die Scheuchers bei einer Rebfläche von rund 12 Hektar keineswegs – und das, obwohl man im Unterschied zu fast allen bekannten Winzern des Landes keine Homepage betreibt und nicht einmal mit einem Hausprospekt aufwarten kann. So etwas braucht man hier nicht, hat man doch – vom Wein einmal abgesehen – wesentlich bessere Werbemittel im Köcher. Denn, selbst wenn man Labuttendorf ohne Liefervertrag verlässt, sind die hervorragenden Schinken-, Wurst- und Aufstrichspezialitäten, die Mutter Johanna Scheucher serviert, mehr als nur ein Trost: Alles stammt hier aus eigener Produktion, sozusagen ein Überbleibsel aus der Zeit, als man noch einen Buschenschank betrieben hat und mit der Qualität der zugekauften

Lebensmittel nicht zufrieden war. So begann man selbst, alte Schweinerassen im Freigehege zu züchten und Würste, Speck und vieles mehr zu produzieren. „Die Leute kommen vorbei, um Wein zu kaufen, kosten und essen eine Kleinigkeit", erklärt Paul Scheucher. „Das Konzept, für das wir uns entschieden haben, ist sehr persönlich. Es muss immer jemand am Hof sein – aber dafür sind wir auch unabhängig."

Die Winzer

Postkarten-Idylle an der Südsteirischen Weinstraße: Der Wein brachte hier einen allgemeinen Aufschwung.

Weingut Brolli – Arkadenhof

8462 Gamlitz, Eckberg 43

Der Arkadenhof der Familie Brolli liegt direkt an der Südsteirischen Weinstraße – darum nimmt der große Buschenschankbetrieb im traditionsreichen Familienunternehmen auch eine wichtige Stellung ein. Dass man dort und in der hauseigenen Vinothek eine breite Palette von Weinen in sehr ansprechender Qualität genießen kann, ist dabei sicher weder dem Geschäft noch der Reputation abträglich.

Dreisiebner Stammhaus

8461 Sulztal 35

Ein traditionsreiches Weingut – seit 1890 im Familienbesitz –, ein junger Kellermeister – Hannes Dreisiebner – und beste Lagen im Sulztal. Da kann eigentlich nur etwas Gutes herauskommen, und das tut es auch. Herausragend sind die im Barrique ausgebauten Reserven vom Sauvignon blanc und Morillon aus der Lage Hochsulz, doch auch was sich im volksnäheren Bereich abspielt, wie die „Classic"-Weine vom Muskateller, Weißburgunder oder Sauvignon blanc, bietet eine Menge Trinkspaß. Die nötige kulinarische Begleitmusik dafür spielt im Buschenschank dieses stark aufstrebenden Hauses.

Engelbert und Monika Elsnegg

8462 Gamlitz, Eckberg 26

Das schmucke Winzerhaus am Eckberg bringt nicht nur alljährlich zuverlässig ausgezeichnete, typisch steirische Weine, sondern zuweilen gar steirische Weinköniginnen hervor …

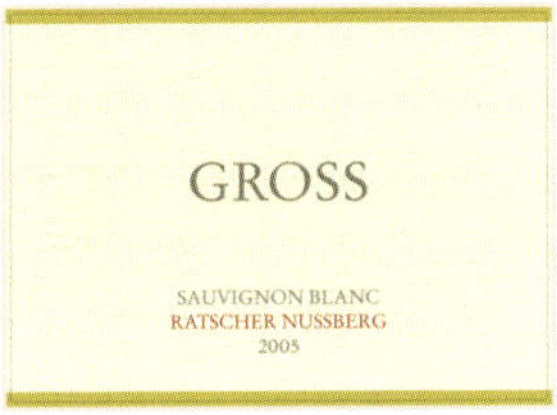

Weingut Felberjörgl

8442 Kitzeck im Sausal, Höch 47

Wie viele andere Weingüter vor und nach ihm habe ich auch den „Felberjörgl" durch ein Glas Wein entdeckt, das man mir irgendwo serviert hat. „Hoppla", dachte ich mir, „den Mann musst du dir ansehen, das ist wirklich gut ..." Am nächsten Vormittag stand ich auch schon im idyllisch und ein wenig versteckt unterhalb des Demmerkogels gelegenen Buschenschank und kostete mit Hans-Peter Temmel seine frischen, glockenklaren und von einer präzise herausgearbeiteten Fruchtigkeit geprägten Rieslinge, Sauvignons und Morillons. Damals war der Felberjörgl noch ein Geheimtipp und irgendwie ist er das noch immer. Dabei hat Hans-Peter Temmel, der beim großen Alois Gross praktizierte, ehe er den heimischen Betrieb übernommen hat, mit seinen Weinen inzwischen schon eine ganze Latte von Auszeichnungen geholt. Aber, wie heißt es so schön bei Frankie-Boy Sinatra? „The best is yet to come ..."

Gross

8461 Ratsch an der Weinstraße 26

Es ist mehr als nur ein Wortspiel, wenn man vom „großen Alois Gross" spricht. Denn tatsächlich zählt „Big Al" zu den ganz Großen der heimischen Weinszene. Und es macht durchaus auch Sinn, das immer wieder zu betonen. Denn wenn es ans Eingemachte, sprich: die großen Lagenweine vom Nussberg wie den Sauvignon blanc, den Morillon, den Traminer oder den Weißburgunder, geht, dann sind diese oft nicht so leicht verständlich wie Vergleichbares von manchen Winzerkollegen. Sie brauchen eine Weile – oft sogar Jahre – in der Flasche, bis sie wirklich alles offenbaren, was in ihnen steckt. Ich erinnere mich noch gut an eine Szene im „alten" Wiener Steirereck, als uns Sommelier-Legende Adi Schmid mit einem acht Jahre alten Sauvignon blanc vom Nussberg nicht nur ordentlich reinlegte, sondern auch gewaltig verblüffte. Nie hätten wir geglaubt, dass der Wein eine derartige Aromenfülle und Komplexität erreichen könnte. Man sollte sich bei solchen Granaten also lieber ein bisschen Zeit lassen – und einstweilen die vor Frucht und Mineralik blitzenden „Steirischen Klassiker" aus dem Hause Gross genießen.

Harkamp

8505 St. Nikolai im Sausal
Flamberg 46

Hannes Harkamp war gerade einmal 22 Jahre alt, als er im Jahr 1991 die Verantwortung im Familienbetrieb übernommen hat. Inzwischen ist er ein bisschen weniger jung und wohl auch ein bisschen weniger wild – aber einen eigenständigen Weg geht er nach wie vor. Seine önologischen Hörner hat er sich mit Weinen, die in Sachen Alkohol und Barrique-Einsatz in der Steiermark Maßstäbe setzten und damit für ziemliches Aufsehen sorgten, wohl abgestoßen. Heute geht es mit weniger Alkohol, dafür präsentieren sich seine Weine wie der Sauvignon blanc und der Morillon von der Toplage Oberburgstall unglaublich konzentriert und vielschichtig – ein paar Jahre in der Flasche, Burgunder-Gläser und eine Dekantierkaraffe seien hiermit empfohlen. Neben diesen erhabenen Wein-Monumenten keltert Harkamp aber auch Zugänglicheres, vom spritzigen „Jungen Römer" bis zur Muskateller-Fruchtbombe aus der Serie mit dem bezeichnenden Namen „Steil".

Jaunegg
8463 Leutschach
Eichberg-Trautenburg 160

Den ersten Wein von Daniel Jaunegg, der zu dieser Zeit, glaube ich, gerade mal einen Führerschein besessen hat, habe ich im Käsehof Abel in Leutschach gekostet. (Danke noch nachträglich für den Tipp!) Damals unternahm der – immer noch – junge Bursche (Jahrgang 1980) gerade seine ersten Gehversuche, füllte aber bereits sehr beachtliche Weine in die noch mit eher folkloristischen Etiketten versehenen Flaschen. Inzwischen sind die Etiketten modern-reduziert und das neue Weingut, das die Jauneggs in Sichtweite ihres hübschen Buschenschanks gebaut haben, sieht aus, als wäre eine fliegende Untertasse am Eichberg gelandet. Dass die Außerirdischen von hier nicht mehr weg wollten, ist klar: denn an den Weinen des Hauses wie dem Sauvignon blanc, dem Morillon oder dem Grauburgunder von der Lage Knily, die eine tolle Frische und Frucht mit konzentriertem Körper und reifer, animierender Säure verbinden, trinkt man sich so schnell nicht satt.

Kein gelandetes Ufo, sondern das Weingut von Daniel Jaunegg in Eichberg-Trautenburg.

Weingut Kieslinger
8430 Leibnitz, Kogelberg 36

Ein wunderschönes, altes Herrenhaus in einer Traumlage hoch über Leibnitz. Das könnte genauso gut eine Touristenfalle sein – ist aber tatsächlich eine Art Vorstufe zum Paradies. Dank der Familie Kieslinger, die Weingut und Buschenschank führt, fühlt man sich hier schon bald nicht mehr als Gast, sondern vielmehr als Freund – und die blitzsauberen Rieslinge, Sauvignons oder der duftige, rare Rosenmuskat, die von den Kieslingers am Kogelberg gekeltert werden, sind durchaus geeignet, diese Freundschaftsbande noch zu verstärken.

Lackner-Tinnacher
8462 Gamlitz, Steinbach 12

Der Verkostungsraum in den alten Gewölben dieses seit 1770 bestehenden Weingutes atmet Tradition; der neue, perfekt in den Weinberg eingelassene Weinkeller dagegen ist ein Musterbeispiel für moderne Wein-Architektur, die Funktionalität mit ansprechender Optik verbindet, ohne dabei einen hässlichen Fleck in der Landschaft zu hinterlassen. Die Weine vom Weingut Lackner-Tinnacher zählten zu den Ersten, die bereits in den 80er Jahren den Sprung in die Vinotheken und Restaurants außerhalb der steirischen Landesgrenzen schafften. Und sie zählen noch heute zu den Besten der Grünen Mark, wobei Fritz Tinnachers Linie sich nicht verändert hat: klare, unaufdringliche Weine, die nur in Stahl und großen Holzfässern ausgebaut werden und ausschließlich das widerspiegeln, was Sorte und Terroir hergeben. Vielleicht liegt es daran, dass sich Tinnacher, der neben dem Weinbau auch Obstgärten bearbeitet – unter anderem gehen daraus köstliche Destillate hervor – besonders intensiv mit der Natur auseinandersetzt. Jedenfalls sind seine Weine wie der Grau- und Weißburgunder, der Sauvignon blanc und der Morillon von den Lagen Welles, Steinbach und Eckberg in ihrer bezaubernden Unaufdringlichkeit genau das, was man sich unter einem reinen Naturprodukt vorstellt.

Maitz
8461 Ratsch an der Weinstraße 45

Wo der Maitz ist, ist oben – und das ist gut so in der Südsteiermark, denn wer oben ist, hat eine tolle Aussicht. In diesem Fall beschränkt sich diese allerdings nicht auf den Rundblick, sondern schließt auch gut Essen, schön Wohnen und feinen Wein mit ein. Wolfgang Maitz, der Lagen am Hochstermetzberg und am Schusterberg bewirtschaftet, gilt seit langem als zuverlässiger Produzent qualitativ hochwertiger Weine. Weil die aber Teil eines Gesamtkonzeptes mit Buschenschank, Winzerzimmern und eigener Hausbrennerei sind, fiel der Blick von außen vielleicht weniger auf diese, als bei Kollegen, die sich ausschließlich dem Weinbau widmen. Mit Wolfgang Maitz junior, der nach dem Abschluss der Weinbauschule Silberberg in den Familienbetrieb zurückgekommen und inzwischen für die Kellerwirtschaft verantwortlich ist, könnte sich das ändern. Schöne Verkostungserfolge weisen jedenfalls darauf hin, dass hier beim Wein noch mehr Gas gegeben wird als bisher.

Melcher – Schloss Gamlitz

8462 Gamlitz
Eckberger Weinstraße 32

Das Schloss von Gamlitz – erbaut in den Jahren 1111 bis 1131 und damit eines der ältesten Weingüter Österreichs, von der Familie Melcher um das Jahr 1900 übernommen – war und ist ein Wein- und Kulturzentrum im Herzen der Südsteiermark. Im Jahr 1990 war es Schauplatz der Landesausstellung zum Thema Weinkultur, deren Exponate heute im sehenswerten Weinmuseum ausgestellt sind. Hausherr Arnold Melcher sorgt hingegen dafür, dass alljährlich auch „kost-bare" Exponate in Flaschenform den Keller des Hauses füllen. Von sieben Hektar Weingärten in der Lage Sonneck wird hier so ziemlich alles gekeltert,

was in der Steiermark sinnvoll ist – vom leichten Welschriesling über fruchtige, nach der Champagnermethode hergestellte Sekte aus Sauvignon blanc und Muskateller bis zum Barrique-Sauvignon, der eine klare internationale Stilistik zeigt und gerne zwei, drei Jahre in der Flasche verbleibt. Länger haben es die Vinotheksweine des Hauses ausgehalten: Im Keller des Schlosses ruhen noch Schätze bis zurück in die 50er Jahre, die zeigen, dass man schon damals auf Qualität gesetzt hat. Ach ja, und gut essen und schön wohnen kann man in diesem Weinschloss natürlich auch.

Erich & Walter Polz

8471 Spielfeld, Grassnitzberg 54 a

In nur zwei Jahrzehnten haben die Brüder Erich und Walter Polz aus einem bescheidenen Weinbaubetrieb mit Buschenschank ein Wein- und Genussimperium gemacht, das seinesgleichen sucht. Herzstück ist dabei das Weingut am Grassnitzberg, auf dem Trauben von mehr als 100 Hektar aus Eigenflächen und von Vertragswinzern verarbeitet werden. Die wichtigsten „Satelliten" in Sachen Wein sind das Weingut Tscheppe am Pössnitzberg (siehe S. 450), das Weingut des Dr. Aubell, dessen Weine ebenfalls von Polz gemacht werden, und die grenzüberschreitende Kooperation „Miro-Vino" mit dem Winzer Miro Munda im slowenischen Weingebiet von Jeruzalem. Den Vertrieb vor Ort sichert die imposante Vinofaktur in Leutschach, die neben allen Polz-Produkten auch ein breit gefächertes Sortiment von steirischen Weinen und Spezialitäten führt. Überhaupt geht das Engagement der Brüder Polz, die rastlos immer wieder neue spannende Projekte suchen und verwirklichen, weit über den eigenen Betrieb hinaus: Längst schon haben sie erkannt, dass sich der eigene Betrieb nur entwickeln kann, wenn sich die gesamte Region entwickelt. Bei aller Expansion ist es Erich und Walter Polz aber auch gelungen, mit ihren Weinen stets an der Spitze zu bleiben. Die hochkonzentrierten, mineralischen Sauvignon blancs und Morillons von der Einzellage Hochgrassnitzberg sind die Flaggschiffe des Hauses, wobei ihnen der etwas üppigere Morillon vom Obegg qualitativ kaum nachsteht. Daneben bietet man die komplette Palette steirischer Weißweine in hervorragender Qualität an und garniert dieses Sortiment noch mit Farbtupfern wie dem „Hobby“ Pinot noir.

Pongratz

8462 Gamlitz, Kranachberg 73

Steirisches Sonnenterrassen-Idyll vom Feinsten – das ist das Weingut samt Buschenschank und Gästezimmern der Familie Pongratz hoch oben am Kranachberg. Aber die Sonne kommt hier nicht nur den Gästen zugute, die vom Garten aus einen herrlichen Rundblick genießen: Auch die Trauben der neun Hektar Rebfläche, die Franz Pongratz und Junior Markus am Kranachberg und am Hochberg bewirtschaften, freuen sich über die prächtige Lage und liefern reife, aber durch die schon beachtliche Seehöhe auch sehr fruchtige Weine, die vor allem einmal viel Trinkvergnügen bereiten. Dass er auch anders kann, beweist Markus Pongratz mit den im Barrique ausgebauten Chardonnays und Sauvignons vom Hochberg und Unterhochberg – vielleicht nicht so typisch steirisch, aber auf jeden Fall (und das ist wörtlich zu nehmen) ausgezeichnet.

Winterruhe in der Ried Kaiseregg, Eichberg-Trautenberg

Weingut Regele

8461 Berghausen 34

Georg Regele hat den 1830 gegründeten und seit den Nachkriegsjahren vor allem für seine Perlweinproduktion (Platscher Perle) bekannten Betrieb auf eine neue Basis gestellt. Das Bemühen gilt jetzt vor allem qualitativ hochwertigen, trockenen Weinen, mit denen man sich einen Namen machen will. Die ausgezeichneten Lagen in Sulztal sind dafür eine gute Basis. Sichtbares Zeichen für die Neuorientierung ist der neu errichtete, moderne Verkostungsraum, in dem die beiden Weinakademiker Ingrid und Georg Regele ihre Weine nun präsentieren. Tipp: In der Vinothek des Hauses schlummern noch Altweine, vor allem vom Traminer, bis zurück ins Jahr 1948.

Karl Renner

8463 Leutschach, Pössnitz 79

Gerade in der Steiermark ist es eine besondere Herausforderung, biologischen oder biodynamischen Weinbau zu betreiben. Die relativ hohen Niederschlagsmengen sorgen immer wieder für hohe Fäulnisanfälligkeit der Trauben – und der ist mit Pflanzenschutzmitteln besser beizukommen als mit natürlichen Substanzen. Dennoch hat Karl Renner diesen schwierigen Weg gewählt, denn er will seine Weine so weit wie möglich „vor negativen geschmacklichen Fremdeinflüssen bewahren“. Dabei ist er aber keineswegs sektiererisch – moderne Kellertechnik ist hilfreich und darum durchaus willkommen. Renners Weine sind dementsprechend eigenständige Persönlichkeiten, duftig, aber nicht laut, aromatisch und bekömmlich. Neben den Weinen fürs easy drinking wartet Renner aber auch mit Reserven vom Sauvignon und Chardonnay auf, die vom Barrique noch zusätzliches „Schmalz“ bekommen.

Weingut Rebenhof – Dr. Aubell

8471 Spielfeld, Grassnitzberg 54a

Die Weine dieses Gutes, das sich im Besitz des Leobener Wirtschaftstreuhänders Dr. Eginhard Aubell befindet, wurden bisher von den Brüdern Polz produziert, sollen aber in Zukunft in Eigenregie der Familie entstehen. Von rund zehn Hektar Rebflächen in ausgezeichneten Lagen am Witscheiner Herrenberg und am Ratscher Nussberg stammen sehr feingliedrige und fruchtbetonte, angenehm zu trinkende Weine der wichtigsten steirischen Rebsorten vom Muskateller bis zum Sauvignon blanc.

Demmerkogel, größter Klapotetz

Riegelnegg – Olwitschhof

8462 Gamlitz, Steinbach 62

Otto Riegelnegg ist kein spektakulärer „Medienwinzer", aber die Weine, die er in seinem schmucken Winzerhaus aus dem Jahr 1808 zur Verkostung bringt, zeigen ohnehin deutlich sicht- oder besser: riech- und schmeckbar auf. Sein herrlich duftiger Muskateller-Sekt ist eine Klasse für sich (und deshalb meistens ausverkauft) und seine trockenen Weißweine vom Muskateller über den Riesling bis zum Morillon sind stets von einer klaren Frucht geprägt und bereiten nicht zuletzt aufgrund ihrer angenehm zurückhaltenden Alkoholgradation vor allem viel Trinkvergnügen. Daneben betreibt Riegelnegg aber auch „Hobbys" wie den einen oder anderen Eiswein, oder die Cuvée „Roter Sernauberg" aus Zweigelt und Blauem Wildbacher, die bis zu 30 Monate im Barrique ausgebaut wird, um anschließend (wie 2005) den Landessieger zu holen ...

Erwin Sabathi

8463 Leutschach, Pössnitz 48

Erwin Sabathi ist trotz seiner relativen Jugend stolzer Besitzer einer der eindrucksvollsten „Wein-Werkstätten" an der Südsteirischen Weinstraße. Ein Blick ins Innere dieser Hightech-Maschine lohnt sich ebenso wie ein Abstecher in den modernen Verkostungsraum. Hier präsentiert Sabathi, der im Betrieb von seinen Brüdern Gerd und Christoph unterstützt wird, eine Palette von Weinen, die sowohl im Klassik- als auch im Lagenbereich keine Wünsche offen lassen. Mit den Top-Produkten wie dem Sauvignon blanc vom Pössnitzberg oder den Weinen der Merveilleux-Serie, die im Barrique ausgebaut werden, hat Sabathi nicht nur bei heimischen Konkurrentzen immer wieder die Nase vorn, sondern punktet auch auf dem internationalen Parkett.

Hannes Sabathi

8462 Gamlitz, Kranachberg 51

Gar nicht so leicht, sich im steirischen Weinland zu profilieren, wenn man Sabathi heißt – aber der junge Hannes Sabathi, der den Betrieb seit 1998 führt, hat das Rüstzeug dazu: eine profunde Ausbildung in Silberberg, erstklassige Lagen an seinem Hausberg, dem Kranachberg, und den bedingungslosen Willen zur Qualität. In Flaschen umgesetzt heißt das: frische, fruchtige Klassiker wie Welschriesling, Muskateller oder Weißburgunder, konzentrierte, aber nicht übermächtige Lagenweine vom Kranachberg und Jägerberg sowie, wenn es das Jahr zulässt, Reserven vom Sauvignon blanc und vom Morillon, die bis zu 18 Monate im Barrique ausgebaut werden.

Sattlerhof

8462 Gamlitz, Sernau 2

Die neuere steirische Weinbaugeschichte, in der so mancher früher renommierte Betrieb in der Versenkung verschwunden ist, während viele neue einen fulminanten Aufstieg erlebt haben, ist eigentlich noch zu jung, um von „Dynastien" zu sprechen. Im Fall von Willi Sattler trifft die Bezeichnung jedoch zu, denn schon sein Vater, Wilhelm senior, hat im steirischen Weinbau Pionierleistungen vollbracht. War er es, der mit trockenen Weinen Furore gemacht hat, so war Willi einer der Ersten im steirischen Weinland, die mit dem Barrique-Ausbau experimentiert haben. Willi Sattler ist ein Kämpfertyp, eigensinnig im besten Sinn des Wortes und nicht verlegen, wenn es darum geht, seine Meinung kundzutun. Eigenschaften, die ihm neben seiner Zielstrebigkeit, seinem Qualitätsfanatismus und – nicht zuletzt – seiner kongenialen Frau Maria geholfen haben, aus dem schon gut aufgestellten Winzerbetrieb ein Weingut von internationalem Rang zu machen. Das Weinsortiment beginnt mit duftigen Jungweinen wie dem chronisch ausverkauften Gelben Muskateller und endet bei konzentrierten, vielschichtigen und langlebigen Lagenweinen wie Sauvignon blanc, Weiß- und Grauburgunder oder Morillon vom Kranachberg, Sernauberg und Pfarrweingarten. Die kräftigsten dieser Weine werden mit viel Fingerspitzengefühl im Barrique ausgebaut und verdienen sich ein paar Jahre Reifezeit, großvolumige Burgunder-Gläser und eine Stunde in der Dekantierkaraffe.

Sattlerhof
Gamlitz | Südsteiermark

Sauvignon blanc
2006

Weingut Scheucher

8423 St. Veit am Voggau
Labuttendorf 20

Die Scheuchers sind Weinbauern im besten Sinne des Wortes. Nichts Glamouröses haftet ihnen an, und wenn im Familienweingut in Labuttendorf etwas glänzt, dann die blitzsauberen Stahltanks im neuen Weinkeller, den man sich im Jahr 2004 geleistet hat. Paul Scheucher, der Junior, kam im Jahr 2002 in den Betrieb, nachdem er zuvor acht Semester an der deutschen Weinbau-Eliteschmiede in Geisenheim studiert hatte. Allerdings nicht, um die Welt neu zu erfinden, sondern um das von seinem Vater, Gottfried Scheucher, verfolgte Konzept weiterzuführen. Das heißt, klare, fruchtige und saubere Weine, klassisch steirisch eben, super zu trinken und mit einem tollen Preis-Leistungs-Verhältnis. Und es heißt: Ab-Hof-Verkauf.

Schilhan

8462 Gamlitz, Kranach 8

Wilfried Schilhan ist bekennender Elvis-Fan – was seine Koteletten auf den ersten Blick verraten – aber als „Pate" für den 2005 eröffneten Weinkeller am Jägerberg musste dennoch Kollege Elton John herhalten: „Crocodile Rock" heißt das Schmuckkästchen, in dem Schilhan seine modernen, aber eben auch typisch steirischen Weine keltert. Eher der leichten Muse sind der „Steirische Spiegel", Riesling, Muskateller & Co. zuzurechnen, während der Morillon, der Grauburgunder oder die rote Cuvée „Cuvest" aus Blauem Wildbacher, Cabernet und Zweigelt schon schwerere Beats anklingen lassen. „Sweetest thing" im Keller ist schließlich die Mischung aus Trockenbeerenauslese und Eiswein vom Roten Traminer mit dem Namen „Aaron" – ein Tribut an den King.

Schneeberger

8451 Heimschuh, Pernitsch 19

In der großen Kellerei der Familie Schneeberger fährt man auch eine Qualitätsweinschiene mit fruchtig-steirischen Weinen vom Welschriesling über Muskateller bis zu Chardonnay und Sauvignon blanc, die nicht zuletzt durch ein tolles Preis-Leistungs-Verhältnis auffallen. Überzeugen kann man sich davon im Schneeberger-Buschenschank, der von April bis November täglich geöffnet ist.

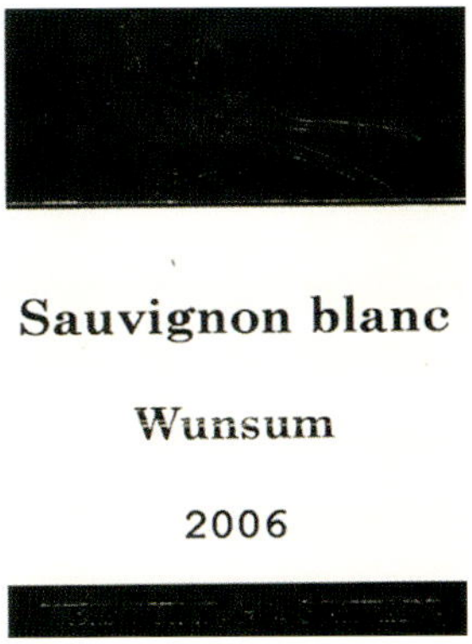

Weingut Hans und Rosemarie Schwarz

8442 Kitzeck, Greith 35

Die Familie Schwarz keltert am Sonnenbalkon von Kitzeck Weine, die für diese exponierte Höhenlage typisch sind: Urgesteinsböden, steile Hänge, warme Tage und kühle Nächte verhelfen Weißburgunder, Sauvignon und Co. zu einer klaren, frischen Frucht und einer feinen, animierenden Säure. Trinkvergnügen garantiert!

Silberberg

8430 Leibnitz, Kogelberg 16

Der Weinbauschule Silberberg, deren Schulbänke die Meisten drückten, die heute den steirischen Weinbau bestimmend mitgestalten, kann man auch in Sachen eigenem Wein ein gutes Zeugnis ausstellen. Gekeltert wird die gesamte steirische Sortenpalette von verschiedenen Lagen in der Südsteiermark, weiß und rot, klassisch und im Barrique, aus herkömmlich bewirtschafteten Rebflächen und solchen, die nach biologisch-organischen Richtlinien bewirtschaftet werden. Vielfalt muss sein – aber dabei stimmt auch die Qualität von Weißburgunder, Morillon, Sauvignon & Co., was nicht zuletzt auch durch zahlreiche Verkostungserfolge bestätigt wird. Wer nicht zur Schule gehen, aber trotzdem etwas über den Weinbau lernen möchte, hat dazu auf dem Weinlehrpfad, der durch die Weinberge hinter der Schule führt, die Gelegenheit dazu.

Peter Skoff

8462 Gamlitz, Kranachberg 50

Wein trinken, wohnen, genießen – dafür ist das wunderschön am Kranachberg gelegene Weingut Skoff einer der besten Plätze in der Südsteiermark. Die flüssigen Argumente dafür keltern die Skoffs aus inzwischen 14 Hektar Weingärten, wobei man als Gast die Qual der Wahl hat: Es gibt fast nichts, was es hier nicht gibt: vom duftigen Muskateller über die von konzentrierter Frucht geprägten Lagenweine bis hin zu Spezialitäten wie den feinen Edelbränden oder dem Winzersekt vom Morillon.

Walter Skoff

8462 Gamlitz, Eckberg 16

Als Walter Skoff das Familienweingut im Jahr 1984 von seinem Vater übernahm, waren da gerade einmal 1,7 Hektar Rebflächen – und ein gemütlicher Buschenschank. In nur zwei Jahrzehnten hat Skoff den Betrieb zu einem der größten und wichtigsten der Steiermark gemacht und mit seinem spektakulären Kellerbau – modernste Technik in riesigen, traditionellen Backsteingewölben – auch ein sichtbares Zeichen dafür gesetzt. Die besondere Liebe von Skoff, der sich inzwischen die Verantwortung für die Kellerwirtschaft mit seinem Sohn Joachim teilt, gilt dem Sauvignon blanc, der in den verschiedensten Spielarten, vom fruchtigen Trinkwein bis zum mächtigen, mit viel neuem Holz aufgeladenen

Ried Czamillonberg bei Leutschach: Die Sauvignon blancs von dieser Lage sind legendär (oben).
Die modernen Kathedralen des Weins: Kleines und großes Holz im Fasskeller des Weinguts Tement (unten). Foto: Tement

„Royal“, angeboten wird. Keller und Weinsortiment spielen hier alle Stückerln und – noch eine gute Nachricht – den gemütlichen Buschenschank gibt es nach wie vor.

Johannes und Maria Söll

8462 Gamlitz, Steinbach 63 a

Gemeinsam mit seiner Frau Maria führt Johannes Söll dieses Kleinkunstwerk des Genusses am Sernauberg. Schon der inzwischen nur mehr nach Voranmeldung geöffnete Buschenschank galt ob der Lage und der Qualität der Weine als Geheimtipp; inzwischen sind noch ein paar extravagante Gästezimmer dazugekommen, und neben blitzsauberen, fruchtig-eleganten Weinen bietet man Besuchern noch andere Köstlichkeiten aus eigener Produktion wie Edelbrände, Fruchtsäfte und Kernöl an. Eine besondere Rarität sind außerdem die Reserve-Weine, die erst nach mehreren Jahren der Flaschenreife verkauft werden – warten lohnt sich!

Weingut Strablegg-Leitner

8454 Eichberg-Trautenburg 54

In Sachen Weinbau macht Franz Strablegg alles, was notwendig ist, um erstklassige, vom Terroir – in seinem Fall so exzellente Lagen wie Kaiseregg – geprägte und typisch steirische Weine zu machen. Dazu gehört etwa der Sauvignon blanc – ein konzentriertes, mineralisches Fruchtbündel, das zu trinken wirklich ein kaiserliches Vergnügen darstellt. Ein Wein, der wie so mancher andere aus diesem Haus für sich spricht. Das findet auch der Winzer, der auf andere Marketingaktivitäten gern verzichtet.

Tement

8461 Berghausen, Zieregg 13

Nach dem frühen Tod seines Vaters musste Manfred Tement schon in jungen Jahren – damals gemeinsam mit seiner Mutter Edina und neben der Weinbauschule in Klosterneuburg – die Verantwortung für die Kellerwirtschaft im Haus übernehmen. Vielleicht liegt es daran, dass man bei ihm oft das Gefühl hat, er sei noch mehr als andere mit seinen Weinen geradezu verwachsen. Kompromisslos hat er, unterstützt von seiner Familie – Frau Heidi „schupft“ den Laden und hält ihrem Mann den Rücken für den Wein frei, Junior Armin mischt bereits in Weingarten und Keller mit –, den bescheidenen Betrieb zu einem Musterweingut mit internationaler Reputation gemacht. Sichtbares Zeichen dafür ist der Weinkeller im Hang der Spitzenlage Zieregg, der zwar auch optisch eine Augenweide ist, vor allem aber als perfekte Werkstatt für den Winemaker konzipiert wurde. Die Weine des Hauses stammen inzwischen von vielen Spitzenlagen der Südsteiermark, wie Sernau, Grassnitzberg, Sulz oder Steinbach, wobei den Sauvignon blancs und Morillons von der Lage Zieregg nach wie vor eine besondere Bedeutung zukommt. Diese konzentrierten, hochreifen, aber niemals üppigen Topgewächse wurden zum Markenzeichen Tements, zu Liebkindern der Weinfreunde und Dauermietern auf den Siegerpodesten der Verkostungen: Nicht zuletzt aber zeigten sie schon früh auf, dass Topqualitäten aus der Südsteiermark das Zeug zum Langstreckenläufer haben. Heute mischt Tement auch in etlichen Kooperationen und Gemeinschaftsprojekten wie Arachon, TOMS oder der Selektion Günther Wagner mit, wobei er stets darauf achtet, dass er die Weinproduktion entweder gleich selbst erledigt oder dabei zumindest federführend mitmischt. So bleibt eines gewährleistet: Wo Tement draufsteht, ist Topqualität drin.

Weingut Terra Gomeliz

8462 Gamlitz, Steinbach 35

Nicht alle Weingüter sind seit Generationen weitervererbte Familienbetriebe. Sebastian Lerchl, der die angesehene Weinbauschule von Geisenheim absolviert und bei Alois Gross praktiziert hat, verwirklichte hoch über dem Weinort Gamlitz seinen Traum vom eigenen Weingut. Schon der Name des Betriebes weist darauf hin, dass der ambitionierte Neo-Winzer in seinen Weinen vor allem das typische Terroir und Klima des Weinlandes um Gamlitz zum Ausdruck bringen will. Bei seinen Topselektionen, die unter der Bezeichnung „Very Rare" vermarktet werden, bringt der Einsatz von neuem Holz aber auch einen Schuss Internationalität ein.

Weingut Andreas Tscheppe

8463 Leutschach, Glanz 75

Nachdem Andreas Tscheppe im Jahr 2005 seine Pachtflächen auf der Riegersburg zurückgelegt hat, konzentriert er sich jetzt ganz auf seine eigenen Weingärten am Langeggerberg in Glanz. In Steillagen mit bis zu 70 Grad Hangneigung stehen die Rebstöcke zum Teil auf blauem Opok, einem Meeressediment, das hier vor zwei Millionen Jahren abgelagert wurde. Als Referenz an dieses Terroir, das besonders aromatische und mineralische Weine erbringt, tragen Tscheppes Top-Sauvignon blancs und -Morillons die Bezeichnung „Opok".

Weingut Tscheppe am Pössnitzberg

8463 Leutschach, Pössnitz 168

Das traditionsreiche Weingut Tscheppe am Pössnitzberg ist heute Teil des Polz-Imperiums, wird aber in Sachen Weinbau auch weiterhin absolut eigenständig geführt. Die 32 Hektar Rebflächen des Betriebes stehen auf hervorragenden Lagen am Pössnitzberg, darunter die legendäre Riede Czamillonberg. Sie gehörte einst zu den Besitzungen des Grafen Woraciczki, eines frühen Weinpioniers der Südsteiermark. Noch erhaltene und durchaus trinkbare Flaschen aus den 20er Jahren des vorigen Jahrhunderts stellen die Langlebigkeit der Weine von dieser Lage unter Beweis. Die von Muschelkalk, Sandstein und Mergel geprägten Böden am Czamillonberg bringen in Verbindung mit alten Rebstöcken auch heute Sauvignon blancs und Morillons von tiefer Mineralität, herrlicher Fruchtdichte und komplexer Aromatik, die immer elegant und niemals schwerfällig wirken. Bei den Weinen mit der Bezeichnung „Vom Pössnitzberg" legt man vor allem Wert auf eine klare, frische Frucht und einen animierenden Charakter.

Tschermonegg

8463 Glanz an der Weinstraße 50

Wenn man Südsteiermark sagt, kommt man am Namen Tschermonegg nicht vorbei. Das liegt nicht nur am Winzerhaus der Familie, das samt exzellenter Buschenschank und wunderschönen Gästezimmern direkt an der Südsteirischen Weinstraße liegt, sondern vor allem auch an den Weinen des Hauses. Dabei erscheinen diese auf den ersten Blick – oder Schluck – oft fast unspektakulär: Laute Frucht oder übermächtige Barrique-Töne sind

nicht Erwin Tschermoneggs Sache und würden auch gar nicht zu seinem Wesen passen. Er ist eher ein ruhiger Typ und das gilt auch für seine Weine. Die Qualität ist dabei aber vom Feinsten, und nicht zuletzt verbindet alle seine Weine, vom
Traminer „Trio" aus drei Spielarten der Rebsorte über den wunderschön duftigen Muskateller-Sekt bis zu den saftigen, dicht-fruchtigen Lagen-Sauvignons und -Morillons vom Oberglanzberg, eine Eigenschaft: Sie bereiten unglaublich viel Trinkvergnügen!

Wohlmuth

8441 Kitzeck, Fresing 24

Gerhard Wohlmuth schafft es, unterstützt von der ganzen Familie, Winzer und Unternehmer in einem zu sein. Das ist auch notwendig, denn kaum ein Weingut in der Region hat in den vergangenen zwei Jahrzehnten eine derart dynamische Entwicklung geschafft wie die-

STEIRISCHER Panther®
KITZECK - STEIERMARK - ÖSTERREICH
WOHLMUTH®

ser Vorzeigebetrieb am Fuße der Weinberge des Sausals. Es ist darum durchaus mit ein Verdienst Wohlmuths, dass dieser sonst eher strukturschwache Bereich der Südsteiermark sowohl national als auch international Anerkennungfin-det. Das Angebot des Hauses ist breit gefächert und reicht vom trinkvergnüglichen „Panther" aus fünf verschiedenen Rebsorten über Klassik- und Lagenweine von Toplagen rund um Kitzeck wie Altenberg und Steinriegl bis zu professionell im Barrique ausgebauten „Granaten". Neben den Lagen im Sausal bewirtschaftet Wohlmuth auch das historische Weingut Meinhardt Hube bei Gamlitz, wo für die Zukunft vor allem Sauvignon blanc und Chardonnay ausgepflanzt wurden. Schließlich hat man auch in Sachen Rotwein mit Lagen im burgenländischen Neckenmarkt, von denen die Blaufränkisch-Cabernet-Cuvées „Aristos" und „Rabenkropf" stammen, ein kräftiges Wörtchen mitzureden.

Essen, trinken, wohnen im Weingut Tscheppe und Kreuzwirt am Pössnitzberg – reduziertes Design im Kostraum.

Westste

Die Weststeiermark ist Österreichs westlichstes, kleinstes und kuriosestes Weinbaugebiet, denn rund 75 Prozent der 475 Hektar Rebfläche sind mit nur einer Rebsorte bepflanzt: der „Schilcher-Traube“ Blauer Wildbacher.

iermark

Der Schilcher mit seiner markanten Säure und seinem feinen Duft nach frischen Beeren lässt sich kaum mit einem anderen Wein vergleichen. Zwar ist er sehr wohl ein Rosé, doch seine knackige Säure verleiht ihm einen unverwechselbaren Charakter. Diese Eigenart macht ihn zu einer regionalen Spezialität, und die Tatsache, dass die Weststeiermark auch „Schilcherland“ genannt wird, unterstreicht seine Bedeutung für die Region. Doch der Schilcher ist für den echten Weststeirer mehr als nur ein Getränk: Er steht für ein aus der bäuerlichen Tradition heraus gewachsenes, stark mit der Region verbundenes Lebensgefühl und gilt als Symbol für Eigenständigkeit und Selbstbewusstsein. Wie es um Letzteres bestellt ist, verdeutlicht ein Zitat des steirischen „Nationaldichters“ Reinhard P. Gruber, der hier seine Heimat gefunden hat, bezüglich der geografischen Lage der Weststeiermark: „Wo die Weststeiermark liegt, bestimmt der Weststeirer allein. Basta!“

Die WESTSTEIERMARK auf einen Blick:

Rebfläche: **475 Hektar**
Anteil an der Gesamtrebfläche Österreichs: **0,9 Prozent**
Wichtigste Rebsorten: **Blauer Wildbacher: 358 ha**
Weißburgunder: 39 ha, Welschriesling: 27 ha
Böden: **Gneis- und Schieferurgestein, Lehm, Löss, Sand**

Für jene, denen diese Eingrenzung dann doch zu vage ist: Das weststeirische Schilcherland erstreckt sich entlang der östlichen Ausläufer der Koralpe von Ligist im Norden bis hinunter nach Wies und Eibiswald im Süden, nahe der slowenischen Grenze. Die Topografie wird durch die Hänge am Rand von Koralpe und Reinischkogel geprägt, die – durchbrochen von oft fast schluchtartigen Gräben – erst steil abfallen und dann über ein hügeliges Vorland in die Talböden übergehen. Dort findet man die größeren Orte der Region wie St. Stefan ob Stainz, Stainz oder Deutschlandsberg. Die meisten Weinbauorte bestehen hingegen aus Streusiedlungen, die sich auf weiten Flächen über das Weingebiet erstrecken. Typisch für das Schilcherland sind die vielen kleinen, schmucken Winzerhäuschen und Kellerstöck'ln, die mit ihren weiß gekalkten Grundmauern, ihren vom Wetter gegerbten, holzvertäfelten Wänden und ihren grünen oder roten Fensterläden wie lustige Farbtupfer aus den Weingärten leuchten. Die Winzerhäuser dienten früher dem „Weinzirl“, der die Weingärten im Auftrag des Landbesitzers bearbeitete, und dessen Familie als einfache Wohnstätte; eine kleine, zum Haus gehörende Ackerfläche durfte er für sich bewirtschaften, um so weitgehende Selbstversorgung sicherzustellen. Heute werden viele dieser inzwischen modern adaptierten Häuser an Gäste

Himmlische Schilcher-Lage: Der „Engelweingarten“ hoch über Stainz besticht auch durch die Aussicht.

vermietet oder dienen als Wochenend-Domizil für gestresste Wirtschaftsanwälte aus dem nahen Graz. Die Kellerstöck'ln beherbergten ursprünglich nur den Pressbaum und ein darunterliegendes Kellergewölbe, wurden aber inzwischen – von ihrem ursprünglichen Zweck befreit – ebenfalls oft um eine kleine Wohneinheit oder zumindest ein Verkostungsstüberl erweitert.

Besonders begehrt sind diese Kleinode wegen ihrer schönen Lage in den Weingärten und der damit meist verbundenen, wunderbaren Aussicht; diese kann jedoch auch genießen, wer nicht zu den glücklichen Besitzern eines solchen Häuschens zählt: von der Terrasse einer der zahlreichen Buschenschänken der Region aus, die malerisch auf den Höhenzügen verstreut sind. Im Herbst bilden sie die Kulisse für jenes Idyll, für das die Weststeiermark ebenfalls berühmt ist: am offenen Feuer gebratene Maroni und frischer Schilcher-Sturm… Doch auch abseits von dieser als Tourismusattraktion genutzten Genuss-Folklore sind die hiesigen Buschenschänken ein ausgezeichneter Platz, um die besten Seiten der Weststeiermark kennenzulernen. Denn es ist eine der Eigentümlichkeiten des Schilchers, dass er seine Vorzüge am ehesten in Sichtweite der Rebstöcke, von denen er stammt, ausspielen kann. Als Begleiter von einfachen Speisen, wie dem Verhackert-Brot oder einem Backhendl, läuft der schillernde Rebensaft zu seiner Höchstform auf. Allerdings, und das ist ein weiterer Charakterzug des Schilchers, nur dann, wenn er jung getrunken wird. Schilcher ist kein Wein für eine längere Lagerung, denn Frische und Fruchtigkeit sind seine größten Vorzüge.

Was den Schilcher ausmacht

Der Charakter des Schilchers wird sowohl von der Rebsorte Blauer Wildbacher als auch von den Eigenheiten seiner Herkunft bestimmt. Der Blaue Wildbacher, ein nach der Herrschaft Wildbach bei Deutschlandsberg benannter Verwandter des

Von Erzherzog Johann angelegt, von den Winzern Eduard Oswald, Max Grinschgl und Fritz Klug rekultiviert: Weingarten am Stainzer Schlossberg.

Blaufränkisch, bringt einen hohen Säuregehalt und kräftigen Gerbstoff mit – der aber, bedingt durch die für Roséweine obligate kurze Maischestandzeit, beim Schilcher kaum merkbar ist. Mitbestimmend für die Eigenschaften des Schilchers sind die Böden: In der Weststeiermark stehen die Rebstöcke auf einem kristallinen Grundgebirge von verwittertem Gneis und Glimmerschiefer. In höheren Lagen (400 bis 600 Meter) wie jenen rund um St. Stefan ob Stainz weisen diese Böden nur eine geringe Humusauflage auf. Sie bringen härtere, säurebetontere Schilcher mit einem Duft nach Johannisbeeren und Heublumen hervor. Die besten Lagen findet man dabei auf der südlichen Seite vorgelagerten Hangrücken wie in Hochgrail, wo die direkte Sonneneinstrahlung für hohe Tagestemperaturen sorgt.

In niedrigeren Lagen wie in der Gegend von Hollenegg findet man eine stärkere Decke von humosen Schichten mit lehmigen Sanden und Tertiärschotter (Wildbachschotter). Hier entstehen eher breitere, weichere Weine mit geringerer Säure und ausgeprägten Wald- und Erdbeeraromen. Für die Fruchtigkeit des Schilchers sind aber auch die klimatischen Bedingungen mit verantwortlich. Vom Wind geschützt durch die Koralpe ergibt sich an den Hängen tagsüber eine starke Erwärmung – sie sorgt für die Traubenreife. Tagsüber sind die Luftströmungen hangaufwärts gerichtet, nachts bringen sie als Talwinde eine kräftige Abkühlung: Diese begünstigt die Ausprägung einer frischen Frucht und hohen Säure.

Vom „Essig" zum In-Getränk

Gerade diese Säure ist es, die den Schilcher nicht nur zu einem gewöhnungsbedürftigen Wein macht, sondern ihm schon seit Jahrhunderten einen zwar legendären, aber oft auch zweifelhaften Ruf eingebracht hat. Überliefert ist ein Zitat des Papstes Pius VI., der gegen Ende des 18. Jahrhunderts zu Kaiser Joseph II. reiste, um mit ihm wegen der Säkularisierung der Klöster zu verhandeln. Im Franziskanerkloster von Maria Lankowitz, wo er zuerst abstieg, vertraute er seinem Tagebuch an, man habe ihm „einen rosaroten Essig vorgesetzt, den sie Schilcher nannten". Doch auch in der Neuzeit bedachte man den Schilcher, dessen Name sich von der volkstümlichen Bezeichnung „schilchern" (für: schillern) ableitet, mit allerlei meist wenig schmeichelhaften Attributen. Als „Rabiatperle" war er ebenso verschrien wie als „Heckenklescher" – wer ihm zu eifrig zuspricht, den „klescht" es schließlich in die Hecke.

Von diesem Charakter und dem damit verbundenen Image hat man sich im Schilcherland aber nach und nach emanzipiert. Mit zeitgemäßen „Erziehungsmaßnahmen" im Weingarten, ver-

besserten Know-how und moderner Kellertechnik ist es gelungen, dem ehemaligen „Wilden" Manieren beizubringen – ohne dass dieser deswegen seine Eigenart eingebüßt hätte.
Allerdings hat der Schilcher während der vergangenen Jahrzehnte eine durchaus wechselvolle Karriere durchgemacht. Gab es in den 70er und Anfang der 80er Jahre kaum eine über die Region hinausgehende Nachfrage nach dem mehr oder weniger edlen Säuerling, so kam der Trend zu knochentrockenen und säurebetonten Weinen nach dem Weinskandal von 1985 dem Schilcher sehr entgegen. Anfang der 90er Jahre führte die enorme Nachfrage zu einer regelrechten Hochpreisphase: Bis zu 30 Schilling (mehr als zwei Euro) kostete damals ein Kilo Blaue-Wildbacher-Trauben – mehr als man in der Wachau für ein Kilo Riesling-Trauben aus besten Lagen bezahlen musste! Doch der Publikumsgeschmack änderte sich sehr bald wieder zugunsten milderer, kräftigerer oder sogar im Barrique ausgebauter Weine. Ein Rückgang der Nachfrage und ein damit verbundener, nachhaltiger Traubenpreis-Verfall waren die Folge.
Dennoch erlangte der Schilcher in dieser Phase auch überregionale Bedeutung und wurde vor allem in Graz und Wien zeitweilig zum regelrechten In-Getränk. Nach Jahren der Stagnation konnte man daran – nicht zuletzt durch neue „Schilcher-Produkte" – wieder anknüpfen. Der besonders frische und fruchtige Schilcher-Sturm erfreut sich in den Wochen nach der Weinlese nicht nur in der Steiermark größter Beliebtheit, und auch für die Produktion von „Junker-Weinen" erwies sich der resche Weststeirer als ideal. Variationen wie der Schilcher-Frizzante und der Schilcher-Sekt trugen ebenfalls dazu bei, Image und Verkaufszahlen wieder in die Höhe zu treiben. Schließlich zeigen einzelne Rotweine vom Blauen Wildbacher, dass in dieser Traube – entsprechende Ertragsreduktion und sorgsame Weinbereitung vorausgesetzt – einiges an Potenzial steckt.
Abgesehen von der Blauen-Wildbacher-Traube sind in der Weststeiermark in geringen Mengen auch noch andere Rebsorten wie Welschriesling, Weißburgunder oder Sauvignon blanc ausgepflanzt, die durchaus achtbare Ergebnisse bringen. Seine Identität verdankt das Weinbaugebiet aber zweifellos dem Schilcher – und daran wird sich auch in absehbarer Zukunft sicher nichts ändern.

Kritisch betrachtet

Die Stärke der Weststeiermark ist zugleich auch ihre größte Gefahr: die Beinahe-Monokultur des Schilchers. Dieser zeigte während der vergangenen Jahrzehnte mehrmals extreme Konjunkturschwankungen, wobei das Spektrum vom gefragten In-Getränk bis zum kaum verkaufbaren „Sauerampfer" reichte. Die Auswirkungen dieses Auf und Ab waren und sind nicht immer erfreulich. Schon in den 70er Jahren, als die Rebfläche des Blauen Wildbachers in der Weststeiermark nicht mehr als 120 Hektar betrug, versuchten viele Produzenten durch Traubenzukäufe aus anderen Regionen und die Produktion von Verschnittweinen der enormen Nachfrage gerecht zu werden. Solche Praktiken wurden durch eine Gesetzesnovelle, derzufolge nur steirischer Wein aus der Blauen-Wildbacher-Traube als Schilcher bezeichnet werden darf, und die Gründung der Schilcher-Schutzmarke „Weißes Pferd" unterbunden. Heute versuchen die Winzer, ihrer Abhängigkeit vom wechselnden Beliebtheitsgrad des Schilchers unter anderem durch eine Diversifikation des Sortenspiegels entgegenzuwirken. Topqualitäten von Weißburgunder, Sauvignon blanc oder Morillon können jedoch nur in besten Lagen produziert werden. Davon gibt es in der Weststeiermark aber höchstens eine Handvoll, und die sollten auch in Zukunft für den Blauen Wildbacher reserviert bleiben.

Die besten Lagen

Burgegg

Die Lage Burgegg unterhalb der Burg Landsberg ist eine steile, teilweise als Kessel geformte, fast reine Südlage. Wie viele große Lagen ist sie nach oben hin von einem Wald begrenzt, der zusätzlichen Schutz bietet. In diesem Kessel bilden sich sehr hohe Temperaturen, die zu einer vollen Ausreifung der Trauben beitragen. Auf den kristallinen Verwitterungsböden mit schwerem Lehm und Mergel sind vor allem Blaue-Wildbacher-Reben ausgesetzt. Eine Besonderheit ist der im Besitz von Günter Müller befindliche Zweigelt-Weingarten, den Prof. Fritz Zweigelt im Jahr 1934 eigenhändig angelegt hat und der nach wie vor im Ertrag steht. Als besonders hochwertigen Teil dieser großen Lage bezeichnet Günter Müller das „Fürstenstück", wo die Gradation der Trauben immer um ein bis zwei Grad höher liegt als in den übrigen Flächen. Auf diese Unterschiede reagiert Müller, indem er Klone mit unterschiedlichem Reifezeitpunkt – von früh- über mittel- bis zu spätreifenden – in den verschiedenen Teilen der Lage Burgegg ausgesetzt hat.

Hochgrail

Hochgrail ist eine etwa sechs Hektar große, steile Südlage auf einem der von Westen nach Osten verlaufenden Ausläufer der Koralpe. Auf Schiefer-Urgesteinsböden mit sandiger Lössauflage gedeihen hier bei optimaler Sonneneinstrahlung sehr mineralische Schilcher, die oftmals die Sieger bei den diversen Weinwettbewerben gestellt haben.

Die Kessellage Burgegg am Fuße der Burg Landsberg zählt durch ihr Kleinklima zu den besten der Region.

ÖWM/Faber

Das „Weiße Pferd"

Durch die Popularität des Schilchers in den 70er Jahren wurden leider nicht nur in den anderen Weinbaugebieten der Steiermark, sondern auch in wenig geeigneten Lagen der Weststeiermark verstärkt Blaue-Wildbacher-Reben ausgepflanzt. Um dem entgegenzuwirken wurde im Jahr 1988 der „Verein zum Schutze und zur Förderung des klassischen, weststeirischen Schilchers" gegründet. Durch die Verleihung eines Gütesiegels garantiert dieser Schutzverband Qualität und Herkunft des Schilchers. Als Symbol für dieses Siegel wurde – in Anspielung auf das Lipizzanergestüt Piber in der Weststeiermark – ein weißes Pferd gewählt. Außerdem richtete der Verein die „Vinothek im Schilcherstöckl in Rassach" ein – hier können Besucher des Schilcherlandes eine breite Palette verschiedener Schilcher verkosten und kaufen.

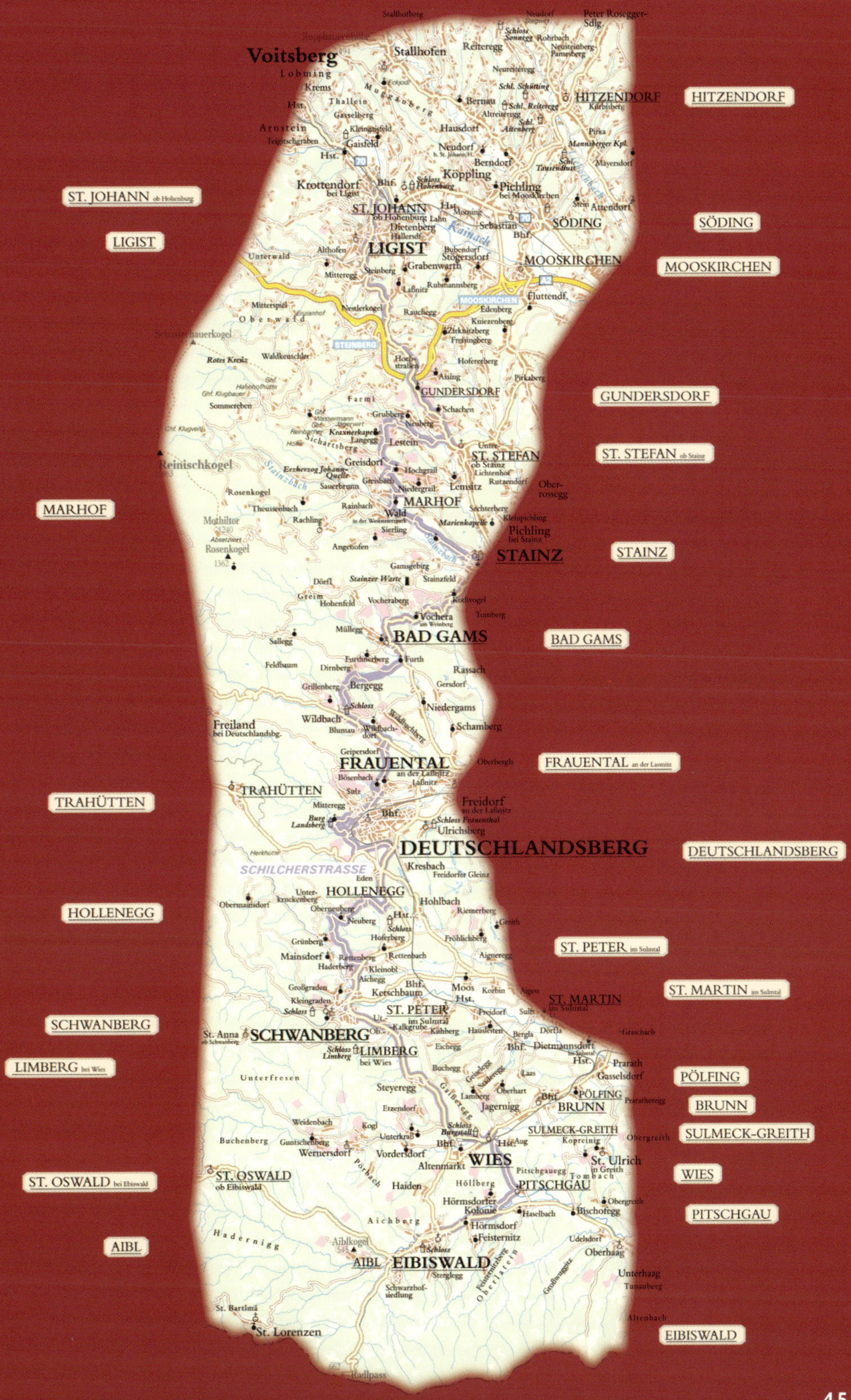
HITZENDORF
ST. JOHANN ob Hohenburg
LIGIST
SÖDING
MOOSKIRCHEN
GUNDERSDORF
ST. STEFAN ob Stainz
MARHOF
STAINZ
BAD GAMS
FRAUENTAL an der Laßnitz
TRAHÜTTEN
DEUTSCHLANDSBERG
HOLLENEGG
ST. PETER im Sulmtal
ST. MARTIN im Sulmtal
SCHWANBERG
LIMBERG bei Wies
PÖLFING
BRUNN
SULMECK-GREITH
ST. OSWALD bei Ebiswald
WIES
PITSCHGAU
AIBL
EIBISWALD
Voitsberg
Stallhofen
SCHILCHERSTRASSE

Über den Wein

Günter J. Müller
Eine Lanze für den Schilcher

Foto: Domäne Müller/Armin Faber

Günter J. Müller ist eine der herausragenden, dabei aber durchaus nicht unumstrittenen Persönlichkeiten des steirischen Weinbaus. Als Pionier, Rufer in der Wüste und manchmal sogar „Fitzcarraldo der Weinberge" apostrophiert, denen er zwar nicht per Schiff, dafür aber mit reichlich Dynamit zu Leibe rückt, um sie in die optimale Richtung zu drehen, war er stets ein Mann, der polarisiert. Als er nach längeren Auslandsaufenthalten – die ihn unter anderem in den Keller von Château Mouton Rothschild in Bordeaux, aber auch nach Kalifornien führten, wo er eine große Farm betrieb – nach Hause zurückkehrte, war das Weingut der Familie ein reiner Handelsbetrieb ohne eigene Rebflächen. Der ehrgeizige Junior kaufte dem Vater den Betrieb kurzerhand ab, um freie Hand für die Verwirklichung seiner Pläne zu haben: ein Weingut aufzubauen, das ausschließlich eigene Trauben von Lagen im Eigenbesitz oder von Pachtflächen verarbeitet. Als ersten Schritt in diese Richtung konnte Müller die Weingärten des Prinz Liechtenstein'schen Weingutes in der Ried Burgegg pachten; der fruchtig-rassige Schilcher, den er vom Jahrgang 1977 kelterte, war damals eine kleine Revolution und wurde sehr bald zum Markenzeichen des Hauses. Doch damit wollte sich Müller nicht zufriedengeben: „Ich war lange weg und als ich zurückkam, war Schilcher nicht unbedingt das, was ich machen wollte", schmunzelt er rückblickend. Doch er fand schnell einen Ausweg, indem er von der Lage Burgegg eine rote Cuvée aus Blauem Wildbacher und Zweigelt kelterte – ein Riesenerfolg. Später, als diese Mariage aufgrund der geänderten Gesetzeslage nicht mehr möglich war, trat an die Stelle dieses Weines der reinsortige Wildbacher „Out of Red". In der Folge wurde Müller auch in der Südsteiermark fündig, wo er mit dem „Gut am Ottenberg" und den deutschen Weingärten in Wielitsch beachtliche Flächen in bester Lage bewirtschaftet. Dem Schilcher blieb der streitbare Wein-Zampano, der gemeinsam mit seiner Frau Eva neben dem Weingut auch noch einen großen Import von exklusiven Weinen und Spirituosen aus aller Welt betreibt, dennoch immer treu, wobei er durchaus seinen eigenen Stil verfolgt: „Wir ernten die Trauben so reif wie möglich, wollen aber dem Schilcher seine typische Frucht erhalten – deshalb gibt es bei uns keine Entsäuerung." Auf manchen Märkten habe man mit dieser Stilistik von vornherein keine Chance, ergänzt Müller, aber das ist ihm die Erhaltung des authentischen Schilcher-Charakters wert. Die gesamte Entwicklung des Schilchers sieht er mit einem lachenden und einem weinenden Auge. „Gerade junge Leute schätzen natürliche Produkte immer mehr – und das hilft dem Schilcher", freut er sich, fürchtet aber gleichzeitig, dass der neue Schilcher-Boom zu einer Überhitzung des Marktes und überhöhten Traubenpreisen führen könnte. Zumal der beliebte Schilcher-Sturm große Traubenmengen vom Markt wegzieht. „Ein herrliches Produkt, wenn es gut gemacht ist", lobt Müller, „allerdings wird er von einigen Betrieben auch missbraucht, um ihre Altweine zu entsorgen, die da beigemengt werden. Ich sage das jetzt mal ganz provokant – aber dafür bin ich ja bekannt." Eben.

Christian Reiterer
König der Schilcher-Perlen

Christian Reiterers Aufstieg zum „Schilcher-König" wurde von den arrivierten Winzern im Schilcherland durchaus misstrauisch beäugt. Dabei ist Reiterer ein umgänglicher Mensch, dessen größter „Fehler" es wahrscheinlich ist, Erfolg zu haben, was nicht immer gerne gesehen wird. Diesen verdankt er vor allem einem Produkt, das er salonfähig und weit über die Grenzen der Weststeiermark hinaus bekannt gemacht hat: dem Schilcher-Frizzante. Zwar wurde von einigen Betrieben schon in den 80er Jahren Schilcher zu Schaumwein verarbeitet, aber eher als Nebenprodukt – um das Sortiment abzurunden. „Die Philosophie war damals: Was als Wein nicht geht, wird zu Sekt oder Frizzante", erinnert sich Reiterer, „und das hat mich gestört." Anfangs arbeitete er mit heimischen Versektern zusammen, „doch mit den Produkten, die dabei herauskamen, konnte ich mich nicht hundertprozentig identifizieren, weil ich wusste, dass da noch mehr herauszuholen ist!" Bei vielen Reisen ins Prosecco-Gebiet stellte er sich immer wieder dieselbe Frage: „Warum schaffen wir das nicht, ein Schaumwein-Produkt zu machen, das die Region wiedergibt und einen eigenständigen Charakter hat?" Mit dem EU-Beitritt im Jahr 1995 ergab sich für Reiterer die Möglichkeit, einen Joint-Venture-Partner in Italien zu suchen. In Pieve di Solivo wurde er schließlich fündig, doch der Start war alles andere als leicht. Einerseits gab es die Sprachbarriere, andererseits waren die italienischen Kollegen gar nicht mit dem zufrieden, was Reiterer in der Weststeiermark gesammelt und ihnen als Kostmuster mitgebracht hatte. „Sie meinten: Wenn ich so etwas anstrebe, hätte ich mir den Weg sparen können – das können wir ja heroben auch und noch dazu billiger produzieren!" Viele Verkostungen später hatte man

sich auf eine Stilistik festgelegt, mit der alle Beteiligten zufrieden waren. „Das wichtigste war jedoch die Qualität der Grundweine", so Reiterer, „denn beim Versekten wird nicht der geringste Fehler verziehen." Das neue Produkt schlug jedenfalls am Markt voll ein. 1996 folgte dem Frizzante ein Schilcher-Sekt. In den Jahren darauf wurde noch eifrig an der Qualität gefeilt und ein Konzept entwickelt, das es ermöglicht, Reiterers Frizzante alle zwei Monate abzufüllen. So ist Frische garantiert – ein Must bei Prosecco, Frizzante & Co. Heute verarbeitet Reiterer bei 40 Hektar Eigenflächen insgesamt Trauben von 70 bis 80 Hektar – und daraus entstehen zu rund 60 Prozent Schaumweine: Tendenz steigend. Und was die Qualität angeht, so Reiterer, „haben wir ein Niveau erreicht, wo wir sagen: Das wollen wir halten!"

Die Winzer

Domäne Müller

8522 Groß St. Florian
Grazer Straße 71

Günter J. Müller war der Erste, der es Ende der 70er Jahre geschafft hat, in Sachen Schilcher Menge und Qualität unter einen (Steirer-)Hut zu bringen – und er ist damit zweifellos ein Pionier des Weinbaus in der Weststeiermark. Von den kristallinen Urgesteins-Verwitterungsböden der Lage Burgegg stammen rassig-fruchtige Schilcher mit knackiger Säure, die leichtes Trinkvergnügen bieten, ein fein ziselierter Welschriesling von 60-jährigen Rebstöcken, der kraftvolle Pinot gris aus der Subriede „Fürstenstück“ und der im Barrique ausgebaute Extrem-Wildbacher „Out of Red“. Er benötigt – allein schon aufgrund seiner knackigen Säure und seines mächtigen Gerbstoffgerüstes – ebenso wie die roten Topweine von der südsteirischen Lage Untere Ranzried, wie Der Cabernet Sauvignon und „Private Reserve“, einige Jahre Flaschenlagerung, um sein volles Potenzial zu entfalten. Diesbezüglich will Müller keine Kompromisse eingehen: Was ihm vorschwebt, sind große Weine im Stile klassischer Bordeaux. Und das sind nun einmal – insbesondere in ihren jungen Jahren – keine „Faserschmeichler“. Leichter zugänglich und verständlich ist da schon der besonders fruchtbetonte, vielfach ausgezeichnete Sauvignon blanc von derselben Lage, der unter dem Label „Der Sauvignon blanc“ vermarktet wird.

Jöbstl

8551 Wernersdorf bei Wies
Am Schilcherberg 1

Aufsehen erregten die Jöbstls zunächst durch ihre feinen Edelbrände, deren Entstehung und Geschichte man in der Schaubrennerei und im Brennereimuseum in Wernersdorf mitverfolgen kann. Die Philosophie, höchste Qualität aus kontrolliert naturnahen oder noch besser: biologischen Grundprodukten herzustellen, hat der Grande Dame der heimischen Edelbrennerszene, Waltraud Jöbstl, inzwischen eine ganze Latte von Auszeichnungen bis hin zur „Brennerin des Jahres“ eingebracht. Nach denselben Grundsätzen betreibt Junior Johannes gemeinsam mit seiner Frau Luise auch den Weinbau. Blauer Wildbacher in allen Spielarten ist dabei der wichtigste Pfeiler: vom rassig-trockenen, typischen Schilcher über den weißgepressten „steirischen Clairet“ bis hin zu Süßweinen wie dem Schilcher-Eiswein und nicht zuletzt einem duftigen Schilcher-Sekt. Sehr beachtlich sind hier jedoch auch die fruchtigen Weißweine wie der Gelbe Muskateller und der ebenfalls schon mehrfach prämierte Sauvignon blanc, die das breite Sortiment des Hauses abrunden.

Klug

8511 Greisdorf, Hochgrail 100

Nach dem Motto „Wir lassen den Schilcher, wie er ist!" keltert Markus Klug von der Toplage Hochgrail rassige Schilcher mit pikant-knackiger Säure und blitzsauberer Frucht.

Kuntner

8544 Pölfing-Brunn, Obergreith 48

Als einer der Ersten kelterte Erich Kuntner vom Jahrgang 1990 einen Rotwein vom Blauen Wildbacher und war federführend am Zustandekommen des Gemeinschaftsprojektes von fünf Winzern beteiligt, die den ausgezeichneten Schilcher-Sekt „Insieme" („gemeinsam") herstellen. Rund die Hälfte der Produktion des kleinen Familienbetriebes geht auf das Konto des Schilchers, daneben werden aber auch feine Weiß- und Rotweine sowie eine Vielzahl von Spezialitäten wie Edelbrände, Essige, Frucht- und Traubensäfte angeboten.

Langmann vulgo Lex

8511 St. Stefan ob Stainz
Langegg 23

Es ist schön, zu sehen, dass ein so traditionsreiches Weingut wie jenes der Familie Langmann auch heute zur Spitze der Region zählt. Seit 1746 betreiben die Langmanns hier Weinbau, und bereits bei der ersten Stainzer Schilchermesse im Jahr 1901 durften sich die Vorfahren der heutigen Besitzer über eine große Auszeichnung freuen. Heute keltert man in diesem blitzsauberen Betrieb sowohl Schilcher als auch Weiß- und Rotweine, wobei es Stefan Langmann ein besonders Anliegen ist, die unterschiedlichen Charakteristika der Schilcher von den Lagen Hochgrail, Langegg und Greisdorf herauszuarbeiten – eine Vergleichsverkostung im Weingut oder im Buschenschank lohnt sich. Neben den Weinen liegt das besondere Augenmerk von Stefan Langmann auch auf den besonders duftigen und fruchtbetonten Schaumweinen wie dem Schilcher- und dem Muskateller-Sekt, die in der hauseigenen Sektkellerei hergestellt werden.

Lazarus vulgo Pers

8511 Langegg 20

Wer wie die Familie Lazarus einen so schön gelegenen Buschenschank auf 570 Meter Seehöhe am Reinischkogel mit prächtigem Ausblick auf Stainz sein Eigen nennt, braucht sich um den Verkauf seiner Weine eigentlich nicht zu sorgen. Aber hier sieht man es als eine Frage der Ehre, auch in Sachen Weinqualität allerhand zu bieten: Das beweisen zahlreiche Auszeichnungen, aber auch ein Sortiment, in dem nichts abgeht, was aus der Blauen-Wildbacher-Traube zu machen ist – vom reschen Klassiker über die Schilcher-Spätlese von der Paradelage mit dem selbsterklärenden Namen „Süßer Traum" bis zum feinperligen, nach der Champagnermethode gekelterten Schilcher-Sekt.

Oswald vulgo Trapl

8511 St. Stefan ob Stainz, Lestein 40

„Hier machen wir nur, was die Natur uns vorgibt!" Nach diesem Motto betreibt Eduard Oswald in seinem idyllisch mitten im Schilcherland gelegenen Haus Weinbau und Buschenschank. Abgesehen von einem Klevner (Weißburgunder) von der Lage Hochgrail keltert er ausschließlich Schilcher und lässt sich dabei ebenso von Mondphasen wie von traditionellen Produktionsverfahren leiten. Als einer der allerletzten Winzer hat er erst vor kurzem seine alte Baumpresse aus dem Jahr 1867 in den wohlverdienten Ruhestand versetzt, um nun mit moderner, aber ebenfalls besonders schonender Technologie weiterzuarbeiten. Gemeinsam mit den Winzern Max Grinschgl und Fritz Klug bewirtschaftet Eduard Oswald jenen Weingarten, den einst Erzherzog Johann, der große Förderer des steirischen Weinbaus und der erste frei gewählte Bürgermeister von Stainz, am Stainzer Schlossberg anlegen ließ; aus den Trauben dieses besonderen Weinbergs entsteht der jedes Jahr viel zu früh ausverkaufte Schilcher „Tradition".

Reiterer

8551 Wies, Lamberg 2

Christian Reiterer hat den Weg vom Nobody zum Leitbetrieb der Weststeiermark im Zeitraffertempo absolviert, wobei es ihm gelungen ist, den Spagat zwischen Menge und Qualität zu schaffen. Mit ein Grund dafür ist sicher die Tatsache, dass er sich bei der raschen Expansion seines Weinguts nicht allzu sehr auf Traubenzukäufe verlassen wollte und inzwischen rund 45 Hektar Rebfläche selbst bewirtschaftet. Außerdem ist es ihm gelungen, den Schilcher-Frizzante, der bis dahin nur eine kleine, feine Regionalspezialität war, auf den österreichischen Markt hinauszutragen und sogar im Ausland salonfähig zu machen. Prickelnde Schilcher-Produkte sind das wichtigste Pferd im Stall von Reiterer: vom spritzigen

Frizzante mit frischer, glasklarer Beerenfrucht, bis zum eleganten, in Koproduktion mit der Wiener Sektkellerei Schlumberger hergestellten Schilcher-Sekt, mit dem man qualitativ Maßstäbe setzt. Und das ist wohl letzten Endes das Erfolgsgeheimnis von Reiterer, der außerdem Weißweine von seinen Weingärten am Kranachberg bei Gamlitz keltert: Topqualität bestens zu vermarkten.

Wein- und Sektmanufaktur Strohmeier

8511 St. Stefan ob Stainz, Lestein 48

Bei Franz Strohmeier kann man sich durch die ganze Farbpalette des Schilchers kosten – von zartem Rosa bis zu tiefdunklem Rot. Denn in seiner Wein- und Sektmanufaktur keltert der Qualitätsfanatiker unter dem Motto „Wildbacher extrem" die gesamte Palette vom handgerüttelten Schilcher-Sekt über den klassischen Schilcher bis zur Trockenbeerenauslese vom Blauen Wildbacher. Der Topwein des Hauses wird unter dem Namen „Lestoá" vermarktet: „Eine Vision von Schilcher" nennt der Winzer seine „Lestoá" Reserve, die – und das ist wirklich eine Seltenheit – im Barrique ausgebaut wird.

Weber

8511 St. Stefan ob Stainz, Lestein 73

„Klein, aber fein" lautet die Devise im nur zwei Hektar großen, am Fuße des Reinischkogels gelegenen Familienweingut von Eduard und Renate Weber. Dass es bei der Qualität nicht auf die Größe ankommt, beweisen zahlreiche Auszeichnungen auf der Landesweinmesse und die mehrmalige Aufnahme des Betriebes in den „SALON Österreichischer Wein".

Wein-Wissen

Wein-ABC

A

abbauen
Negative, durch chemische Veränderungen bedingte Entwicklung eines Weines, der seinen Höhepunkt überschritten hat.

ABC-Trinker
„Anything but Chardonnay" – alles außer Chardonnay, schworen sich viele Weinfreunde in Amerika Anfang der 90er Jahre. Der Grund: Viele amerikanische Chardonnays gerieten viel zu fett, breit und üppig – in Österreich wurden solche Weine zum Teil imitiert, doch der Trend ist heute gegenläufig.

Abgang
Ist der Nachgeschmack, den ein Wein nach dem Hinunterschlucken hinterlässt. Große Weine sind nachhaltiger, haben also einen längeren Abgang als kleine. Manche Kenner meinen, den Abgang eines Weines mit der Stoppuhr messen zu können ...

Ab-Hof-Verkauf
Direktverkauf des Weines am Hof des Winzers. In Österreich werden auf diesem Weg immer noch rund ein Viertel aller Weine verkauft.

abstoppen, stoppen
Unterbrechen der Gärung, z. B. durch Abkühlen des Mostes oder Zugabe von Schwefel, um einen gewissen Restzucker im Wein zu erhalten (z. B. für Auslesen).

abziehen, abstechen, umziehen
Umfüllen des Weines während der Weinbereitung. Weißweine werden zumeist nach der Gärung aus dem Gär- in einen Lagerbehälter umgezogen, um sie von Hefen und Trubstoffen zu befreien.

Aceton
Aceton wird im Wein durch Bakterien erzeugt. Dadurch entsteht ein Weinfehler, der sich durch Lösungsmittelgeruch bemerkbar macht.

adstringierend
Durch hohe Gerbsäure (Tannine) wirkt der Wein auf die Schleimhäute zusammenziehend und hinterlässt dadurch einen leicht bitteren, herben Nachgeschmack.

Agraffe
Französische Bezeichnung für das Drahtkörbchen bei Schaumweinflaschen, mit dem der Korken gesichert wird.

Alkohol
Entsteht bei der Vergärung des Traubensaftes aus Traubenzucker und sorgt für die berauschende Wirkung des Weines.

Alkoholgehalt
Er beträgt im Wein zumeist zwischen etwa 9 und 15 Volumsprozent und hängt unter anderem von der Höhe des Zuckergehalts in den Trauben und von der Art des für die Gärung verwendeten Hefetyps ab.

Allier
Französisches Département, aus dem ein Großteil des Eichenholzes stammt, das für den Bau von Barriques verwendet wird. Das Allier-Eichenholz ist besonders feinporig und verleiht den Weinen eine warme, würzige Aromatik.

alte Reben
Alte Rebstöcke haben nicht nur ihr „physiologisches Gleichgewicht" gefunden, sondern wurzeln besonders tief und bringen daher sehr komplexe, ausgewogene und extraktreiche Weine hervor. Auf vielen Weinetiketten wird mit dem Begriff „Alte Reben" auf eine besondere Weinqualität hingewiesen.

altern
Wein verändert sich in der Flasche, er altert und wird im Idealfall über einen bestimmten Zeitraum reifer und besser. Dabei verändern sich durch chemische Prozesse Duft, Geschmack und Farbe des Weines.

Ampelographie
ist die Rebsortenkunde.

Aperitif
Das alkoholische Getränk (beliebt sind vor allem Schaumweine, aber auch leichte, duftige Weißweine wie der Gelbe Muskateller) wird vor dem Essen getrunken und soll „den Magen öffnen".

Ausbruch
Spezialität des Weinbauortes Rust/Burgenland. Ein Wein, der ausschließlich aus edelfaulen, überreifen und ausgetrockneten Beeren gewonnen wird. Diese Beeren werden speziell selektiert, also „ausgebrochen" – daher rührt der Name.

Auslese
Weine aus ausgelesenen, vollreifen Trauben, zumeist mit einem gewissen Restsüßeanteil. Können extrem langlebig sein, eignen sich zu Desserts oder einfach so zum Trinken.

Barriques in Österreich

Die Zeiten, als die österreichischen Winzer noch in dicken Lettern das Wort „Barrique" auf das Wein-Etikett schrieben, sind inzwischen vorbei. Dass dies aber einmal der Fall war, zeigt deutlich, wie außergewöhnlich der Ausbau eines Weines im Barrique hierzulande vor gar nicht allzu langer Zeit war. Während man etwa in Bordeaux schon seit Jahrhunderten Wein in kleinen, neuen Eichenholzfässern lagerte um ihm zusätzliche Komplexität zu verleihen und ihn mit Gerbstoffen, Vanille-, Rauch- und Röstaromen anzureichern, hat das Barrique in Österreich erst eine kurze Geschichte. Im Jahr 1978 baute man im Weingut Lenz Moser den ersten Rotwein Österreichs im Barrique aus, Anfang der 80er Jahre folgten Pioniere wie Hans Igler oder Anton Kollwentz im Burgenland diesem Beispiel. Die ersten Gehversuche wurden von Kollegen belächelt und kritisiert, und auch den Winzern selbst fiel bei den Fassverkostungen ihrer Werke nicht selten das Herz in die Hosen – weil sie glaubten, der Wein wäre kaputt. Tatsächlich musste man sich an die richtige Dosierung des Holzeinsatzes in Bezug auf den jeweiligen Wein erst herantasten, schließlich fehlten hier jegliche Erfahrungswerte. Probiert wurde dabei alles Mögliche: So erregten schon Mitte der 80er Jahre die ersten im Barrique ausgebauten Grünen Veltliner von Ludwig Neumayer großes Aufsehen. Heute ist der Einsatz von Barriques für die Verfeinerung bestimmter Weißweine – allen voran der Chardonnay – und vieler Rotweine in Österreich bereits eine Selbstverständlichkeit, wobei manche Winzer bereits wieder vom kleinen Holzfass weggehen, um den Charakter von Sorte und Terroir im Wein stärker zum Ausdruck zu bringen.

B

Bacchus
Römischer (und griechischer) Gott des Weines (Dionysos)

Barrique
Kleines, neues Eichenholzfass, das etwa in Bordeaux 225 Liter fasst. Diese Maßeinheit wurde im Jahr 1866 insbesondere für den Überseehandel festgelegt und noch heute haben weltweit die meisten Barriques diese Größe. In Burgund heißt das kleine Eichenholzfass „Pièce" und fasst 228 Liter, es gibt jedoch auch Fässer mit 300 Litern u. a.

Beerenaulese
Konzentrierte Weine aus edelsüßen Trauben, die in Österreich ein Mostgewicht (Trauben- und Fruchtzuckergehalt im Most) von mindestens 25° KMW (Klosterneuburger Mostwaage) haben müssen.

Biologischer Säureabbau (BSA)
Dabei wird die für die Zunge schärfend wirkende Apfelsäure bakteriell in die milder wirkende Milchsäure umgewandelt – daher auch der etwas milchige Geschmack nach absolviertem Säureabbau.

Böckser
Weinfehler, der sich durch einen Geruch nach faulen Eiern unangenehm bemerkbar macht.

Botrytis cinerea (Edelfäulepilz)
Ist – wenn er im Herbst und bei trockener Witterung auftritt – für hohe Prädikatsweine verantwortlich. Durchlöchert die Traubenhaut; durch die Verdunstung des Wassers aus der Traube steigt der relative Zuckergehalt.

Bukett
Das Gesamtbild der Duftnoten, die dem Wein entströmen – idealerweise finden sich diese auch am Gaumen wieder.

C

Cuvée
Verschnitt aus verschiedenen Weinen (Sorten, Jahrgängen)

D

D.A.C.
Kontrollierte Ursprungsbezeichnung in Österreich – steht für einen typischen Wein einer Region. Die bisherigen DAC-Regionen sind das Weinviertel (Grüner Veltliner), das Traisental (Grüner Veltliner und Riesling) sowie das Mittelburgenland (Blaufränkisch).

Dekantieren
(franz. für „abklären") Trennung des klaren Weines von seinem Depot (bei Weißweinen der farb- und geschmacklose

Süßwein aus Österreich – ein Welterfolg!

Es gibt weltweit nur sehr wenige Regionen, in denen die Produktion von Hochprädikatsweinen auf natürliche Weise regelmäßig und in größeren Mengen möglich ist. Dazu zählen Sauternes und Elsass in Frankreich, die deutschen Weinbaugebiete an Mosel und Rhein und Tokaj in Ungarn. In Österreich werden diese Süßweine vor allem rund um den Neusiedlersee im Burgenland gekeltert, wo die hohe Luftfeuchtigkeit den regelmäßigen Befall der Trauben mit dem Edelfäulepilz Botrytis cinerea ermöglicht. Vom heimischen Weinkonsumenten fast als Selbstverständlichkeit angesehen, werden österreichische Süßweine auf dem internationalen Markt hoch geschätzt und ebenso bewertet. Trockenbeerenauslesen, Ausbrüche und Eisweine von Kracher, Feiler-Artinger und Co. zieren deshalb die Weinkarten vieler interantionaler Top-Restaurants.

Weinstein, bei Rotweinen zusätzlich ausgeflockte Farb- und Gerbstoffe) durch Umgießen von der Flasche in eine Karaffe. Außerdem erreicht man durch rechtzeitiges Dekantieren auch eine Öffnung des Weines.

Dosage
Zusatz von in Wein aufgelöstem Zucker bzw. Süßwein bei der Schaumweinherstellung.

E

Edelfäule
Hervorgerufen durch den Edelfäulepilz (Botrytis cinerea); dieser durchlöchert die Traubenhaut, durch die Verdunstung des Wassers kommt es zu einer relativen Zucker- und Extraktkonzentration in der Traube; dadurch kann man hohe Prädikatsweine keltern.

Eiswein
Die Trauben müssen im gefrorenen Zustand geerntet werden und ein Mostgewicht von mindestens 25° KMW haben; im Unterschied zu Beeren- oder Trockenbeerenauslesen handelt es sich hier nicht um edelfaule Trauben, daher gibt es keinen Botrytiston im Eiswein.

entrappen (abbeeren)
Die Beeren werden vor dem Keltern maschinell von den Stilen getrennt. Unverholzte, grüne Stile könnten den Wein hart und bitter machen.

Essigstich
Hervorgerufen durch Essigsäurebakterien, die aufgesprungenes, unsauberes Traubenmaterial befallen; macht sich durch Essigton im Duft bemerkbar – so ein Wein ist kaputt.

Extrakt
ist Wein minus Wasser; genauer gesagt: all jene Stoffe, die nach dem kompletten Verdampfen des Wasseranteiles übrig bleiben würden (Zucker, Säuren, Mineral-, Gerb- und Farbstoffe). Rechnet man den Zucker weg, so ergibt sich der von manchen Winzern angegebene zuckerfreie Extrakt (meist zwischen 20 und 30 Gramm pro Liter); qualitativ hochwertige Weine haben zumeist einen höheren Extraktwert.

F

Fehler
Der häufigste Weinfehler ist wohl ein Korkgeschmack bzw. -geruch; weitere öfter auftretende Fehler sind der Böckser (Geruch nach Schwefel, faulen Eiern) oder Essigstich (Essigton im Duft).

Filtration
Um mehr Klarheit und Stabilität zu erreichen, werden Trubstoffe aus dem Wein gefiltert. In letzter Zeit gibt es einen Trend, vor allem Rotweine nicht zu filtrieren, um die Geschmacksstoffe besser auf die Flasche zu bringen. Zuweilen können sich dadurch aber Stabilitäts- und damit Haltbarkeitsprobleme ergeben.

Finesse
Bezeichnung für den Facettenreichtum eines Weines in Duft und Geschmack.

Flaschengärung
(in Frankreich „Méthode champenoise" genannt)
Die zweite Gärung bei der Herstellung von Schaumweinen in der Flasche, die angeblich vom Ergebnis her der Großraumgärung überlegen sein soll.

Flüchtige Säure
Andere Bezeichnung für Essigstich – ein Weinfehler, der sich durch einen essigartigen Geruch bemerkbar macht.

Fülldosage
In Wein gelöster Zucker, der bei der Schaumweinherstellung die zweite Gärung startet.

Furmint
Alte Weißweinsorte, die vor allem in Ungarn – unter anderem für den Tokajer – eine große Bedeutung hat; in Österreich wird von einigen Ruster Weinbaubetrieben Furmint trocken oder als Prädikatswein gekeltert.

G

Gärung
Durch die Einwirkung von (natürlichen oder zugesetzten) Hefen wird der im Traubensaft enthaltene Zucker in Alkohol und Kohlensäure umgewandelt.

Der „Gemischte Satz" – eine österreichische Spezialität

Während in den meisten anderen Weinbauregionen der Welt „Cuvées", also Verschnitte verschiedener Rebsorten, die getrennt gelesen und dann erst im Keller zusammengemischt werden, üblich waren, dominierte in Österreich traditionell der Gemischte Satz. Hier stehen mehrere Rebsorten gemeinsam im Weinberg, die Trauben werden gemeinsam gelesen und ein Wein daraus gekeltert. Die Idee dahinter: Verschiedene Rebsorten bringen unterschiedliche Eigenschaften ein – der eine die Frucht, der andere die Säure und so weiter. Zudem war diese Auspflanzweise eine gewisse Absicherung gegen Unbillen der Natur: Weil die Sorten unterschiedliche Reifezeitpunkte hatten, gab es bei Gewittern oder Hagel selten einen Totalausfall der Ernte. Ausgeschenkt wurde der Gemischte Satz vor allem beim Heurigen als offener Wein. Deshalb hatte er lange Zeit auch wenig Image. Erst in den letzten Jahren erlebt er als Bouteillenwein in Wien und in der Steiermark – sowohl leicht und fruchtig als auch kraftvoll und vielschichtig ausgebaut – wieder eine gewisse Renaissance.

Geläger
Trubstoffe, die sich bei der Klärung des Weines und Mostes am Fassboden absetzen. Besteht aus Hefe, Weinstein, kleinen Fruchtfleischteilen, Eiweiß und Farbstoffen. Enthält auch noch einigen Wein und kann daher zu Gelägerbrand destilliert werden.

Gemischter Satz
Entsteht, wenn verschiedene Rebsorten im selben Weinberg stehen. (Im Gegensatz dazu werden bei der Cuvée erst die Moste oder Weine vermischt.) Vor allem in Wien, aber auch in der Steiermark hat der Gemischte Satz eine lange Tradition und wird heute zum Teil wieder entdeckt.

Gerbstoffe
Stammen aus den Stilen, Kernen und der Traubenhaut und haben eine zusammenziehende (adstringierende) Wirkung am Gaumen.

Gespritet (auch aufgespritet)
Durch Zusatz von reinem Alkohol werden Weine „gespritet" und erreichen einen Alkoholgehalt von mehr als 17 Prozent (wie Portwein, Sherry, Madeira).

Grundwein
Wein, der für die Sektherstellung verwendet wird (Stillwein, da die Kohlensäure erst durch die zweite Gärung entsteht).

H

Hagel
Todfeind der Winzer; werden die Beerenhäute verletzt, kommt es zur Fäulnis, die dem Wein bekanntlich nicht sehr zuträglich ist.

halbtrocken
Als „halbtrocken" werden Weine bezeichnet, die einen Restzuckergehalt von 10 bis 12 Gramm pro Liter aufweisen.

Haltbarkeit
Wie lange ein Wein haltbar ist, hängt im Prinzip von der Reife der Trauben ab. Wichtig ist ein hoher Gehalt an Säure und Alkohol, wobei hohe Zuckergradationen die Haltbarkeit noch wesentlich verlängern können.

harmonisch
Ein Wein wird als harmonisch oder rund bezeichnet, wenn die einzelnen Geschmackskomponenten optimal aufeinander abgestimmt sind.

hart
Harte Weine sind jedenfalls nicht harmonisch. Der unangenehme Eindruck, der sich vor allem durch ein Zusammenziehen der Schleimhäute ergibt, entsteht meist durch die Verwendung von unreifem Traubengut oder einen hohen Gerbstoffgehalt (Tannin).

Haustrunk
Aus Trester gepresster Wein mit hohem Gerbstoffanteil, der nur für den Eigenbedarf des Winzers verwendet werden darf.

Hefe
Durch sie wird die Gärung verursacht, während der aus dem im Traubensaft enthaltenen Zucker Alkohol entsteht. Besonders frisch gefüllte Jungweine weisen oft noch einen etwas hefigen Geruch und Geschmack auf, der aber zumeist bald verschwindet.

herb
Sind Weine, die einen hohen Gerbstoff- oder Säuregehalt aufweisen.

Heuriger
Wiener Spezialität. Als „Heuriger" wird einerseits der Wein des vergangenen Jahrganges bezeichnet (bis 11. November = Martini des Folgejahres), andererseits die Lokalität, in der dieser Wein ausgeschenkt wird.

I/J

Imperiale
Großflasche, die 6 Liter, also das Äquivalent zu 8 Normalflaschen, Inhalt hat.

Jahrgang
Da Wein ein den Witterungseinflüssen voll ausgesetztes Naturprodukt ist, kann es zu erheblichen Jahrgangsschwankungen kommen. Der Jahrgang kann den Unterschied zwischen unbedeutendem und großem Wein ausmachen. In Ländern mit sehr beständigem Klima (z.B. Kalifornien) spielen die geringen Jahrgangsunterschiede eine geringere Rolle; in Bordeaux ist die Jahrgangsqualität ein wesentlicher Einflussfaktor für die Preispolitik.

Jéroboam
Großflasche, die im Falle von Champagner 3 Liter, bei Wein aber zumeist 4,5 (zuweilen auch 5) Liter, also 6 bis 7 Normalflaschen Inhalt hat.

Jungfernlese
Die erste Lese eines neu ausgepflanzten Weingartens, die zumeist im dritten oder vierten Jahr nach der Auspflanzung erfolgt.

K

Kabinett
Qualitätsbezeichnung des österreichischen und deutschen Weingesetzes (trockener, unaufgebesserter Qualitätswein mit mindestens 17° Mostgewicht). Die Bezeichnung geht auf den Cabinet-Keller im 1245 erbauten Zisterzienserkloster von Ebersbach im Rheingau zurück.

Kämme
auch Rappen; Traubenstiele

Karaffe
Glasbehälter, in den der Wein a) beim Dekantieren aus der Flasche, b) im Falle von Tischweinen – zumeist in südlichen Ländern, aber auch beim Heurigen – aus größeren Behältnissen umgeleert wird.

„Kirchenfenster"
Weine, die einen hohen Glycerinanteil haben (meist gleichbedeutend mit hohem Gesamtalkoholgehalt), bilden an der Glas-Innenseite Schlieren, deren Form an Kirchenfenster erinnert.

Klevner
Als weißer Klevner ein vor allem in der Steiermark verwendetes Synonym für Weißburgunder; in der Schweiz für Traminer, als roter Klevner ein Synonym für Blauen Spätburgunder.

Die Faszination der alten Weine

Es ist eine der wunderbarsten Eigenschaften des Weines, dass er, nachdem er produziert und in Flaschen gefüllt wurde – im Gegensatz zu den meisten anderen Lebensmitteln, bei denen Frische oberstes Gebot ist – erst zu reifen beginnt. Besonders Rotweine können durch eine längere Lagerung gewinnen: Die Tannine runden sich ab und binden sich besser ein, die Aromen in Duft und Geschmack intensiveren sich und der Wein wird insgesamt zugänglicher und harmonischer. Doch auch kräftige Weißweine können durch eine gewisse Reifephase an Komplexität und Ausdruck gewinnen. Besonders interessant ist es natürlich, Weine aus einem Jahrgang einzulagern, zu dem man einen speziellen Bezug hat – etwa durch die Geburt eines Kindes, die Hochzeit oder ein anderes Ereignis. Wichtig ist bei alledem: Es lohnt sich nur, sehr gute Weine zu lagern – denn im Keller passieren keine Wunder. Die Lebenserwartung hängt dabei vom jeweiligen Weintyp ab, wobei in manchen Altweinkellern Österreichs noch Weine bis zurück in die vierziger Jahre des letzten Jahrhunderts ruhen, die noch immer mit Genuss zu trinken sind.

Klon
Was ein Klon ist, braucht man als durchschnittlicher Weinfreund nicht unbedingt zu wissen; da aber immer wieder Insider oder Menschen, die dafür gehalten werden wollen, das Wort in den Mund nehmen, sei es hier erklärt: Ein Klon ist die durch vegetative Vermehrung entstandene Nachkommenschaft einer Pflanze. Bei der Klonenzüchtung handelt es sich um eine Auslesezüchtung mit dem Ziel, optimale Reben zu erhalten.

Klosterneuburger Mostwaage (KMW)
Erfunden hat die Senkspindel zum Messen des Zuckergehaltes im Traubenmost der erste Direktor des k. u. k. Önologisch-Pomologischen Institutes in Klosterneuburg, August Wilhelm Freiherr von Babo. Gemessen wird der Zuckergehalt in Prozenten (g/100 g Flüssigkeit), wobei der mutmaßliche zuckerfreie Extraktgehalt von vornherein abgezogen wird.

Kohlensäure (CO_2)
Kohlensäure entsteht während der alkoholischen Gärung aus Zucker. Ein gewisser Kohlensäuregehalt ist nicht unwesentlich dafür, wie lange ein Wein frisch bleibt; deshalb wird dem Wein beim Abfüllen öfter auch Kohlensäure zugesetzt. Zu viel Kohlensäure lässt den Wein auf der Zunge perlen.

Kork/Korken
Flaschenkorken werden aus der Rinde der Korkeiche gewonnen. Verwendet werden sie erst seit der Mitte des 17. Jahrhunderts, wobei es heute verschiedene Längen (bis 60 Millimeter) und Qualitäten auf dem Weltmarkt gibt. Vor allem für sehr hochwertige Weine werden besonders lange Korken verwendet. Inzwischen sind bereits zahlreiche alternative Flaschenverschlusssysteme wie Schraubverschluss, Kunststoffstoppel oder Glasverschluss auf dem Markt, die allerdings zumeist – noch – überwiegend für leichtere und jung zu trinkende Weine verwendet werden.

Korkenzieher
Die Vielzahl der Korkenziehermodelle ist kaum überschaubar. Der einfach handzuhabende und inzwischen vielfach kopierte „Screw-Pull“, bei dem die Spindel durch den Kork getrieben und dieser so gehoben wird, hat die Korkenzieherwelt zweifellos revolutioniert. Profis ziehen dennoch den stabileren so genannten „Kellner-Korkenzieher“ vor.

Korkgeschmack
Der Korkgeschmack – primär durch Trichloranisol verursacht – rührt in den meisten Fällen von Pilzen her, die den Kork bereits am Baum befallen; manchmal kann auch unsachgemäße Behandlung oder Lagerung des Korks die Ursache sein.

Körper
Man spricht von Körper oder Körperreichtum, wenn ein Wein besonders viele Extraktstoffe (auch Alkohol) aufweist. Synonyme: vollmundig, voluminös, mächtig, füllig, mollig, fleischig.

L

Lage
Bestimmte Lagen oder Rieden haben vor allem die Funktion, die Herkunft von Weinen identifizieren zu können – daher auch der in Österreich nicht sehr weit gediehene Versuch, Lagenbewertungen vorzunehmen; gute Lagen sind eine Grundvoraussetzung für die Kelterung großer Weine.

Lagenklassifizierung
Anlässlich der Pariser Weltausstellung von 1855 wurde in Frankreich für insgesamt 63 Châteaux in Bordeaux eine Klassifizierung nach dem „Cru“-System vorgenommen, die auf dem damaligen Marktpreis basierte und weitgehend noch heute Geltung hat. Diesem Beispiel folgend gibt es heute in vielen Weinbaugebieten Lagenklassifizierungen. In Österreich ist dieses System bis jetzt kaum ausgeprägt, Versuche wie etwa jener im Kamptal haben bislang nur interne Bedeutung für die Winzer selbst.

Lagerung
Die wesentlichsten Punkte, die für die richtige Weinlagerung zu beachten sind: liegend, kühl, dunkel, keine Erschütterungen, eher in einem feuchten Keller (wegen der Korken) und bei möglichst geringen Temperaturschwankungen.

Landwein
In Österreich ein Tafelwein mit mindestens 13° KMW, maximal 11,5 % Alk. und maximal 6 g Restzucker, wobei die Trauben aus einer österreichischen Weinbauregion stammen müssen.

lieblich
Nach dem aktuellen österreichischen Weingesetz bezeichnet man Weine mit einem Restzuckergehalt zwischen 12 und 45 g pro Liter als lieblich. Geschmacklich empfindet man 12 Gramm sicher als „lieblich“, 45 Gramm jedoch eindeutig als „süß“.

M

Magnum
Doppelflasche mit 1,5 Litern Inhalt. Schön für größere „Tafelrunden“, gut für die Haltbarkeit des Weines.

Malvasier
Synonym für die weiße Rebsorte Frühroter Veltliner.

Messwein
Laut Definition des „Codex juris Canonici“ (Canon 924, Paragraph 3) ist lediglich festgelegt, dass Meßwein naturrein (keine Aufbesserung oder Entsäuerung) und aus Trauben gewonnen sein muss und nicht verdorben sein darf.

Methusalem
Großflasche mit dem Inhalt von 8 Bouteillen = 6 Liter

Milchsäure
Entsteht durch den biologischen Säureabbau aus der Äpfelsäure und schmeckt weniger sauer als diese.

Mousseux
Viel besser klingender Fachausdruck für das Perlen des Schaumweines.

N

Nachgeschmack
Oft lange anhaltender Geschmack, der nach dem Trinken am Gaumen zurückbleibt.

Nase
Anderer Ausdruck für den Geruch/Duft des Weines.

Nebukadnezar
Champagner- oder Wein-„Vorratsflasche“ mit 15 Litern Fassungsvermögen (entspricht 20 Bouteillen)

Négociant-Eleveur
Weinhändler, der Jungweine aufkauft und sie dann selbst weiter ausbaut.

nervig
Es gibt natürlich auch Weine, die einem auf die Nerven gehen können, doch gilt der Ausdruck „nervig“ dem Körper des Weines und umschreibt eine Kombination von Kraft und Rasse; meist sind diese Weine säurebetont und von klarer Struktur.

O

Önologie
Die Wissenschaft vom Wein.

Organoleptik
Sinnenprüfung – hier natürlich Degustation des Weines.

Oxidation
Reaktion eines Stoffes mit Sauerstoff. Zwar braucht Wein eine gewisse Menge Sauerstoff, um zu reifen, doch sollte bei der Weinbereitung Sauerstoff (Luft) möglichst weitgehend ferngehalten werden. Oxidierte/oxidative Weine verändern sich meist unerwünscht (Hochfärbigkeit, Luftgeschmack, Firn, brotiger Duft etc.). Bei manchen Weinen führt der „oxidative“ Ausbau zum gewünschten Geruchs- und Geschmacksbild (Sherry, Port, Madeira).

P

Peronospora
Falscher Mehltau

Petrolton
Weinaroma, das an Benzin/Petroleum erinnert; vor allem bei alten Rieslingen.

Prädikatswein
Durch hohes Mostgewicht definierte, hochwertige Weine. In Deutschland ab Kabinett, in Österreich ab Spätlese.

Probus
Römischer Kaiser, der den Weinbau in Gallien ebenso wie an der Donau – etwa in Wien – besonders förderte.

R

Reblaus
Wurde aus Amerika nach Europa importiert und richtete durch Schädigung der Rebwurzeln vor der Jahrhundertwende fast überall enorme Schäden an. Heute vor allem in Kalifornien ein Problem.

reduktiver Ausbau
Ausbau des Weines möglichst ohne Sauerstoffkontakt (Gegenteil: oxidativ) in Drucktanks. Die Weine werden dadurch besonders fruchtig und zeigen einen intensiven, frischen Duft.

Restsüße/Restzucker
Zuckerrest, der nach abgeschlossener Gärung im Wein verbleibt.

Ried
Weinlage

Rosé
Rasch abgepresster Rotwein, der eine hellrosa Färbung annimmt; die besten stammen aus dem Süden Frankreichs (Provence, Languedoc-Rousillon); in Östereich z. B. der weststeirische Schilcher.

Ruländer
In Deutschland und Österreich gebräuchliche Bezeichnung für Grauburgunder (Pinot gris).

Rütteln
Durch das Rütteln von Schaumweinflaschen wird die bei der zweiten Gärung entstehende Hefe in den Flaschenhals befördert.

S

Sämling 88
Rebsorte, die in Österreich vor allem im hohen Prädikatsbereich die besten Ergebnisse bringt (Scheurebe).

Schwefel
Macht Wein haltbar und verursacht bei zu hoher Dosierung oder Unverträglichkeit Kopfschmerzen.

Das Terroir und die Seele des Weins

Warum schmeckt ein Riesling vom Dürnsteiner Kellerberg ganz anders als einer vom Loibner Schütt? Wieso entwickelt ein Sauvignon blanc vom Ratscher Nussberg nicht dieselben Aromen wie einer von der Ried Zieregg, obwohl die beiden Lagen nur zwei, drei Kilometer Luftlinie voneinander entfernt liegen? Die Antwort auf diese und ähnliche Fragen gibt – nicht ausschließlich, aber größtenteils – das „Terroir". Obwohl dieses Wort – zumindest laut Französisch-Lexikon – nichts anderes als „Boden" oder „Scholle" bedeutet, umfasst der Begriff „Terroir", bezogen auf den Weinbau, wesentlich mehr als nur den Untergrund, auf dem die Rebe wächst. Ebenso gehören dazu Hangneigung, Lage und Mikroklima, ja die gesamte Ökologie eines Weinberges und – wie manche Enthusiasten behaupten – sogar die Hand und Seele des Winzers. Immerhin lässt sich aber umgekehrt sagen, dass gerade das Terroir die Seele des Weines ausmacht.

Sekt
In deutschsprachigen Ländern die Bezeichnung für Schaumwein nach den Richtlinien der EU; bis zum Friedensvertrag von Versailles (1919) durfte der Sekt auch Champagner heißen.

Sommelier
Der Weinkellner. Oft stellt der Sommelier auch den Weinkeller zusammen und besorgt den Einkauf; den Gast soll er in erster Linie gut beraten.

Spontangärung
Gärung, die allein durch im Keller befindliche Naturhefen (also keine zugesetzten, sogenannten „Reinzuchthefen") in Gang kommt. Im Gegensatz zur „Reinhefegärung" soll die Spontangärung eine größere Aromenvielfalt in den Wein bringen.

Strohwein
Wein aus Trauben, die auf Strohmatten getrocknet werden und dadurch einschrumpfen (rosinieren).

Sturm
Bezeichnung für perlenden Jungwein in der ersten Phase der Gärung.

Sur lie
bedeutet „auf der Hefe"; Weißweine werden eine Zeit lang auf dem Hefesatz gelagert, um mehr Komplexität zu erlangen.

T

Tannin
Gerbstoff im Rotwein, der im Mund eine zusammenziehende (adstringierende) Wirkung hat.

Terroir
Einfluss von Boden, Hangausrichtung und Klima auf den Wein; die Bedeutung des Terroirs für den Charakter des Weines wird in Österreich zuletzt immer mehr erkannt.

Toasting
Neue Fässer werden ausgebrannt, was dem Wein einen eigenen, rauchigen Geschmack gibt; es gibt leichtes, mittleres und starkes Toasting.

Trester/Trebern
Rückstände nach dem Pressen der Trauben; werden heute von vielen Winzern zu Trebernschnaps gebrannt (in Italien Grappa, in Frankreich Marc genannt).

U

Uhudler
Direktträgerrebe in Österreich, die von amerikanischen Hybridreben stammt.

V

Verschnitt
Vermischen verschiedener Weine, Jahrgänge etc., um die Qualität eines Weines zu optimieren (Cuvée).

Vinifikation/Vinifizierung
Die Weinbereitung, soweit sie im Weinkeller stattfindet.

Viognier
Ursprünglich an der Rhône (Frankreich) beheimatete, weltweit verbreitete Weißweinrebsorte, die im Weingut Graf Hardegg (Weinviertel) erstmals in Österreich ausgesetzt wurde.

W

Weinpanscherei
Verfälschen von Weinen, etwa durch Wasserzugabe; im mittelalterlichen Wien wurden Weinpanscher in ihre eigenen Fässer geworfen.

Weinstein
Feine Kristalle, die sich im Weißwein während der Gärung oder Lagerung absetzen; sie bestehen hauptsächlich aus Kalium und sind geruch- und geschmacklos.

Z

Zucker
Aus dem Trauben- und Fruchtzucker in der Traube entsteht durch Vergärung der Alkohol im Wein.

Bewertung der Weinjahrgänge ***

Jahr		Wachau Kremstal Traisental	Kamptal Donauland	Weinviertel	Carnuntum Thermenregion	Burgenland	Steiermark	Wien
2006	weiß	**19**	**19**	**18**	**18**	**17,5**	**17,5**	**18**
	rot	-	-	-	**18**	**18,5**	-	-
	süß	-	-	-	-	**18,5**	-	-
2005	weiß	**17,5**	**17,5**	**17**	**17**	**16,5**	**16,5**	**17**
	rot	-	-	-	**16**	**16**	-	-
	süß	-	-	-	-	**18,5**	-	-
2004	weiß	**16**	**16,5**	**16**	**16,5**	**17,5**	**15,5**	**16**
	rot	-	-	-	**17,5**	**18**	-	-
	süß	-	-	-	-	**18**	-	-
2003	weiß	**18,5**	**18,5**	**18,5**	**18,5**	**17,5**	**18**	**17**
	rot	-	-	-	**18,5**	**19,5**	-	-
	süß	-	-	-	-	-	-	-
2002	weiß	17	17	17	17,5	17	17	16,5
	rot	-	-	-	18,5	18	-	-
	süß	-	-	-	17	18	-	-
2001	weiß	18	17,5	16,5	17	16	17,5	16,5
	rot	-	-	-	17	16,5	-	-
	süß	-	-	-	16,5	17	-	-
2000	weiß	18	17,5	17	18	16,5	18	16,5
	rot	-	-	17	19	19	-	-
	süß	-	-	-	-	-	-	-
1999	weiß	19	18	17	17,5	16,5	17,5	17
	rot	-	-	16	17	18	-	-
	süß	-	-	-	17,5	18	-	-
1998	weiß	**17**	**17**	**16**	**16**	**16**	**16,5**	**16**
	rot	-	-	**14,5**	**16**	**15,5**	-	-
	süß	-	-	-	**17**	**17,5**	-	-
1997	weiß	19	18	**16,5**	**16**	**17**	**19**	**16,5**
	rot	-	-	**16,5**	**17,5**	**18**	-	-
	süß	-	-	-	**	**	-	-
1996	weiß	**14,5**	**15**	**14**	**15**	**15**	**15**	**14**
	rot	-	-	**13**	**16**	**14,5**	-	-
	süß	-	-	-	**16**	**16,5**	-	-

Jahr		Wachau Kremstal Traisental	Kamptal Donauland	Weinviertel	Carnuntum Thermenregion	Burgenland	Steiermark	Wien
1995	weiß	18	18	16,5	16,5	17	16,5	16
	rot	-	-	14	15	15	-	-
	süß	19*	-	-	19,5	20	-	-
1994	weiß	16	16	15	14,5	15	16	16,5
	rot	-	-	15,5	16,5	17,5	-	-
	süß	-	-	-	**	15	-	-
1993	weiß	17,5	17,5	16,5	16,5	16	18	17,5
	rot	-	-	15	16,5	18	-	-
	süß	-	-	-	17,5	18	-	-
1992	weiß	16,5	16,5	15	16	15,5	17	16
	rot	-	-	16	16,5	17,5	-	-
	süß	-	-	-	16	15,5	-	-
1991	weiß	15	15	14	14,5	15	13,5	15
	rot	-	-	13	13	13,5	-	-
	süß	-	-	-	17,5	17,5	-	-
1990	weiß	19	16	17	17,5	17	18,5	17,5
	rot	-	-	16	16	18	-	-
	süß	-	-	-	18	-	-	-

* Süßweinjahrgang in einem Weinbaugebiet, dem für diesen Sektor ansonsten keine Bedeutung zukommt.
** Keine Süßweine aus diesem Jahrgang in nennenswerten Quantitäten vorhanden.
*** Nach dem internationalen 20-Punkte-Bewertungssystem.

Zahlen **fett**: noch nicht entwickelt, weiterhin lagern
Zahlen normal: trinken, kann noch gelagert werden
Zahlen **rot**: bald trinken, Höhepunkt kann bereits überschritten sein

Quelle: Österreichischer Weinführer von Dr. Viktor Siegl und Dr. Rudolf Steurer, überarbeitet von V. Siegl 2006

Bildnachweis

KLAUS EGLE: 4, 117, 126, 127, 128, 147 (o.), 152, 154, 155, 158, 176, 177 (li. o.), 178, 179, 180, 182, 198, 199, 207, 212, 214, 215, 221 (o.), 237, 239, 257, 263, 264, 272, 300 (o.), 304, 305, 306, 321, 322, 323, 324, 377, 378, 379, 397, 399, 400, 414, 415, 416, 417, 437, 438, 439, 442, 444, 461

NORBERT TUTSCHEK: 21, 24, 29, 39, 40 (Nr. 7), 82 (Nr. 1–4, 6–9), 88 (li. o.), 118, 125 (re. o.), 130, 131, 134, 135, 136, 138, 139 (o.), 140/141, 143, 144, 150, 151 (u.), 159, 164/165, 171, 177 (re. o. & u.), 183, 206 (re.), 213, 216, 222/223, 225, 230, 234 (li. o.; 2. Reihe li. & re.), 243, 245, 247, 249, 251, 254/255, 269, 270, 274, 276/277, 280, 292 (o.), 293, 298, 299, 301 (li. o.), 303, 307 (u.), 309, 310, 331, 338/339, 341, 342, 343, 356, 358, 360, 364 (u.), 366/367, 370, 372 (o.), 373, 384, 386, 387, 391 (o.), 396 (o.), 403 (o.), 407, 411, 418, 421 (Mi.), 425, 429, 443, 445, 452/453, 455, 462, 463

KURT MICHAEL WESTERMANN: 2, 8/9, 16, 37, 40/41 (Nr. 5), 51, 55, 57, 58, 60, 63, 71, 82 (Nr. 5), 83 (Nr. 10–13, 15, 16), 100, 107, 112/113, 115, 125 (li. Mi. & u.), 139 (u.), 145, 156, 163, 168, 188/189, 191, 192, 196, 197, 200, 206 (li.), 219, 234 (re. o. & u.), 236, 238, 241 (o.), 242, 246, 253 (o.), 258, 266, 267, 268, 271, 273, 275, 294/295, 308, 311, 312/313, 348, 349, 352, 353, 357, 361, 365 (u.), 369, 376, 391 (u.), 392/393, 401, 404/405, 409, 412, 421 (u.), 422/423, 426, 427 (o.), 428, 430 (o.), 435, 440, 446, 448 (o.), 449, 451, 456, 458 (o.), 464, 465

Austrian Archives/IMAGNO/Barbara Pflaum: 103
Esterházy Weingut: 40/41 (Nr. 2)
Herbert Schneckenleitner: 45–47
Mani Hausler: 18, 23, 26, 34, 105
Michael Sazel: 10/11, 41 (Nr. 6), 85
ÖWM, Andreas Urban: 106
ÖWM: 109
Rupert Steiner: 41 (Nr. 3), 83 (Nr. 14)
Sigrid Granitzer: 36, 286, 288
Umathum: 40 (Nr. 4)
Weingut Bründlmayer: 102
Weingut Heinrich: 40/41 (Nr. 8)
Weingut Hirsch: 88 (re.)
Weingut Krispel: 40 (Nr. 1)
Weingut Neumeister: 12/13, 41 (Nr. 9), 78
Weingut Sattlerhof: 88 (li. u.)
Wine & Partners/Herbert Lehmann: 108
Wine Star: 30/31
www.bouchal.com: 89–97
©GUSTO-Archiv/Stefan Liewehr: Autorenfoto K. Egle
Dr. Johann Werfring: Autorenfoto V. Siegl
© com: Autorenfoto L. Schrampf

Statistik der Anbauflächen 2007

		Weiss	Rot
Weinbaufläche Burgenland Gesamt	**15846,89 ha**	8640,57	7579,02
Neusiedlersee	9159,35	5744,45	3613,80
Neusiedlersee-Hügelland	4067,98	2388,24	1787,44
Mittelburgenland	2107,37	245,29	1919,18
Südburgenland	512,19	262,59	258,70
Weinbaufläche Niederösterreich Gesamt	**32033,78 ha**	24554,01	8047,07
Thermenregion	2492,27	1439,55	1088,62
Kremstal	2269,37	1861,69	431,18
Kamptal	4037,00	3241,76	855,34
Donauland	2833,65	2295,79	593,36
Traisental	711,82	594,49	131,33
Carnuntum	1022,33	575,69	490,64
Wachau	1414,12	1254,58	166,44
Weinviertel	17241,55	13285,69	4278,86
Weinbaufläche Steiermark Gesamt	**3796,11 ha**	2926,66	989,35
Südsteiermark	2005,15	1766,81	319,94
Weststeiermark	474,56	100,33	378,63
Südoststeiermark	1316,40	1059,42	290,78
Weinbaufläche Wien Gesamt	**691,20 ha**	581,96	113,64
Weinbaufläche Gesamt Österreich	**52367,98 ha**		

Sämtliche statistischen Daten zum österreichischen Wein finden Sie in laufend aktualisierter Form auf der Homepage der Österreichischen Weinmarketingserviceges.m.b.H. (www.weinausoesterreich.at)

Register

Ortsangaben in Klammer verweisen auf den jeweiligen Standort der Rieden.